Kohlhammer

Max Klopfer

Ethik-Klassiker
von Platon bis John Stuart Mill

Ein Lehr- und Studienbuch

Verlag W. Kohlhammer

Alle Rechte vorbehalten
© 2008 W. Kohlhammer GmbH Stuttgart
Gesamtherstellung:
W. Kohlhammer Druckerei GmbH + Co. KG, Stuttgart
Printed in Germany

ISBN 978-3-17-020572-7

Vorwort

Diese Darstellung bietet einen raschen und zugleich präzisen Zugang zu den Hauptwerken von sechs repräsentativen Ethikklassikern. Alle Klassikertexte haben schwer verständliche, „dunkle" Stellen, die mit Hilfe von Kommentaren und Sekundärliteratur aufgehellt werden können. Dies erfordert jedoch einen beträchtlichen Zeitaufwand, den interessierte Leser oftmals nicht aufbringen können. In dieser Situation möchte diese Klassikeraufbereitung Unterstützung bieten: Mit ihrer Hilfe ist ein rasches und zugleich präzises Kennenlernen der Inhalte möglich. Die hier aufgenommenen acht Werke der philosophischen Klassiker sind jeweils komplett dargestellt.

Im Gegensatz zu den mehr summarischen Inhaltsangaben von philosophischen Werken bietet diese Aufbereitung eine detaillierte Darstellung der Klassikerinhalte mit allen Feinheiten der Argumentation. Obwohl sie gegenüber den Originalklassikern quantitativ stark reduziert ist, wurde die Verschlankung nicht primär durch Auslassungen erreicht, sondern durch eine strikte Konzentration auf die Kernaussagen. Diese werden zudem straff gegliedert wiedergegeben, so dass damit auch ein Lern-, Memorier- und Übungseffekt erreicht werden kann. In diesem Sinne soll das Werk auch als Vorbereitungshilfe für Examina zu diesen Klassikern dienen.

Da viele der in der angewandten Ethik verwendeten Argumente ihren Ursprung in den Klassikertexten haben, möchte diese Darstellung auch dazu beitragen, in strittigen Fragen der angewandten Ethik ein kritisch reflektiertes Urteil formulieren zu können.

Max Klopfer

Inhaltsverzeichnis

1	Platon	13
1.1	Biografisches	13
1.2	Die Sophistik	15
1.3	Gorgias	16
1.3.1	Erster Teil: Das Gespräch mit Gorgias	20
1.3.2	Zweiter Teil: Das Gespräch mit Polos	22
1.3.3	Dritter Teil: Das Gespräch mit Kallikles	27
1.4	Politeia	32
1.4.1.	Buch I: Das Gespräch mit Thrasymachos	34
1.4.2	Buch II: Gerechtigkeit, Ungerechtigkeit und der Ring des Gyges	40
1.4.3	Buch III: Wahrheit und Lüge	47
1.4.4	Buch IV: Die vier Kardinaltugenden	49
1.4.5	Buch V: Drei Tabu-Brüche – Der Wächterstaat	54
1.4.6	Buch VI: Gleichnis vom Staatsschiff; Sonnen- und Liniengleichnis	57
1.4.7	Buch VII: Das Höhlengleichnis	65
1.4.8	Buch VIII: Die Ungerechtigkeit; vier schlechte Staatsformen	71
1.4.9	Buch IX: Glück und Unglück des Gerechten und Ungerechten	73
1.4.10	Buch X: Lobpreisung der Gerechtigkeit	77
2	Aristoteles	81
2.1	Biografisches	81
2.2	Nikomachische Ethik	83
2.2.1.	Buch I: Glück als das höchste Gut; Methoden	84
2.2.2	Buch II: Die ethische Tugend im Allgemeinen	95
2.2.3	Buch III: Die Freiwilligkeit; die Entscheidung	103
2.2.4	Buch IV: Einzelne ethische Tugenden	116

2.2.5	Buch V: Die Gerechtigkeit	126
2.2.6	Buch VI: Die dianoëtischen Tugenden	135
2.2.7	Buch VII: Die Charaktertypen; erste Lustabhandlung	144
2.2.8	Buch VIII: Die Freundschaft	157
2.2.9	Buch IX: Die Freundschaft; das Wohlwollen; die Selbstliebe	166
2.2.10	Buch X: Zweite Lustabhandlung; zwei Arten des Glücks	177

3 Cicero 187

3.1 Biografisches 187

3.2 Die Stoa 188

3.3 De officiis 193

3.3.1	Buch I: Das Ehrenhafte	194
3.3.1.1	Anthropologische Grundlagen: die Oikeiosis-Lehre	196
3.3.1.2	Das Ehrenhafte und die vier Kardinaltugenden	197
3.3.1.3	Erste Tugend: Die Wahrheitssuche	197
3.3.1.4	Zweite Tugend: Gerechtigkeit und Wohltätigkeit	198
3.3.1.5	Dritte Tugend: Tapferkeit als Seelengröße	203
3.3.1.6	Vierte Tugend: Das Maßvolle als das Schickliche	205
3.3.1.7	Konflikte zwischen den vier Bereichen der Kardinaltugenden	212
3.3.2	Buch II: Das Nützliche	213
3.3.2.1	Einleitung	213
3.3.2.2	Methodische Grundlagen	213
3.3.2.3	Zusammenleben mit anderen	214
3.3.2.4	Konflikte	217
3.3.3	Buch III: Ehrenhaftes und Nützliches im Scheinkonflikt	218
3.3.3.1	Meinungen der Philosophen	218
3.3.3.2	Die erste Tugend: Wahrheitssuche	220
3.3.3.2.1	Die oberste Handlungsregel	220
3.3.3.2.2	Die naturrechtliche Grundlage der obersten Handlungsregel	221
3.3.3.3	Die zweite Tugend: die Gerechtigkeit	222
3.3.3.3.1	Erste Beispielgruppe: Umgang mit dem Nächsten	222
3.3.3.3.2	Zweite Beispielgruppe: Verhalten im Krieg	224
3.3.3.3.3	Dritte Beispielgruppe: Wirtschaftsethik	224
3.3.3.3.4	Vierte Beispielgruppe: Medizinethik	230

3.3.3.4	Die dritte Tugend: geistige Größe und Tapferkeit	231
	3.3.3.4.1 Das Verhalten des Konsuls Regulus	231
	3.3.3.4.2 Das epikureische Übelabwägungskriterium	231
	3.3.3.4.3 Der Eid	232
3.3.3.5.	Die vierte Tugend: das Schickliche, das Maß und die Ordnung	233

4 Thomas von Aquin ... 235

4.1	Scholastik und Universitäten	235
4.2	Biografisches	238
4.3	Summa theologiae I–II q. 1–21	241
4.3.1	Das Glück (q. 1–5)	243
4.3.1.1	q. 1: Der Endzweck des Menschen	243
4.3.1.2	q. 2: Worin das menschliche Glück besteht	247
4.3.1.3	q. 3: Das Wesen des Glücks	250
4.3.1.4	q. 4: Was das Glück erfordert	253
4.3.1.5	q. 5: Das Erlangen des Glücks	255
4.3.2	Die menschlichen Handlungen (q. 6–17)	257
4.3.2.1	q. 6: Das Freiwillige und das Unfreiwillige	257
4.3.2.2	q. 7: Die Umstände der menschlichen Handlungen	260
4.3.2.3	q. 8: Über den Willen, insofern es das Wollen betrifft	262
4.3.2.4	q. 9: Was den Willen bewegt	263
4.3.2.5	q. 10: Wie der Wille bewegt wird	266
4.3.2.6	q. 11: Das Genießen als Akt des Willens	267
4.3.2.7	q. 12: Die Intention	269
4.3.2.8	q. 13: Die Wahl der Mittel	271
4.3.2.9	q. 14: Das Sichberaten vor der Wahl	272
4.3.2.10	q. 15: Die Zustimmung als Willensakt bezüglich der Mittel	274
4.3.2.11	q. 16: Das Gebrauchen als Willensakt bezüglich der Mittel	276
4.3.2.12	q. 17: Die vom Willen angeordneten Akte	277
4.3.3	Die Sittlichkeit menschlicher Handlungen (q. 18–21)	280
4.3.3.1	q. 18: Gute und schlechte Handlungen im Allgemeinen	280
4.3.3.2	q. 19: Über das Gut- oder Schlechtsein des inneren Willensaktes	284
4.3.3.3	q. 20: Das Gut- oder Schlechtsein der äußeren Handlungsakte	288
4.3.3.4	q. 21: Was aus den guten oder schlechten Handlungen folgt	292

| 5 | Immanuel Kant | 295 |

| 5.1 | Biografisches | 295 |

5.2	Grundlegung zur Metaphysik der Sitten (1785)	297
5.2.1	Vorrede	299
5.2.2	Von der gemeinen sittlichen zur philosophischen Vernunft	302
5.2.2.1	Der gute Wille	302
5.2.2.2	Die Pflicht	305
5.2.2.3	Der kategorische Imperativ im Umriss	309
5.2.2.4	Die natürliche Dialektik des gesunden Menschenverstandes	310
5.2.3	Von der populären Weltweisheit zur Metaphysik der Sitten	311
5.2.3.1	Moralischer Empirismus versus Metaphysik der Sitten	311
5.2.3.2	Die hypothetischen Imperative und der kategorische Imperativ	312
5.2.3.3	Vierergruppe der Pflichten	319
	5.2.3.3.1 Erstes Fallbeispiel: Suizid	323
	5.2.3.3.2 Zweites Fallbeispiel: Ehrlichkeit im Borgen von Geld	323
	5.2.3.3.3 Drittes Fallbeispiel: Faulheit	325
	5.2.3.3.4 Viertes Fallbeispiel: Menschen in Not	326
5.2.3.4	Autonomie und Heteronomie des Willens	327
5.2.4	Von der Metaphysik der Sitten zur Kritik der praktischen Vernunft	328
5.2.4.1	Freiheit und Autonomie	329
5.2.4.2	Das Interesse an Moral und das Problem eines Zirkelschlusses	332
5.2.4.3	Deduktion des kategorischen Imperativs	336
5.2.4.4	Die Grenze einer praktischen Philosophie	337

5.3	Kritik der praktischen Vernunft (1788)	341
5.3.1	Vorrede und Einleitung	342
5.3.2	Die Analytik	349
5.3.2.1	Die Grundsätze der reinen praktischen Vernunft	350
	5.3.2.1.1 Deduktion der Grundsätze	364
	5.3.2.1.2 Praktischer Vernunftgebrauch als Erweiterung der Erkenntnisse	367
5.3.2.2	Der Gegenstand der reinen praktischen Vernunft	367
	5.3.2.2.1 Die Begriffe Gut und Böse	368
	5.3.2.2.2 Kategorien der Freiheit und die Begriffe Gut und Böse	369
	5.3.2.2.3 Die Typik der reinen praktischen Urteilskraft	372

5.3.2.3	Die Triebfedern der reinen praktischen Vernunft	373
	5.3.2.3.1 Die Triebfedern zum Handeln zwischen Sinnlichkeit und Verstand	373
	5.3.2.3.2 Kritische Prüfung der Analytik	381
5.3.3	Die Dialektik	390
5.3.3.1	Dialektik und höchstes Gut	390
5.3.3.2	Die Antinomien der praktischen Vernunft	394
5.3.3.3	Der Primat der praktischen Vernunft	396
5.3.3.4	Die Postulatenlehre	397
5.3.3.5	Folgerungen aus der Postulatenlehre	402
5.3.4	Die Methodenlehre	403
5.3.4.1	Kants Geschichten, Beispiele und Fallschilderungen	406
	5.3.4.1.1 Fall 1: Anna Boleyn und Heinrich VIII	406
	5.3.4.1.2 Fall 2: Anvertrautes Depositum	407
	5.3.4.1.3 Transformation und Überprüfung der zwei Fälle	408
	5.3.4.1.4 Fall 3: Lügen aus Menschenliebe	410
	5.3.4.1.5 Fall 4: Juvenals satura auf die Pflicht	411
5.3.4.2	Beschluss	413

6 John Stuart Mill 415

6.1	Biografisches	415
6.2	Utilitarismus	416
6.2.1	Allgemeine Bemerkungen	417
6.2.2	Was heißt Utilitarismus?	420
6.2.3	Die fundamentale Sanktion des Nützlichkeitsprinzips	429
6.2.4	Die Art des Beweises für das Nützlichkeitsprinzip	432
6.2.5	Zusammenhang von Gerechtigkeit und Nützlichkeit	435

Literaturverzeichnis 451

1 Platon

1.1 Biografisches

Herkunft

Platon wurde im Jahre 428/427 vor Chr. geboren. Er hieß eigentlich Aristokles, aber sein Sportlehrer nannte ihn wegen seiner breiten Körperverfassung Plato (gr. *plátos* = Breite, Umfang). Väterlicher- wie mütterlicherseits stammte Platon aus berühmten und wohlhabenden athenischen Familien. Sein Vater leitete seine Herkunft vom Geschlecht alter Königsfamilien her, seine Mutter aus dem Kreis um den bedeutenden athenischen Staatsmann Solon. Platon hatte zwei ältere Brüder (Adeimantos und Glaukon) sowie eine Schwester (Potone). Er blieb unverheiratet, im Gegensatz zu Sokrates und Aristoteles.

Begegnung mit Sokrates und Gründung der Akademie

Im Alter von ca. 20 Jahren schließt sich der junge Platon dem Schülerkreis von Sokrates (469–399 vor Chr.) an. Dieser war ein stadtbekannter Philosoph im Alter von über 60 Jahren. Dessen Kreis wird Platon bis zum gewaltsamen Tod des Sokrates im Jahre 399 angehören. In diesen acht bis neun Jahren nimmt er an zahlreichen Gesprächsrunden des Sokrates über philosophisch-ethische Themen teil, die er später in seinen Dialogen darstellen wird. Dabei wird meist sein geschätzter Lehrer Sokrates die entscheidenden Gedanken vortragen, nicht jedoch Platon selbst. Aufgewachsen ist Platon außerhalb von Athen in einer baum- und quellreichen Landschaft, die schon Sophokles im „Ödipus auf Kolonos" als „herrlichsten Fleck der Welt" preist. (Vers 668 f.) Kolonos („Hügel") war u. a. die Bezeichnung für die Hügellandschaft und den Vorort nordwestlich von Athen. Dort gab es seit dem 6. Jahrhundert einen heiligen Bezirk mit dem Namen Akadémeia, der wahrscheinlich auf einen früheren Heros namens Akádemos zurückging. In diesem Bezirk befand sich ein „Gymnasium", d. h. ein Sportplatz für die Athener, den auch Sokrates gerne aufsuchte. Platon wird später dort ein Grundstück kaufen und die „Akademie" gründen. Der Komödiendichter Aristophanes besingt im Jahre 423 diese Landschaft in seinem Stück „Die Wolken": „In *Akádemos'* heiligem Olivenhain wirst du im Schatten lustwandeln, lichtgrünes Schilflaub umkränzt dir das Haar, und zur Seite geht sittsam ein Freund dir, und es duftet vom Geißblatt und Feiertag und vom Silberlaube der Pappeln, wenn sich selig im Frühlingsschimmer vermählt das Flüstern von Ulm' und Platane." (Vers 1005 f.)

Im Alter von ca. Anfang bis Mitte 40 gründet Platon im Jahre 387/385 nach dem Kauf eines Grundstückes die Akademie. Nach der Eroberung von Athen und der Zerstörung des Akademiebezirkes durch die Römer unter Sulla im Jahre 86 vor Chr. wurde die Akademie in die Innenstadt von Athen verlegt. Rechtlich gesehen war die Akademie (wie auch andere Philosophenschulen dieser Zeit) ein religiöser Kultverein (gr. *thiasos*). Der Tag begann morgens mit einem Gebet und Opfer für Apollon, den Gott der Wahrheit. Die Bedeutung Apollons für die Akademie zeigt sich auch darin, dass später der

Geburtstag Platons an dem Tag gefeiert wurde, der auch für die Athener als der Festtag Apollons galt, nämlich der 7. Thargelion (im Mai/Juni).

Wegen dieser Verbindung mit dem Gott Apollon wurde die Akademie in christlicher Zeit durch den oströmischen Kaiser Justinian – nach fast eintausendjähriger Wirksamkeit – im Jahre 529 zwangsweise aufgelöst. Als historisch schicksalhaft wurde empfunden, dass im gleichen Jahr in Italien eine neue Pflanzstätte für Bildung geschaffen wurde, die Klostergründung von *Monte Cassino* durch Benedikt von Nursia. Wiederum ca. tausend Jahre später wird in der Renaissance in Florenz durch griechische Gelehrte, die nach der Eroberung Konstantinopels 1453 durch die Türken geflohen waren, eine Neugründung der *Accademia Platonica* erfolgen, denen dann weitere im Barock folgten.

Gestorben ist Platon im ersten Jahr der 108. Olympiade, (d. h. im Jahre 348/347 vor Chr.) im 81. Lebensjahr während eines Hochzeitsessens (so eine der Überlieferungen). Beerdigt wurde er in der Akademie. Die gesamte Bevölkerung seines Wohnbezirks nahm an der Beerdigung teil. Sein Testament regelt die Verwendung von zwei Grundstücken aus Platons Besitz, außerdem nennt es fünf Sklaven mit Namen, wobei er einer Sklavin mit Namen Artemis die Freiheit schenkte. Das Grundstück, das die Akademie beherbergte, dürfte Platon auf diese Institution übertragen haben. Obwohl er kein großes Vermögen hinterließ, betonte er: „Ich schulde keinem Menschen irgend etwas."

Dem entscheidenden philosophischen Anreger für Platon, Sokrates, wurde nach seinem Tode – wie in der Antike oftmals üblich – eine Herme gestiftet, in deren Corpus ein Satz aus dem Dialog „Kriton" von Platon aufgenommen wurde: „Nicht nur in diesem Augenblick, sondern mein ganzes Leben halte ich es so, dass ich nichts anderem gehorche als dem LOGOS, der sich mir in der Unterhaltung als der beste erweist." Sokrates antwortet mit diesem Satz auf die Frage, warum er gegen das ungerechte Todesurteil keinen Fluchtversuch unternehme: Er würde sich in seinen Augen damit schuldig machen, da die rechtmäßige Verteidigung einzig und allein in der argumentativen Verteidigung liegt. Eine Flucht stelle ein unrechtmäßiges Mittel dar, wie es auch Gesetzlose verwenden. Die physische Fähigkeit stellt nur die *notwendige* Bedingung für eine Rettung dar, die *hinreichende* Bedingung ist aber der moralische Wille des Handelnden. Dieser soll sich aber dem Logos unterwerfen und ihm allein folgen.

Bezüglich der Abfassungszeit der Dialoge Platons ist man auf ungefähre Hinweise angewiesen, die sich aus dem Werk selbst oder aus anderen Quellen ergeben. Für den „Gorgias" kann man als einigermaßen sichere Angabe nur das Jahrzehnt zwischen 399 und 389 und für die „Politeia" das Doppeljahrzehnt zwischen 389 und 367 nennen.

Biographie im Überblick

ca. 480	Geburt des Gorgias in Leontinoi (Sizilien)
ca. 470	Geburt des Sokrates in Athen
ca. 460	Geburt des Thrasymachos in Chalcedon, Kleinasien (gestorben nach 399)
429	Tod des 66-jährigenPerikles
428/7	Geburt Platons
423	Komödie „Die Wolken" des 22-jährigen Aristophanes (445–385) in Athen
408	Der 20-jährige Platon wird Schüler des Sokrates

ca. 380   Tod des ca. 100-jährigen Gorgias in Thessalien (andere Angaben: gest. 376)
399   Prozess und Tod des 70-jährigen Sokrates in Athen
399–389   In diesem Jahrzehnt (genaue Jahreszahl unbekannt) verfasst Platon den „Gorgias" (zwischen Sokrates' Tod 399 und der ersten Sizilienreise 389)
387/385   Gründung der „Akademie" auf einem Grundstück, das dem Heros *Akádemos* geweiht war (im Bezirk *Akadémeia*)
387–367   In diesem Doppeljahrzehnt (genaue Jahreszahl unbekannt) entsteht die „Politeia", also etwa zwischen der Akademiegründung 387 und der zweiten Reise nach Sizilien 367.
348/7   Tod Platons im Alter von ca. 80 Jahren in Athen

1.2   Die Sophistik

Die Sophisten (*sophistés*) sind in den Dialogen Platons die Gegner des Sokrates. Wer waren die Sophisten? Platon charakterisiert sie als Pseudo-Weisheitslehrer negativ, andererseits gelten sie auch als Repräsentanten der „griechischen Aufklärung"[1] und werden mehr positiv gezeichnet. Man kann drei Phasen der Bedeutungsvarianten von Sophistik unterscheiden (Taurek 1995, 7–24): eine vorplatonische, eine platonische und eine nachplatonische Bedeutung.

1. Im vorplatonischen Sinn sind *sophistés* kenntnisreiche, erfahrene Menschen, die ihr Wissen auch andere lehren. In diese Zeit fällt die Komödie „Die Wolken" *(Nephelai)* des 22-jährigen Aristophanes, uraufgeführt bei den Großen Dionysien 423. Darin wird der 47-jährige Sokrates den Sophisten zugerechnet und verspottet. Sokrates wehrt sich später anlässlich seines Prozesses gegen diese Darstellung bei Aristophanes.

2. Platon greift die pejorative Bedeutung der Sophistik auf, grenzt aber sein philosophisches Vorbild Sokrates ausdrücklich davon ab. Die Sophisten erscheinen bei Platon in seinen Dialogen (einschließlich des „Gorgias" und des ersten Buches der „Politeia") als Menschen, die mit ihren rhetorischen Fähigkeiten Machtansprüche verbinden und nur ein Scheinwissen haben.

3. In nachplatonischer Zeit schwankt das Bedeutungsspektrum von Sophist wieder zwischen negativen und positiven Konnotationen.

Allgemein-sachlich ist die Sophistik durch einen Wechsel von naturphilosophischen zu anthropologischen Fragen gekennzeichnet, also von der Natur zum Menschen. Die vorsophistische Zeit hat zwar auch Fragen nach dem Menschen gestellt, aber dort war der Mensch Teil des Kosmos, in der Sophistik löst er sich davon ab und wird als „Geflecht von Bezügen" (Taurek 1995, 8) dargestellt: in seinen Bezügen zur Natur, zu anderen Menschen, zu Göttern, zum Staat usw.

Da die Komödie „Die Wolken" des Aristophanes sowohl die vorplatonische Sicht der Sophistik mit bestimmt hat als auch einen Einblick in das sophistische Verständnis von

---
[1] Kritisch zur Übertragbarkeit des Begriffs Aufklärung aus dem 18. Jahrhundert auf die Zeit Griechenlands im 5./4. Jahrhundert: Taurek 1995, 35–42

Bildung und Erziehung gewährt, soll sie hier als Einführung in die damaligen Vorwürfe gegenüber den Sophisten kurz dargestellt werden. Aristophanes vertritt einen mehr konservativen Standpunkt und macht die Sophisten wegen ihrer Pseudo-Bildung lächerlich.

Zum Inhalt

Ein einfacher Bauer namens Strepsíades hatte einst eine anspruchsvolle Frau aus der Stadt geheiratet mit der Folge, dass der Sohn seiner Mutter ähnelt und ein Verschwender wurde. Dieser stürzt mit seiner teuren Vorliebe für Pferde und Wettrennen den Vater in Schulden, dem die Gläubiger immer mehr zusetzen. Da der Vater gehört hat, dass es in Athen eine neue Schule gebe, eine „Philosophenklause" *(Phrontisterion)*, in der man gegen Geld lernen könne, wie man vor Gericht „eine schlechte Sache zu einer besseren machen könne"[2], begibt er sich zu jener „Schule", deren Leiter Sokrates ist. Dieser liegt gerade in seiner Hängematte an der Decke, begibt sich dann aber gnädig herab und nimmt den alten Vater in seine „Philosophenklause" auf. Dort wird er von Sokrates in die Lehre von neuen Göttern, den Wolken, eingeweiht, die es anstatt von Zeus zu verehren gilt. Als „Beweis" führt der aristophaneische Sokrates an, dass Zeus ohne Wolken es weder regnen lassen könne, noch donnern und blitzen, seine Haupttätigkeiten. Die Wolken, die sich stets verändern und in neuer Form erscheinen, symbolisieren dabei die unsolide Auffassung der Sophisten, ihre Dialektik. Strepsíades bittet nun den Sokrates, dass er ihm beibringe, wie man vor Gericht das Recht so verdrehen kann, dass er aus den Schulden herauskomme. Da er sich aber als unfähig erweist, den Lehren des Sokrates auch nur einigermaßen folgen zu können, schickt er seinen missratenen Sohn in diese „Schule". Der Sohn lernt nun tatsächlich die Kunst der Rechtsverdrehung als „Anwalt der schlechten Sache", womit zwei Gläubiger um ihr Geld geprellt werden können. Der Vater erlebt aber später am eigenen Leib die „wolkige" Kunst der Sophisten, da er in einem Streit mit seinem Sohn, der weiterhin als „Anwalt der schlechten Sache" auftritt, von diesem verprügelt wird. Sein Sohn hatte nämlich bei seinen „Lehrern" gelernt, dass die Alten wieder zu Kindern würden, und zwar wegen ihres Alters zu zweifachen Kindern. Kinder aber, wenn sie nicht lernen wollen, erhalten von ihren Eltern Prügel, und zwar aus Liebe, damit etwas Ordentliches aus ihnen werde. Strepsíades erhält nun wegen der Übernahme der konfusen Neuerungen aus dem Phrontisterion Prügel von seinem Sohn zur Belehrung und Besserung, also aus Liebe. Daraufhin zündet Strepsíades mit Fackeln das Phrontisterion an. Auf die Frage eines Sophistenschülers, was er da mache, antwortet dieser: „Ich löse den Dachstuhl dialektisch auf." Das Stück thematisiert also das damals schon volkstümliche und beliebte Schwankmotiv vom „betrogenen Betrüger", dessen angebliche Schläue sich am Ende gegen ihn selbst kehrt.

1.3 Gorgias

Gesamt-Ausgaben

Platon: Sämtliche Dialoge, 7 Bände, in der Übersetzung von Otto Apelt, mit Erläuterungen, Erstauflage 1919 ff., Neuauflage Hamburg 1988

Platon: Sämtliche Werke, 4 Bände, in der Übersetzung von Friedrich Schleiermacher und Hieronymus Müller, herausgegeben von Ursula Wolf, Reinbek 1957–1959, neu herausgegeben 1994

---

[2] Wörtlich: aus einem ungerechten Argument (*logos*) ein scheinbar „gerechtes" Argument.

Platon: Sämtliche Werke, 6 Bände, in der Übersetzung von Friedrich Schleiermacher und Hieronymus Müller, Hamburg 1957 ff.

Einzelausgaben

Platon: Gorgias, in der Übersetzung von Friedrich Schleiermacher herausgegeben von Kurt Hildebrandt, Stuttgart 1961, als Nachdrucke 1989, 1993 f.

Platon: Gorgias, in der Übersetzung von Rudolf Rufener, mit einer Einleitung von Gerhard Krüger, in: Die Werke des Aufstiegs, Zürich 1948

Platon-Lexikon

Gigon, Olaf/Zimmermann, Laila: Platon – Lexikon der Namen und Begriffe, Zürich und München 1975

Schäfer, Christian (Hrsg.): Platon-Lexikon, Darmstadt 2007

Zitierung

Alle Textstellen aus den Werken Platons werden nach der sog. Stephanus-Ausgabe von 1578 mit Zahlen und Kleinbuchstaben zitiert.

Inhalt

Das Werk besteht aus drei Gesprächsteilen, umrahmt von einer Einleitung und einem Schlussmythos. Formal ist der Dialog in 83 Kapitel eingeteilt.

Teil	Kapitel	Redner	Thema	Textstelle
	1–2		Einleitung	447a–448 c
1	3–15	Gorgias	Was ist die Rhetorik?	448d–461b
2	16–36	Polos	Unterscheidung zwischen dem Unrecht tun und dem Unrecht erleiden sowie zwischen dem Schönen und Guten und zwischen dem Hässlichen und dem Schlechten.	461b–522e
3	37–78	Kallikles	Unterscheidung zwischen dem von Natur und dem nach Satzung Gerechten.	481b–522e
	79–83		Mythos vom Totengericht als Paränese	523a–527e

Titel

Antike Philologen haben an den Titel „Gorgias" den Untertitel *anatreptikós* = umstürzend bzw. erweckend hinzugefügt. Diese spätere Hinzufügung drückt bereits die Position aus, die Sokrates gegenüber der herrschenden Moral in Athen einnimmt, wie dies Kallikles, der Gegner des Sokrates, als Vorwurf formuliert. (481c) Im gesamten Dialog wendet sich Sokrates gegen eine von ihm als Mitläufertum abqualifizierte Lebensform mit ihrer Orientierung am hedonisch Angenehmen statt am Guten.

Gastgeber

Kallikles, ein reicher Athener, Lebemann; der Dialog fand wahrscheinlich in seinem Haus statt. Dort befindet sich als Gast der berühmte Rhetoriklehrer Gorgias mit seinem jugendlichen Schüler Polos. Gorgias kommt soeben von einem Fest, bei dem er eine mit großer Begeisterung der Menge aufgenommene Rede gehalten hat. Sokrates will nun von ihm erfahren, was seine Kunst als Rhetoriklehrer sei. Es sind weitere Gäste als

Zuhörer anwesend, vielleicht etwa 20 Personen, die aber nur Zuhörer sind. Das Hauptgespräch findet zwischen vier Personen statt.

Zeit
1. Wann hat der Dialog stattgefunden? Es gibt nur vage Anhaltspunkte für das historische Datum des Gesprächs (nicht zu verwechseln mit dem Jahr der Veröffentlichung des Dialogs durch Platon). Zwei Angaben für das Datum gibt es:
   - ab 427: In diesem Jahr war Gorgias aus Sizilien nach Athen gekommen, wo er, mit Unterbrechungen, einen Großteil seines Lebens verbrachte. Sokrates wäre etwa Mitte Vierzig gewesen, Gorgias etwa Mitte Fünfzig, Platon wäre noch ein Kind gewesen.[3]
   - 405: Sokrates erzählt, dass er ein Jahr vor dem Gespräch 406 Ratsherr geworden war, dann müsste der Dialog um 405 spielen, und dann wäre Sokrates ca. 64 Jahre alt gewesen, Gorgias ca. 74 Jahre alt, Platon wäre ca. 22 Jahre alt gewesen. Der Dialog kann also irgendwann zwischen 427 und 405 stattgefunden haben.[4]
2. Wann wurde der Dialog durch Platon geschrieben und veröffentlicht? Wahrscheinlich ca. 390 (also 9 Jahre nach dem – aus Platons Sicht – Justizmord an Sokrates); der historische Gorgias war dann ca. 90 Jahre alt, Platon stand im 38. Lebensjahr. Der „Gorgias" war wahrscheinlich der letzte Dialog aus der ersten Phase der Dialoge, kurz vor der ersten Sizilienreise Platons.

Gesprächspartner
Vier Hauptgesprächspartner: Sokrates, Gorgias (ein bekannter Rhetoriklehrer, bedächtig), Polos (sein junger Schüler, ein Heißsporn) und Kallikles (ein athenischer Politiker, ein Zyniker), daneben tritt noch Chairephon auf.

Wirkungsgeschichte
Von Aristoteles ist eine Geschichte überliefert, nach der ein korinthischer Landmann nach der begeistert aufgenommenen Lektüre des „Gorgias" seine Äcker und Weinberge aufgegeben habe, um in den Schülerkreis des Platon einzutreten und sein Leben an den Argumenten des Sokrates zu orientieren. Insgesamt wurde der Dialog seit der Antike wegen seiner aufrüttelnden und an das Gewissen des Einzelnen appellierenden Aussagen geschätzt.

Methode
Ein Redner stellt eine These auf, ein anderer Redner (hier Sokrates) unterwirft sie einem *elenchos*, d. h. einer befragenden Prüfung, einer Rechenschaftsablage. Im „Gorgias" wird von Sokrates der Vorschlag gemacht und angenommen: Keine langen Erörterungen, sondern möglichst kurze und klare Aussagen. Sokrates zwingt hier seine Gegner meist zu einer Präzisierung ihrer Aussagen bzw. Definitionen. Sokrates' Methode der Prüfung der Argumente seiner Gesprächspartner, ihrer Rechenschaftsablage, geht so vor sich: Er bringt sie dazu, bestimmte Argumente vorzutragen, zeigt ihnen aber, dass diese mit anderen Argumenten, die sie ebenfalls lieb gewonnen bzw. schon vorgetragen haben, in Widerspruch stehen. Sie haben sich also in einen Selbstwiderspruch verwickelt,

---

[3] Suhr (1992) benennt den Zeitraum 424–422, Kutschera (2002) das Jahr 427 als das wahrscheinliche Datum für das Gespräch.
[4] Apelt (1922) benennt in seiner Einleitung zur Übersetzung des „Gorgias" diese beiden Jahreszahlen.

und zwar deshalb, weil sie ihr tragendes Begriffssystem nicht konzis angelegt haben. Das bedeutet: Argumente können nicht spontan und willkürlich an veränderte Gesprächssituationen angepasst werden, nur um zu erreichen, dass man weiterhin Recht behält.

Kurzcharakteristik der Teilnehmer
- Chairephon: Freund und ständiger Begleiter des Sokrates; ging zum Orakel nach Delphi, stellte dort die Frage, ob jemand in Athen weiser sei als Sokrates und erhielt die unerwartet präzise Antwort der Pythia, dass niemand weiser als Sokrates sei. (Apologie, 21a) Er brachte diese Antwort nach Athen, wo sie eine große Diskussion auslöste. Er war von untadeligem Ruf und starb wahrscheinlich kurz vor dem Prozess gegen Sokrates 399.
- Gorgias: geb. 483/480, stammte aus Leontinoi in Sizilien. Er war Schüler des Empedokles und stand mit den Eleaten in Verbindung. Bedeutender Vertreter der Sophistik (neben Protagoras), hervorragender Rhetoriker. Er war ein Vertreter der epideiktischen Redekunst (*epideiktikós* = aufzeigend), also der Prunkrede (Lob der Helena usw.). Er soll durch die elegante und virtuose Handhabung der griechischen Sprache eine faszinierende und berauschende Wirkung auf seine Zuhörer ausgeübt haben. Er soll auch durch prunkvolle Kleidung und ein ebensolches Auftreten seine Wirkung berechnet haben, in der persönlichen Lebensführung soll er aber eher ein einfaches Leben bevorzugt haben. Er erreichte ein Alter von ca. 100 Jahren (gest. 376), anderen Angaben zufolge soll er zehn Jahre früher gestorben sein.
- Kallikles: Athenischer Bürger, weltgewandt, zynisch, sinnlich; Gesprächspartner des Sokrates im Dialog „Gorgias"; wahrscheinlich eine historische Persönlichkeit, wenngleich nähere Angaben über ihn nicht vorliegen. Manche vermuten, dass sich hinter dem Maskennamen Kallikles der einflussreiche Politiker Alkibiades verbirgt.
- Platon: 427–347, Athen; nennt seinen Namen dreimal (in Apologie 34a, 38b und Phaidon 59b). Seine (älteren) Brüder waren Glaukon und Adeimantes, nahe Verwandte waren Kritias (Titelfigur des nach ihm benannten Dialogs) und Charmides (gest. 403; Titelfigur des gleichnamigen Dialogs).
- Polos: Stammte aus Akragas (Agrigento), Sizilien, Schüler des Gorgias, der ebenfalls aus Sizilien stammte, Autor eines Buches über die Redekunst; ein ungeduldiger und fast arroganter Gesprächspartner des Sokrates im Dialog „Gorgias". Er wird durch Sokrates zu einer Modifizierung seiner Thesen veranlasst.
- Sokrates: ca. 470 in Athen geboren, also in der Zeit der Perserkriege (500–448); hingerichtet 399.

Hauptthema: Was heißt „gut leben"?
Der Dialog „Gorgias" behandelt in seinen drei Teilen die Frage, wie man leben solle, und zwar im präzisen Sinne diejenige Frage nach dem guten Leben. Es geht also nicht primär um Fragen von Normen und Entscheidungen, sondern um die von Sokrates behandelten beiden möglichen Lebensformen, dem hedonischen Leben einerseits und dem guten Leben andererseits. Die hedonische Lebenskonzeption, vordergründig verstanden, findet leicht Zustimmung bei vielen Menschen, diejenige nach dem guten Leben scheint eher, mit Nietzsche gesprochen, „moralinsauer" zu schmecken. Und doch

ist der zweite Lebenssinn zentral mit der Frage nach dem Glück verbunden, wie Sokrates, der Hauptgesprächsführer, zeigen möchte. Es liegt also, aus seiner Sicht, zutiefst im wohl verstandenen Eigeninteresse jedes Menschen, sich der Frage nach den Bedingungen des guten Lebens zuzuwenden.

Das Motiv des „sich selbst Schämens"
Die drei Redner Gorgias, Polos und Kallikles wechseln sich in der Auseinandersetzung mit Sokrates nacheinander ab. Das jeweilige Ende des Gesprächs wird durch das von Sokrates in Gorgias, Polos und Kallikles wachgerufene Gefühl der Scham herbeigeführt, weil sie sich über anerkannte Grundsätze anständigen Verhaltens hinwegsetzen wollten. (Kobusch 1996, 50–53) Ausgelöst wird dieses Gefühl, wenn die Gesprächspartner durch Sokrates bei einem Selbstwiderspruch ertappt werden und sie deshalb das Gespräch nicht mehr fortsetzen können oder wollen. Zentral tritt dies im Zugeständnis von Polos zutage, dass Unrecht tun schändlich *(aischros)* sei. Der Gegensatz zwischen „schädlich" und „schändlich" prägt entscheidend das Gespräch.

1.3.1 Erster Teil: Das Gespräch mit Gorgias

Sokrates betritt das Haus des Kallikles, in dem der berühmte Rhetoriker Gorgias einen glanzvollen Vortrag gehalten hat, den Sokrates versäumte, weil sein Begleiter Chairephon zu lange am Markt verweilt hatte. Sokrates möchte nun mit Gorgias ein Gespräch führen und erklärt dem Hausherrn Kallikles seine Absicht: „Denn ich will diesen Mann ausfragen, was seine Kunst vermag und was es ist, was er verheißt und was er lehrt." (447c) Sokrates möchte also eine Definition über die Art der Tätigkeit des Gorgias erhalten. Dabei wird den Zuhörern des Gesprächs zwischen Sokrates und Gorgias ein Exkurs über das falsche und das richtige Definieren geboten.

Zunächst treten nicht die Hauptakteure Sokrates und Gorgias auf, sondern in Art einer Ouvertüre beginnt Chairephon das Gespräch mit Polos, erweist sich aber als ungeschickter Frager, Polos ebenfalls als ungeschickter Gesprächsteilnehmer. Nun greift Sokrates ein und wirft Polos vor, den Unterschied zwischen einer Frage nach dem Was? und einer Frage nach dem Wie? nicht zu beachten. Auf die Frage des Chairephon, was die Kunst *(techne)* des Gorgias ist, antwortete Polos, dass sie die vortrefflichste sei. Sokrates kontert: Nicht nach dem Wert der Kunst sei gefragt worden, sondern danach, was diese Kunst des Gorgias sei.

Was ist also Gorgias von Beruf? Gorgias antwortet, dass er ein Lehrer der Rhetorik sei, dass er die Redekunst *(rhetorike techne)* vortrefflich beherrsche. Sokrates fragt weiter, weil die Antwort des Gorgias, dass er reden könne, noch keine Definition seiner Tätigkeit sei. Es reden nämlich die Ärzte ebenfalls zu den Kranken, auch die Sportlehrer reden über die Gymnastik zu den Turnern usw. Es gibt aber auch Künste, bei deren Ausübung nicht geredet wird, wie z. B. bei den Malern und Bildhauern. Es gibt aber im Gegensatz dazu Künste, die man ohne Reden gar nicht ausüben kann, wie z. B. die Mathematiklehrer ihre Kunst nur durch Reden lehren können.

Auf die weitere Frage des Sokrates, worauf sich denn die Redekunst des Gorgias beziehe, antwortet Gorgias: Auf die wichtigsten und schönsten Angelegenheiten der Menschen. (451d) Auf die Frage des Sokrates nach dem Objekt der Rhetorik antwortet also Gorgias, dass sie sich auf das höchste Gut im Leben beziehe. (452c–d) Nun kontert Sokrates, dass bei Gastmählern in Rundgesängen die Menschen singen, dass erstens das beste die Gesundheit sei, das zweitbeste die Schönheit und das drittbeste der ehrlich erworbene Reichtum. Die typischen Vertreter dieser drei Güter, der Arzt, der Sportlehrer und der Kaufmann, würden dem Gorgias also widersprechen, dass die Redekunst die wichtigste und vortrefflichste Kunst im Leben sei. Also ist die Antwort des Gorgias nach dem Objekt seiner Redefähigkeit noch nicht widerspruchsfrei beantwortet. Die Redekunst bezieht sich nämlich nicht unwidersprochen auf das höchste Gut im Sinne des Gorgias, die Fähigkeit zum Reden. Die Antwort des Gorgias ist also nach wie vor viel zu vage.

Gorgias antwortet nun, dass die Redekunst darin bestehe, dass man andere Menschen überreden könne, z. B. vor Gericht die Richter, in der Ratsversammlung die Abgeordneten, in der Volksversammlung die Bürger, ebenso in jeder anderen Versammlung. Gorgias argumentiert: Aus diesem Grund wird der Rhetoriker den Arzt ebenso in der Hand haben wie den Sportlehrer und den Kaufmann. Dieser vor allem wird sein Geld nicht mehr für sich, sondern für dich, den mächtigen Redner, erwirtschaften, „weil du mittels der Rede Macht ausübst und die Massen zu überreden verstehst". (452e) *Diese Macht bezeichnet Sokrates aber als „dämonisch".* (456a)

Im nächsten Argumentationsschritt geht es um die Bestimmung des Ziels einer Rede. Wie andere Künste bezweckt sie Überredung. Aber nicht nur die Redekunst ist Meisterin in der Überredung, sondern z. B. auch die Mathematik. Diese ist Meisterin in der belehrenden Überredung. Sokrates fährt fort: Einiges glaubt man, anderes hat man erkannt. Glauben und Wissen sind also verschieden. Es gibt aber, so Sokrates, einen falschen und einen wahren Glauben, es gibt aber kein falsches und wahres Erkennen, denn Erkennen bezieht sich immer auf Wahres. (454d) Bei der Überredung, wie sie die Rhetorik erzeugt, unterscheidet Sokrates also zwischen einer belehrenden und einer glaubenmachenden Überredung. (455a)

Gorgias verteidigt nun die Notwendigkeit der Redekunst, denn in Athen wurden die Mauern, die Werften und die Häfen nicht auf Veranlassung der Fachleute gebaut, sondern durch das Wirken der beiden begnadeten Redner Perikles[5] und Themistokles[6]. (455e) Gorgias berichtet weiter, dass er selbst es erlebt habe, dass nicht die Ärzte durch ihre Reden die Patienten zur Durchführung einer notwendigen Behandlung bewegen konnten, sondern die Redner. Und so ist es auch bei den anderen „Sachverständigen": Ohne Redner können sie sich oftmals nicht durchsetzen. Auf die Menge der Nichtwissenden bezogen bedeutet dies, dass der „Nichtwissende (der Rhetoriker) mehr Glauben findet als der Wissende". (459b) Aber wie bei allen Künsten, so Gorgias, könne man die Redekunst auch zu falschen Zwecken missbrauchen. Der Gebrauch sei also ambivalent. Beispielsweise kann ein Arzt sein Können auch zu verbrecherischen Zwecken einsetzen, also statt zur Heilung des Patienten zur Herstellung eines Giftes, um den Patienten zu töten.

---

[5] geb. 495, gest. 429
[6] geb. 524, gest. 459

Hier spricht Sokrates nun seine entscheidende Hauptfrage aus, die Frage nach dem Objekt der Redekunst. Da das Objekt des Arztes die Gesundheit ist, das Objekt des Kaufmanns der Gewinn, stellt sich die Frage: Was ist das spezifische Objekt der Rhetorik? Sokrates bestimmt es mit Zustimmung des Gorgias als die Gerechtigkeit in ihrer Unterscheidung von der Ungerechtigkeit. Und hier fragt Sokrates den Gorgias, ob man im Hinblick auf die Gerechtigkeit ebenso einen beliebigen Gebrauch machen könne wie bei den anderen Künsten? Im Gespräch mit Sokrates hatte Gorgias ja argumentiert, dass der Gebrauch der Rhetorik ambivalent sei, da man einen guten und einen schlechten Gebrauch davon machen könne. (457c) Diesen Standpunkt, bezogen auf das Objekt der Gerechtigkeit, wird Gorgias im weiteren Verlauf des Gesprächs nicht durchhalten können und deshalb von Sokrates besiegt werden.

Die Rhetorik, argumentiert Gorgias mit Zustimmung des Sokrates, beziehe sich also auf das Gerechte und Ungerechte, wie es in politischen Versammlungen diskutiert werde, und der Rhetoriker verhelfe dem Gerechten zum Sieg. Nun aber muss Gorgias unter der überlegenen Gesprächsführung des Sokrates bekennen: Die Rhetorik ist keine wertfreie Kunst (*techne*), sondern habe ein Fachwissen um das Gerechte zur Voraussetzung. Ja, wer um das Gerechte weiß, könne gar nicht mehr ungerecht handeln, selbst wenn er es wolle (also Einsatz der von Platon öfter verwendeten Figur des *servum arbitrium*: Wer das Gute kennt, handelt auch gut, er kann gar nicht mehr anders). Denken und Handeln stehen also in Einklang, wenn man das Gerechte tatsächlich verstanden hat (also eine echte Erkenntnis davon hat, und nicht nur eine vom Rhetoriker erzeugte oberflächliche Meinung).

Warum gibt Gorgias auf? Er muss zugeben, dass er sich in der Bestimmung der Rhetorik geirrt hat: In Fragen der Gerechtigkeit, wie sie in Reden behandelt wird, kann es keine wertneutrale Position geben. Der Rhetoriker könne zwar dieses und jenes mit seiner Kunst vortragen, aber in Fragen der Gerechtigkeit müsse er selbst ein Fachmann sein. Fragen der Gerechtigkeit kann man nicht so nebenbei behandeln, wie dies Gorgias am Anfang des Gesprächs (460a) noch gemeint hat. Gorgias beendet nun seine Mitwirkung am Gespräch mit Sokrates, Polos führt es weiter.

1.3.2 Zweiter Teil: Das Gespräch mit Polos

Gorgias ist also nicht bereit, mit den tradierten Vorstellungen von Anstand zu brechen, sehr wohl aber sein jugendlicher Schüler und Bewunderer Polos. Er ist zornig auf seinen Meister Gorgias, weil dieser aus purem Anstand sich von Sokrates besiegen ließ. Wie führt Sokrates die Argumentation weiter, die ja in eine Widerlegung des Polos münden soll, dass die Rhetorik, wie Polos meint, eine *techne* sei?

Erster Schritt: Unterscheidung zwischen Kunst *(techne)* und Geschicklichkeit *(empeiria)*

Dem nun erreichten Argument widerspricht also der junge Polos trotzig. Er sagt: Da die Rhetorik eine Kunst (*techne*) ist, kann man sie auch missbrauchen, wie ein Arzt seine Kunst missbrauchen kann. Am Begriff der *techne* (Kunst) setzt nun Sokrates den Hebel an. Er weist Polos darauf hin, dass es echte und scheinbare Künste gibt. Die Koch-„Kunst" beispielsweise ist keine echte Kunst wie die Heil-Kunst des Arztes. Rhetorik und Koch-„Kunst" gehören zur Gruppe der Geschicklichkeiten in Bezug auf die Erzeugung von etwas Angenehmen (Lust i. w. S.), obwohl sie natürlich nicht identisch sind. Der Koch wie auch der Rhetoriker schmeicheln, der eine dem Gaumen, der andere den lieb gewonnenen Ansichten der Zuhörer. Die Rhetorik gehört also zur Geschicklichkeit im Schmeicheln.

Um festzustellen, ob beispielsweise die Gesundheit des Leibes vorliegt oder nicht, ist nicht der Koch der Fachmann, sondern der Arzt. Hier entwickelt nun Sokrates eine Analogie: Wie es Gutes und Schlechtes für den Leib gibt (die Gesundheit bzw. Krankheit), so gibt es Gutes und Schlechtes für die Seele (die Gerechtigkeit bzw. Ungerechtigkeit). Polos gibt nun zu, dass die Rhetorik Schmeichelei bezweckt, bestreitet aber, dass dies schlecht sei. Polos versucht nun seine These auf andere Weise zu retten. Er stellt nun die Rhetoriker in eine Reihe mit den Tyrannen, die jede Macht haben über alles, vor allem über ihre Gegner: Töten, Vermögen entziehen, des Landes verweisen usw. Die Rhetorik sei also deshalb positiv zu sehen, weil mit ihrer Hilfe Macht ausgeübt wird, ähnlich dem Tyrannen.

Zweiter Schritt: Redner und Tyrann haben gar nicht die Macht, wie dies Polos behauptet. Sokrates geht in sechs Schritten vor:

1. Er bringt Polos dazu zuzugeben, dass Handeln ohne Erkenntnis ein Übel ist. Wie kann man sich hier irren? Dies zeigt Sokrates im nächsten Schritt, in dem er eine Handlungstheorie im Umriss entwickelt.
2. Er zeigt, dass man eigentlich nicht das will, was man – vordergründig – tut, sondern um dessentwillen man es tut (Beispiel: Wasser wird getrunken, um den Durst zu löschen; also nicht das Trinken des Wassers ist das, was man will, sondern das Verschwinden des Durstes ist das, was man will). Wenn die Menschen nur auf das achten, *was* sie tun (nur auf die Mittel achten), haben sie keine Erkenntnis davon, worum willen sie dies tun (die Kenntnis des Zieles), und damit auch keine Kenntnis dessen, was sie wirklich tun. Der eigentliche Zweck jeden Handelns ist stets das Gute, und zwar sowohl für den Betroffenen als auch für den Handelnden. Der Tyrann dagegen, der seine Gegner ungerecht töten lässt, verursacht Schädliches in seiner Seele. Warum handelt er so? Weil er die Folgen für seine Seele nicht begreift, die darin bestehen, dass der Ungerechte nicht glücklich sein kann. Diese These vom Glück ist nicht sensualistisch zu verstehen, sondern als kritische Selbstakzeptanz des Handelnden. Der Tyrann dagegen handelt so, was ihm in den Sinn kommt, nach Gutdünken, ohne auf die psychisch-moralischen Folgen der Handlungen zu achten.
3. Sokrates zeigt, dass es neben dem Guten und dem Schlechten ein Mittleres gibt (z. B. Gehen, Laufen usw.), das aber mit dem Guten oder Schlechten in Verbindung stehen kann. Sokrates stellt nun die Frage, ob wir dieses Mittlere um des Guten willen oder das Gute um des Mittleren willen tun, und Polos antwortet richtig: Wir tun das Mittlere um des Guten willen (wir laufen dann, wenn dies gut für uns ist, z. B. wegen der Gesundheit). Also erhält auch das „Mittlere" (zunächst weder gut noch schlecht) seine moralische Artbestimmung aus dem damit verfolgten Zweck.
4. Viertens zeigt Sokrates, dass der Tyrann, wenn er jemanden des Landes verweist oder tötet (was auch mit Hilfe rhetorischer Unterstützung geschehen kann), nicht dieses will, sondern das Gute (denn alles, was wir tun, tun wir letzten Endes um eines

Guten willen und nicht um eines Schlechten willen). Solche Handlungen des Schädigens durch einen Tyrannen können aber nicht gut genannt werden, sondern sind ein Übel, was auch Polos schließlich zugibt.
5. Fünftens schlussfolgert Sokrates, dass der Tyrann (und auch die Redner) nicht das tun, was sie wollen. Es mag zwar dem Tyrannen so scheinen, also ob er durch eine Unrechtshandlung ein Gutes für sich oder den Staat bewirkt, in Wirklichkeit gehören seine Handlungen zur Gattung (zum *Genus*) des Schlechten. Sie sind nicht wirklich, sondern nur scheinbar gut, in Wirklichkeit aber schlecht.
6. Sechstens argumentiert Sokrates (wieder in streng begrifflicher Rückbindung) mit Zustimmung des Polos, dass zwar eine große Macht zu haben etwas Gutes ist, nicht aber dann, wenn man sie so verwendet wie ein Tyrann oder ein ungerechter Redner. Beide haben das Worumwillen außer Acht gelassen, können also nicht zwischen Ziel und Mittel unterscheiden. Nun wieder eine folgenreiche Schlussfolgerung: Wenn man nicht erkennt, ob etwas ein Übel oder ein Gutes ist, dann tut man auch nicht das, was man eigentlich will. Ein solches Machtstreben erweist sich paradoxerweise als Ohnmacht, ein Tyrann hat dann keinen freien Willen, weil ein solcher Mensch in Erkenntnis des Guten handeln müsste. Da er ungerecht ist, weil er ohne Einsicht in das Gute handelt, also ohne Tugend ist, verfehlt er auch die *Eudaimonia*, das Glück.

Polos versucht nun seine These auf andere Weise zu retten: Er preist den ungerechten Tyrannen als Muster eines glücklichen Menschen, weil dieser sich alles erlauben kann, was er nur will. Sokrates steigert seine Ansprüche und formuliert ein Moralgebot: Unrecht tun ist das größere Übel als ein Unrecht erleiden. Polos versucht Sokrates zu widerlegen, indem er auf den Tyrannen Archelaos hinweist, der sich durch größte Verbrechen aus ärmlichen Verhältnissen an die Spitze des Staates hochgearbeitet (besser: „hochgemordet") habe und nun ein Leben in Saus und Braus führen könne. Einen solchen müsse man doch glücklich preisen und beneiden. Polos gibt sich also noch nicht geschlagen.

Wie verfährt nun Sokrates weiter? Er geht hier zweischrittig vor: Zuerst klärt er wieder begrifflich einen allgemeinen Sachverhalt, dann wendet er die definierten Begriffe auf die konkrete Frage an. Geklärt wird zunächst der Unterschied zwischen dem Guten und dem Schönen. Das Schöne kann ohne oder mit Bezug zu etwas sein.
- Wenn es mit Bezug ist, dann wird etwas schön genannt, weil es (a) nützlich (durch den Gebrauch) oder (b) lustvoll ist (z. B. der Anblick eines schönen Menschen) oder beides zusammen.
- Für das Hässliche (Schändliche) gilt nun analog: Hässlich (schändlich) wird etwas genannt, weil es entweder (a) ein Übel oder (b) eine Unlust (z. B. Schmerz) erzeugend ist.

Angewendet wird diese Terminologie auf den Unterschied zwischen Unrecht erleiden und Unrecht tun. Polos stimmt zu, dass
- Unrecht erleiden übler sei als Unrecht tun, aber
- Unrecht tun sei hässlicher (schändlicher) als Unrecht erleiden.

Nicht stimmt er dem Sokrates zu, dass der Zusammenhang gelte: Wenn hässlicher (schändlicher), dann auch schlimmer. Davon möchte Sokrates nun den Polos überzeugen. Er argumentiert deshalb weiter: Wenn nun Unrecht tun hässlicher (schändlicher) ist als Unrecht erleiden, dann kann unter Verwendung des definierten Begriffs Schön/Hässlich gefolgert werden, dass Unrecht tun dem Handelnden entweder (a) Schmerz verursacht oder (b) ein Übel ist. Da nun aber das Unrecht tun dem Handelnden keinen Schmerz zufügt (sondern nur dem Betroffenen), kann also das Unrecht tun nur noch als Übel bezeichnet werden. Also ist im Sinne des Sokrates der Beweis gelungen, und Polos gibt sich geschlagen.

Sokrates hakt nun aber noch nach und greift das Problem der Ungerechtigkeit nochmals auf, und zwar mit der Frage, wie man von der Ungerechtigkeit geheilt werden kann. Seine Antwort lautet: durch Strafe. Strafe ist für die ungerechte Seele das analoge Heilmittel wie die Medizin ein Heilmittel für den kranken Körper ist. Der Ungerechte ist seelisch krank, sagt Sokrates. Deshalb müssten die Ungerechten sogar freiwillig zum Richter gehen und das Heilmittel der Strafe erbitten, wie die Kranken zum Arzt gehen und die (bittere) Medizin erbitten. Polos stimmt nun auch dieser Schlussfolgerung zu.

Nun kommt Sokrates nochmals auf das Begriffspaar „schön" und „gut" zurück. Derjenige, der den Ungerechten züchtigt, tut Schönes, der Gezüchtigte erleidet Gutes. Polos stimmt wieder zu. Schön und Gut passen also zusammen, was Polos zunächst energisch bestritten hatte.

Sokrates fasst zusammen: „Wenn aber Schönes, dann auch Gutes, nämlich entweder Angenehmes oder Nützliches."

- Das Gute im Sinne des Nützlichen ist der Vorteil, den der rechtmäßig Gestrafte erhält, nämlich von der Ungerechtigkeit in seiner Seele befreit zu werden.
- Angenehm ist es nur im übertragenen Sinn, analog in der Heilkunst, wenn ein Kranker sich freut, trotz eines schmerzhaften Eingriffs von der Krankheit geheilt zu werden, die ihn sonst zugrunde richten würde.

Also ist der Gerechte auch glücklich, was der ungerechte Tyrann nicht sein kann. Nun kommt Sokrates nochmals auf die Rhetorik zurück: Wenn sie als Gegenstand das Gerechte und das Ungerechte hat, dann braucht sie (z. B. im Gerichtssaal) auch nicht dazu verwendet zu werden, ungerechte Menschen vor ihrer gerechten Strafe zu retten. Die Rhetorik hat also nur einen eingegrenzten Wert.

Begriffe
- gr. *kalon* (das Schöne, Ehrenhafte, schön in der Seele) = dasjenige Moralische, was wir im Blick auf andere tun sollen = der übergeordnete moralische Begriff. Im Schlussmythos legt Sokrates dar, dass die gerechte Seele eine schöne Seele ist, also eine Seele ohne die hässlichen Narben der Ungerechtigkeit. Das Schöne braucht das Licht der Öffentlichkeit nicht zu scheuen, denn jeder erfreut sich daran. Hier könnte die Symbolik des Sonnen- bzw. Höhlengleichnisses („Politeia") verwendet werden.
- gr. *agathon* (das Gute) = dasjenige, was wir in unserem eigenen Interesse tun wollen, was zu unserem Glück beiträgt. Beispiel: Wenn man als Bittsteller Erfolg haben möchte, ist es gut, höflich zu sein.
- gr. *aischron* (das Hässliche, das Schändliche) = das Hässliche (im moralischen Sinne) ist dasjenige, was das Licht der Öffentlichkeit scheut, eben weil man sich wegen der Hässlichkeit schämt. Es ist unter allen Umständen zu meiden.

- gr. *kakon* (das Schlechte, das Schädliche) = dasjenige, was unter bestimmten Bedingungen zu meiden ist. (Beispiel: Wenn man bei einer Geldanlage großen Wert auf Sicherheit legt, ist es schlecht, dubiose Aktien mit dem vagen Versprechen einer hohen Rendite zu kaufen.)

Unter einem besonderen Aspekt	Unter einem absoluten Aspekt
gut (*agathon*): Wenn x gewollt, dann y.	schön (*kalon*): Dies ist unter allen Aspekten vorzuziehen.
schlecht, schädlich (*kakon*): Wenn nicht x gewollt, dann z.	hässlich, schändlich (*aischron*): Dies ist auf jeden Fall zu meiden.

Zur Rekapitulation der Argumentationsfolge bezüglich des Unrechttuns und des Unrechtleidens werden die Argumente des Sokrates und des Polos gegenüber gestellt.

Worin stimmen Sokrates und Polos überein und worin nicht?		
Übereinstimmung:	Nicht-Übereinstimmung	
Unrecht tun ist moralisch verwerflich, weil schändlich, hässlich (Schamgefühle auslösend).	Angesichts des Eigeninteresses ist es nachteiliger:	
	Unrecht zu tun (Sokrates)	Unrecht zu erleiden (Polos)

Polos stimmt noch so weit mit der öffentlichen Moral überein, dass er zugibt, dass Unrecht tun schändlich (hässlich) ist, dass aber zwischen dem moralischen und dem nützlichen Standpunkt unterschieden werden kann und das Moralische hinter dem Nützlichen zurückstehen müsse. Sokrates zeigt ihm, dass seine Doppelthese nicht durchzuhalten ist.

Polos: Unrecht leiden ist schlechter (schädlicher) als Unrecht tun. Aber Unrecht tun ist hässlicher (schändlicher) als Unrecht leiden.	
Unter moralischem Gesichtspunkt: Unrecht leiden ist dem Unrecht tun vorzuziehen	Unter dem Gesichtspunkt des Eigeninteresses: Das Unrecht tun ist dem Unrecht leiden vorzuziehen.

Sokrates widerlegt Polos in fünf Schritten:

1. Der von Polos akzeptierte Maßstab zur Unterscheidung zwischen schändlich und schön ist (a) der Nutzen oder (b) die Lust, oder (c) beides.
2. Der Begriff schändlich (hässlich) meint zwei Möglichkeiten: Etwas ist entweder (a) schädlich, d. h. gegen das Eigeninteresse, den Nutzen oder (b) ein Übel, d. h. ohne Lust. Hier spielt der Gegensatz von schändlich und schädlich eine Rolle. Schädlich bezieht sich auf die (mehr äußerlich verstandenen) Eigeninteressen eines Menschen, schändlich ist für Sokrates etwas, für das man sich schämen muss, weil es den inneren (moralisch relevanten) Kern eines Menschen betrifft. Aus diesem Grunde ist schändlich = hässlich, was das (Sonnen)-Licht scheuen muss.

3. Wenn nun Polos zugibt, dass Unrecht tun schändlich (hässlich) ist (seine Prämisse), dann ist es entweder ohne Nutzen oder ohne Lust.
4. Also muss das schändliche (hässliche) Unrecht tun mehr Schaden bewirken, also schlechter sein als das Unrecht erleiden.
5. Da niemand freiwillig das Schlechte wählt, ist bei dieser Alternative das Unrecht erleiden dem Unrecht tun vorzuziehen.

1.3.3 Dritter Teil: Das Gespräch mit Kallikles

Jetzt greift der dritte und letzte Redner ein, Kallikles. Er bezichtigt Sokrates der Weltfremdheit und möchte das Gespräch zur Normalität des Lebens zurückführen. Kallikles lehnt nun dieses Zugeständnis des Polos an Sokrates ab, dass das Unrecht tun nicht nur schändlich (hässlich), sondern auch schlecht sei. Aus purem Schamgefühl habe sich Polos gescheut, das Unrecht tun als vorteilhaft zu kennzeichnen. Diese eingetretene Situation möchte Kallikles verändern.

Wie argumentiert Kallikles? Er wirft zunächst Sokrates vor, dass seine moralischen Auffassungen geradezu „umstürzend" (481c) seien, die geltende oder gelebte Moral geradezu auf den Kopf stellen. Sokrates entgegnet, dass Kallikles in privaten wie in politischen Angelegenheiten sich jeweils opportunistisch verhält und keine eigene Meinung vertritt. Er, Sokrates, liebe die Philosophie, Kallikles dagegen den *Demos* (das Volk der Athener); aber während sich der *Demos* ständig wandelt und anderes sagt, sagt die Philosophie in gleichen Fragen immer das gleiche, sei also zuverlässig. Er fordert nun Kallikles auf, die Thesen des Sokrates zu widerlegen, oder Kallikles werde sich selbst widersprechen.

Auf dieses Stichwort des sich selbst Widersprechens geht nun Kallikles ein und bedauert, dass es Sokrates gelungen ist, Gorgias und Polos in einen solchen Selbstwiderspruch zu verwickeln, so dass sie ihre ursprünglichen Ansichten revidieren mussten und Sokrates zum Sieg verhalfen.

Er schlägt vor, das Gespräch auf den Gegensatz von *Nomos* (Konvention, Brauch, Sitte, Gesetz) und *Physis* (Natur, Vernunftgesetz) zu bringen, weil dies die wahre Antithese des Sokrates sei und diese bereits ständig im Hintergrund der Reden des Sokrates spürbar war. Er glaubt, den Grund für die bisherigen Siege über Gorgias und Polos entdeckt zu haben: Sokrates wechselt ständig von *Nomos* zu *Physis* und umgekehrt, ohne dies deutlich zu sagen: „Wenn sich nun jemand scheut und nicht den Mut hat zu sagen, was er denkt, so wird er gezwungen, sich selbst zu widersprechen. Mit klug berechneter Benutzung dieses Kunstgriffs treibst nun auch du in der Unterredung ein hinterlistiges Spiel: Wenn einer bei seiner Behauptung die Konvention (*nomos*) im Auge hat, richtest du deine Frage unvermerkt so ein, als wäre von der Natur (*physis*) die Rede." (483a) Kallikles glaubt, dass Sokrates diese Methode bei seinem Sieg über Polos angewendet habe: „So machtest du es z. B. gleich bei den vorliegenden Fragen über Unrecht tun und Unrecht leiden: Als Polos von dem redete, was der Konvention (*nomos*) nach hässlicher sei, verfuhrst du mit der Konvention so, als wäre es die Natur (*physis*)." Aus diesem Grund muss nach Kallikles auch die alte Definition wieder eingesetzt werden: „Denn der Natur nach ist hässlicher, was auch schlechter ist, nämlich das Unrecht leiden, der Konvention nach aber das Unrecht tun."

Er bringt auch gleich ein Beispiel für die Richtigkeit seiner These: „Denn wer ein Mann ist, der lässt es sich nicht gefallen Unrecht zu leiden, sondern nur ein Sklave, für den es besser wäre tot zu sein als zu leben, da er nicht imstande ist, wenn er beleidigt und misshandelt wird, sich selbst zu helfen und ebenso wenig einem anderen, den er lieb hat." Als Erklärung für diesen, seiner Meinung nach unbestreitbar richtigen Sachverhalt, führt er an: „Meiner Ansicht nach sind es eben die sich schwach Fühlenden unter den Menschen und die große Masse, die die Gesetze geben. In ihrem eigenen Interesse und zu ihrem Nutzen geben sie die Gesetze und teilen Lob und Tadel aus. Um die kraftvolleren Menschen, die imstande sind sich Vorteile zu verschaffen, einzuschüchtern, und um selbst nicht ins Hintertreffen zu kommen, sagen sie, das Übervorteilen sei hässlich und ungerecht; und darin eben bestehe das Unrecht tun, in dem Streben die anderen zu übervorteilen."

Kallikles führt nun seine Verachtung einer Sklavenmoral weiter, indem er es von Natur aus für gerecht hält, wenn der Stärkere über den Schwächeren herrsche, und nur der Konvention nach ist es ungerecht, wenn der Stärkere unrecht tut. (Er muss allerdings später auf Nachfragen von Sokrates immer wieder seine Bestimmung des Überlegenen ändern: zunächst der Stärkere, dann der Bessere, dann der Tatkräftigere, dann der Kundigere. Er stimmt schließlich Sokrates zu, dass die Stärkeren identisch sind mit den Besseren).

Nun verwendet Sokrates diese Feststellung des Kallikles, dass es von Natur aus gerecht sei, wenn der Stärkere über den Schwächeren herrsche und ihn auch übervorteile, um Kallikles zu besiegen. Sokrates argumentiert: Im Staat ist das Volk die Mehrheit, es ist also stärker als der Einzelne; die vom Volk erlassenen Gesetze sind dann also von Natur aus schön, weil sie die Stärkeren sind; nun stammen, wie Kallikles vorher behauptet hat, die Ansichten über die Hässlichkeit des Unrechttuns vom Volk, der verachteten Masse. Unter den von Kallikles eingeführten Definitionen über *Nomos* und *Physis* und ihrer Verbindung zu Unrecht tun und Unrecht leiden bestätigt sich nun die alte Definition von Sokrates, dass von Natur aus Unrecht tun hässlicher ist als Unrecht erleiden, und nicht nur der Konvention nach.

Damit ist Kallikles mit seinen eigenen Waffen (der Bindung des „von Natur aus Gerechten" an die Stärkeren) besiegt, aber er schäumt nun vor Wut. Er wirft Sokrates vor, nur ein theoretisches Leben zu führen, er dagegen, Kallikles, führe das Leben eines Praktikers. Der Unterschied, sagt er, sei der, dass Sokrates sich in vielerlei Dingen nicht selbst helfen könne, aber er als reicher und mächtiger Mann in Athen dies sehr wohl könne. Aus dieser Verachtung des Kallikles für die Schwachen und Hilflosen (für die als Symbolfigur Sokrates steht) und aus seinem Lobpreis der politischen Herrscher führt Sokrates nun das Gespräch auf die Frage, ob es nicht auch im Verhältnis zu sich selbst Herrscher und Beherrschte gibt: Manche herrschen über Völker, aber können sich selbst nicht beherrschen.

Nun versucht Kallikles seine Trumpfkarte auszuspielen: Es sei ja gerade ein Merkmal der Schwachen, dass sie sich ständig beherrschen müssen, weil sie eben schwach sind.

Nun folgt der Lobpreis des Kallikles auf die Lebensweise der Starken: Ihr Lebensinhalt besteht darin, dass sie alle Begierden möglichst groß werden lassen, um sie dann mit Genuss zu befriedigen; dies können aber nur die Starken, Reichen und Mächtigen. Das arme Volk muss Verzicht üben, wohl oder übel, weil es große und teure Begierden nicht befriedigen könne. Niemand könne nämlich glücklich genannt werden, der jemandem gehorchen muss oder etwas gern tun möchte, aber es nicht kann.

Hier kontert Sokrates: Sind nicht diejenigen glücklich zu nennen, die nichts bedürfen? Kallikles: Das sind entweder Tote oder Steine. Nun erzählt Sokrates die Geschichte vom löchrigen Fass, das jemand mit einem Sieb zu füllen versucht. Die Übertragung auf das Gespräch: So geht es demjenigen, der seine Begierden nur deshalb immer mehr ausweitet, um den Genuss ihrer Befriedigung zu erleben. Sokrates beschreibt damit also eine paradoxe Lebenseinstellung, die Kallikles als vorbildhaft hinzustellen versucht: Permanente Bedürfniserzeugung ausschließlich zum Zweck der permanenten Bedürfnisbefriedigung, mit dem Doppelgenuss aus dem sinnlichen Selbsterlebnis und der Beobachtung, dass dieses Vergnügen andere Menschen auch gern hätten, aber aus Schwachheit (Geldmangel etc.) nicht bekommen können.

Nun testet Sokrates das Argument des Kallikles mit einem Beispiel: Ist es dann nicht erstrebenswert, ständig Juckreiz zu haben, damit man den Genuss des Kratzens und damit das Verschwinden des unangenehmen Gefühls des Juckens erleben kann? Sokrates bringt nun noch weitere Beispiele, die zeigen, dass es verschiedene Arten von Lüsten gibt. Kallikles erkennt, dass Sokrates ihn genau so in die Enge treiben möchte wie vorher den Gorgias und den Polos, und versucht, deren Fehler nicht zu begehen, nämlich dass Sokrates ihm einen Selbstwiderspruch nachweist oder er sich einschüchtern lässt und sich dann geschlagen geben muss. Auf Sokrates' Frage nun, ob alle Lüste gut seien, auch die verwerflichen, antwortet Kallikles trotzig: „Um mich nicht selbst mit meinen Behauptungen in Widerspruch zu setzen, wenn ich sie für verschieden erkläre, erkläre ich sie für identisch." (495a) Kallikles nimmt also, um sich nicht schon jetzt als besiegt erklären zu müssen, trotzig den Standpunkt des Hedonismus ein (den er in dieser Radikalität ursprünglich gar nicht einnehmen wollte).

Sokrates testet nun, ob die Lebensmaxime des Hedonismus dem gesuchten Kriterium der Widerspruchsfreiheit genügt. Er greift einige Beispiele auf, die alle Menschen aus eigener Erfahrung kennen, nämlich die Stimmungen beim Essen und Trinken. Beides wird getan, um eine Unlust (Hunger oder Durst) durch Lust (Sättigung oder Durstlöschung) zu ersetzen. Nun kann man eine Lust, die zunimmt, nur dann wahrnehmen, wenn die Unlust simultan verschwindet. Also können Lust und Unlust zugleich (wenn auch in unterschiedlicher Qualität und Intensität) wahrgenommen werden, dagegen nicht zugleich Gutes und Schlechtes im moralischen Sinn. Also sind die hedonischen Positionen grundverschieden von den moralischen Positionen.

Er schärft hier nochmals die Einsicht in die Bestimmung des Worumwillens im Hinblick auf Angenehmes und Gutes ein, indem er fragt: Tun wir das Angenehme um des Guten willen oder das Gute um des Angenehmen willen? Seine Antwort: Das Angenehme wird um des Guten willen getan, und nicht umgekehrt. Begründung: Das Worumwillen bezeichnet ja das Ziel, den Zweck, und dieses ist allgemein das Gute (denn jeder tut das, was – zumindest subjektiv – ein Gutes und kein Schlechtes ist. Dasjenige aber, was man augenblicklich tut ist das Mittel, das zum Ziel bzw. Zweck[7] führt. Ein Mittel darf also nur dann „angenehm" sein, wenn es ein gutes Ziel bzw. einen guten Zweck zu erreichen hilft.

Sokrates greift nun nach der Frage nach dem richtigen Zustand des Staates diejenige nach dem der S e e l e auf und findet die Antwort im Begriff der Ordnung. Die Seele ist dann in einem guten Zustand (dem der Tüchtigkeit, der Tugend; der *arete*), wenn alle Teile in der sachlich richtigen Ordnung sich befinden: **G u t   i s t   e t w a s   d u r c h   d i e   A n w e s e n h e i t   e i n e r   T u g e n d** (wie Tapferkeit, Besonnenheit, Gerechtigkeit, Weisheit). Sokrates fragt nun nach der wahren Bedeutung der „bedeutenden" Staatsmänner Athens, nämlich von Perikles, Kimon, Miltiades (den Sieger von Marathon) und Themistokles. Alle, sagt Sokrates gegen Kallikles, waren schlechte Politiker, weil sie das Volk nicht gebessert haben. Perikles habe das Volk geschwätzig, träge, feige und geldgierig gemacht. Zu Ende seines Lebens hätten die Athener fast das Todesurteil über ihn gefällt, weil er wegen Geldunterschlagung in ihren Augen ein nichtswürdiger Mann geworden war. Den anderen von Sokrates genannten Politikern war ein ähnliches Schicksal beschieden. Kimon und Themistokles bestrafte das Volk mit Verbannung, Miltiades sollte in eine Felsenschlucht hinabgestürzt werden, er entging nur knapp dem Tod.

Da Sokrates erkennt, dass er den Sensualisten und Lebemann Kallikles mit allen seinen Argumenten nicht überzeugen konnte, versucht er es abschließend mit einer **P a r ä - n e s e** (Mahnrede), einem **M y t h o s   v o m   T o t e n g e r i c h t**. Er erzählt: Zunächst kamen am Tage ihres Todes die zum Sterben bestimmten Menschen noch lebend vor das Totengericht. Die Urteile fielen aber ungerecht aus, weil die Menschen noch mit ihrer Kleidung vor den Richter traten, und sich die Totenrichter von einer schönen oder einer hässlichen Kleidung in ihrem Urteil beeinflussen ließen. Deshalb wurde bestimmt, dass sie erst als Tote und unbekleidet vor ihren Richter treten müssen. So wie man einer Leiche noch einige Zeit ansieht, wie der Mensch gelebt hat (ist er mager, athletisch, fett u. a.), so sieht man auch der Seele nach dem Tode ihre Lebensführung noch an. Bei dieser sind ebenso wie beim Körper die Spuren des geführten Lebens noch sichtbar vorhanden. Was eine unmäßige Lebensführung am Leib anrichtet, richtet eine ungerechte Lebensführung an der Seele an: Sie wird hässlich und bekommt z. B. Narben. Diese sind den Totenrichtern sichtbar, und diese setzen daraufhin die Strafe fest: Entweder auf die Insel der Seligen oder in den Tartaros.

Sokrates belehrt nun den Kallikles, dass es schwer sei und deshalb ein großes Lob wert, wenn ein Mächtiger, trotz seiner Möglichkeiten zum Unrecht tun, gerecht bleibt. Er fährt fort: „Aber die meisten Machthaber, mein Bester, werden schlecht." (526b)

Sokrates fordert Kallikles auf, sein Leben auf diese Situation einzustellen und sich vorzubereiten, von der Sokrates überzeugt ist, dass es sich dereinst beim Totengericht so

---

[7] Der Begriff Ziel ist der weitere Begriff, denn Ziel kann sowohl sachlich (das Ziel des Pfeils ist die Mitte der Drehscheibe) als auch persönlich verstanden werden (Ziel ist ein bestimmter Urlaubsort, Zweck der Urlaubsreise ist die Erholung). Mit Zweck bezeichnet man eigentlich nur ein persönliches Ziel (Frage: Was bezweckst du damit?) Statt Zweck kann man also auch Absicht oder Intention sagen.

zutragen werde. Es könnte aber auch folgendes eintreten: „Vielleicht hältst du das für einen Mythos, ein Märchen, wie es alte Weiber erzählen, und verachtest es." Sokrates fährt fort: Man müsse sich vor dem Unrecht tun mehr hüten als vor dem Unrecht erleiden. Ein Mensch müsse mehr danach streben, nicht nur gut zu erscheinen, sondern es auch zu sein, „im Hause wie im Volk". Die Redekunst und jede andere Tätigkeit dürfe man immer nur für das Gerechte gebrauchen. Dies solle er beherzigen.

Wenn nicht, dann werde Kallikles noch ein letztes Mal in seinen Argumenten besiegt, weil er dann nämlich nicht imstande sein werde, sich selbst zu helfen, wenn das Urteil über ihn gefällt werde und man ihn packt und fortführt. Diejenigen, die das Endurteil über ihn fällen werden, sind dann die Stärkeren und Mächtigen, die eigentlich Stärkeren sind die Guten. Mit dieser P a r ä n e s e , einer Mahnrede bzw. Bußpredigt zur Umkehr, schließt Sokrates die Unterredung im Haus des Kallikles.

1.4 Politeia

Werk-Ausgaben
Platon: Sämtliche Dialoge, 7 Bände, in der Übersetzung von Otto Apelt, mit Erläuterungen, Erstauflage 1919 ff., Neuauflage Hamburg 1988
Platon: Sämtliche Werke, 4 Bände, in der Übersetzung von Friedrich Schleiermacher und Hieronymus Müller, herausgegeben von Ursula Wolf, Reinbek 1957–1959, neu herausgegeben 1994
Platon: Sämtliche Werke, 6 Bände, in der Übersetzung von Friedrich Schleiermacher und Hieronymus Müller, Hamburg 1957 ff.

Einzelausgaben
Platon: Der Staat, übersetzt und herausgegeben von Karl Vretska, Stuttgart 1958, Neuauflage 1982, bibliographisch ergänzte Auflage Stuttgart 1958, Neuausgabe Stuttgart 2004
Platon: Der Staat. Über das Gerechte, in der Übersetzung von Rudolf Rufener, mit einem Register von Gerhard Krüger, Zürich 1950

Kommentare
Kersting, Wolfgang: Platons „Staat". Reihe Werkinterpretationen, Darmstadt 1999
Schubert, Andreas: Platon „Der Staat". Ein einführender Kommentar, Paderborn 1995

Platon-Lexikon
Gigon, Olaf/Zimmermann, Laila: Platon – Lexikon der Namen und Begriffe, Zürich und München 1975
Schäfer, Christian (Hrsg.): Platon-Lexikon, Darmstadt 2007

Zitierung
Alle Textstellen aus den Werken Platons werden nach der sog. Stephanus-Ausgabe von 1578 mit Zahlen und Kleinbuchstaben zitiert. Bei Namen und Begriffen, der Aussprache eventuell zweifelhaft, wurde, meist bei der ersten Nennung, der Akzent auf die betonte Silbe gesetzt.

Inhalt

Das Werk „Politeia" ist in 10 Bücher unterteilt, wobei das erste Buch als geschlossenes Ganzes angesehen werden kann nach „Methode, Gang der Komposition, Stil und Sprache" (Schleiermacher). Man vermutet, dass es ursprünglich von Platon als eigener Dialog veröffentlicht werden sollte, vielleicht unter dem Titel „Thrasymachos". Man geht auch davon aus, dass die Einteilung in 10 Bücher nicht von Platon stammt, denn sie folgt nicht dem inhaltlichen Fortschreiten in der Argumentation, sondern ist eher oberflächlich. Um aber die Gedankenführung Platons den heutigen Buchausgaben gemäß nachvollziehen zu können, folgt die nachstehende Inhaltsangabe den Büchern in der Reihenfolge 1 bis 10, wenn auch zwischen den einzelnen Büchern keine inhaltliche Zäsur vorliegt. In der folgenden Übersicht wurden vier Phasen des Gesprächs unterschieden. Die erste Phase betrifft das Gespräch mit Thrasymachos, die zweite Phase die Bestimmungen der Gerechtigkeit, und dritte und vierte Phase die Entstehung und den Verfall des Gerechtigkeitsstaates.

Politeia			
Buch	Textstelle	Inhalt
1	327a–354c	Das Gespräch des Sokrates mit Kephalos, Polemarchos und Thrasymachos: Was ist Gerechtigkeit?
2	357a–383c	Ab hier bestimmen die beiden Platon-Brüder Glaukon und Adeimantos das Gespräch wesentlich mit: Die Frage nach der Gerechtigkeit im Staat. Der Aufbau des Staates. Die Rolle der Wächter.
3	386a–417b	
4	419a–445e	
5	449a–480a	Die Frage nach dem gerechten Staat. Die Frauen, die Familie und die Realisierbarkeit des Staatsmodells. Sonnen-, Linien und Höhlengleichnis.
6	484a–511e	
7	514a–541b	
8	543a–569c	Der Verfall des idealen Staates, der Nutzen der Gerechtigkeit sowie Lohn und Strafe für die Gerechten und die Ungerechten. Der Mythos von der Jenseitsreise des Soldaten ER.
9	571a–592b	
10	595a–621d	

Ort und Zeit des Gesprächs

Im Hause des Polemarchos aus dem Peiraieus, dem Hafen von Athen. Die Zeit des Gesprächs lässt sich, wie auch bei anderen Dialogen Platons, nur vermuten, und zwar hat es wahrscheinlich stattgefunden zwischen 409 und 405 v. Chr. Wegen der Länge des Gesprächs und der Komplexität der behandelten Themen dürfte eine genaue Fixierung auf ein bestimmtes Zusammentreffen (z. B. in den Abendstunden) unmöglich sein. Der Hinweis auf das Fest der Bendis (im Juni), einer thrakischen Göttin, gibt nur die Jahreszeit bekannt. Das Fest trug den Namen Bendideia. Die Bendideen (354a) wurden wahrscheinlich von thrakischen Einwanderern unter Perikles eingeführt.

Gesprächsteilnehmer

Gastgeber: Polemarchos. Neben einer ungenannten Zahl von Zuhörern treten drei Gruppen von Gesprächspartnern auf:
1. Sokrates mit Glaukon und Adeimantos (Brüder Platons; Glaukon ist der jüngere): Sie tragen als philosophisch Interessierte das Hauptgespräch ab dem 2. Buch.
2. Kephalos (Besitzer einer Schildwerkstatt) mit seinen Söhnen Euthydemos (nicht zu verwechseln mit dem Sophisten Euthydemos aus dem gleichnamigen Dialog von Platon) und Lysias (ein berühmter Redner), außerdem Polemarchos, der Gastgeber.
3. Thrasymachos mit seinen Schülern Kleitophon und Charmantides; außerdem Nikeratos, ein Sohn des berühmten Feldherrn Nikias.

Kurzcharakterisierungen

- Adeimantos und Glaukon, die Brüder Platons, nahmen an der Schlacht bei Megara teil und haben sich dort durch Tapferkeit ausgezeichnet. Beide sind bewandert in der Bildung ihrer Zeit und Bewunderer von Sokrates. Glaukon ist der temperamentvollere, Adeimantos der kritischere.

- Kephalos von der zweiten Gruppe ist zur Zeit des Gesprächs bereits sehr alt und wohnt bei seinem Sohn Polemarchos im Peiraieus in dessen großen und gastfreundlichen Haus. Kephalos ist ein Vertreter der schlichten, tradierten Moralauffassungen, der mit ruhiger Gelassenheit seinem Lebensende entgegensieht, weil er im Leben gerecht gewesen sei. Dies ist für Sokrates der Anlass, ein Gespräch über die Bedeutung der Gerechtigkeit für den einzelnen und für den Staat zu beginnen.
- Die dritte Gruppe wird angeführt von Thrasymachos aus Chalcedon (Kleinasien) mit seinen jugendlichen Schülern Kleitophon und Charmantides. Er hat ein Buch über die Rhetorik geschrieben, das allerdings verloren gegangen ist. Geblieben von ihm ist nur das Bild, das Platon in der Politeia von ihm gezeichnet hat: das eines Egoisten, der mit seiner Rhetorik der Dialektik des Sokrates nicht gewachsen ist.
- Als Redner treten also sieben Personen auf: Sokrates, Glaukon, Adeímantos, Képhalos, Polémarchos, Thrasýmachos, Kleitophon, die anderen sind stumme Zuhörer.

Übersicht: Mythen und Gleichnisse in Platons „Politeia"

Mythen: Der Ring des Gyges (2. Buch)
              Schlussmythos von der Jenseitsreise eines Soldaten (10. Buch)
Gleichnisse: Schiffergleichnis (6. Buch)
              Sonnengleichnis (6. Buch)
              Liniengleichnis (6. Buch)
              Höhlengleichnis (7. Buch)
              Drei Wesen in einem: Fabelwesen, Löwe und Mensch (9. Buch)

1.4.1   Buch I: Das Gespräch mit Thrasymachos

Zunächst berichtet Sokrates über das Zustandekommen des Gesprächs, als er, wie viele andere Athener, Anfang Juni von Athen in die Hafenstadt Peiraieus hinab ging, um am Fest der Göttin Bendis teilzunehmen und dort zu beten. Dabei wird er von einem Diener des wohlhabenden Polemarchos angesprochen und in dessen Auftrag in das Haus seines gastfreundlichen Herrn eingeladen, in dem sich schon zahlreiche Gäste aufhalten, nämlich die Teilnehmer und Zuhörer des nun beginnenden Gesprächs über den Staat und die Gerechtigkeit.

Zunächst wird in einer Art Ouvertüre für die folgenden Gespräche mit den Hauptkontrahenten des Sokrates ein freundschaftlicher Dialog mit dem hochbetagten Kephalos, dem Vater des Gastgebers, geführt. Dieser berichtet dem Sokrates, dass bei ihm wegen des nachlassenden Interesses an erotischen Vergnügungen sein Verlangen nach philosophischen Gesprächen zugenommen habe. Da er sich gemäß dem Sprichwort „Gleich zu Gleich gesellt sich gern" oft mit anderen alten Männern trifft, hört er deren Jammern über die Beschwerden des Alterns, und sie sehnen sich zurück zu den Gelagen und Liebesgenüssen der Jugend. Kephalos hält sie für törichte Alte, und er zitiert hier den Dichter Sophokles, der im hohen Alter das Freisein von körperlichen Lüsten als Befreiung von einem „rasenden und wilden Herrn" begrüßt hat. Die Erörterung der Bedeutung von brodelnden Leidenschaften im Verhältnis zum ruhigen und klaren Denken wird nun das Gespräch bis zum Schlussmythos begleiten. Kephalos weist darauf hin, dass in der Runde der alten Männer die einen zum Jammern neigen, die anderen dagegen nicht (wozu sich Kephalos zählt), und dass dafür nicht der körperliche Zustand verantwortlich ist, sondern der Charakter der Menschen.

Hier nimmt Sokrates den Gesprächsfaden auf und weist Kephalos darauf hin, dass viele Menschen des Kephalos' leichtes Ertragen des Alters nicht auf seinen guten Charakter, sondern auf seinen Reichtum zurückführen würden. Mit Hilfe von Reichtum können viele Beschwerden des Alters gemildert werden. Nun stellt Sokrates dem Kephalos diejenige Frage, mit der das philosophische Gespräch seinen Anfang nimmt: Was ist das größte Gut, das dir dein großer Reichtum verschafft hat? Kephalos beschreibt zunächst, dass ihn der Gedanke an den Tod und das Jenseits mit seinen Qualen oder Freuden in seiner Phantasie beschäftige, und dass es ihn dabei immer beruhige, wenn er zum Ergebnis kommt, dass er niemandem Unrecht getan habe. Vor allem sei er wegen seines großen Reichtums niemandem etwas schuldig geblieben, was ein Unrecht wäre. Besteht also, fragt Sokrates weiter, die Gerechtigkeit lediglich darin, dass man zurückgibt, was man von anderen erhalten hat? Zur Veranschaulichung seines Standpunktes verwendet Sokrates ein Beispiel: Wenn jemand von einem geistig gesunden Freund Waffen zur Aufbewahrung entgegen genommen hat, der Freund aber beim Zurückfordern inzwischen dem Wahnsinn verfallen ist, soll man dann die Waffen zurückgeben? Das wäre doch geradezu ein Unrecht. Dem widerspricht sein Sohn Polemarchos, der nun das Gespräch übernimmt. Kephalos zieht sich zurück.

Polemarchos, der Gastgeber, zitiert einen Spruch des Lyrikers Simonídes von Keos (559–469), demzufolge man das Geschuldete zurückgeben müsse. Da diese Aussage aber auf das von Sokrates gegebene Beispiel nicht mehr passt, muss sein Inhalt verändert werden. Polemarchos verändert den Spruch nun so, dass man Freunden immer Gutes tun müsse, diesen aber niemals etwas Schlechtes. Durch Weiterfragen des Sokrates ergibt sich nun für Polemarchos konsequenterweise, dass man dann den Feinden Schlechtes schuldet. Dies aber bedeute, so Sokrates, dass man jedem das ihm Gebührende zukommen lassen muss, und dieses Gebührende nannte Simonides Schuld. Nun testet Sokrates die These, dass man als gerechter Mensch den Feinden das ihnen Gebührende, also einen Schaden, zufügen dürfe. Sokrates führt hierzu den Dialog auf einem neuen Beispielfeld weiter. Er fragt: Wenn man Pferden Schaden zufüge, mache man sie dann als Pferde besser oder schlechter? Polemarchos muss zugeben, dass sie schlechter werden. Die Pferde verlieren also etwas von ihrer Wesensart. Bei den Menschen ist deren Wesensart die Gerechtigkeit: Wenn man ihnen schadet, verlieren sie etwas von ihrer Wesensart als Mensch, erleiden also Schaden durch eine Schmälerung ihrer Rechte. Wie nun aber der musikalische Mensch durch den Einsatz seiner Musikalität niemanden zu einem unmusikalischen Menschen machen kann, so auch ein Gerechter nicht durch die Gerechtigkeit einen anderen zu einem ungerechten Menschen. Also kann und darf der Gerechte auch dem Feind keinen Schaden zufügen, dies tut nur der Ungerechte.

Nun führt der Sophist Thrasymachos das Gespräch weiter. Er wollte schon mehrmals das Wort an sich reißen, war aber von den anderen Personen daran gehindert worden. Nun aber hielt er es nicht mehr aus, „sondern duckte sich zusammen wie ein Wild und schoss auf uns los, wie um uns zu zerreißen". (336b) Er verschafft sich mit „mächtiger Stimme" Gehör, tritt also sehr aggressiv auf, macht dem Sokrates Vorwürfe wegen seiner ironischen Grundeinstellung beim Diskutieren, wobei Sokrates schon bei seinem Anblick „erzitterte". Thrasymachos definiert schließlich das Gerechte als den „Vorteil des Stärkeren" (338c). Auf Nachfrage des Sokrates erläutert Thrasymachos, dass in allen Staaten das Recht stets zum Vorteil der Regierenden gemacht werde. Die Untertanen handeln gerecht, wenn sie die Befehle der Regierenden ausführen. Wenn aber, fragt Sokrates, die Herrschenden sich irren, und die Untertanen bei unkritischer Ausführung der Gesetze den Herrschenden dann schaden, ist das auch gerecht? Sokrates rechnet also mit etwas, was sich Thrasymachos zunächst gar nicht vorstellen konnte, dass es auch sich irrende Herrscher gibt. Untertanen, die dann tun, was ihre Untertanenpflicht ist, nämlich nur zu gehorchen, schaden den (irrenden) Herrschern. Also befehlen zuweilen die Stärkeren den Schwächeren, ihnen zu schaden. Dann aber wäre die These des Thrasymachos von der Gerechtigkeit als dem „Vorteil des Stärkeren" bereits am Anfang des Gesprächs als falsch widerlegt.

Nun verteidigt sich Thrasymachos, indem er seine These am Beispiel verschiedener Berufe erläutert: Der Arzt, der Mathematiker und der Lehrer machen gelegentlich Fehler. Wenn sie aber Fehler machen, dann nicht, insofern sie Experten sind (also Ärzte, Mathematiker oder Lehrer), sondern indem sie auf dem Gebiet des Fehlerhaften keine Experten sind. Das heißt: Der Arzt qua Arzt macht keinen Fehler, sondern nur auf einem Gebiet, in welchem ihm das eigentlich vorhanden sein müssende Wissen fehlt. Dann aber ist er auf diesem Gebiet kein Arzt. Den Fehler macht der Mensch, nicht der Arzt. Dies wird von Thrasymachos nun auf den Herrscher übertragen. Dieses neue Verständnis eines fachlich kompetenten Berufskundigen ist dann der strenge Wortgebrauch (in *diesem* Sinne macht der Arzt qua Arzt keinen Fehler) im Gegensatz zum allgemein umgangssprachlichen Verständnis (in *diesem* Sinne macht der Arzt Fehler).

Hier zeigt sich bereits ein Unterschied zwischen Thrasymachos und Sokrates: Thrasymachos geht davon aus, dass die ungerechten Herrscher sich im Allgemeinen auf ihren Vorteil verstehen und nur gelegentlich (als Ausnahme) irren. Sokrates aber unterstellt (und verdeutlicht dies im weiteren Verlauf des Gesprächs immer mehr), dass ihr ganzes ungerechtes Machtstreben ein Verfehlen der eigenen und wahren Interessen eines Menschen bedeute. Sokrates und Thrasymachos stehen sich hier in einer grundsätzlichen Gegnerschaft gegenüber: Sokrates möchte das Wesen und die Vorteile der Gerechtigkeit auf philosophischem Wege klären, Thrasymachos dagegen die empirischen Vorteile des Ungerechtseins darlegen, denn Gerechtigkeit zahlt sich seiner Meinung nach im Leben nicht aus. Gerecht zu sein ist also in den Augen des Sophisten Thrasymachos eine lebensfremde, ja sogar lebensfeindliche Grundeinstellung.

Thrasymachos möchte aber keine alternative Gerechtigkeitstheorie zu der des Sokrates aufstellen, sondern zeigen, dass die Ungerechtigkeit dann rational eingesetzt werden kann, wenn die Gerechtigkeit die allgemeine normative Grundüberzeugung bei der Mehrheit des Volkes darstellt. Ungerechtigkeit zahlt sich nur dann aus, wenn Gerechtigkeit der Normalzustand ist. Indem Thrasymachos aber die empirische Nützlichkeitsüberlegung ins Spiel gebracht hat, hat er auch das eigentliche Problem in der Frage nach Gerechtigkeit und Ungerechtigkeit aufgezeigt: Steht die Gerechtigkeit in einer Beziehung zum Glück oder trägt umgekehrt die Ungerechtigkeit mehr zum Glück des Menschen bei? Thrasymachos argumentiert ja, dass sich Gerechtigkeit und Glück **umgekehrt proportional** zueinander verhalten, Sokrates dagegen behauptet die **Proportionalität** von Gerechtigkeit und Glück.

Sokrates fragt nun weiter auf der Grundlage der von Thrasymachos eingeführten Beispiele für Fachwissen: Für wen wenden die Fachleute ihr Wissen an? Haben die Ärzte ihr Wissen für sich oder für die Kranken? Natürlich für die Kranken, und diese sind hier die Schwachen, denn sie suchen beim Arzt Hilfe. Also verordnet der Arzt das dem kranken Leib Zuträgliche, und dies geschieht zum Vorteil der Schwächeren. (Der „Stärkere" wäre ja wegen der Überlegenheit seines medizinischen Wissens der Arzt.) Und so sei es auch mit den anderen Berufen. Thrasymachos wirft daraufhin dem Sokrates vor, dass er die falschen Berufe als Beispiele gewählt habe: Man müsse hier z. B. an den Schafhirten denken, der seine Schafe nur zu seinem Nutzen betreut, nicht zum Nutzen der Schafe. Im Staat ist es genau so: Das Volk ist überwiegend einfältig und furchtsam, der Herrscher qua Herrscher solle nur viele Ungerechtigkeiten und Schandtaten im Großen verüben, ja dem Volk nicht nur das Vermögen wegnehmen, sondern das ganze Volk sogar selbst versklaven, dann nennt ihn das Volk „Gottbegnadeter", „Glückseliger" oder ähnliches. Thrasymachos preist vor allem die große Ungerechtigkeit, die „etwas viel Kraftvolleres, Vornehmeres und Herrenmäßigeres als die Gerechtigkeit" sei. (344c) Der Sophist Thrasymachos kennt also den Schauer und die Faszination der großen Verbrechen, kennt die perverse Lust am Beobachten moralischer Ungeheuerlichkeiten, ist ein Bewunderer der „amoralischen Exzellenz". (Kersting 1999, 33) Nur derjenige, der im kleinen Maßstab ungerecht ist, wird verfolgt, z. B. als Dieb, Einbrecher u. ä. Die ursprüngliche Gerechtigkeitsdefinition des Thrasymachos als „Vorteil des Stärkeren" (338c) erweitert er nun zu der – paradoxen – Doppelthese, dass „das Gerechte der Vorteil des Stärkeren, das Ungerechte aber das ist, was für die eigene Person Nutzen und Vorteil verschafft". (344c) Das könne die (normale oder kleine) Ungerechtigkeit aber nur dann schaffen, wenn sie sich zu einer großen Ungerechtigkeit entwickelt habe. Er scheint zu meinen, dass die „kleinen" ungerechten Menschen das Handwerk der Ungerechtigkeit nur unvollkommen verstehen, denn als solche haben sie in einer Gesellschaft mit vielen Normalgerechten wenig Durchsetzungschancen: Die Justiz bemächtigt sich ihrer im Auftrag der Gerechten. Um also in großem Stil ungerecht sein zu können, muss man sich zuerst die Justiz unterwerfen, behauptet Thrasymachos. Nun möchte er sofort nach Hause gehen, wird aber von allen Anwesenden gebeten, noch weiter Rede und Antwort zu stehen.

Sokrates wirft seinerseits nun dem Thrasymachos vor, dass er die von ihm selbst eingeführte Unterscheidung zwischen einer allgemeinen und einer strengen Bestimmung der Fachkompetenz bei einer Berufsausübung, wie z. B. beim Hirten, nicht angewendet habe. Der Hirt qua Hirt habe nicht den späteren Schlemmer im Auge, sondern das Gedeihen seiner Schafe. Auch etwas anderes gilt es noch zu bedenken, sagt Sokrates: Der Lohn, den man für eine Arbeit bekommt zeigt an, dass die Tätigkeit primär nicht für den Arbeiter, sondern für den Nutznießer bestimmt ist. Dieser Lohn ist der gerechte Ausgleich für den Dienst am anderen. Dieser Empfänger ist aber der Schwächere, weil er das Werk nicht ohne die Hilfe des Fachmannes, der wegen seiner Fachkompetenz der Stärkere ist, zuwege gebracht hätte. Auch der Herrscher arbeitet nicht für sich, sondern zum Wohle der Beherrschten, wofür er als Gegenleistung Geld oder Ehre als Ausdruck der Gerechtigkeit bekommt. Wie aber ist es in einem politischen Amt? Es gelte, so Sokrates, allgemein als Schande, wenn man nur aus purer Ruhmsucht sich nach einem Staatsamt drängt, man müsse umgekehrt dazu gerufen werden (z. B. durch Wahl), also für das Wohl der Regierten das Amt ausüben. In einem Land mit ausschließlich charakterstarken Menschen würde man sich um das Nichtregieren genauso reißen wie in Staaten mit schlechten Menschen um das Regieren. Jede berufliche Tätigkeit hat eine Zielgruppe, für die die Leistungen erbracht werden: Diese Zielgruppe sind die Schwächeren. Damit setzt Sokrates zur weiteren Widerlegung der These des Thrasymachos an, dass das Gerechte nur der „Vorteil des Stärkeren" sei.

Es geht dabei um drei Probleme:

1. um das Problem des Mehrhabenwollens (*Pleonexie*),
2. um die Vorteile des kooperativen Verhaltens im Gegensatz zum ungerechten Verhalten,
3. um die Bedeutung einer spezifischen Tüchtigkeit, als die hier die Gerechtigkeit untersucht wird, das sog. *Ergon*-Argument[8]. (Kersting 1999, 37–50)

Zum ersten Argument (348c–350c): Wenn Thrasymachos Recht hätte, dass nur der Ungerechte sich im Leben behaupten könne, wäre die Ungerechtigkeit eine Art von Wohlberatenheit (*euboulia*) und der Ungerechte wäre ein Wohlberatener, ein Verständiger. Dem widerspricht aber Sokrates mit folgender Argumentation: Im Unterschied zum Ungerechten ist der Gerechte eine Person, die vor seinesgleichen (den Gerechten) nichts voraushaben haben will, also keine Pleonexie, kein Mehrhabenwollen, anstrebt; nur vor dem Ungleichen, dem Ungerechten, möchte er etwas mehr haben, nämlich die Gerechtigkeit. Das Pleonexiestreben des Gerechten gegenüber dem Ungerechten besteht also allein im Besitz der Gerechtigkeit. Sokrates illustriert dies an einem Beispiel: Der Musikkundige möchte vor anderen Musikkundigen nichts voraushaben, sondern nur vor dem nicht Musikkundigen. Dies gibt Thrasymachos noch zu, weil es seine zentrale These noch nicht berührt. Sokrates fährt fort: Im Gegensatz dazu möchten die fachlich Unkundigen aber sowohl vor den anderen Unkundigen als auch vor den Kundigen etwas voraushaben. In der Übertragung des Kundigen auf den Gerechten und des Unkundigen auf den Ungerechten ergibt sich für Sokrates: Der Gerechte ist der Tüchtige (Tugendhafte) und Verständige, der Ungerechte aber der nicht Tüchtige und der Unverständige. (350c) Also liegt beim Ungerechten ein kognitives Defizit vor, beim Gerechten ein kognitives Plus. Diesem Ergebnis stimmt Thrasymachos unter Schwitzen zu. Allerdings wurde dieser Sieg des Sokrates dadurch erzielt, „dass der Sophist hier mit Sophistik geschlagen wird". (Bröcker 1983, 221) Man könnte hinzufügen: Der Musiker könnte doch auch ein besserer Musiker als sein Kollege werden wollen, der Politiker ein besserer Politiker als sein Kollege usw. Hier geht es um die fachliche Kompetenz im Sinne einer Konkurrenz von gut und besser, und eine analoge Übertragung auf die Auseinandersetzung zwischen Gerechtigkeit und Ungerechtigkeit ist nicht möglich, denn es handelt sich nicht um ein und denselben Wettbewerb: Der Ungerechte ist kein nicht zum Ziel gelangter Gerechter, denn beide wetteifern gar nicht

---

[8] *ergon* = einzelnes, z. B. eine bestimmte, spezifische Leistung, eine bestimmte Handlung

um den Siegeskranz der Gerechtigkeit. Der Ungerechte ist also auch kein inkompetenter Gerechter, sondern jemand, der sich gar nicht um die Gerechtigkeit bemüht. Der Ungerechte spielt also gar nicht das Spiel der Gerechtigkeit.

Nun zum **zweiten Argument** für die Widerlegung der Grundthese des Thrasymachos, dass Ungerechtigkeit der Gerechtigkeit nicht nur gelegentlich, sondern immer überlegen ist (mit Ausnahme in der Frage der Moral, aber dies stört den empirischen Nutzenmaximierer Thrasymachos nicht). Thrasymachos hatte ja die Ungerechtigkeit mit drei Attributen gelobt: Sie sei „stärker, edler und mächtiger" als die Gerechtigkeit. (344c) Dieses Argument der Überlegenheit von Ungerechtigkeit wegen der mit ihr verbundenen „Stärke" greift nun Sokrates an. Er argumentiert, dass in Wirklichkeit die Gerechtigkeit etwas mit Verständigkeit und Tüchtigkeit (*arete*) zu tun hat und dass deshalb die Ungerechtigkeit „Unwissen" ist. Es folgt das sokratische Argument von der Überlegenheit eines gerechtigkeitsgestützten Kooperationsverhaltens gegenüber einem ungerechtigkeitsorientierten Konkurrenzverhalten (verstanden ähnlich wie ein Kampf), d. h. die wahre Überlegenheit liegt nach Sokrates bei der Gerechtigkeit. Sokrates argumentiert schrittweise: Ein mächtiger Staat könne doch andere, schwächere Staaten, erobern und unterwerfen. Dem stimmt Thrasymachos zu: Deshalb werde dieser ungerechte Staat auch der erfolgreichste sein. Nun fügt Sokrates eine Zwischenüberlegung ein: Auf welche Weise kann dieser ungerechte Staat sein Weiterleben sichern? Mit Ungerechtigkeit oder mit Gerechtigkeit? Thrasymachos: Er braucht dazu Klugheit. Wenn nun die sokratische Verbindung von Klugheit mit Gerechtigkeit richtig ist, dann braucht er Gerechtigkeit, wenn aber die thrasymacheische Verbindung mit Ungerechtigkeit richtig ist, dann kann er mit Hilfe von Ungerechtigkeit sein Weiterleben sichern. Sokrates führt nun das Gespräch folgendermaßen weiter: Können „Räuber, Diebe oder sonst ein Haufe" Erfolg haben, wenn sie untereinander und gegeneinander Unrecht tun? Thrasymachos verneint dies, weil er Sokrates zustimmt, das die Ungerechtigkeit Zwistigkeiten, Hass und gegenseitigen Hader zur Folge hat, die Gerechtigkeit dagegen Eintracht und Freundschaft. Die Ungerechtigkeit wird also sogar zur gemeinsamen Arbeit unfähig machen. Da dies nun für Gruppen und Zweierbeziehungen festgestellt wurde, fragt Sokrates den Thrasymachos, ob die festgestellten Negativwirkungen (Zwietracht usw.) auch für Einzelpersonen gelten, und Thrasymachos bejaht diese Frage, weil die Ungerechtigkeit grundsätzlich ihr Wesen nicht verändere. Sokrates stellt nun fest: „Das ist offenbar ihr Wesen: Wen sie befällt, ob Staat, Volk, Herr oder sonst wen, dem nimmt sie die Fähigkeit zu folgerichtigem Handeln infolge des inneren Zwistes, dann verfeindet sie ihn mit sich selbst und jedem Gegner, auch dem Gerechten." (351e–352a) Damit, so Sokrates, macht sie auch einen Einzelmenschen „zu jeder Handlung unfähig". Sokrates weitet sein Argument nun weiter aus, dass auch die Götter gerecht sind und deshalb der Gerechte ihnen Freund, der Ungerechte aber Feind sei. Thrasymachos verspürt offenbar bei diesem Argument des Sokrates ein gewisses Unwohlsein, und antwortet: „Lass dir deine Worte wohl bekommen, ich trete dir nicht entgegen, um mich nicht mit diesen zu verfeinden." (352b)

Etwas Wahres aber scheint am Argument des Thrasymachos von der Stärke der Ungerechten aber doch zu haften: Sie sind manchmal in gewisser Weise erfolgreich. Dies, so Sokrates, bestätigt aber gerade nicht die Überlegenheit der Ungerechtigkeit über die Gerechtigkeit, sondern weist im Gegenteil darauf hin, dass, um erfolgreich sein zu können, die Ungerechten nicht gänzlich ohne Gerechtigkeit auskommen können. Sokrates: „So gehen sie an das Verbrechen heran, ohne selbst ganze Verbrecher zu sein." (352c) Wären Sie nämlich völlig schlecht und ungerecht, wären sie zu jeder Handlung unfähig. Er muss also zugeben, dass auch ein ungerechter Herrscher die Ungerechtigkeit nicht flächendeckend in seinem Staat dulden kann, zumindest, so könnte man ergänzen, bei seiner Prätorianergarde muss er aufpassen, sie nicht ungerecht zu behandeln, weil sie ihn sonst stürzen und ermorden könnte. Also muss auch der in großem Stil Ungerechte in Teilbreichen die Gerechtigkeit beachten.

Nun wird das Gespräch auf die **dritte und letzte Frage** gelenkt, ob der Gerechte auch der Glückliche ist oder nicht. Die Auseinandersetzung mit Thrasymachos wird hier von Sokrates mit dem Begriffspaar Tüchtigkeit (*arete*) und Schlechtigkeit (*kakía*) geführt. Jedes Ding (z. B. ein Messer) und jedes menschliche Organ (z. B. Auge, Ohr) hat eine bestimmte Funktion, die nicht abtretbar oder vertauschbar ist (mit dem Auge kann man nicht hören, mit dem Ohr kann man nicht sehen usw.). Ist das Auge in einem guten Zustand, dann hat es seine spezifische Tüchtigkeit (*arete*), d. h. es ist tauglich zum Sehen. Wenn das Auge in einem besonders guten Zustand ist, dann kann man besonders gut sehen usw. Analog ist es in der menschlichen Seele: Ihre spezifische Tüchtigkeit (die sie nicht abtreten kann) besteht darin, dass sie gerecht ist, d. h. die Tüchtigkeit (Tugend, *arete*) der Seele ist die Gerechtigkeit. Da das Leben eine Leistung der Seele ist, lebt der gerechte Mensch gut, der ungerechte Mensch lebt schlecht. Gut leben ist aber identisch mit glücklich leben: Also ist der Gerechte auch der Glückliche. Thrasymachos, der schon lange nur noch nickend dem Vortrag des Sokrates gelauscht hat, gibt sich mit diesem Ergebnis – notgedrungen – zufrieden: „Dies sei dir als Festschmaus zum Fest der Bendis gegönnt, mein Sokrates." (354a)

Sokrates selbst aber ist mit dem Ergebnis nicht zufrieden, da er seine ursprüngliche Frage, *was* die Gerechtigkeit sei, wegen der vielen neuen Fragen aus dem Auge verloren habe. Dieses Thema wolle er nun in Angriff nehmen.

1.4.2 Buch II: Gerechtigkeit, Ungerechtigkeit und der Ring des Gyges

Jetzt tritt als Redner der Platonbruder Glaukon auf. Die Frage sei immer noch nicht stichhaltig beantwortet, d. h. begründet, ob es besser sei, gerecht als ungerecht zu sein. Um hier vorwärts zu kommen, müsse man zunächst untersuchen, was das Gute (*agathón*) ist.

Drei Arten von Gutsein sind zu unterscheiden:

1. Das Gute an sich, also dasjenige, was wir um seiner selbst willen anstreben, z. B. die Fröhlichkeit.
2. Das Gute, das wir teils um seiner selbst, als auch um etwas anderem willen anstreben, weil es sich als Folge ergibt, z. B. die Gesundheit, das Sehen, die Erkenntnis von etwas.
3. Das Gute, das für sich selbst nicht angenehm ist (eher mühselig und lästig), aber nützlich ist, z. B. der Gelderwerb und jede Arbeit, aber auch die Einnahme bitterer Medizin zur Wiederherstellung der Gesundheit.

Nun fragt Glaukon bezüglich dieser agathologischen Trias: Zu welcher der drei Arten des Guten gehört die Gerechtigkeit? Sokrates antwortet: Die Gerechtigkeit gehört zur ersten und zweiten Definition des Guten, weil man auch die Folgen, das glückliche Leben, genießen möchte. Thrasymachos und seine Anhänger aber haben gerade das Gegenteil behauptet: Die Gerechtigkeit gehöre zur dritten Gruppe, weil sie mühselig und lästig sei, und wenn man sie ausübt, dann nur um einiger positiver Folgen willen, z. B. guter Ruf, aber keinesfalls um ihrer selbst willen.

Glaukon, der das Gespräch nun weiterführt, schlägt vor, dass man sich die Ansichten des Thrasymachos wenigstens einmal – probeweise – zu eigen machen könnte, um herauszufinden, ob es stichhaltige Gründe für seinen Lobpreis der Ungerechtigkeit gegenüber der Gerechtigkeit gebe.

Glaukon nennt drei Untersuchungspunkte:

1. Es gibt viele Meinungen über den Ursprung und das Wesen der Gerechtigkeit.
2. Viele sehen in Gerechtigkeit mehr ein notwendiges Übel, aber nicht etwas Gutes.
3. Viele meinen, dass das Leben des Ungerechten mehr Vorteile bringe als das des Gerechten.

Zu 1: Ursprung und Wesen der Gerechtigkeit

Glaukon stellt als *advocatus diaboli* fest: Von Natur aus sei das Unrecht tun ein Gut, das Unrecht erleiden dagegen ein Übel. Aber im Unrechtleiden liegt für den Betroffenen mehr Unglück als im Unrechttun für den Handelnden ein Glück liegt. Diejenigen, die beides erlebt haben, d. h. dem Unrecht erleiden bereits mehrmals schicksalhaft ausgeliefert waren, kommen deshalb in einer Bilanzierung zu dem Ergebnis, dass es vorteilhafter ist, durch Verträge beides (Unrecht tun und Unrecht erleiden) zu unterbinden. Dies sei der Ursprung der Gerechtigkeit. Das gesuchte Wesen der Gerechtigkeit aber liege in einer M i t t e zwischen (1) dem h ö c h s t e n G u t, Unrecht tun zu können ohne Strafe erleiden zu müssen, und (2) dem g r ö ß t e n Ü b e l, Unrecht erleiden zu müssen ohne Vergeltung üben zu können. Dieses so verstandene Gerechte liebe man deshalb nicht als ein Gut, sondern respektiere es aus Schwäche, weil die Lebenserfahrung zeige, dass man nicht systematisch und dauerhaft Unrecht tun kann, ohne irgendwann dafür bestraft zu werden. Aber jemand, der tatsächlich die Macht hätte, sich der Bestrafung für sein Unrecht tun entziehen zu können, würde mit niemandem einen Vertrag schließen, der ihm sein Handeln verbiete. Dies sei die Volksmeinung über Ursprung und Wesen der Gerechtigkeit.

Zu 2: Gerechtigkeit sei nichts Gutes, sondern nur ein notwendiges Übel

Glaukon, der nur probeweise den Standpunkt des Thrasymachos einnimmt, schlägt das folgende Gedankenexperiment vor: Wenn man dem Gerechten und dem Ungerechten die Freiheit und die Möglichkeit gäbe, zu tun und zu lassen, was immer ihnen in den Sinn kommt, dann würden wir auch den Gerechten (und nicht nur den Ungerechten) aus Habgier beim Unrechttun ertappen, weil dieses Vorteilsstreben jedes Lebewesen als etwas Gutes erstrebt und bisher nur gewaltsam durch Gesetze daran gehindert wurde. Es geht also darum herauszufinden, ob das Unterlassen des Unrechttuns nur wegen drohender äußerer Sanktionen oder aber wegen starker innerer Motive erfolge. Es wird hierzu von Glaukon die bekannte Sage vom Lyderkönig Gyges und seinem Zauberring erzählt, der die Kraft hatte, unsichtbar zu machen.[9] Inhalt: Dieser Gyges sei ursprünglich kein König, sondern ein Hirte im Dienste seines königlichen Herrn gewesen. Eines Tages habe er in einem Acker einen Zauberring gefunden. Der Fund dieses Zauberringes mit der Möglichkeit, sich unsichtbar zu machen, habe ihm den Aufstieg zum König ermöglicht, indem er zuerst die Frau des Königs zu seiner Geliebten gemacht und dann den König ermordet habe, um selbst König zu werden. (359d–360b)

Die Parabel vom Gyges-Ring bringt also folgendes zum Ausdruck: Hätte man zwei Ringe und könnte man nun sowohl dem Gerechten als auch dem Ungerechten einen solchen Ring geben, dann würde sich zeigen, dass der Gerechte keineswegs einen Panzer gegen das Unrecht tun habe, sondern seinen Begierden freien Lauf lasse und sich nehme, nach was ihn gelüste. Nun würden sich der Gerechte und der Ungerechte nicht mehr innerlich (in der Seele) unterscheiden, denn beide verfolgen eigentlich das gleiche Ziel, sondern nur noch äußerlich: Ohne den Gyges-Ring scheuen sie das strafende Recht sowie die soziale Missbilligung der anderen, werden also nur durch eine soziale Kontrolle vom Unrechttun abgehalten.

Dies sei nun der gesuchte B e w e i s : Dass man das Gerechte nur unter sozialem Zwang tue, weil das Gerechte kein eigentliches seelisches Gut sei. Wer ungestraft Unrecht tun könne, täte es auch, denn die Ungerechtigkeit sei viel nützlicher als die Gerechtigkeit. (Man muss aber beachten: Der Platon-Bruder Glaukon ist der Geschichtenerzähler und übernimmt nur scheinbar – als *advocatus diaboli* – die Position desjenigen, der gerne Unrecht tut.)

Wie kommt man nun aus dem Dilemma des Gyges-Ringes heraus? In der Neuzeit hat Thomas Hobbes mit seiner Staatsphilosophie den in jedem Menschen steckenden Gyges durch den omnipotenten Leviathan zu bändigen versucht, indem die staatlichen Rahmenbedingungen so gestaltetet werden, dass sich Verstöße kaum mehr sozial unbemerkt und deshalb auch nicht mehr straffrei verüben lassen. Während es aber bei Platon um die Moral geht, geht es bei Hobbes um die Politik; diesen Unterschied bezeichnete Kant als den Unterschied zwischen Moralität und Legalität. Legalität ist dasjenige, was ein Staat juristisch erzwingen kann. Man kann also bezüglich der Lösung des Gyges-Problems zwei Möglichkeiten unterscheiden: eine moral- und eine staatsphilosophische. Soll man entweder das Institut der Gerechtigkeit verändern oder den Gyges (der, nach Glaukon, in jedem Menschen steckt)? Bei Platon geht es in der moralphilosophischen Perspektive nicht darum, die Gerechtigkeit Gyges-resistent zu machen, sondern umgekehrt, Gyges gerechtigkeitsempfänglich zu machen. (Kersting 1999, 61) Dazu muss aber die Gerechtigkeit als der größere Nutzen erkannt werden. Das aber will Platon bis zum Schluss einschließlich des Schlussmythos' der „Politeia" zeigen, in der er die Jenseitsseitsreise eines Soldaten mit dem Namen ER schildert.

---

[9] aus: Herodot I, 8–13; dort etwas anders erzählt als bei Platon und bei Cicero, „De officiis" III, 38. Bei Platon ist Gyges ein Vorfahre des sagenhaft reichen Lyderkönigs Kroisos. Während hier in Buch II, Kap. 3, Gyges als triebhafter Naturmensch, ohne Moral, gezeichnet wird, fungiert in Buch X, Kap. 12, der gerechte Mensch als Gegenbeispiel zu Gyges, der handelt, als ob es weder den Ring des Gyges noch den Helm des Hades gebe, der ebenfalls unsichtbar machen kann. (612b)

Zwei Möglichkeiten der Reaktionen auf das Gyges-Problem	
Platon	Hobbes
Mit moralischen Mitteln den Gyges in uns gerechtigkeitsempfänglich machen.	Mit politischen Mitteln die Einstellung zur Gerechtigkeit Gyges-resistent machen.

Zu 3: Das Leben des Ungerechten bringe mehr Vorteile als das des Gerechten

Nun wird ein Vergleich angestellt: Der Ungerechte und der Gerechte werden in ihrer Vollendung gegenüber gestellt.

- Der Ungerechte ist dann vollendet, wenn er ständig ungerechte Handlungen vollzieht, dabei aber bei seinen Mitmenschen als gerecht gilt (denn das ist ja der Gipfel der Ungerechtigkeit). Daher sei der Ungerechte zugleich auch der Glückliche, und nicht umgekehrt. (Diesem Urteil widerspricht aber Sokrates im weiteren Verlauf des Gesprächs.)
- Der Gerechte aber ist dann in Vollendung zu denken, wenn er ständig gerechte Handlungen vollzieht, bei seinen Mitmenschen aber als ungerecht gilt und dafür Nachteile in Kauf nehmen muss. Der Gerechte könne nur dann konsequent gerecht sein, wenn er sich trotz dieses Leidens nicht zur Ungerechtigkeit hinreißen lasse (dies ist der Gipfel der Gerechtigkeit).

Hier haben wir die Differenz von Schein und Sein: Der eine ist ungerecht, scheint aber gerecht zu sein, der andere ist gerecht, scheint aber ungerecht zu sein. Im Leben wird aber der Schein belohnt, und „so wird der Gerechte gegeißelt, gefoltert, gefesselt, geblendet und schließlich gekreuzigt" (II, 5; 361e), damit er zur Einsicht gelangt, dass es nicht richtig ist, gerecht zu sein, sondern nur gerecht zu scheinen (auch wenn man ungerecht ist). Der Ungerechte kann sogar vor den Göttern gut dastehen, da ihm Priester gegen Geld Weihegaben verkaufen, die ihm Sühne und Reinigung versprechen. Auch die Götter seien keine unbestechlichen Richter über den Ungerechten. Nur wer nicht opfert, müsse sich auf schreckliche Dinge gefasst machen.

Nachdem Glaukon in die Argumente des Thrasymachos geschlüpft war und Gründe für die Überlegenheit der Ungerechtigkeit vorgetragen hatte, spricht sein Bruder Adeimantos nun ein Lob für die Gerechtigkeit. Es wird nun die Frage gestellt, inwiefern die Gerechtigkeit trotz des bisher Vorgetragenen nützlich genannt werden kann. Adeimantos versucht eine Verteidigung der Gerechtigkeit mit den folgenden Argumenten. Der Ungerechte müsse in die Verkleidung eines Gerechten schlüpfen, weil die Gerechtigkeit einen guten Ruf verschafft, und zwar sowohl im Diesseits als auch im Jenseits (denn auch die Götter können nach landläufiger Überzeugung getäuscht werden). Dies zeigt aber, dass auch der Ungerechte sich letztlich der Gerechtigkeit unterwirft, die damit als die überlegene Position anerkannt wird. Damit aber preist Adeimantos die Gerechtigkeit nur wegen ihrer möglichen externen Folgen, nicht aber die Gerechtigkeit wegen ihrer internen Folgen für die Seele des Menschen. Die Frage stellt sich hier: Verfolgt der Mensch nur Interessen oder sorgt er sich auch um den Zustand seiner Seele? Kann der externe Gewinn durch Interessenverfolgung gegen den internen Gewinn durch Wertsteigerungen in der Seele verrechnet werden? Gibt es dafür eine gemeinsame Währung? Das *tertium comparationis*, das die beiden Standpunkte kommensurabel macht, wird in den folgenden Darlegungen Platons die Idee des Guten sein. Diese zu gewinnen ist an den die Pro- und Contra-Argumente prüfenden *Elenchos* gebunden, der zur Dialektik gehört. Nur die Dialektik, so wird Platon in Buch VI und VII zeigen, ist zu dieser schwierigen Aufgabe fähig.

Da also die gängigen Meinungen im Volk und bei den Dichtern über die Gerechtigkeit und die Ungerechtigkeit zu keiner Entscheidung über die tatsächliche Vorzugswürdigkeit einer der beiden Positionen beigetragen haben, versucht es Sokrates mit einer eigenständigen philosophischen Untersuchung. Von Sokrates wird nun der Vorschlag gemacht: Wenn ein Text in einer sehr kleinen Schrift geschrieben wurde und man eine so kleine Schrift nicht richtig entziffern kann, und es den gleichen Text in großen Buchstaben gibt, dann solle man diesen Text zunächst in den großen Buchstaben lesen. (368d) Für die Gerechtigkeit gilt analog: Es gibt sie beim Einzelmenschen und im Staat, also in Klein- und in Großbuchstaben, im Mikro- und im Makrobereich. Für beides gilt die gleiche Gerechtigkeitsformel: „Jedem das Seine" (*suum cuique*), d. h. jeder Teil eines größeren Ganzen muss „das Seine" zum Gelingen beitragen. Im Staat ist es die Arbeitsteilung, die dieses Gemeinwesen hervorgebracht hat und es erhält. Also muss auch jeder Berufsstand „das Seinige" zum Wohl des Ganzen beitragen. Dies führt bereits am Anfang zu der für die Gerechtigkeitsbestimmung folgenreichen Einsicht, dass man nur bestimmte Arbeiten gut verrichten kann, niemand kann vieles oder gar alles. Nur ein Fachmann, ein Experte, kann eine gute Arbeit verrichten. Die Vielgeschäftigkeit (*polypragmosyne*) ist der Feind eines jeden Gemeinwesens, weswegen Platons Gerechtigkeitsvorstellung eine „Expertokratie" (Kersting 1999, 91) ist. Darin wird auch seine gesuchte Gerechtigkeitsformel ihren Platz haben: Gerechtigkeit besteht darin, dass man nur das tut, wofür man qualifiziert ist, dass man also das Prinzip der *Idiopragie*[10] gegenüber dem Prinzip der *Polypragie* vorzieht. Im Idiopragie-Gebot, kombiniert mit dem Polypragie-Verbot, besteht also der wichtige Zugang zum Gerechtigkeitsverständnis bei Platon. (Vor allem in Buch IV dargestellt.) Nun werden die Entstehung des Staates und seine Veränderungen gemäß den sich steigernden Bedürfnissen der Bürger geschildert. Dies erfolgt in drei Stufen.

1. Zunächst ist man mit einem einfachen Leben zufrieden (dem frugalen Staat).
2. Dann führt der Wunsch nach einem verfeinerten Lebensgenuss zu Luxus und Reichtum (dem üppigen Staat).
3. Das wiederum führt zu einem militärischen Schutz des „üppigen Staates". Dies wirft mit der Notwendigkeit von Wächtern das Problem der Gerechtigkeit auf. Die Lösung der Gerechtigkeitsfrage führt zum Gerechtigkeitsstaat (dem vollendeten Staat). Hier braucht man die Wächter.

Diese Wächter (*phýlakes*) sind im Konzept Platons eine Art Kriegerstand mit aristokratischem Gepräge (ungefähr vergleichbar dem mittelalterlichen Rittertum). Aber unter *phýlakes* versteht Platon nicht nur die Krieger im engeren Sinn des Begriffs, sondern überhaupt die Herrschenden, die oberste Schicht in Platons Dreiständestaat.

---

[10] *idios* = selbst, eigen

- Die eigentlichen Herrscher gehen aus dem Kriegerstand hervor und heißen „vollkommene Wächter" (*phylakes panteleis*; *phylakes teleioi,* oder später, im III. Buch, 389b, *archontes*). Sie bilden den ersten Stand.
- Die einfachen Krieger heißen später (im III. Buch, 414b) Gehilfen (*epíkouroi*)[11]. Sie bilden den zweiten Stand.
- Den dritten Stand bilden die Bürger mit den sonstigen Berufen, für die beispielhaft die Bauern und Handwerker stehen. Ihre Aufgabe ist die Versorgung aller Menschen im Staat mit materiellen und sonstigen Gütern.

Diese Doppelgruppe der Wächter (*phylakes*), die sich aus den *Archonten* und den *Epíkouroi* zusammensetzt, muss erstens eine natürliche Begabung für diese Tätigkeit haben, zweitens benötigt sie eine bestimmte Vorbereitung und Bildung. Dies gilt aber, so Sokrates, für alle beruflichen Tätigkeiten, nicht nur für die Wächter. Für die Verteidigung des Gemeinwesens in militärischer und geistiger Hinsicht kann man nicht einfach die Bürger heranziehen, sondern benötigt eigens dafür ausgebildete Menschen. Sokrates plädiert also einerseits für eine Berufsarmee (gegen ein Bürgermilitär) und andererseits für eigens zur geistigen Verteidigung des Gemeinwesens ausgebildete Wächter, die Philosophen. Aber eigentlich, da beide Gruppen Wächter sind, müssen sowohl die *Archonten* als auch die *Epíkouroi* Philosophen sein.

Der „Philosoph" (*philósophos*) im Sinne Platons ist aber nicht „Philosoph" im heutigen Verständnis. Im heutigen Sinn meint Philosoph einen Intellektuellen, im Sinne Platons ist „Philosoph" ein von Natur zum Erkenntnisstreben veranlagter Mensch. „Philosoph" im Sinne Platons bezeichnet also eine moralisch-charakterliche Veranlagung, die den weisheitsliebenden Menschen auszeichnet. Platon betont ja in seiner Auffassung von den Berufen deren natürliche Voraussetzungen im Menschen, die nicht einfach beliebig und künstlich erzeugt oder verändert werden können. Dies gilt auch für die dritte Personengruppe, die für die Versorgung mit lebensnotwendigen Gütern zuständigen Bauern, Kaufleute und Handwerker.

Wie aber muss man sich nun einen „Philosophen" (Weisheitsliebenden) im Sinne Platons vorstellen? Da es sich nach dem bisher Gesagten um eine natürliche Begabung handeln muss, ergibt sich die Frage: Wie sieht diese Begabung aus? Wie äußerst sie sich? Da der Philosoph ein Wächter ist, und zwar ein vollkommener Wächter, muss er Wächter-Eigenschaften besitzen. Welche sind dies? Er darf erstens nicht feige sein, d. h. er muss Mut zur Verteidigung des Gemeinwesens bzw. der Wahrheit besitzen, zweitens darf er bei der Ausübung der Tapferkeit nicht bösartig-aggressiv sein, sondern er soll, vor allem zu seinen Mitstreitern, milde und gutmütig sein. Wo aber gibt es einen solchen Misch-Charakter, fragt Sokrates?

In der Tierwelt ist ein Wächter beispielsweise der Wach-Hund. Für das Folgende führt Platon einen Vergleich zwischen dem *phýlax* (Wächter) und dem *skýlax* (Hund) durch, vielleicht auch nicht ohne Ironie wegen der Lautähnlichkeit. Ein kluger Hund kann unterscheiden zwischen bekannten und unbekannten Menschen: Wenn er einen Unbekannten sieht, knurrt er, auch wenn ihm dieser niemals etwas zuleide getan hat; einen

---

[11] s. Übersetzung von Rufener 1950, 528 f.

Bekannten dagegen begrüßt er auch dann freudig, wenn ihm dieser niemals etwas Gutes getan hat. Sokrates fährt fort: „Seine natürliche Empfindung scheint also sehr fein zu sein und recht eigentlich philosophisch." (376a) Auf die Nachfrage Glaukons begründet Sokrates dieses Urteil damit, dass man jemanden lernbegierig nennen kann, der zwischen dem Vertrauten und dem Fremden nach dem Maßstab des Kennens oder Nichtkennens unterscheidet. Sokrates: „Lernbegierig und philosophisch (weisheitsliebend) ist aber doch dasselbe." (376b) Und er fährt fort: „So können wir das also auch beim Menschen ohne Bedenken annehmen. Wenn er gegen seine Angehörigen und Bekannten sanftmütig sein soll, dann muss er von Natur ein Philosoph und lernbegierig sein." (376c) Glaukon: „Das können wir." Sokrates: „Also philosophisch, mutig, rasch und stark muss von Natur sein, wer ein guter und tüchtiger Wächter des Gemeinwesens werden soll." (376c)

Nun wird ein **Bildungsplan** für die zukünftigen Wächter (*phýlakes*) aufgestellt, und zwar zunächst für die gewöhnlichen Wächter, die Krieger. Die höhere Bildung für die philosophisch Herrschenden, die regierenden Wächter, wird in Buch VI, 15–17 begonnen, dann mit dem Sonnen- und Liniengleichnis fortgeführt (VI, 18–21) und in Buch VII, nach dem Höhlengleichnis (VII, 1) in VII, 2–18 weitergeführt; die allgemeine Erziehung der Frauen wird in Buch V, 3–6 (451c–457b) behandelt.

Beginnen muss man nicht mit der gymnastischen, sondern mit der musischen Erziehung. Dabei ist zu unterscheiden zwischen wahren und erdichteten Erzählungen. Weil die jungen Menschen noch alles unkritisch in sich aufnehmen, muss dafür gesorgt werden, dass sie nur die geeigneten Märchen und Mythen erzählt bekommen. Kritik wird an den unpädagogischen Dichtern geübt, weil sie eine schlechte Darstellung von Göttern und Menschen liefern. Darstellung von Zucht und Anstand in den Werken der Dichter sind notwendig. Dazu gehört die Lehre, dass Gott gut ist und nicht Ursache des Schlechten in der Welt, auch täuscht er die Menschen nicht und fügt ihnen keinen Schaden zu. Die Eltern sollen Kindern keine Schreckensbilder von Gott vorgaukeln, denn dadurch werden die Kinder später furchtsam im Leben. Gott wandelt auch nicht in vielerlei Gestalt in der Welt umher, da er in seiner eigenen Gestalt vollkommen ist. Auch die Erzählungen von Kämpfen zwischen Göttern sind falsch und deshalb schädlich. Hier werden Hesiod und Homer für ihre erdichteten Darstellungen getadelt.

Dies leitet über zur Frage, ob Gott gewissermaßen lügen will und darf, nur um uns Menschen ein – vielleicht pädagogisch erdachtes – Trugbild vorzuführen, um die Menschen in Zucht und Ordnung zu halten. Hier wird nun von Sokrates das Thema der Lüge aufgegriffen: Er unterscheidet zwischen der „wahren Lüge" und der „Lüge in Worten".

Die „wahre Lüge" (vordergründig ein Widerspruch in sich, nicht aber in Wirklichkeit) besteht in der eigenen Unwissenheit, die, wenn danach gehandelt wird, zu einer Selbstschädigung führt. Es ist also keine bewusste Täuschung (wie die „Lüge in Worten"), sondern eine Selbsttäuschung, begründet in fehlendem Wissen. Man könnte sie auch eine „Lebenslüge" bezeichnen, die in einer (nicht bemerkten) falschen Lebensweise besteht. Die „wahre Lüge" (= Unwissenheit) wird deshalb von Gott und den Menschen verachtet, so Platon. Deshalb dürfe man der Jugend (hier die zukünftigen Wächter) keine Geschichten von Homer und Aischylos erzählen, wo lügende Götter vorkommen. „Lügen in Worten" könnten höchstens insofern nützlich sein, wenn ein Feind oder ein

Wahnsinniger dann einen Schaden anrichtet, wenn man ihm die Wahrheit sagt. Dies ist dann die von Platon verteidigte „pädagogische Lüge", die Lüge zu einem guten Zweck.

1.4.3 Buch III: Wahrheit und Lüge

Im dritten Buch wird die Kritik an den Dichtern fortgesetzt. So wie die Meinungen über die Götter gefiltert an die Jugend weitergegeben werden sollen, so sollen für die zukünftigen Wächter auch die Auffassungen über die Tapferkeit gefiltert und ausgesucht werden. Ihre spezifische Tugend ist ja die Tapferkeit, und die muss hervorgebracht und erhalten werden. Vor allem kommt es darauf an, dass die zukünftigen Wächter keine Todesfurcht kennen lernen, weil sie sonst nicht tapfer sein können. Deshalb sollen sie die Geschichten über die Unterwelt nicht zu Ohren bekommen, damit sie nicht glauben, der Tod sei etwas Schreckliches: „Also müssen wir auch den Dichtern, die diese Geschichten darstellen wollen, Weisungen geben und sie ersuchen, nicht einfach den Hades zu schmähen, sondern ihn vielmehr zu loben, da ihre Erzählung ansonsten weder wahr noch förderlich für zukünftige Kämpfer wäre." (386bc). Hier wird Homer wieder mit einigen Aussagen in seiner Ilias und Odyssee getadelt, in denen er die Schrecken der Unterwelt darstellt. Da es die Aufgabe der Wächter ist, den Staat und damit die Freiheit zu vereidigen, müssen sie die Knechtschaft mehr fürchten als den Tod. Das aber können sie nur, wenn sie keine Angst vor dem Tod haben. Es dürfe aber auch keine despektierlichen Darstellungen der Götter, beispielsweise des Zeus, geben, auch keine Darstellungen unwürdiger Handlungen von Heroen, wie dies Homer in seiner Ilias mit Achill, dem Sohn einer Göttin, getan habe.

Auch die Lachlust solle sich in Grenzen halten, weil das eine zu starke seelische Umwandlung weg von der Tapferkeit zur Folge hat. Modern gesprochen: Komödien, Kabarett und ähnliche Aufführungen solle es besser nicht geben für die Wächter. Das „homerische Gelächter" der Götter (als nämlich Hephaistos das in einem Netz gefangene Liebespaar Ares und Aphrodite den Göttern zeigte) wird von Sokrates ausdrücklich getadelt. (389a) Der emotionale Zustand der Wächter soll sich durch Ruhe und Gelassenheit auszeichnen. Die gesamte Erziehung der Wächter und ihre Lebensweise sollen an einem tugendethischen Konzept orientiert sein. Platons Staat ist also nicht, wie der moderne Staat, an einer Freiheit der Kunst interessiert, sondern unterstellt die Kunst der politischen Aufsicht: Sie soll die Seele der Staatsbürger im Sinne eines rational orientierten Staates formen, in dem die durch die Kunst entfachten Emotionen unter Kontrolle gehalten werden.

Nachdem Sokrates über die erwünschten und nicht erwünschten Inhalte bei den Dichtungen gesprochen hat, geht er nun auf die Formen ein. Dabei tadelt Sokrates die nachahmende Dichtung, weil von ihr gefährliche Wirkungen ausgehen können. (392d–398b) Dabei geht es nicht um sachliche Erzählungen (in indirekter Rede), sondern um Nachahmung (*mimesis*) in direkter Rede. Diese liegt vor, wenn der Dichter sich in die dargestellten Figuren hineinversetzt und ihnen seine Worte in den Mund legt, so dass sie selbst sprechen und nicht der Dichter spricht. Auf diese Weise tritt nach Platon Verwirrung ein, wenn nicht mehr klar ist, ob der Dichter oder die dargestellte Person spricht. Die Dichter müssen nach Platon ihre Identität wahren und die Distanz zum Zuhörer einhalten. Warum verstößt eine solche Praxis der dichterischen Nachahmung gegen die Gerechtigkeit, wie sie im Staat herrschen soll? Nach Platon wird dadurch das für die Gerechtigkeit konstitutive Verbot der *Polypragmosyne*, das Polypragie-Verbot, verletzt. Wieso das? Es darf nach Platon im Gerechtigkeitsstaat „keinen Menschen von zwei- oder mehrfacher Sinnesart" geben. (397e) Auch ein zweiter Grund für das Verbot der dichterischen Nachahmung könnte vorliegen: Die direkte Rede hat unzweifelhaft eine Veranschaulichungs- und Verlebendigungswirkung. Wenn nun lasterhafte Inhalte die Rezipienten erreichen, droht die Gefahr, dass diese Gefallen daran finden und sie in ihr Verhaltensrepertoire aufnehmen und so zu einer zweiten Natur machen, dass also eine „mimetische Kausalität" eintritt. (Kersting 1999, 120) Die tugendethische Ausrichtung des gesamten Erziehungsplans, der mehr einer Erziehungsdiktatur ähnelt, tritt hier zutage. Allen modernen Diktaturen des 20. Jahrhunderts war gemeinsam, dass sie eine strikte Kontrolle über die Kunst ausgeübt haben.

Es muss auch das Prinzip der Übereinstimmung von Inhalt und Form gelten, d. h. die Form darf den Inhalt nicht parodieren, ironisieren oder gar zunichte machen. Das Idiopragie-Gebot, hierauf angewendet, besagt, dass eine Einheit von Inhalt und Form gewahrt werden soll. Platon zieht also seine Ablehnung der *Polypragie* bis in diese abstrakten Regionen, wo ihm kaum mehr jemand folgen kann oder will.

Auch für die Musik macht er Vorschriften. So soll das tugendethische Programm für die Wächter auch auf deren Emotionen einwirken: Die Tugend der Tapferkeit soll durch anstachelnde Tapferkeitsmusik, die Tugend der Besonnenheit dagegen soll durch sanfte Besonnenheitsmusik emotional gefördert werden. Für die erste wird die dorische Tonart, für die zweite die phrygische Tonart zugelassen. Alle klagenden und jammernden Tonarten werden verboten, und zwar auch für Frauen, weil sie ja durch die in Platons Gerechtigkeitsstaat herrschende Gleichberechtigung tüchtig sein sollen wie Männer. Aber auch weichliche Tonarten werden verboten, weil sie zu Gelagen, Trunkenheit und Verweichlichung beitragen könnten. Bei den Musikinstrumenten werden alle diejenigen verboten, die ebenfalls dem Polypragie-Verbot zuwider sind, indem sie Vielsaiteninstrumente sind. Alles, was vielsaitig und vielharmonisch ist, wie z. B. Harfe, Zimbeln und Flöten, wird verboten. Übrig bleiben nur noch Lyra, Kithara für die Stadt, für die Hirten auf dem Land die Syrinx. Auch der Rhythmus unterliegt der staatlichen Kontrolle. Bei Liedern gilt: Inhalt, Tonart und Rhythmus müssen aufeinander abgestimmt sein, um die tugendethische Erziehung auch hierin zu unterstützen: „Schlechte Haltung wie schlechter Rhythmus und mangelnde Harmonie sind der üblen Rede wie dem üblen Charakter verschwistert, aber auch das Gegenteil, dem einsichtigen und guten Charakter, verschwistert und verschwägert." (401a) Platons Grundprinzip der Erziehung besteht also in der Einheit: Alle Elemente des Lebens sind auf eine Einheit hin auszurichten, die in der Idee des Guten wurzelt. Aber alle drei Stände haben ihre idealtypischen Erziehungsschwerpunkte: Für den dritten Stand (Bürger) ist primär die Besonnenheitspädagogik vorgesehen, für den zweiten Stand (Wächter) die Tapferkeitspädagogik, und für den ersten Stand (Archonten) die Weisheitspädagogik. Die Ernährung soll einfach sein, Trunkenheit wird getadelt, damit Krankheiten gering bleiben. In diesem Zusammenhang vergleicht Platon den Arzt mit dem Richter: Während der gute Arzt möglichst mit vielen Krankheiten selbst zu tun gehabt haben sollte, um sie besser kennen und heilen zu können, sollte ein Richter mit den Krankheiten (Schlechtigkeiten, Ungerechtigkeiten) der Seele möglichst keine Bekanntschaft gemacht haben, weil er dadurch verdorben werden könnte. Auch darauf solle man im idealen Staat achten, so Platon. In der Erziehung folgt auf die musische Erziehung die gymnastische. Es existiert aber keine Trennung zwischen musischer und gymnastischer Erziehung, h. h. die Gymnastik ist nicht nur für den Körper, die Musik nicht nur für die Seele da, sondern beides steht im Dienst der Seele im Sinne einer tugendethischen Charakterbildung. Die Gymnastik erzeugt die nötige Tapferkeit für das Leben, die Musik wirkt auf die Besonnenheit ein.

Nun geht Platon wieder auf den Dreiständestaat ein, und zwar in Bezug auf Wahrheit und Lüge. Die Untertanen sind strikt zur Wahrheit verpflichtet, in Einzelfällen kann die Lüge aber wie eine Arznei aufgefasst werden, dann aber gehört sie in die Hände der „Ärzte", also derjenigen, die damit umgehen können. (389b) Die Regenten aber dürfen, im Interesse des Gemeinwohls, jederzeit lügen. Diese sog. „wohlgemeinte Lüge" (414c), nämlich zum Wohle der Belogenen, darf auch Götter zu Akteuren oder Zeugen von etwas erklären, beispielsweise um staatlichen oder moralischen Normen zu größerer Akzeptanz zu verhelfen. So wie die Götter aber niemals lügen, so lügt auch der tugendhafte Mensch niemals zu seinem persönlichen Vorteil bzw. Schaden eines anderen. Eine staatspädagogisch heilsame Lüge verteidigt hier Platon, nämlich das „phönikische Geschichtchen" vom tellurisch-metallurgischen Ursprung aller Menschen, das allen Angehörigen der drei Stände beigebracht werden soll. Die gesamte Erziehung hätten sie nur wie in einem Traum erlebt, in Wirklichkeit aber lebten sie ursprünglich unter der Erde (lat. *tellus*), wo sie erzogen und ausgebildet wurden. Die Erde sei die Mutter aller Menschen, deshalb sind alle Menschen Brüder. Gott aber hat der einen Gruppe Gold beigemischt, der zweiten Gruppe Silber, der dritten Gruppe Eisen und Kupfer. Dies sei die Grundlage für die Dreiständegesellschaft, denn die Goldmenschen sind von Gott zum Herrschen, die Silbermenschen zur Verteidigung und die Eisenmenschen zu bürgerlichen Berufen vorgesehen worden. Wenn aber ein Eisenmensch den Staat eines Tages regieren oder beschützen sollte, dann würde der Staat vergehen. Auf die Frage, ob man den Menschen ein solch unmögliches Märchen als Wahrheit verkaufen kann, ist selbst Sokrates skeptisch, aber zuversichtlich, dass die nächsten Generationen dieses Märchen glauben könnten. Der Nutzen wäre, dass sie sich dann mehr um den Staat kümmern würden. (III, 21)

1.4.4 Buch IV: Die vier Kardinaltugenden

Die Wächter, um deren Erziehung es hier vor allem geht, sollen keinen Lohn für ihre Leistung bekommen, sie haben also weder Besitz noch eine Wohnung, sondern alles Notwendige erhalten sie von den Bürgern des Staates. Auf den Einwand des Adeimantos, dass es mit dem Glück der Wächter dann nicht weit her sei (sie könnten z. B. nicht einmal ihrer Freundin ein Geschenk machen), antwortet Sokrates, dass es nicht darauf ankommt, dass ein Stand glücklich sei, sondern der ganze Staat. In einem solchen Staat würde dann auch die gesuchte Gerechtigkeit zu finden sein. Man solle den Wächtern nicht eine Art von Glück aufdrängen, das sie zu allem Möglichen befähigen und motivieren wird, nur nicht zur Verteidigung des Gemeinwesens. Das Glück der Ackerbauern beispielsweise besteht ja auch nicht darin, dass sie in Prachtgewändern und mit Goldschmuck behangen ihre Äcker bestellen. Jeder Stand im Staat soll denjenigen Anteil am

Glück und auch diejenige Art von Glück erhalten, die seiner Natur entspricht. Dabei muss auch das Gesamtglück im Staat beachtet werden. Ein Töpfer beispielsweise darf nicht so reich werden, dass er nicht mehr töpfern mag, er darf aber auch nicht so arm werden, dass er sich kein Werkzeug mehr leisten kann.

Sokrates entwickelt nun eine Ethik auf der Basis von vier Kardinaltugenden[12]:
1. Weisheit (*sophia*)
2. Tapferkeit (*andreia*)
3. Besonnenheit (*sophrosyne*)
4. Gerechtigkeit (*dikaiosyne*)

Die Seele ist bei Platon dreigeteilt: In einen oberen rationalen Teil (*logistikón*), einen mittleren muthaften Teil (*thymoeidés* = hitzig, mutig, *thymós* = Mut[13]) und in einen unteren Teil, den begehrenden Teil (*epithymetikón*). Dies soll anhand der folgenden Grafik veranschaulicht werden.

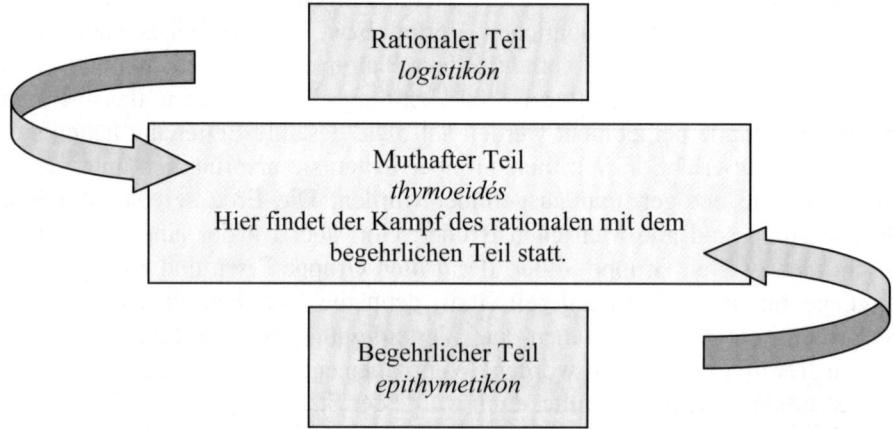

Die vierte Kardinaltugend, die Gerechtigkeit, drückt aus, dass die drei anderen Tugenden in der richtigen Ordnung sind, d. h. die Weisheit an oberster Stelle steht, dann die Tapferkeit kommt und schließlich die Besonnenheit. Dieser Gerechtigkeitsbegriff leitet sich ab aus den Bedingungen der „Arbeitsteilung". Das heißt, jeder einzelne muss „das Seine" tun, also seine entsprechenden Fähigkeiten in die Gemeinschaft einbringen. In der idealen Polis nimmt jeder seinen Platz entsprechend seinen natürlichen Begabungen und seinen intellektuellen Fähigkeiten ein. Auch zeigt sich wieder das Verbot der Vielgeschäftigkeit, das Polypragie-Verbot. Jedes „Organ" ist auf eine spezifische Tätigkeit hin ausgelegt: Mit dem Ohr kann man nur hören, aber nicht sehen, mit dem Auge kann man nur sehen, aber nicht hören. Und so ist es mit allen Tätigkeiten: Ihr Funktionieren hängt von ihren spezifischen Voraussetzungen ab.

Die Haupttugend der Gerechtigkeit gewinnt ihre Normativität aus der Verfassung der Seele des Menschen: Ein gerechter Staat ist Ausdruck einer „gerechten" Seele, d. h. ei-

---

[12] Der Begriff Kardinaltugenden stammt erst von Bischof Ambrosius von Mailand 386 n. Chr. und leitet sich ab von lat. *cardo, cardinis* = Türangel, Drehpunkt, also übertragen im Sinne von „grundlegend".

[13] *thymós:* eigentlich i. S. von Herz als Sitz der Gemütsbewegungen, sowohl der ruhigen als auch der hitzigen.

ner Seele, in der die Hierarchie der drei Tugenden richtig vollzogen wird und der jeweils höherwertige Seelenteil über den unteren herrscht, und nicht umgekehrt. Es gibt vor allem zwei polare Seelenvermögen (oberes und unteres), das Denkvermögen (*logistikón*) und das Begehrungsvermögen (*epithymetikón*). Als Mittleres existiert der muthafte Teil (*thymoeidés*, von *thymós* = Wallung, Aufregung, Zorn usw.), der eifernde Teil.

Die Frage stellt sich nun, ob das *thymoeides* mehr zum Denk- oder mehr zum Begehrungsvermögen gehört. Statt einer theoretischen Antwort erzählt Sokrates eine Geschichte. Der junge Leontios, des Aglaions Sohn, sei eines Tages vom Peiraieus in die Stadt Athen hinauf und damit an der Hinrichtungsstätte vorbeigekommen, an der Leichen lagen. Da erfasst ihn die Begierde, sie zu sehen, zugleich ergriff ihn der Abscheu vor seinem eigenen Wunsch. Schließlich jedoch setzte sich die Begierde durch und er trat, mit weit aufgerissenen Augen heran und rief: „Nun habt ihr euren Willen, ihr Unholde, seht euch satt an dem herrlichen Anblick." Glaukon bestätigt den Wahrheitsgehalt dieser Geschichte. Daraus wird nun im weiten Verlauf des Gesprächs die Erkenntnis abgeleitet, dass der *thymos* (Zorn, Mut) mehr zur Unterstützung der Vernunft tendiert als umgekehrt zur Unterstützung des Begehrungsvermögens.

Nun entwickelt Sokrates ein Modell von Mensch und Staat. Entsprechend der leiblichen Verfasstheit des Menschen in die drei Hauptbereiche Kopf, Brust und Bauch[14] kann nun ein Modell von Mensch und Staat entwickelt werden. Alle Tätigkeiten hängen in ihrem Funktionieren von Tüchtigkeiten (*aretai*) ab, also von Tugenden. Das Denken hat die Tüchtigkeit (Tugend) der Weisheit, der muthafte Teil die Tüchtigkeit der Tapferkeit, das Begehrungsvermögen die Tüchtigkeit der Besonnenheit, des Maßhaltenkönnens.

Alle drei Seelenteile stehen in einem Hierarchieverhältnis und werden mit der Staats- und Tugendordnung verknüpft. Den drei Seelenvermögen mit ihren spezifischen Tüchtigkeiten stehen die Mitglieder der drei Stände gegenüber. So ergibt sich, dass Weisheit, Tapferkeit und Maßhaltenkönnen auf die drei Gruppen der Herrscher, Soldaten und „normale" Bürger verteilt werden müssen.

	Mensch		Staat		
Leib	Seele	Tuchtigkeiten	Staatsaufbau		Tätigkeit
Kopf	Denkvermögen *logistikon*	Weisheit *sophia*	Wächter *phylakes*	Herrscher *archontes*	Regieren
Brust	Muthafter Teil *thymoeides*	Tapferkeit *andreia*		Krieger *epikouroi*	Verteidigen
Bauch	Begehrungsvermögen *epithymetikon*	Besonnenheit Mäßigkeit *sophrosyne*	Bürger		Produzieren und Verteilen

Deshalb ist bei Platon der Staat der „groß geschriebene Mensch" (*makros anthropos*).

---

[14] In der „Politeia" so nicht bezeichnet, hier aus didaktischen Gründen so eingeführt, um eine anschauliche Analogie zum Bild eines Menschen zu gewinnen.

In der oben dargestellten Tabelle wurde die jeweils spezifische Haupttugend jedes Berufsstandes genannt. Hier stellt sich nun die Frage: Hat also jeder Berufsstand eine bestimmte Haupttugend unter Ausschluss der anderen Tugenden? Nein, denn da die Gesamtkonzeption des Staates hierarchisch ist, müssen die über der untersten Stufe stehenden beiden oberen Berufsgruppen mehr Tüchtigkeiten (Tugenden) besitzen.

In IV, 9 fragt Sokrates: „In welchem Teil der Bürger wohnt nun die Besonnenheit (*sophrosyne*): In den Regierenden oder in den Regierten?" Glaukon: „Doch wohl in beiden." Auf die Nachfrage des Glaukon zur Begründung dieser Situation antwortet Sokrates: „Weil es bei ihr nicht so ist, wie bei der Weisheit und der Tapferkeit. Denn während von diesen beiden eine jede einem gewissen Teil der Seele innewohnt, so dass der eine das Gemeinwesen weise, der andere es tapfer machte, so ist im Gegensatz zu ihnen die Besonnenheit schlechtweg über das Ganze verbreitet und lässt zu vollstem Einklang (Akkord) zusammenstimmen die Schwächsten und die Stärksten und die Mittleren, sei es nun, dass sie dies sind an Einsicht oder an Stärke oder an Menge oder an Besitz und dergleichen mehr. Besonnenheit wäre demnach, wie wir wohl am treffendsten sagen können, diese Übereinstimmung, diese Einhelligkeit des von Natur schlechteren und des von Natur besseren Teils über die Frage, welcher von beiden herrschen soll sowohl im Gemeinwesen wie in jedem einzelnen." (432a)

Da von den drei Haupttugenden die *sophrosyne* die allgemeinste Tugend ist und sie deshalb alle drei Ständegruppen benötigen, die *sophia* und die *andreia* aber nicht alle, sieht das Verteilungsschema bezüglich der Tugenden folgendermaßen aus.

Drei Stände	Tugenden, Tüchtigkeiten (*aretai*)		
Herrschende Wächter (*archontes*)	Weisheit	Tapferkeit	Besonnenheit
Verteidigende Wächter (*epikouroi*)	-----	Tapferkeit	Besonnenheit
Bürger	-----	-----	Besonnenheit

Was ist aber nun die Besonnenheit bzw. Mäßigkeit (*sophrosyne*), die alle Menschen benötigen? In 430e bestimmt Sokrates im Gespräch mit dem Platonbruder Glaukon sie als eine „Beherrschung der Lüste und Triebe" und man nenne diese Beherrschungskunst, einer alten Tradition folgend, „sich selbst überlegen sein". Sokrates unterzieht diese Begriffsbestimmung einer Prüfung, da sie vordergründig lächerlich zu sein scheint: Wer sich selbst überlegen ist, ist sich zugleich selbst unterlegen, weil es sich ja um ein und dieselbe Person handelt. Der Sieger ist deshalb zugleich der Besiegte. Wie kann dieser Widerspruch aufgelöst werden? Sokrates verwandelt den einen Menschen, seelisch gesprochen, in eine Dualität, indem er feststellt: „Im Menschen selbst ist, was seine Seele anlangt, ein besserer und ein schlechterer Teil vorhanden. Wenn nun der von Natur aus bessere Teil Herr des schlechteren ist, dann sagt man: ‚sich selbst überlegen'; und man lobt es auch; wenn aber infolge schlechter Erziehung oder eines schlechten Umganges der kleinere, aber bessere Teil, von der Masse des schlechteren überwunden wird, dann tadelt man das als Schande und sagt von einem solchen Menschen: Er macht sich selbst unterlegen und zügellos." (431ab) Die Tugend der Besonnenheit ist also Selbstüberwindungskunst, und diese benötigen alle Menschen im Staat. Bei den Bürgern ist sie allerdings die einzige Tugend (*arete*), weil diese Personengruppe weder Weisheit noch Tapferkeit besitzen muss, um ihrer Aufgabe im Staat gerecht werden zu können. Außerdem liegt ein Hierarchieverständnis bezüglich der drei Tugenden vor: Wer die beiden oberen Tugenden hat, besitzt auch die grundlegende Tugend der Besonnenheit. Besonnenheit hat es also mit der richtigen Herrschaft in der Seele bzw. im Staat zu tun: Sie liegt also dort vor, wo der inferiorere Teil (sei es in der Seele, sei es im Staat) sich der Überlegenheit der besseren Teile beugt und sich unterwirft. Da nur die beiden Wächtergruppen dem Allgemeinen verpflichtet sind, die Bürger dagegen dem Partikularen (d. h. ihrem eigenen Vorteilstreben), liegt Besonnenheit dort vor, wo die Bürger in passiver Ergebenheit sich den beiden Wächtergruppen fügen.

Nachdem Glaukon zugestimmt hat, stellt Sokrates eine weitere Frage: „Diese drei Arten der Tüchtigkeit haben wir nun im Gemeinwesen festgestellt. Nun fehlt noch die vierte, durch die ein Gemeinwesen an der Tüchtigkeit teilhaben kann – was wäre das wohl für eine? Offenbar die Gerechtigkeit." (431b) Die Gerechtigkeit ist nun nicht so leicht zu finden wie die drei anderen Tüchtigkeiten. Die Suche nach ihr stellt sich für Sokrates dar wie die Suche von Jägern nach einem Wild, das sich im Unterholz versteckt hat und zunächst unsichtbar ist.

Gefunden wird die vierte Tugend, die Gerechtigkeit, mittels einer methodischen Überlegung. Da jede Tätigkeit auf einer bestimmten natürlichen Begabung beruht, darf jeder nur „das Seine" tun. Verboten ist deshalb die „Vielgeschäftigkeit" (*polypragmosyne*), weil sie beruflichen Dilettantismus zur Folge hat. Es würde eine Einmischung in einen fremden Sachbereich bedeuten, den man fachlich nicht beherrscht und deshalb auch dafür nicht zuständig ist. Sokrates und Platon verfechten das Konzept einer strikten Bindung von Berufstätigkeiten an Ausbildung und Kompetenz. Die *polypragmosyne* führt zum Verderben eines Gemeinwesens und ist deshalb ein Akt der Ungerechtigkeit. Also besteht die Tugend der Gerechtigkeit darin, dass jeder „das Seine tut", also in seinem Berufsfeld bleibt und nicht in fremden Revieren wildert. Die Gerechtigkeit als vierte Tugend umfasst die drei anderen Tugenden insofern, als die Gerechtigkeit die Ordnung in diesem anthropologischen Feld darstellt. Wenn keine *polypragmosyne* herrscht, dann wird die Ordnung gerecht genannt, d. h. es herrscht Gerechtigkeit in der Seele und im Gemeinwesen. Gerechtigkeit wird also nach dem Prinzip der *Idiopragie* (gr. *ídios* = selbst, eigen) bestimmt.

Sokrates greift nun wieder die Frage nach der Ursache und der Wirkung von Gerechtigkeit und Ungerechtigkeit auf, indem er auf die von ihm schon wiederholt vorgetragene Analogie von Gesundheit und Krankheit, von Körper und Seele, eingeht: Durch gesund leben bleibt oder wird man gesund, durch falsch leben wird man krank. So ist es in der Seele: Die Gerechtigkeit ist die Gesundheit der Seele, die Ungerechtigkeit ist ihre Krankheit. Das Gesunde bzw. Gerechte besteht nun darin, dass man die Bestandteile des Körpers in die Lage bringt, naturgemäß zu herrschen bzw. sich naturgemäß beherrschen zu lassen, die Krankheit darin, dass das Gegenteil der Fall ist:
- Die Tugend ist dann Gesundheit, Schönheit und Wohlbefinden der Seele,
- die Schlechtigkeit (das Laster) dagegen ist analog Krankheit, Hässlichkeit und Schwäche.

Nun leitet das Gespräch über zur Frage der Ungerechtigkeit. Sokrates stellt fest, dass man etwas gut und richtig nur auf *eine* Art machen kann, falsch dagegen auf vielfältige Weise. Es gibt viele Arten der Schlechtigkeit, darunter aber vor allem vier Hauptarten, auf die er nun eingehen möchte. Die Analogie zwischen Staat und Seele wird nun wieder verwendet: So viele entartete Staatsverfassungen es gibt, so viele Ungerechtigkeiten und Schlechtigkeiten gibt es als Hauptarten in der Seele.

1.4.5 Buch V: Drei Tabu-Brüche – Der Wächterstaat

Die eigentlich zu erwartende Weiterführung des Gesprächs über die Ungerechtigkeit wird zunächst unterbrochen, weil die Gesprächspartner den Sokrates daran erinnern, dass er zur Frage von Bildung und Erziehung der Wächter einige Worte gesagt, aber dieses Thema nicht zu Ende vorgetragen habe. (423e, 4. Buch) Vor allem über Fragen von Eheschließungen habe er das Sprichwort zitiert, dass unter Freunden Besitzgemeinschaft herrsche. Nun möchten alle mehr darüber von Sokrates hören. Sokrates lässt sich nun mehrmals bitten, mit diesem Gespräch fortzufahren, da jetzt ein pikantes Thema aufgegriffen wird, und er bittet die Zuhörer, keine Witze darüber zu machen und das Lachen zu unterlassen.

Bei den nun zu besprechenden Themen war es Sokrates und den Gesprächspartnern bewusst, dass sie an Tabus rütteln und sie sich gewissermaßen der Gefahr aussetzen, dass sie wie Seefahrer von gefährlichen Wellen überrollt und ins Meer hinausgespült werden. Sokrates spricht in diesem Text von „gefährlichen Wellen", einem Dreiwogenschwall (*trikymía*). Drei solcher Wellen, in gesteigerter Intensität, werden nun auszuhalten sein.

Zunächst (erste Welle: V, 3–6) wird über die Erziehung der Mädchen und die Rolle der Frauen im neuen Staat gesprochen. Im Vergleich mit Tieren, z. B. Wach- oder Jagdhunden, gibt es keinen Unterschied zwischen männlichen und weiblichen Tieren, bei gleicher Ausbildung sind beide Geschlechter zu gleichen Leistungen fähig. Im neuen Staat solle es deshalb keine Unterschiede bei der Berufsausübung geben: Frauen sind zwar im Durchschnitt schwächer als Männer, sie können aber bei gleicher Ausbildung alle Berufe ausüben, auch das Amt des Generalwächters (Führungsspitze des Staates). (456a) Da sie sowohl in Musik als auch in Gymnastik ausgebildet werden sollen, müssen sie die Gymnastik in der bei den Männern üblichen Form ausüben, nämlich nackt, und zwar wie bei den Männern sowohl die jungen als auch die alten Frauen. Niemand dürfe darüber lachen oder daran Anstoß nehmen, und zwar deshalb nicht, weil diese Übungen nützlich sind. Wer dies doch tut, der ist unreif. Sokrates fügt zur Erläuterung noch einen Spruch hinzu: Das Nützliche ist schön und das Schädliche ist hässlich. Diese Aussage ist jedoch nicht im Sinne des modernen Utilitarismus zu verstehen, da für Sokrates und Platon das Gute immer nützlich ist und Gutes und Schönes identisch sind. Schön und hässlich sind ja Bezeichnungen für das stets Gute bzw. Schlechte, gut und schlecht sind Dinge, die unter bestimmten persönlichen Rücksichten so bezeichnet werden. Für Sokrates aber, wie schon im Dialog Gorgias gezeigt, ist dasjenige, zu dem alle verpflichtet sind, auch für den einzelnen verpflichtend. Eine Moralarbitrage kommt also für Sokrates nicht in Frage.

Nun bereiten sich die Gesprächpartner zusammen mit Sokrates auf den nächsten Tabu-Bruch, die zweite Welle, vor. (V, 7–16) Für die beiden oberen Stände (Wächter und Generalwächter) solle es keine Ehe im bisherigen Sinne mehr geben, sondern es gebe eine gemischte Frauen- und Männergemeinschaft. Keine Frau solle mehr einen Mann alleine haben, und so kennen die Kinder ihre Väter nicht mehr. Trotzdem soll eine eheähnliche Regelung eingeführt werden: Die Generalwächter sollen diejenigen Männer und Frauen zusammenführen, die offenbar kräftige Kinder zeugen können. Dies soll in einer „heiligen Hochzeit" geschehen, ohne dass sich die Paare ihre Partner selbst aussuchen können. Die Generalwächter sollen ein manipuliertes Losverfahren durchführen, das die passenden Paare zusammenführt (beste Männer mit besten Frauen, schwache Männer mit schwachen Frauen). Man gewinnt also seinen Mann oder seine Frau in der Lotterie. Die Regierenden dürfen sich dabei der Täuschung und der Lüge bedienen, wie der Arzt dem Kranken zur Genesung bittere Medizin verabreicht, d. h. die Wächterinnen und Wächter erkennen nicht, dass sie „verkuppelt" werden. Die Gebärzeit der Frauen wird auf das Lebensalter zwischen zwanzig und vierzig festsetzt, die Fortpflanzungszeit der Männer bis fünfzig Jahre. Vor und nach dieser Zeit dürfen keine Kinder in die Welt gesetzt werden, auch nicht außerhalb dieser „Ehen", weil diese Kinder den Opfern und Gebeten bei der gesetzlich angeordneten „Eheschließung" nicht teilhaftig geworden sind. Jenseits dieses Zeugungsalters sind freie Verbindungen erlaubt. Schwächliche Kinder sollen nach der Geburt getötet werden, diejenigen, die leben dürfen, werden in einem Säuglingsheim aufgezogen. Die Mütter stillen dort die Kinder, aber keine Mutter kennt ihr eigenes Kind. Die Rolle der Vaterschaft und Mutterschaft wird folgendermaßen geregelt: Kinder, die zwischen dem 7. und 10. Monat nach der Aufnahme von Liebesbeziehungen zwischen einer Frau und einem Mann geboren werden, nennen diesen Mann Vater und diese Frau Mutter.

Der Komödiendichter Aristophanes hatte auch dieses Thema der Frauen- und Männergemeinschaft in seiner 392 in Athen uraufgeführten burlesken Komödie „Die Volksversammlung der Frauen" (*Ekklesiázousai*) auf die Bühne gebracht. Zum Inhalt: Frauen beschließen, die Herrschaft in der Stadt Athen zu übernehmen. Zu diesem Zweck gehen sie in Männerkleidung und mit angeklebten Männerbärten zur Volksversammlung, die darüber beschließen kann. Diese findet zeitig in der Frühe statt, und da sie ihren Männern deren Kleidungsstücke und Mäntel wegnehmen, während diese noch schlafen, können die Männer nach dem Aufwachen das Haus nicht verlassen, und die Frauen bekommen in der Verkleidung die ersehnte Macht: Die Anführerin mit Namen Praxagóra wird zur Strategin gewählt. Die daraufhin neu eingeführte Verfassung bestimmt, dass nicht nur Gütergemeinschaft herrsche, sondern allen alles gemeinsam sei, vor allem den Frauen alle Männer und den Männern alle Frauen. Allerdings haben die Frauen eine wichtige Zusatzbestimmung in die Verfassung aufgenommen: Um die Männer daran zu hindern, nur mit jungen und schönen Frauen zu verkehren, müssen sie zuerst die Rechte der älteren Frauen beachten. Komödiantischer Höhepunkt ist die Szene, in der ein junger Mann und eine junge Frau sich eigentlich schon einig sind, dann aber kommt eine etwas ältere Frau, die den Jüngling für sich beansprucht, dann eine noch etwas ältere Frau und schließlich als dritte eine nochmals ältere Frau. Nach diesem turbulenten Frauenkampf um den Mann endet die Komödie in einem allgemeinen Festessen mit Musik und Tanz, wozu alle Bürger aufgrund des neuen Gesetzes der Gütergemeinschaft eingeladen sind.

Diese Komödie des ca. 52 Jahre alten Aristophanes (445–385) ist mindestens zehn Jahre vor der Veröffentlichung von Platons „Politeia" uraufgeführt worden. Es ist zu vermuten, dass Platon dieses Thema der Frauengemeinschaft schön früher, also vor Veröffentlichung der „Politeia", im Schülerkreis vorgetragen hatte und dieses deshalb in Athen und auch Aristophanes bekannt war. Außerdem finden sich im Geschichtswerk des Herodot mehrere Berichte über Völker, bei denen Frauengemeinschaft praktiziert wurde. Allerdings besteht zwischen Aristophanes und Sokrates/Platon ein gravierender Unterschied:

- Für Platon ergibt sich die Gleichberechtigung der Frauen aus ihrer unsterblichen Seele, weswegen die geschlechtlichen Unterschiede nebensächlich sind, weil sie nicht die Natur des höchsten Seelenteils verändern können.
- Die Überlegungen Platons zur Güter- und Frauengemeinschaft stammen aus einer anderen Quelle, den Forderungen zur Konzentration auf das der Gemeinschaft Förderliche. Bei Aristophanes wurde daraus eine derb-pointenreiche Komödie mit Unterhaltungswert.

Zurück zu Platon: **Welchem Ziel dienen nach Sokrates diese Maßnahmen?** Es war früher schon die Frage nach dem Glück der Wächter aufgeworfen worden, da sie doch den ganzen Staat mit ihrem Leben verteidigen, aber keinen Lohn dafür bekommen. Nun behauptet Sokrates, dass die Wächter (männliche *und* weibliche) in dieser Frauen- und Männergemeinschaft alles bekommen und nichts entbehren, da sie alle miteinander Freunde sind. Jetzt wird nicht nur die ganze Polis glücklich, sondern auch die Wächter sind es. Aristoteles hat im 2. Buch seiner „Politik" diesem Argument entschieden widersprochen. Da der Staat aus vielen und unterschiedlichen Menschen besteht, bedeutet eine Tendenz zur Einheit einen Widerspruch in sich: Am Ende würde der Staat auf einen einzigen Menschen hinauslaufen, weil nur dieser die geforderte Gemeinsamkeit hat. Außerdem: Man kümmert sich viel mehr um das Eigene, als um das Gemeinsame, da sich dafür niemand verantwortlich fühlt und jeder Verantwortung auf den anderen abwälzen will.

Im Krieg sollen Männer und Frauen gemeinsam gegen den Feind kämpfen und auch die heranwachsenden Kinder mitnehmen, damit sie vom Zuschauen lernen. Sie sollen aber auf schnelle Pferde gesetzt werden, damit sie sich im Notfall rasch in Sicherheit bringen können. Wer aus Angst die Schlachtreihe verlässt, wird in den Stand der Handwerker und Bauern strafversetzt. Wer sich lebend dem Feind in die Gefangenschaft ausliefert, der soll dem Feind als Geschenk überlassen werden, damit er mit ihm tun und lassen kann was er will. Auf denjenigen aber, der besonders tapfer gekämpft hat, warten, aus unserer heutigen Sicht, lächerliche Belohnungen: Er bekommt einen Kranz und einen Händedruck vom Regenten, und darüber hinaus erhält er das Recht, dass er jede Frau (und jeden Mann) jederzeit küssen darf und geküsst wird. Dadurch soll sein/ihr Kampfeseifer angestachelt werden. Diesem/dieser solle auch mehr Gelegenheit zu ehelichen Freuden geboten werden, einmal als Ansporn und Belohnung, zum anderen, damit solche starken Männer und Frauen viele Nachkommen haben.

In der **dritten Welle**, der größten (ab V, 18), fragt Sokrates, warum bis heute die Staaten nicht so sind, wie es in der ersten und zweiten Welle beschrieben wurde. Und seine Antwort: Weil die Staaten nicht von Philosophen geleitet werden. Glaukon macht

Sokrates darauf aufmerksam, dass wegen seiner Rede nun bald eine große Anzahl von Bürgern zu den Schwertern greifen und ihn töten würde, und das wären nicht einmal die schlechtesten, die so reagieren. Die harmloseste Strafe könnte sein, dass sie ihn auslachen. Sokrates kontert, dass man sich erst einmal darauf verständigen müsse, wer oder was ein Philosoph sei, dem die Herrschaft im Staat gebühre.

Sokrates beginnt folgende Argumentation: Wenn man sagt, jemand liebe etwas, so bedeutet das nicht, dass dieser jemand etwas nur in bestimmter Weise liebe, in anderer wiederum nicht, sondern lieben heißt, etwas „ganz in sein Herz geschlossen" zu haben. Dazu gehört aber auch, dass diese Person etwas nicht kritiklos liebt, sondern wohlbegründet liebt; nur dieser Mensch ist ein wirklich Liebender. Der Ausdruck „Philosoph" bezeichnet nun den „Weisheitsliebenden": „Wer ohne weiteres bereit ist, sich in jedes Wissensfach einzuarbeiten und mit Lust ans Lernen geht und nicht genug davon haben kann, den werden wir mit Recht einen Weisheitsliebenden, einen Philosophen, nennen." (475c)

Eine Grenzziehung ist aber nötig: Die Schaulustigen können sich auch nicht satt sehen an allerlei Dingen und Kuriositäten, sie eilen von einer städtischen Dionysosfeier zur nächsten, fehlen nirgends, sind also in dieser Hinsicht lerneifrig, aber sie sind trotzdem keine Philosophen. Warum nicht? Sie haften am Vielen und verlieren sich dort, während derjenige, der Philosoph genannt wird, dem Wesen *einer* Sache auf den Grund geht. Die einen erfreuen sich an den vielen schönen Dingen in dieser Welt (Plural), wer aber nach dem Schönen selbst fragt (Singular), erst der ist ein Philosoph. Dies ist ebenfalls noch erklärungsbedürftig.

Es wird der Unterschied zwischen Wissen und Meinen herausgearbeitet. Beide sind Vermögen, haben also auch unterschiedliche Objekte. (Vergleich: Das Hörvermögen hat ein anderes Objekt als das Sehvermögen.) Eine Meinung ist eine Meinung von etwas, die zwischen dem unbedingt Seienden und dem völlig Nichtseienden liegt. Weder Wissen noch Nichtwissen können sich darauf beziehen. Zwischen Wissen und Unwissenheit liegt als Mittleres die Meinung. Dies entspricht den üblichen Vorstellungsweisen der großen Menge von Menschen. Wer also nur vielerlei Schönes anschaut, das Schöne selbst aber darin nicht zu erblicken vermag, ebenso vielerlei Gerechtes, das Gerechte selbst nicht zu entdecken vermag, der hat nur eine Meinung, aber kein Wissen. Das eine ändert sich ständig, erscheint in immer anderer Form, das andere aber bleibt sich gleich. Die einen lieben über alles diese Meinung, die anderen lieben über alles das Wissen (die Erkenntnis). Die einen nennt man Meinungsliebende, die anderen Weisheitsliebende (Philosophen, von *philos* = Freund, *sophia* = Weisheit).

1.4.6 Buch VI: Gleichnis vom Staatsschiff; Sonnen- und Liniengleichnis

Die These aus dem 5. Buch, dass ein Philosoph den Staat lenken soll, führt im 6. Buch zur Frage nach den Eigenschaften eines Philosophen: Sie müssen klar sehen, vor allem müssen sie das Wesen der Gerechtigkeit erkannt haben, damit sie gerechte Gesetze geben können. Darüber hinaus gibt es einen ganzen Kranz aus positiven Eigenschaften, über die jemand verfügen muss, damit man ihn einen Philosophen nennen kann: Er muss Liebe zum Wissen haben, er muss besonnen und maßvoll sein, er darf nicht habsüchtig und kleinlich sein, sondern muss großzügig sein, er darf nicht feige und wehleidig sein, er darf nicht unverträglich und nicht ungerecht sein, er muss für das Lernen begabt und mit einem guten Gedächtnis ausgestattet sein. (485a–d) Zu diesem Idealbild eines Philosophenkönigs gehört neben dieser beschriebenen Kompetenz zusätzlich noch die aus der Erfahrung gewonnene praktische Kompetenz. Nur durch die Anwendung der Ideenkompetenz in der Praxis wird der Herrscher befähigt, sich die notwendige Urteilskraft für den Umgang mit den Fällen aus der Verwaltungspraxis anzueignen und somit zu verhindern, dass er ein reiner Theoretiker bleibt. (484d)

Adeimantos trägt die Volksmeinung vor, dass Personen, die sich nicht nur kurzzeitig in der Jugend mit Philosophie beschäftigt haben, sondern lebenslang, im Laufe der Zeit wunderlich geworden sind, jedenfalls für politische Führungsaufgaben unbrauchbar. Sokrates bestätigt, dass die Menge so denkt, schlägt aber eine kritische Untersuchung dieses Phänomens anhand eines Gleichnisses (VI, 4) vor, dem Gleichnis vom Staatsschiff. (488b–489a) Dieses hat folgenden Inhalt: Man solle den Staat mit einem Schiff vergleichen, dessen Mannschaft von einem Kapitän befehligt wird, der zwar alle anderen an Kraft und Größe überragt, aber ansonsten ein schwerhöriger und geistig zurückgebliebener Dilettant ist. In dieser Situation versuchen die Matrosen, selbst an das Ruder zu kommen, aber keiner hat die nötige Ausbildung, um das Schiff zu steuern. Sie behaupten sogar, so etwas könne oder brauche man gar nicht zu lernen. Im Kampf um das Kommando werfen sie sich sogar gegenseitig über Bord und versuchen, den Kapitän zu vergiften, um an die Vorräte zu kommen und um dann in Saus und Braus leben zu können. Für die wahre Steuermannskunst halten sie dies: Zu wissen, wie man ans Ruder kommt, aber nicht, wie man ein Schiff steuert. Wenn aber nun ein wirklicher Kapitän auf das Schiff kommt, der weiß, welche Bedeutung beispielsweise die Luftströmungen, die Gestirne und die Tages- und Jahreszeiten für die Manövrierfähigkeit des Schiffes haben, dann werden sie ihn einen Theoretiker und Wetterpropheten schimpfen, der für das Amt eines Kapitäns unbrauchbar sei, da sie sich selbst für Praktiker halten, die allen Theoretikern überlegen seien. Aber diesen Irrtum bemerken sie nicht einmal. So ist es auch im gegenwärtigen Staat, sagt Sokrates. Die Philosophen sind aber die wahren Kapitäne des Staatsschiffes, doch auf diesem herrschen Chaos und Meuterei, da wird nicht nach dem Fachmann gefragt, sondern jeder versucht nur, an das Steuerruder zu kommen und nicht an das Wissen, es zu bedienen.

Allerdings kann dieses Gleichnis nur bedingt auf den „Staatskapitän" übertragen werden: Die Schiffskapitäne sind nicht für das Fahrziel zuständig (dafür zuständig ist der Eigentümer des Schiffes), sondern nur für die Mittel und Wege, das Schiff sicher in den Zielhafen zu bringen. Die Staatskapitäne dagegen sind auch für die Ziele und Zwecke des Staatsschiffes zuständig, nicht nur für die Mittel und Wege zum Ziel. (Kersting)

Das Gleichnis von den Kapitänen wird nun von Platon interpretierend weitergeführt. Wie ein Kapitän nicht die Matrosen bittet, sich von ihm führen zu lassen und die Ärzte nicht zu den Kranken, sondern umgekehrt die Kranken zum Arzt gehen, so soll der Politiker-Philosoph nicht auf die Menge zugehen, sondern umgekehrt solle die Menge zu ihm wie zu einem Arzt gehen, damit er sie von der Krankheit (der Unordnung im Staat) heile. (489bc) Wenn also gegenwärtig die Meinung verbreitet sei, Philosophen taugen nicht als Staatskapitäne, dann sind nicht die Philosophen daran schuld, sondern schuld ist der gegenwärtige Zustand des Staates, wo alle nach der Macht gieren, nicht aber nach dem Wissen für den Umgang mit dieser Macht. Also nicht das Streben nach Macht, sondern nach Wissen müsse die politische Orientierung werden. Damit ein solcher Zustand eintreten kann, muss ein Zirkel überwunden werden: Für die Lenkung des idealen Staates sind Philosophen notwendig, damit diese aber das Steuerruder übernehmen können, müssen im Staat schon Bürger wohnen, die sie herbeirufen, denn aufdrängen wollen oder sollen sie sich nicht. Dieser Philosophenkönig wird sich zunächst einmal die Gemeinschaft und die Menschen anschauen, so wie sie tatsächlich sind, um dann eine Verbesserung herbeizuführen. Hierzu lenken ihn die Ideen, die im Staat verwirklicht werden sollen.

Dieser philosophische Staatslenker muss aber durch eine Ausbildung auf seine Aufgabe vorbereitet werden. Von denjenigen Kenntnissen (*mathémata*), die er braucht, ist die Kenntnis der Idee des Guten die wichtigste, sie ist das größte *Mathema*. In diesem Sinne ist die Gerechtigkeit gut. Was aber meinen wir mit dem Guten?

Nun wird nochmals der Schein-Sein-Gegensatz aufgegriffen. Bei der Gerechtigkeit ist es für viele Menschen (z. B. Thrasymachos) ausreichend, wenn der bloße Schein gegeben ist, beim Guten dagegen begnügt sich niemand mit dem bloßen Schein, sondern man strebt nach der Realität, dem Anwesendsein des Guten. (Man will beispielsweise nicht nur den Schein der Gesundheit, sondern man will das Gut der Gesundheit wirklich haben.) Deshalb ist es das Wichtigste, über das in Wahrheit Gute Bescheid zu wissen. Dabei wird wieder eingeschärft, dass Meinungen ohne Wissen ein Übel sind, selbst dann, wenn man mit seiner Meinung (zufällig) das Wahre trifft: Man gleicht dann einem Blinden, der seinen Weg (aus Zufall) richtig geht.

Die Gerechtigkeit, so hochwertig sie in der Darstellung Platons auch geschildert wird, ist also alleine also noch nicht der höchste Gegenstand des Wissens, noch nicht die höchste Idee. Man könnte sich eine Person vorstellen, die zwar in sachlicher Hinsicht gerecht handelt, aber dabei egoistische Ziele verfolgt. Dies wäre beispielsweise auch der Fall, wenn jemand einem Hilfsbedürftigen zwar Almosen gibt, dies aber aus „eitler Ruhmsucht" tut, um von den Zuschauern als Wohltäter wahrgenommen zu werden. Die Gerechtigkeit braucht also, wie jede Tugend, die Ausrichtung auf das Gute, weil nur „durch ihre Hinzunahme das Gerechte und alles Sonstige erst brauchbar und förderlich wird". (505a) Sokrates fährt fort: „Ich glaube, das Gerechte und Schöne haben an einem Mann, der nicht weiß, wieso dies eigentlich gut ist, einen ganz schlechten Wächter für sich gewonnen." (506a) Was aber ist das Gute? Zwei gegenpolige Antworten sind möglich:

Das Gute bestehe
- erstens entweder in Vergnügen und Lust (dann kann gefragt werden: auch die schlechte Lust?) oder
- zweitens im Wissen (dann kann gefragt werden: auch im Wissen des Schlechten?).

Beide Definitionen sind also unzureichend, denn sie enthalten eine eigentümliche Dialektik. Da es sich bei der Frage nach dem Guten um die Frage nach dem Vollkommenen handelt, kann die Antwort nur in Näherungsversuchen, in Gleichnissen, gegeben werden, weswegen Sokrates feststellt: „Die Frage nach dem Wesen des Guten wollen wir jetzt beiseite lassen". (506c) Er fährt fort: „Aber einen Spross (*tókos*) des Guten, der ihm sehr ähnlich ist, will ich euch beschreiben". Das Gute als das Vollkommene kann nun nicht direkt gezeigt werden, sondern man muss sich mit dem „Ebenbild", dem „Spross", begnügen. Die Antwort des Sokrates auf diese wichtige Frage nach der Idee des Guten findet sich in den nun folgenden drei Gleichnissen von der Sonne, von der Linie und der Höhle. (VI, 17– VII, 3)

Das Sonnengleichnis

Da Sokrates also gedrängt wird, auf die Frage nach dem Guten eine Antwort zu geben, gibt er keine theoretische Antwort, sondern beginnt mit dem Sonnengleichnis. (VI, 17 ff., 507b–509b) Dieses basiert auf der Unterscheidung zwischen dem Sichtbaren und dem nur Denkbaren. Die Sinne des Menschen ermöglichen es ihm, mit dem Vielen in der Welt in Kontakt zu treten. Dabei hat der Seh-Sinn des Auges eine Sonderstellung gegenüber den anderen Sinnen (wie z. B. hören), da diese anderen Sinne kein Drittes brauchen, um ihre Funktion erfüllen zu können: Das Ohr braucht nach Platon nur das zu Hörende, kein Zwischenmedium, wie das Auge, das nämlich das Licht braucht, um sehen zu können. (Die mediale Funktion der Luft für das Hören war Platon nicht bekannt.) Beim Auge genügt es nicht, dass (1) der Seh-Sinn vorhanden und (2) beim anzuschauenden Gegenstand die Farbe vorhanden ist, sondern es muss noch ein Drittes vorhanden sein, nämlich (3) das Licht und damit die Sonne. Ohne Licht kann das Auge nicht sehen und der Gegenstand kann nicht gesehen werden. Wenn die Sonne ganz verschwunden ist, kann man den Gegenstand nicht mehr sehen, wenn die Sonne gerade noch teilweise vorhanden ist, dann kann man nur noch die Umrisse der Gegenstände sehen, dies aber auch nur noch als Schwarz-Weiß-Bilder und nicht mehr dreidimensional, sondern nur noch zweidimensional wie einen Scherenschnitt. Sokrates stellt fest: „Somit ist die Sonne nicht die Sehkraft, wohl aber ihre Ursache und kann von ihr gesehen werden." (508b) Folgende Analogien baut das Sonnengleichnis auf: Was nun die Sonne im Bereich des Sichtbaren im Verhältnis des Gesichtsinnes (Auge) zum Gesehenen ist, das ist im Bereich des Denkbaren das Gute im Verhältnis des Denkvermögens zum Gedachten.

Die Sonne ist aber nicht das Gute selbst, sondern nur ein „Spross des Guten", als den man sich personifiziert den Sonnengott Apollon (auch Helios genannt: VI, 19; 508a) vorstellen kann, den Sohn (Spross) des Zeus und der Leto, der aber ein volles Abbild seines göttlichen Vaters ist. Glaukon begnügt sich zunächst mit diesem Hinweis: „Ein andermal kannst du uns dann die Ausführung über den Vater erstatten." (506e) Sokrates spricht also nicht vom Urbild des Guten (dem Vater), sondern nur vom Sohn als der wirkenden Kraft des Guten in der Sinnenwelt. Mit der Vater-Sohn-Metaphorik erläutert Sokrates seinen Sonnenhymnus: „Wer spendet das Licht, durch das unser Auge alles aufs schönste sieht, alles Sichtbare gesehen werden kann?" Glaukon antwortet: „Ich meine denselben wie du und alle anderen: Helios, der Sonnengott, ist es klarerweise, nach dem du fragst." Sokrates erläutert weiter: Dieser Helios ist weder die Sehkraft noch sein Organ, das Auge, sondern die Ursache der Sehkraft und wird von ihr gesehen. Helios ist also „jener Spross des Guten, den sich das Gute als Abbild seiner selbst erzeugt hat." Das Auge ist deshalb das „sonnenhafteste" unter allen Sinnesorganen und deshalb für die Wahrheitserkenntnis die geeignete Metapher. (Goethe: „Wär' nicht das Auge sonnenhaft, die Sonne könnt' es nie erblicken.")

Wenn sich etwas nicht im Licht der Sonne befindet, so kann es vom Auge nicht wahrgenommen werden. Was im Bereich des Denkvermögens dem Erkennbaren die Wahrheit erschließt und dem Denkvermögen das Erkennen ermöglicht, das ist die Idee des Guten. Wissen und Wahrheit haben Teil am Guten, sind aber nicht selbst das Gute, das über ihnen steht. Ein zweites ist noch zu beachten, sagt Sokrates: Die Sonne ermöglicht dem Sichtbaren nicht nur gesehen zu werden, sondern verleiht ihm auch noch Wachstum und Vermehrung. So ist es analog auch beim Guten: Das Gute verleiht dem Erkennbaren auch das Sein und sein Wesen. Diese Wahrheit (*alétheia*) meint nicht einfach das sachlich Richtige, sondern *alétheia* heißt das „Unverborgene", also dasjenige, was in voller Helligkeit (im Glanz des Guten) vor uns liegt und *deshalb* sichtbar und erkennbar ist. Formelhaft ausgedrückt: Was die Sonne im Bereich des Sichtbaren, das ist das Gute im Bereich des Denkbaren. In diesem Zusammenhang spricht Sokrates davon, dass das Gute jenseits des Seins liege, eine Aussage, die seine Zuhörer irritiert. Man könnte – in heutiger Interpretation – den Sinn der Aussage so verstehen, dass das Gute jenseits der innerweltlichen Fakten liege, dass also aus dem innerweltlich Gegebenem sich nicht ihr moralischer Wertcharakter ableiten lasse.

Aus dem Sonnengleichnis ergeben sich also drei Einsichten (Schäfer 2007, 148 f.):

1. Die Sonne entspricht der Idee des Guten, da Helios, der Spross (Sohn) dieser Idee des Guten, des Vaters, ist.
2. Das Verhältnis des Sichtbaren zum Prozess des Sehens entspricht dem Verhältnis des Denkbaren zum Prozess des Denkens.
3. Das Sehende (z. B. Auge) entspricht dem Grund der Sichtbarkeit wie das Denkende dem Grund der Denkbarkeit entspricht.

Sokrates erläutert sein Gleichnis weiter: „Die Sonne (Helios) gibt dem Sichtbaren nicht nur die Fähigkeit, gesehen zu werden, sondern auch Werden, Wachstum und Nahrung, ohne selbst dem Werden unterworfen zu sein." Er überträgt dies auf das Denken: „Also wird den Objekten der Erkenntnis durch das Gute nicht nur die Erkennbarkeit gegeben, sondern sie erhalten auch Existenz und Wesen von ihm." (509b) Diese Idee des Guten (symbolisiert durch die Sonne) ist also mit ihren beiden Leistungen, Licht und Wärme verbreiten zu können,

- einerseits durch ihr Licht Grund zur Erkenntnis der Dinge (die *ratio cognoscendi*),
- andererseits durch ihre Wärme der Grund für die Existenz dieser Dinge (die *ratio essendi*).

Das Liniengleichnis

Das Liniengleichnis (VI, 20; 509c–511a) unterscheidet wieder – wie das Sonnengleichnis – zwischen der Welt des Sichtbaren (nur Wahrnehmbaren) und der Welt des Denkbaren (nur Erkennbaren). Sokrates greift hier nochmals auf die schon im Sonnengleichnis eingeführte Unterscheidung zurück: „Die Einzeldinge kann man sehen, aber nicht denken, die Ideen jedoch denken, aber nicht sehen." (507b) Es gibt also zwei Reiche, das Reich des Sichtbaren und das Reich des Denkbaren. Sokrates stellt dem Platonbruder Glaukon folgende Aufgabe: „Stelle dir die beiden Reiche wie eine Linie vor, die in zwei ungleiche Teile geteilt ist. Nimm die beiden Teile und unterteile sie nochmals in dem gleichen Verhältnis: Der eine Teil stellt das Reich des Sichtbaren, der andere Teil das Reich des Denkbaren dar." (509d)

Bleiben wir zunächst im Reich des Sichtbaren. Dieses kann nach dem Kriterium, ob etwas deutlich oder undeutlich sichtbar ist, wieder zweigeteilt werden.

- Das undeutlich Sichtbare nennt Sokrates die Abbilder, und zwar erstens die Schatten, dann zweitens die Spiegelbilder (im Wasser, in Spiegeln und auf allen glänzenden Oberflächen).
- Die deutlich sichtbaren Dinge (denen die Abbilder ähneln) sind die echten Gegenstände selbst, also Lebewesen, Pflanzen und die vom Menschen hergestellten Geräte.

Nun zum Reich des Denkbaren, das wieder zweigeteilt wird. Warum gibt es auch hier eine Zweiteilung?

- Im ersten Abschnitt benutzt die Seele die (im Reich des Sichtbaren nachgeahmten) Originale als Bilder, wobei sie von Voraussetzungen (Hypothesen) ausgeht, aber nicht den Anfang (im Sinne eines Prinzips) kritisch überprüft, sondern gleich zum Erkenntnis-Ziel voranschreitet. Dies ist nach Platon das Verfahren der Mathematik und Geometrie. Die Frage bleibt: Sind diese Hypothesen wirkliche Prinzipien, also ein Erstes?
- Im zweiten Abschnitt geht sie zwar auch von Voraussetzungen (Hypothesen) aus, geht aber kritisch zu einem voraussetzungslosen Anfang (Prinzip) zurück. Dabei kommt sie ohne Bilder aus, sondern stützt sich ausschließlich auf Ideen. Dies ist nach Platon das Verfahren der Dialektik. Dieses lässt die Hypothesen als solche zunächst stehen, macht sie also nicht vorschnell zu Prinzipien, sondern schreitet von den Hypothesen zu den Prinzipien aufwärts.

Was wird mit dieser Zweiteilung im Reich des Denkbaren nun ausgedrückt?

- Zum einen gibt es Wissenschaften, die an Voraussetzungen gebunden sind (Grundbegriffe und Grundsätze als Axiome), die sie wie feste Erkenntnisse auffassen, von denen aus bloß noch voranzuschreiten sei. Sie geht also vom Verstand (*diánoia*) aus, besitzt also nur den Status einer Verstandeserkenntnis (*diánoia*).
- Zum anderen gibt es Wissenschaften wie die Dialektik, für die es solche unhinterfragbaren Voraussetzungen (Hypothesen) nicht gibt, sondern für sie sind auch Hypothesen grundsätzlich hinterfragbar, damit man zur höchsten Erkenntnis aufsteigen kann. Die Dialektik geht also von der Vernunft aus und besitzt somit den Status einer Vernunfterkenntnis (*noesis*).

Ist die Verbindung zwischen den beiden Bereichen des Denkbaren genauso kausal zu verstehen wie die Verbindung zwischen den Abbildern und den echten Gegenständen? Die Gegenstände der Sinnenwelt sind kausal für die Bilder Voraussetzung. Im Bereich des Denkbaren gibt es aber eine solche analoge Verbindungskausalität zwischen Mathematik und Dialektik nicht. Das Ziel des Dialektikers ist die Idee des Guten, die eine abschließende Bewertung der Hypothesen erlaubt. Kann man das dialektische Ziel, die Idee des Guten, mit Hilfe des sokratischen *Elenchos* erreichen? Kann ein diskursives

Verfahren zu einer intuitiven, evidenten Erkenntnis von der Idee des Guten führen? Hier ist Skepsis angebracht: „Die Dialektik kann nicht der Stab sein, der an den Felsen der Idee des Guten klopft und ihn öffnet, so dass Wasser der intuitiven Einsicht herausprudeln kann." (Kersting 1999, 223) Und weiter: „Die Dialektik hat kein Ende, sie ist letztlich ein unabschließbares Unternehmen; letzte Gewissheit kann ihr nie zuteil werden." (dto., 223) Trotzdem gibt es ein positives Ergebnis: Die Ideenlehre mit ihrer spezifischen Methode, der Dialektik, lehrt, zu einem wirklich Ersten, den Prinzipien, vorzudringen. Von diesem Ersten nimmt nämlich jede Handlung ihren Anfang. Aus diesem Grund kommt alles darauf an, die eigenen Handlungsprinzipien – dialektisch – erkannt zu haben.

Nun zur grafischen Gestaltung des Liniengleichnisses. Die Gesamtheit der beiden Bereiche ist grafisch-didaktisch durch eine Linie zwischen A und E gekennzeichnet. Wegen der ungleichen Bedeutung der beiden Bereiche (Wahrnehmung und Denken) verläuft die senkrechte Trennungslinie C aber nicht in der Mitte, sondern teilt die Gesamtstrecke AE in einen kleinen (AC) und einen großen (CE) Teil.
- Der kleine AC-Teil wird nach den gleichen Proportionen wieder geteilt (AB und BC),
- der große Teil ebenfalls in der gleichen Proportion in CD und DE.

    Die Proportionen könnte man sich so denken: AB : BC = 1 : 2; CD : DE = 2 : 4, also 1 : 2 : 2 : 4.

Die ungleiche Streckenlänge zwischen den beiden Hauptteilen soll also zum Ausdruck bringen, dass die kürzere Strecke AC, die die bloße Meinung darstellt, auch das unwichtigere Element gegenüber der längeren Strecke CE (Denken, Wissen) ist.

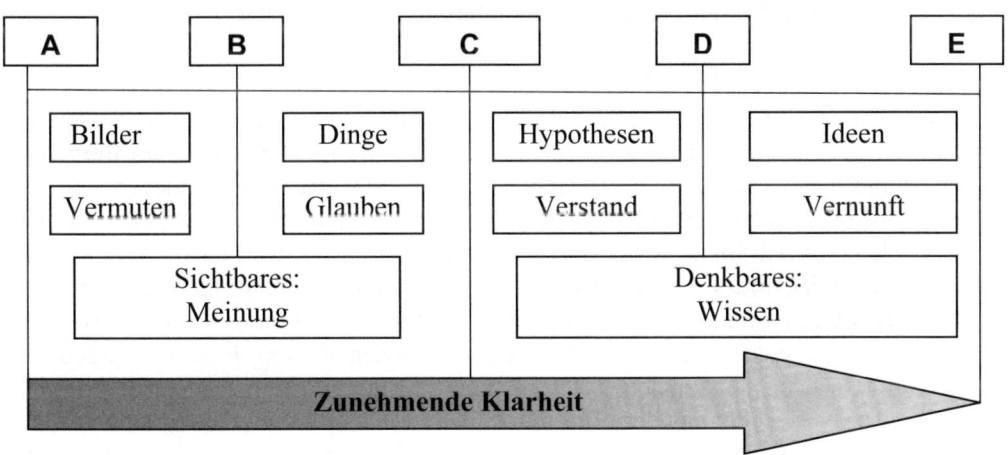

Erläuterung: Strecken-Relationen	
Gesamtstreckenteilung (AC : CE) zur Teilstreckenteilung links (AB : BC)	Gesamtstreckenteilung (AC : CE) zur Teilstreckenteilung rechts (CD : DE)
AC : CE = AB : BC	AC : CE = CD : DE

Erste Stufe: Bilder

Dreierlei Arten von Bildern sind zu unterscheiden: Abbilder, Spiegelbilder (im Wasser) und Schattenbilder der realen Gegenstände dieser Welt (natürliche und künstliche Gegenstände). Wenn kaum mehr Licht vorhanden ist, sind sie nur als Umrisse erkennbar, schwarz-weiß und zweidimensional, nicht farbig und dreidimensional wie in der Realität (als Dinge).

Zweite Stufe. Dinge

Dies sind die realen Dinge dieser Welt (Menschen, Tiere, Natur, künstliche Geräte), die man hier in ihrer wahren Gestalt sehen kann, als Originale. Die drei Arten der Bilder (Abbilder, Spiegelbilder, Schattenbilder) ähneln ihnen. In Bezug auf Wahrheit und Unwahrheit verhält sich das Abbild zu seinem Original wie Meinung zu Wissen.

Dritte Stufe: Hypothesen

Hier wird das Forschen in den Fachwissenschaften beschrieben. In diesem dritten Abschnitt (CD) wird nämlich dargestellt, wie die Seele die Originale (aus dem zweiten Abschnitt) verwendet, um Hypothesen zu gewinnen und damit nach der – empirisch erkennbaren – Wahrheit zu forschen. Mit dem Ausdruck „Hypothesen" wird zum Ausdruck gebracht, dass alle Fachwissenschaften immer nur vorläufiges Wissen besitzen, das durch den weiteren Fortschritt der Wissenschaften überholt werden kann: Fachwissenschaftliche Wahrheit ist immer nur vorläufige Wahrheit. Fachwissenschaften steigen nicht bis zur höchsten Erkenntnis empor, die nach Sokrates erst in der vierten Stufe erreicht wird, der Erkenntnis der Ideen. Man muss aber bedenken: Platon beschreibt die Fachwissenschaften reduktionistisch ausschließlich als Mathematik und Geometrie, die anderen Wissenschaften kommen bei ihm hier nicht vor.

Vierte Stufe: Ideen und die Dialektik

In dieser vierten Stufe, derjenigen der Ideen, werden mit Hilfe der Dialektik (wie Sokrates sie versteht, nicht Dialektik im Sinne Kants) die Ideen (von etwas) freigelegt: Die Ideen und die Dialektik bedingen sich also. Diese dialektisch gewonnenen Erkenntnisse, die Ideen, sind für Sokrates klarer als die Erkenntnisse der Fachwissenschaften. Im Liniengleichnis hat Sokrates sie folgendermaßen beschrieben (511b–c): Wer sich der Dialektik zuwendet, muss bereits in den Fachwissenschaften bewandert sein, d. h. er muss die Hypothesenbildung beherrschen, um durch sie (den Voraussetzungen) wie mit „Stufen und Stützpunkten" bis zum voraussetzungslosen Anfang hinaufzusteigen und dann von dort wieder herabzusteigen. Bei diesem Abstieg wird nicht mehr das sinnlich Wahrnehmbare verwendet, sondern die Ideen werden nach ihrem „eigenen inneren Zusammenhang" untersucht, weswegen bei den Ideen abgeschlossen wird. Auf- und Abstieg sind nur möglich, wenn es einen Zusammenhang der Ideen untereinander gibt. Beispiel Gerechtigkeit: Im Aufstieg wird aus Einzelbeobachtungen über viele Erscheinungsweisen der Gerechtigkeit (im Alltag) die singuläre Idee der Gerechtigkeit entwickelt, die dann im Abstieg in ihrem Zusammenhang mit anderen Ideen (z. B. Tugenden) untersucht wird. Die Tugenden der Tapferkeit, Mäßigkeit (im Genießen) und Klugheit sind nicht an sich gut, sondern insofern sie teilhaben an der einzigen Idee, die an sich gut ist, der Idee des Guten.

Die Ideenlehre wird im Gesamtwerk Platons auf zwei Objektgruppen angewendet:

(1) einmal auf die moralischen Ideen (z. B. Gerechtigkeit), dann
(2) aber auch auf die gegenständlichen Dinge, wobei wieder zu unterscheiden ist zwischen den natürlichen Dingen und den von Menschen hergestellten künstlichen Dingen (z. B. Tisch, Stuhl). Beispiel Mathematik: Der dialektisch denkende Philosoph fragt nach dem Kreis oder der Geraden nicht mehr im Sinne des Mathematikers, sondern er sucht z. B. nach dem „Kreis schlechthin". Zweite Erkenntnis: In Bezug auf Wahrheit und Unwahrheit verhält sich die Hypothese zur Idee wie Verstandesgewissheit zu Vernunfteinsicht.

Was ist also Dialektik? Die Dialektik ist die Kunst des richtigen Fragens und Antworten im Gespräch; wer ihr nicht gewachsen ist, wird in der Diskussion eine Niederlage erleben, wenn er für seine Hypothesen keine Begründung (*logon didónai*) vorlegen kann. Der Dialektiker arbeitet im Gespräch zielstrebig mit Blick auf die Idee des Guten den Wesensbegriff von etwas heraus (z. B. Was ist die Gerechtigkeit?). Der damit zum Ausdruck gebrachte Sinn ist der des Sonnengleichnisses: Das für den Menschen wichtige Wissen ist nicht in der sichtbaren Welt enthalten, sondern hat ihren Ort im Denken.

1.4.7 Buch VII: Das Höhlengleichnis

In diesem dritten und bekanntesten Gleichnis zur Erläuterung seiner Ideenlehre wird, wie im Sonnengleichnis, die Idee des Guten mit der Sonne symbolisiert. Auch in diesem Gleichnis findet sich wieder die bekannte Zweiteilung in die Welt des Sichtbaren und die des nur Denkbaren (siehe die Grafik weiter unten). Die Höhle mitsamt dem Feuer entspricht dem Sichtbaren im Sonnen- und im Liniengleichnis, die Welt außerhalb der Höhle mit der Sonne entspricht dem nur Denkbaren. Das 7. Buch setzt unvermittelt mit dem berühmten Höhlengleichnis an (VII, 1–2; 514a–517a, Übers. Schleiermacher). Das Gespräch findet statt zwischen Sokrates und Glaukon, dem Bruder Platons.

I. Zunächst wird die Situation der Höhlenbewohner beschrieben.

Sokrates: Nachdem vergleiche dir unsere Natur in Bezug auf Bildung und Unbildung in folgendem Zustande. Sieh' nämlich Menschen wie in einer unterirdischen, höhlenartigen Wohnung, die einen gegen das Licht geöffneten Zugang längs der ganzen Höhle hat. In dieser seien sie von Kindheit an gefesselt an Hals und Schenkeln, so dass sie auf demselben Fleck bleiben und auch nur nach vorne hin sehen, den Kopf aber ganz herumzudrehen der Fessel wegen nicht vermögend sind. Licht aber haben sie von einem Feuer, welches von oben und von ferne her hinter ihnen brennt. Zwischen dem Feuer und den Gefangenen geht oben ein Weg, längs diesem sieh eine Mauer aufgeführt wie die Schranken, welche die Gaukler vor den Zuschauern sich erbauen, über welche herüber sie ihre Kunststücke zeigen.
Glaukon: Ich sehe, sagte er.
Sokrates: Sieh nun längs dieser Mauer Menschen allerlei Geräte tragen, die über die Mauer herüberragen, und Bildsäulen und andere steinerne und hölzerne Bilder und von allerlei Arbeit; einige, wie natürlich, reden dabei, andere schweigen.
Glaukon: Ein gar wunderliches Bild, sprach er, stellst du dar und wunderliche Gefangene.
Sokrates: Uns ganz ähnlich. Denn zuerst, meinst du wohl, dass dergleichen Menschen von sich selbst und voneinander je etwas anderes gesehen haben als die Schatten, welche das Feuer auf die ihnen gegenüberstehende Wand der Höhle wirft?

Glaukon: Wie sollten sie, wenn sie gezwungen sind, zeitlebens den Kopf unbeweglich zu halten!
Sokrates: Und von dem Vorübergetragenen nicht eben dieses?
Glaukon: Was sonst?
Sokrates: Wenn sie nun miteinander reden könnten, glaubst du nicht auch, dass sie auch pflegen würden, dieses Vorhandene zu benennen, was sie sähen?
Glaukon: Notwendig.
Sokrates: Und wie, wenn ihr Kerker auch einen Widerhall hätte von drüben her, meinst du, wenn einer von den Vorübergehenden spräche, sie würden denken, etwas anderes rede als der eben vorübergehende Schatten?
Glaukon: Nein, beim Zeus, sagte er.
Sokrates: Auf keine Weise also können diese irgendetwas anderes für das Wahre halten als die Schatten jener Kunstwerke?
Glaukon: Ganz unmöglich.

II. Nun wird der Prozess der Loslösung von diesen Banden beschrieben.

Sokrates: Nun betrachte auch die Lösung und Heilung von ihren Banden und ihrem Unverstande, wie es damit natürlich stehen würde, wenn ihnen Folgendes begegnete. Wenn einer entfesselt wäre und gezwungen würde, sogleich aufzustehen, den Hals umzudrehen, zu gehen und gegen das Licht zu sehen, und, indem er das täte, immer Schmerzen hätte und wegen des flimmernden Glanzes nicht recht vermöchte, jene Dinge zu erkennen, wovon er vorher nur Schatten sah: was, meinst du wohl, würde er sagen, wenn ihm einer versicherte, damals habe er lauter Nichtiges gesehen, jetzt aber, dem Seienden näher und zu dem mehr Seienden gewendet, sähe er richtiger, und, ihm jedes Vorübergehende zeigend, ihn fragte und zu antworten zwänge, was es sei? Meinst du nicht, er werde ganz verwirrt sein und glauben, was er damals gesehen, sei doch wirklicher als was ihm jetzt gezeigt werde?
Glaukon: Bei weitem, antwortete er."
Sokrates: Und wenn man ihn zwänge, seinen Blick auf das Licht selbst zu richten, so würden ihn doch seine Augen schmerzen und er würde sich abwenden und wieder jenen Dingen zustreben, deren Anblick ihm geläufig ist, und diese würde er doch für tatsächlich gewisser halten als die, die man ihm vorzeigte?
Glaukon: Ja.
Sokrates: Wenn man ihn nun aber von da gewaltsam durch den holperigen und steilen Aufgang aufwärts schleppte und nicht eher ruhen würde als bis man ihn an das Licht der Sonne gebracht hätte, würde er diese Gewaltsamkeit nicht schmerzlich empfinden und sich dagegen sträuben, und wenn er an das Licht käme, würde er dann nicht, völlig geblendet von dem Glanze, von alledem, was ihm jetzt als das Wahre angegeben wird, nichts, aber auch gar nichts zu erkennen vermögen?
Glaukon: Nein, wenigstens für den Augenblick nicht.

III. Nun folgt eine Beschreibung der **Abbilder** und **Spiegelbilder** (im Wasser) im Vergleich mit dem Anblick im vollen Licht der Sonne (siehe Sonnengleichnis).

Sokrates: Er würde sich also erst daran gewöhnen müssen, wenn es ihm gelingen soll, die Dinge da oben zu schauen, und zuerst würde er wohl am leichtesten die Schatten erkennen, darauf die Abbilder der Menschen und der übrigen Dinge im Wasser, später dann die wirklichen Gegenstände selbst; in der Folge würde er dann zunächst bei nächtlicher Weile die Erscheinungen am Himmel und den Himmel selbst betrachten, das Licht der Sterne und des Mondes schauend, was ihm leichter werden würde als bei Tage die Sonne und das Sonnenlicht zu schauen.
Glaukon: Gewiss.
Sokrates: Zuletzt dann, denke ich, würde er die Sonne, nicht etwa bloß Abspiegelungen derselben im Wasser oder an einer Stelle, die nicht ihr eigener Standort ist, sondern sie selbst in voller Wirklichkeit an ihrer eigenen Stelle zu schauen und ihre Beschaffenheit zu betrachten imstande sein.
Glaukon: Notwendig.

Sokrates: Und dann würde er sich durch richtige Folgerungen klar machen, dass sie es ist, der wir die Jahreszeiten und die Jahresumläufe verdanken, und die über allem waltet, was in dem sichtbaren Raum sich befindet, und in gewissem Sinne auch die Urheberin jener Erscheinungen ist, die sie vordem in der Höhle schauten.
Glaukon: Offenbar würde er in solcher Stufenfolge zu dieser Einsicht gelangen.

IV. Nun beschreibt Sokrates die **Folgen** für denjenigen, der diese Umwendung des Blicks vollzogen hat.

Sokrates: Wie nun? Meinst du nicht, er würde in der Erinnerung an seine erste Wohnstätte und an seine dortige Weisheit und an seine dortigen Mitgefangenen sich nun glücklich preisen ob dieser Veränderung, jene dagegen bemitleiden?
Glaukon: Sicherlich.
Sokrates: Wenn es damals aber unter ihnen gewisse Ehrungen und Lobpreisungen und Auszeichnungen gab für den, der die vorübergehenden Gegenstände am schärfsten wahrnahm und sich am besten zu erinnern wusste, welche von ihnen eher und welche später und welche gleichzeitig vorüberwandelten, und auf Grund dessen am sichersten das künftig Eintretende zu erraten verstand, glaubst du etwa, dass er sich danach zurücksehnen werde und die bei ihnen durch Ehren und Macht Ausgezeichneten beneiden werde? Oder nicht vielmehr, dass er, nach Homer, das harte Los wählen, nämlich viel lieber „einem anderen, einem unbegüterten Manne um Lohn dienen wolle" und lieber alles andere über sich ergehen lassen würde als im Banne jener Trugmeinungen zu stehen und ein Leben jener Art zu führen?
Glaukon: Ja, ich denke, er würde lieber alles andere über sich ergehen lassen als auf jene Weise leben.
Sokrates: Und nun bedenke auch noch Folgendes: Wenn ein solcher wieder hinab stiege in die Höhle und dort wieder seinen alten Platz einnähme, würden dann seine Augen nicht förmlich eingetaucht werden in Finsternis, wenn er plötzlich aus der Sonne dort anlangte?
Glaukon: Gewiss.
Sokrates: Wenn er nun wieder, bei noch anhaltender Trübung des Blicks mit jenen ewig Gefesselten wetteifern müsste in der Deutung jener Schattenbilder, ehe noch seine Augen sich der jetzigen Lage wieder völlig angepasst haben – und die Gewöhnung daran dürfte eine ziemlich erhebliche Zeit fordern –, würde er sich da nicht lächerlich machen und würde es nicht von ihm heißen, sein Aufstieg nach oben sei schuld daran, dass er mit verdorbenen Augen wiedergekehrt sei, und schon der bloße Versuch nach oben zu gelangen, sei verwerflich? Und wenn sie den, der es etwa versuchte sie zu entfesseln und hinaufzuführen, irgendwie in ihre Hand bekommen und umbringen könnten, so würden sie ihn doch auch umbringen?
Glaukon: Sicherlich.

Das im Höhlengleichnis entworfene Bild besteht wieder aus vier Teilen (wie im Liniengleichnis). Konstitutiv ist in beiden Gleichnissen die Unterscheidung zwischen der Sinnenwelt und der Verstandeswelt, zwischen dem Meinen und dem Erkennen.

- Das Höhlengleichnis arbeitet deshalb, wie das Sonnengleichnis, mit der Lichtmetaphorik: Undeutliches Wissen wird mit den Schatten assoziiert, die die Gegenstände an die Wand werfen, aus deren Bereich der Mensch langsam zum Licht gelangt, bis dieser Prozess bei der Sonne endet. Bildung ist also ein Prozess, der zu immer klareren Einsichten führt. Der Mensch muss sich aber zunächst selbst vom Blick auf die Schatten befreien, sich umwenden zum Licht, und dann den Weg zum Licht einschlagen. Dieser Vorgang ist bereits beschwerlich und sogar schmerzhaft, weil die Augen sich erst langsam an das Licht gewöhnen müssen. Dazu kommt noch, dass die anderen Höhlenbewohner, die die Illusionswelt der Schatten noch nicht wahrgenommen haben, die zum Licht strebenden Menschen als

Phantasten beschimpfen und sie sogar mit Gewalt am weiteren Verfolgen ihrer Absichten hindern wollen.
- Die zweite Grundvorstellung ist die eines Aufstieges. Die Höhle ist also keine waagerechte Ebene, sondern es führt im Inneren ein Weg von unten nach oben. Bildung ist also ein mühsamer Prozess, wie jeder physische Aufstieg es ist. Dieser Aufstieg, da er ja in der Dunkelheit der Höhle stattfindet, kann nur durch das Licht in die gewünschte Richtung gelenkt werden. Also ist das Licht entscheidend.

Dieser Doppel-Prozess (Aufstieg und zugleich Hellerwerden) erfolgt in vier Stufen. Die drei Gleichnisse (Sonnen-, Linien- und Höhlengleichnis) gehören zusammen. Allerdings solle man nicht versuchen, die drei Gleichnisse in ein gemeinsames System pressen zu wollen, weil es doch signifikante Unterschiede gibt. (Bröcker 1985, 284)

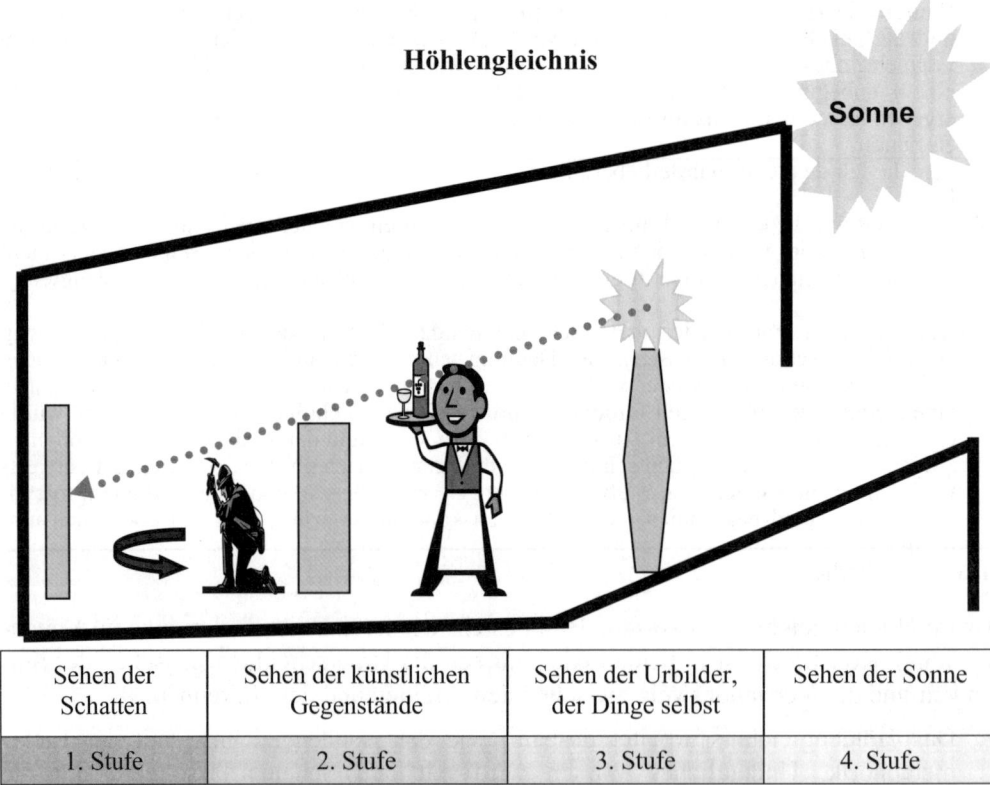

Sehen der Schatten	Sehen der künstlichen Gegenstände	Sehen der Urbilder, der Dinge selbst	Sehen der Sonne
1. Stufe	2. Stufe	3. Stufe	4. Stufe
Zunehmende Helligkeit von 1 bis 4			

Deutung des Höhlengleichnisses: Die Höhlenbewohner, die Troglodyten[15], sehen nur Schattenbilder und vermögen somit noch keinen Unterschied zwischen Schein, Künstlichem und Wirklichem zu erkennen. Diese erkenntnistheoretische Trias vom ontisch und axiologisch Niedrigstem gelangt erst außerhalb der Höhle zum Höchsten,

---

[15] *Troglé* = Höhle

gleichnishaft beschrieben als die Sonne. Im Licht der Sonne kann man natürlich auch Schatten sehen wie in der Höhle. Was ist der Unterschied dieser beiden Schatten? Erst im Licht der Sonne kann der Mensch erkennen, dass die Schatten ihre Ursache in wirklichen Gegenständen haben; er kann deshalb die Illusionswelt der Höhle überwinden. Die Trias von Schatten, Gegenstand und Licht (das Mondlicht erzeugt eine weniger reale Welt als das Sonnenlicht) gibt es also sowohl innerhalb als auch außerhalb der Höhle, nur dort seins- und wertmäßig reicher und anspruchsvoller. (Kersting 1999, 227)

Das Höhlengleichnis bringt die Überzeugung Platons von ontologisch hierarchisch geordneten Seinsschichten zum Ausdruck. Diese Hierarchie drückt auch Platons Bildungsverständnis aus, derzufolge es Eliten gibt, Sonnensucher also. Damit ist die Suche nach der Idee des Guten gemeint und verbunden, die für die Ethik die grundlegende Orientierung darstellt. Dieses hierarchische Grundverständnis Platons darf aber nicht im Sinne einer elitären Absonderung der geistigen Eliten missverstanden werden, die gleichsam von oben auf das ungebildete Volk herabsehen. Derjenige, der die Höhle verlassen hat und sich bereits auf dem sonnigen Platz vor der Höhle von den Strapazen des Aufstiegs erholt, darf dort nicht verweilen, denn er hat die Pflicht, in die Höhle zurückzukehren. Ist dies nicht ein Widerspruch in der Zielsetzung? Zuerst löst sich ein Mensch aus der Schattenwelt der Höhle und strebt nach oben, zum Licht der Sonne. Ist er dort angekommen, muss er wieder zurück in die Höhle. Warum? Nach Platon hat er die Aufgabe, den Troglodyten, den Höhlenbewohnern, die Kunde von der Welt außerhalb der Höhle zu bringen. (519e) Er hat also die gnoseologische Aufgabe, die Menschen vom Meinen zum Erkennen zu führen. Dafür muss er das Glücksopfer aller Dialektiker bringen (Kersting), d. h. Kunde von der Sonnenwelt außerhalb der Höhle in die Schattenwelt der Höhle hinabtragen, darf also nicht als sonnenverwöhnter Emporkömmling einen erkenntnistheoretischen Egoismus pflegen, denn das Leben in der Sonne ist allemal schöner und glücklicher als das Leben im Reich der Schatten. Die Begründung liegt für Platon darin, dass es im gerechten Staat nicht darauf ankomme, dass es einer Bevölkerungsgruppe besonders gut geht, sondern dass der Staat als Ganzes das Ziel der Gerechtigkeit ist. (519e)

Was ist aber nun diese „Idee des Guten", die die Spitze der Ideenpyramide krönt, von der her gesehen sogar die Idee der Gerechtigkeit einen zweitrangigen Status hat? Die Antwort lässt sich in der Erkenntnis finden, dass selbst Gerechtigkeit die Ausrichtung auf ein gutes Ziel braucht, da sie sonst auch fehlgeleitetet und evtl. sogar schikanös verwendet werden kann. Die Idee des Guten wurde von Platon ja als der „Gipfel der höchsten und unerlässlichsten Wissenschaft" und als „höchster Gegenstand des Wissens" bezeichnet. (505a) Unter der Perspektive der praktischen Vernuft ist etwas als gut zu bezeichnen, wovon ein bestimmter Gebrauch gemacht wird, nämlich ein Gebrauch unter Mitwirkung der Idee des Guten, wodurch das Gerechte „erst heilsam und nützlich" wird. (505b) Aber auch im Verständnis des Guten gibt es Schattenbilder. Manche halten das Gute für die Lust, die anderen für die Einsicht. Beides trifft nach Platon nicht zu. Ausgangspunkt ist die Einsicht, dass jeder Mensch nach etwas strebt. Ein objektloses Streben gibt es nicht. Deshalb kann das Gute auch nicht direkt intendiert werden, sondern nur über den „Umweg" eines erstrebten und realisierten Objektes, in der Ethik also in einer Handlung. Das Gute besteht also nicht in der Kompetenz zur Beantwortung einer Was-Frage, sondern in der Kompetenz zur Beantwortung einer Wie-Frage: Wie muss man von allen materiellen und immateriellen Dingen, Tugenden und Anlagen Gebrauch machen, damit davon ein guter Gebrauch gemacht werden kann? Gut ist somit ein integraler Begriff. (Kersting 1999, 238)

Die Ausgangsfrage des Höhlengleichnisses war die Frage nach der Bildung. Die wahre Bildung (*paideia*) besteht also gemäß dem Dargelegten in einer Hinwendung des ganzen Menschen zum Guten, zur Sonne der Erkenntnis. Dies kommt einem Aufstieg gleich, der mühsam und zugleich schmerzhaft ist, weil zunächst die Helligkeit der Sonne ertragen werden muss. Dies geht nicht von heute auf morgen; deshalb entwirft Platon einen lebenslangen Bildungsplan, der bis über das fünfzigste Lebensjahr reicht. Bezüglich des Verhältnisses von Theorie und Praxis (siehe Schiffergleichnis im 6. Buch der „Politeia") wird gefordert, dass der Staatsmann, der Philosophenkönig, sowohl eine theoretische Erkenntnis des Guten (Sonne) als auch praktische Erfahrungen in der Alltagswelt haben muss. (VII, 4) Der Staatsdienst allerdings ist nicht dazu da, individuell-privates Glück zu schenken, sondern anzustreben ist das Glück der Allgemeinheit.

Für den Bildungsgang eines Philosophen wird Folgendes vorgeschlagen: Neben musischer Bildung (Dichtung und Musik) und Gymnastik kommt die Arithmetik, die Geometrie, die Stereometrie, die Astronomie, die Harmonielehre und schließlich die Dialektik als diejenige Wissenschaft, die zur höchsten Erkenntnis, den Ideen, führt. Sie befähigt zur – widerspruchsfreien – Rechenschaftsablage (*elenchos*) über die Fragen des Alltagslebens, vor allem über grundlegende ethische Fragen. Als solche lehrt sie den Menschen, das Ensemble seiner Erfahrungen, Einstellungen, Überzeugungen und das von ihm akzeptierte Ethos des Volkes in ein widerspruchsfreies Ganzes zu bringen. Dazu muss er aber die Vielheit der Wahrnehmungen in eine Einheit transformieren (die Idee), um sich aus dieser Einheit wieder, nun intellektuell geläutert, der Vielheit der Wahrnehmungen im Alltag in einem Abstieg zuzuwenden. Die Wirklichkeit jeder Einzelsituation besteht, auch in der Transformation der Mannigfaltigkeiten in eine Idee, aus einer Kombination von Ideen. Beispiel: Verschiedene Tugenden sind notwendig, um einer bestimmten Anforderung, einer bestimmten Verantwortung, gerecht zu werden. Alle müssen aber an der Idee des Guten ihre Legitimation erhalten. Das aber bedeutet auch folgendes: Der Mörder muss – scheinbar – auch „tapfer" sein, da sein Handeln aber nicht an der Idee des Guten orientiert ist, realisiert er keine Tugend, auch nicht die der Tapferkeit; er ist höchstens „eiskalt" in seinen Emotionen, hat „Nerven wie Drahtseile, er ist ein „Gerissener" (Aristoteles), er hat also nur den Schein einer Tugend der Tapferkeit.

Der vorgeschlagene Erziehungsgang hat nun, schematisch dargestellt, folgenden Aufbau:

- bis 17 Jahre   Musische Erziehung: Dichtung und Musik
- 17 bis 20 Jahre   Gymnastik, ohne spezifische geistige Bildung, erste Auslese
- 20 bis 30 Jahre   Bildungsgang in den Wissenschaften, zweite Auslese
                      30 bis 35 Jahre Einführung in die ersten Kenntnisse der Dialektik; Problem: Die überkommenen Begriffe der Ethik könnten bei Ungeübten ins Wanken geraten.
- 35 bis 50 Jahre   Praktische Erfahrungen im Staate, dritte Auslese

- über 50 Jahre   Schau der Idee des Guten; Erzieher der Jugend
- nach dem Tod   Ehrung als Heroen.

1.4.8 Buch VIII: Die Ungerechtigkeit; vier schlechte Staatsformen

Das Thema der Gerechtigkeit und Ungerechtigkeit wird im 8. und im 9. Buch der „Politeia" behandelt. Das 8. Buch enthält 19 Abschnitte. Nach einer Zusammenfassung der Bücher II bis VII wird wieder auf die Frage nach dem Ursprung der schlechten Staatsverfassungen (wie schon in Buch V) eingegangen. Hier wird nochmals die Analogie zwischen der Seelenverfassung des Einzelmenschen und der Staatsverfassung der Gemeinschaft vorgetragen: Die Staatsform (Großbuchstabe) entspricht dem Charakter des Individuums (Kleinbuchstabe). Ausgehend von der Aristokratie (bzw. Monarchie) werden vier Stufen des Verfalls vorgetragen: die Timokratie, die Oligarchie, die Demokratie (in der damaligen negativen Erscheinungsform, eher eine Pöbelherrschaft) und die Tyrannis. Ingesamt gibt es also fünf Staats- und Seelenverfassungen; eine gute (= gerechte) und vier mehr oder weniger entartete.

Bei den folgenden Ausführungen muss man immer bedenken, dass es nicht um Staatsformen allein geht, sondern primär um die Seelenformen verschiedener Menschentypen, die ihre Typik durch eine bestimmte Seelenstruktur erhalten. Diese unterschiedliche Seelenstruktur wird bestimmt dadurch, welcher Seelenteil herrscht, gehorcht oder unterjocht wird. Es geht also um den timokratischen Menschentyp, um den oligarchischen Menschentyp, um den demokratischen Menschentyp und um den tyrannischen Menschentyp. Erinnert sei daran, dass ja Platon die Entsprechung zwischen Seele und Staat zur besseren Erkenntnis eingeführt hat. Im Großen (dem Staat) sehen wir viel besser die Herrschaftsverhältnisse und ihre Folgen, als wenn wir nur im Kleinen sofort auf die Seele blicken würden. In diesem Sinne ist folgende Darstellung nicht als ein Abriss der Politologie zu verstehen, sondern mehr eine Psychologie in moralischer Absicht.

Die Timokratie VIII, 3–5 (gr. *timé* = Ehre): Herrschaft, in der der soziale Status der Bürger von ihrem Vermögen abhängt. Sie entsteht aus dem Verfall der Aristokratie, hat teils gute, teils schlechte Eigenschaften. Sie wird beherrscht von Geldgier und Freude an Ehre und an Siegen. Die Menschen sind selbstbewusst, ehrgeizig und geldgierig, das Wissen schätzen sie nicht besonders. Schuld daran sind die ehrgeizigen Mütter bzw. falsche Freunde. Es liegt innerseelisch eine Herrschaft des *thymoeides* = des Mutartigen in der Seele des Menschen vor.

Die Oligarchie VIII, 6–9 (gr. *olígos* = wenig): Herrschaft, in der eine kleine Gruppe von Bürgern die Macht ausübt. Sie entsteht aus der Timokratie durch Übertreibung der Geldgier; Ämter werden durch Kauf an den Meistbietenden vergeben; soziale Spannungen zwischen Arm und Reich entstehen; das Leistungsprinzip wird unterlaufen; Willkür im Vererben von Vermögen; beim Individuum entsteht diese Verfallsform durch ein Scheitern der väterlichen Autorität; die Söhne werden zur Geldgier ermutigt. Motto: Geld regiert die Welt; Bildung wird gering geachtet, mehr Schein als Sein.

Die Demokratie VIII, 10–13 (gr. *demos* = Volk): Volksherrschaft (heute natürlich positiv, damals aber mehr eine hedonische Lebensorientierung, die Vorstufe zur

Tyrannis). Sie entsteht durch eine Degeneration von Reichen zu Lebemännern bzw. Lebefrauen durch zügellose Vergnügungssucht, weil man den jungen und heranwachsenden Menschen keine Zügel anlegen will. Dadurch verschwenden sie ihr ererbtes Vermögen, das andere Menschen gierig aufkaufen, um noch reicher zu werden. Dadurch aber entsteht eine neue soziale Schicht der Verarmten, die aber noch die Genüsse des Reichtums kennen und diese wiederhaben wollen. Es kommt zu einem „Wertewandel" durch Vertauschung der Begriffe: „Übermut heißt nun Wohlerzogenheit, Zügellosigkeit heißt jetzt Freiheit, Schwelgerei heißt jetzt Großzügigkeit" usw. Ein neuer Grundsatz entsteht: Gleiches Recht für alle, verbunden mit einer Ausweitung der Freiheitsrechte (mehr eine Willkürfreiheit), Ächtung des Zwangs, Herabminderung des Werts der Bildung, Entfesselung der Lusttriebe (Hedonismus als Moralprinzip); aber allmähliche Beruhigung aller Triebe, Gleichheit aller Triebe; Lebensprinzip: In den Tag hinein leben, Laissez-faire-Prinzip. Sokrates hebt diesen Aspekt auch hervor, wenn er feststellt, dass diese „Demokratie" sich „wie ein buntes, in allen Farben prangendes Gewand" darstellt „im Schmuck aller Lebensrichtungen" und sie ist „dem Anschein nach die Schönste". Diese Pluralität der Werte und Lebensformen, heute von uns als Fortschritt erlebt, wird von Sokrates aber negativ gesehen, weil er sie mit einem zunehmenden Missbrauch der Freiheit verbindet, der zu verschiedenen Fehlformen im Alltag führt: „Der Lehrer hat unter solchen Verhältnissen Angst vor den Schülern und umschmeichelt sie, die Schüler haben keine Achtung vor den Lehrern und ebensowenig vor ihren Aufsehern; und überhaupt stellen sich die Jüngeren den Älteren gleich und suchen ihnen den Rang abzulaufen in Worten und in Taten, während die Alten sich traulich mit den Jünglingen einlassen und, ganz im Geiste der Jugend, unerschöpflich sind in Witzeleien und Spaßhaftigkeiten, um nur ja nicht griesgrämig und herrisch zu erscheinen." (563ab) Sokrates fährt fort: „Denn schließlich schwindet ja jede Achtung vor den Gesetzen, gleichviel ob geschriebene oder ungeschriebene, um ja keinen Gebieter, in welchem Sinne es auch sei, über sich zu haben". Und er schließt diese Überlegungen: „Das also, mein Bester, ist der schöne und herrliche Anfang, aus dem die Tyrannis hervorwächst, wie ich glaube".

Die Tyrannis VIII, 15– IX, 3: Entstehung der Tyrannis durch den Verfall der Demokratie, die das Freiheitsstreben exzessiv betreibt; Ergebnis ist eine Anarchie überall; aus Freiheit wird Unfreiheit; Auftreten eines Führers, der zum Tyrannen wird; der Tyrann finanziert seine Herrschaft durch kriminelle Geldbeschaffung; seine Macht stützt sich auf Sklaven und auf fremde Söldner; als Individuum ist der Tyrann ein hemmungsloser Triebmensch, dessen verbrecherische Triebe überhand nehmen; er gleicht einem Wahnsinnigen. Sokrates schildert die Entstehung der Tyrannis aus der Demokratie im Bild von Bienen und Drohnen mit drei Klassen von Menschen.

Die erste Klasse sind die Faulenzer und Verschwender (die Drohnen, teils mit, teils ohne Stacheln), die zweite Klasse sind die Fleißigen und Ordnungsliebenden, die es zu Reichtum und Wohlstand bringen (die Bienen, deren Honig von den Drohnen begehrt wird; ihr Reichtum = Honig stellt eine „Drohnenweide" dar), schließlich die dritte Klasse, das übrige Volk, das von seiner Hände Arbeit lebt und es zu mäßigem Wohlstand bringt. Dieses Volk, das eigentlich auch zu den Wohlstand erzeugenden Bienen gehört, begehrt auch nach dem Honig, das die mit Stacheln ausgestatteten Drohnen den Reichen wegnehmen, um es dem übrigen Volk zu geben. Die Enteigneten werden sich wehren, werden aber von den Drohnen beschuldigt, dem Volk das Vermögen wieder entziehen zu wollen. Dieses Volk nun wird durch die Stachelstiche der Drohnen wieder zu oligarchisch denkenden Menschen, das wiederum zu öffentlichen Protesten führt. Bald wird das Volk nach einem starken Führer rufen, der sich dann zu einem Tyrannen wandelt. Wie diese Umwandlung vor sich geht, wird von Sokrates durch eine Fabel erzählt (565d): Derjenige, der Menschenfleisch gegessen hat (und wenn auch nur einen kleinen Teil davon), wird notwendigerweise in einen Wolf verwandelt. Diese alte Werwolf-Fabel wird auf die Entstehung des Tyrannen übertragen: Wer sich mit Blutschuld besudelt hat durch falsche Gerichtsprozesse (zur Vernichtung von Gegnern), der wird früher oder später durch Feindeshand umkommen, wenn er sich nicht rechtzeitig die Tyrannenmacht aneignet. Dazu muss er das Volk täuschen und sich den Anschein eines Wohltäters geben, und er wird das Volk um eine Leibwache ersuchen, damit er der Beschützer des Volkes sein kann. Diese wird er bekommen, weil das Volk sich davon für sich selbst einen Vorteil erhofft. Er wird nun alle Gegner systematisch ausschalten, dabei wird er dem Volk nicht das Bild eines faul auf der „Bärenhaut" liegenden Tyrannen geben, sondern er wird sich „aufrecht stehend auf dem Wagen des Staates" dem Volk zeigen.

Nun (ab dem 17. Kapitel) fragt Sokrates nach dem Glück eines Tyrannen und dem Leben in einem tyrannischen Staat. Zunächst wird er sich beim Volk beliebt machen wollen, lächelt freundlich und „verspricht jedem Einzelnen und der Gemeinschaft wer weiß was alles". Wenn er aber seine Feinde nach und nach vernichtet hat, dann zettelt er Kriege an, „damit das Volk eines Anführers bedürfe". Er wird sich immer unbeliebter machen, auch bei denen, die ihm zur Macht verholfen haben; auch sie wird er töten. Er wird nun eine immer größere Zahl an Leibwächtern benötigen; woher soll er sie nehmen, fragt Sokrates. Zunächst wird er genügend bekommen, wenn er nur einen guten Sold bezahlt; diese sind wieder wie die Drohnen in der Natur. Wenn diese knapp werden, wird er den Bürgern ihre Sklaven wegnehmen, diesen die Freiheit schenken und mit ihnen seine Leibwache verstärken, denn diese werden seine ergebendsten Bewunderer sein. Das Geld für die Bezahlung seiner Leibwache wird er aus dem konfiszierten Vermögen seiner getöteten Gegner nehmen, „dem Volke aber wird er nur geringe Steuern auferlegen". Aus dieser sich steigernden Angstspirale in der Seele wird Sokrates schlussfolgern, dass der Tyrann nicht glücklich werden kann. Dies geht auch aus einer Vertauschung der Plätze in der Seele hervor: Wenn die Vernunft nicht den obersten Platz (die Herrschaft) eingenommen hat, kann sie auch nicht das damit verbundene Glück erleben.

1.4.9 Buch IX: Glück und Unglück des Gerechten und Ungerechten

Die Kapitel 1–3 des 9. Buches behandelten noch die Verfallserscheinungen der Tyrannis, dem auch der tyrannische Mensch entspricht. Die Kapitel 4–13 haben als Thema das Glück des Gerechten und das Unglück des Ungerechten mit den drei Beweisen (Abschnitt 5–11). Die Abschnitte 12–13 enthalten das Gleichnis vom Fabelwesen.

Zunächst schildert Sokrates (in Anknüpfung an das 8. Buch) die Macht der Begierden (*epithymiai*), die er in notwendige (z. B. Essen, Trinken) und nicht notwendige (z. B.

Genussmittel, Luxusgüter) unterteilt, die letztere Gruppe nochmals in gesetzeskonforme und gesetzeswidrige Begierden. Die gesetzeswidrigen werden durch die Gesetze unterdrückt und existieren beim gerechten Menschen nur noch in schwacher Form weiter, beim Ungerechten aber zeigen sie ihre Zügellosigkeit vor allem nachts in den Träumen, wenn die Kontrolle durch die Ratio schwächer wird bzw. ganz verschwindet. Was sich in den Träumen kund tut, zeigt sich im Wachzustand: Der tyrannische Mensch ist der Mensch voller Begierden, die Macht über ihn haben. Der träumende und der wache Tyrann haben die gleiche Unordnung in der Seele: Die Ratio ist geschwächt, der untere Seelenteil übt – tyrannisch – die Herrschaft aus, ohne sich um die Einsprüche der Vernunft zu kümmern. Der gerechte Mensch (= derjenige, in dem die Vernunft herrscht) ist nach Sokrates allerdings kein Unterdrücker der beiden anderen Seelenteile, sondern er setzt den begehrlichen Teil weder dem Mangel noch der Übersättigung aus, damit er „Ruhe halte" und sich dem vernünftigen Teil „nicht störend in den Weg stelle". Es geht nicht um die Unterdrückung der Begierden schlechthin, sondern nur um ihre Disziplinierung durch die Ratio, also um das, was Aristoteles später eine ethische Tugend nennt.

Im 3. Abschnitt wird nun wieder, ähnlich wie bei der Beschreibung der Entstehung der anderen schlechten Seelenverfassungen, die Analogie mit der Veränderung im Außenbereich herangezogen. Wenn nun jemand (z. B. ein junger Mensch) an Genuss gewohnt ist und auf keinen Fall darauf verzichten will, es sich aber wegen zunehmender Verarmung nicht mehr leisten kann, dann wird er, wenn er zügellos genug geworden ist, auch vor Misshandlung der eigenen Eltern und schließlich vor kriminellen Akten nicht zurückschrecken. Die weitere seelische Entwicklung wird nun in Analogie im Staat beschrieben: So wie der Tyrann sich eine Schutztruppe schafft (Leibwache), so wird diese – zur Tyrannis entschlossene – Seele sich Schutztruppen suchen, um die tyrannischen Neigungen ausleben zu können. Wie der (äußere) Tyrann seine Herrschaft auf Lüge und Gewaltanwendung gründet, so der (innere, seelische) Tyrann. Wieder im Außenbereich: Ein Tyrann braucht Schmeichler um sich, denen er sich aber selbst wieder anbiedern muss, so dass nach Sokrates Folgendes eintritt: „Ihr ganzes Leben sind sie niemals jemandes Freund, sondern immer sind sie der grausame Herr oder der kriechende Knecht eines anderen, von wahrer Freiheit und Freundschaft aber hat die Tyrannennatur keine Ahnung." (576a)

Nun folgt ab dem 4./5. Abschnitt eine Untersuchung über das Glück oder Unglück des tyrannischen Menschen, also des Menschen mit einer tyrannisch strukturierten Seele. „Sokrates: Wohlan denn, so lass unsere Betrachtung folgenden Gang nehmen. Erinnere dich des Ähnlichkeitsverhältnisses zwischen dem Staat und dem einzelnen Mann, und so blicke bei jedem einzelnen Punkt abwechselnd nach der einen und nach der anderen Seite hin, um danach die Zustände beider zu bestimmen." (577c)

Im Staat: Die meisten Menschen leben in Knechtschaft, nur wenige sind Freie. Der edelste Teil aber ist geknechtet und der unedle Teil regiert. In der Seele: Dort findet sich die gleiche Vertauschung: Der unedle Teil (Begierden) regiert, der edle Teil (die Vernunft) wird unterdrückt. Die sich daraus ergebenden Folgen für die Seele sind analog der des Staates: Eine solche Seele tut nicht das, was sie eigentlich will (also bei Herrschaft der Vernunft tun würde), sondern das Gegenteil; sie leidet Mangel (wie der tyrannische Staat); sie ist voller Furcht (wie der Tyrann). Aus diesem Grunde ist der tyrannisch gesinnte Mensch der unglückliche Mensch, aber noch nicht der allerunglücklichste Mensch, dies ist erst der „richtige" Tyrann. Ingesamt trägt Sokrates **drei Beweise** für das seelische Unglück des Tyrannen vor, wie auch der tyrannische Staat ein unglücklich machender Staat ist.

Erster Beweis (5.–6. Abschnitt: 577c–580c): Sokrates erläutert das Unglück des Tyrannen mit einem Vergleich. Die sehr reichen Menschen besitzen viele Sklaven, aber sie haben keine Angst vor ihnen, weil diese Reichen sich innerhalb einer Gesellschaft befinden, die ihnen mit ihren Freien bei einem Sklavenaufstand zu Hilfe eilt. Wenn nun aber, angenommen, ein Reicher mit fünfzig Sklaven und seinem ganzen Vermögen sowie seiner Frau und seinen Kindern in eine völlig einsame Gegend versetzt wird, wo ihm kein anderer Freier zu Hilfe eilen könnte, so müsste er dort in größter Todesfurcht vor seinen Sklaven leben. Um überleben zu können, müsste er dann durch geheuchelte Liebenswürdigkeit sich einige seiner Sklaven zu Freunden machen, und er würde so zum Schmeichler seiner eigenen Sklaven werden. So gerät der Tyrann in eine Art Gefangenschaft, in der er aber weiterhin die größten Ängste erlebt. Aus Angst muss er sich von den anderen Menschen zurückziehen und in der Verborgenheit des Hauses leben: Der Tyrann wird deshalb zum Schmeichler der größten Schurken, und er wird damit weiter fortfahren müssen, um nicht getötet zu werden. Er wird so immer neidischer, freudloser und ein Heger und Pfleger jedweder Schlechtigkeit. Dies ist nach Sokrates der erste Beweis für das Unglücklichsein des tyrannischen Menschen. Zusammengefasst kann man folgendes feststellen. Es gibt einen Parallelismus zwischen Staat und Seele. Die Tyrannis (menschlich und staatlich) ist das größte Unglück überhaupt = alles ist in Unordnung, das größte Chaos herrscht. Der Tyrann ist ein unwürdiger Schmeichler der größten Schurken, nur um sich an der Macht zu halten. Er hat keine Freunde, sondern nur Schmeichler, die ihm zum eigenen Nutzen ihre Loyalität vortäuschen. Er muss ständig mit Attentaten rechnen, lebt deshalb in Angst und Schrecken und muss immer Vorsichtsmaßnahmen ergreifen.

Zweiter Beweis (7.–9. Abschnitt: 580d–583a): Aus der Dreiteilung der Seele (Weisheit, Tapferkeit, Mäßigkeit) ergibt sich, dass die Lust des höchsten Teils (Weisheit) auch die größte Lust ist, die Gerechtigkeit ist dafür zuständig, dass dieser Teil auch der höchste ist; der Weisheitsliebende = Gerechte ist deshalb auch der Glücklichste. Beim Tyrannen liegt eine verkehrte Rangordnung vor.

Dritter Beweis (9.–11. Abschnitt: 583b–587b): Sokrates führt hier den Beweis, dass die Lust des Gerechten weit über der des Tyrannen steht, und er nennt dieses Argument die „größte und entscheidendste Niederlage" des tyrannischen Menschen, denn es wird ihm nachgewiesen, dass er sogar ein Dilettant in Sachen Lust ist.

Sokrates greift zur Erläuterung auf einige Alltagserfahrungen zurück. Kranke empfinden das Aufhören von Schmerz als Lust, diejenigen aber, die Lust empfangen haben, empfinden dieses Aufhören als Schmerz. Zwischen dem Schmerz und der Lust (beide sind Bewegungen, da sie entstehen und vergehen) steht die Ruhe, die aber sowohl als Schmerz wie auch als Lust wahrgenommen werden kann, je nachdem, was vorher vorhanden war. Lust, so Sokrates, ist aber davon nicht abhängig, denn es gibt Lust, die spontan entsteht und wieder vergeht, ohne Schmerz zu hinterlassen, z. B. der Parfum-

Duft oder der Duft einer Rose für die Lust des Sinnesorgans Nase. Eine solche Lust (ohne Schmerz vorher oder nachher) nennt er „reine Lust". Die meisten körperlichen Lüste sind „unreine Lüste", wenn und weil sie in Zusammenhang mit dem Verschwinden von Unlust bzw. dem Entstehen von Lust in Verbindung stehen (z. B Essen und Trinken als Verschwinden von Hunger und Durst und zeitgleicher Zunahme von Sättigung als Lustempfindung usw.) Auch die Vorfreude ist von solcher Art.

Nun argumentiert Sokrates weiter: Es gibt Mangelzustände des Leibes und solche der Seele (Leib-Seele-Differenz). Mangelzustand des Körpers ist Hunger, Mangelzustand der Seele ist Unwissenheit. Diese Mangelzustände müssen durch Auffüllung beseitigt werden: Die Auffüllung des Körpers ist Essen, die Auffüllung der Seele ist Wissen. Beides ist mit Freuden verbunden (weil Beseitigung eines Mangels und nur insofern, als dieser Mangel wahrgenommen wird). Die Freuden des Körpers stehen tiefer als die der Seele (Vergänglich-Unvergänglich-Differenz). Also ist die Lust des Einsichtigen größer als die des Uneinsichtigen. Oder in eine ontologische Formulierung gebracht (wie sie bei Platon vorkommt): Die Seele ist mehr seiend als der Leib, und die Auffüllung der Seele ist mehr seiend als die Auffüllung des Leibes. (Dieser sog. ontologische Beweis darf nicht subjektiv-psychologisch verstanden werden: Natürlich ist dem Hungrigen Essen wichtiger als ein Gedicht von Goethe. Das situative Bedürfnis besagt aber nichts über den Wertcharakter von etwas. Dem Verdurstenden ist Wasser wichtiger als alles Gold der Welt; wir nennen seine Entscheidungsregel die naturale Vorzugsregel: Das zeitlich Dringendere wird dem eigentlich Werthöheren vorgezogen; jetzt aber ist das Werthöhere, situativ, das das Leben rettende Wasser).

Über alle unvernünftigen Lüste thront die Weisheitsliebe. Sie besteht in einem Gehorsam gegenüber dem vernünftigen Seelenteil, der Spitze der menschlichen Seele. Jeder der drei Seelenteile hat die ihm gemäße Lust. Wenn sie aber ihre Plätze getauscht haben, dann bekommen sie nicht die ihnen ihrer Natur nach zustehende und die ihnen gemäße Lust. Die Unordnung in der Seele hat auch eine Unordnung in der Lust zur Folge. Weise ist derjenige Mensch, der diese gerechte Ordnung – in seiner Seele und im Staat – realisiert. Der Tyrann ist es nicht und kann es nicht. Fazit: Der Tyrann schädigt sich also selbst.

Nun wird abschließend von Sokrates nochmals die Frage beantwortet, was es im Leben nütze, gerecht zu sein, wenn die Nutznießer der Gerechtigkeit die anderen sind. Er entwirft zu diesem Zweck ein Bild der menschlichen Seele (9. Buch, 12.–13. Abschnitt: 588b–590a). Man solle sich ein buntscheckiges Tier mit vielen Köpfen vorstellen (wie in den Mythen und Fabeln der *Kerberos*, die *Skylla* oder die *Chimären*), dann einen Löwen und schließlich einen Menschen. Um diese drei Wesen gebe man als äußere Hülle die Gestalt eines Menschen, ohne dass man die drei inneren und völlig ungleichen Wesen erkennen kann: Man sieht nur einen Menschen. Sokrates deutet nun dieses Bild der Seele: Unrecht tun bedeute, das Ungeheuer und den Löwen in uns zu füttern mit der Folge, dass diese stark und kräftig werden und den Menschen dorthin zerren können, wohin es ihnen beliebt. Gerecht handeln dagegen bedeutet, den inneren Menschen zu stärken, so dass er das innere Ungeheuer und den inneren Löwen bändigen kann und Herr seiner selbst bleibt. Damit drückt Sokrates aus, dass die Belohnungen für den gerechten Menschen nicht auf ein Jenseits verschoben werden müssen, sondern dass der gerechte Mensch unmittelbarer Nutznießer seiner Gerechtigkeit ist: **Gerechtigkeit führt zu seelischer Stärke.**

Dieser bisher geschilderte Staat, sagt Glaukon, findet seine Existenz nur im „Reiche der Gedanken", denn „auf Erden findet er sich, glaube ich, nirgends." Sokrates ergänzt dies: „Aber im Himmel ist er vielleicht als Muster hingestellt für den, der ihn anschauen und gemäß dem Erschauten sein eigenes Inneres gestalten will." (592ab)

1.4.10 Buch X: Lobpreisung der Gerechtigkeit

Das 10. Buch enthält 16 Abschnitte. Zunächst begründet Sokrates nochmals (siehe Buch II und III) die Ablehnung der Dichter im neuen Staat, insofern sie die Nachahmung pflegen (also Ablehnung der mimetischen Dichtung). Bezüglich der Nachahmung unterscheidet er dreierlei: das Urbild (die Idee), die reale Nachahmung und die Nachahmung der Nachahmung. Dies wird von Sokrates folgendermaßen erklärt: Der Tischler beispielsweise baut einen Tisch nach der Idee eines Tisches. Dieser reale Tisch wird von einem Maler gemalt. Wir haben hier also eine Abstufung im Realitätsgehalt des Tisches, wobei nach Platon die höchste Realität die Idee des Tisches hat. Der Maler malt ein Abbild vom Abbild. Besonders im Mittelpunkt der Dichterschelte steht der allseits geachtete Dichter Homer. Im Gegensatz zu den meisten Griechen seiner Zeit hält Sokrates seine Dichtung für gefährlich, weil er als nachahmender Dichter kein Fachwissen besitzt über das, worüber er fabuliert. (Siehe auch den „Gorgias": Ablehnung der Rhetoriker, wie Gorgias, weil sie über Gerechtigkeit dozieren, ohne etwas davon zu verstehen.) Diese Dichtung wirkt sowohl auf den vernünftigen wie auch auf den unvernünftigen Seelenteil nachteilig, weil sie nur reizt, ohne in der Tiefe zu belehren.

Abschnitte 9–16: Sokrates erläutert hier die Belohnung für die Gerechten. Sie besteht in der Unsterblichkeit der Seele und den damit verbundenen positiven oder negativen Folgen. Jeder Gegenstand kann nur durch das ihn spezifisch treffende Übel geschädigt werden, z. B. Holz durch Fäulnis, Eisen durch Rost usw. Ebenso die Seele: Die Seele kann nur durch das sie spezifisch betreffende Übel geschädigt werden, und das ist die Ungerechtigkeit. Die Ungerechtigkeit kann aber der Seele nur schaden, nicht aber sie vernichten, denn sie ist unsterblich. Das wahre Wesen der Seele kann aber erst nach ihrer Trennung vom Körper erkannt werden. Auf den Gerechten warten Belohnungen im Diesseits wie im Jenseits.

Im Diesseits: Die Geschichte vom Ring des Gyges hatte hypothetisch erzählt, dass ungesehen Unrecht tun möglich ist, ja dass sogar der Ungerechte vor den Menschen gerecht erscheint. Der Zauberring, auch innerhalb der Erzählung, macht nur vor den Menschen unsichtbar, die Götter sehen und kennen den Gerechten und den Ungerechten. Der eine ist gottgeliebt, der andere ist gottverhasst. Der Gerechte wird also von Gott die besten Schickungen erhalten (wenn nicht aus früherer Schuld ein unentrinnbares Schicksal auf ihn wartet). Deshalb wird auch der Gerechte, selbst wenn er wegen seiner Gerechtigkeit in Armut lebt, von Gott nicht vergessen und auch nicht verlassen, da er durch seinen gerechten Lebenswandel versucht, Gott ähnlich zu werden.

Im Jenseits: Sokrates erzählt nun den Schlussmythos von einem Soldaten mit dem Namen ER. (10. Buch, 614a–621d)

Er schildert eine sonderbare Begebenheit aus dem Reich der Toten, die ein „wetterfester Mann" namens ER, der Sohn des Armenios, eines Pamphyliers, erlebt habe. Er war als Soldat im Kriege so schwer verletzt worden, dass seine Seele seinen Körper bereits verlassen hatte und er für tot galt, aber nicht wirklich und endgültig tot war. Als man nach zehn Tagen die schon in Verwesung übergangenen Leichen auf dem Schlachtfeld aufgelesen hatte, wurde auch er zusammen mit den anderen Leichen in die Heimat gebracht, um auf dem Scheiterhaufen verbrannt zu werden. Dort kam aber seine Seele wieder in seinen Körper zurück, er erwachte und wurde aus dem Feuer geholt. Nun erzählte er die Geschichte seiner Erlebnisse im Jenseits, im Reich der Toten.

Zusammen mit den vielen Toten sei er im Jenseits an einen wunderbaren Ort gelangt, an dem die Verstorbenen ihren Richterspruch empfangen und an dem es zwei Öffnungen in der Erde und zwei Öffnungen im Himmel gegeben habe. Die einen seien in den Himmel aufgestiegen, andere seien davon herabgestiegen. Das gleiche Schauspiel ereignete sich an den beiden Öffnungen der Erde: Die einen seien, verschmutzt, aus der Erde emporgekommen, die anderen hinab gestiegen. Die Totenrichter hätten bestimmt, dass der ER alles beobachten dürfe und nach seiner Rückkehr auf die Welt den Menschen darüber berichten solle. Die Frevler bekamen die zehnfache Strafe an Qualen, und er konnte die schlimmen Qualen des Tyrannen Ardiaios d. Gr. beobachten, der vor tausend Jahren gelebt hatte.

Nachdem er mit den anderen sieben Tage lang auf dieser Wiese verbracht hatte, zog er als Wanderer weiter und kam zu einer Stelle, wo sich ein Lichtband vom Himmel bis zur Erde zog wie ein Regenbogen. Ihm wird erklärt, dass dieses Lichtband die gesamte Erde zusammenhalte wie Reifen ein Fass. Auf dem Gipfel aber sei die „Spindel der Notwendigkeit" befestigt, mit deren Hilfe in einer kunstvoll ausgedachten Mechanik die Umschwünge der Welt in Gang gehalten werden, wie bei einem Spinnrad. Nun erfolgt eine Erläuterung der Himmelsmechanik mit Hilfe der Technik eines Spinnrades, wobei acht Schwunggewichte (Wirtel) die Spinnrad-Mechanik der Welt in Gang halten. Auf jedem der acht Wirtel sitzt jeweils eine sich mitdrehende Sirene, ein weibliches Fabelwesen mit einem betörenden Gesang, die jeweils nur einen bestimmten Ton dabei von sich gibt. Die acht Sirenentöne zusammen ergeben eine Harmonie. Drei weitere Frauengestalten in weißen Gewändern, Kränzen auf dem Haupt und auf Thronen sitzend sind dabei am Werk, die Moiren (Zuteilerinnen; die drei Töchter der Ananke, der Notwendigkeit) mit Namen Lachesis (die das Lebenslos Zuteildende = Vergangenheit), Klotho (die den Lebensfaden Spinnende = Gegenwart) und Atropos (die die Länge des Lebensfadens Festlegende = Zukunft), wie sie schon Hesiod (Theogonie 904–906) beschrieben hatte. Sie singen im Chor zusammen mit den Sirenen von der Vergangenheit, der Gegenwart und der Zukunft.

Dort habe der ER folgendes Schauspiel erlebt: Ein Prophet bzw. Götterbote habe angeordnet, dass sich alle vor die Lachesis (die Losende) hinstellen müssen: „Dies kündet euch die Tochter der Notwendigkeit, die jungfräuliche Lachesis. Eintägige Seelen! Dies ist der Beginn eines neuen todbringenden Umlaufs für euer sterbliches Geschlecht. Euer

Los wird nicht durch den Dämon bestimmt, sondern ihr seid es, die sich den Dämon erwählen. Wer als erster gelost hat, der wähle zuerst die Lebensbahn, bei der er unwiderruflich beharren wird. Die Tugend aber ist herrenlos; je nachdem er sie ehrt oder missachtet, wird ein jeder mehr oder weniger von ihr empfangen. Die Schuld liegt bei dem Wählenden; Gott ist schuldlos." Damit legt Platon ein Bekenntnis zur Verantwortung des Menschen für sein gesamtes, auch vorgeburtliches Leben, ab.

Nun wurden die Lebensmuster aufgestellt, wesentlich mehr als wählende Seelen vorhanden waren, und zwar Lebensmuster von Menschen und Tieren. Nun kam es darauf an, die richtige Wahl zu treffen, und das hieß, eine gute von einer schlechten Lebensweise unterscheiden zu können. Man musste beispielsweise in der Lage sein einzuschätzen, welche Folgen bestimmte Kombinationen von Eigenschaften haben: Schönheit mit Armut, Schönheit mit Reichtum, rasche oder langsame Auffassungsgabe, körperliche Kraft oder Schwäche in Verbindung mit neu erworbenen Eigenschaften usw. Bei dieser Wahl, so wird er belehrt, bewährt sich auch im Jenseits die im Diesseits erworbene philosophische Schulung.

Der Götterbote habe dann verkündet: „Auch dem, der zuletzt herantritt, ist, wenn er mit Vernunft wählt und dementsprechend lebt, ein wünschenswertes Leben beschieden, durchaus kein schlechtes. Weder sei, wer zuerst wählt, sorglos, noch wer zuletzt wählt, verzagt." Nun habe als erster ein Mann gewählt, dessen Zeit im Himmel abgelaufen war und der aus dem Himmel herabgekommen sei, um ein neues irdisches Dasein zu beginnen. Aus den vorhandenen Losen habe er die Tyrannenherrschaft gewählt. Als er sich aber sein Lebensschicksal genauer angesehen und darüber nachgedacht habe, wurden vom ihm die Götter für diese Ungerechtigkeit angeklagt, ohne an den vorher ergangenen Spruch zu denken, dass jeder sich sein eigenes Schicksal wähle und dieses dann von ihm bis zum Ende gelebt werden müsse.

Sokrates erläutert die Ursache für diesen Missgriff des Mannes aus dem Himmel damit, dass dieser Mensch sein vorangegangenes Leben zwar als Tugendhafter gelebt habe, aber nur aus Gewohnheit, nicht aus philosophischer Einsicht. Ähnliche Missgriffe bei der Wahl des neuen Lebensloses haben nun gerade die aus dem Himmel herabgestiegenen Menschen begangen, weil sie nicht durch die „Schule der Leiden" gegangen sind wie die aus der Erde der Unterwelt emporgestiegenen; diese hätten besser aufgepasst bei der Wahl ihres neuen Lebens auf Erden. In der Regel träfen die Seelen ihre Entscheidung auf der Basis ihrer früheren Lebensgewohnheiten. Aber auch gute oder schlechte Erfahrungen im vergangenen Leben beeinflussen die Wahl des neuen Lebensloses. So habe der ER gesehen, wie z. B. der Sänger Orpheus aus Hass gegen die Frauen das Leben eines Schwanes gewählt habe, der Feldherr Agamemnon das Leben eines Adlers aus Hass gegen das ganze Menschengeschlecht, der Held Odysseus habe das Leben eines Biedermannes gewählt, weil er im neuen Leben seine Ruhe haben und vor Heldentaten verschont bleiben möchte, der Held Ajax habe das Leben eines Löwen gewählt, da er kein Mensch mehr sein wollte, der Possenreißer Thersites habe das Leben eines Affen gewählt usw.

Nun wurden die Seelen zu ihrer Verabschiedung aus dem Jenseits vor die Lachesis (Vergangenheit), dann die Klotho (Gegenwart) und schließlich vor die Atropos

(Zukunft) geführt. Durch die Berührung der sich drehenden Spindel des Schicksalsfadens sei ihr Schicksal unabänderlich gemacht worden. Nun mussten alle neuen Erdenbürger am Thron der Notwendigkeit vorbeiziehen, dann seien sie durch eine große Hitze zum Feld der Vergessenheit gebracht worden, wo sie aus dem Fluss „Sorgenlos" trinken mussten. Wer aber ohne Verstand und ohne Maßen trinkt, vergesse alles, was er erlebt habe. Der ER habe aber von diesem Wasser nicht trinken dürfen, deshalb habe er ein Wissen über alles Erlebte behalten und könne nun darüber berichten. Dann seien alle bei Blitz und Donner jeweils in eine andere Richtung der Welt gefahren, er selbst aber sei auf dem Scheiterhaufen aufgewacht.

2 Aristoteles

2.1 Biografisches

Herkunft

Aristoteles wurde 384 vor Chr. in Stagira an der Ostküste der Chalkidike in Makedonien geboren. Sein Vater Nikomachos war der Leibarzt des makedonischen Königs. Als sein Vater starb, war Aristoteles noch minderjährig.

Werdegang

Im Jahre 367 lässt er sich als 17jähriger in die Akademie Platons in Athen aufnehmen. Platon ist damals ca. 60 Jahre alt. Aristoteles wird die nächsten 20 Jahre bis zum Tode Platons der Akademie angehören (erster Aufenthalt in Athen). In dieser Zeit war er nicht nur Schüler, sondern hat auch in der Auseinandersetzung mit Platon und anderen Vorträge bzw. Vorlesungen gehalten, deren Manuskripte die auf uns überlieferten *Pragmatien* (Lehrschriften) darstellen. Man nimmt an, dass er bereits in dieser Zeit die ersten Entwürfe zur Ethik, Metaphysik, Physik, Rhetorik und zur Logik verfasste. Er besaß einen eigenen Hörsaal, in dem sich eine Tafel, verschiedene Geräte und zwei Wandgemälde mit der Darstellung von Sokrates und Kallias in der Szene „Protagoras" befunden haben sollen

In Platons Todesjahr 347/348 verlässt Aristoteles die Akademie und begibt sich nach Assos an der kleinasiatischen Küste. Er heiratet als ca. 35jähriger dort Pythias, die Schwester des Fürsten von Assos und richtet eine eigene Forschungsstätte ein. Der entscheidende Grund für das Verlassen von Athen waren wahrscheinlich die nun beginnenden militärischen Auseinandersetzungen zwischen Makedonien mit seinem König Philipp und Athen, wobei der antimakedonische Redner Demosthenes ein oder zwei Jahre vorher in seiner „Philippica" offen gegen die Makedonier zum Widerstand aufrief. In dieser Situation verschärfte sich die Situation für den *Metöken* Aristoteles sicher unangenehm.

Im Jahre 342 erhält Aristoteles den Auftrag, den 13jährigen Alexander (später „der Große" genannt) zu erziehen. Die erzieherische Tätigkeit währte drei Jahre bis zum 16. Lebensjahr des jungen Alexander. Über die Art des Unterrichts ist nichts überliefert. Auf jeden Fall aber hat Aristoteles seinen Schüler in die griechische Kultur eingeführt. Als sicher gilt, dass Aristoteles eine Abschrift der Ilias des Homer für seinen Schüler anfertigen ließ, die dieser in schwärmerischer Verehrung für den Haupthelden Achill mit auf seine Feldzüge nahm.

Im Jahre 335/334 kehrte Aristoteles im Alter von rund 50 Jahren nach Athen zurück und bleibt dort die nächsten zwölf Jahre (zweiter Aufenthalt in Athen). Nach der Zerstörung des Zentrums der antimakedonischen Politik, der Stadt Theben, durch Alexander, bricht der politische Widerstand gegen Makedonien auch in Athen zusammen. Aristoteles kehrt aber nicht mehr in die Akademie zurück, sondern gründet nordöstlich von Athen seine eigene Schule, das *Lykeion,* das sich bei einem öffentlichen Gymnasium im Bezirk des Apollon *Lykeios* befand und wovon die Bezeichnung stammt. In diesem Gymnasium lehrten bereits verschiedene Sophisten, auch Protagoras. Das Gymnasium *Lykeion* wurde bei der Belagerung Athens 86 vor Chr. durch Sulla, ähnlich wie der Akademiebezirk, weitgehend zerstört.

Rechtlich gesehen hat die Schulgründung Probleme bereitet, da Aristoteles als *Metöke* in Athen keinen Grundbesitz erwerben durfte. Demetrios von Phaleron (ca. 350–280), Staatsmann und Philosoph von Athen, ehemals Schüler des Aristoteles, verfügte die Zuweisung des Grundstücks an die Schule (Cicero nannte ihn einen platonischen „Philosophenkönig"). Als weitere Bezeichnung für die Schule des Aristoteles wurde neben dem Ausdruck *Lykeion* auch *Perípatos* (Spaziergang) gebraucht, weil verschiedentlich berichtet wurde, dass Aristoteles und seine Schüler Gespräche und Spaziergänge miteinander verbanden. Im Jahre 322 verlässt Aristoteles im Alter von 62 Jahren zum zweiten Mal Athen, nachdem ein Jahr vorher Alexander der Große im Alter von 33 Jahren in Babylon an einem Fieber gestorben war.

Es wird berichtet, dass die Athener Aristoteles – ähnlich wie Sokrates – aus politischen Motiven wegen *Asebie* (Gottlosigkeit) anklagen und damit hinrichten lassen wollten. Aristoteles hat daraufhin Athen verlassen, „weil er nicht wolle, dass die Athener sich ein zweites Mal gegen die Philosophie versündigen". Er begab sich auf die Insel Euböa, wo seine Mutter ihm ein Haus hinterlassen hatte. Wenig später, im Oktober 322, stirbt Aristoteles. In der Antike existierten vier verschiedene Berichte über die Art seines Todes. In seinem Testament regelt er nur seine privaten Angelegenheiten, nicht aber die der Schule. Ausführlich gibt er Anweisungen für die Verheiratung seiner Tochter Pythias, die den gleichen Namen trägt wie ihre Mutter. Nach dem Tode seiner ersten Frau hatte Aristoteles eine Frau namens Herpyllis in sein Haus aufgenommen, mit der er seinen Sohn Nikomachos hatte, der den gleichen Namen trug wie der Vater des Aristoteles. Dieser Name ging auch auf sein Ethikbuch über, die „Nikomachische Ethik".

Werke

Seine Schriften sollen 400 Bücher umfasst haben, wovon die Titel von 143 Werken erhalten sind. Ein Teil davon war verbreitet, ging aber bis auf wenige Fragmente verloren. Ein anderer Teil blieb ca. 250 Jahre verschollen und ist heute die Grundlage der Werke des Aristoteles. Nach dem Tode des Aristoteles nämlich brachte sein Nachfolger als Leiter des *Lykeion*, Theophrast, die Manuskripte nach Athen. Nach dessen Tod wurden sie nach Assos gebracht und aus Angst, sie könnten von den Machthabern nach Pergamon ins dortige Museum geschafft werden, hielten die Erben die Lehrschriften in einem Kellergewölbe zurück. Um 100 vor Chr. kaufte ein reicher Mann sie schließlich auf und brachte sie aus Kleinasien wieder zurück nach Athen. Vierzehn Jahre später belagerten die Römer unter Sulla die Stadt Athen und nahmen die Lehrschriften des Aristoteles als Kriegsbeute mit nach Rom. Ein Gelehrter erkannte trotz des schlechten äußeren Zustandes den Wert der Bücher und veranlasste, dass Andronikos von Rhodos die Schriften ordnete und für den Gebrauch in Bibliotheken zusammenstellte. So kam es Mitte des ersten vorchristlichen Jahrhunderts zur ersten Aristoteles-Ausgabe. Dabei tauchte ein folgenreiches Problem auf: Andronikos von Rhodos hatte unter den Schriften des Aristoteles ein Manuskriptbündel gefunden, das keinen Titel trug. Da es vom Inhalt her seiner Auffassung nach sinnvoll war, es *nach* der „Physik" zu lesen, wurde die Schrift *meta ta physika* („nach der Physik") in die Bibliothek eingeordnet und damit der folgenreiche Titel „Metaphysik" geschaffen.

2.2 Nikomachische Ethik

Einzelausgaben

Aristoteles: Nikomachische Ethik, übersetzt und kommentiert von Olof Gigon, 1. Auflage Zürich 1951, Neuauflage München 1972

Aristoteles: Nikomachische Ethik, übersetzt und herausgegeben von Ursula Wolf, Reinbek 2006

Aristoteles: Nikomachische Ethik, übersetzt und kommentiert von Franz Dirlmeier, 8. Auflage Darmstadt 1983

Aristoteles: Nikomachische Ethik, übersetzt von Eugen Rolfes 1911, neu herausgegeben von Günther Bien, Hamburg 1985

Aristoteles: Nikomachische Ethik, übersetzt von Franz Dirlmeier, Anmerkungen von Ernst A. Schmidt, Stuttgart 1969

Kommentare

Hager, Fritz-Peter (Hrsg.): Ethik und Politik des Aristoteles, Darmstadt 1972

Höffe, Otfried (Hrsg.): Die Nikomachische Ethik, Berlin 1995

Wolf, Ursula: Aristoteles' Nikomachische Ethik, Reihe Werkinterpretationen, Darmstadt 2002

Fachlexikon

Höffe, Otfried (Hrsg.): Aristoteles-Lexikon, Stuttgart 2005

Zitierung

Alle Textstellen aus der Nikomachischen Ethik werden nach der Ausgabe von Immanuel Bekker von Berlin 1831 (Preußische Akademie der Wissenschaften) durch Angabe von Seiten, Spalten und Zeilen zitiert; z. B.: NE II, 1, 1103a5–10. Das heißt: NE = Nikomachische Ethik, Buch II, Kapitel 1, in der Bekker-Ausgabe Seite 1103, Spalte a (= linke Spalte), Zeilen 5 bis 10. Da der Text in der Ausgabe von Bekker in zwei Spalten abgedruckt ist, wird die linke Spalte durch den Buchstaben a, die rechte Spalte durch den Buchstaben b bezeichnet. Innerhalb jeder Spalte werden am Rand die Zeilen angegeben.

Inhalt

Die Nikomachische Ethik (NE) ist in den heutigen Ausgaben in 10 Bücher mit zusammen 133 Kapiteln eingeteilt. Das die zehn Bücher wie eine Klammer umgreifende Thema ist das Glück, d. h. das Buch beginnt mit der Frage nach dem Glück, prüft die Voraussetzungen des Glücks und endet dort wieder mit einer qualifizierten Antwort. Die beiden weiteren Hauptthemen betreffen die Tugenden, und zwar sowohl die Charakter- als auch die Verstandestugenden, also die ethischen und die dianoetischen Tugenden. Darüber hinaus geht um die Frage von Entscheidungen, von Freundschaft usw.

Buch	Thema	Kapitel
I	Glück als Ziel menschlichen Handelns	13
II	Die ethische Tugend im Allgemeinen	9
III	Freiwilliges und Unfreiwilliges; die Entscheidung; die beiden ethischen Einzeltugenden Tapferkeit und Mäßigkeit	15
IV	Acht weitere ethische Einzeltugenden	15
V	Die ethische Tugend der Gerechtigkeit	15
VI	Die dianoëtischen Tugenden	13
VII	Beherrschtheit und Unbeherrschtheit; erste Lustabhandlung	15
VIII	Die Freundschaft	16
IX	Fortsetzung der Freundschaft; Wohlwollen; Eintracht; Selbstliebe	12
X	Zweite Lustabhandlung; zwei Arten des Glücks	10

2.2.1 Buch I: Glück als das höchste Gut; Methoden

Das erste Buch der Nikomachischen Ethik (NE) ist in 13 Kapitel gegliedert.

NE I, 1   Was ist das Gute?

Der Text beginnt mit einer *propositio universalis*: Allgemein wird davon ausgegangen, dass jedes technische Können (*techne*), jedes wissenschaftliche Forschen (*methodos*), jedes Handeln *(praxis)* und jede Entscheidung (*prohairesis*) nach einem Gut strebt. Gut ist deshalb dasjenige, wonach alles strebt. Dieses Gut hat also den Charakter eines Zieles. Es gibt aber zwei Arten von Zielen:
- die Tätigkeit selbst (*enérgeia*, z. B. ein Haus bauen) und
- das Ergebnis, das Werk (*ergon*, z. B. das Haus).

Da um eines Zieles willen gehandelt wird, hat das Ergebnis einen höheren Wert als die bloße Tätigkeit (niemand baut, ohne ein Haus zu wollen). Es gibt aber nicht nur *ein* Ziel, sondern viele Strebensziele: das Ziel der Medizin ist die Gesundheit, das Ziel des Schiffbaus ist das Schiff usw. Da vom Beginn einer Tätigkeit bis zum fertigen Produkt es Zwischenergebnisse gibt, unterliegt der gesamte Strebensprozess einer Architektonik der Ziele, d. h. die verschiedenen Zwischenziele bis zum Endziel sind einander über- oder untergeordnet. Wenn dieser Prozess nicht ins Unendliche gehen soll, dann muss es ein Ziel geben, das wir um seiner selbst willen wünschen und alles andere um dieses Zieles willen wählen. Dieses Endziel ist dann das oberste Gut (auch bestes Gut); es bleibt noch offen, ob es – vertikal gesehen – das höchste oder – horizontal gesehen – das umfassendste Gut ist.

Nun folgen vier Methodenkapitel, in denen Aristoteles grundlegende Aussagen zu seinem wissenschaftlichen Verständnis von Ethik macht. Da die Ethik es mit dem Glück als Endziel des Lebens zu tun hat, die Wege zum Glücklichsein aber in geplanten und vollzogenen Handlungen bestehen, entwickelt die aristotelische Ethik eine Handlungstheorie. Diese Methodenkapitel sind – vorbereitend für die ausführlichere Darstellung im Textteil – hier zunächst im Überblick zusammengefasst.

		Vier Methodenkapitel
1.	NE I, 1	Exaktheitsanspruch I: Bezogen auf das Objekt (hier: die Handlungen) = umrisshaft *(typo)*
		Argumentationsweise der Ethik: topisch bzw. dialektisch
2.	NE I, 2	Vorgehensweise: deduktiv und reduktiv
		Unterscheidung: bekannt für uns und bekannt an sich
3.	NE I, 7	Exaktheitsanspruch II: Bezogen auf das Erkenntnisinteresse = kein theoretisches, sondern ein praktisches Erkenntnisinteresse
		Ursprung von Handlungsprinzipien: Gewöhnung usw.
4.	NE II, 2	Wiederholungen; Mesoteslehre
		Rolle der Affekte bei der Bestimmung von Handlungen

Erstes Methodenkapitel (NE, I, 1)

(1) Der Exaktheitsanspruch einer Disziplin muss sich
- erstens an ihrem Objekt und dem Umgang mit diesem orientieren, und
- zweitens hat es die Ethik (Bereich der Handlungen) mit wahrscheinlichen Sätzen im Sinne „anerkannter Meinungen" (*endoxa*) zu tun: Die Ethik argumentiert deshalb topisch.

Was ist jeweils darunter zu verstehen?

(1.1) Das Objekt kann nur „umrisshaft" (*typo*) bestimmt werden.

Im Goldschmiedehandwerk werden beispielsweise andere Exaktheitsvorstellungen angesetzt als im Maurerhandwerk. Übertragung auf die Ethik: Der Gegenstand der Ethik sind die menschlichen Handlungen, diese unterliegen aber so vielen Schwankungen, dass man darüber nur umrisshafte (*typo*) Aussagen machen kann. Für den spezifischen Exaktheitsanspruch der Ethik in Bezug auf das Objekt, der nur umrisshaft sein kann, wird Aristoteles in NE II, 5 darlegen, dass es im Bereich der Affekte (Bereich des „Strebens nach …") zwei Fehlhandlungen geben kann, einmal (a) zuviel und einmal (b) zu wenig von etwas haben zu wollen. Die richtige Entscheidung liegt „irgendwo" in der Mitte (= umrisshafte Festlegung). Dies ist die Grundlage seiner Mesotes-Lehre, der Lehre von der richtigen „Mitte" (zwischen einem Zuviel und einem Zuwenig). Der Ausdruck „Mitte" (*mesotes*) ist also eine umrisshafte Angabe, wo die richtige Charakterhaltung liegen soll.

(1.2) Die Ethik argumentiert topisch.

Was heißt das? Im Bereich der menschlichen Handlungen (= Bereich der Ethik) lassen sich keine notwendigen Aussagen machen, sondern nur wahrscheinliche: Was beispielsweise in einem Fall (z. B. für einen Gesunden) ein Nutzen ist, erscheint im anderen Fall (z. B. einen Kranken) als ein Schaden. Es kommt also auf die konkreten Handlungsumstände an. Solange diese nicht bekannt sind, können nur wahrscheinliche Aussagen über das Nützliche, das Gerechte usw. gemacht werden. Aristoteles meint damit aber keine willkürlichen Sätze, sondern „anerkannte Meinungen" (sing. *éndoxon*, pl. *éndoxa*): „Anerkannte Meinungen sind diejenigen, die allen oder den meisten oder den Weisen wahr erscheinen, und auch von den Weisen wieder entweder allen oder den meisten oder bekanntesten und angesehensten." (Topik I, 1) Was ist damit gemeint? Diese „anerkannten" bzw. „wahrscheinlichen" Aussagen sind solche, die sehr allgemein sind (auf die vielerlei Objekte passen) und somit demjenigen Objekt, um das es geht (hier: der Handlung) äußerlich bleiben. Gesucht wird dann, im dialektischen Syllogismus, das zutreffende Argument für diese Sache bzw. Handlung. Das bedeutet: Man geht also von *Endoxa* aus, prüft diese (bestätigt oder widerlegt diese), und gelangt deshalb wieder zu ebensolchen Schlussfolgerungen, die auch wiederum nur meistens richtig sind. Dieses Verfahren nennt Aristoteles in der Topik (I, 1 und 2) dialektisch:[16] Ein dialektischer Schluss ist ein solcher, der sich im Gespräch entwickelt und aus „anerkannten Meinungen" = wahrscheinlich richtigen Sätzen gezogen wird. Mit seiner Hilfe gelangt man aus einem Konglomerat von diffusen Vorstellungen (z. B. über das richtige Leben) zu Prinzipien (Ursprüngen). Das oberste Handlungsprinzip wird Aristoteles später das Glück (*eudaimonia*) nennen. Der Dialektiker (= der Ethiker im aristotelischen Sinn) sucht zu einer gesetzten Behauptung jene Prämissen, welche die These stützen oder widerlegen. Zu einem gesuchten Ergebnis werden die Voraussetzungen ausfindig gemacht. Die Dialektik ist deshalb die „Kunst der Erfindung". (Topik I, 2) Man kann nach Aristoteles auf folgende Weise in der Handlungstheorie dialektisch vorgehen: Ob beispielsweise die Lust etwas Gutes oder etwas Schlechtes ist kann man so entscheiden, dass man zwischen einer S i n n e n l u s t und einer T ä t i g k e i t s l u s t, also einer Lust am kompetenten Vollzug von Handlungen, unterscheidet. Man kann aber auch mit einer behaupteten These so verfahren, dass man untersucht, ob sie die Tatsachen für oder gegen sich hat.

Die dialektische Methode ist also weniger stringent als die apodiktische Methode, dafür aber dem Gegenstand der Ethik, den menschlichen Handlungen, angemessen. Der Exaktheitsanspruch der Ethik wird also dialektisch bzw. topisch genannt, die Ethik argumentiert dialektisch bzw. topisch.

(2)   Anforderungen an den Adressaten (Hörer, Schüler) der Ethik

Dieser muss deshalb bereits mit den behandelten Themen in lebenspraktische Berührung gekommen sein, um eine Sache kompetent beurteilen zu können. Dabei kommt es nicht auf das Lebensalter, sondern auf den geschulten Charakter an: Wessen Vernunft noch von seinen Leidenschaften überwältigt wird, der ist kein geeigneter Adressat (Hörer) ethischer Themen.
Ziel der praktischen Philosophie (Ethik) ist nicht primär eine (theoretische) Erkenntnis, sondern eine (praktische) Handlungskompetenz.

NE I, 2   Das Glück als oberstes Gut

Die Menschen aus dem Volk und auch die Gebildeten stimmen darin überein, dass das durch unser Handeln erreichbare höchste Gut (*prakton agathon*) Glück (*eudaimonia*) genannt wird und setzen es mit „gut leben" und „gut handeln" gleich. Was aber das

---

[16] Dialektik nennt Aristoteles die „Kunst der Erfindung", denn sie zeigt den Weg *zu* den Prinzipien. (Topik I, 2) Als oberstes Handlungsprinzip fungiert in der aristotelischen Ethik das Glück (*eudaimonia*).

Glück inhaltlich ist, darüber gehen die Meinungen ziemlich auseinander: Die Menge hält es für etwas Sichtbares und Handfestes, wie z. B. Wohlstand, Lust, Ehre. Aber auch ein und derselbe Mensch hat keine feste Vorstellung vom Glück: Ist er krank, ist Gesundheit sein Glück, ist er arm, hält er den Reichtum für das Glück usw. Daran schließt sich nun das zweite Methodenkapitel an.

Zweites Methodenkapitel (NE I, 2)

Die nun folgenden Gedanken, die Aristoteles in äußerster Konzentration vorträgt, kreisen um die Frage nach dem Aufbau einer ethischen Kompetenz. Man kann zwei Wege beschreiten, so Aristoteles, erstens ausgehend *von* Prinzipien, zweitens hinführend *zu* Prinzipien. Wie ist das gemeint? Ein Prinzip ist formal ein Anfang, ein Ursprung, ein Woher.

(1) Der erste Weg leitet eine Erkenntnis aus einem Ursprung ab: Hier geht das Denken von der Bedingung zum Bedingten. Dies ist der d e d u k t i v e Weg.

(2) Der zweite Weg, zu den Prinzipien hin, sucht erst diesen Ursprung, und das bedeutet, ein Sachverhalt wird auf sein Prinzip, seinen Ursprung, zurückgeführt. Man geht vom Bedingten zur Bedingung. Dies ist der r e d u k t i v e Weg.

Welcher Weg ist nun der für die Ethik angemessene? Sind diese beiden Wege Gegensätze? Aristoteles erwähnt den Wettlauf im Stadion: Einmal geht der Wettlauf von den Preisrichtern zur Wendemarke, dann von der Wendemarke zu den Preisrichtern zurück. Beide Methoden, die den beiden Wegstrecken im Stadion entsprechen, sind also keine Gegensätze, sondern stellen Ergänzungen dar. Also arbeitet der Ethiker sowohl mit der reduktiven als auch mit der deduktiven Methode.

Er stellt nun aber eine weitere Frage, nämlich welchen Weg das Denken *zuerst* nimmt. Womit soll man beginnen? Anfangen muss man mit dem Bekannten, so Aristoteles, das wiederum zweifach verstanden werden kann:

(1) bekannt für uns und

(2) bekannt schlechthin.

Anfangen muss man mit dem für uns Bekannten, so Aristoteles. Wie ist nun das zu verstehen? Wenn wir etwas suchen, brauchen wir schon ein umrisshaftes Vorverständnis von dem Gegenstand, den wir suchen; sonst wissen wir nicht, was wir suchen sollen. B e i s p i e l : Wer Ostereier sucht, muss schon ungefähr wissen, wie ein Osternest aussieht, sonst geht sein Suchen ins Leere. Für die Ethik ist dieses „für uns Bekannte", wie alles anfängliche Wissen, ein Konglomerat aus heterogenen Elementen, eine noch ungeordnete Mannigfaltigkeit (Aristoteles spricht von einem „Zusammengeflossenen"). Beispiel: Die Alltagsvorstellungen über das Glück. Sie enthalten vielerlei Wichtiges und Nebensächliches ungetrennt nebeneinander. Deshalb muss dieses Anfangswissen geordnet werden, und zwar durch eine Analyse ihrer Elemente hin zu einem strukturierten Ganzen, dem Glück.

- Beim Gegenstand der Ethik, den menschlichen Handlungen, müssen konfuse Vorstellungen von Gütern und Zielen des Lebens auf ihren Ursprung, ihr Prinzip, zurückgeführt werden, also muss der r e d u k t i v e Weg beschritten werden. Auf die-

sem Weg wird man, so Aristoteles, zum gesuchten Prinzip des Handelns gelangen, zum Glück.
- Weiß man nun aber, was das Glück in seiner durchreflektierten Form nach ist, wird man daraus **deduktiv** die Handlungen erschließen können.

Beide Wege, wie im Stadion, gehören also zusammen:
- Wer noch konfuse Vorstellungen über das Glück hat, muss zunächst den **reduktiven** Weg beschreiten,
- wer bereits ein reifes Verständnis vom Glück hat, kann schon **deduktiv** auf die dazu passenden Handlungen zusteuern. Wer also einen guten Charakter hat, sagt Aristoteles, besitzt entweder diese entscheidenden Prinzipien schon oder er kann sie sich rasch aneignen.

Solche diffusen, weil meist zufälligen Erfahrungen, betreffen beispielsweise den Umgang mit Geld, mit Ehre, mit Macht, mit der Lust usw. Aus ihnen heraus gewinnt man **reduktiv** eine Vorstellung vom Glück, das diesen Namen auch verdient. Aus dieser geläuterten Vorstellung kann man dann im **deduktiven** Weg die einzelnen Handlungen, insofern sie zum Glück führen sollen, leichter bestimmen und vollziehen.

NE I, 3   Welche Vorstellungen über den Zusammenhang von Lebensform und Glück gibt es?

Aristoteles unterscheidet hier drei Lebensformen mit den entsprechenden Glücksvorstellungen, wobei das Leben des Genusses das gesuchte Glück überhaupt nicht darstellt und das politische Leben es nur bedingt. Bleibt nur noch die dritte Lebensform, das theoretische Leben, deren Behandlung er aber auf später (NE X) verschiebt. In der folgenden Tabelle sind diese Lebensformen dargestellt.

Leben des Genusses *Bios apolaustikos* Ziel: Lust	Politisches Leben *Bios politikos* Ziel: Ehre oder Tugend	Theoretisches Leben *Bios theoretikos*
Aristoteles nennt dieses Leben „sklavenhaft", „Leben des Viehs", ein Leben des Sardanapal (König von Ninive), eines legendären Prassers und Wüstlings.	Eine Ehre hängt mehr von den Ehrenden als vom Geehrten ab, d. h. man besitzt hier keine Vollzugsmacht. Eine Tugend kann man auch nur passiv haben (als „Besitz" ohne „Gebrauchen"). Dann aber bleibt sie moralisch irrelevant.	Die Behandlung wird auf später (NE X) verschoben.

NE I, 4   Aristoteles lehnt Platons Idee des Guten ab

Während Platon von *einer* Idee des Guten ausgeht, lehnt Aristoteles diese Auffassung ab, weil das Gute in verschiedener Weise vorhanden ist. Aristoteles legt seine Auffassung darüber in seiner Darstellung des Gebrauchs von Kategorien dar. Das Wort „Gut", so Aristoteles, wird in verschiedenen Kategorien gebraucht:

1. in der Kategorie der Substanz, d. h. was es ist,
2. in der Kategorie der Qualität, d. h. wie es beschaffen ist,
3. in der Kategorie des Quantitativen, d. h. wie viele es sind,
4. in der Kategorie der Relation, d. h. in Bezug worauf es ein Gut ist (z. B. in Bezug auf die Nützliches); dies ist eine *pros-ti-Relation* (*pros ti* = *ad aliquid*; etwas ist ein Gut *ad aliquid* = in Bezug auf „etwas". Eine Sache kann z. B. nur dann „größer" oder „kleiner" genannt werden, wenn es etwas anderes gibt, mit dem es verglichen werden kann; dieses andere nennen wir den Maßstab),
5. in der Kategorie des Ortes, d. h. wo es ist (der richtige Aufenthaltsort),
6. in der Kategorie der Zeit, d. h. wann etwas geschieht (der richtige Zeitpunkt: Dieser wird z. B. vom Arzt anders bestimmt als vom Feldherren usw.),
7. in der Kategorie der Lage, d. h. ob etwas oder jemand liegt oder sitzt usw.
8. in der Kategorie des Habens,
9. in der Kategorie des Tuns,
10. in der Kategorie des Erleidens.

Aus diesem Grund kann das Gute nicht von einer einzigen Wissenschaft untersucht werden. Selbst wenn es nur zu einer einzigen Kategorie gehören würde (wie z. B. bei der Bestimmung des richtigen Zeitpunktes), so ist seine Bestimmung konkret doch unterschiedlich (s. oben). In welcher Weise, fragt Aristoteles, wird der Begriff Gut dann gebraucht? Bezeichnen wir verschiedene Güter deshalb mit dem Ausdruck Gut, (1) weil sie von einem gleichen Gut entsprungen sind, oder (2) weil sie zu einem gemeinsamen Gut hinführen, oder (3) der Analogie nach? (Beispiel für eine Analogie: Was das Auge als Sehorgan des Körpers ist, das ist die Vernunft in der menschlichen Seele.) Dieses Thema, so Aristoteles, soll zunächst nicht weiter behandelt werden. Er fährt damit fort, indem er erläutert, dass ein solches Wissen von einer gemeinsamen Form des Guten für die meisten Beschäftigungen im Lebensalltag nichts bringe: Der Arzt ist kein besserer Arzt, wenn er ein solches Wissen hat, ebenso ist es irrelevant für einen Tischler oder Weber. Auf diesen praktischen Lebensvollzug ist aber die Ethik, wie sie Aristoteles versteht, ausgerichtet. Also interessiert uns am ethischen Wissen der Praxisbezug.

NE, I, 5   Das Glück ist Endzweck des Handelns

Wenn also das gesuchte Gut für verschiedene Arten des Handelns und des Herstellens verschieden ist, dann stellt sich die Frage: Was ist das *eine* Gut in jedem dieser Fälle? Ist es dasjenige, dem zuliebe alles andere getan wird? Beispiele: In der Medizin ist es die Gesundheit, in der Strategik der Sieg, in der Baukunst das Haus. Dieses Gut ist also überall ein Ziel, also dasjenige, um dessentwillen die Menschen alles Übrige tun, und zwar ist es das durch Handeln erreichbare Gut (*prakton agathon*). Obwohl es eine Vielzahl von Zielen gibt, haben nicht alle den Charakter eines Endziels, sondern sind wieder Mittel zu anderen Zielen. Das gesuchte *eine* Gut muss aber den Charakter eines Vollendeten und Endzieles haben. Dies ist es nur dann, wenn es um seiner selbst willen erstrebt wird. Ehre, Lust, Vernunft und Tugenden wählen wir zwar auch um ihrer selbst willen, aber letzten Endes deswegen, weil wir durch sie glücklich werden. Also, so Aristoteles, bleibt nur noch das Glück selbst, das wir niemals um etwas anderem willen wählen. Dieses Endziel und oberste Gut, das Glück, erweist sich als autark, also als dasjenige, was für sich alleine (ohne weitere Güter) bereits das Leben wählenswert macht. Als solches kann es nicht durch eine Hinzufügung, selbst des kleinsten Gutes, gesteigert werden. Das Glück ist also

(1) ein abschließendes Gut,

(2) autark und

(3) das Ziel allen Handelns.

NE I, 6   Glück besteht in einem Tätigsein der Seele

Der These, dass das Glück das höchste Gut und das Endziel menschlichen Handelns ist, stimmen viele zu, doch ist diese Aussage noch zu allgemein. Sie muss deshalb noch ergänzt werden. Hierzu muss die spezifische Funktion (*ergon idion*) des Menschen bestimmt werden. Wenn man auf einen Vertreter von „technischem Wissen" (z. B. Flötenspieler, Bildhauer, Schreiner oder Schuster) das Prädikat „gut" anwendet, dann bedeutet dies soviel wie „auf gute Weise" etwas tun. Ebenso haben die einzelnen Körperteile ihre spezifische Funktion. Hat der Mensch als Ganzes auch eine spezifische Funktion? Das vegetative Leben kann es nicht sein (denn das hat er auch mit den Pflanzen gemeinsam), das sensitive Leben kann es auch nicht sein (denn das hat er mit den Tieren gemeinsam), bleibt nur noch das vernünftige Leben als seine spezifische Tätigkeit, sein *ergon idion*. Etwas wird „auf gute Weise" verrichtet, wenn es entsprechend der notwendigen Tüchtigkeit verrichtet wird; diese ist für den Menschen die Vernunft: „Das spezifische Gut für den Menschen ist deshalb eine Tätigkeit der Seele im Sinne der Tüchtigkeit; wenn es aber mehrere Tüchtigkeiten gibt, dann im Sinne der besten." Begreift man dieses *eine* Gut im Sinne eines Endzieles, dem Glück, dann kann man sagen:, das Glück ist gemäß (*kata*) der Tüchtigkeit (*arete*), oder formelhaft ausgedrückt: Das Glück, die *Eudaimonia*, ist *kat'areten*. F a z i t : Das Glück ist also eine Funktion (eine abhängige Variable) der menschlichen Tüchtigkeit, der ethischen Tugend.

NE I, 7   Drittes Methodenkapitel

Hier führt Aristoteles seine methodischen Überlegungen weiter mit dem sog. dritten Methodenkapitel. (NE I, 7/8) Er greift nochmals die Frage nach dem Exaktheitsanspruch der Ethik auf, aber im Gegensatz zu NE I, 1 bestimmt er hier den Exaktheitsanspruch nicht in Bezug auf den Gegenstand, sondern in Bezug auf das E r k e n n t n i s i n t e r e s s e .

B e i s p i e l : Ein Zimmermann und ein Mathematiker beschäftigen sich mit dem gleichen Gegenstand, z. B. einem rechten Winkel. Ihr Erkenntnisinteresse ist aber unterschiedlich: Der Zimmermann möchte mit seiner Hilfe einen Balken gerade setzen, der Mathematiker dagegen theoretisiert über das Wesen eines rechten Winkels, über Dreiecke und mathematische Relationen usw. Der Zimmermann hat ein pragmatisches, der Mathematiker ein rein theoretisches Interesse (unabhängig von einer Nutzanwendung). Später wird Aristoteles präzisieren, dass wir uns nicht wegen einer rein theoretischen Erkenntnis mit Ethik beschäftigen, sondern weil wir selbst gut und glücklich werden wollen. Wir wollen also nicht primär wissen, *was* die Tugend ist, sondern wissen, *wie* wir Tugenden erwerben und verlieren können und was sie zur Erlangung der Glückseligkeit beitragen.

Bei den Prinzipien (hier: dem Glück als allgemeiner Anfang des Handelns) muss man auf diejenige Weise an sie herangehen, wie es der Untersuchung angemessen ist. Bei den Ursachen genügt es häufig, sagt Aristoteles, wenn man nur das „Dass" feststellt (wie beispielsweise bei den Prinzipien). Prinzipien erkennt man entweder durch Induktion oder durch Wahrnehmung oder durch Gewöhnung oder auf andere Weise. Weiter: Eine Untersuchung über das Prinzip (Glück) darf man aber nicht nur vom Formalen her führen, sondern auch unter Einbeziehung der traditionellen Meinungen darüber (z. B. in Sprichwörtern). Was will Aristoteles mit dieser Textpassage ausdrücken?

In den empirischen Wissenschaften gelangt man zu Prinzipien (z. B. Gesetzen) durch Induktion, d. h. durch Verallgemeinerung von Einzelerfahrungen. Im praktischen Bereich kann man zu Handlungsprinzipien durch Übung und Gewöhnung gelangen, die zu ethischen Tugenden verfestigt werden. Hier genügt es am Anfang, das „Dass" (als Faktum) aufzuzeigen, d. h. die ethischen Tugenden (Charaktereigenschaften) zu erwähnen. Später wird dann dieses Anfangs-Wissen zu einem durchdachten Wissen: Man erkennt das Glück als notwendiges Handlungsprinzip.

NE I, 8   Stimmt die gegebene Definition des Glücks mit der Volksmeinung überein?

Zunächst gibt Aristoteles den Hinweis, dass man auch die traditionellen Meinungen über ein Thema sich anschauen soll, denn wenn eine Wahrheit darin enthalten ist, dann stimmen sie auch mit den wissenschaftlichen Folgerungen und Prämissen überein (siehe drittes Methodenkapitel in NE I,7). Nun referiert er eine alte Lehre, die die Zustimmung vieler Philosophen gefunden habe, nämlich die Dreiteilung der Güter in (1) äußere, (2) körperliche und (3) seelische, und fügt hinzu, dass man Güter im eigentlichen Sinne nur die seelischen nennen könne. Weil das gesuchte Ziel mit Handlungen in Verbindung gebracht wird, Handlungen aber in der Seele ihren Ursprung haben, so findet er hier eine Bestätigung der bisher vorgetragenen Ansichten. Mit den Meinungen des Volkes in Übereinstimmung steht auch die Definition des Glücks als Gut-Leben und Gut-Handeln, denn der Glückliche gilt allgemein als einer, der gut lebt und gut handelt.

NE I, 9   Fortsetzung von Kapitel I, 8: Prüfung von Volksmeinungen über das Glück

Die einen sehen das Glück in der Tugend, die anderen in der Lust usw. Mit denjenigen, die das Glück in der Tugend erblicken, stimmt die bisherige Erörterung überein, denn zur Tüchtigkeit/Tugend (*arete*) gehört die entsprechende Betätigung. Man muss nämlich unterscheiden, ob man das oberste Gut im (passiven) Besitzen oder im (aktiven) Gebrauchen erblickt. Den Siegeskranz in Olympia bekommen nicht die Edelsten, sondern diejenigen, die richtig und erfolgreich kämpfen, und so werden auch nur diejenigen Menschen das Schöne und Gute im Leben genießen können, die gut handeln. Weiter: Dazu gehört, dass man sich daran freut, worin man ein Liebhaber ist: Die Pferdeliebhaber freuen sich an guten Pferden, die Liebhaber der Schauspiele an guten Theateraufführrungen usw. Die Liebhaber tugendhafter Handlungen erfreuen sich an guten Taten. Umgekehrt gilt: Wer sich *nicht* an ethisch wertvollen Handlungen freut, ist auch *nicht* moralisch gut. Woran also sich jemand freut, daran erkennt man ihn in seiner inneren Verfasstheit: Man wird nämlich niemand gerecht nennen, der sich nicht an gerechten Handlungen freut, niemand großzügig, der sich nicht an großzügigen Handlungen freut usw. Aus diesen Urteilen verständiger Menschen kann man nun rückschließen, dass tugendhafte und gute Handlungen selbst erfreulich sind.

Die schon gewonnene Definition über das Glück (NE I, 5) lautet: Glück ist

(1) ein abschließendes Gut,

(2) ein autarkes Gut und

(3) Ziel allen Handelns.

Jetzt kann diese Bestimmung nochmals um drei Elemente erweitert werden: Das Glück ist darüber hinaus

(4) das Beste,

(5) das Schönste und

(6) das Erfreulichste.

Dennoch bedarf das Glück gewisser äußerer Güter, betont Aristoteles. Um etwas erreichen zu können, benötigen wir einerseits Freunde, Reichtum oder politische Macht, andererseits gibt es Dinge, deren Fehlen das Glück trübt, wie z. B. Schönheit, wohlgeratene Kinder und eine gute Herkunft.

NE I, 10   Ist Glück durch eigene Leistung erreichbar?

Aristoteles stellt am Anfang die Frage, wie das Glück entsteht, und erwägt fünf Möglichkeiten: (1) durch Lernen, (2) durch Gewöhnung, (3) durch Übung, (4) durch eine göttliche Fügung oder (5) durch Zufall. Wenn es Geschenke der Götter an die Menschen gäbe, so Aristoteles, wäre von allen Dingen das Glück dafür geeignet. Dieses Thema bricht er aber wieder ab. Das Glück gehört aber auch dann, wenn es durch Tüchtigkeiten erworben wird, zu den göttlichsten Dingen im Leben. Aus diesem Grund, so Aristoteles, kann weder ein Rind noch ein Pferd noch sonst ein Tier glücklich genannt werden, weil es die dafür erforderlichen Handlungen nicht ausführen kann, ein Kind ebenfalls nicht. Deshalb kann auch ein Kind im Sinne dieses durch vernünftige Handlungen generierten Glücks nicht glücklich genannt werden (natürlich kann ein Kind lachen und sich freuen, z. B. über Geschenke). Aristoteles beendet dieses Kapitel mit Fragen zum Verlust von Glück, wie z. B. der einst so glückliche König Priamos von Troja.

NE I, 11   Fortsetzung von Kapitel 10: Das Glück und der Tod

Hier beginnt Aristoteles ein eher düsteres Thema mit der Frage, ob es eine Verbindung zu den Toten im Sinne von Glück gibt. Er zitiert zunächst die bekannte These des Solon, dass man niemand in diesem Leben um sein Glück beneiden dürfe, weil man nicht wisse, welcher Tod ihm einst beschieden ist. (Bei Herodot ist dies die Geschichte von Krösos und Solon: Krösos, König von Lydien, der sich in guten Jahren als der allerglücklichste fühlte, dann aber nach seinem missglückten Eroberungsfeldzug gegen

Persien sein Leben auf den Scheiterhaufen beenden sollte). Solons These lautet: Niemand vor dem Ende glücklich preisen. Die von Aristoteles untersuchte Frage geht von einer irgendwie bestehenden Verbindung zwischen den Toten und ihren lebenden Nachkommen aus; diese Nachkommen erleiden nun Glück oder Unglück, die Toten sind aber davon nicht betroffen. Die These von Solon wird von Aristoteles mit seiner Glücksdefinition auf der Basis von vollzogenen tugendhaften Handlungen bezweifelt, weil dieses Glück nicht den Schwankungen des solonischen Glücks unterworfen ist. (Das solonische Glück ist ein passives Glück im Sinne einer Widerfahrnis.) Dieser **aktive Glücksbegriff** des Aristoteles ist sogar noch beständiger als theoretisches Wissen, weil tugendhaftes Handeln am wenigsten den Schwankungen des Lebens unterworfen ist und der Tugendhafte den Wechselfällen des Lebens am besten widerstehen kann (wie der Schuster seine Tüchtigkeit, seine *arete*, nicht einfach verlieren kann). Ein Glück, das an eine charakterliche Tüchtigkeit gebunden ist, kann nicht ohne Zustimmung des betreffenden Menschen in Unglück umschlagen, selbst wenn äußere Schicksalsschläge einwirken: Wenn dieses aber eintritt, so Aristoteles, dann wird die „sittliche Schönheit durchleuchten", wenn man schwere Schicksalsschläge gelassen erträgt, nicht aus Gefühllosigkeit, sondern aus hoher Gesinnung. Ein solcher Mensch, so Aristoteles, kann niemals ganz unglücklich werden, freilich aber auch nicht vollkommen glücklich, wenn ihm das Los eines Priamos, des Königs von Troja, beschieden ist mit dessen schweren Schicksalsschlägen. (Er musste mit ansehen, wie die Griechen nach der Eroberung Trojas seine Kinder töteten.)

Wenn man aber von solchen schweren Schicksalen absieht, wen kann man dann glücklich preisen? Die Antwort des Aristoteles: Denjenigen, der

1. gemäß vollendeter Tüchtigkeit tätig sein kann,
2. mit äußeren Gütern gut ausgestattet ist, und
3. das nicht nur eine kurze Zeit, sondern sein Leben lang, und sogar
4. in Zukunft so leben kann und in diesen glücklichen Verhältnissen sterben wird.

Aristoteles kehrt nun wieder zur Eingangsfrage zurück, welcher Zusammenhang zwischen den Lebenden und den Toten in Bezug auf das Glück existiert, und er verneint diesen Zusammenhang in einem relevanten Sinn.

NE I, 12 Unterschied von Tugend und Glück – Loben oder Preisen?

Da das Glück kein bloßes Vermögen (*dynamis*) ist, stellt Aristoteles nun die Frage, ob das Glück zu den lobenswerten oder zu den hochgepriesenen Dingen gehört. Zunächst zum *Loben*: Wer wird gelobt? **Beispiele**: Wir loben den Gerechten, den Tapferen und allgemein den Tüchtigen aufgrund ihrer Handlungen und ihrer Ergebnisse; wir loben aber auch den Tapferen und den Schnellläufer, weil sie von einer bestimmten Art (Qualität) sind und sich auf bestimmte Weise zu etwas Gutem und Hervorragendem verhalten (Relation). Da das Lob aus einer Relation zu uns stammt, kann man Götter eigentlich nicht loben, weil es für das Höchste und Beste kein Lob gibt, sondern etwas Größeres angemessen ist: Wir *preisen* sie selig und glücklich. Das gilt auch für das Glück: Keiner lobt das Glück wie man die Gerechtigkeit lobt, sondern man preist das Glück, da es etwas Göttliches ist. **Zusammenfassung**: Gelobt wird die Tüchtigkeit (*arete*), weil man mit ihrer Hilfe fähig wird, das Gute zu tun; ein Preislied (*Enkomion*) dagegen stimmt an auf etwas Getanes, sei es körperlicher oder seelischer Art.

- Das (Tugend)-Loben ist angebracht, solange man noch mit Mühe und Tüchtigkeit unterwegs ist auf ein Ziel hin,
- das (Glücklich)-Preisen ist angebracht, wenn man das Ziel erreicht hat und es genießen kann. Das Glück ist Prinzip des Handelns, es ist die Ursache für alle Güter, und auch deswegen ist das Glück das Hochgepriesene und Göttliche.

NE I, 13 Die Zweiteilung der menschlichen Seele

In diesem letzten Kapitel von Buch I fasst Aristoteles seine Überlegungen zum Glück bereits im ersten Satz zu einer (vorläufigen) Definition zusammen: „Das Glück ist ein Tätigsein der Seele im Sinne der ihr wesenhaften Tüchtigkeit".[17] Auf der Suche nach der spezifischen Tüchtigkeit des Menschen führt Aristoteles eine Zweiteilung der menschlichen Seele in einen rationalen und einen diesem gegenüberstehenden Seelenteil (der nicht von sich aus bereits rational ist) durch.[18] Diese beiden Seelenteile (rational und irrational) werden nochmals in je zwei Vermögen geteilt.

Zum alogischen Seelenteil gehören das vegetative und das strebende Vermögen: Das vegetative Vermögen enthält das allem Lebendigen Gemeinsame, spielt aber für das Handeln und damit für die Ethik keine Rolle (es ist von Aristoteles offenbar nur der Vollständigkeit halber aufgenommen worden) und benötigt deshalb keine Tugend. Das Strebevermögen hat hier seinen Ursprung, kann aber durch den logischen Seelenteil gelenkt werden kann, indem es auf ihn hört und ihm gehorcht.

Der rationale Seelenteil wird ebenfalls zweigeteilt: Der eine Teil (die Vernunft) enthält das Rationale im eigentlichen Sinn, der andere Teil (das Strebevermögen) besitzt das Vermögen, auf die Vernunft „hinzuhören, wie ein Kind auf den Vater hört". Dann wird aus dem ursprünglich rein sinnlichen Streben (Begehren) ein rationales Streben.

Der (1) rationale und der (2) nicht von sich aus rationale Seelenteil haben ihre entsprechenden Tüchtigkeiten (Tugenden, *aretai*):
- Das Strebevermögen (Begehren nach) wird tüchtig durch die ethischen Tugenden (*ethos* = Gewöhnung, Charakter), die Charaktertugenden,
- der vernünftige Teil wird tüchtig durch die dianoëtischen Tugenden (*diánoia* = Verstand), die Verstandestugenden.

Das bedeutet: Die Stebungen des Menschen haben ihren Ursprung in jenem Seelenteil, der nicht von sich aus vernünftig ist, sondern erst durch die Informationen aus dem

---

[17] Andere Übersetzungen sprechen statt von „wesenhafter Tüchtigkeit" (Dirlmeier) von „vollendeter Tugend" (Bien) oder „vollkommener Tugend" (Gigon) oder von „Gutheit, die ein abschließendes Ziel darstellt" (Wolf).

[18] Die vier platonischen Kardinaltugenden benötigen eine Dreiteilung der menschlichen Seele: Die Gerechtigkeit als vierte Tugend drückt aus, dass die drei anderen Tugenden den drei Seelenvermögen richtig zugeordnet wurden.

rationalen (logischen) Seelenteil seine Verfünftigkeit erhält. Darin besteht das eigentliche Problem für den handelnden Menschen: Sein Streben nach Gütern (im Sinne von Begehrlichkeiten) stammt aus einer Quelle, die für den Menschen gefährlich werden kann, wenn diese Begehrlichkeiten nicht rational überprüft werden. Dies ist die Aufgabe der Vernunft bzw. das Programm der Ethik.

Die Lösung könnte darin erblickt werden, dass diese alogische Quelle zum Versiegen gebracht wird. Dies wäre die Lösung der Stoiker, die aber Aristoteles ablehnt, weil in dieser alogischen Quelle der Wünsche ein wichtiges Element steckt, nämlich die Dynamik auf ein Ziel hin. Diese Dynamik muss also einerseits erhalten bleiben, soll aber andererseits ihrer Gefährlichkeit beraubt werden, und zwar dadurch, dass das ursprünglich alogische Streben auf seine Vernünftigkeit hin überprüft wird. Dies geschieht durch die Tugend der Klugheit (*phrónesis*).

Das folgende Schema (leicht vereinfacht) veranschaulicht die aristotelische Zweiteilung der Seele (*psyche*).

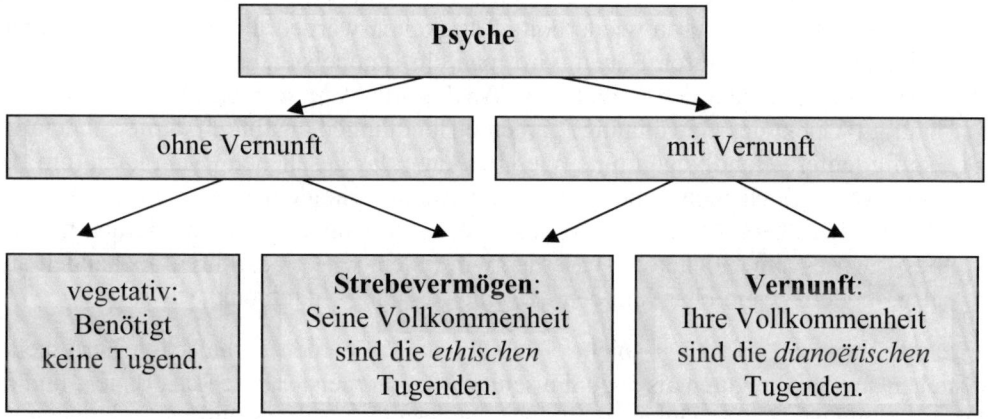

2.2.2 Buch II: Die ethische Tugend im Allgemeinen

In den drei ersten Kapiteln des zweiten Buches geht es um die Entstehung der ethischen Tugenden, die auch Gewöhnungs- oder Charaktertugenden genannt werden.

NE II, 1: Ethische Tugenden entstehen durch Gewöhnung

Die Tugend (*arete*) besteht also aus zwei Arten, aus

- den dianoëtischen (Verstandes-) und
- den ethischen (Charakter-) Tugenden.

Die dianoëtischen Tugenden verdanken ihre Entstehung und ihre Zunahme der Belehrung, die ethischen Tugenden dagegen gehen aus einer Gewöhnung hervor, weswegen sie etymologisch mit dem Wort *ethos* im Sinne von Gewöhnung zusammenhängen. Damit ergibt sich, dass keine der ethischen Tugenden von Natur aus entsteht. Aristoteles begründet dies damit, dass kein natürliches Ding andere Gewohnheiten annehmen kann, wie er durch zwei Beispiele erklärt: Der Stein fällt von oben nach unten, die Flamme des Feuers dagegen steigt von unten nach oben, und selbst wenn man zehntausend mal deren Bewegungsrichtung ändern wollte, kann man diese Dinge nicht umgewöhnen. So ist es auch mit den Tugenden: Sie entstehen weder von noch gegen die Natur. Wir sind lediglich von Natur aus fähig, sie aufzunehmen, aber erst durch Gewöhnung (*ethos*) gelangen sie zu ihrer vollständigen Form, d. h. durch wiederholtes Üben.

Aristoteles stellt nun die Frage, welcher Zusammenhang zwischen einem Vermögen und der Ausübung dieses Vermögens, der Tätigkeit, besteht. Er untersucht dies (1) an der sinnlichen Wahrnehmung und (2) an den Tugenden.

- Bei der sinnlichen Wahrnehmung (z. B. sehen, hören) ist zuerst das Vermögen da (z. B. das Auge, das Ohr), dann erst kann ein Gebrauch erfolgen. Aber: Selbst durch wiederholtes Sehen und Hören wird das Vermögen (Organ) in seiner Grundfunktion nicht ausgebildet.
- Bei den ethischen Tugenden und bei den Tüchtigkeiten des Herstellens (*techne*) ist es umgekehrt: Erst durch wiederholte Tätigkeiten werden diese Tüchtigkeiten ausgebildet, denn erst durch Bauen wird man ein Baumeister, erst durch Geigespielen wird man ein berühmter Geiger usw. Analog gilt: Wir werden gerecht, indem wir häufig (Aspekt der Gewöhnung) gerechte Handlungen ausführen, tapfer, indem wir häufig tapfere Handlungen tun. Wie aber kann das geschehen? Man kann (am Anfang) etwas noch nicht, aber durch wiederholtes Handeln wird man ein Meister? Welche Lerntheorie leitet hier Aristoteles? Seine Antwort: Was wir lernen müssen, bevor wir es anwenden können, lernen wir, indem wir es ausführen. Es handelt sich also, modern gesprochen, um den *learning-by-doing*-Standpunkt.

Wie entstehen und vergehen solche Tüchtigkeiten? Bei den technischen Fertigkeiten entstehen sowohl die guten als auch die schlechten Baumeister durch das Bauen, und die guten und die schlechten Geiger durch das Geigespielen. Offensichtlich aber macht der eine etwas richtig, der andere etwas falsch. Analog ist es bei den ethischen Tugenden: Aus den Sozialkontakten gehen die einen als gerecht, die anderen als ungerecht hervor; aus den Gefahrensituationen gehen die einen als tapfere, die anderen als feige Menschen hervor; aus den mit Zorn verbundenen Handlungen gehen die einen als milde, die anderen als grausame Menschen hervor. Ein Habitus (eine *hexis*) entsteht aber erst aus den entsprechenden (und wiederholten) Tätigkeiten. Deshalb gibt Aristoteles den pädagogischen Rat, dass „viel, ja sogar alles" davon abhängt, an was man die Kinder von Anfang an gewöhnt hat.

NE II, 2   Viertes Methodenkapitel; Mesotes-Lehre

Aristoteles trägt in NE II, 2 sein sog. viertes Methodenkapitel vor.
(1) Er beginnt mit einer Wiederholung: Da also eine Untersuchung der Natur des Objektes angemessen sein muss, die Ethik sich primär mit menschlichen Handlungen befasst und diese ihrer Natur nach unbeständig sind (mal so, mal so), darf man über Handlungen von Menschen nur umrisshaft sprechen. Der Handelnde muss sich

ja stets an den konkreten Umständen (*kath' hekasta*) orientieren (wie z. B. ein Arzt). Diese Umstände einer menschlichen Handlung (Wann, Wo, Wie, Womit, Wozu usw.) werden im dritten Buch (NE III, 2) besprochen. Der Handelnde ist auf sich selbst gestellt und muss nach den Erfordernissen des Augenblicks entscheiden. Die Konkretisierungen werden durch den *orthos logos* (*recta ratio*, richtige Vernunft) vollzogen, und dies ist erst möglich, wenn sich die Handlungssituation *in praxi* mit allen ihren Umständen vollständig zeigt, d. h. wenn sie komplett vorhanden ist. (Die Lehre von der *recta ratio* wird später, in NE VI, 13, aufgegriffen.)

(2) Ebenfalls Wiederholung: Es geht in der Ethik nicht primär um eine theoretische Erkenntnis des Guten (*Was* ist das Gute?), sondern um die Beantwortung der Frage, *wie* wir gut werden können bzw. worin das gute Leben besteht.

Nun stellt Aristoteles als „erste Erkenntnis" fest, dass alles, was irgendwie einen Wert darstellt, dieses seiner Natur nach durch ein Zuviel und ein Zuwenig zerstört wird. Er bringt zwei B e i s p i e l e aus dem außermoralischen Bereich: Die Gesundheit wird durch ein Zuviel oder Zuwenig an Gymnastik zerstört, aber ebenso durch ein Zuviel und ein Zuwenig an Speise und Trank, während das jeweilig richtige Maß beim Essen und Trinken sie erhält. Im Bereich des ethisch relevanten Handelns ist es ebenso, wie Aristoteles an vier Beispielen zeigt:

(1) Wer vor allem davon läuft, wird ein Feigling.
(2) Wer vor überhaupt nichts Angst hat, wird ein Draufgänger.
(3) Wer sich keinen Genuss versagt, wird haltlos.
(4) Wer jede Lust meidet wie ein Spießer (*agroikos*), wird stumpfsinnig.

Dies ist der Kern der *Mesotes*-Lehre, der Lehre von der richtigen Mitte zwischen einem Zuviel und einem Zuwenig.

Nach dieser eher statischen Beschreibung der Tugenden geht er über zur dynamischen Beschreibung von Entstehen und Vergehen der ethischen Tugenden, wiederum zunächst im Vergleich mit den außermoralischen und sinnenfälligen Handlungen, bei denen er feststellt, dass sie aus dem gleichen Betätigungsfeld und aus den gleichen Ursachen entstehen und auch wieder vergehen. B e i s p i e l: Zu einem gestählten Sportler wird man, wenn man Nahrung mit entsprechender Kalorienzahl zu sich nimmt und ein hartes Training lange durchhält. Ist man dies nun geworden, kann man Strapazen leicht ertragen. So ist es auch bei den ethischen Tugenden: Wenn wir uns bei den sinnlichen Genüssen maßvoll zeigen, dann werden wir beherrscht; sind wir es geworden, dann können wir ab jetzt leichter auf sinnliche Genüsse verzichten. Zweites Beispiel: Wenn wir uns daran gewöhnen, Gefahren auszuhalten, werden wir tapfer; sind wir es geworden, fällt es uns leichter, uns von der Angst nicht beeinflussen zu lassen.

Wichtig für die folgenden Überlegungen ist nun: Zunächst ist der Aufbau einer Kompetenz mit Mühsal und Unlust verbunden, dann aber fällt im Zustand der fachlichen oder ethischen Kompetenz die Handlungsausführung leicht: Man ist vom Anfänger zum Meister geworden, man hat einen Habitus (lat. *habere* = haben) erworben. Ein Habitus ist seelisch eine feste Grundhaltung, eine stabile Kompetenz. (Das Wort „haben" kann auf zweierlei Weise verstanden werden: Man kann etwas leicht verlierbar haben, wie beispielsweise eine Kreide in der Hand haben. Man kann aber etwas relativ fest haben, z. B. die Nase im Gesicht. Diese zweite Bedeutung von „haben" meint der lateinische Begriff *habitus*). Wer über viele Jahre sich ein Wissen angeeignet hat, hat dieses Wissen nicht nur flüchtig, sondern „fest".

Was ist nun das innere Erkennungszeichen, ob man in der richtigen seelischen Verfassung die Handlungen ausführt? Denn es kommt ja nicht nur darauf an, dass sie „äußerlich richtig" sind, sondern sie müssen vom Handelnden in einer „richtigen Seelenverfassung" vollzogen werden, wie Aristoteles schon dargelegt hatte. Diese richtige Seelenverfassung zeigt sich daran, bei welchen Handlungen man Lust oder Unlust empfindet (Aristoteles unterschiedet zwischen der Sinnenlust und der Handlungslust). Unlust ist ein Zeichen, dass man bei Tätigkeiten noch innere Hürden überwinden muss, um in einer bestimmten festen Kompetenz handeln zu können. Wer beispielsweise bei gerechten Handlungen noch Unlust empfindet, ist noch nicht im Besitz einer charakterlichen Kompetenz, der ethischen Tugend/Tüchtigkeit der Gerechtigkeit. Affekte der Lust oder Unlust sind also ein Begleitphänomen von Handlungen. Ethische Tugenden sind aber gerade nicht durch Affektlosigkeit (*apátheia*) charakterisiert, sondern dadurch, dass man etwas tut *wie* man soll, *wann* man soll usw., also durch die Umstände der Handlungen. (NE III) Deshalb ist es für den Aufbau des Charakters wichtig, dass man schon von früher Kindheit an daran gewöhnt wird, bei Handlungen auf die richtige Weise Lust und Unlust zu empfinden.

NE II, 3 Worin besteht der Anfang der charakterlichen Entwicklung?

Er schärft hier nochmals ein: Ein gerechter Mensch wird man, wenn man gerecht handelt, ein besonnener Mensch, wenn man besonnen handelt. Also: Aus dem aktiven Tun entwickelt sich ein bestimmter Charakter. Hier wieder der Vergleich mit einer außermoralischen Tätigkeit: Einen grammatikalisch richtigen Satz kann man auch zufällig oder unter Anleitung eines anderen Menschen sprechen. Hier genügt es, wenn der Satz richtig ist. Anders bei den ethisch relevanten Handlungen. Hier genügt es nicht, dass die Handlung (äußerlich) richtig ist, sondern der Handelnde muss zugleich die innere ethische Kompetenz beim Handlungsvollzug besitzen. Wann besitzt er diese? Wenn seine Handlungen folgende drei Bedingungen erfüllen: Sie müssen

(1) wissentlich,

(2) auf Grund einer klaren Willensentscheidung und

(3) um der Sache selbst willen erfolgen.

Zum dritten Punkt: Es dürfen also keine sachfremden Überlegungen die Handlungen leiten. Beispiel: Wenn man einem Verwundeten hilft, dann ist diese Handlung ethisch erst dann kompetent vollzogen, wenn man dies nicht um eines guten Rufes wegen tut, sondern allein deshalb, weil dieser Mensch Hilfe braucht.

NE II, 4 Definition der ethischen Tugend: Sie ist als Gattung ein Habitus

Hier stellt Aristoteles die definitorische Frage, zu welcher Gattung (*genus*) die Tugend gehört. Drei mögliche Antworten kommen in Frage. Die Tugend könnte sein

(1) ein Affekt (*pathos*), d. h. etwas, was von Lust und Unlust begleitet wird;
(2) eine Anlage (*dynamis*), d. h. dasjenige, wodurch wir Affekte fühlen und zeigen können;
(3) ein Habitus (*hexis*), d. h. eine feste Grundhaltung.

Das gesuchte Gattungsmerkmal ist der Habitus. Diese Antwort wird durch ein Ausschlussverfahren gewonnen, denn die Tugend ist weder ein Affekt noch eine Anlage, und zwar aus folgenden Überlegungen.

Der Affekt als mögliche Antwort kommt aus drei Gründen nicht in Frage:
(1) Man wird nicht wegen Affekten gelobt oder getadelt,
(2) zur Tugend gehört eine Entscheidung,
(3) Tugenden sind ihrer Natur nach ein Dauerzustand.

Für die Anlagen gelten ähnliche Argumente, außerdem sind Anlagen angeboren, für Angeborenes kann man nicht gelobt bzw. getadelt werden.

Also bleibt nur noch der Habitus übrig. *Habitus* von lat. *habere* bedeutet dasjenige, was man ziemlich fest hat, z. B. im körperlichen Bereich die Augen im Gesicht, im theoretischen Bereich wären dies Fremdsprachkenntnisse, die man sich in vielen Jahren angeeignet hat, im Gegensatz zu Sprachkenntnissen, die man wenige Tage vor dem Urlaubsantritt kurz angelesen hat. Solche labilen Eigenschaften sind kein Habitus.

NE II, 5 Definition der ethischen Tugend: Sie ist als Art eine Mitte für uns (im Gegensatz zur arithmetischen Mitte)

Zu einer Definition gehören zwei Elemente, die übergeordnete Gattung und die spezifizierende Art. Beispiel: Der Begriff Mensch kann definiert werden durch seine Zugehörigkeit zur (1) Gattung (*genus*) Lebewesen und zur (2) Art (*species*) dadurch, dass er vernünftig ist (zweibeinig usw. scheidet aus, weil dies nicht die eindeutig spezifizierende Art ist). Mensch ist also ein vernünftiges Lebewesen. Beim ethischen Habitus ist die gesuchte Art eine Mitte (in einem gedachten Kontinuum), und zwar keine arithmetische Mitte, sondern eine „Mitte für uns". Beispiel aus einem außermoralischen Bereich: Beim Essen und Trinken ist bei jeden Menschen die „Mitte" quantitativ woanders, aber stets ein Vermeiden von einem „Zuviel" und einem „Zuwenig". Bei den Handlungen, die von Affekten begleitet werden, ist es ähnlich: Tapferkeit ist die „Mitte" zwischen einem Zuviel und Zuwenig, und zwar so, wie es die *recta ratio* bestimmt. Die Vernunft arbeitet dann „richtig", wenn die spezifischen Handlungsumstände angemessen berücksichtigt werden, d. h. wann (Zeit, wo (Ort), wie (Art und Weise) usw. man handeln soll.

Damit ergibt sich als Definition: Die ethische Tugend als geordneter Affekt ist also ein Habitus der richtigen Mitte, derjenigen Mitte, wie sie von der Vernunft
(1) situations- und
(2) personbezogen

bestimmt wird. Dies besagt die Formel von der *recta ratio* (*orthos logos*, dem richtigen Vernunftgebrauch). Die „richtige Mitte" ist also keine mechanisch festgelegte Mitte (also keine gleiche „Mitte für alle", also auch keine arithmetische Mitte), sondern eine „Mitte für uns". Die gleiche Person wird in unterschiedlichen Situationen unterschiedlich richtig handeln, z. B. bei den Regungen von Zorn, oder wenn es um die eigenen Kinder geht. Das Laster ist auch ein Habitus, aber nicht der Mitte, sondern der beiden Extreme (Zuviel und Zuwenig).

Aristoteles: Modell der ethischen Tugend

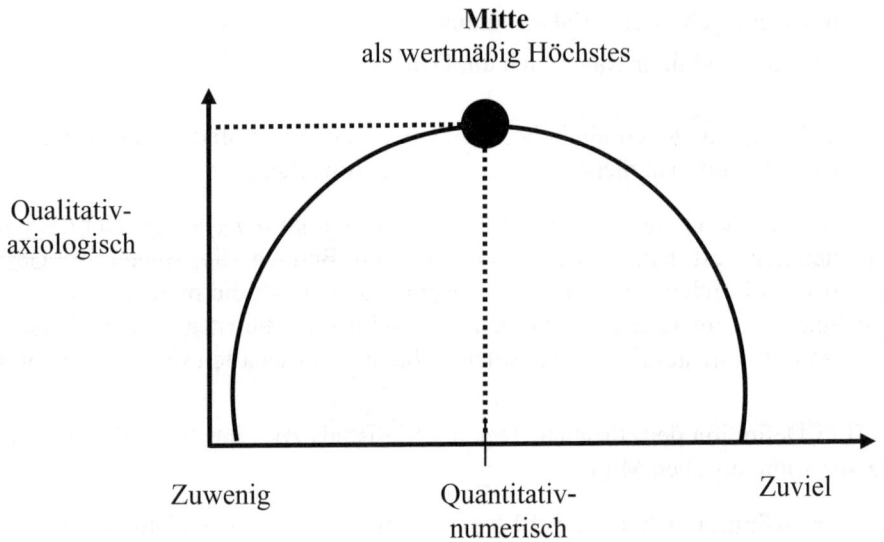

Die Feststellung, dass die ethische Tugend eine „Mitte für uns" ist, kann unter Einbeziehung des ersten Methodenkapitels (NE I; 1) als dialektischer Begriff interpretiert werden, weil sich der richtige Habitus zwischen zwei Positionen befindet, einem Zuviel und einem Zuwenig (zwei Schlechtigkeiten). Zugleich ist dies eine „umrisshafte Bestimmung", weil die beiden Relata noch unbestimmt bleiben, (1) die Person und (2) die Situation. Das gute Handeln ist dann kein irgendwie selbständig Existierendes und kann auch empirisch nirgends angetroffen werden, sondern ist der dialektisch eingespannte Vollzug der Handlung selbst. Diese grundsätzlich dialektische Struktur der Handlung bedeutet, dass man sich in ein Verhältnis zu den Polen seiner Entscheidung setzen muss, um ihr gerecht werden zu können.

NE II, 6 Definition der ethischen Tugend; für schlechte Handlungen gilt die Mesotes-Lehre nicht

Aristoteles definiert im ersten Satz die ethische Tugend folgendermaßen: Sie ist

(1) ein Habitus (eine *hexis*),
(2) der eine Mitte (*mesotes*) „für uns" darstellt,

(3) wie sie die Vernunft festlegt, d. h. wie der Kluge (*phronimos*) dies tut und
(4) die sich in Entscheidungen zeigt (*prohairetike*).

Wichtig ist, dass dieser Habitus der ethischen Tugend auf eine Entscheidung (*prohairesis*) hingeordnet ist. Die ethische Tugend ist also die Fähigkeit zu richtigen Entscheidungen. Diese ethische Tugend ist also sinnvoll nur darstellbar durch ihre Integration in eine Handlungs- und Entscheidungstheorie. Dies ist das Feld der aristotelischen Ethik.

Nicht anwendbar ist diese Theorie der ethischen Mitte auf in sich schlechte Handlungen (z. B. Diebstahl, Mord), weil die gesamte Handlung fehlgeleitet ist und sie nicht mehr eingemittet werden kann. Ihre Schlechtigkeit besteht also nicht in einer Über- oder Untertreibung, einem Zuviel oder Zuwenig. In sich schlecht sind auch Affekte wie Neid, Missgunst usw. Auf die in sich schlechten Handlungen ist auch die *Circumstantiae*-Lehre, die Lehre von den Handlungsumständen (aus NE III, 2), nicht anwendbar.

NE II, 7   Liste der einzelnen ethischen Tugenden und Laster

Bei den folgenden Begriffen wurden solche gewählt, von denen angenommen werden kann, dass sie das Gemeinte angemessen zum Ausdruck bringen (die bekannten Übersetzungen unterscheiden sich hier oft). In NE III, 9–15 und NE 1–15 sowie NE V, 1–15 werden diese ethischen Tugenden detailliert besprochen.

Lebensbereich		Zuwenig	Tugend	Zuviel
Mut		Feigheit	Tapferkeit	Tollkühnheit
Lust		Stumpfsinn	Mäßigkeit	Unmäßigkeit
Geld	im Großen	Kleinlichkeit	Großzügigkeit	Protzerei
	im Kleinen	Geiz	Freigebigkeit	Verschwendung
Ehre	im Großen	Kleinmütigkeit	Hochsinnigkeit	Eitelkeit
	im Kleinen	Ehrgeizlos	(Ohne Namen)	Ehrgeiz
Zorn		Schwächlichkeit	Sanftmut	Jähzorn
Geselligkeit	spaßhaft	Ungehobeltheit	Gewandtheit	Possenreißerei
	allgemein	Mürrisches Verhalten	Freundlichkeit	Schmeichler
	Ehrlichkeit	Geheuchelte Bescheidenheit	Wahrhaftigkeit	Angeberei

NE II, 8   Die Beziehung zwischen Mitte und Extremen

Hier bestimmt Aristoteles das Verhältnis der drei Glieder der Tugendeinteilungen: die Mitte und die zwei Laster (die Extreme des Zuviel und des Zuwenig). Die Extreme unterscheiden sich (1) von einander und (2) bezüglich der Mitte, die Mitte unterscheidet sich nur von den beiden Extremen. Je nach der eingenommenen Perspektive erscheinen sie dem Betrachter unterschiedlich. Allgemein: Etwas Gegebenes erscheint im Vergleich mit etwas Kleinerem größer, im Vergleich mit etwas Größerem aber kleiner.

Welche „optische Täuschung" ist nun bei den ethischen Tugenden möglich? Verglichen mit einem Feigen erscheint der Tapfere tollkühn, verglichen mit einem Tollkühnen erscheint er aber feige.

- Es handelt sich bei den ethischen Tugenden um eine Relation, und zwar im präzisen Sinn um eine pros-ti-Relation. *Pros ti* (lat. *ad aliquid*) bedeutet, das etwas erst „in Bezug auf etwas" bestimmt werden kann. Beispielsweise gehören zusammen das Größere und das Kleinere, das Schönere und das Hässlichere usw. (Die *pros-ti-Relation* gehört bei Aristoteles zu den Kategorien.) Der tugendhafte Habitus (*hexis*) der Tapferkeit ist also auch eine *pros-ti-Relation*, denn es gibt mehr oder weniger Tapfere, gemessen an einem bestimmten Maßstab.
- Die andere Form der Relation bei Aristoteles, die pros-hen-Relation = lat. *ad unum* bezeichnet die verschiedenen Möglichkeiten, wie etwas „in Bezug auf eines" bestimmt werden kann. Beispielsweise wird „gesund" manches genannt, was in Bezug auf die Gesundheit steht: Der Apfel wird „gesund" genannt, die Diät wird „gesund" genannt, die braune Gesichtsfarbe wird „gesund" genannt usw., weil es entweder zur Gesundheit hinführt, oder die Gesundheit anzeigt oder die Gesundheit bewahrt usw.

Und so ist es bei allen ethischen Tugenden. Aus der Sicht der beiden Extreme schneidet die Mitte, die ethische Tugend, immer schlecht ab. Der Gegensatz der Extreme zueinander ist größer als der jeweilige Gegensatz der Mitte zu einem der Extreme. Andererseits haben die Mitte und ein Extrem noch gewisse Gemeinsamkeiten, die beiden Extreme zueinander aber nicht. Aber auch zwischen der Mitte und dem einen und dem anderen Extrem besteht nicht der gleiche Abstand. Beispiel: Der Tapferkeit ist die Tollkühnheit eher ähnlich als die Feigheit. Aristoteles gibt eine zweifache Begründung, einmal von der Sache her, dann von unserem Wesen her. Von der Sache her: Der Begriff „Mitte" ist nicht arithmetisch, sondern metaphorisch gemeint, und deshalb haben die Extreme unterschiedlichen Abstand von der „Mitte". Von unserem Wesen her: Die Lust zieht die Menschen stärker von der Mitte weg; aus diesem Grund zieht uns eine spezifische Lust (bezogen auf den Gegenstandsbereich) mehr zur einen oder anderen Seite hin.

NE II, 9 Praktische Ratschläge zur Erreichung der Mitte

(1) Die Bestimmung der richtigen Mitte nur „im Umriss" ist in der Phase der Entscheidung nicht mehr sinnvoll, sondern sie erfolgt in und an einem bestimmten und konkreten Einzelfall. Im konkreten Ausführungsfall sind ja die Details, d. h. die Handlungsumstände, bereits bekannt. Das Richtige im konkreten Einzelfall muss bestimmt werden in Bezug auf Person, Ort, Zeit, Zweck, Art und Weise usw., d. h. man muss die Handlungsumstände (*circumstantiae*) berücksichtigen.

(2) Man muss von dem abrücken, was zur ethischen Mitte den größten Gegensatz darstellt. (Wenn der größte Gegensatz zur Tapferkeit die Feigheit ist, dann muss man

von ihr zuerst Abstand nehmen, und nicht von der Tollkühnheit. Diese braucht jetzt nur noch auf das rechte Maß zurechtgestutzt werden, damit daraus eine Tapferkeit wird.) Wegen der enormen Schwierigkeiten, bei konkreten Einzelhandlungen diese Mitte korrekt zu treffen, empfiehlt Aristoteles den Mut zur sog. **zweitbesten Fahrt**, d. h. hier das kleinere Übel zu wählen. Zweitbeste Fahrt: Der Ausdruck ist bei Platon (Phaidon 99 c9) überliefert und bedeutet, dass, wenn man die bessere Lösung nicht erreichen kann, man – aus Not – sich mit der zweitbesten Lösung zufrieden geben muss. Ursprünglich stammt der Ausdruck von Matrosen auf Segelschiffen, die bei Windstille gezwungen waren, durch Rudern mit eigener Muskelkraft das Schiff auf Fahrt zu bringen (dies ist die „zweitbeste Fahrt" gegenüber der Fortbewegung mit Hilfe des Windes).

(3) Man muss erkennen, wozu man einen natürlichen Hang hat, d. h. welche Lust- und Unlustgefühle bei jemandem vorhanden sind. Dagegen muss man nun kräftig gegensteuern und auf das andere Extrem hinsteuern, um etwa in der Mitte anzukommen. Man muss sich also auf den Gegensatz hin zwingen wie Schreiner, die krummes Holz zurechtbiegen.

(4) Auch charakterliche Extreme sind nicht in allen Fällen tadelswert, denn, so Aristoteles, manchmal loben wir die Phlegmatischen und nennen sie „sanft", manchmal loben wir die Zornigen und nennen sie männlich. Lob und Tadel hängen also von der jeweiligen Situation ab, in der sich der charakterliche Habitus zeigt. Auch hier liegt wieder die **pros-ti-Relation** vor, und das bedeutet, eine Tugend (*areté*) kann nicht unabhängig von (1) Person, (2) Sache und (3) Umständen (Wann? Wo? Wie? usw.) bestimmt werden.

2.2.3 Buch III: Die Freiwilligkeit; die Entscheidung

NE III, 1 Freiwilliges und Unfreiwilliges

Aristoteles untersucht nun Fälle, die freiwillig (*hekousion, voluntarium*) oder unfreiwillig (*akousion, involuntarium*) geschehen, denn Lob oder Tadel setzen voraus, dass etwas freiwillig geschieht. Dabei unterscheidet er, ob das Handlungsprinzip (bewegendes Prinzip) äußerlich oder innerlich ist.

(1) Als unfreiwillig gilt, was (1.1) unter physischem Zwang (bewegendes Prinzip ist äußerlich) oder (1.2) aus Unwissenheit geschieht (bewegendes Prinzip ist innerlich).

(2) Die hier zu untersuchende Hauptfrage lautet: Wie aber es steht es mit Handlungen, die (2.1) aus Angst oder (2.2) wegen eines erwünschten Zieles ausgeführt werden?

Erläuterungen zu den genannten Unterscheidungen

(1.1) Wenn etwas aus **physischem Zwang** geschieht, dann ist dies äußerlich, d. h. die Handlung ist vollständig unfreiwillig. Dies liegt dann vor, wenn das bewegende Prinzip außerhalb der handelnden oder erleidenden Person liegt, z. B. wenn jemand durch einen Sturmwind irgendwohin entführt wird.

(1.2) Wie steht es mit Handlungen „**aus Unwissenheit**"? Hebt Unwissenheit die Freiwilligkeit auf? (Aristoteles behandelt diese Frage allerdings erst in NE III, 2.)

Beispiel: Jemand hat unwissentlich einem Kranken ein falsches Medikament gegeben, an dem dieser stirbt. Es handelt sich hier bei diesen Handlungen „aus Unwissenheit" nicht um eine Unkenntnis im Allgemeinen, sondern um eine Unkenntnis der konkreten Handlungsumstände. Auf die Rolle der Handlungsumstände möchte Aristoteles aber hier eingehen.

Wann darf man von Gewalt sprechen, die auf eine Handlung einwirkt? Ist dies einerlei mit „physischem Zwang", bei dem das bewegende Prinzip außerhalb liegt? Welche Bedeutung hat dies für die Freiwilligkeit? Aristoteles bringt zwei Beispiele.

(2.1) Ein Tyrann möchte jemanden gegen dessen Willen zu einem Verbrechen zwingen, hat dessen Eltern und Kinder in seiner Macht und droht, im Weigerungsfall diese zu töten, wenn man sich nicht fügt. Erfolgt eine Handlung unter diesen Umständen freiwillig oder unfreiwillig?

(2.2) Matrosen haben Waren auf ihr Segelschiff geladen und möchten diese nach Erreichung des Zielhafens mit großem Gewinn verkaufen. Mitten auf dem offenen Meer kommt ein schwerer Sturm auf, und die Matrosen werfen aus Angst die Waren über Bord. Werfen sie die Waren freiwillig oder unfreiwillig über Bord?

In diesen beiden Fällen der Angst besteht also die Frage: Gibt es hier freiwilliges oder nur unfreiwilliges Handeln? Aristoteles spricht hier von „gemischten Handlungen", d. h. sie sind nicht eigentlich freiwillig, aber auch nicht völlig unfreiwillig. Diese Handlungen stehen aber näher dem Freiwilligen, denn im Augenblick der Entscheidung haben die Menschen die Freiheit der Wahl, wenn auch das Ziel sich nach den Umständen verändert, hier dem Zeitpunkt des Handelns. Zum Beispiel mit den Matrosen im Sturm: Ihr Ziel war ursprünglich, die Waren mit Gewinn zu verkaufen, nun hat sich wegen des schweren Sturms (Änderung des Umstandes der Zeit) ihr Ziel geändert, das Ziel ist nun die Lebenserhaltung, und das Mittel hierzu ist das Überbordwerfen der Ware (um das Schiff manörierfähig zu halten). Das Ziel war freiwillig (wenn auch nicht ursprünglich, sondern situativ), die Akzeptierung der Mittel bedeutet nun die Realisierung des Ziels. Die Mittel sind also eine abhängige Variable des Ziels. Dies bezieht sich auf das Beispiel mit dem Tyrannen: Nur wegen des Vorliegens besonderer Umstände (Eltern und Kinder sind als Geiseln in der Gewalt des Tyrannen) liegt auch hier eine „gemischte Handlung" vor. Das bewegende Prinzip liegt aber innen.

Nun zur entgegengesetzten Situation von Angst: Wie ist der Einfluss von Lust im Hinblick auf die Frage von Freiwilligkeit zu bewerten? Wenn diese die Freiwilligkeit aufheben würde, dann wären alle Handlungen unfreiwillig, denn die Lust ist vor allem ein Begleitphänomen bei allen schönen und tugendhaften Handlungen. Aristoteles nennt es „lächerlich", hierin eine Gewalt zu erblicken, denn sonst verwickle man sich leicht in Widersprüche: Man könne die Lust als bewegende Prinzip bei positiven Handlungen nicht zur Freiwilligkeit zählen, dagegen bei negativen Handlungen die Lust als äußerlich einwirkend erklären und damit der Handlung den Charakter der Unfreiwilligkeit zuschreiben.

Fazit: Also sind Angst und Lust keine äußeren, sondern innere Bewegungsprinzipien und gehören deshalb zur Freiwilligkeit.

NE III, 2 Der Einfluss des Wissens: Differenzierungen des Wissens

Aristoteles nimmt hier eine vierfache Differenzierung im Handlungsbegriff vor, dargestellt in zwei Gruppen:

(1)   Erstens unterscheidet Aristoteles Handlungen
(1.1) „aus Unwissenheit" von den
(1.2) „unwissentlichen" Handlungen,
(2)   zweitens unterscheidet er hier nochmals (wie schon in NE III, 1) die
(2.1) „nicht freiwilligen" Handlungen von den
(2.2) „unfreiwilligen" Handlungen.

Erläuterungen: Die erste Gruppe betrifft das Wissen vor der Handlung, die zweite Gruppe die Reaktionen nach der Tat. In beiden Fällen sind Wissen und Reaktionen signifikante Bestandteile der Handlung.

(1.1) „Unwissentliche" Handlungen liegen dann vor, wenn der Handelnde sich im „Zustand" getrübten Wissen befindet, beispielsweise im Zustand der Trunkenheit oder des Zorns. Der Handelnde befindet sich in einem besonderen Umstand. Dieser Zustand ist nur zeitweilig vorhanden und verschwindet wieder, im Gegensatz zur charakterlichen Schlechtigkeit, die andauert. Wie Aristoteles in NE III, 7 darlegt, sind z. B. Menschen für ihre Trunkenheit und die daraus folgenden Taten verantwortlich, denn die Ursache des Nichtwissens war zwar die Trunkenheit, in die der Mensch aber freiwillig geraten ist. (NE III, 7)

(1.2) Handlungen „aus Unwissenheit" sind dadurch gekennzeichnet, dass der Handelnde grundsätzlich um seine Handlung Bescheid weiß, sich aber bezüglich eines bestimmten Handlungselements im Irrtum befindet. Beispiel: Der Arzt gibt aus Versehen statt der heilenden Medizin ein Mittel, das zum Tode führt. Eigentlich aber wollte er heilen.

(2) Innerhalb der Handlungsgruppe „aus Unwissenheit" gibt es noch die Unterscheidung zwischen „nicht-freiwillig" von „unfreiwillig": Das Differenzkriterium zwischen diesen beiden Urteilen ist, ob der Handelnde bei negativen Folgen der Handlung Reue zeigt oder nicht.

(2.1) Handlungen mit einer eigentlich nicht gewollten Folge, aber mit einer nachfolgenden Reue sind „unfreiwillig". Dies ist eine komplette Distanzierung von der Handlung und ihren negativen Folgen, d. h. Distanzierung von der Phase vor und nach der Handlung.

(2.2.) Handlungen mit einer eigentlich nicht gewollten Folge, aber ohne nachfolgende Reue, sind nur „nicht freiwillig" geschehen. Dies ist eine mindere Form der Distanzierung von der Handlung und ihren negativen Folgen. Beispiel: Ein Krankenpfleger gibt einem Kranken aus Versehen die falsche Medizin, an dem dieser stirbt. Der Krankenpfleger erfährt nun, dass der Verstorbene ihn in seinem Testament zum Erben eingesetzt hat. Wenn er deshalb die Tat nachträglich nicht bereut, sondern sich sogar noch freut, dann hat er nachträglich die Handlung in seinen Willen aufgenommen, d. h. er verbindet sich mit dieser Tat nachträglich, indem er sie bejaht (ausgedrückt durch die Freude). Aristoteles fragt nun weiter.

(3) Worin hat das Nichtwissen seinen Ursprung? Die folgende Differenzierung ist für die Bewertung des Nichtwissens entscheidend. Hat das Nichtwissen seinen Ursprung in einer

(3.1) Charakterschwäche (jemand *wollte* etwas nicht wissen, um leichter eine schlechte Handlung begehen zu können mit der Rechtfertigung „Habe ich ja nicht gewusst") oder in einem

(3.2) echten Nichtwissen (d. h. etwas war einer Person als Wissen nicht zugänglich).

Beim Nichtwissen unterscheidet Aristoteles weiterhin zwischen

(4.1) dem Nichtwissen des Allgemeinen (z. B. Pflichten, Normen). Ein Nichtwissen des Allgemeinen (z. B. ob man stehlen darf oder nicht) kann normalerweise nicht entschuldigt werden, denn es handelt sich um eine Schlechtigkeit des Charakters,

(4.2) dagegen kann ein Nichtwissen des Konkret-Einzelnen (auch Nichtwissen der besonderen Umstände des Handelns) eventuell entschuldigt werden; dies kann aber erst die genaue Prüfung der konkret-einzelnen Handlungsumstände ergeben. Diese Umstände, die eine konkret-einzelne Handlung strukturieren, werden nun aufgelistet:

- Wer handelt? (Person)

- Was tut diese Person? (z. B. aus Unwissenheit statt Medizin ein Gift geben)

- Womit handelt die Person? (Mittel, Werkzeug)

- Welchen Zweck verfolgt die handelnde Person? (z. B. um ein Leben zu retten)

- Wie handelt die Person? (Auf welche Art und Weise: ruhig oder heftig usw.).

Zusammenfassung und Übersicht

	Handlungen	
Wissen / Wollen	Aus Unwissenheit (*di' agnoian*) Etwas ist dem Handelnden nicht bekannt, z. B. hatte er/sie keinen Zugang zum Wissen.	Unwissentlich (*agnoon*) Unkenntnis der Umstände wegen eines zeitlich nicht vorhandenen oder getrübten Wissens, z. B. wegen Trunkenheit, Zorn.
Nicht freiwillig (*ouch hekousios*)	Eine Handlungsfolge tritt ein, die nicht beabsichtigt war: Das Ergebnis wird aber akzeptiert, d. h. keine Reue über die Tat.	
Unfreiwillig (*akousios*)	Die nicht beabsichtigte Handlungsfolge hat ein Bedauern und eine Reue zur Folge, d. h. die Tat ist dem Handelnden zuwider.	

NE III, 3 Wird das Freiwillige durch Affekte aufgehoben?

Aristoteles fasst hier einleitend die Argumente aus NE III, 2 zum Unfreiwilligen und Freiwilligen nochmals zusammen:

Unfreiwilliges (1) Was „aus Zwang" geschieht (Bewegungsprinip außen).

(2) Handlung „aus Unwissenheit" mit nachfolgender Reue.

Freiwilliges (1) Das Bewegungsprinzip liegt in uns.

(2) Der Handelnde hat Kenntnis der einzelnen Handlungsumstände.

Aristoteles verneint die Frage, ob Affekte (Leidenschaften wie Angst, Zorn usw.) die Freiwilligkeit aufheben, und zwar mit vier Argumenten:

(1) Da Affekte ein naturaler Bestandteil unseres Wesens sind, könnte somit niemand freiwillig handeln, auch Kinder nicht.

(2) Es können nicht die guten Handlungen freiwillig genannt werden, die schlechten Handlungen dagegen unfreiwillig, da beide den gleichen Ursprung haben, nämlich das Streben nach einem bestimmten Ziel.

(3) Unfreiwilliges wird normalerweise von Unbehagen begleitet, Freiwilliges dagegen von Lust.

(4) Die irrationalen Regungen (Affekte) gehören genauso zu unserer Menschennatur wie die rationalen. Es ist also egal, ob man aus rationaler Überlegung Schlechtes tut oder aus einem Affekt heraus.

NE III, 4 Abgrenzung der Entscheidung von verwandten Phänomenen

Die Entscheidung (*prohairesis*) steht in Zusammenhang mit den ethischen Tugenden und der Freiwilligkeit, obwohl sie damit nicht identisch ist. Beispiele: Kleine Kinder handeln freiwillig, sie treffen aber keine Entscheidungen; spontanes, affektgeleitetes Handeln ist freiwillig, stellt aber keine Entscheidung dar. Was aber ist eine Entscheidung (*prohairesis*)? Aristoteles erarbeitet nun eine Definition der Entscheidung: Der Gattung nach gehört sie zum Freiwilligen, aber was ist ihr Art-Merkmal? Er prüft hierzu vier Möglichkeiten: Ist die Entscheidung ihrer Art nach (1) ein Begehren, (2) eine Erregung, (3) ein Wünschen oder (4) eine Meinung? Im Folgenden werden die Argumente des Aristoteles aufgelistet, wobei nur das Wünschen ein Bestandteil der Entscheidung ist, die anderen drei Möglichkeiten dagegen scheiden aus.

(1) Begehren: Die vernunftlosen Lebewesen werden durch Begehren und Erregung geleitet, nicht durch eine (rationale) Entscheidung. Der unbeherrschte Mensch gibt seinen Begierden nach, aber er entscheidet sich nicht, wie Aristoteles darlegt.

(2) Erregung: Noch weniger als das Begehren hat die Erregung etwas mit rationaler Entscheidung zu tun.

(3) Differenz zwischen Wünschen und Entscheidungen:

  - Die Wünsche können (a) auch Unmögliches zum Gegenstand haben (z. B. Wunsch nach Unsterblichkeit), aber (b) auch Dinge betreffen, die man nicht

beeinflussen kann (z. B. Wunsch, dass ein bestimmter Fußballverein gewinnen soll);
- die Entscheidungen dagegen haben nur (a′) Mögliches zum Gegenstand, ebenso nur (b′) Dinge, die man selbst beeinflussen kann.

Ein wichtiger Zusammenhang zwischen Wünschen und Entscheiden besteht aber:
- Wünsche beziehen sich auf das Ziel,
- Entscheidungen dagegen auf die Mittel (zum Ziel). Beispiel: Wir wünschen, gesund zu sein, wir entscheiden uns für eine bestimmte Medizin. Aber: Wir wünschen, glücklich zu sein, trotzdem können wir uns nicht für oder gegen das Glück entscheiden, weil dieses Gut vernünftigerweise nicht abwählbar ist. Entscheiden kann man sich also nur für etwas, dessen Realisierung oder Nicht-Realisierung in der eigenen Macht steht, wie oben dargelegt wurde.

(4) Meinen: Eine Meinung kann sich (a) auch auf das Unmögliche beziehen, (b) auch auf das, was nicht in unserer Macht steht. Das Kriterium für eine Entscheidung ist das Prädikat gut oder schlecht, eine Meinung dagegen wird beurteilt nach richtig oder falsch.

So gelangt Aristoteles zur Definition der Entscheidung (*prohairesis*): Sie gehört (1) zur Gattung der Freiwilligkeit, (2) der Art nach ist sie überlegt und rational.

NE III, 5 Ergänzende Definition der Entscheidung; die Überlegung

Diese in NE III, 4 gewonnene Definition wird hier von Aristoteles erweitert. Wenn also das Art-Element der Entscheidung etwas Rationales (eine Überlegung) ist, dann kann dieses Art-Element nochmals untersucht werden. Mehrere Möglichkeiten, was eine Überlegung ist, werden geprüft. Zunächst wird ausgeschlossen, über welche Dinge keine Überlegung (als Bestandteil einer Entscheidung) angestellt werden kann: (a) über die zeitlosen Dinge, (b) über Dinge mit unveränderlichen Abläufen, (c) über sich ständig ändernde Dinge. Die Überlegung bezieht sich also nur auf etwas, das in unserer Macht steht, und hier richtet sich die Überlegung nicht auf das Ziel, sondern auf die Mittel. Beispiel: Ein Arzt überlegt nicht, ob sein Ziel die Heilung von Kranken ist usw. Es gibt also selbstverständliche Ziele, die mit bestimmten Berufen und Situationen verbunden sind: Hier werden dann nur noch die Mittel (zum Ziel) mit Überlegung ausgewählt. Gibt es aber mehrere Mittel, dann das beste. Allerdings, kann man einwenden, dies sind Ziele aus dem *techne*-Bereich (dem Bereich des Herstellungswissens: z. B. Wie mache ich jemanden gesund?). Das *techne*-Wissen und das *techne*-Können ist zunächst ethisch ambivalent, d. h. es liegt eine Relation *ad aliquid* vor (eine *pros-ti*-Relation, vgl. *pros-hen*-Relation in II, 8), weil es sowohl für gute als auch für schlechte Zwecke eingesetzt werden kann. Erst bei einem konkreten Einsatz wird auch über die ethische Wertigkeit entschieden.

Wie steht es aber mit den Zielen aus dem ethischen Handlungsbereich? Die Medizin ist wie jede andere Einzelwissenschaft in ihrer Zielstruktur ethisch ambivalent, d. h. ein Sachwissen (*techne*) kann man zu guten und zu schlechten Zwecken verwenden, hier das Wissen des Arztes zur Heilung oder zur Tötung. Was Aristoteles hier von seinen Zuhörern als Einsicht erwartet und voraussetzt, ist die Akzeptanz, dass ein Arzt im eigentlichen Sinn mit seinem Wissen nur eine Heilung bezwecken kann, sonst ist er kein Arzt, sondern mehr ein Mörder. Auch bei den technischen Berufen muss also das Fachwissen parallel durch ein ethisches Wissen ergänzt werden, ja dieses muss dem Fachwissen vorausgehen. Das Ethische ist keine zusätzliche Kompetenz, die man zu den Handlungen dazu- oder wegnehmen kann, sondern es ist integraler Bestandteil jeder Handlung. Diese Zielsetzung ist bereits in den ethischen Tugenden enthalten: Wer also ethisch kompetent handelt, setzt sie immer schon voraus und braucht sich nicht dazu entscheiden.

Überlegen ist also ein Hin- und Her-Überlegen, d. h. eine Prüfung, ob die Mittel zum Ziel führen oder nicht. Insofern ist jede Überlegung ein Suchen, aber nicht jedes Suchen ist ein Überlegen. Was beim Überlegen sich als das letzte einstellt (das Gesuchte), ist beim Handeln das erste. Beispiel: Wenn ein Arzt im Hinblick auf das Ziel der Gesundheit seines Patienten hin und her überlegt, welche Medizin die Heilung bewirken könnte, dann ist es in der darauf beginnenden Therapie das erste. Zuerst muss man das Mittel (die Medizin) einsetzen, dann erst wird der Patient gesund (das Ziel ist erreicht).

Abschließende Definition der Entscheidung: Die Entscheidung ist ein überlegtes Streben nach etwas, was in unserer Macht steht. Entscheidungen haben Mittel (wörtlich: „das, was zum Ziel führt" [*ta pros to telos*]) zum Gegenstand. Entscheidungen gehören zum *Genus* des Freiwilligen.

NE III, 6 Der Wunsch

Wiederholung: Die Wünsche beziehen sich auf das Ziel, die Entscheidung (wozu die rationale Überlegung gehört) auf die Mittel.

Nun fragt Aristoteles, ob die Wünsche ein echtes oder nur ein scheinbares Gut als Ziel zum Gegenstand haben. Er gelangt zur Erkenntnis, dass das, was einem als Gut bzw. Ziel erscheint, vom Charakter abhängig ist, also von den ethischen Tugenden. Warum täuschen sich viele Menschen bezüglich des Gutes? Antwort des Aristoteles: Sie halten das Angenehme pauschal für etwas Gutes, das Unangenehme pauschal für etwas Schlechtes. Dies ist aber pauschal falsch.

NE III, 7 Wir sind für unsere Tugenden und Laster verantwortlich

Aristoteles stellt hier die Frage nach der Genese unserer Wünsche, also nach dem, was uns als Gut auf der Basis unseres Strebens erscheint. Darauf haben Sokrates und Platon geantwortet, dass jeder nach einem Gut strebt, niemals also wissentlich und willentlich das Schlechte subjektiv und mit voller Einsicht in das Schlechtsein der Entscheidung und der darauf folgenden Handlung anstrebt. Aristoteles kritisiert hier diese Auffassung, denn jeder Mensch ist sowohl Urheber seiner guten als auch seiner schlechten Taten wie er Erzeuger seiner leiblichen Kinder ist. Die Argumentation in diesem relativ langen Kapitel ist einheitlich: Der Mensch ist zunächst für seinen Charakter verantwortlich, aus dem heraus bestimmte Dinge als Gut oder als Übel erscheinen, woraus bestimmte Handlungen vollzogen werden. Da das Prinzip des Handelns im Menschen liegt, handelt er prinzipiell freiwillig und ist für seine Handlungen verantwortlich. Wie aber steht es mit „mildernden Umständen", wie wir heute sagen würden?

(1) Jeder Mensch weiß, so Aristoteles, dass man sich für Sportwettkämpfe dadurch fit macht, indem man immer wieder die gleichen Übungen durchführt. So ist es auch beim Charakter: Durch wiederholte Handlungen gleichen Typs wird man z. B. gerecht oder tapfer usw. Nur am Anfang einer solchen Entwicklung sind wir noch frei, sie zu beginnen oder zu unterlassen. Wenn wir aber lange Zeit so gehandelt haben, dann haben wir (wie die Sportler) einen Habitus bekommen, der gut oder schlecht sein kann. Deshalb ist jeder Mensch auch Urheber dessen, was ihm als Gut oder Übel erscheint. Auch für unsere körperlichen Krankheiten sind wir verantwortlich, wenn sie aus einem jahrelangen ungesunden Leben entstanden sind.

(2) In der Rechtspraxis gilt der Satz, dass Unwissenschaft nicht vor Strafe schütze, d. h. auf Unwissenschaft steht Strafe, wenn jemand an dieser Unwissenheit nicht unschuldig ist. Beispiel Trunkenheit: Wenn im Zustand der Trunkenheit eine Straftat begangen wird, so Aristoteles, so ist die Trunkenheit Ursache des Nichtwissens. Da aber das bewegende Prinzip beim Handelnden liegt, war es ihm freigestellt, sich zu betrinken oder nicht zu betrinken. Ähnliche Fälle: In Rechtsfragen mit einfachem Sachverhalt kann keine schuldfreie Unkenntnis behauptet werden, ebenso nicht bei Fahrlässigkeit.

(3) Es geht also nicht darum, dass jemand an einem bestimmten Tag schlecht disponiert ist (z. B. wegen des Wetters, wegen Kopfweh, aus Weltschmerz usw.) und deshalb falsch entscheidet und falsch handelt. Einmalige Einzelhandlungen sind für die Entwicklung des Charakters unbedeutend. Wichtig sind die (jahrelang) wiederholten Einzelhandlungen gleichen Typs, die den Charakter (die ethischen Tugenden) konstituieren. Ethische Tugenden entstehen durch Gewöhnung (*ethos*), sie sind also Gewöhnungstugenden. Lehrsatz: Eine ethische Tugend erwirbt man nicht von heute auf morgen, man verliert sie aber auch nicht von heute auf morgen.

NE III, 8 Zusammenfassung

(1) Die ethische Tugend im Allgemeinen:

  (a) Was ist sie? Definition: Sie ist (1) als Gattung (*Genus*) ein Habitus, (2) als Art (*Spezies*) eine Mitte.

  (b) Welche Leistung erbringt sie? Sie bringt wesensmäßig diejenigen Handlungen hervor, aus denen sie gebildet wurde. Beispiel: Die Tugend des Maßhaltens wird durch gelungene Verzichtleistungen im sinnlichen Bereich der körperlichen Begierden erworben, und sie hilft, wenn man sie hat, Verzichtleistungen auf diesem Gebiet eher problemlos durchzuführen.

  (c) Die ethischen Tugenden stehen in unserer Macht und sind etwas Freiwilliges.

  (d) Das Artmerkmal der Mitte wird durch einen Akt der Vernunft zu einer „richtigen" Mitte (d. h. eine Mitte für uns). Wichtig ist aber noch das Schickliche.

(2) Handlungen und ethische Tugenden (Charakter) sind freiwillig, aber nicht im gleichen Sinn:

  (a) Über unsere Handlungen sind wir Herr von Anfang bis zum Ende.

(b) Über unseren **Charakter** (das Insgesamt der ethischen Tugenden) sind wir Herr nur am Anfang, nicht mehr am Ende (wenn wir ihn haben). Wenn wir mit bestimmten Einzelhandlungen beginnen, baut sich für uns unmerklich ein Charakter auf, wie es **beispielsweise** langsamen körperlichen Verfall auf der Basis fortgesetzter falscher Lebensweise gibt. Weil es aber am Anfang der Entwicklung in unserer Macht stand, eine Handlung zu beginnen oder zu unterlassen, sind unsere ethischen Tugenden (Charaktertugenden) etwas Freiwilliges.

In den folgenden vier Abschnitten (NE III, 9–12) wird die ethische Tugend der Tapferkeit behandelt, in den daran anschließenden drei Kapiteln (NE III, 13–15) die ethische Tugend der Mäßigkeit (auch Besonnenheit genannt).

- Die **Tapferkeit** (*andreia*) betrifft die Auseinandersetzung mit dem Affekt der Furcht (*phobos*),
- die **Mäßigkeit** (*sophrosyne*) betrifft nicht die Auseinandersetzung mit einem Affekt, sondern mit einer bestimmten körperlichen Lust, und zwar der Begierde (*epithymia*). (Wolf 2002, 87 f.)

NE III, 9 Der Handlungsbereich der Tapferkeit

Tapferkeit (*andreía*) ist im Handlungsbereich der Furcht bzw. Angst (*phóbos*) als ethische Tugend eine Mitte (*mesotes*) zwischen Feigheit (*deilía*) und Verwegenheit (*thrasytes*). Aristoteles beschreibt hier die verschiedenen Erscheinungsformen eines Affekts, nämlich der Angst. Angst bzw. Furcht ist das „Vorgefühl drohenden Übels". Aber nicht jedes Übel ist zu fürchten, z. B. Armut und Krankheit, weil sie nichts mit charakterlicher Minderwertigkeit zu tun haben, denn fürchten im eigentlichen Sinn dürfe man nur das charakterliche Schlechtsein. Und deshalb darf im eigentlichen Sinn nach Aristoteles nur der im Kampf sein Leben einsetzende Mensch tapfer genannt werden, nicht aber einer, der z. B. nur aus Eitelkeit „tapfer" ist.

NE III, 10 Tapferkeit ist abhängig von den Handlungsumständen

Hier bestimmt Aristoteles die Tapferkeit unter Einbeziehung der Handlungsumstände: Tapfer ist, wer der Furcht trotzt, und zwar

(1) aus richtigem Anlass,
(2) in der richtigen Weise,
(3) zur richtigen Zeit.

Man muss also die Tapferkeit, wie jede ethische Tugend, (1) personen- und (2) situationsabhängig bestimmen. Diese Einschätzung ist eine Leistung des Verstandes. Der Sinn der Tapferkeit ist der Einsatz für ein wertvolles Ziel. Die Übersteigerungen der Tapferkeit sind oft auch begleitet von einem charakterlichen Mangel, z. B. imitieren solche Menschen die Tapferkeit nur und sind in Wirklichkeit Aufschneider, frech und feige in einer Person, also keine tapferen Menschen im Sinne eines charakterlichen Vorzugs.

NE III, 11 Fünf Arten von Tapferkeit im uneigentlichen Sinn

Welche Handlungen sind nach Aristoteles kein Zeichen von Tapferkeit? Seine Antwort: Beispielsweise den Tod suchen aus Liebeskummer, aus Armut oder sonst etwas Bedrückendem. Dies ist nicht tapfer, sondern feige. Sich den Härten des Lebens entziehen zu wollen ist Feigheit. Der rational geplante Suizid scheidet also für Aristoteles als ethisch akzepierte persönliche Entscheidung aus. Aristoteles listet nun fünf Arten von Tapferkeit im uneigentlichen Sinn auf. Nicht tapfer ist Folgendes:

(1) **Tapferkeit im Bürgerheer**: Ein Bürger im Militärdienst, der aus Zwang tapfer sein muss (auf Befehl eines Vorgesetzten), hat keine echte Tapferkeit. Er handelt ja nicht aus eigener Entscheidung, sondern fügt sich nur dem Befehl eines Vorgesetzten. Dies ist also mehr Gehorsam oder sonstiges.

(2) **Tapferkeit wegen eines Wissensvorsprungs**: In manchen Situationen des Lebens scheint eine Gefahr vorzuliegen, die aber in Wirklichkeit gar nicht vorliegt. Menschen mit praktischer Lebenserfahrung haben ein Fingerspitzengefühl für die Gefahrlosigkeit mancher Situationen und erscheinen deshalb den anderen gegenüber als tapfer, ohne es wirklich zu sein.

(3) **Tapferkeit aus Zorn**: Wilde Tiere stürzen sich auf Feinde, sie scheinen „tapfer" zu sein, ebenso Menschen, die sich aus einem Affekt des Zorns in eine Auseinandersetzung stürzen. Diese Verhaltensweisen sind allesamt nicht Ausdruck der ethischen Tugend der Tapferkeit, denn sie folgen primär (a) einem Affekt und nicht einer rationalen Überlegung und sind (b) nicht an einem wertvollen Ziel orientiert.

(4) **Tapferkeit des Optimisten**: Er hat oft Feinde besiegt und ist seinem Wesen nach ein leichtfüßiger Mensch, der scheinbar vor nichts Angst hat. Wenn aber wirkliche Gefahr droht, flieht er. Diese Art von Tapferkeit gleicht mehr derjenigen eines Betrunkenen in beschwingter Stimmung. Dieser Typ von „Tapferkeit" ist mehr eine Art von Unbekümmertheit.

(5) **Tapferkeit aus Unwissenheit**: Diese Menschen sind nur solange tapfer, wie sie glauben, im Vorteil zu sein. Sobald sie die tatsächliche Gefahrenlage erkannt haben, fliehen sie. Sie sind also deshalb „tapfer", weil sie die Gefahr, in der sie sich befinden, nicht kennen.

NE III, 12 Bezug der Tapferkeit auf Lust und Unlust

Die Tapferkeit ist teils mit Freuden (z. B. der Siegeskranz, die Ehre), teils mit Beschwerden (z. B. Schmerzen, Wunden) verbunden. Also kann die ethische Tugend der Tapferkeit nur bedingt mit Freude ausgeübt werden, so Aristoteles.

Die folgenden drei Abschnitte (NE III, 13–15) befassen sich mit der ethischen Tugend der Mäßigkeit (*sophrosyne*). Sie regelt weniger einen psychischen Affekt (wie die Tapferkeit den Affekt der Angst), sondern steuert eine körperliche Lust, die Begierde (*epithymía*).

NE III, 13 Bestimmung der Mäßigkeit

Die Mäßigkeit (*sophrosyne*)[19] ist als ethische Tugend eine Mitte im Bereich der Lustempfindungen. Es ist zu unterscheiden zwischen leiblichen und geistigen Lustemp-

---

[19] Dirlmeier und Gigon übersetzen *sophrosyne* mit Besonnenheit, Rolfes und Wolf mit Mäßigkeit.

findungen (z. B. Lernbegierde, Ehrliebe), wobei sich die hier zu behandelnde ethische Tugend der Mäßigkeit allein auf die körperlichen Lustempfindungen bezieht. Die körperlichen Lustempfindungen teilt Aristoteles ebenfalls in zwei Gruppen ein. Er unterscheidet bei den körperlichen Lüsten zwischen

- Lüsten der fünf Sinnesorgane (Auge, Ohr usw.), bei denen auch die Über- oder Untertreibung kein Laster darstellt, und
- bestimmten Lüsten beim Tasten und Schmecken, die er als Laster bezeichnet.

Der Bereich, den es hier durch eine Tugend zu regeln gilt, ist also nicht einfach ein Affekt im bisher beschriebenen Sinn, sondern die Begierde (*epithymía*), die sich aus der körperlichen Natur des Menschen ergibt. Zu seinen körperlichen Begierden, die er mit den Tieren physisch teilt, kann sich der Mensch auf zweierlei Weise verhalten, in geistiger oder in ungeistiger Weise.

(1) Zunächst zur ersten Gruppe, den **nicht lasterhaften Körperlüsten**.

Körperliche Lüste, die kein Laster sind (was sich daran zeigt, dass niemand eine Unter- oder Übertreibung tadelt), sind nach Aristoteles durch die folgenden körperlichen Organe repräsentiert:

    a) das Auge (z. B. Lust an Farben, an Zeichnungen),

    b) das Ohr (z. B. Lust am Hören schöner Musik, schöner Texte im Theater),

    c) der Geruchssinn (z. B. Rosenduft)

    d) der Tastsinn (z. B. Wohltat einer Sportmassage) usw.

Hier kann man den Begriff des Lasters der Unmäßigkeit (*akolasía*)[20] meist nicht anwenden, es sei denn, diese (harmlosen) Sinnesempfindungen dienen zur Imagination von stärkeren Genüssen, deren Befriedigung dann wie unter Zwang erstrebt wird. Positiv gesehen werden auch die sog. natürlichen Begierden (wie Nahrung), die einen Ausgleich dessen erstreben, was uns fehlt. Auch bei Lustempfindungen gilt wieder die Lehre von den Handlungsumständen: Man soll Objekt, Zeit, Ort, Art und Weise, Mittel, Absicht usw. richtig wählen in Bezug auf die Lustempfindungen. Auf diese Weise lassen sich die falschen von den richtigen Lustempfindungen trennen. In Bezug auf den Schmerz ist der Zuchtlose (Unmäßige) derjenige, der von Schmerz niedergedrückt wird, weil ihm eine Lust entgangen ist.

(2) Zweitens die **lasterhaften Lüste beim Tasten und Schmecken**.

Diese Lüste haben wir nicht insofern wir Menschen sind, sondern insofern wir Lebewesen sind, und diese Lüste teilen wir dann mit den Tieren. Aristoteles bezeichnet deshalb diese Lüste als besonders verabscheuungswürdig. Das Verhalten der Tiere, auf das Aristoteles hier relativ ausführlich eingeht, wird seiner Darstellung nach vor allem durch den Tast- und Geschmackssinn gesteuert. Für die Hunde sei nicht der Geruch des Hasen lustvoll, sondern der Verzehr, also das „Schmecken". Das Riechen des Hasen erfreut nicht den Hund, sondern weckt in ihm nur die Lust auf Nahrung. Der Geruch dient nur dazu, die Gegenwart des Beutetieres anzuzeigen. Tiere kennen also nur eine animalische Lustbefriedigung.

---

[20] Dirlmeier übersetzt *akolasia* mit Zuchtlosigkeit, Gigon mit Zügellosigkeit, Rolfes und Wolf mit Unmäßigkeit.

Der Mensch könne sich auch so verhalten und müsse deshalb bewusst davon Abstand nehmen. Auch bei der haptischen Lust einer Körperberührung sei zwischen einer medizinisch verordneten Sportmassage und dem Gegenteil zu unterscheiden.

Die Begierden kann man aber auch noch auf andere Weise zweiteilen, erstens in diejenigen, die allen Menschen gemeinsam sind und zweitens in diejenigen, die nur einzelnen Individuen zukommen. Die allgemeinen Begierden sind natürliche Begierden wie beispielsweise Essen, Trinken und Schlafen. Sie stellen eine Art Auffüllvorgang dar und verschwinden wieder, wenn der Mangel beseitigt ist. Die individualspezifischen Bedürfnisse sind zwar auch natürliche Bedürfnisse wie z. B. Fortplatzung, aber hier gibt es nicht die einfache Sättigung, sondern hier kann es ein Übermaß geben. Außerdem kann es bei diesen körperlichen Begierden nicht nur ein Übermaß geben (ein Zuwenig kommt hier selten vor, so Aristoteles), sondern es gibt vielerlei Verfehlungen aufgrund der möglichen Handlungsumstände (z. B. überhaupt das Falsche begehren, es auf falsche Weise genießen usw.).

NE III, 14   Fortsetzung der Mäßigkeit

Der in der Lust Unmäßige leidet nicht erst darunter, dass ihm eine Lust entgangen ist, sondern er leidet bereits aufgrund des bloßen Begehrens, denn jedes Begehren ist mit Schmerz verbunden (man hat das begehrte Objekt ja noch nicht). Dagegen kommen Leute, bei denen das Lustbedürfnis sehr schwach ist, in der Realität kaum vor, denn eine solche Stumpfheit der Sinne ist nicht menschlich, ja sie ist nicht einmal animalisch, denn selbst Tiere kennen Qualitätsunterschiede beim Futter, so Aristoteles. Der maßvolle Mensch meidet aber nicht nur den Mangel und das Übermaß, sondern er strebt nur nach guten Dingen und beachtet dabei die Handlungsumstände so, wie es dem rechten Vernunftgebrauch (*orthos logos*) entspricht. Das bedeutet: Er kann Entscheidungen situativ richtig einschätzen, er besitzt Realitätssinn und Lebenserfahrung.

NE III, 15   Zwei Laster im Vergleich: Unmäßigkeit und Feigheit

Im Bereich der Lust ist die Mäßigkeit (*sophrosýne*) die Tugend, das Laster dagegen ist die Unmäßigkeit (*akolasía*)[21]. Hier in NE III, 15 beschreibt Aristoteles zwei Laster: erstens aus dem Bereich der Lust das Laster der Unmäßigkeit (*akolasía*), und zweitens aus dem Bereich der Furcht (*phóbos*) das Laster der Feigheit (*deilía*) in ihrer Genese und in ihrer Erscheinungsform.

Er differenziert dabei erstens zwischen dem Laster im Allgemeinen und zweitens in den konkreten Einzelhandlungen und er fragt, ob sie mehr zur Freiwilligkeit gehören oder mehr zur Unfreiwilligkeit. Zunächst zur Unterscheidung der beiden Laster im Bereich der Lust (die Unmäßigkeit) und der Furcht (Feigheit).

(1) Die Unmäßigkeit

Genese: Die Unmäßigkeit (*akolasía*) ist bezüglich der Art der seelischen Bewegung ein Streben zu etwas hin, und zwar in Richtung Lust. Da Lust subjektiv ein positives Ziel ist, steigert es die Freiwilligkeit, und auch die Gewöhnung daran erfolgt leicht. Außerdem gibt es viele Gelegenheiten zur Unmäßigkeit.

---

[21] Dirlmeier übersetzt mit Zuchtlosigkeit, Gigon mit Zügellosigkeit, Rolfes und Wolf mit Unmäßigkeit.

Im Allgemeinen: Niemand erstrebt sie allgemein bejahend, man verteidigt sie auch nicht in Diskussionen, denn von dieser abstrakten Unmäßigkeit profitiert niemand.

In Einzelhandlungen: Hier tritt die sie begleitende Lust auf und lässt den Handelnden leichter zustimmen, denn hier kann man sie direkt erleben, spüren und evtl. genießen. Dies ist auch der Bereich der Ethik im Sinne von Entscheidungen, die getroffen werden müssen.

(2) Die Feigheit

Genese: Die Feigheit (*deilía*) dagegen ist der Art ihrer seelischen Bewegung nach ein Fliehen von etwas weg, und zwar eine Flucht vor der Unlust. Da die Unlust (auch der Schmerz) diejenige Natur beeinträchtigt, die mit ihr verbunden ist, so ist die Feigheit eher unfreiwillig, und eine Gewöhnung daran fällt deshalb auch schwerer als bei der Unmäßigkeit. Im Vergleich zur Unmäßigkeit in der Lust gibt es im Leben eher seltener Gelegenheit zur Flucht vor der Unlust.

Im Allgemeinen: Hier ist sie ohne Unlustgefühle (d. h. in jenem Fall, wenn man nur darüber spricht, d. h. sie nicht erlebt).

In Einzelhandlungen: Hier treten die Unlustgefühle spürbar zutage und beeinflussen den Handlungsentschluss. Sie bringen den Menschen z. B. so durcheinander, dass er sogar die Waffen wegwirft und sich unschicklich benimmt, so Aristoteles. Dies aber tut eigentlich niemand freiwillig.

Aristoteles überträgt nun den Ausdruck Unmäßigkeit (*akolasía*) auf Fragen der richtigen Kindererziehung, denn *a-kólastos* bedeutet „nicht gezüchtigt". (Dirlmeier 1983, 353) Es geht hier also um die ungezogenen Kinder. Gezüchtigt werden muss aber nach Aristoteles dasjenige, was nach dem Schändlichen (*aischros*) strebt und immer stärker wird, wenn man nicht gegensteuert. Das Streben der Kinder ist nach dem Angenehmen stark ausgeprägt, die Vernunft ist aber noch schwach. Ein solches Streben nach dem Angenehmen ist sowohl wahllos als auch unersättlich. Diese sich so ausbreitenden Begierden vertreiben nun die Überlegung (*logismos*), d. h. die Begierden können sich nun ungebremst entwickeln. Damit dies nicht eintritt, müssen die Begierden einerseits gering an Zahl sein, andererseits mäßig in ihrer Stärke, d. h. sie dürfen der Vernunft nicht überlegen sein. Aristoteles erläutert dies mit Hilfe einer Analogie: So wie sich der begehrende Teil im Menschen der Vernunft unterordnen muss, so das Kind der Anordnung des Erziehers. Beide haben als Ziel das Angemessene und Edle, und der maßvolle Mensch richtet sich in seinen Entscheidungen nach der richtigen Planung (*orthos logos*), was Folgendes bedeutet:

- er begehrt nur Dinge, die man begehren soll, und
- er begehrt nur, wie man begehren soll, und
- er begehrt nur wann man begehren soll usw., also so, wie es die Vernunft ordnet und anordnet (also mit Bezug zu den Handlungsumständen).

Damit hat Aristoteles sein Schema der Handlungsumstände von NE III wieder erreicht. Der maßvoll-besonnene Mensch begehrt nur das richtige Ziel, in der richtigen Weise und zur richtigen Zeit. Wann aber sind diese Umstände „richtig" gewählt? Die Antwort liegt im Begriff der richtigen Planung (*orthos logos,* lat. *recta ratio*). Das bedeutet etwas

Zweifaches: Man muss auf den Zielpunkt (*skopos*) blicken, also auf das Glück, und man muss das Kriterium (*horos*) im Bereich der ethischen Tugenden für richtige Entscheidungen anwenden, d. h. die Fähigkeit, weder nach dem Zuviel noch nach dem Zuwenig zu streben (je nachdem, wo die positiven Seiten der Handlung liegen). Das aber kann der maßvoll-besonnene Mensch. (s. NE, 1; 1; NE II, 9; NE X, 8)

2.2.4 Buch IV: Einzelne ethische Tugenden

NE	Bereich		Zuwenig: Schlechtigkeit	Mitte: Ethische Tugend	Zuviel: Schlechtigkeit
III, 9–12	Mut		Feigheit	Tapferkeit (*andreia*)	Tollkühnheit
III, 13–15	Lust		Stumpfsinn	Mäßigkeit (*sophrosyne*)	Unmäßigkeit
IV, 1–3	Geld	im Großen	Kleinlichkeit	Großzügigkeit (*megaloprepeia*)	Protzerei
IV, 4–6		im Kleinen	Geiz	Freigebigkeit (*eleutheriotes*)	Verschwendung
IV, 7–9	Ehre	im Großen	Kleinmütigkeit	Hochsinnigkeit (*megalopsychia*)	Eitelkeit
IV, 10		im Kleinen	Ehrgeizlosigkeit	(Ohne Namen)	Ehrgeizigkeit
IV, 11	Zorn		Schwächlichkeit	Sanftmut* (*praotes*)	Jähzornigkeit
IV, 12	Soziales	allgemein	Mürrisches Verhalten	Freundlichkeit* (*philia*)	Schmeichelei
IV, 13		Ehrlichkeit	Geheuchelte Bescheidenheit, gespielte Unwissenheit (Ironie)	Wahrhaftigkeit* (*aletheia*)	Angeberei
IV, 14		Spaßhaft, gesellig	Ungehobeltheit	Gewandtheit (*eutrapelia*)	Possenreißerei
IV, 15	Keine Tugend, da nicht auf Entscheidung bezogen, sondern ein Affekt.		Schüchternheit	Scham (*aidos*)	Unverschämtheit
V, 1–15	Alle Lebenssituationen		(Zu wenig im Geben)	Gerechtigkeit (*dikaiosyne*)	(Zuviel im Nehmen)

* Nach Aristoteles eigentlich ohne Namen; als Ersatz wurden deshalb ähnliche Bezeichnungen angegeben, wie sie auch bei Aristoteles vorkommen.

In Buch IV, 1–15 behandelt also Aristoteles fünf weitere ethische Einzeltugenden, die er in NE II, 7 im Überblick bereits charakterisiert hat sowie zwei tugendähnliche Charaktereigenschaften. In der vorausgegangenen Tabelle werden die einzelnen ethischen Tugenden aufgelistet. Da die deutschen Übersetzungen der griechischen Ausdrücke leicht von einander abweichen, wurde auch der griechische Fachbegriff für die ethische Tugend genannt, um die Orientierung zu erleichtern. [22]

---

[22] Ausführliche Listen mit den griechischen Begriffen und den jeweiligen deutschen Entsprechungen aus den derzeit vorliegenden vier Übersetzungen der Nikomachischen Ethik von Dirlmeier, Gigon, Rolfes und Wolf sind zu finden bei Wolf, 2002, 79 f. und 257–268, sowie Wolf 2006, 357 f.

Für die folgenden ethischen Tugenden gilt allgemein, dass ihre Richtigkeit von zwei Bedingungen abhängig ist: Sie müssen erstens (1) eine Mitte [für uns] sein, und zweitens (2) müssen sie entsprechend den passenden Situationen (Lehre von den Handlungsumständen aus NE III) gezeigt werden. B e i s p i e l : Freigebig sein, wann, wie, wo, wem gegenüber, in welcher Absicht usw. es sich ziemt.

Die einzelnen Tugenden innerhalb dieses Schemas werden von Aristoteles differenziert dargestellt, wie dies bereits ausführlich bei den Tugenden der Tapferkeit und der Mäßigkeit (Besonnenheit) geschehen ist. Diese Ausdifferenzierungen erfolgen nun entsprechend dem jeweiligen Sachbereich und dem damit angesprochenen Affekt.

NE IV, 1 Die Freigebigkeit

Die Freigebigkeit (*eleutheriotes*) betrifft als ethische Tugend das Verhältnis zum Geld im Kleinen. (Die ethische Tugend im Verhältnis zum Geld im Großen nennt Aristoteles in NE VI, 4–6 die Großzügigkeit, *megaloprepeia*.) Die Freigebigkeit steht als ethische Tugend in der Mitte zwischen den beiden falschen Einstellungen, der ersten und zweiten Schlechtigkeit (*kakia*), dem Geiz und der Verschwendung. Der Geizige ist nach Aristoteles derjenige Mensch, der sich um sein Vermögen mehr kümmert als er sollte. Der Verschwender ist auch zugleich der Unmäßige und der Unbeherrschte, also ein Mensch, der gleich mehrere Laster in sich vereint. Der Verschwender ist für Aristoteles derjenige, der durch sich selbst zugrunde geht.

Nun greift Aristoteles das Unterscheidungsschema von Besitzen und Gebrauchen auf. Wenn man etwas besitzt, bedeutet es noch lange nicht, dass man davon einen vernünftigen Gebrauch machen kann. Zum guten Gebrauchen von irgend etwas gehört aber als Voraussetzung die entsprechende Tüchtigkeit (Tugend, *arete*). Nun gehört das Geld zu den Dingen, die zum Gebrauch vorhanden sind. Dabei qualifiziert er das Geben als höherwertig im Verhältnis zum Nehmen, denn es ist Sache der Tugend, Gutes zu tun (Bereich Gebrauchen), denn das Nehmen gehört zum Bereich des Besitzens. Aristoteles differenziert nun verschiedene mögliche Verhaltensweisen:

- Lob und Dank gehören dem Gebenden, nicht dem Nehmenden.
- Es ist schwieriger zu geben als zu nehmen.
- Die etwas nicht Nehmenden werden aber u. U. für ihre Gerechtigkeit gelobt.
- Die Freigebigen werden wegen dieser Tugend gelobt, denn ihre Tugend ist nützlich; deren Nützlichkeit liegt nach Aristoteles im Guten, das sie herbeiführen, begründet.

NE IV, 2 Der freigebige Mensch

Der Freigebige gibt nicht einfach unüberlegt, sondern unter Berücksichtigung der vorliegenden Handlungsumstände, also *wem* er geben soll, *wie viel* er geben soll, *wann* er geben soll usw. Dieses Geben zeigt sich aber erst dann als ethische Tugend, wenn es dem Freigebigen auch Freude macht, denn dieser Aspekt der Freude beim Ausüben einer ethischen Tugend qualifiziert erst eine Handlung als tugendhaft. Zumindest soll die Freigebigkeit ohne Bedauern erfolgen. Als freigebig wird man außerdem nur diejenige Person bezeichnen, die um des Werthaften willen gibt und nicht aus anderen Gründen. Da es zu seinem Wesensmerkmal gehört, dem Geld keine allzu große Bedeutung beizu-

messen, wird er auch nicht leichtfertig etwas annehmen. Im einzelnen gehören zum Freigebigen nach Aristoteles folgende Eigenschaften:
- Er bittet nicht leicht um etwas.
- Er wird nur von seinem eigenen Vermögen dasjenige nehmen, womit er freigebig ist.
- Er wird deshalb auch seinen eigenen Besitz nicht vernachlässigen, denn dieser ist die Quelle seiner Freigebigkeit.
- Das Prädikat „Freigebigkeit" vergibt man nicht starr nach der Menge des Geldes, sondern in Relation zum vorhandenen Vermögen.
- Da die Menschen in der Regel dasjenige lieben, was sie durch Mühsal und Arbeit selbst geschaffen haben, werden mehr diejenigen freigebig sein, die ihr Vermögen ererbt haben.
- Die Freigebigkeit ist nach dem bisher Gesagten also eine Mitte (*mesotes*) sowohl im Geben als auch im Nehmen. Dabei sind stets die Handlungsumstände (wem, wann, wie usw.) zu berücksichtigen.

NE IV, 3 Die Laster im Umgang mit dem Geld im Kleinen

Aristoteles stellt hier zwei menschliche Fehlformen im Umgang mit dem Geld dar, den Verschwender und den Geizigen. Beide sind jeweils durch ein Zuviel und ein Zuwenig gekennzeichnet, aber beide vereinen das Zuviel und das Zuwenig auf charakteristische Weise in ihrer Person, wie die folgende Übersicht zeigt.

(1) Der Verschwender: Dieser wird charakterisiert einerseits sowohl durch ein Zuviel an Geben als auch an Nichtnehmen, andererseits durch ein Zuwenig an Nehmen.

(1.1) Der „normale" Verschwender ist ein Privatmann, der mit vollen Händen ausgibt. Er wird auf zweierlei Weise von dieser Einstellung abkommen: Erstens wenn ihm sein Geld ausgeht und zweitens wenn er älter wird (dann wird er meist geizig). Dieser Verschwender kann sich aber zum Typ des – ethisch positiven – Freigebigen ändern, wenn er gibt und nimmt, wann, wie und wo es angebracht ist (Lehre von den Handlungsumständen). Der Geiz kann aber zum Verschwender schon prinzipiell gehören, und zwar auf folgende Weise.

(1.2) Der Verschwender ist zugleich ein Geiziger: Um mit vollen Händen ausgeben zu können, muss er als Voraussetzung dafür sein Geld zusammenhalten, d. h. in der Regel auf bestimmten Gebieten geizig sein. Meistens versucht er auch das Geld aus verschiedenen Quellen zu bekommen, deren Seriosität ihm egal ist. Er macht von seiner Geldverschwendung auch keinen tugendhaften Gebrauch, sondern gibt es am liebsten Personen, die ihm schmeicheln, und nicht denen, die arm und bedürftig sind. Der Verschwender liebt die zügellose Lebensführung und jagt jedem Vergnügen nach. Er hat also noch das Laster der Unmäßigkeit.

(2) Der Geizige: Dieser kommt, wie auch andere Charaktereigenschaften, in vielen Formen vor, vor allem aber in zwei Formen: (2.1) dem Mangel im Geben und (2.2) dem Übermaß im Nehmen.

(2.1) **Geiz als Zuwenig im Geben**: Dieser Geizige hält sein Geld zusammen, wünscht aber auch nichts zu empfangen, er hat kein Verlangen nach dem Geld anderer. Dieser kommt wieder in zwei Unterformen vor:

(2.1.1) Er ist geizig, weil er im späteren Lebensalter von niemandem abhängig sein will. Dies ist der sog. Kümmelspalter. Er sitzt auf seinem Geld.

(2.1.2) Er ist geizig, weil er Angst hat, dass wenn er nach Gewinn (dem Geld anderer) strebt, diese vielleicht ihrerseits Verlangen nach seinem Geld haben könnten. Deshalb gibt und nimmt er nichts. Er lebt im Verborgenen.

(2.2) **Geiz als Zuviel im Nehmen**: Hier unterscheidet Aristoteles wieder zwei Typen von Geizigen:

(2.2.1) Er ist geizig in einem gerade noch tolerierten Randbereich der Gesellschaft. Typen hierzu sind der Bordellwirt, der Zinsverleiher mit Wucherzinsen und alle, die ein „schmutziges Gewerbe" ausüben. Gemeinsam ist ihnen, dass sie aus unrechten Quellen nach einem ungebührlich hohen Gewinn streben. Man könnte sie die Raffgierigen nennen.

(2.2.2) Er ist geizig in einem kriminellen Bereich der Gesellschaft: der Taschendieb, der Falschspieler und der Räuber. Gemeinsam ist ihnen, dass sie sich in Gefahren begeben, Schimpf und Schande auf sich nehmen und die eigenen Freunde betrügen (der Falschspieler), nur um einen „schmutzigen Gewinn" zu erzielen. Diese gehören, wie Aristoteles sagt, zum Typ der Erbärmlich-Knausrigen.

Als Charaktertyp des Geizigen ist also nach Aristoteles hier (1) der Raffgierige vom (2) Erbärmlich-Knausrigen zu unterscheiden. (Eine andere, aber daran orientierte Darstellung des Geizigen gibt Kant.)

NE IV, 4   Die Großzügigkeit und der Maßstab der Schicklichkeit (*prepon*)

Aristoteles führt hier über den Begriff der Großzügigkeit bzw. Großgeartetheit (*megaloprépeia*) den Begriff des „Schicklichen bzw. Geziemenden" (*prepon*) ein. Die Großgeartetheit ist eine ethische Tugend, die mittels Geldaufwand Größe hervorbringt bzw. erscheinen lässt. Hier thematisiert Aristoteles exemplarisch ein Problem bei der „mechanischen" Anwendung des Schemas von Zuviel und Zuwenig am Maßstab der „Größe": Kann es hier ein Zuviel und ein Zuwenig geben? Eigentlich nicht, denn die Größe verlangt eben keine Einschränkung nach unten. Trotzdem zeigt sich hier ein Problem bei der Bestimmung des rechten Maßes, das Aristoteles nicht unter dem Begriff der Mitte (*mesotes*), sondern dem der Schicklichkeit (*prepon*) behandelt: Es gibt eine falsche Größe und eine schickliche Größe. Letztere besteht darin, die Proportionen beispielsweise beim Geldaufwand zu beachten. Das Geziemende bzw. Schickliche ist also ein Maßstab und als solcher ein Relationsbegriff, der sich nach Aristoteles auf dreierlei bezieht: (1) auf die Person(en), (2) auf die Gelegenheit, (3) auf das Objekt.

Vor allem müsse eine Harmonie zwischen den drei Relata bestehen. Das Geziemende, Schickliche (*prepon*) besteht darin, dass die richtigen „Größenverhältnisse" insgesamt gewahrt bleiben, d. h. bei kleinlichen Objekten ist ein großer Geldaufwand „ungeziemend". Das „Geziemende" (*prepon*) wahrt also die „Schönheit" der Proportionen, die Harmonie des Ganzen. Das *Prepon* erfüllt innerhalb des Entscheidungsvorgangs eine wichtige Funktion: Während die *Mesotes* nur festlegt, dass eine „Mitte für uns" gewählt werden soll, präzisiert das *Prepon* diese Entscheidung durch drei Bezugspunkte: (1) Person, (2) Gelegenheit und (3) Objekt und bestimmt (wiederum nur umrisshaft), dass insgesamt eine „harmonische Ordnung" zwischen den drei Bezugspunkten hergestellt werden soll.

Aristoteles erläutert seine Auffassung über das Geziemende, das Schickliche, an einem Beispiel: Der Aufschneider will den großen Mann spielen und macht aus einem einfachen Geschäftsessen eine Hochzeitsfeier und vergisst darüber das Maß, das Schickliche. Und das passiert ihm deshalb, weil er nicht das maßvoll Schöne (*kalon*) im Auge hat, sondern mit seinem Reichtum protzen will, weil er sich selbst mit seiner unangemessen hohen Ausgabe in den Augen anderer erhöhen möchte.

Bei Cicero spielt in seinem Werk „De officiis" der Begriff des Geziemenden, des Schicklichen (er übersetzt gr. *prepon* mit lat. *decorum*) eine wichtige Rolle (siehe unter Cicero). Das *decorum* hat dort die Funktion, die Variablen einer Handlung auf das Ehrenhafte (*honestum*) auszuwählen und so die richtige Handlung (*officium*) zu gewährleisten. Insgesamt dient es bei Cicero auch dazu, die Harmonie einer Handlung, verstanden als die richtige Proportionalität aller Elemente, sicherzustellen. Bei Cicero dient beispielsweise der Begriff des *decorums* („De officiis", Buch III) dazu, die Größe einer privaten Villa zu bestimmten. Wann ist ein Haus zu groß oder zu klein? Seine Antwort wird lauten, dass es sowohl zum Besitzer passen muss (seiner sozialen Stellung usw.) als auch, dass die einzelnen Teile des Gebäudes zu einem harmonischen Ganzen sich fügen müssen (wie wir dies auch von großen öffentlichen Bauten heute fordern). Diktatoren haben häufig Gebäude errichten lassen, die in ihren überzogenen Dimensionen gegen das *decorum* verstießen.

NE IV, 6 Die Laster im Umgang mit dem Geld im Großen

Die beiden Laster sind auch hier wieder das Zuviel (Übertreibung) und das Zuwenig (Untertreibung) im Verhältnis zur vernünftigen Mitte (*mesotes*). Vernünftig ist eine Mitte dann, wenn sie gemäß den vorliegenden Handlungsumständen gebildet wurde, wozu auch die handelnde Person mit ihren Fähigkeiten usw. gehört. Zum Bereich des Übertreibens gehört beispielsweise, dass man auf geschmacklose Weise mit seinem Vermögen protzt, nur um angeben zu können. Dabei fehlt dem Prunksüchtigen der Maßstab, (das Schickliche = *prepon*), so dass er viel gibt, wo wenig angebracht gewesen wäre, und wenig gibt, wo viel zu geben notwendig gewesen wäre.

Das schlechte Gegenteil ist die Kleinlichkeit (*mikroprepeia*), die darin besteht, dass er nach den großen Ausgaben alles wegen einer unterlassenen Kleinigkeit, und zwar aus Knausrigkeit, verdirbt. Dieses Laster bringt aber keine Schande, weil sie weder unanständig noch sozial schädlich ist, eher nur lächerlich.

NE IV, 7 Der Stolz als Hochsinnigkeit

Aristoteles setzt hier seine Differenzierungen in der Reihe menschlicher Charaktere fort. Der Stolz als Hochsinnigkeit hat es auch wieder mit den großen Dingen (*megalon*) zu

tun, und seine Einstellung wird deshalb *megalopsychia* genannt.[23] Im einzelnen charakterisieren den Hochsinnig-Stolzen folgende Eigenschaften:
- Der Hochsinnig-Stolze hält sich zu recht für große Dinge fähig.
- Wer sich zu recht nur kleiner Dinge für fähig hält, ist nicht stolz, sondern maßvoll.

Die beiden nun beschriebenen Einstellungen zeigen entweder einen Mangel oder ein Übermaß:
- Wer sich zu unrecht großer Dinge für fähig hält, ist eitel.
- Wer sich zu unrecht nur kleiner Dinge für fähig hält, ist kleinmütig (*mikropsychos*).

Der Hochsinnig-Stolze strebt bei den äußeren Gütern nach dem wertvollsten, und dies ist nach Aristoteles die Ehre (*time*), und er verhält sich so, wie man soll (d. h. er berücksichtigt alle relevanten Handlungsumstände auf geziemende Art und Weise); der Eitle und der Kleinmütige tun dies nicht. Der Hochinnig-Stolze strebt also zu Recht nach der Ehre (*time*) und meidet zu Recht die Unehre (*atimia*), d. h. er kennt sich darin aus und hat deshalb ein richtiges Urteilsvermögen. Ehre verdient deshalb nur der gute Mensch, der Tugendhafte.

NE IV, 8 Der Hochsinnig-Stolze

Zum Hochsinnig-Stolzen gehören nach Aristoteles folgende weitere Eigenschaften, wie die folgende Aufzählung zeigt.
- Zwar scheinen Glücksgüter wie vornehme Herkunft, Besitz und Einfluss die Menschen für Ehren zu qualifizierten, in Wirklichkeit hängen sie von der Tugend ab.
- Diejenigen, die ohne Tugenden geehrt werden, werden leicht übermütig, weil man das Glück ohne tugendhafte Gesinnung gar nicht ertragen kann. Sie wollen es dem Tugendhaft-Stolzen gleichtun, imitieren ihn aber nur.
- Der Hochsinnig-Stolze bringt sich nicht wegen unbedeutender Dinge in Gefahr, sondern nur für Großes und schont dabei selbst sein Leben nicht.
- Er scheut sich auch nicht, die Wahrheit auszusprechen, denn nur der Furchtsame versteckt sich. Vor der Menge allerdings spricht er gerne auch ironisch, d. h. er liebt, positiv gesprochen, das Understatement, weil er kein Angeber sein möchte.
- Er beschäftigt sich nicht mit Vielerlei, sondern nur mit Wichtigem. (Später als lateinischer Grundsatz: *Non multa, sed multum*).
- Er ist diskret, achtet auf langsame und geziemende Bewegungen und verwendet eine gehobene Sprache.

NE IV, 9   Die Laster im Umgang mit der Ehre im Goßen

Aristoteles setzt hier seine Unterscheidungen bezüglich von Handlungen, die ihren Ursprung in bestimmten Charaktereigenschaften haben, fort. Diejenigen, die beim Umgang

---

[23] Dirlmeier übersetzt *megalopsychia* mit Hochsinnigkeit, ebenso Rolfes; Gigon übersetzt mit Großgesinntheit und Wolf mit Stolz. Ich habe die Doppelbezeichnung Hochsinnig-Stolzer gewählt, um die heute mitschwingenden Nuancen ausdrücken zu können: Hochsinnigkeit allein entspricht nicht dem heutigen Sprachgebrauch, Stolz allein könnte negative Assoziationen hervorrufen.

mit großer Ehre zuwenig Tüchtigkeit zeigen, sind kleinmütig-ängstlich (*mikropsychos*), diejenigen, die es übertreiben sind eitel (*chaunos*)[24]. Worin liegt die Ursache für diese beiden falschen Lebenseinstellungen?

Der Kleinmütig-Ängstliche ist nach Aristoteles nicht einfältig, sondern er hat zu wenig Selbstvertrauen, obwohl er u. U. großer Dinge fähig wäre. Diese Menschen kennen sich also selbst nicht richtig und trauen sich deshalb zu wenig zu. So unterlassen sie auch wichtige Handlungen, die notwendig wären, in der irrigen Meinung, sie könnten es nicht. Darum gelten sie auch in den Augen anderer Menschen weniger, als sie eigentlich wert sind.

Die Prahlerisch-Eitlen dagegen sind dumm, kennen sich aber selbst auch nicht richtig, wie die Kleinmütig-Ängstlichen.

Welche der beiden falschen Einstellungen ist nun die schlimmere? Für Aristoteles ist es die kleinmütige Ängstlichkeit, denn sie ist schlechter und kommt auch häufiger vor als die prahlerische Eitelkeit.

NE IV, 10   Der nach kleinen Ehren strebende Mensch

Wie man beim Geld zwischen einem Umgang im großen oder kleinen Stil unterscheiden kann, so auch bei der Ehre (*time*). Außerdem kann man es in beiden Fällen wieder über- oder untertreiben, so dass als einzige richtige Einstellung wieder nur die Mitte übrig bleibt. Diese beiden Extreme sind hier der Ehrgeizige (*philotimos*) und der Nichtehrgeizige (*aphilotimos*). Die Ausdrücke ehrgeizig bzw. nicht ehrgeizig können aber sowohl lobend als auch tadelnd verwendet werden, weswegen es für die Mitte keinen eigentlich geeigneten Ausdruck gibt.

NE IV, 11   Die Sanftmut

Die Mitte in diesem Affekt-Bereich des Zorns (*orge*) hat eigentlich keine Bezeichnung, am besten passt aber nach Aristoteles der Ausdruck *praotes*[25], Sanftmut. Gelobt wird man nämlich in diesem Bereich dann, wenn man die Handlungsumstände beachtet, also nur zürnt, worüber man soll, wem man zürnen soll, ferner, wie, wann und wie lange man zürnen soll. Als sanftmütig wird also derjenige Mensch bezeichnet, der nur rational überlegt zürnt, d. h. nicht einfach aus dem Affekt heraus. In der Regel neigt man aber hier eher zum Zuwenig als zum Zuviel. Im Bereich des Zorns werden von Aristoteles nun verschiedene Menschentypen beschrieben.

Das Zuwenig beim Zürnen kann als Zornlosigkeit oder Phlegma bezeichnet werden und verrät knechtisch-sklavischen Sinn. Das Zuviel beim Zürnen kommt in allen Teilaspekten der Handlungsumstände (wem, wann, wie, wie lange man usw. zürnen bzw. nicht zürnen soll) vor, aber nicht im selben Menschen, denn die Schlechtigkeit schädigt sich selbst und wird in ihrer Steigerung unerträglich. Im Einzelnen sind beim Übermaß an Zorn folgende vier Menschentypen zu unterscheiden:

---

[24] eigentlich: Aufgeblasener; so übersetzt Rolfes; Wolf übersetzt mit Eitler, Gigon mit Prahler, Dirlmeier mit Dummstolzer.

[25] Gigon, Rolfes und Wolf übersetzen mit Sanftmut, Dirlmeier mit vornehmer Ruhe.

Der Erzürnbare (*orgilos*) gerät rasch in falschen Zorn, beruhigt sich aber auch ebenso rasch wieder.

Der Cholerische (*akrocholos*) gerät über alles rasch in Zorn und ist dabei maßlos.

Der Bittere (*pikros*) frisst seinen Zorn in sich hinein und lässt ihn nach außen nicht erscheinen. Deshalb kann man ihn auch nicht milde stimmen, weil niemand von diesem inneren Zorn weiß. Erst wenn er Rache nehmen durfte, die er als Lust erlebt, verraucht sein Zorn. Er ist für sich selbst und denjenigen, die ihm nahe stehen, ein Problem.

Der Bösartige (*chalepos*) zürnt ungerechtfertiger Weise, und zwar heftig und lang, und er lässt sich ohne vollzogene Rache oder Strafe nicht mehr beruhigen.

Was ist nun das eigentliche Gegenteil zur Sanftmut, das Zuviel oder das Zuwenig an Zorn, fragt Aristoteles, und er bestimmt es als ein Zuviel an Zorn, weil dies erstens häufiger vorkommt und zweitens charakterlich schlimmer ist. Aristoteles stellt nun fest, dass es gerade im Bereich des Zorns besonders schwierig ist festzustellen, wo die vernünftige Mitte liegt, denn diese ist von den Handlungsumständen abhängig, die gerade hier schwer richtig einzuschätzen sind, weil es auch noch auf die richtige Wahrnehmung dieser Umstände ankommt. Aristoteles stellt nun fest:

- Manchmal lobt man die Zornlosen (diejenigen mit einem Zuwenig an Zorn) und nennt sie mit dem Ausdruck für die Mitte „Sanftmütige",
- manchmal lobt man die leicht Erzürnbaren (diejenigen mit einem Zuviel an Zorn) und nennt sie „durchsetzungsfähig", „männlich" und dergleichen mehr.

NE IV, 12   Die Freundlichkeit

Im Bereich des menschlichen Zusammenlebens gibt es auch zwei Fehlformen:

- Erstens die ständig harmoniebedürftigen Menschen, die keinem widersprechen, und
- zweitens die ständig opponierenden Menschen, die sich überall quer legen.

Daraus wird schon ersichtlich, dass auch hier die Mitte lobenswert ist, obwohl auch sie keinen Namen hat, wie Aristoteles bemerkt. Am meisten Ähnlichkeit hat sie mit der Freundschaft (*philia*). Aber der Ausdruck Freundschaft enthält ein emotionales Element wie Lieben, das bei der nun beschriebenen Verhaltensweise im geselligen Umgang miteinander nicht vorkommt, weswegen Freundschaft nur eine ungefähre Beschreibung ist; man könnte ersatzweise von Freundlichkeit sprechen. Im geselligen Umgang miteinander kommen Bekannte und Unbekannte vor, und das richtige Verhalten in diesem Kreis muss dies berücksichtigen. Auch hier ist es wie beim Zorn wieder schwer, das richtige Verhalten ein für alle mal festzulegen und zu beschreiben. Allgemein gilt aber auch hier wieder die Einsicht, dass man sich so verhalten soll, wie es in diesem Kontext vernünftig ist. Im Einzelnen ist folgendes zu unterscheiden:

- Wenn es in diesem geselligen Kontakt um sittlich Schönes (*kalon*) und Zuträgliches (*sympheron*) geht, wird man versuchen, niemanden zu kränken, sondern an der allgemeinen Fröhlichkeit teilzunehmen.
- Wenn es aber im Gegenteil um unschöne Reden oder Handlungen geht, wird man sich nicht an diesem „Vergnügen" beteiligen, sondern es missbilligen.

- Mit angesehenen und weniger angesehenen Menschen wird man unterschiedlich umgehen und dabei auf das Schickliche (*prepon*) der Proportionen achten, d. h. die Architektur der Sozialkontakte richtig bemessen. Man wird auch keine Kränkungen hervorrufen, sondern auch auf die Folgen von geselligen Zusammenkünften achten. Drei unterschiedliche Charaktertypen sind hier zu unterscheiden: Der erste ist der Liebedienerische: Er möchte sich nur überall beliebt machen, sonst verfolgt er keine weiteren Ziele. Der zweite ist der Schmeichler: Er tut alles für Geld und für das, was man mit Geld kaufen kann. Der dritte ist der Streitsüchtige: Er ärgert sich über alles und hat an allem etwas auszusetzen.

NE IV,13   Die Wahrhaftigkeit

Auf dem gleichen Gebiet der Geselligkeit (aber nicht wie in NE IV, 12 im Hinblick auf das Angenehme und Unangenehme) gibt es noch ein anderes Verhalten der Menschen untereinander zu beobachten, und zwar dasjenige, welches mit dem Verhältnis zur Wahrheit zu tun hat, und zwar in Worten und in Taten, also darin, wie man sich den anderen Menschen präsentiert. Dabei kommen auch wieder die beiden Extreme vor, die in einem Zuwenig und in einem Zuviel ihre Wurzel haben.

- Der eine untertreibt aus gespielter, ironischer Bescheidenheit (*eironeia*),
- der andere übertreibt aus Angeberei (*alazoneia*), und
- dazwischen steht als Mensch der Mitte der Aufrichtige, der weder in Worten noch in Taten etwas vergrößert noch verkleinert. Aristoteles meint hier nicht das absichtliche Verstellen zu einem bestimmten Zweck, sondern das einfache habituelle Verhalten schlechthin unter anderen Menschen im Alltag. Es geht also nicht um Aufrichtigkeit in Verträgen oder in Fragen der Gerechtigkeit oder Ungerechtigkeit, denn dies betrifft die ethische Tugend der Gerechtigkeit (NE V). Wenn die Wahrheit nicht exakt feststellbar ist, wird der Aufrichtige eher unter- als übertreiben. Aber auch diese Mitte (wie schon die drei anderen vorher) hat keinen eigentlichen Namen.

Die beiden schlechten Verhaltensweisen (diejenigen, die über- oder untertreiben) werden nun von Aristoteles genauer charakterisiert.

- Der prahlerische Angeber (er macht etwas größer als es ist) ist zwar ein schlechter Charakter, denn er erfreut sich an der Lüge (*pseudos*), aber er gleicht mehr dem Eitlen. Wenn man aber nicht einfach habituell ständig übertreibt, sondern zweckhaft in bestimmten Fällen, dann kann es einmal um das Ansehen und um die Ehre gehen, ein andermal um Geld, und dies ist schlechter als die Prahlerei zur Erhöhung des Ansehens.
- Der gespielt Bescheidene (der „Ironische") scheint vordergründig der bessere Charakter zu sein, denn er will offenbar nichts zum eigenen Vorteil erstreben. In Wirklichkeit kann man sowohl durch Übertreibungen als auch durch Untertreibungen prahlen. Wer aber nur maßvoll von der gespielten Untertreibung Gebrauch macht, erscheint als kultiviert. Aristoteles schließt auch hier wieder mit der Frage, welche der beiden Extreme der Mitte (dem Aufrichtigen, Wahrhaftigen) am meisten entgegengesetzt ist, und er nennt hier als das eigentliche Gegenteil den prahlerischen Angeber.

NE IV, 14   Die Gewandtheit

Dieser dritte Bereich der Geselligkeit behandelt das Verhalten bei Erholung, Spiel und Spaß. Wie soll man sich hier verhalten? Wo liegen die beiden Extreme und wo ist die Mitte?

- Wer die Übertreibung beim Frohsinn liebt, ist ein Possenreißer (*bomolochos*), der mehr bestrebt ist, in geselliger Runde andere zum Lachen zu bringen als selbst etwas Vernünftiges zu sagen.
- Wer aber im Gegenteil selbst nie einen Scherz macht und anderen sogar noch böse ist, wenn sie etwas Lustiges sagen, ist ein steifer und ungehobelter Mensch. Dieser Mensch ist zu wenig fröhlich, erliegt dem Fehler des „Zuwenig".
- Die richtige Art der Erholung in geselliger Runde besteht in der Vermeidung der beiden geschilderten Extreme. Wann aber liegt ein Scherzen im Sinne der gesuchten *Mesotes* vor? Für Aristoteles besteht es in einer Gewandtheit beim Scherzen, in einer Art Virtuosität der Gedankenbewegungen. Er erläutert dies mit Hilfe einer Analogie: Wie ein gewandter Körper durch die Art der Bewegungen sich zu erkennen gibt, so ein gewandter Geist durch die entsprechende geistige Beweglichkeit. Gewandt (*eutrapelos*) ist, wer wendig (*eutropos*) ist: Also ist die gesuchte richtige Mitte beim Scherzen die Gewandtheit (*eutrapelia*). Zu dieser Mitte gehört auch der Takt, also die Vermeidung der Taktlosigkeit. Man kann diesen Unterschied nach Aristoteles an der Alten und der Neuen Komödie zeigen: Die erste erblickte das Komische in der Zotenreißerei, die zweite sah das Komische in der Doppeldeutigkeit von Sätzen. Aristoteles ist in den folgenden Ausführungen vorsichtig im Urteil und möchte offenbar keine Zensur über guten oder schlechten Geschmack abgeben, sondern betont, dass verschiedenen Menschen Verschiedenes verhasst und Verschiedenes angenehm ist. Beim Spott solle man aber vorsichtig sein, denn dieser ist eine Art von Beleidigung, und der Gesetzgeber verbietet einige Arten von Beleidigungen. Der vornehme Mensch jedenfalls verhält sich auch beim Scherzen in geselliger Runde so, dass er sich selber Gesetz ist. Aristoteles weist nun nochmals auf die drei Mitten im geselligen Leben hin, die er in den Abschnitten NE IV 12, 13 und 14 als (1) Freundlichkeit, (2) Aufrichtigkeit bzw. Wahrhaftigkeit und (3) Gewandtheit beschrieben hat.[26]

NE IV, 15   Die Scham

Hier behandelt Aristoteles eine Art von Tugend, die aber keine echte Tugend ist, weil sie nicht auf eine Entscheidung (*prohairesis*) hingeordnet ist, auch kein Habitus (*hexis*) ist, sondern mehr ein Affekt (*pathos*), nämlich die Schamhaftigkeit (*aidos*)[27]. Sie ist deshalb mehr ein Affekt, weil sie der Furcht gleicht, aber nicht der Furcht vor Schrecklichem, sondern der Furcht vor Schande. Ein Affekt passt aber mehr zur Jugend und ist diesem Lebensalter deshalb angemessen, weil er Menschen mit wenig Lebenserfahrung vor Fehlern bewahrt. Sind Schamgefühle nun etwas Positives oder etwas Negatives?

---

[26] Man könnte dabei an die Goldene Regel denken: „Was du nicht willst, dass man dir tu', das füg' auch keinem anderen zu."

[27] Aristoteles verwendet in diesem Kapitel neben *aidos* auch das Wort *aischyne* und gebraucht sie ungefähr gleichbedeutend. (Wolf 2006, 367, Anm. 22)

Er prüft zwei Möglichkeiten:
- Schamgefühle sind nach Aristoteles kein Merkmal eines guten Menschen, da dieser sowie nichts Schlechtes tut, denn sonst wäre er kein Guter.
- Schamlosigkeit ist zwar etwas Schlechtes (weil es bedeuten würde, beim Tun des Schlechten sich nicht zu schämen), aber trotzdem wird eine schlechte Handlung nicht schon dadurch gut, weil man sich dabei schämt.

2.2.5 Buch V: Die Gerechtigkeit

Das Buch V der Nikomachischen Ethik über die Gerechtigkeit (*dikaiosyne*) und die Ungerechtigkeit wirft in der Forschung einige Probleme auf, weil die Gedankenführung nicht so stringent ist wie in den vorhergegangen vier Büchern. Dies liegt offenbar daran, dass Aristoteles hier ein für ihn und seine Zeit neues Thema aufgreift und zugleich in sein Schema der ethischen Einzeltugenden einpassen möchte, was nur teilweise gelingt. (Wolf 2002, 93 ff.)

NE V, 1 Gerechtigkeit als ein Habitus des Charakters

Aristoteles stellt zu Beginn drei Fragen: (1) In welchem Bereich entfaltet sich die Gerechtigkeit, (2) welche Art von Mitte ist sie und (3) zu welchem Extrem bildet das Gerechte die Mitte?

Er beschreibt nun die Gerechtigkeit im Allgemeinen und kommt zu folgendem Ergebnis. Sie ist jener Habitus (*hexis*),

(1) aus dem heraus die Menschen die Fähigkeit haben, gerechte Handlungen zu vollziehen,

(2) aus dem heraus sie tatsächlich gerecht handeln, und

(3) aus dem heraus sie ein festes Verlangen nach dem Gerechten haben.

Aristoteles erklärt nun den Unterschied zwischen einem Habitus (wie dem der Gerechtigkeit) und einem Wissen (*episteme*) bzw. einer Anlage (*dynamis*): Ein (bloßes) Wissen, z. B. ein ärztliches Wissen, kann man zum Guten und zum Schlechten verwenden (z. B. um ein Heilmittel oder um ein Gift herzustellen), von einem charakterlich guten Habitus her ist dies nicht möglich. Zu unserem Beispiel: Wenn aber der Arzt neben seinem bloßen medizinischen Wissen noch den charakterlichen Habitus eines Arztes hat (was normal ist), dann wird er sein Medizinwissen nicht einmal gut, ein andermal schlecht einsetzen können. Übertragung: Wer also den charakterlichen Habitus der Gerechtigkeit hat, kann nicht einfach eine ungerechte Handlung vollziehen, es sei denn mit einem inneren Kampf. (Dieses Thema hat schon Platon im „Gorgias" behandelt, vor allem in der Person des Polos.)

Zwei methodische Anmerkungen fügt Aristoteles noch hinzu:

(1) Einen Habitus der Tugend zu besitzen bedeutet, dass man eine verinnerlichte Vorstellung von dem zu realisierenden Wert hat und dass man deshalb darüber auch Auskunft geben kann. Man blickt also zunächst nicht auf den abstrakten Begriff der Gerechtigkeit, sondern auf einen konkreten Menschen, der gerecht ist.

(2) Wenn es gegensätzliche Paare gibt (wie z. B. gerecht und ungerecht), und ein Element ist mehrdeutig, dann ist auch das andere Element mehrdeutig. Diese Frage der Mehrdeutigkeit wird im nächsten Kapitel (NE V, 2) weitergeführt.

NE V, 2   Die zwei Formen der Gerechtigkeit

Aristoteles beginnt mit der Feststellung, dass Gerechtigkeit und Ungerechtigkeit mehrdeutige Begriffe sind. Er entwickelt zunächst nicht eine abstrakte Erörterung des Begriffs der Gerechtigkeit, sondern er beschreibt gerechte und ungerechte Menschen und fügt dann den spezifischen Begriff der Gerechtigkeit hinzu.

(1) Ungerecht ist der Gesetzesübertreter (*paránomos*), gerecht ist derjenige Mensch, der die Gesetze achtet. Da sich Gesetze auf alle Bereiche des menschlichen Lebens und Handelns beziehen, heißt diese Form der Gerechtigkeit *universale* Gerechtigkeit. Dies wird in NE V, 3 fortgeführt.

(2) Ungerecht ist aber auch derjenige, der mehr haben will (als ihm zusteht), der also die bürgerliche Gleichheit missachtet. Gerecht in diesem Sinn ist dann diejenige Person, die diese gleichmäßige Verteilung der Güter achtet. Diese zweite Form der Gerechtigkeit nennt Aristoteles *partikulare* Gerechtigkeit. Dies wird in NE V, 4–9 fortgeführt.

Aristoteles fügt hier eine allgemeine Reflexion über Schein und Sein von Gütern ein: Der ungerechte Mensch glaubt, sich für ein Mehr zu entscheiden, in Wirklichkeit entpuppt sich dieses Mehr als ein Weniger (an Wert), und zwar im Hinblick auf das damit gewählte Übel. Die Menschen aber beten und jagen nach solchen Pseudo-Gütern, sie sollten sich dagegen auf diejenigen Güter konzentrieren, die ein *Gut für sie* sind.

Nach der Darstellung der partikularen Gerechtigkeit folgt die andere Gruppe der Gerechtigkeit.

NE V, 3   Zwei Formen der universalen Gerechtigkeit

Aristoteles unterscheidet hier zwei Formen dieser universalen Gerechtigkeit: (1) Gerechtigkeit als das mit dem Gesetz übereinstimmende Handeln, und (2) Gerechtigkeit als Inbegriff aller Tugenden, sofern sie auf andere Menschen bezogen sind.

(1) **Gerechtigkeit als das mit dem Gesetz übereinstimmende Handeln**: Da das Gesetz den gesamten Lebensbereich der Menschen innerhalb eines Staates betrifft, bezeichnet sie Aristoteles als eine universale Gerechtigkeit. Ein wichtiger Unterschied zur heuten Auffassung von Gesetzen besteht. Wie schon Platon, so erblickt auch Aristoteles in den Gesetzen eine pädagogische Funktion: Sie soll durch Anleitung zu tugendhaftem Handeln das Glück der Gemeinschaft befördern. Deshalb stehen im antiken Staat die Tugenden unter der Aufsicht des Staates. Die Gesetze ordnen an, dass man tapfer sein soll (d. h. seine Waffen nicht wegwerfen und fliehen), dass man besonnen sein soll (kein Unrecht im Affekt begehen) usw.

(2) **Gerechtigkeit als Inbegriff aller Tugenden**, sofern sie auf andere Menschen bezogen sind: Den Gedanken, dass die Gerechtigkeit der Inbegriff der Tugend schlechthin ist, erweitert Aristoteles hier um die Feststellung, dass sie dies „im Hinblick auf einen anderen Menschen" ist (*pros heteron*). Dieser „andere" ist

bezogen auf die jeweilige Staatsverfassung bzw. Situation: das gesamte Volk in der Demokratie, die „Besten" in der Aristokratie usw. Wie die Gerechtigkeit hier als Inbegriff aller Tugenden bezeichnet wird, so die Ungerechtigkeit als Inbegriff aller Laster, als moralische Schlechtigkeit allgemein. Während andere Einzeltugenden in der Regel nur einen Bezug zur handelnden Person haben, hat die ethische Tugend der Gerechtigkeit darüber hinaus einen Bezug zum anderen Menschen. Die Ehe beispielsweise ist für Aristoteles keine private Institution, sondern hat eine staatstragenden Funktion und ihre Respektierung oder Verletzung wird deshalb hier (und anderen Stellen) unter dem Begriff der Gerechtigkeit bzw. Ungerechtigkeit abgehandelt.

NE V, 4   Gerechtigkeit bzw. Ungerechtigkeit im partikularen Sinn

Das, was Aristoteles interessiert, ist die Gerechtigkeit als ethische Teiltugend bzw. Ungerechtigkeit als Teil der charakterlichen Minderwertigkeit. Er führt hier die Überlegungen zur Ungerechtigkeit als „Gesetzlosigkeit" und auch als charakterliche Minderwertigkeit im Hinblick auf andere Menschen" weiter. Viele ungerechte Handlungen basieren auf einem Charakterfehler, wie z. B. das Im-Stich-Lassen eines Freundes auf der Feigheit. Der Verflechtung einer ungerechten Handlung mit einem Charakterfehler (einem „Laster") geht Aristoteles hier nach. B e i s p i e l : Wer lügt, um leichter einen Einbruch begehen zu können, ist anders zu bezeichnen als jemand, der einbricht, um mit diesem gestohlenen Gut in Saus und Braus leben zu können: Im ersten Fall ist er primär ein Dieb (das Lügen war nur Mittel zum Ziel, dem Diebstahl), im zweiten Fall ist er primär ein Prasser (der Einbruch war nur Mittel zum Ziel, dem Prassen). In beiden Fällen hätte auch ein anderes Mittel gewählt werden können (sofern es zum Ziel führt), das Mittel war also variabel. Es gibt aber noch einen Fall von Ungerechtigkeit, der nicht wie die bisherigen Fälle einfach auf eine charakterliche Schlechtigkeit zurückgeführt werden kann, sondern auf ein Mehrhabenwollen (im Sinne eines Vorteils), und dies sind alle Ungerechtigkeiten, die ihren Ursprung in der Lust haben, die aus dem Gewinnstreben stammt, wie z. B. auf dem Gebiet des Geldes, der Ehre, der Daseinssicherung usw. Damit hat Aristoteles sein Schema über Tugenden und Laster bezüglich eines Zuviel und eines Zuwenig wieder erreicht.

NE V, 5   Fortsetzung: Gerechtigkeit im partikularen Sinn

Hier stellt Aristoteles bezüglich der Ungerechtigkeit die Frage nach dem Zusammenhang von „Verletzung der Gleichheit" und „Verletzung des Gesetzes". Beides ist nicht identisch, sondern sie verhalten sich wie der Teil zum Ganzen. E r l ä u t e r u n g : Jede Verletzung der Gleichheit (Teil) ist zugleich eine Verletzung des Gesetzes (Ganzes), aber nicht jede Verletzung des Gesetzes (Ganzes) ist eine Verletzung der Gleichheit (Teil). Übertragung: Analog gilt diese Einteilung auch für das Gerechte.

Aus dieser Zweiteilung leitet Aristoteles zwei Formen der Gerechtigkeit ab: die kommutative und die distributive Gerechtigkeit (in späterer lateinischer Terminologie).

(1) Die d i s t r i b u t i v e Gerechtigkeit: Sie ist wirksam bei der Verteilung von öffentlicher Anerkennung, von Geld, Ehre usw. Hier gelten die Personen als ungleich (bezüglich ihrer Leistungsfähigkeit usw.)

(2) Die kommutative Gerechtigkeit: Sie hat die vertraglichen Beziehungen von freien und gleichen Bürgern zum Inhalt. Sie heißt auch Tauschgerechtigkeit. Sie hat zwei Unterformen:

    (2.1) Freiwillige Vertragsbeziehungen, wie beispielsweise Kaufverträge, Miete usw.

    (2.2) Unfreiwillige Transaktionen, die nun wiederum in zwei Arten vorkommen:

    (2.2.1) heimliche, wie beispielsweise Diebstahl,

    (2.2.2) gewaltsame, wie beispielsweise Raub, Misshandlung, üble Nachrede.

Wenn jemand einem anderen Schaden zugefügt hat, dann erhält der Geschädigte nicht nur den fehlenden Teil zurück, sondern der Richter spricht ihm auch noch einen Schadensersatz zu. Dies erfolgt aber nicht nach dem Wert der Personen, sondern nach dem Sachwert. Die soziale Stellung der Personen ist hier unwichtig.

NE V, 6 Die distributive Gerechtigkeit (Verteilungsgerechtigkeit)

Aristoteles legt hier dar, dass das Gerechte und das Gleiche ein Mittleres sind. Dieses Gleiche ist ein Relationsbegriff, und zwar bei der Verteilungsgerechtigkeit eine Relation aus vier Gliedern, zwei Personen und zwei Sachen. Als Mitte steht sie (sachlich) zwischen einem Zuviel und einem Zuwenig, als Gleiches hat sie eine Beziehung zu den Personen. Verteilungsinstanz ist hier keine individuelle Einzelperson, sondern der Staat mit seinen Gesetzen, z. B. Steuergesetzen. Diese proportionale Gleichheit ist eine Gleichheit der Verhältnisse zwischen den vier Relata. Er unterscheidet hier die „getrennte" Proportion (A: B = C = D) von der „stetigen" Proportion (A : B = B : C), die beide aber vier Glieder haben. Unter einer „stetigen" Proportion versteht Aristoteles Folgendes: Wie sich die Linie A zur Linie B verhält, so die Linie B zur Linie C. Hier werden zwar nur drei Punkte (A, B, C) genannt. Um sich aber die Relationen vorstellen zu können, muss man die Linie B zweimal setzen (wie man es auch sprechen muss). Für die Verteilungsgerechtigkeit, die nach der geometrischer Methode durchgeführt wird, liegen also folgende vier Daten vor: Person A und Person B (die nicht gleich sind), und Sache C und Sache D. (A und B = Personen; C und D = Steuerleistung).Wenn eine gerechte Steuerleistung der beiden Personen festgelegt werden soll, dann in folgender Proportion: A : B = C : D. Und mit Vertauschung: A : C = B : D. Das eine Ganze steht zum anderen Ganzen im selben Verhältnis wie der eine Teil zum anderen Teil. (1131b1-15)

NE V, 7 Die kommutative (ausgleichende) Gerechtigkeit

Aristoteles wiederholt zunächst die Proportionalität der Verteilungsgerechtigkeit und stellt fest, dass diese Proportionen nach geometrischer Methode gebildet werden und dass es sich hier nicht um eine stetige Proportion handelt. Die Ungerechtigkeit bei den Gütern besteht darin, dass man Zuviel will und bekommt, bei den Übeln ist es umgekehrt: Das kleinere Übel steht zum größeren Übel im Verhältnis eines Gutes. Beispiel: Den eitrigen Blinddarm durch eine Operation entfernen lassen (kleineres Übel), statt daran zu sterben (größeres Übel). Deshalb ist die Blinddarm-Operation ein Gut.

Nun folgt die Darstellung der ausgleichenden (kommutativen) Gerechtigkeit. Diese wird nicht nach geometrischer, sondern nach **arithmetischer Methode** durchgeführt. Aristoteles unterscheidet hier zwei Arten von vertraglichen Beziehungen, die freiwillige und die unfreiwillige.

(1) Der **freiwillige** Vertrag ist z. B. ein Kaufvertrag: Der Käufer will etwas kaufen, der Verkäufer will verkaufen. Im Hinblick auf die Willentlichkeit sind beide gleich. Die arithmetische Methode spielt auf folgende Weise ein Rolle: Der Verkäufer möchte beispielsweise sein Auto für 7.000 € verkaufen, der potentielle Käufer möchte aber nur 5.000 € dafür bezahlen. Der Kauf kommt dann zustande, wenn der Verkäufer seinen Preis um minus 1.000 € senkt und der Käufer sein Preisangebot um plus 1.000 € erhöht. Die angewendete Plus-Minus-Operation wird **arithmetische Methode** genannt. Die Beschaffenheit der Personen spielt hier keine Rolle (ob reich oder arm, berühmt oder unbekannt).

(2) Die **unfreiwillige** Vertragsbeziehung besteht darin, dass jemand zwar einen Vertrag abschließt, dabei aber betrogen wurde. Hier kommt es wieder nicht auf den Status der Personen an, sondern allein auf den Sachwert; also findet die arithmetische Methode Anwendung. Allerdings werden nicht nur die Differenzen ausgeglichen, sondern der Richter wird dem Betrüger eine Strafe auferlegen, und zwar nach dem Wert des Schadens und nicht nach dem Status der Person.

NE V, 8   Gegen die pythagoreische Wiedervergeltungslehre

Aristoteles greift hier die Frage auf, ob die einfache bzw. reziproke Wiedervergeltung (Talionsprinzip: Auge um Auge, Zahn um Zahn), wie sie die Pythagoreer lehren, eine akzeptable Form der Gerechtigkeit ist, und er verneint diese Frage. Sie passe nämlich weder zur Vertrags- noch zu Verteilungsgerechtigkeit. Er erläutert seine Auffassung an einem **Beispiel**: Wenn der Träger eines öffentlichen Amtes (z. B. Polizist) einen Bürger körperlich verletzt hat, dann darf der Bürger seinerseits die Amtsperson nicht verprügeln, denn es besteht hier in diesem Handlungsfeld der ausgleichenden Gerechtigkeit keine einfache Reziprozität (wie von Bürger zu Bürger). Deshalb sei auch diese dem mythologischen Totenrichter Rhadamanthys zugeschriebene Gerechtigkeit falsch.

Auch bei den willentlichen und nichtwillentlichen Gerechtigkeitsverhältnissen ausgleichender Art gibt es keine einfache, sondern eine proportionale Wiedervergeltung. Es geht hier um die Frage des fairen Ausgleichs. Aristoteles verlässt nun allerdings den bisherigen Sachbereich und erläutert seine Gedanken in Zusammenhang mit ökonomischen Transaktionen. In einer arbeitsteiligen Gesellschaft werden Waren getauscht (z. B. fünf Säcke Weizen gegen zwei Fässer Wein). Damit überhaupt ein fairer Austausch zustande kommen kann, muss ein Bedarf vorliegen, der an einem Maßstab gemessen werden kann, und dies ist das Geld. In Kritik an der pythagoreischen Lehre vom einfachen Ausgleich ist es also nicht gerecht, wenn automatisch zwei Säcke Weizen zwei Fässern Wein entsprechen. Die hier herzustellende Gerechtigkeit besteht also in einer proportionalen Reziprozität.

Dieser kleine Exkurs, den Aristoteles hier eingefügt hat, dient offenbar dazu nachzuweisen, dass kein einfacher Ausgleich im Sinne der Pythagoreer stattfindet, sondern ein

Ausgleich nur mit Hilfe eines Maßstabes, hier des Geldes, möglich ist. Das nur Reziproke (ohne Proportionalität) als Maßstab für Gerechtigkeit scheidet also aus.

NE V, 9   Zusammenfassung zur Gerechtigkeit im speziellen Sinn

Aristoteles fasst hier seine Gedanken nochmals zusammen: Das Gerechte ist die Mitte zwischen Unrecht tun (hier: zuviel haben) und Unrecht erleiden (hier: zuwenig haben).
- Die Gerechtigkeit ist jene Tugend, aus der heraus man nach eigener Entscheidung (*prohairesis*) handelt unter Einhaltung der Wert-Proportionen,
- die Ungerechtigkeit ist als Laster zwar auch eine freiwillige Entscheidung, aber unter Verletzung der Wert-Proportionen.

Die Ungerechtigkeit hat folgenden Ursprung: Von den positiven Dingen möchte man ein Zuviel, von den negativen Dingen ein Zuwenig haben, und zwar unter Verletzung der Proportionen. Das bedeutet: Man misst sich selbst zuviel an Positivem und zu wenig an Negativem zu, den anderen behandelt man gegenteilig unter Verletzung der gerechten Proportionen. Beim ungerechten Handeln liegt also folgender Fall vor:
- Wenn man der passiv empfangende Teil ist und man erhält proportional zu wenig, dann liegt Unrecht erleiden vor.
- Wenn man aber der aktiv handelnde Teil ist und man erhält proportional zu viel, dann liegt Unrecht tun vor.

NE V, 10   Bedingungen gerechten und ungerechten Handelns

Aristoteles greift in diesem längeren Kapitel einige Fragen der Handlungsanalyse und Handlungsbewertung auf.

Er stellt eingangs fest, dass man nicht schon deshalb schlechthin ungerecht ist, nur weil man eine – äußerlich ungerechte – Tat begangen hat. B e i s p i e l : Wer einem Geisteskranken ein Schwert entwendet, damit dieser keinen Mord begehen kann, ist damit nicht automatisch ein Dieb. Es kommt also auf die Absicht an, in der die Handlung begangen wurde. Auch wenn der Ursprung der Handlung nicht in einer rationalen Entscheidung, sondern in einem Affekt liegt, muss sich die Bewertung daran orientieren.

Aristoteles unterscheidet hier weiter zwischen dem Gesetzesrecht und dem ungeschriebenen Recht (dem ersten Recht, später Naturrecht genannt). Gerechtes bzw. ungerechtes Handeln liegt nur dann vor, wenn es freiwillig erfolgt.

F r e i w i l l i g ist etwas dann, wenn es
(1) in unserer Macht steht,
(2) mit vollem Wissen erfolgt, vor allem in Kenntnis der Handlungsumstände (Wo? Wann? Wie? Wozu?), und
(3) nicht aus Zwang und
(4) nicht aus akzidentellen Gründen erfolgte. B e i s p i e l : Wenn ein Dieb auf der Flucht das geraubte Gut verliert oder wegwirft, damit er schneller laufen kann, dann hat er das geraubte Gut nur *per accidens* zurückgegeben und man kann es ihm charakter-

lich nicht gutschreiben. Es fand keine echte, d. h. moralisch zurechenbare Wiedergutmachung statt. Diese hätte in einer Gesinnungsänderung (seinem Handlungsprinzip, dem Wozu) bestehen müssen, wozu der Dieb hier aber nicht bereit ist.

Ein **unglücklicher Zufall** liegt vor, wenn jemand einen Schaden wider alle normalen Erwartungen verursacht. Der Ursprung der Handlung liegt dann außerhalb der handelnden Person.

Ein **irrtümliches Handeln** liegt dann vor, wenn es zwar nicht gegen alle vernünftigen Erwartungen eingetreten ist, aber ohne Böswilligkeit. Der Ursprung liegt innerhalb der handelnden Person.

Ein **wissentliches, aber kein vorsätzliches Handeln** liegt dann vor, wenn es aus Affekt geschehen ist. Hier liegt also (noch) keine grundsätzliche charakterliche Schlechtigkeit vor.

Eine **ungerechte Handlung** liegt dann vor, wenn der Handelnde auf Grund einer Entscheidung etwas getan hat.

Eine **unfreiwillige Handlung in Unwissenheit**: Hier liegt ein Affekt vor. Affekte können zur menschlichen Natur gehören oder nicht, wie z. B. affektgeleitete Handlungen in Trunkenheit. Gehören sie zur menschlichen Natur, so ist Nachsicht angebracht, ansonsten nicht.

Eine **unfreiwillige Handlung auf Grund von Unwissenheit** verdient Nachsicht, wenn die Unwissenheit nicht schuldhaft verursacht war.

NE V, 11 Kann man freiwillig Unrecht erleiden?

Der Sinn der in diesem Abschnitt vorgetragenen Gedanken ist nicht immer eindeutig zu erkennen. Aristoteles untersucht hier die Frage, ob es möglich ist, Unrecht nicht bloß freiwillig zu tun, sondern auch freiwillig zu erleiden. Seine Antwort: Wenn der unbeherrschte Mensch z. B. seine Gesundheit durch Alkohol ruiniert, so erleidet er freiwillig Schaden (ohne ihn freilich in seinem Zustand als Schaden wahrzunehmen). Das Unbeherrschtsein hat aber in mangelnder rationaler Kontrolle seinen Ursprung.

Für die weiterführende Argumentation wird der Begriff „akzidentell" verwendet: Man kann zufällig (akzidentell) sowohl am Gerechten wie am Ungerechten Anteil haben. Es gibt Unrecht tun und Unrecht erleiden, das von außen gesehen wie Unrecht aussieht, es aber realiter gar nicht ist. Im ersten Fall verwenden wir gerecht bzw. ungerecht als (theoretischen) Normbegriff, im anderen Fall sprechen wir von einem bewusst zugefügten Unrecht. Man kann sich – scheinbar – Unrecht zufügen, wenn man, wie Hans im Glück, einen Goldklumpen gegen einen Wetzstein tauscht: Es scheint wie selbst zugefügtes Unrecht zu sein, in Wirklichkeit wurde ein anderes Gut (z. B. Zufriedenheit, Ruhe) eingetauscht. Wenn es ein echtes freiwilliges Unrecht zu erleiden gäbe, müsste es auch jemanden geben, der das Unrecht zufügt; diese beiden Personen müssten aber identisch sein, was offenbar unsinnig ist.

NE V, 12   Weitere Fragen zum Unrecht tun und Unrecht erleiden

Die Fragen aus Abschnitt NE V, 11 werden hier weitergeführt.

(1) Tut derjenige Unrecht, der dem anderen einen ungebührlich hohen Anteil zuweist, oder tut nur der Empfänger dieses Anteils Unrecht (dass er den Anteil entgegennimmt, der eigentlich zuviel ist)?

(2) Ist es möglich, sich selbst Unrecht zu tun?

Die Antwort des Aristoteles auf die zweite Frage: Man kann nicht gegen den eigenen Willen Unrecht erleiden, sondern höchstens sich einen Schaden zufügen. Außerdem: Nicht das Faktische allein zählt, sondern wichtig ist, ob etwas willentlich geschieht. Wenn z. B. ein Sklave auf Befehl seines Herrn etwas tut, dann kann dieses vielleicht etwas Ungerechtes sein, nicht aber Unrecht (im Sinne des Normbegriffs, denn dazu ist der Sklave auf Grund seiner sozialen Position überhaupt nicht in der Lage).

Wenn jemand in unverschuldeter Unkenntnis der Umstände ein falsches Urteil fällt, dann begeht er kein Unrecht, obgleich das Urteil für jemanden ungerecht ist. Es ist hier wieder der Unterschied zwischen dem gesetzlichen Recht und dem natürlichen Recht zu beachten.

NE V, 13   Gängige Irrtümer bezüglich der Gerechtigkeit

Aristoteles stellt hier zwei Fragen: (1) Ist es genauso leicht, Unrecht zu tun wie gerecht zu sein? (2) Kann man Recht und Unrecht leicht erkennen?

(1) Man handelt auf der Basis einer festen Grundhaltung (ethische Tugend), die man nicht von heute auf morgen erworben hat und die man nicht von heute auf morgen verlieren kann. Für einen gerechten Menschen ist es deshalb überhaupt nicht leicht bzw. eher unmöglich, im (seelischen) Zustand der Gerechtigkeit ungerechte Handlungen zu vollziehen.

(2) Da es einen Unterschied gibt zwischen dem gesetzten Recht und der Gerechtigkeit, so ist es überhaupt nicht leicht, das Gerechte zu bestimmen, denn dazu ist eine umfassende Kenntnis der Handlungsumstände notwendig einschließlich der richtigen qualitativen Bewertung jedes Umstandes.

NE V, 14   Die Billigkeit (Epikie)

Aristoteles untersucht hier die Epikie (*epieíkeia*) in ihrer Verbindung zur Gerechtigkeit bzw. zum Recht. Sie sind nämlich weder identisch noch der Gattung nach verschieden. Das Wort Epikie wird im Deutschen auch mit Billigkeit oder Güte (in der Gerechtigkeit) übersetzt. Die Epikie ist aus zwei Gründen notwendig:

(1) Das Gesetz kann nicht alle Fälle voraussehen und deshalb kann nicht alles durch das Gesetz erfasst werden. Hier könnte das Recht, bei mechanischer Anwendung, leicht unmenschlich und damit ungerecht werden. Das genaueste Recht könnte leicht das ungerechteste Recht werden (*summum ius, summa iniuria*, in: Cicero, „De officiis" I, 10, 33). Die Epikie dagegen passt das Recht an die Tatsachen an und nicht umgekehrt, und zwar tut sie dies nicht spitzfindig und nicht bösartig.

Die Epikie und das Recht sind beides Werte, die Epikie (deshalb auch „die Güte in der Gerechtigkeit" genannt) steht im Rang sogar höher als das (bloße) Recht.

(2) Der gerechte Mensch ist derjenige, der nicht in kleinlicher Genauigkeit sein Recht so lange verfolgt, bis es zum (großen) Unrecht wird (Michael-Kohlhaas-Motiv), sondern der sich sogar mit einem bescheideneren Anteil zufrieden gibt, als ihm eigentlich rechtlich zustehen würde. In diesem Sinn ist die Epikie eine positive Charaktereigenschaft. Der epikie-gerechte Mensch vermeidet mit dieser Grundeinstellung, eventuell ein Zuviel aus diesem Streit erhalten zu wollen.

NE V, 15 Drei abschließende Fragen zu Gerechtigkeit und Ungerechtigkeit

Aristoteles kehrt hier nochmals zu Fragen (aus NE V, 11–12) des Unrechttuns und Unrechterleidens zurück. Er stellt drei Fragen:

(1) Kann man sich selbst Unrecht zufügen?

(2) Ist Unrecht tun schlimmer als Unrecht erleiden, wie es Platon behauptet hat?

(3) Gibt es eine innerseelische Gerechtigkeit bzw. Ungerechtigkeit, wie sie Platon beschrieben hat?

Auf diese Fragen und deren Beantwortung geht Arisoteles nun besonders differenziert ein und argumentiert folgendermaßen, wie nun gezeigt wird.

(1) **Man kann sich nicht selbst Unrecht zufügen.** Hier ist die bereits eingeführte Unterscheidung zwischen allgemeiner und partikularer Gerechtigkeit wichtig, zwischen der *iustitia universalis* und der *iustitia particularis*.

(1.1) In einem ersten Schritt argumentiert Aristoteles auf der Basis der **universalen** Gerechtigkeit, und zwar mit dem Beispiel des Selbstmörders. Das von Aristoteles hier vertretene antike Staats- und Gesetzesverständnis geht davon aus, dass die staatlichen Gesetze sich auch auf die ethischen Tugenden beziehen, d. h. dass der Staat hier anordnen oder verbieten kann. Der Selbstmord, so Aristoteles, wurde vom Gesetzgeber nicht befohlen, also ist er verboten. Wer sich trotzdem selbst tötet, begeht ein Unrecht, und zwar dem Staat gegenüber. Das hier zum Ausdruck kommende Staatsverständnis besteht darin, dass man auch hier dem Staat verpflichtet ist. Der Staat greift mit Strafe ein, hier mit Ehrverlust. Strafe ist aber nur dort angebracht, wo Unrecht vorliegt.

(1.2) In einem zweiten Schritt argumentiert Aristoteles auf der Basis der partikularen Gerechtigkeit, für die er sich besonders interessiert. Hier erscheint der Ungerechte nicht als ein umfassend schlechter Mensch, sondern nur als ein partikular fehlerhafter Charakter, wie z. B. der Feige nur partiell schlecht ist, nämlich in Gefahrensituationen. In diesem Sinne ist hier auch der Ungerechte nur partikular ungerecht. Die von Aristoteles vorgebrachte Argumentation besteht darin, dass ein Unrecht immer nur *pros heteron*, d. h. auf einen anderen bezogen, möglich ist: Es sind zwei verschiedene Personen notwendig. Da Unrecht tun bedeutet, ein Zuviel zu beanspruchen, und Unrecht erleiden bedeutet, ein Zuwenig zu bekommen, würde in diesem Fall (beim sich selbst Unrecht tun) der absurde Fall vorliegen, das jemand zur gleichen Zeit Zuviel und Zuwenig bekommt. Man kann auch nicht im Allgemeinen Unrecht tun, sondern nur in konkreten Einzelfällen, und hier zeigt es sich besonders augenfällig, dass man sich nicht selbst Unrecht zufügen kann. Beispiele: Niemand kann sich selbst bestehlen, niemand kann in seine eigene Wohnung einbrechen usw.

(2) **Unrecht tun** und **Unrecht erleiden** sind beides Übel, mit einem wichtigen Unterschied. Diese Frage wurde von Platon im Dialog „Gorgias" ausführlich diskutiert (siehe dort). Aristoteles differenziert hier wieder unter Zuhilfenahme des Begriffs „akzidentell", wie in folgendem Beispiel dargestellt: In der Medizin gilt eine Lungenentzündung als ein größeres Übel als eine Fußverstauchung. Normalerweise ist dies richtig, akzidentell kann aber für einen Soldaten in der Schlacht eine Fußverletzung ein größeres Übel sein, wenn er dadurch in die Hände der Feinde gerät und versklavt oder getötet wird. Und so ist es auch bei der Frage nach dem größeren Übel von Unrecht tun und Unrecht erleiden: Im Hinblick auf den charakterlichen Habitus ist das Unrecht tun moralisch schlimmer, akzidentell dagegen kann auch das Unrecht erleiden das größere Übel sein.

(3) Es gibt auch eine **innerseelische Gerechtigkeit**. Platon hatte die Gerechtigkeit in der Seele dahingehend bestimmt, dass die drei Seelenvermögen in der richtigen Ordnung sich befinden und deshalb der Vernunft die Herrschaft übertragen. Diese Auffassung bezeichnet Aristoteles hier als analoge Vorstellung von Gerechtigkeit, und hier könnte bei einer gestörten Ordnung der höhere Seelenteil (die Vernunft, der Kopf) „leiden", wenn der untere Seelenteil (der „Bauch", die Begierde) das Zepter übernimmt. Aristoteles greift offenbar dieses platonische Seelenmodell deshalb hier am Schluss von NE V, 15 auf, weil er nun in NE VI, 1 mit einem Blick in die Seelenstruktur des rationalen und des irrationalen Teils seine Lehre von den dianoëtischen Tugenden entwickeln wird.

2.2.6 Buch VI: Die dianoëtischen Tugenden

Aristoteles baut hier auf seinen Analysen aus NE I, 6 und I, 13 auf, wo er zwei spezifisch menschliche Seelenvermögen unterschieden hatte, (1) das Strebevermögen und (2) das eigentlich rationale Vermögen, die beide ihre eigenen Tugenden besitzen, woraus sich wiederum zwei verschiedene Formen von Glück ergeben. Bei den ethischen Tugenden besteht deren Wert in einer Mitte, die nicht arithmetisch zustande kommt, sondern durch eine vernünftige Überlegung (verschiedene Bezeichnungen: gr. *orthos logos*, lat. *recta ratio*, rechte Einsicht, rechte Planung; dieser *orthos logos* wird später die dianoetische Tugend der Klugheit, die *phrónesis*, genannt werden.).

Die hier zu behandelnden Tugenden gehören zum rationalen Seelenteil, der wiederum zweigeteilt wird in einen theoretisch-denkenden (*epistemonikon*) und einen praktisch-überlegenden (*logistikon*) Seelenteil. Zugrunde liegt hier die Einteilung in nicht-veränderliche und in veränderliche Gegenstandsbereiche. Die Ethik hat es deshalb auf Grund der veränderlichen Handlungen eigentlich und primär (aber nicht nur) mit dem überlegenden Seelenteil (*logistikon*) zu tun.

In seiner Analyse des **rationalen Seelenteils** kommt Aristoteles zu folgendem Ergebnis: In der Seele gibt es

(1) zwei dianoetische Tugenden (*aretai*):

die Weisheit (*sophia*) als Tugend des theoretischen Seelenteils (*epistemonikon*), und die Klugheit (*phrónesis*) als Tugend des praktischen Seelenteils (*logistikon*), sowie

(2) drei *hexeis* (drei *habitus*):

Wissen (*episteme*),

Geist (*nous*) und

hervorbringendes Können und Wissen (*techne*).

Aristoteles unterscheidet also im **rationalen Seelenteil** zwei *aretai* (Tugenden) und drei *hexeis* (Habitus, Grundhaltungen).

- Die **Weisheit** (*sophia*) ist die dianoetische Tugend von zwei *hexeis* (*habitus*), nämlich Wissen (*episteme*) und Geist als intuitive Vernunft (*nous*),
- die **Klugheit** (*phrónesis*) als dianoetische Tugend steht in Wechselwirkung mit den ethischen *aretai*. Die Klugheit hat es im Gegensatz zur Weisheit mit dem zu tun, was situativ jeweils anders ist. Im Hinblick auf die gesuchte *mesotes* im Bereich der Affekte und Begierden bestimmt sie diese. Der Kluge vermag also in den Einzelsituationen kompetent zu entscheiden.

Wo aber ist der systematische Ort der *techne*? Im überlegenden Teil des rationalen Seelenteils, dem *logistikon*, unterscheidet Aristoteles zwei Tätigkeiten, das Handeln (*praxis*) und das Hervorbringen (*poiêsis*). Beide haben es mit dem Nicht-Notwendigen zu tun.

- Während aber das gute = tugendhafte Handeln (*praxis*) durch die Realisierung der menschlichen Natur ihr Ziel in sich hat, liegt das Ziel des Hervorbringens (*poiêsis*) außerhalb (z. B. Schuhe, Haus). Um aber etwas hervorbringen zu können, ist ein entsprechender Habitus erforderlich, den Aristoteles *techne* nennt.
- Im Bereich des Handelns (*praxis*) ist die entsprechende Tüchtigkeit, die Klugheit (*phrónesis*). Was der Mensch beim Handeln einsetzt, ist er selbst durch die Aktualisierung seiner Natur, denn es geht um nichts Externes, sondern um etwas zutiefst Internes: Durch gutes Handeln wird der Mensch selbst gut, durch schlechtes Handeln wird der Mensch schlecht. Aristoteles beschreibt die Genese einer ethischen Tugend (als Tüchtigkeit) in Analogie zu den technischen Künsten: Wer viel übt, wird ein Meister. Die ethische Tüchtigkeit ist aber von der Beliebigkeit der *techne* zu unterscheiden, da die ethische Tugend das spezifische Werk (*ergon idion*) des Menschen verwirklichen soll, das in einer Betätigung seiner Vernunftnatur besteht.

Rationaler Seelenteil			
Logistikon („überlegend")		*Epistemonikon* („denkend")	
Praxis (Handeln)	*Poiêsis* (Herstellen)	*Episteme* (Wissen)	*Nous* (Intuitive Vernunft)
Tugenden			
Phronesis (Klugheit)		*Sophia* (Weisheit)	

NE VI, 1   Die Klugheit (*phrónesis*)

Mit der Klugheit (*phrónesis*) greift Aristoteles ein Thema aus dem Bereich des überlegenden Seelenteils, des *logistikon*, auf. Er fasst hier bereits vorgetragene Gedanken zusammen. Man muss

(1) die Mitte einhalten, und zwar diejenige Mitte zwischen einem Zuviel und Zuwenig,
(2) und zwar nicht irgendeine Mitte, sondern wie es die richtige Überlegung (*orthos logos; recta ratio*) bestimmt, also wie es dem *logistikon* entspricht. Dabei gibt es einen Zielpunkt (*skopos*) der Handlung und ein Kriterium (*horos*) dieser Entscheidungssituation. Was ist *skopos*, was ist *horos*?

- Der Zielpunkt (*skopos*) ist z. B. beim Bogenschützen die Mitte des Kreises (s. auch NE I, 1 und II, 5), auf den hin man seine Kräfte entweder anspannen oder lockern soll, allgemein der Zielpunkt, auf den man „blicken" soll, also im Kontext der Nikomachischen Ethik das Glück (*eudaimonia*) bzw. das gute Handeln (*eupraxia*).
- Das Kriterium (*horos*)[28] ist die „richtige Mitte" (*mesotes*, bzw. *prepon*) und liefert die Definition von Glück. Dazu aber äußert sich Aristoteles erst in NE X, 8.

Diese allgemeinen Aussagen beantworten aber noch nicht die entscheidende Frage, so Aristoteles, *wie* diese richtige Entscheidung gefunden werden kann angesichts der sich ständig verändernden Gegebenheiten im menschlichen Handlungsbereich. Deshalb zwei Hauptfragen: (1) Worin besteht die richtige Überlegung (*orthos logos*) und (2) nach welchem Kriterium (*horos*) lässt sie sich bestimmen? Aristoteles wird in NE VI, 13 das richtige Überlegen (*orthos logos*) mit der dianoëtischen Tugend der Klugheit (*phronesis*) identifizieren. Klug ist also der richtig überlegende Mensch mit Blick auf das Glück.

NE VI, 2   Die Struktur und Funktionsweise des vernünftigen Seelenteils

Aristoteles differenziert hier den rationalen Seelenteil in den theoretischen und in den praktischen Seelenteil, wie es eingangs (NE I, 13) schon dargestellt wurde. Wie kommen die richtige Überlegung und die richtige Entscheidung zustande? Ein Ergebnis kann nur so gut sein wie das entsprechende Vermögen, das es hervorbringt, selbst gut ist. Ursprung des Handelns können drei Vermögen sein: (1) Sinneswahrnehmung, (2) Denken und (3) Streben.

- Die Sinneswahrnehmung scheidet aus, weil Tiere zwar wahrnehmen, aber nicht entscheiden können. Bleiben also nur noch Denken und Streben. Aus diesen beiden Komponenten wird sich nun die richtige Überlegung aufbauen müssen.
- Das Denken hat zwei Grundfunktionen: bejahen und verneinen: Das Streben hat auch zwei Grundfunktionen: auf etwas zugehen und vor etwas fliehen. Die richtige Entscheidung ist nun ein passendes Wechselspiel dieser beiden Komponenten, des-

---

[28] Dirlmeier übersetzt *horos* mit Grenzmarke, Gigon mit Umgrenzung, Rolfes mit Grenze und Wolf mit Kriterium. Die lateinische Übersetzung ist entweder *terminus* oder *definitio*. Sachlich gemeint ist Grenze im Sinne von abgrenzen, d. h. definitorisch etwas abgrenzen, was im Wort Definition mitschwingt: *de* = von, *finis* = Ende, Grenze, also der abgegrenzte Bereich von …bis, und zwar im präzisen Sinne einer Wesensdefinition (Was etwas ist). Diese Definition wird durch Angabe von Gattung und Art gewonnen.

sen Ergebnis Aristoteles die **praktische Wahrheit** nennt. Seine berühmte Definition der praktischen Wahrheit lautet: Wenn die Entscheidung gut sein soll,
(1) dann muss die Überlegung wahr und das Streben richtig sein, und
(2) was das Denken bejaht, muss das Streben verfolgen.

Tätigkeiten	Zwei Akte	
Denken	Bejahen	Verneinen
Streben nach x	Erstreben (hin zu)	Fliehen (weg von)

Dies ist der gesuchte **Habitus der Entscheidung** (*hexis prohairetike*). Das Denken allein bringt nichts in Bewegung, sondern erst, wenn es auf einen Zweck gerichtet ist, der erst dann praktisch richtig und gut ist, wenn er von einem vernünftig informierten Streben realisiert wird.

NE VI, 3 Das Wissen (*episteme*)

Es werden fünf Vermögen aufgezählt, mit deren Hilfe man das Richtige treffen kann: *techne*, *episteme*, *phronesis*, *sophia* und *nous*. Aus dieser Fünfergruppe werden später zwei davon als Tugenden erkannt, die *sophia* und die *phronesis*. Die *episteme* (Wissen, Wissenschaft), die hier von Aristoteles dargestellt wird, ist das beweisende Denken, das apodiktische Denken, das vom Allgemeinen ausgeht. Es befasst sich mit dem, was sich nicht verändert, was notwendig ist. Jede *episteme* muss lehr- und lernbar sein. Sie geht vom Bekannten aus, entweder vom Allgemeinen (deduktiv) weg oder zum Allgemeinen (induktiv) hin. Die *episteme* ist ein Habitus, bündige Schlüsse ziehen zu können.

NE VI, 4 Das Herstellungswissen (*techne*)

Aristoteles unterscheidet *praxis* (Handeln) von *poesis* (Herstellen), aber beides ist mit Überlegung verbunden. Das Herstellungswissen (*techne*) hat es mit dem Nicht-Notwendigen und auch nicht mit dem Unveränderlichen zu tun, weil es seinen Ursprung im Herstellenden hat und nicht im Hergestellten. Zwischen *techne* und *phronesis* bestehen zwei wichtige Unterschiede:
- Ein vorsätzlich begangener Fehler in einer *techne* ist unter Umständen hinnehmbar,
- nicht aber ein vorsätzlicher Fehler der *phronesis* (denn sie die ja die dianoetische Tugend bezüglich der Einzelhandlungen, also eine *arete*). (s. NE VI, 5)

Das würde nämlich bedeuten, dass man in der Realität eine tatsächlich sittlich schlechte Handlung „nur so zum Spaß" begehen dürfe, was aber nicht zugestanden werden kann. Bei den Akten der *phronesis* geht es immer um den ganzen handelnden Menschen, dessen Akte (gute oder schlechte) in ihm bleiben, weswegen ein moralisch relevanter Handlungsakt eine *actio immánens* ist. (s. NE VI, 5)

Das Wissen einer *techne* könne man im Gegensatz zur *phronesis* vergessen, da der Bereich der *techne* nicht wesensnotwendig mit dem Menschen verbunden ist, die *phronesis* gehört aber wesentlich zum Menschen.

NE VI, 5   Die Klugheit (*phronesis*)

Wer ist ein kluger Mensch, fragt Aristoteles? Einer, der gut überlegen kann. Überlegungen stellt man aber nur an über Dinge, die auch anders sein können. Dies ist der Bereich des Handelns. Die Klugheit (*phronesis*) gehört also weder zur *episteme* noch zur *techne*, weil beide verschiedenen Gattungen angehören. Aristoteles geht hier wieder auf die Bedeutung von Lust und Unlust für die Wahrnehmung des Ursprungs von Handlungen ein, die den Zweck des Handelns bilden: Diese Ursprünge können durch Lust- und Unlustwahrnehmungen verdeckt oder verändert werden. Auf einen wesentlichen Unterschied zwischen *phronesis* und *techne* (s. NE VI, 4) macht Aristoteles aufmerksam: Bei einer *techne* kann man auch absichtlich etwas falsch machen, und wird vielleicht sogar noch gelobt (z. B. um Personen zu unterhalten), bei der *phronesis* aber nicht. Sie ist eine Tugend und nicht wie die *techne* ein so oder so einsetzbarer Habitus. Man kann also nicht „aus Spaß" eine tatsächlich moralisch schlechte Handlung vollziehen und dafür noch Lob erwarten. (s. NE VI, 4)

NE VI, 6   Intuitive Vernunft (*nous*)

Aristoteles wiederholt hier zunächst seine Auffassungen über die *episteme*: Sie geht auf das Notwendige und Allgemeine, die Prinzipien. Wie kommt die *episteme* zu diesen Prinzipien? Da solche Prinzipien nicht mehr diskursiv erkannt werden können, können sie nur noch intuitiv „erfasst" werden. Die Weisheit (*sophia*) ist dafür nicht fähig, auch nicht die *phronesis*, so bleibt nur noch der *nous*: Er erfasst intuitiv die Prinzipien. Als solcher stellt er das höchste menschliche Vermögen dar, Aristoteles nennt ihn an anderer Stelle göttlich.

NE VI, 7   Weisheit (*sophia*)

Aristoteles differenziert hier zwischen der Klugheit (*phronesis*) und der Weisheit (*sophia*). Zunächst geht er von den allgemeinen Vorstellungen von Weisheit aus:
- Weisheit im Sinne von Tüchtigkeit im Herstellen, wie z. B. Phidias als Bildhauer. Daraus folgt: die Weisheit ist das genaueste Wissen (*episteme*).
- Daraus folgt wieder: Man muss (1) genaue Kenntnis von den Prinzipien haben und (2) mit diesen Prinzipien fachgerecht umgehen können. Daraus folgt: Die Weisheit (*sophia*) ist eine Kombination von *nous* (erfasst die Prinzipien) und *episteme* (Schlussfolgerungen mit Hilfe der Prinzipien).
- Dasjenige, womit sich die Weisheit beschäftigt, ist immer das gleiche, dasjenige, womit sich die Klugheit beschäftigt, ist mal so mal so, also veränderlich. Deshalb können manche Tiere klug genannt werden, weil sie ihre Daseinsvorsorge variabel gestalten können (z. B. Nahrungsvorrat für den Winter anlegen), aber nicht weise. Dagegen: Thales und Anaxagoras waren nicht kluge, sondern weise Menschen. Sie konnten das für sie lebenspraktisch Notwendige nicht erkennen und realisieren, sie waren reine (weise) Theoretiker.

NE VI, 8   Die Klugheit (*phronesis*) beim Handeln

Die Klugheit (*phronesis*) bezieht sich sowohl auf die Kenntnis des Allgemeinen als auch des Einzelnen, denn das Handeln hat es mit dem Konkret-Einzelnen zu tun, aber im

Hinblick auf etwas Allgemeines. Dieses lässt sich im Modell des **praktischen Syllogismus** darstellen. **Beispiel**: Jemand möchte abnehmen und weiß allgemein, dass leichtes Fleisch dafür geeignet ist. Nun muss diese Person noch konkret wissen, welches Fleisch leicht und für eine Diät geeignet ist, beispielsweise Hühnerfleisch. In einen praktischen Syllogismus mit seiner Dreifachstruktur transformiert, ergibt sich folgende Darstellung.

Obersatz: Leichtes Fleisch hilft, im Rahmen einer Diät abzunehmen.

Untersatz: Hühnerfleisch ist leicht.

Syllogismus: Also soll man Hühnerfleisch essen.

Der Obersatz enthält die allgemeine Einsicht, der Untersatz das Konkret-Einzelne. Aristoteles legt hier dar, dass man praktische Lebenserfahrung braucht, um eine Handlung richtig vollziehen zu können. Diese praktische Lebenserfahrung besteht vor allem in der Kenntnis des Konkret-Individuellen, also im Untersatz.

NE VI, 9 Fortsetzung: Die Klugheit als Wahrnehmung (*aisthesis*)

Dasjenige, was Gegenstand von Handlungen ist, ist das Konkret-Einzelne. Von diesem erlangt man nur Kenntnis durch eine längere Beschäftigung. Also können junge Menschen noch keine richtige Kenntnis davon haben. Aristoteles differenziert hier wieder zwischen *phronesis*, *episteme* und *nous*. Der *nous* hat es mit demjenigen zu tun, von dem es keine Begründung gibt, die *phronesis* mit dem Letzten (*eschaton*) in der Urteilskette der Elemente für eine Handlung. Von diesem Letzten müsse man eine „Wahrnehmung" (*aisthesis*) haben, aber nicht konkret durch die Sinnesorgane, sondern im übertragenen Sinn: Man muss dieses Ziel „sehen". Das Letzte in einer Handlung ist der konkrete Handlungsvollzug, im Allgemeinen das Endziel, das Glück.

In NE VI, 10 12 folgen nun drei Einzel- oder Untertugenden, die eine Verwandtschaft und Ähnlichkeit mit der Haupttugend Klugheit haben: Die Wohlberatenheit, die Verständigkeit, die Einsicht.[29]

NE VI, 10 Wohlberatenheit (*euboulia*)

Was ist die Wohlberatenheit? Sie ist eine Richtigkeit im Überlegen. Das Überlegen ist aber die spezifische Leistung im rationalen Seelenbereich des *logistikon*. Aber sie ist kein Wissen, kein geschicktes Erraten (denn dieses geschieht ohne Begründung und meist schnell), kein Scharfsinn, keine Behauptung und keine Meinung. Sie ist eine Art von Richtigkeit, und zwar mit Begründung, also ist sie die Richtigkeit des Denkens. Die Wohlberatenheit geht auf etwas Gutes (daher der Ausdruck *eu-boulia*), denn den Unbeherrschten und Schlechten nennen wir nicht wohlberaten.

- Der unbeherrschte und schlechte Mensch kann zwar durch eine Abwägung („Beratung") der Mittel zu seinem falschen Ziel gelangen; er hat zwar dann die geeigneten Mittel gefunden, sie aber für ein falsches Ziel eingesetzt. Er ist deshalb nicht wohlberaten zu nennen.

---

[29] Dirlmeier, Gigon, Rolfes und Wolf übersetzen hier einheitlich.

- In einer Abwägung mittels eines praktischen Syllogismus kann man zwar die obere Prämisse (das Ziel) richtig einsetzen, aber die mittlere Prämisse (das Mittel) falsch bestimmen, und so etwas Gutes auf falsche Weise erstreben. Wohlberaten ist man aber erst dann, wenn Ziel und Mittel nicht nur zusammen passen, sondern wenn mit dem guten und richtigen Mittel ein wertvolles Ziel erreicht wird.

So ergibt sich: Die Wohlberatenheit ist eine Richtigkeit in Bezug auf das, was von der Klugheit als Mittel für das als wahr erkannte Ziel notwendig ist. Das Ziel ist aber gemäß dem Charakter, also bilden sich die richtigen Zielvorstellungen aus den ethischen Tugenden. Die Quelle der Ziele sind die ethischen Tugenden, verstanden als Charakter eines Menschen. Die Wohlberatenheit kann in Bezug auf ein partikulares und ein universelles Ziel gemeint sein. Das u n i v e r s e l l e Ziel ist das Glück, das p a r t i k u l a r e Ziel ist abhängig von den jeweiligen Lebenssituationen.

NE VI, 11   Die Verständigkeit (*synesis*)

Welche Eigenschaften braucht man, wenn Probleme auftauchen, die man aber durch Überlegen lösen kann? Diejenigen Menschen, die dies können, nennt man die Verständigen (bzw. Wohlverständige), so Aristoteles. Was charakterisiert den Verständigen? Ist er identisch mit dem Klugen? Ja und Nein, denn beide haben erstens die gleichen Objekte gemeinsam, aber zweitens unterscheiden sie sich, und zwar im Umgang mit diesen Objekten.

Was also ist der Unterschied zwischen der Klugheit und der Verständigkeit? Die Klugheit hat befehlende Kraft, die Verständigkeit hat nur urteilende Funktion. Wie ist dies zu verstehen? Der Ansatz dieses Themas liegt darin, dass Probleme im Leben auftreten. Welche? Einer behauptet, dies sei die richtige und gute Entscheidung, ein anderer behauptet das Gegenteil. Hier ist ein Problem entstanden, denn man muss jetzt die andere Meinung gegen die eigene Meinung abwägen, d. h. man muss selbst überlegen, was richtig und zutreffend ist. Wenn man etwas noch nicht kann oder weiß, muss man lernen. Wenn nun jemand einem Lernenden etwas beigebracht hat, dann kann man ihn fragen, ob er es verstanden hat. Wenn er es verstanden hat, dann kann er es auch anwenden (sonst hätte er es noch nicht „verstanden"). Also sind Lernen und Verständigkeit dasselbe. Die Verständigkeit ist Teil des Lernens, wenn man beurteilen will, was andere über die Gegenstände der Klugheit sagen. Lernen heißt Verstehen, sagt Aristoteles. „Richtiges" Verstehen ist aber nur dasjenige, welches die Wahrheit trifft. Die Verständigkeit ist also Urteilskraft. Diese braucht man, um das Problem, dass es verschiedene Meinungen zu einem Thema gibt, lösen zu können. Bevor also die befehlende Kraft der Klugheit einsetzt, muss die Verständigkeit das richtige Urteil fällen.

Aristoteles weitet den Begriff Verständigkeit noch aus. Wenn man von einem Menschen sagt, er zeige bei Problemen anderer Menschen „Verständnis" für diese, dann drückt man damit aus, dass dieser Mensch Einsicht (*gnome*) und Nachsicht (*syngnome*) habe. Er gleiche deshalb demjenigen, der die Güte der Billigkeit (s. NE V, 14) besitze und sie auch anwende. Auch hier gilt: Richtig ist eine Entscheidung erst dann, wenn sie die Wahrheit beachtet.

NE VI, 12   Die Einsicht (*gnome*) und der Zusammenhang von Klugheit und Weisheit

Der entscheidungskompetente Mensch setzt sich also zusammen aus den Eigenschaften der Verständigkeit, der Einsicht, der Klugheit und der Intuition. Diese vier Fähigkeiten braucht man, wenn man sich mit demjenigen beschäftigt, was das Wesen einer Handlung ausmacht, nämlich das Einzelne und das Letzte. Wie ist das zu verstehen? Eine Handlung ist immer konkret und individuell, und in der Kette der Überlegungen, des Abwägens und schließlich Entscheidens ist sie das letzte, d. h. die Ausführung. Man kann also im Sinne einer Handlung beispielsweise nicht allgemein gerecht sein, sondern nur in einer bestimmten konkreten Einzelhandlung.

Jede Entscheidung und jede Handlung streben also auf ein Letztes (*eschaton*) zu, und dieses ist das Einzelne. Dieses muss der Kluge (*phronimos*) kennen. Das Letzte ist also das Ziel bzw. der Zweck der Handlung, als universelles Endziel ist es das Glück. Dieses „Letzte" kann in zweierlei Hinsicht aufgefasst werden, wenn man das Denken und Entscheiden als Syllogismus beschreibt, als (1) oberste Begriffe und als (2) die untersten Einzelgegebenheiten; diese sind Gegenstand des intuitiv erfassenden *nous* und nicht des schlussfolgernden Denkens und nicht der Begründung (*episteme*). Aristoteles überträgt dieses auf den praktischen Syllogismus. Innerhalb eines p r a k t i s c h e n S y l l o g i s m u s bedeutet dies: Dasjenige, was mit Beweisen und ersten und unveränderlichen Begriffen operiert, betrifft den O b e r s a t z, die erste Prämisse, dasjenige aber, was mit veränderlichen Möglichkeiten und Letztem sich befasst, betrifft den U n t e r s a t z, die zweite Prämisse. Dieses intuitive Erfassen wird auch, im übertragenen Sinn die Wahrnehmung (*aisthesis*) genannt. Da diese Fähigkeit mit zunehmendem Alter zunimmt, haben die Alten ein „Auge" für bestimmte Einsichten gewonnen und man solle ihnen auch dann zuhören, wenn sie ihre Ansichten ohne Beweise vortragen.

Aristoteles referiert hier die „gängige Meinung", dass man von Natur aus die Einsicht (*gnome*), das Verstehen (*synesis*) und den intuitiven Verstand (*nous*) haben könne, nicht aber die Weisheit (*sophia*). Aus diesem Grunde könne man durch den puren und naturalen Lebensvollzug (durch das Lebensalter selbst) auch zu Einsichten, Verständnissen und Intuitionen gelangen, die dann auch, im übertragenen Sinn, an die Stelle eines Beweises treten können.

Aristoteles schließt: Der Unterschied zwischen Klugheit und Weisheit wurde dargelegt, außerdem, dass beide jeweils der vollkommene Zustand (Tugend) eines Teils der rationalen Seele sind, die Klugheit des überlegenden (*logistikon*) und die Weisheit des denkenden (*epistemonikon*) Teils.

NE VI, 13   Das Verhältnis von Klugheit und Weisheit

Aristoteles stellt hier die Frage, wozu uns diese bisher vorgetragenen Einsichten nützen. Steigern sie unsere Handlungskompetenz, oder wozu tragen sie im Feld der Handlungen bei? Er antwortet:
- Sie tragen nichts bei im Sinne einer *causa efficiens*, einer hervorbringenden Ursache, wie dies beispielsweise die Medizin für die Gesundheit ist. Was ist dann ihr Nutzen? Klugheit und Weisheit sind als Tugenden der beiden rationalen Seelenteile für sich bereits wertvoll, denn sie repräsentieren deren jeweilige Gutheit. Das Glück

als Endziel allen Handelns war in NE I bereits als eine *energeia* gemäß der *arete* bezeichnet worden, das Glück ist also, formelhaft ausgedruckt, *kat' areten*.

- Die ethische Tugend, wozu die Klugheit den Haltepunkt zwischen Zuviel und Zuwenig festlegt, ist die *causa formalis* des Glücks, d. h. sie bringt das Glück nicht mechanisch hervor, sondern sie bringt die Form des Ergebnisses tugendhafter Handlungen zum Vorschein. Tugendhafte Handlungen haben als Ergebnis die Erscheinungsform des Glücks, lasterhafte Handlungen haben als Ergebnis die „Form" einer unglücklichen Seele. Mit „Form" ist hier also eine Erscheinungsform gemeint, und „Ursache" ist hier nicht im Sinne eines physischen Bewirkens gemeint, sondern als Ursache einer Erkenntnis.
- Die ethische Tugend (aus dem strebenden Seelenteil) macht das Ziel richtig, die Klugheit wählt aber die richtigen Mittel zum Ziel. Das heißt: Wer in geordneten seelischen Affekten (ohne ein Zuviel und ein Zuwenig) sich befindet, erstrebt andere Ziele als derjenige, der in ungeordneten seelischen Zuständen lebt. Dem Unmäßigen zeigen sich andere Ziele als dem Maßvollen.
- Wie steht es nun mit der „Anwendung" dieser Einsichten? Eine Medizin kann man einnehmen und wird gesund, ohne dass man etwas von Medizin versteht. Kann man diese vorgetragenen ethischen Einsichten auch ohne tieferes Verständnis „anwenden"? Aristoteles erläutert seine Auffassung am Beispiel des gerechten Handelns. Gerecht handeln liegt nicht bereits dann vor, wenn man faktisch die Gesetze befolgt, sondern man muss sie auch

(1) freiwillig,

(2) wissentlich und

(3) um der Sache selbst willen befolgen.

Beispiel: Ein Autofahrer kann an der Ampel bei Rot vielleicht nur deshalb anhalten, weil er Angst vor Strafe hat. Dann aber hat er vor allem nicht das dritte und das erste Kriterium in seine Handlungsentscheidung aufgenommen und somit nur legal, aber nicht in einer moralisch relevanten Weise gehandelt. Eine wertneutrale Vorform der Klugheit ist die intellektuelle Gewandtheit (*deinotes*), die sich als böse Gerissenheit und auch als gute Klugheit zeigen kann. Sie ist aber bereits das „Auge" der Seele, mit dessen Hilfe wir die Ausgangs- und Zielpunkte des Handelns erfassen. Ein wertvolles Ziel zeigt sich nur dem charakterlich wertvollen Menschen.

Es gibt auch eine natürliche Tugend (*physike arete*), denn vom Augenblick unserer Geburt, so Aristoteles, können wir tapfer, maßvoll usw. sein. Aber erst durch die Einsicht in die bisher vorgetragenen Gedanken erfährt die natürliche Tugend eine Veränderung hin zur eigentlichen ethischen Tugend, welche die Information durch die dianoetische Tugend der Klugheit benötigt. Aristoteles gebraucht hier ein Bild: Wie ein kräftiger, aber blinder Körper, der sich ohne die Hilfe einer geistigen Leitung bewegt, schwer verletzen kann, weil ihm die Sehkraft fehlt, so ist dies analog auch bei den natürlichen Tugenden der Fall: Sie benötigen eine geistige Leitung, ein Auge; dieses ist die Vernunft, im besonderen die Klugheit.

Hier kritisiert Aristoteles die Auffassung des Sokrates, dass ethische Tugend und Klugheit identisch seien. In Wirklichkeit bedarf die ethische Tugend der Ergänzung durch die

Klugheit. Wodurch aber wird die Richtigkeit der Entscheidung gewährleistet? Es müssen personen- und situationsgemäß die Handlungsumstände richtig eingeschätzt werden. Dies ist eine Leistung des *orthos logos*, der *recta ratio*, diese ist aber identisch mit der Klugheit. Die dianoetische Tugend der Klugheit verbürgt also die Richtigkeit der Einzelentscheidung (d. h. unter Einbeziehung der situativ-variablen Handlungsumstände), weil sie ein „Auge" dafür hat und die entsprechende Wahrnehmung vornehmen kann. Für das Konkret-Einzelne ist nämlich eine Wahrnehmung erforderlich. Abschließend greift Aristoteles die Frage auf, ob man eine ethische Tugend alleine haben kann oder nur alle ethischen Tugenden zusammen. Er bemerkt:

- Bei den Naturtugenden könne man durchaus nur eine oder einige haben,
- bei den ethischen Tugenden (mit Beratung durch die Klugheit) aber nur alle. Dies ergibt sich auch daraus, dass eine ethische Tugend die *causa formalis* für das Glück ist, dieses als Endziel aber nur im Singular existiert, weil es autark gedacht werden muss. Es kann auch nicht durch die Hinzufügung eines einzigen Elements gesteigert werden.

Zwischenergebnis: Entscheidungen können nicht richtig sein ohne eine ethische Tugend, aber auch nicht richtig ohne die dianoetische Tugend der Klugheit:

- Die ethische Tugend (z. B. die Mäßigkeit) legt das Ziel fest, die dianoetische Tugend der Klugheit (*phronesis*) findet dazu die Mittel.
- Die Weisheit (*sophia*) steht über der Klugheit (*phronesis*), weil sich die eine Tugend (*sophia*) mit dem Unveränderlichen, die andere (*phronesis*) mit dem Veränderlichen befasst, wie analog die Gesundheit über der Kunst des Arztes steht, so Aristoteles.

2.2.7 Buch VII: Die Charaktertypen; erste Lustabhandlung

In den ersten elf Kapiteln von Buch VII stellt Aristoteles die Erscheinungsformen von Beherrschtheit und Unbeherrschtheit vor, in den Kapiteln 12 bis 15 beginnt er die sog. erste Lustabhandlung.

NE VII, 1   Gegenstand und Methode der Untersuchung

Aristoteles spricht hier davon, dass ein neuer Anfang gemacht werden soll, indem die drei zu meidenden Charaktereigenschaften untersucht werden sollen:

(1) die Schlechtigkeit (*kakia*),

(2) die Unbeherrschtheit (*akrasia*) und

(3) die tierische Rohheit (*theriotes*).

In diesem Zusammenhang sollen zwei weitere Eigenschaften beim Handlungsvollzug untersucht werden, (1) die Härte und Ausdauer, sowie (2) die Weichheit und Genussliebe. Für die Tugend ist ja wichtig, dass sie nicht nur eine flüchtige Eigenschaft beinhaltet, sondern ein Habitus geworden ist, dem Stabilität zu eigen ist.

Aristoteles wird dieses Thema nach seiner in NE II vorgetragenen Methodenkonzeption behandeln, und zwar zunächst (a) die gängigen Meinungen hierzu vortragen, dann (b) die strittigen Punkte zu klären versuchen, so dass (c) nur noch die anerkannten Meinungen übrig bleiben.

NE VII, 2   Liste der gängigen Meinungen über Charaktereigenschaften

Im Mittelpunkt stehen zwei Charaktertypen, der Beherrschte und der Unbeherrschte, weil sie den Normalbürger charakterisieren, die zwei charakterlichen Randpositionen sind der Besonnene (Tugendhafte) und der Zügellose. Diese vier Charaktertypen seien hier vorweg kurz darstellt, um die daran anschließenden Argumente des Aristoteles leichter verfolgen zu können.

1. Der Besonnene (Tugendhafte): Er denkt und handelt richtig, d. h. er bleibt seiner Überzeugung treu und hat keinen inneren Kampf zu bestehen. (Grundtyp: Der Heilige, der Unfehlbare)
2. Der Beherrschte: Er denkt und handelt auch richtig, aber erst nach einem inneren Kampf bleibt er seiner Überzeugung treu. (Grundtyp: Der gute Normalbürger)
3. Der Unbeherrschte: Er denkt richtig, handelt aber falsch, da er den inneren Kampf zwischen seiner rationalen Überzeugung und der Faszination des augenblicklich sinnlichen Genusses verloren hat. (Grundtyp: der schlechte Normalbürger, der Genussmensch)
4. Der Zügellose: Der denkt falsch und handelt falsch, d. h. er bleibt im Handeln seiner falschen Überzeugung treu. (Grundtyp: der Ganove, der Verbrecher)

Erläuterungen

In logischer Terminologie ausgedrückt stammen aus dem sinnlichen Bereich des Menschen die Wahrnehmungsurteile, aus dem nicht-sinnlichen Bereich die Verstandes- oder Vernunfturteile. Beispielsweise ist ein Wahrnehmungsurteil: „Dieses Stück Torte schmeckt süß und angenehm." Ein Verstandesurteil könnte lauten: „Süße Sachen soll man nicht essen, weil es den Zähnen schadet, oder weil man davon dick und deshalb vielleicht leichter krank wird" usw. In der menschlichen Seele kann es hinsichtlich des Zusammenwirkens von Verstand und Sinnlichkeit entweder Harmonie oder Disharmonie geben.

Diese zwei Kombinationen verteilen sich auf die vier Handlungstypen nach Aristoteles folgendermaßen:

I. Harmonie zwischen Sinnlichkeit und Verstand
1. Besonnener: Er denkt richtig und handelt im Einzelfall entsprechend seinem Denken, also auch richtig.
2. Zügelloser: Damit wird derjenige bezeichnet, der seinem Denken falsche moralische Grundsätze zugrunde legt und auch in seinem Handeln konsequent diesem Denkansatz folgt, also auch falsch handelt. Der Zügellose ist der durch und durch schlechte Mensch, der auch mit voller Einsicht in die Schlechtigkeit seines Tuns so handelt (z. B. der Tyrann).

II. Disharmonie zwischen Sinnlichkeit und Verstand
1. Beherrschter: Damit bezeichnet Aristoteles denjenigen, der seinem Denken richtige moralische Grundsätze zugrunde legt und auch richtig handelt, den aber situativ

seine augenblicklichen Neigungen von der Befolgung seiner moralischen Grundsätze abbringen wollen, dem es jedoch – in einer Art innerem Kampf – gelingt, sein Handeln dem Denken gemäß auszurichten. Aus der eigentlich ursprünglichen Disharmonie ist dann doch noch eine Harmonie geworden.

2. Unbeherrschter: Mit diesem Ausdruck bezeichnet Aristoteles den eigentlichen Problemfall der menschlichen Handlungsanalyse: Der Unbeherrschte (*akrates*) ist derjenige, der zwar richtige moralische Prinzipien kennt, der aber situativ davon abweichend, also falsch handelt. Der bleibt in seiner Disharmonie.

Aristoteles verwendet in den folgenden Abschnitten den praktischen Syllogismus zur Erklärung der vier Verhaltensweisen, der deshalb hier kurz referiert werden soll. Ein Syllogismus besteht aus drei Sätzen, einem Obersatz (enthält eine allgemeine Erkenntnis), dem Untersatz (enthält eine partikulare Wahrnehmung bzw. Urteil) und der Konklusion mit der Zusammenführung von Ober- und Untersatz. Im Normalfall, d. h. ohne Konflikt zwischen Ober- und Unterprämisse, kann ein praktischer Syllogismus wie in der ersten Grafik, mit Konflikt wie in der zweiten Grafik aussehen.

Praktischer Syllogismus		
Obere Prämisse	Verstandesurteil	Von süßen Sachen soll man nicht essen.
Untere Prämisse	Wahrnehmungsurteil	Diese Speise hier ist süß.
Konklusion	Handlung	Also werde ich davon nicht essen.

In der folgenden Grafik wird der mögliche Zusammenhang von Sinnlichkeit und Verstand mit Hilfe des praktischen Syllogismus dargestellt.

Sinnlichkeit und Verstand					
Harmonie		Praktischer Syllogismus	Disharmonie		
Besonnener	Zügelloser		Beherrschter	Unbeherrschter	
richtig	falsch	Obere Prämisse	richtig	richtig
richtig	falsch	Untere Prämisse	richtig	falsch
richtig	falsch	Handlung	richtig, aber mit Kampf	falsch

Aristoteles stellt hier in NE VII, 2 sechs Meinungen vor, die er später prüfen will.

1. a) Beherrschtheit und Ausdauer sind gut und lobenswert,
   b) Unbeherrschtheit und Weichlichkeit sind dagegen schlecht und tadelnswert.
2. a) Der Beherrschte (*enkrates*) ist derjenige Mensch, der bei seiner Überlegung bleibt.

- b) Der Unbeherrschte (*akrates*) ist derjenige, der nicht bei seiner Überlegung bleibt, also gegen seine Überlegung handelt.
3. a) Der Beherrschte weiß, dass seine Begierden schlecht sind, kann sich aber beherrschen.
   b) Der Unbeherrschte weiß auch, dass seine Begierden schlecht sind, kann sich aber nicht beherrschen.
4. a) Manche Menschen nennen den Besonnenen ausdauernd und kraftvoll beherrscht, und manche Menschen trauen ihm Besonnenheit in allen Fällen zu, andere aber nicht.
   b) Manche Menschen halten Unmäßigkeit (Unbesonnenheit) und Unbeherrschtheit für identisch, andere dagegen nicht.
5. a) Vom ethisch-klugen Menschen sagen manche, dass er nicht unbeherrscht sein kann,
   b) während andere vom gewandt-klugen Menschen sagen, dass er unbeherrscht sein kann.
6. Unbeherrscht nennt man auch Menschen in Angelegenheiten des Zorns, der Ehre und des Gewinns.

NE VII, 3   Kommentar des Aristoteles zu den aufgelisteten Verhaltensweisen

(1) Hier führt Aristoteles eine Auseinandersetzung mit Sokrates, der unbeherrschtes Handeln auf Nichtwissen zurückführt, denn Wissen (*episteme*) kann nicht von etwas anderem „wie ein Sklave herumgezerrt" werden. Wenn dies so wäre: Um welche Art von Nichtwissen handelt es sich dann hier, wenn diese Unwissenheit durch einen Affekt entsteht? Ist es die Klugheit (*phronesis*), die dem Affekt unterliegt? Das aber steht in Widerspruch zum bisher Vorgetragenen: Die Klugheit ist die dianoetische Tugend, die Affekte einmittet und zu ethischen Tugenden macht.

(2) Der Beherrschte hat Begierden, kann sie aber unterdrücken. Folgende Möglichkeiten liegen vor:
   (a) Die Begierden sind stark und schlecht zugleich: Dann kann dieser beherrschte Mensch kein besonnener Mensch sein, denn zur ethischen Tugend der Besonnenheit (Mäßigkeit) gehört, dass man keine übermäßigen und schlechten Begierden hat.
   (b) Die Begierden sind zwar stark, aber gut: Dann ist nicht einzusehen, warum sie unterdrückt werden sollten.
   (c) Die Begierden sind schlecht, aber schwach, dann ist bei der Unterdrückung nichts Großartiges dabei,
   (d) ebenso dann nicht bei ihrer Realisierung, wenn sie zwar gut, aber ebenfalls schwach sind.

(3) Das Beharren auf einer Meinung als Kennzeichnen der Beherrschtheit ist nicht unbedingt gut, wenn es eine falsche Meinung ist, und das Ändern der Meinung als Kennzeichen des Unbeherrschten ist dann allerdings gut. So ist eine Paradoxie entstanden: Das Verhalten des Beherrschten ist schlecht, das des Unbeherrschten ist gut.

(4) Es wird auch manchmal, so Aristoteles, eine sophistische Paradoxie vorgetragen: Unbeherrschtheit verbunden mit Unverstand ergebe eine tugendhafte Handlung. Wie ist das zu verstehen? Der Vorgang muss in drei Schritte zerlegt werden:
- Aus Unverstand („Blödheit") denkt jemand, das Gute sei ein Schlechtes.
- Aus Unbeherrschtheit tut er das Gegenteil von dem, was er denkt.
- Also tut er dann doch das Gute.

Aristoteles kritisiert diese Art zu Denken scharf: „Die Sophisten wollen mit ihren Schlüssen paradoxe Ergebnisse vorführen, um dann, wenn ihnen der Trick gelungen ist, als Geisteshelden dazustehen – und so führt der vollzogene Schluss zu einer Denkschwierigkeit, denn der Verstand fühlt sich wie geknebelt, wenn er einerseits bei dem Ergebnis nicht stehen bleiben will, weil es ihm widerstrebt, andererseits aber nicht vorankommen kann, weil ihm die Widerlegung nicht gelingt." (1146a21–27)

(5) Es ist ein Unterschied, ob man das Lustvolle aus Überlegung oder aus Unbeherrschtheit verfolgt und tut.
- Der Überlegende kann geheilt werden, denn man kann ihn vom Gegenteil überzeugen, da er der Überlegung zugänglich ist.
- Der Unbeherrschte kann dagegen nicht geheilt werden, denn sein Verhalten beruht auf keiner Überlegung, die mit Argumenten verändert werden könnte. Auf ihn ist das Sprichwort anwendbar: „Wenn das Wasser würgt, was soll man nachtrinken?" Dem Unbeherrschten ist also nicht zu helfen, er verbleibt bei seiner Verhaltensweise.

(6) Sowohl Beherrschtheit als auch Unbeherrschtheit beziehen sich nicht auf alle Bereiche des Lebens. Wer ist aber unbeherrscht schlechthin (*haplos*), d. h. ohne einen näheren Zusatz? Niemand hat alle Arten von Unbeherrschtheit in sich, trotzdem nennen wir einige Menschen unbeherrscht schlechthin.

NE VII, 4 Analyse der Probleme

Aristoteles stellt hier einige Fragen zur Klärung der anstehenden Fragen, denn die Auflösung der Schwierigkeiten ist ein Weg zur Wahrheitsfindung.

(1) Handelt der Unbeherrschte wissentlich oder unwissentlich, und in welchem Sinne?
(2) Kommt Beherrschtheit bzw. Unbeherrschtheit nur in bestimmten Bereichen (z. B. dem Lustvollen) vor oder in allen Bereichen? Dies ist die Frage nach den Objekten des Strebens.
(3) Sind der Beherrschte und der Ausdauernde identisch oder verschieden?
(4) Wodurch sind der Unbeherrschte und der Zuchtlose unterschieden? Durch bestimmte Dinge (Objekte) oder durch die Art und Weise des Umgangs mit ihnen (durch den Habitus)? Der Unbeherrschte ist unbeherrscht nicht auf allen Gebieten, aber der Zuchtlose ist zuchtlos auf allen Gebieten. Außerdem: Der Zuchtlose ist überzeugt, jedem augenblicklichen Sinnengenuss nachjagen zu müssen, der Unbeherrschte hat diese Überzeugung nicht, tut äußerlich sichtbar aber das gleiche wie der Zuchtlose. Der Unbeherrschte weiß von der richtigen Entscheidung, kann sich aber nicht beherrschen und tut deshalb das Schlechte.

	Unbeherrschter	Zuchtloser
In Bezug auf Objekte	Nur bestimmte Objekte begehren	Alle Objekte begehren
In Bezug auf sein Denken und seinen Habitus	Er weiß: Nicht immer das gegenwärtig Lustvolle verfolgen, er tut es aber trotzdem.	Grundeinstellung: Immer das gegenwärtig Lustvolle verfolgen

NE VII, 5 Was für ein Wissen hat der Unbeherrschte?

Man könnte die Ursache für das Problem des Unbeherrschtseins darin sehen, dass jemand kein stabiles Wissen, sondern nur eine labile Meinung hat. Aristoteles weist diese Lösung zurück, und zwar mit folgenden Argumenten:

(1) Die gängige Unterscheidung zwischen (starkem) Wissen und (schwacher) Meinung ist hier unerheblich, denn man kann auch eine starke Meinung haben („Sturheit"), nach der man lebt. Heraklit war für dafür berüchtigt.

(2) Man kann über Wissen im Sinne von Haben und Gebrauchen sprechen: Man kann ein Wissen haben, aber es augenblicklich nicht gebrauchen (z. B. mathematisches Wissen in einer geselligen Runde). Affekte können bewirken, dass ein Wissen, das man eigentlich hat, in der gegebenen Situation nicht eingesetzt, d. h. nicht gebraucht wird. Selbst wenn die Unbeherrschten ganz vernünftig zu sprechen scheinen, ähneln sie mehr Schauspielern, die eingeübte Sätze aufsagen.

(3) Unseren Entscheidungen und Handlungen liegen praktische Syllogismen zugrunde. Diese bestehen aus einer allgemeinen und einer partikularen Prämisse.
  - Die allgemeine Prämisse kann beispielsweise lauten: Allen Menschen, die in Not sind, soll man helfen (wenn man kann).
  - Die partikulare Prämisse könnte dann lauten: Dieser Mensch ist in Not. Für die partikulare Prämisse ist nun aber ein bestimmtes Wissen erforderlich, das anderer Art ist als dasjenige in der allgemeinen Prämisse. Die partikulare Prämisse stellt eine Art Wahrnehmung dar, die man aus der Praxis gewinnen muss. Da die Handlungen sich im Konkret-Einzelnen vollziehen, muss man ein bestimmtes Wissen in diesem Bereich besitzen. Man muss hier wissen: Woran erkennt man einen in Not befindlichen Menschen? Am Gesichtsausdruck, an der schäbigen Kleidung usw.?

(4) Die bisherigen Überlegungen des Aristoteles waren *logikos* vorgetragen worden, also durch begriffliche Differenzierungen. Hier untersucht er das Problem der Unbeherrschtheit auf naturwissenschaftliche Weise, d. h. *physikos* (Wir würden dafür eher sagen: Er untersucht es psychologisch.) Das Problem ist die partikulare Prämisse, die ein Einzelgegebenes als Wahrnehmung enthält. Aristoteles erläutert dies an folgendem Beispiel als praktischer Syllogismus: Wenn man als (1) allgemeine Prämisse die Auffassung teilt, dass man alles Süße genießen soll, und man (2) eine Wahrnehmung über etwas Süßes hat (d. h. das Süße ist sinnlich vorhanden), dann (3) wird man das Süße essen.
  - Allgemeine Prämisse (Obersatz): Süßes soll man genießen (Meinung).

- Partikulare Prämisse (Untersatz): Dieses Dessert ist süß (Wahrnehmung).
- Schlussfolgerung: Also werde ich dieses Dessert genießen (Handlung).

Nun kann der Konfliktfall eintreten:

- Eine allgemeine Meinung (obere Prämisse) kann das Genießen des Süßen verbieten (weil es dick macht, für die Zähne schädlich ist usw.) Dann könnte die allgemeine Prämisse lauten: Alles Süße, obwohl es angenehm ist, soll man aus gesundheitlichen Gründen meiden.
- Jetzt aber kann eine Begierde entstehen, die durch den Satz über das angenehm Süße geradezu hervorgerufen wurde (denn im Kopf muss sich spontan eine dazugehörige Vorstellung aufbauen: Um gegen etwas sein zu können, muss man sich den „Feind" gewissermaßen vorstellen.) Das Süße entfaltet somit einerseits seine sinnliche Faszination, andererseits soll man aus rationaler Überlegung die Finger davon lassen. Also sagt eine Meinung, dass man das Süße fliehen soll, die Begierde treibt aber dazu an, das Süße zu genießen. Deshalb, so Aristoteles, kann man unbeherrscht sein durch eine Meinung und eine Überlegung. Die (allgemeine) Meinung (über den Wert des Süßen) ist aber der (rationalen) Überlegung (im Punkt der Entscheidungsfindung, dem Konkret-Einzelnen), nicht schlechthin entgegengesetzt, sondern nur akzidentell, denn entgegengesetzt ist ihr die Begierde. (Akzidentell meint hier: Sie ist zeitlich nur befristet vorhanden, beeinflusst also die richtige Überlegung nicht ständig.) Sie steht in Wechselwirkung mit der Wahrnehmung über den Wert des Konkret-Einzelnen. Diese Wahrnehmung ist aber sinnlich.

(5) Aristoteles kehrt hier zum Argument des Sokrates zurück, dass man nur im Zustand der Unwissenheit unbeherrscht sein könne. Er greift nochmals diejenige Art von Wissen auf, die in der partikularen Prämisse enthalten ist, derjenigen Prämisse, aus der heraus das Handeln ausgelöst wird. In ihr ist eine Meinung, ein Wahrnehmungs-Wissen enthalten, das von anderer Art ist als das rationale Wissen in der allgemeinen Prämisse. Dieses sinnlich affizierte Wahrnehmungs-Wissen „hat" der Unbeherrschte, aber dieses „Haben" ist nicht im Sinne eines echten Wissens vorhanden, sondern eher wie das Sprechen eines Betrunkenen, der Verse aufsagt, sagt Aristoteles. Der Affekt, der einen Menschen mitreißt, kann nur durch ein Wahrnehmungs-Wissen entstehen, ein Wissen, das die sinnlich-affektive Komponente bereits mit enthält. Aus dem eigentlich rationalen Wissen kann sich kein Affekt entwickeln. Ein Wahrnehmungs-Wissen kann man auch nur locker haben, d. h. auch wieder verlieren. Dieses Haben ist mehr akzidenteller Art. Ein echtes und „festes" Haben ist ein Habitus, im Gegensatz dazu ist das nur sinnlich affizierte „Wissen" kein kognitiver Habitus. Hier gibt Aristoteles dem Sokrates teilweise Recht, denn Sokrates hatte den Begriff des Wissens im Sinne der allgemeinen Prämisse verstanden. „Herrin unserer Handlungen" (Dirlmeier) ist aber die mittlere Prämisse, die die konkrete Einzelwahrnehmung enthält.

NE VII, 6   Bereich der Unbeherrschtheit

Aristoteles geht hier der Frage nach, ob die Unbeherrschtheit sich nur auf bestimmten Gebieten oder auf allen Gebieten zeigt. Zunächst werden die Gebiete von Lust und Unlust untersucht, und zwar in zwei Gruppen, die aber beide ein Übermaß kennen.

(1) Notwendiges (wie alles Körperbedingte), beispielsweise Nahrung, Getränke, Erholung, Schlaf und Sexualität: Hier sprechen wir beim Übermaß dann von Unbeherrschtheit schlechthin (d. h. ohne näheren Zusatz). Das Lustvolle aber ist nicht schon an sich zu meiden, sondern nur das Übermaß.

(2) Nicht Notwendiges, aber in sich wählenswert, wie z. B. Ehre, Reichtum, Sieg. Hier sprechen wir dann von „unbeherrscht im Hinblick auf Ehre" usw.

Die Unbeherrschtheit wird also nicht pauschal (schlechthin) getadelt, insofern sie zu einem bestimmten Bereich gehört (denn die genannten Bereiche sind in sich wählenswert), sondern insofern sie ein Übermaß darstellen. Beispiel: Wenn Eltern ihre Kinder lieben, ist dies wertvoll, nicht jedoch, wenn sie dies auf übertriebene Weise tun, so dass den Kindern das Selbstständigwerden versperrt wird. Schlechthin unbeherrscht ist derjenige Mensch, so Aristoteles, der nicht auf Grund einer reflektierten Entscheidung handelt, sondern gegen die Entscheidung.

Zuchtlos ist nicht derjenige Mensch, den starke Begierden antreiben, sondern derjenige, der diese Handlungsweise aus schwachen Begierden heraus bereits vollzieht (ein Spruch des Zuchtlosen: Rache muss man kalt genießen). Aristoteles fragt: Was wäre denn, wenn dieser Mensch starke Begierden hätte?

Aristoteles erörtert noch verschiedene Fälle, in denen geistige Krankheiten anormales Verhalten auslösen. In eine andere Gruppe gehört das tierische Verhalten, wozu er bestimmte Tyrannen (z. B. Pháleris) und Barbarenstämme zählt. Der Übergang vom krankhaften zum tierischen Verhalten ist jedoch fließend. Als Ergebnis liegt vor: Beherrschtheit, Unbeherrschtheit, Mäßigkeit und Unmäßigkeit haben es mit dem gleichen Bereich zu tun, der Lust. Die Lust ist aber *per se* nicht schlecht, war doch bereits in NE II festgestellt worden, dass erst durch ihr Dazukommen bei den tugendhaften Handlungsakten daraus sich ein Habitus formt. Hier (in NE II) liegt also eine tugendhafte, d. h. vernünftige Lust vor, die ethische Tugend der Mäßigkeit.

NE VII, 7   Unbeherrschtheit im Zorn und in den Begierden

Die Unbeherrschtheit im Zorn ist weniger tadelnswert und niedrig als die Unbeherrschtheit in den Begierden, so Aristoteles. Wieso liegt hier ein Unterschied vor? Aristoteles gibt folgende Begründungen.

(1) Der berechtigte Zorn kann seine Zustimmung durch die Vernunft erlangen, die Begierde dagegen strebt an der Vernunft vorbei nach der Lust. Dem Zorn ist gewissermaßen ein „vorauseilender Gehorsam" eigen wie den übereifrigen Dienern, die den Auftrag des Herrn nicht zu Ende anhören und deshalb falsch handeln; ebenso den Hunden, die bei jedem Geräusch bellen, ohne nachzusehen, ob es nicht ein Bekannter ist, so Aristoteles.

(2) Zornige und hinterhältige Menschen sind zu unterscheiden: Der Zorn zeigt sich offen, die Hinterhältigkeit eben gerade nicht. Außerdem ist der Zorn natürlicher als die Begierde. Diese ist auch hinterhältig, wie dies Aristoteles an der Liebesgöttin Aphrodite zeigt, die mit ihrem reich bestickten Gürtel unbemerkt Zauberkräfte einsetzt und damit viele gegen ihren Willen verführt.

(3) Die Unbeherrschtheit aus Begierde hat Lust an der Ungerechtigkeit, die in der Unbeherrschtheit im Zorn sich zeigende Unbeherrschtheit dagegen nicht.

NE VII, 8   Formen und Grade der Beherrschtheit und Unbeherrschtheit

Hier müssen in Bezug auf die Lust auch der beherrschte und der unbeherrschte sowie der weichliche und der ausdauernde Mensch besprochen werden neben dem beherrschten und unbeherrschten Menschen.

(1) **Unmäßig** ist, wer Angenehmes
- (a) im Übermaß begehrt, dies
- (b) vorsätzlich tut und
- (c) es nur um der angenehmen Dinge wegen begehrt (und nicht das Angenehme um etwas anderem willen begehrt).

(2) **Maßvoll** (beherrscht) ist derjenige Mensch, der die Mitte einhalten kann.

(3) Wenn man etwas aus starker Begierde und ohne rationale Entscheidung tut (Lust erstreben oder Unlust vermeiden), dann ist der Unmäßige schlechter als der Unbeherrschte. (s. NE VII, 9)

(4) Die (a) voreilig Unbeherrschten und (b) reizbar Unbeherrschten haben gemeinsam, dass sie nicht die Überlegung abwarten, sondern dem Affekt folgen.

NE VII, 9   Unmäßigkeit ist schlechter als Unbeherrschtheit

(1) **Unbeherrscht** wird derjenige Mensch genannt, der seine Entscheidung ändern und bedauern kann. Dieser kann geheilt werden. Er gleicht eher einem Betrunkenen, dessen Trunkenheit vorüber geht. Das Beste in ihm, sein richtiges Handlungsprinzip, bleibt gewahrt. Das Handlungsprinzip ist das Warumwillen der Handlung (später Intention genannt). Der Unbeherrschte handelt zwar gegen seinen Vorsatz, weil aber sein gutes Handlungsprinzip erhalten bleibt, ist er nicht lasterhaft

(2) **Unmäßig** dagegen wird derjenige Mensch genannt, der bei seiner Entscheidung bleibt und deshalb nichts bedauert. Dieser kann nicht geheilt werden. Er handelt gemäß seinem schlechten Vorsatz, deshalb ist er lasterhaft. Das Schlechte an ihm, das falsche Handlungsprinzip (das Warumwillen), wird von ihm aufrechterhalten, selbst wenn er es ändern könnte.

NE VII, 10   Die Beherrschtheit und richtige Überlegung

Beherrschtheit liegt nicht schon dann vor, wenn man bei irgend einer Überlegung bleibt bzw. nicht dabei bleibt, sondern nur, wenn man bei der richtigen und wahren Überlegung bleibt. Was man überlegt wählt, ist – für sich betrachtet, d. h. schlechthin (= ohne Zusatz) – das Letzte, akzidentell das Erste. Schlechthin wählt man beispielsweie die Erholung, akzidentell wählt man einen Badeurlaub (man könnte auch einen Bergurlaub wählen); das eine ist Ziel (Erholung = Ziel schlechthin), das andere ist Mittel (Badeurlaub oder Bergurlaub = akzidentell zum Ziel). Schlechthin soll man nur bei der richtigen Meinung bleiben, akzidentell kann man bei jeder Meinung bleiben. Aristoteles stellt nun die Frage: Ist der Beherrschte ein **Starrsinniger**? Äußerlich haben beide etwas gemeinsam: Sie bleiben bei ihrer Meinung. Der Beherrschte aber kann durch bessere sachliche Argumente umgestimmt werden, der Starrsinnige (wozu die Eigensinnigen, die Unwissenden und die Rüpel gehören) nicht. Der Eigensinnige ist lustgesteuert: Er freut sich, wenn ein Umstimmungsversuch misslungen ist, und er ärgert sich, wenn er nachgeben musste.

NE VII, 11 Der Besonnene und der Beherrschte

Aristoteles führt hier seine Lehre weiter, dass man für die richtige Bestimmung des Charakters nicht bei der Wahrnehmung von Äußerlichkeiten stehen bleiben darf, sondern auf das Handlungsmotiv (das Worumwillen) blicken müsse.

(1) Der Besonnene und der Beherrschte haben etwas gemeinsam: Sie handeln nicht auf Grund einer körperlichen Lust gegen ihre rationale Überlegung. Sie unterscheiden sich aber auch: Der Beherrschte hat schlechte Begierden, der Besonnene nicht. Dagegen der Unbeherrschte: Er bleibt nicht bei seiner rationalen Einsicht, sondern tut unter dem Einfluss der Affekte das Gegenteil. Deshalb ist der eigentliche Gegensatz hierzu nicht die Besonnenheit (*sophrosyne*), sondern die Beherrschtheit (*enkrateia*). Die Besonnenheit ist ja eine ethische Tugend und somit eine Mitte bei einer körperlichen Lust, der Begierde. (s. NE III, 12–13)

(2) Der Unbeherrschte und der Zuchtlose haben etwas gemeinsam, sie unterscheiden sich aber auch: Gemeinsam verfolgen sie die körperliche Lust, sie unterscheiden sich aber darin, dass der Zuchtlose überzeugt ist, dass dies in jedem Fall richtig ist und deshalb gar nicht dagegen ankämpft, der Unbeherrschte dagegen weiß, das dies nicht in jedem Fall gut ist, aber trotzdem den inneren Kampf verliert.

(3) Der sittlich Kluge (*phronimos*) und der Unbeherrschte (*akrates*) sind aber auch verschieden, nicht jedoch der gewandt Kluge (der Geschickte, der Weltmännische) und der Unbeherrschte, die eine gewisse Ähnlichkeit miteinander haben. (Der Begriff „Klugheit" kann einmal im umgangssprachlichen Sinn gebraucht werden, dann ist jeder „klug", der die geeigneten Mittel zum Ziel findet; hier wird Klugheit also im wertneutralen Sinn verwendet. Im ethischen Sinn ist aber nur derjenige klug, der die ethisch relevanten Handlungsprinzipien realisiert.) Der sittlich Kluge hat nicht nur das Wissen von den richtigen Prinzipien des Handelns (dem Worumwillen), sondern er gebraucht es auch und bildet deshalb einen moralischen Habitus aus, was der Gewandte (Weltmann) nicht tut (er bildet einen anderen Habitus aus, einen am eigenen Nutzen orientierten). *Phronesis* (Klugheit) und *Deinotes* (Gewandtheit) werden häufig miteinander verwechselt, müssen aber unterschieden werden wegen ihres unterschiedlichen Handlungsprinzips. Die eigentlichen Gegensätze sind also die Beherrschtheit – Unbeherrschtheit und die Besonnenheit – Zuchtlosigkeit.

NE VII, 12–15 Erste Lustabhandlung

In NE VII, 12–15 folgt nun die sog. erste Lustabhandlung, in NE X, 1–5 die sog. zweite Lustabhandlung. Der Unterschied ist folgender:

(1) Die erste Lustabhandlung definiert Lust als „ungehinderte Tätigkeit", d. h. sie ist Begleitphänomn einer ungestört vollzogenen Tätigkeit,

(2) die zweite Lustabhandlung definiert Lust als „eine zur vollkommenen Tätigkeit hinzukommende Vollendung".

NE VII, 12   Bekannte Meinungen über die Lust und ihre Begründung

Über Lust und Unlust muss man deshalb sprechen, weil die Gutheit bzw. Schlechtigkeit des Charakters vom Umgang des Menschen mit ihr abhängig ist. Außerdem ist nach dem Zusammenhang von Glück und Lust zu fragen. Hier in NE VII, 12 diskutiert Aristoteles ausschließlich ablehnende Einstellungen gegenüber der Lust, wie sie in seiner Zeit im Umlauf waren, sowohl im Volk als auch bei den Gebildeten bzw. Philosophen. Die Lust (*hedone*) galt bei vielen als gefährlich, weil sie Herrschaft über die Vernunft ausüben könne. Über die Lust gibt es drei ablehnende Ansichten mit folgenden Begründungen, so Aristoteles.

Erste These der Lustgegner: Die Lust ist überhaupt kein Wert (Gut), weder (a) an sich noch (b) akzidentell. Folgende Begründungen gegen die Lust als Wert werden vorgebracht.
- Jede Lust sei ein wahrnehmbares Werden auf einen naturgemäßen Zustand hin. Erläuterung der Begriffe „wahrnehmbares Werden" und „naturgemäßer Zustand": Wenn man im Zustand des Hungers und des Durstes sich befindet und isst und trinkt, dann nimmt man das Verschwinden des Mangels und die Zunahme der Sättigung wahr. Dieser Übergang ist ein Werden der Lust, d. h. sie ist im Entstehen begriffen. Als „naturgemäßer Zustand" könnte man in Weiterführung des Beispiels zunächst die Sättigung verstehen. Aristoteles wird darunter aber in NE VII, 13 die dem Menschen eigentümliche *hexis* verstehen, die ethischen Tugenden (die als Tätigkeiten zum Glück führen). Weiter führen hier die Lustgegner an: Ein Werden (*genesis*) gehört zu einer anderen Gattung als das Ziel (*telos*), der Zustand, wie auch das Bauen zu einer anderen Gattung gehört als das fertige Haus. (Auf den für die Bestimmung der Lust wichtigen Unterschied zwischen Werden und Ziel wird Aristoteles noch eingehen.) Der grundlegende Gedanke, wie ihn die Antihedoniker verstehen, ist folgender: Ein Werden (z. B. das Bauen eines Hauses) steht im Dienst des Endprodukts (das fertige Haus). Das erste ist um des zweiten willen da. Das führt zu folgendem Zwischenergebnis: Der Besonnene und der Kluge meiden die Lust. Die Lust ist ein Hindernis für das klare Denken, und zwar umso mehr, je stärker die Lust ist, z. B. bei der sexuellen Lust: Niemand kann dabei an etwas anderes denken.

Zweite These der Lustgegner: Manche Arten der Lust sind gut, die meisten aber schlecht. Folgende Begründungen werden vorgebracht:
- Es gibt auch niedrige und schändliche Lust.
- Es gibt auch schädliche Lust, manche Lust macht sogar krank.

Dritte These der Lustgegner: Selbst wenn alle Arten der Lust einen Wert haben, so kann Lust doch nicht der oberste Wert sein, denn die Lust ist kein Endziel, sondern ein Werden.

Dies sind die gängigen Meinungen über die Lust. Aristoteles wird nachfolgend auf sie eingehen und sie aus seiner Sicht entkräften. Das Endziel war ja schon am Anfang der

Nikomachischen Ethik als die *Eudaimonia*, das Glück, bestimmt worden. Es geht also um den Zusammenhang von Glück und Lust: Aristoteles bejaht ihn, seine Gegner verneinen ihn. Aristoteles wird aber den Lustbegriff zweiteilen: in Sinnenlust und Tätigkeitslust. Nur letztere, die Tätigkeitslust, erfüllt das gesuchte Kriterium für die Verbindung von Glück und Lust.

NE VII, 13   Antworten des Aristoteles auf die drei Thesen der Lustgegner

Die in NE VII, 12 vorgetragenen drei ablehnenden Grundansichten über die Lust werden nun geprüft. Er kommt zu dem Ergebnis, dass sich diese Meinungen widerlegen lassen.

Erwiderung auf die erste These, die Lust sei überhaupt kein Gut. Aristoteles verwendet hier drei Argumente:
- Es muss unterschieden werden zwischen einem „Gut an sich" und einem „Gut für jemanden",
- es muss unterschieden werden zwischen der Tätigkeit und dem Zustand,
- es muss unterschieden werden zwischen dem Ziel als Ergebnis und dem Weg zu diesem Ziel.

Er zeigt, dass etwas ein Wert für eine bestimmte Person in einer bestimmten Zeit sein kann, für eine andere dagegen nicht. Beispiel: Die Medizin ist für den Kranken ein Wert, für den Gesunden nicht. Der Begriff „Wert" kann dann auf folgende Weise verstanden werden:
- Wert an sich (ist immer und für alle Menschen ein Wert), z. B. das Leben.
- Wert für eine bestimmte Person, z. B. einen Sportler, einen Kranken.
- Wert für eine bestimmte Zeitspanne, z. B. Zeit der Krankheit.
- Manche Werte sind keine wirkliche Lust (diejenigen, die mit Unlust verbunden sind), z. B. schmerzhafte Heilungsprozesse bei Kranken.

Er zeigt, dass man unterscheiden muss zwischen Prozess und Zustand. Modifizierung des oben genannten Beispiels: Wenn man sich auf dem Weg der Genesung befindet (vom Kranksein zum Gesundsein als Prozess), dann empfindet man anderes angenehm, als wenn sich man bereits wieder im Zustand der Gesundheit befindet.

Erwiderung auf die zweite These, nur manche Arten von Lust seien schlecht. Die Erwiderung greift hier auf den Grundgedanken zurück, dass etwas in einer bestimmten Hinsicht ein Gut sein kann, in anderer Hinsicht nicht. Beispiele: Ein Kuraufenthalt in einem Sanatorium ist für die Gesundheit gut, für den Geldbeutel aber nicht. Das Denken ist normalerweise gut, um zu einer Erkenntnis zu gelangen, aber nicht, wenn man davon Kopfschmerzen bekommt. Das Denken kann durch eine Lust, z. B. Musikhören, gestört werden, aber nur mit folgender Differenzierung: Die Musiklust überschneidet sich mit der Tätigkeit des Denkens und stört deshalb; aus dem Denken heraus kann aber eine artspezifische Lust entstehen, die Lust am Denken. Diese Art von Lust bei jeder Tätigkeit führt dazu, dass man motiviert wird, sich noch mehr zu vervollkommnen. Dies führt Aristoteles zum dritten Argument der Lustgegner, das er im wesentlichen mit seinem Argument widerlegt, dass nämlich jede Tätigkeit ihre artspezifische Lust hat, und das überträgt er auf die wesensmäßig natürliche Verfassung des Menschen.

Erwiderung auf die dritte These, die Lust könne nicht das oberste Gut sein. Diese Argumentation wird von Aristoteles vor dem Hintergrund seiner Auffassung geführt, dass „Glück ein Tätigsein der Seele im Sinne der ihr wesenhaften Tüchtigkeit" ist. Aristoteles differenziert hier zwischen dem Werden und dem Gebrauchen. Beispiel aus dem Bereich der *techne*: Man kann durch Lernen ein Schuster *werden*, man kann dann diese *techne* gebrauchen, um Schuhe herzustellen. Übertragung auf unser Thema: Lust braucht nicht nur beim Werden erlebt zu werden, sondern kann auch beim Gebrauchen auftreten. Wenn wir handeln, greifen wir auf eine Kompetenz zurück, die ethischen Tugenden, wir gebrauchen sie also, die wir aber zunächst erwerben mussten. Diese Tätigkeit ist umso lustvoller, je ungehinderter sie vollzogen werden kann.

Aristoteles gelangt deshalb zu folgender Definition der ersten Lustabhandlung: Die Lust ist ungehinderte Tätigkeit eines naturgemäßen Habitus. Dies ist die Tätigkeitslust im Unterschied zur Sinnenlust. Diese Differenzierung verwendet nun Aristoteles, um das noch übrig gebliebene Argument zu entkräften, der Weise meide die Lust, nur Tiere und Kinder suchen sie. Gerade der Weise müsse die Lust in der Tätigkeit suchen, die Sinnenlust dagegen mit Vorsicht behandeln, also hier kein Zuviel und kein Zuwenig zulassen, sondern die richtige Mitte einhalten, diejenige Mitte, wie sie die Klugheit (*phronesis* als *orthos logos*) festlegt.

NE VII, 14   Welche Lust ist das beste Gut?

Die meisten Menschen, so Aristoteles, kennen nur die körperliche Lust und glauben deshalb, es gäbe nur diese eine. In Wirklichkeit gibt es neben der Sinnenlust noch die Tätigkeitslust, wie bereits in NE VII, 13 gezeigt wurde.

Sofern diese Tätigkeit ungehindert ist, spricht nichts dagegen, sie vollkommen zu nennen; als vollkommen wurde aber bereits das Glück bezeichnet. Also kann die eingangs gefundene Definition des Glücks als ein „Tätigsein der Seele im Sinne der ihr wesenseigenen Tüchtigkeit" noch ergänzt werden um den Zusatz „ungehinderte Tätigkeit". Ungehindert kann aber eine Tätigkeit eigentlich nicht im praktischen, sondern nur im theoretischen Sinn sein, weswegen Aristoteles auch zwei Arten des Glücks unterscheidet, das Glück des praktischen und das Glück des theoretischen Lebens.

Für das praktische Leben, damit es einigermaßen ungehindert ablaufen kann, braucht man deshalb zum Glück zusätzlich drei Güter, die (1) äußeren, (2) die körperlichen und (3) die Güter des glücklichen Zufalls (gr. *tyche*, lat. *fortuna*, auch zur Glücksgöttin personifiziert); hier muss man mehr von einem Glück haben sprechen im Unterschied zum glücklich sein). Viele Menschen, so Aristoteles, machen keinen Unterschied zwischen dem Glück haben (*tyche*) und dem glücklich sein, der Glückseligkeit (*eudaimonia*). Außerdem kann ein Übermaß an zufälligem Glück haben negativ sein und man kann einen solchen Menschen möglicherweise gar nicht mehr glücklich nennen. Wer außerdem behauptet, so Aristoteles, der Tugendhafte sei auch auf der Folterbank glücklich, der redet Unsinn (hier ist offenbar Platon gemeint mit dem Wort vom gekreuzigten Gerechten aus der „Politeia" II. Buch, 361e).

Die wesenseigene Tüchtigkeit des Menschen im sinnlichen Bereich besteht ja gerade darin, dass die Affekte „gezähmt" werden, indem sie weder nach dem Zuviel noch nach dem Zuwenig sich entwickeln dürfen, sondern die von der Vernunft (also *orthos logos* bzw. *phronesis* = Klugheit) erkannte und gebotene Mitte einhalten müssen. Die sinnliche Lust besteht ja in einem „Auffüllen" aus einem Mangelzustand zu einer Sättigung, und hier sind Prozess und Zustand durchaus verschieden, bei den beschriebenen Tätigkeiten ist dies aber nicht der Fall, denn sie sind ein Wert in sich (sofern sie aus dem Habitus der Mitte, den ethischen Tugenden, vollzogen werden). Dies vergleicht Aristoteles oftmals mit dem Auge und dem Sehen: Der Prozess des Sehens und das Ergebnis des Sehens sind simultan vorhanden.

NE VII, 15   Die körperliche Lust

Aristoteles untersucht hier die Gründe, warum es zu den Irrtümern bezüglich der Lust kommen konnte, vor allem zur Hochschätzung der körperlichen Lust. Er nennt folgende Gründe:

(1) Die körperliche Lust vertreibt die Unlust und wirkt deshalb wie ein Heilmittel. Diese Lust nennt er akzidentelle Lust. Wie manche Leute Durst erzeugen, um die Lust des Durstlöschens genießen zu können, so werden oftmals die körperlichen Lüste gesucht, weil viele Menschen nicht in der Lage sind, sich an den anderen Arten von Lust zu erfreuen.

(3) Im Gegensatz zur akzidentellen Lust ist die natürliche Lust diejenige, die zu einer Tätigkeit der gesunden Natur ansportnt. Von Natur aus lustvoll ist also jede Tätigkeit, die aus einem charakterlich guten Habitus (im Strebevermögen) vollzogen wird. Hätte der Mensch nur *eine* Natur wie Gott, würde er immer nur *eine* Lust empfinden. Der Mensch ist aber eine zusammengesetzte Natur (aus Sinnlichkeit und Verstand), deshalb jagt er vielen Lüsten nach und kann darum bei keiner dauerhaft verweilen.

2.2.8   Buch VIII: Die Freundschaft

Buch VII hatte mit dem Gedanken geschlossen, dass Glück und die dazu komplementäre Tätigkeitslust etwas Vollkommenes sind, wozu eine ungehinderte Betätigungsmöglichkeit gehört. Diese ungehinderte Betätigung kann nun im praktischen Bereich leichter erfolgen, wenn der Mensch seine persönlichen Mängel durch gute Freunde ausgleichen kann. Also schließt das Thema Freundschaft organisch an die Behandlung der lustvollen und glücklichen Lebensweise an. Das Thema Freundschaft (*philia*) behandelt Aristoteles in Buch VIII und in Teilen von Buch IX. Dieses Thema wird von ihm mit Unterbrechungen, Gedankensprüngen und Wiederholungen behandelt. Die entscheidenden Argumente werden in der vorhandenen Kapitelreihenfolge – wie bisher – in entsprechend knapper Zuspitzung vorgestellt.

NE VIII, 1   Wert der Freundschaft

Aristoteles stellt hier die Fragen nach dem Wert der Freundschaft (*philia*) im Leben. Er führt folgende Argumente an:

(1) Freundschaft ist sogar noch wichtiger als die Gerechtigkeit: Der Gerechte braucht Freunde, während unter Freunden kein Problem der Ungerechtigkeit bzw. Gerech-

tigkeit entsteht. Deshalb steht die Freundschaft an Wert über der Gerechtigkeit, wie Aristoteles schon einleitend betont.

(2) Ist die Freundschaft eine Tugend oder nur mit der Tugend verbunden, fragt Aristoteles? In NE II, 7 (1108a26–30) hatte er die *philia* in die Gruppe der ethischen Tugenden eingereiht, die die Mitte zwischen berechnender Schmeichelei und der Streitsucht darstellt. In diesem Sinne entspricht sie der Freundlichkeit.

(3) Selbst die Reichen und Mächtigen benötigen Freunde, denn Freundschaft hilft den Wohlstand zu bewahren und hilft bei Armut und sonstigem Missgeschick.

(4) Die Freundschaft ist etwas Natürliches, denn es gibt sie zwischen dem Erzeuger und dem Erzeugten, und zwar bei Menschen wie auch bei Tieren. Es gibt die Freundschaft zwischen Eltern und Kindern.

(5) Den Jüngling bewahrt sie vor Irrtum, den Mann auf der Höhe des Lebens spornt sie an, dem Greis hilft sie, die abnehmenden Kräfte zu ertragen.

(6) Freundschaft hält die Staaten zusammen; deshalb bemühen sich die Staatsmänner um sie, denn Zwietracht ist als Erscheinungsform von Feindschaft das Gegenteil der Freundschaft.

(7) Die Freundschaft ist deshalb zweierlei: a) sie ist etwas Notwendiges und b) sie ist etwas Schönes, d. h. etwas sittlich Gutes.

Nun wird in den folgenden neun Kapiteln (VIII, 2–10) die Freundschaft zwischen einzelnen Menschen behandelt.

NE VIII, 2   Die Arten der Freundschaft und die Liebe

Das Thema Freundschaft, so Aristoteles, findet sich in Sprichwörtern, in naturphilosophischen Argumenten oder im Alltagsbereich der Menschen. Er listet zunächst, wie bisher auch, verschiedene, auch sich widersprechende Meinungen, auf.

(1) Sprichwörter: Einige Sprichwörter bringen zum Ausdruck, dass etwas das Gleiche aufsucht: „Gleich zu Gleich gesellt sich gern". Und: „Krähe hält sich zu Krähe", andere dagegen bringen zum Ausdruck, dass es Konkurrenzkampf zwischen Gleichen gibt: „Töpfer [ist Feind] dem Töpfer".

(2) Naturphilosophische Argumente: Einige bringen zum Ausdruck, dass sich Gegensätze anziehen. Euripides: Die ausgetrocknete Erde liebt den Regen. Und: Der regenschwere Himmel liebt es, sich auf die Erde zu stürzen. Heraklit: Aus der Verschiedenheit entsteht die schönste Harmonie. Und: Alles Leben entsteht durch Streit. Heraklit kennt aber auch die harmonische Position: Gleiches strebt zu Gleichem.

(3) Alltagsbereich: Zunächst werden von Aristoteles einige Fragen gestellt, die vor allem den Alltagsbereich betreffen. Gibt es Freundschaft zwischen allen Menschen oder ist sie unter schlechten Menschen unmöglich? Gibt es nur eine Art von Freundschaft oder gibt es mehrere Arten? (Wie es bei der Tapferkeit fünf unechte Formen der Tapferkeit gibt, wie schon in NE III, 11 gezeigt wurde. Gibt es also auch unechte Arten der Freundschaft?) Was ist der Gegenstand des Liebens? Antwort: Geliebt wird, was entweder gut, oder lustvoll oder nützlich ist, oder alle drei Eigenschaften zusammen. Für die Freundschaft ist wichtig, dass es Gegenliebe

gibt. (Man kann, so Aristoteles, zwar den Wein lieben, aber nicht mit ihm befreundet sein.) Man kann aber zu jemandem, den man nicht kennt und zu dem man keinen Kontakt hat, wohlwollend eingestellt sein. Wohlwollen ist diejenige Einstellung, in der man jemandem um seiner selbst willen Gutes wünscht, also nicht auf eine Gegenleistung wartet. Ein gegenseitiges Wohlwollen ist die Freundschaft.

NE VIII, 3   Drei Arten der Freundschaft

Da es drei Gründe gibt, jemanden zu lieben, gibt es auch drei Arten der Freundschaft, wie Aristoteles darlegt. Man kann mit jemandem befreundet sein

(1) aufgrund eines Nutzens,
(2) aufgrund einer Lust,
(3) aufgrund der Person des anderen.

Die beiden ersten werden von Aristoteles in diesem Abschnitt vorgestellt. Der erste Grund ist, dass man sich wegen eines Nutzens liebt. Der zweite Grund ist, dass man sich wegen einer Lust liebt. Dies sind zwei akzidentelle Arten von Freundschaft oder Liebe, denn hier wird jemand nicht um seiner selbst willen geliebt. Diese Freundschaften werden auch leicht wieder aufgelöst, wenn die Gründe für den Zusammenhalt nicht mehr gegeben sind. Die Nutzen-Freundschaft kommt, so Aristoteles, häufig zwischen alten Menschen vor, die Lust-Freundschaft vor allem zwischen jungen Menschen. Junge Menschen streben die erotische Freundschaft an, verlieben sich sehr schnell und beenden den Kontakt ebenso schnell wieder, oftmals, so Aristoteles, am gleichen Tag.

NE VIII, 4   Die vollkommene Freundschaft

Die dritte Art der Freundschaft ist die vollkommene Freundschaft, also diejenige zwischen guten und tugendhaften Menschen, die auch aufgrund und wegen dieser Eigenschaft befreundet sind. Weil ein charakterlicher Habitus sich nicht so schnell ändert wie der Nutzen oder die Lust, ist diese Art der Freundschaft dauerhaft. Was aber Gut an sich ist, das ist auch lustvoll und angenehm. Allerdings ist diese vollkommene Freundschaft selten, so Aristoteles.

NE VIII, 5   Die vollkommene und die unvollkommene Freundschaft

(1) Bei der vollkommenen Freundschaft erhält jeder Partner dasjenige, was er gibt, in gleicher oder ähnlicher Form zurück. Die Freunde zeichnet also ein Handeln um des anderen willen aus.
(2) Die beiden unvollkommenen Freundschaften (aufgrund von Lust oder Nutzen) haben Ähnlichkeit mit der vollkommenen Freundschaft, denn auch die tugendhaften Menschen gewähren sich gegenseitig Lust und Nutzen. Diese Freundschaften sind umso dauerhafter, je mehr jemand nicht nur das Gleiche bekommt (z. B. Lust), sondern es auch aus der gleichen Quelle bekommt. Wenn beispielsweise in einer erotischen Freundschaft der Mann die Schönheit der Frau bekommt, die Frau die Komplimente des Mannes, dann endet die Freundschaft in der Regel, wenn die jeweilige Quelle der Lust (Schönheit bzw. Komplimente) versiegt. Dies kann durch

die Zeit der Jahre erfolgen. Andererseits kann die Freundschaft dann weiter bestehen, wenn durch die lange Zeit des Zusammenlebens sich auch die Charaktere angeglichen und harmonisiert haben: Jetzt ist auch die Quelle der Freundschaft die gleiche geworden. Die Nutzen-Freundschaft ist in der Regel eher kurzlebig, denn man war hier eigentlich nicht miteinander befreundet, sondern sozusagen nur mit dem Gewinn.

(3) Lust- und Nutzenfreundschaft können sowohl charakterlich schlechte Menschen miteinander schließen, als auch gute mit schlechten Menschen, oder Menschen beliebiger Beschaffenheit, so Aristoteles.

(4) Vor Verleumdung ist nur die Freundschaft der guten Menschen sicher, denn diese schenken Verleumdungen ihres Freundes von Anfang an kein Gehör, denn hier herrscht ein berechtigtes wechselseitiges Vertrauen.

(5) Als „Freunde" bezeichnen sich im übertragenen Sinn auch viele Menschen, beispielsweise befreundete Staatsmänner, auch Kinder nennen sich Freunde. Im eigentlichen Sinn ist aber nur die Freundschaft um ihrer selbst willen eine echte Freundschaft, die anderen Formen haben nur aufgrund einer mehr oder weniger großen Ähnlichkeit den gleichen Namen, und zwar dann, wenn sie ein gemeinsames Gut erstreben.

(6) Die Nutzen- und die Lust-Freundschaft gehen nur in Ausnahmefällen zusammen, denn nur akzidentell zusammengehörige Dinge verbinden sich nicht dauerhaft.

NE VIII, 6   Habitus und Tätigkeit bei der Freundschaft

Wie allgemein bei den ethischen Tugenden zwischen dem Habitus (*hexis*) und der Tätigkeit (*enérgeia*) unterschieden wird, so auch bei der Freundschaft. Wenn eine Freundschaft längere Zeit nicht gepflegt wird (also keine Betätigung der Freundschaft erfolgt), dann bleibt der Habitus zwar zunächst noch erhalten, aber im Laufe der Zeit wird er schwächer, bis die Freundschaft ganz verschwindet. Alte und mürrische Leute gehen in der Regel kaum eine Freundschaft ein, denn es gibt bei ihnen wenig Angenehmes (Lustvolles), denn schon die Natur meidet das Unangenehme (die Unlust) und sucht das Angenehme (die Lust). Hier beschreibt Aristoteles den Alltag alter Menschen, die mehr jammern und klagen, als dass sie sich des Lebens freuen.

NE VIII, 7   Die drei Arten der Freundschaft

(1) Das Lieben entspringt einem Affekt, die Freundschaft aber einem Habitus. Die Gegenliebe aber beruht wie die Freundschaft auf einer Entscheidung (*prohairesis*), diese aber auf einem Habitus. Aristoteles singt nun hier das hohe Lied der Freundesliebe: Man wünscht seinem Freund alles Gute um dieser Person willen, und indem man ihn liebt, liebt man das, was für einen selbst gut ist, denn dadurch wird der Freund für ihn selbst ein Gut.

(2) Nun wiederholt Aristoteles seine Ansicht über den geringen Wert der Freundschaften bei alten und mürrischen Menschen, die zwar einander wohlwollend eingestellt und im Notfall zur Stelle sind, aber befreundet können diese Menschen nicht mehr sein, da sie keine gemeinsamen Freuden teilen. Dagegen ist die Freundschaft bei

jungen Menschen um der Lust willen eher eine echte Freundschaft, wenn beide das Gleiche bekommen oder sich an den gleichen Dingen freuen. Hier kommt das Moment der Großzügigkeit zum Vorschein. Selbst das höchste Gut könnte niemand aushalten, wenn es unangenehm wäre.

(3) Die Mächtigen (Könige, Tyrannen) halten sich zwei Gruppen von Freunden: (a) die Freunde um der Lust willen und (b) die Freunde um des Nutzens willen (z. B. kritikloses Ausführen von Befehlen). Je nach Laune und Situation brauchen sie mal einen aus der ersten Gruppe, mal einen aus einen aus der zweiten Gruppe. Sie suchen nämlich keinen Freund, bei dem entweder der Nutzen oder die Lust mit der Tugend verbunden ist, da sie nur aus egoistischen Gründen Freunde brauchen, also eigentlich nur Mittel zum Zweck. Der echte tugendhafte (moralisch gute) Freund ist aber nützlich und angenehm zugleich.

(4) Der tugendhafte (gute) Bürger schließt mit keinem politisch Mächtigen Freundschaft, der ihn nur an Macht, nicht aber zugleich auch an Tugend (Gutheit) überragt. Warum? Denn sonst gäbe es keine gerechte Proportion, d. h. es läge kein analoges Verhältnis von Macht und Tugend im Sinne von Gleichheit vor, wie es für die Freundschaft notwendig ist. Wie ist das zu verstehen? Zwischen der Person A und der Person B muss folgende Relation vorliegen: Macht (Nutzen) von A : Geliebtwerden von B = Macht (Nutzen) von B : Geliebtwerden von A. Es handelt sich also nicht um eine numerische Gleichheit (gleiche Werte von A zu gleichen Werten von B.) Solche Mächtige aber, die auf beiden Gebieten (Macht und Tugend) den einfachen Bürgern überlegen sind, findet man selten, so Aristoteles. Möglicherweise denkt Aristoteles dabei an die missglückte Zusammenarbeit zwischen Platon und dem Tyrannen Dionysios. Diesen Relationsausgleich verwendet Aristoteles nochmals in NE VIII, 8. (Dirlmeier 1969, 344)

NE VIII, 8   Freundschaft zwischen Ungleichen; echte und unechte Freundschaft

Aristoteles führt hier die Gedanken zur Freundschaft zwischen Gleichen und Ungleichen weiter.

(1) Die Freundschaft unter Gleichen ist teils echte, teil unechte Freundschaft. Auf der Grundlage der Gleichheit tauschen die Menschen beispielsweise Lust gegen Nutzen (wie in der Tauschgerechtigkeit in Buch V). Weil in der echten Freundschaft Lust und Nutzen vorkommen, haben die Lust- und Nutzenfreundschaft Ähnlichkeit mit der echten Freundschaft. Weil aber nur in der echten Freundschaft Verleumdungen abprallen, haben diese beiden Formen auch hier nur Ähnlichkeit mit der echten Freundschaft, sind es aber nicht.

(2) Die Freundschaft unter Ungleichen ist durch das Übergewicht eines Partners gekennzeichnet, wie dies z. B. im Verhältnis von Eltern zu ihren Kindern vorliegt. Ungleiche Freundschaften sind durch dreierlei gekennzeichnet: Unterschiede im Wesen, in der Leistungsfähigkeit und im Grund für ihre Freundschaft. Aus diesem Grunde gelangt Aristoteles zu der (scheinbaren) Paradoxie: Die wertvolleren Menschen müssen mehr Zuneigung von den Schwächeren empfangen dürfen als sie diesen geben müssen. Auf diese Weise entsteht nämlich eine Art Gleichheit, und zwar insofern, als der Grad der Zuneigung des Schwächeren dem

Übergewicht des anderen Partners proportional ist. Formelhaft ausgedrückt: Stärke (Tugend oder Macht) des A : Geliebtwerden durch B = Stärke (Tugend oder Macht) des B : Geliebtwerden durch A. (s. NE VIII, 7)

NE VIII, 9   Verschiedene Formen der Freundschaft

Das vorgetragenen Kapitel NE VIII, 8 schloss mit dem Gedanken der Gleichheit in der Freundschaft. Hier in NE VII, 9 beginnt Aristoteles mit der Differenzierung der Gleichheit: Gleichheit in der Gerechtigkeit ist etwas anderes als Gleichheit in der Freundschaft.

(1) **Gleichheit in der Gerechtigkeit**: Hier kommt zuerst die Würdigkeit, dann die quantitative Gleichheit. Zur Erläuterung: Der Ausdruck Würdigkeit (*kat' axian*) meint hier nicht den modernen Begriff der „Würde der Person", sondern den Wert der strittigen Fragen: Wer von zwei Partnern hat vor Gericht die besseren (würdigeren) Sachargumente? Der soziale Abstand zwischen den Personen (das quantitative Element) ist hier zweitrangig, weil es um die Gerechtigkeit in der Sache geht. Gleichheit bedeutet hier entweder ausgleichende oder austeilende (proportionale) Gleichheit.

(2) **Gleichheit in der Freundschaft**: Hier kommt zuerst die quantitative Gleichheit, dann die Würdigkeit. Das bedeutet: Um miteinander befreundet sein zu können, darf der Abstand zwischen den Personen (im Sinne des wesentlichen Kriteriums, z. B. der Tugend oder des Wohlstandes) nicht zu groß sein; deshalb ist dieses Argument das Wichtigste und kommt an erster Stelle. Dies zeigt sich vor allem in zwei Bereichen, bei den Göttern und den Königen: Bei dieser Ungleichheit ist die Distanz zum einfachen Menschen so groß, dass es keine Freundschaft geben kann. Ein Freund kann dem anderen nicht das Höchste wünschen, z. B. ein Gott zu sein, weil dann die Freundschaft zu Ende wäre.

(3) **Liebe in der Freundschaft**: Zur Freundschaft gehören das Lieben und das Geliebtwerden. Die meisten Menschen wollen aber mehr geliebt werden als selbst lieben, weswegen sie die Schmeichler bevorzugen. Aber auch die Wertschätzung durch die Mächtigen wird gesucht, damit man etwas von ihnen bekommt, wenn man es braucht. Dieses alles erfolgt nicht um seiner selbst willen. Es gibt aber auch selbstlose Liebe, beispielsweise diejenige der Mütter. Die Mütter geben ihren Kindern Liebe und Pflege, und zwar ohne nach einer Gegenliebe zu suchen. Es genügt ihnen, wenn sie sehen, wie es ihren Kindern gut geht, auch wenn die Kinder gar nicht abschätzen können, was ihre Mutter für sie in der Erziehung und Ausbildung alles getan und geleistet haben.

NE VIII, 10   Gleichheit und Ungleichheit in der Freundschaft

(1) Menschen, die in sich (seelisch) beständig sind und nicht wechselhaft, sind es auch als Freunde. Menschen dagegen, die selbst seelisch unbeständig sind, sind für eine dauerhafte Freundschaft untauglich.

(2) Bei gegensätzlichen Voraussetzungen (z. B. ist der eine ist reich, der andere arm) sind eher Nutzenfreundschaften möglich. Wenn aber im Bereich der Lustfreundschaft die eine Person hübsch und liebenswert, die andere dagegen unansehnlich

und von geringem Reiz ist, dann kann der Wunsch, geliebt zu werden, leicht lächerlich wirken. Hier findet dann kein Austausch statt.

Nun befasst sich Aristoteles von NE VII, 11 bis IX, 3 mit der Freundschaft innerhalb der Gemeinschaft.

NE VIII, 11   Freundschaft und Gerechtigkeit innerhalb einer Gemeinschaft

Hier werden von Aristoteles die graduellen Unterschiede in der Freundschaft und im Recht dargestellt. So weit nämlich eine Gemeinschaft reicht, so weit reicht auch die Freundschaft, und so weit reicht auch das Recht. Dieses entscheidende Kriterium der Gemeinschaft differenziert also verschiedene Grade der Freundschaft und des Rechts aus: Je enger die Gemeinschaft, umso größer die Freundschaft und umso größer die rechtliche Bindung. B e i s p i e l e : Die Rechtsverhältnisse zwischen Eltern und Kindern, zwischen Geschwistern, zwischen Bürgern einer Polis usw. sind nicht dieselben, und deshalb ist auch das Unrecht verschieden, das hier entstehen kann. Hier nimmt die Schwere des Unrechts zu, je näher uns der Freund steht. Folgerung: Es ist deshalb ein größeres Unrecht, einen Kameraden, der uns vertraut, um sein Geld zu betrügen, als einen unbekannten Bürger.

Die staatlichen Gemeinschaften verfolgen nicht den augenblicklichen Nutzen, sondern denjenigen, der für das ganze Leben wichtig ist. Der Staat veranstaltet Opferfeste und Zusammenkünfte, wodurch man den Göttern Ehre erweist als auch Geselligkeit pflegt. Dass man dabei an möglichst viele Menschen gedacht hat, zeigt der Zeitpunkt dieser Opferfeste: Die großen Opferfeste werden im Herbst nach der Ernte abgehalten, wenn alle Menschen Zeit dazu haben.

NE VIII, 12   Verschiedene Arten von Freundschaften und die Staatsverfassungen

(1) Aristoteles unterscheidet zunächst die drei ursprünglichen S t a a t s v e r f a s s u n g e n Monarchie, Aristokratie und Timokratie von ihren Entartungen Tyrannis, Oligarchie und Demokratie (im antiken Sinne): Die Tyrannis ist eine entartete Monarchie, die Oligarchie eine entartete Aristokratie und die Demokratie eine entartete Timokratie.
(2) Analog zu den guten und schlechten Staatsverfassungen charakterisiert er nun die H a u s g e m e i n s c h a f t e n :
   - Das Verhältnis des Vaters zu den Söhnen gleicht der Königsherrschaft, denn Homer nennt Zeus einen „Vater" im Verhältnis zu seinen „Kindern", den Menschen.
   - Das Verhältnis des Herrn zu seinen Sklaven gleicht einer Tyrannis, denn der Herr denkt hier wie der Tyrann nur an seinen Vorteil.
   - Das Verhältnis des Mannes zur Frau gleicht einer Aristokratie, insofern der Mann die Kompetenz der Frau in ihrem Bereich achtet. Wenn er aber seiner Frau hier dreinredet und alles besser weiß und über sie bestimmen möchte, dann gleicht dies einer Oligarchie. Diese liegt auch dann vor, wenn die Frau wegen des in die Ehe mitgebrachten großen Vermögens die Herrschaft in der Familie ausüben möchte.

- Das Verhältnis von Brüdern gleicht einer Timokratie, solange der Alternsunterschied nicht zu groß ist, denn solange sind sie einander gleich.
- Wo es in einer Hausgemeinschaft kein Oberhaupt gibt oder dieses schwach ist oder überhaupt jeder machen kann was er will, dann gleicht diese mehr einer Demokratie (im antiken Sinn).

NE VIII, 13   Analogie zwischen Staatsverfassung und Hausgemeinschaft

Aristoteles wiederholt hier im Wesentlichen seine Gedanken aus NE VIII, 12. Die Analogie zwischen Seele und Staat war ja schon Thema in Platons „Politeia": Wer soll im Staat, wer in der Seele herrschen? Die Argumente des Aristoteles werden deshalb kurz und gerafft wiedergegeben.

(1) Der König tut seinen Untertanen Gutes und ist deshalb wie ein Hirt zu seinen Schafen, wie dies schon Homer ausgedrückt hat. In diese Gruppe reiht Aristoteles auch den Vater mit seinen Kindern ein, der sich nur durch die kleineren Wohltaten vom König unterscheidet. Hier liegt die Überlegenheit eines Partners vor, wie in folgender Paar-Gruppierung: Vater – Kind; Vorfahre – Nachfahre; König - Untertan. Die Vorfahren haben für die gegenwärtigen Menschen Leistungen erbracht, auf denen diese stehen. Diese Abhängigkeiten sind von Natur gegeben, so Aristoteles. Der Ausgleich zwischen diesen Ungleichen erfolgt durch die Ehrerbietung der schwächeren Partner.

(2) Die Freundschaft von Mann und Frau vergleicht Aristoteles mit der Aristokratie, die von Brüdern mit der Timokratie, die von Herrn zu ihren Sklaven mit der Tyrannis. Der Sklave, insofern er Sklave ist, erfährt wie das Pferd und das Rind zwar von seinem Benutzer Aufmerksamkeit und Fürsorge, aber keine Freundschaft. Der Sklave ist ein lebendiges Werkzeug und das Werkzeug ist ein lebloser Sklave. Zum Sklaven als Menschen dagegen kann es schon Freundschaft geben, wie Aristoteles betont. Zum Sklaven als Menschen kann es neben der Freundschaft auch eine Rechtsbeziehung geben. Während also in der Tyrannis Freundschaft und Recht kaum vorkommen, kommen sie in der Demokratie eher vor, denn zwischen gleichen Bürgern gibt es viele Gemeinsamkeiten.

NE VIII, 14   Freundschaft innerhalb der Familie

Aristoteles untersucht hier die Freundschaft zwischen Verwandten.

(1) **Eltern und ihre Kinder**: Die Eltern lieben ihre Kinder bereits ab der Geburt, die Kinder aber die Eltern erst ab einem späteren Alter. Den Eltern sind die Kinder näher als den Kindern die Eltern. Deshalb ist die Elternliebe (Mutterliebe) zu den Kindern stärker als die Liebe der Kinder zu den Eltern. In dieses Verhältnis reiht Aristoteles auch die Beziehung der Menschen zu den Göttern ein.

(2) **Geschwister**: Sie lieben sich wegen der Identität ihres Ursprungs. Sie sind etwas Identisches in getrennten Existenzen.

(3) **Gleichaltrigkeit und gemeinsame Jugendjahre**: Wie in Sprichwörtern ausgedrückt, streben Gleichaltrige zueinander, und das Aufgewachsensein in gleichen Sitten schafft Kameraden.

(4) Ehepartner: Die Freundschaft zwischen Mann und Frau ist etwas Naturgegebenes, denn der Mensch ist von Natur nicht auf Einsamkeit, sondern auf Zweisamkeit angelegt. Mann und Frau haben ihren eigenen Zuständigkeitsbereich, jeder ist zuständig für das Seine; Kinder sind ein Bindeglied zwischen den Partnern (Ehen ohne Kinder führen rascher zur Entfremdung der Partner). Lust und Nutzen sowie Tugendhaftigkeit gehören zur Freundschaft von Mann und Frau. Auf welche Weise nun aber das Verhältnis zwischen Mann und Frau gestaltet werden soll, das ist eine Frage der Gerechtigkeit.

NE VIII, 15   Zwei Arten der Nutzenfreundschaft

Aristoteles wiederholt hier eingangs nochmals seine Auffassung, dass es drei Arten der Freundschaft gibt (Lust-, Nutzen- und Tugendfreundschaft). Er wiederholt ebenso, dass eine Freundschaft auf der Gleichheit der Partner als auch auf der Ungleichheit der Partner (z. B. Lust-Nutzen-Ausgleich) beruhen kann. Er leitet daraus eine Art Lehrsatz ab: Freunde, die gleich sind, müssen sich im Lieben und in anderen Dingen Gleiches nach dem Maßstab der exakten Gleichheit tun, wenn sie aber verschieden sind, muss es einen proportionalen Ausgleich geben. Damit bezieht sich Aristoteles zum dritten Mal auf dieses Argument, das er bereits in VIII, 7 und VII, 8 vorgetragen hatte. (Erläuterung s. dort.) Aristoteles untersucht nun, bei welchen Arten von Freundschaften häufig Probleme und Streitigkeiten auftreten, denn diese Differenzen können der Tod der Freundschaft sein. Er greift dabei auf die beiden Typen der akzidentellen Freundschaft, der Lustfreundschaft und der Nutzenfreundschaft, zurück.

(1) Bei der Lust-Freundschaft treten meist wenig Streitigkeiten auf, denn die Partner bekommen in der Regel wechselseitig das, was sie erstreben.

(2) Bei der Nutzen-Freundschaft dagegen treten häufig Probleme und Streitigkeiten auf: Jeder der Partner beschwert sich, dass er zu wenig bekommt, denn jeder möchte aus dieser Freundschaft möglichst viel Gewinn herausschlagen. Wie es nun beim Recht zwei verschiedene Arten gibt (das ungeschriebene Recht und das Satzungsrecht), so gibt es auch bei der Nutzen-Freundschaft zwei verschiedene Formen: (a) die charakterliche Freundschaft und (b) die förmliche Freundschaft.

- Die förmliche Nutzen-Freundschaft gibt es wieder in zwei Unterarten, als kleinliche und als großzügige Form. (a) Die kleinliche Form besteht in einem Rechtsgeschäft „aus der Hand in die Hand", d. h. ohne irgendein Vertrauen rein durch sofortige Barzahlung, (b) die großzügige Form gewährt einen gewissen Zahlungsaufschub, der allerdings vertraglich festgelegt ist. Darin besteht hier die Freundschaft. Dies ist der Standpunkt von Treu und Glauben.

- Die charakterliche Nutzen-Freundschaft dagegen besteht nicht in vertraglichen Abmachungen, sondern beruht auf Vertrauen, allerdings mit egoistischen Motiven. Beispiel: Franz macht Dieter ein Geschenk mit dem Hintergedanken, dass er später von Dieter das Gleiche oder mehr zurückerhält. Es handelt sich hier um den Standpunkt „Wie du mir, so ich dir". Man solle sich deshalb, so Aristoteles, die Person genau ansehen, von der man Wohltaten in Empfang nimmt, damit man sie eventuell ablehnen kann.

Dabei tritt eine weitere Frage auf: Soll man den Maßstab der Beurteilung des Wertes der Freundesleistung (a) vom Empfänger (seinem Nutzen) oder (b) vom Geber (seiner Leistung) ableiten? Das Problem liegt darin: Der Geber in der Nutzen-Freundschaft vergrößert gerne seine Leistung, der Empfänger verkleinert sie gerne. Die Antwort des Aristoteles: Da der Empfänger das eigentliche Subjekt der Hilfeleistung war und um seinetwillen die Freundschaftsleistung (als Nutzen-Freundschaft) erbracht wurde, liegt dort der Maßstab. Bei der vollkommenen Freundschaft (der auf der Gutheit beruhenden Freundschaft) gibt es keine gegenseitigen Vorwürfe, aber einen Maßstab: Es ist die Intention (die Absicht, der Zweck) des Schenkenden.

NE VIII, 16   Die Ungleichheit in der Freundschaft

Ein weiteres Problem bei der ungleichen Freundschaft wird von Aristoteles diskutiert. Es besteht darin, dass man den Ausgleich zwischen den ungleichen Partnern einer Freundschaft in der Art eines Geldgeschäftes versteht: Wer mehr gibt, muss auch mehr bekommen. Der leistungsschwächere Partner dagegen geht davon aus, dass er in dieser Freundschaft die Hilfe seines leistungsstärkeren Freundes in Anspruch nehmen kann. Bei diesem Konflikt kann die Freundschaft nur gerettet werden, wenn der stärkere Partner mehr „harte Währung" in Form von Geld usw. gibt, der schwächere Partner mehr „weiche Währung" in Form in Dankbarkeit und Ehre gibt. So ist es auch im Staat: Wer gute Geschäfte mit staatlichen Kontakten gemacht hat, kann nicht noch darüber hinaus Dankbarkeit, Ehre und Orden verlangen. Er hat seinen Lohn schon empfangen. Im Staat ist es ähnlich: Es ist nach Aristoteles unvereinbar, auf Kosten der Gemeinschaft Geschäfte zu machen (wenn man z. B. ein politisches Amt ausübt), und zugleich von dieser Gemeinschaft auch noch Ehren zu empfangen. Wer in Schuld steht, muss zurückzahlen. Also kann sich zwar der Vater von seinem Sohn trennen, nicht aber der Sohn von seinem Vater. Der Sohn muss sich für die seit seiner Geburt gewährten Wohltaten revanchieren. Allerdings wird dies durch die natürliche Freundschaft zwischen einem Vater und seinem Sohn gemildert, so dass es selten zu dieser Konfrontation kommt.

2.2.9   Buch IX: Die Freundschaft; das Wohlwollen; die Selbstliebe

NE IX, 1   Streitigkeiten in ungleichen Freundschaften

In ungleichen Freundschaften wird durch ein proportionales Verfahren der Ausgleich herbeigeführt und die Freundschaft wird aufrecht erhalten. Wenn ein allgemein akzeptierter Maßstab existiert (z. B. das Geld), entsteht in der Regel kein Streit. Beispiel: Der Schuster erhält für seine Schuhe den entsprechenden Gegenwert in Geld. Probleme gibt es, wenn kein solcher kommensurabler Maßstab vorliegt.

(1) In der erotischen Freundschaft dagegen gibt es dann Streitigkeiten, wenn jemand den Freund/die Freundin wegen der Lust, der andere Partner diese Person aber wegen eines Nutzens liebt. Sie lieben also nicht die andere Person, sondern deren Eigenschaften, die aber ungleich und deshalb nicht beständig sind.

(2) Zu Streitigkeiten in der ungleichen Freundschaft kann es auch dann kommen, wenn ein Partner die vereinbarte Gegenleistung sophistisch interpretiert, so dass der

andere um seinen Anteil betrogen wird. Beispiel des Aristoteles: Jemand versprach einem Musiker das doppelte Honorar, wenn dieser besonders gut musiziert. Am nächsten Tag, als der Musiker seinen Lohn abholen wollte, sagte der Auftraggeber: Wir sind quitt. Es ist Lust für Lust ausgetauscht worden. Dem Auftraggeber saß offenbar der Schalk im Nacken, denn er fasste den Ausgleich so auf: Der eine hat Lust beim Hören der Musik genossen, der andere hat Lust beim Hören des Versprechens über den doppelten Lohn genossen. Weiter. Wer soll nun in der ungleichen Freundschaft den Wert (*axia*) der Gegenleistung festsetzen? Der Gebende oder der Nehmende? Aristoteles: Wenn jemand einen Vortrag für ein Honorar hält, dann ist der Vortragende der zuerst Gebende, die Zuhörer sind die Nehmenden. Beispiel: Protagoras hat immer am Ende seines Vortrages die Zuhörer bestimmen lassen, wie viel ihnen sein Vortrag wert war und deshalb die Höhe des Honorars ihnen überlassen. Die Sophisten haben es umgekehrt gemacht: Man musste das Honorar zuerst zahlen, denn, so Aristoteles, am Ende ihres Vortrages hätte kein vernünftiger Mensch etwas dafür bezahlt. Hier kann es nun zu Streitigkeiten kommen, wenn Wert und Gegenwert nicht übereinstimmen. Dieser kann aber von zwei Seiten bestimmt werden.

(3) Bei einer Freundschaft ohne gegenseitiges Übereinkommen über die erwartete Leistung, wie es bei der tugendhaften Freundschaft meist der Fall ist, erfolgt das freiwillige Geben im Hinblick auf die Intention des Partners. Die richtige Intention ist sowohl bei der ethischen Tugend als auch bei der Freundschaft das wichtigste, denn nach ihr bemisst sich der Wert des Freundes.

(4) Wenn jemand einem anderen etwas überlassen hat, so darf bei Streitigkeiten der Empfänger den zu erstattenden Gegenwert festsetzen. Auch bei den Marktgeschäften (Kauf und Verkauf) mit einer erwarteten Gegenleistung in Geld erfolgt bei Streitigkeiten der Ausgleich aus der Sicht des Empfängers (Käufers), so Aristoteles. Es handelt sich also bei dem hier beschriebenen Marktgeschäft mehr um ein Feilschen um den Preis, und so hat der Käufer das entscheidende Wort. Er solle aber den Preis so bemessen, wie ihm die Ware vor der Übergabe wert war, nicht wie sie ihm als neuer Besitzer nun erscheint.

NE IX, 2 Verpflichtungen sind abhängig von der Art der Freundschaft

Aristoteles zeigt hier, dass die richtige Entscheidung bei Verpflichtungen verschiedenen Menschen gegenüber und in verschiedenen Situationen eine Abwägung erfordert.

(1) Personen soll man den Gegenwert (z. B. Ehre, materielle Leistungen) erstatten, der ihrer Eigenart zukommt (z. B. Vater, Mutter, Bruder, ältere Menschen), aber nicht mechanisch bestimmt, sondern der spezifischen Situation angemessen. Diese sind hier der Grad der Verwandtschaft, die ethische Tugend oder der (zu erwartende) Nutzen, aber auch die Größe oder Kleinheit des Falles, das Gute und das Notwendige. Diese Kriterien können helfen, in komplexen Alltagssituationen eine richtige Entscheidung zu treffen.

(2) Man soll auch zuerst alte Verpflichtungen begleichen, anstatt anderen Gefährten neue Wohltaten zu gewähren. Beispiel: Man soll zuerst ein Darlehen zurückzahlen, anstatt mit dem Geld einem anderen Freund eine Gefälligkeit zu erweisen. Von

dieser Regel gibt es aber eine Ausnahme, so Aristoteles: Wenn die neue Situation des Geben-Sollens (Helfens) durch (a) Dringlichkeit und/oder (b) Werthöhe sich auszeichnet, dann muss man die Rückerstattungspflicht zurückstellen und das Helfen vorziehen. Aber auch hier gibt es wieder Ausnahmen, so Aristoteles, wenn nämlich beide Seiten charakterlich nicht gleich sind: Beispiel: Wenn ein charakterlich schlechter Mensch einem guten Menschen etwas geliehen hat (also ohne Risiko, dass die Zurückerstattung ausbleiben könnte), so gibt es keine umgekehrte Pflicht für den Guten, dass er den charakterlich schlechten Menschen ebenfalls etwas leihen müsste (wenn hier die Zurückzahlung nicht zu erwarten ist).

NE IX, 3   Veränderungen von Freundschaften

Freunde können sich im Laufe der Zeit charakterlich ändern. Soll man die Freundschaft dann weiterführen oder auflösen? Man muss zwischen der Lust- und Nutzenfreundschaft einerseits und der Charakterfreundschaft andererseits unterscheiden.

(1) Lust- und die Nutzenfreundschaft: Sie löst sich dann auf, wenn ihre Grundlagen nicht mehr gegeben sind.

(2) Charakterfreundschaft: Liegt eine charakterliche Abwärtsentwicklung bei einem der Freunde vor, so solle der charakterlich gleich bleibende Freund auf eine Besserung hinwirken, bei einem Misserfolg ist er aber zur Auflösung der Freundschaft berechtigt oder sogar verpflichtet, denn schlechten Menschen darf man sich nicht angleichen, so Aristoteles.

Liegt eine charakterliche Aufwärtsentwicklung bei einem der Freunde vor, während der andere gleich bleibt (wie dies bei Jugendfreundschaften vorkommt), dann könne eine Entfremdung eintreten, weil die Gemeinschaft als Grundlage der Freundschaft nun entschwindet. Allerdings solle der charakterlich Höherentwickelte seinem einstigen Freund dann und wann gute Dienste leisten.

NE IX, 4   Freundschaft mit sich selbst und Freundschaft mit anderen

Die Freundschaft wird hier so dargestellt, dass sie dem Verhältnis des Menschen zu sich selbst entspricht, also als innere Freundschaft. Wie kann man innerlich mit sich befreundet sein? Grundlage dieser Argumentation über die innere und die äußere Freundschaft ist die Zweiteilung der Seele in einen rationalen und einen nichtrationalen Teil, wie dies Aristoteles bereits im zweiten Buch der Nikomachischen Ethik dargelegt hat. Diese beiden Teile können, im übertragenen Sinn, in Freundschaft oder nicht in Freundschaft miteinander leben.

Als Freund gilt,
1. wer das Gute um des Freundes willen wünscht,
2. wer das Dasein und Leben des Freundes um des Freundes willen wünscht (vergleichbar dem Gefühl der Mutter ihrem Kind gegenüber),
3. wer das Leben mit uns teilt,
4. wer sich für dieselben Dinge entscheidet wie wir,
5. wer Freud und Leid mit dem Freund teilt.

Zum Unterschied von äußerer und innerer Freundschaft:
- Die äußere Freundschaft wird bereits durch *eines* der fünf Merkmale bestimmt.
- Die innere Freundschaft, das Verhältnis zu sich selbst, wird bestimmt durch *alle* fünf Merkmale. Im Verhältnis zu sich selbst ist der Freund das geistige Selbst, das eigentliche Wesen des Menschen.

Im Hinblick auf den **schlechten Menschen** beschreibt Aristoteles eine Seelendramaturgie in Anlehnung an die oben aufgelisteten fünf Punkte. Diese werden ungefähr in der Reihenfolge des Sinnes wie oben wiedergegeben. Für schlechte Menschen gilt:
1. Sie können kein freundschaftliches Gefühl für einander empfinden, denn sie sind innerseelisch dafür nicht in der Lage.
2. Wenn sie wegen ihrer vielen Schlechtigkeiten des Lebens überdrüssig sind, begehen sie Selbstmord, um aus den Schwierigkeiten herauszukommen.
3. Wenn sie allein sind, kommen ihnen viele schlechte Erinnerungen, deshalb meiden sie sich selbst. Das schlechte Gewissen macht es ihnen unmöglich, sich mit sich selbst zu beschäftigen.
4. Sie sind mit sich selbst uneins, denn ihre Begierden gehen in die eine Richtung, ihr (rationales) Wollen geht in die andere Richtung, wie bei den Unbeherrschten.
5. Freude und Leid sind in der Seele dieser Menschen zu gleichen Teilen vorhanden, weil es einen Parteienzwist (Aufruhr) in ihrer Seele gibt: Der eine Teil empfindet aufgrund seiner Schlechtigkeit einen Schmerz, der andere Teil freut sich darüber. Diese beiden Kräfte ziehen in verschiedene Richtungen und es hat den Anschein, dass sie diesen Menschen in zwei Stücke reißen. Da also der schlechte Mensch überhaupt nichts Liebenswürdiges an sich hat, kann er auch sich selbst gegenüber kein freundschaftliches Gefühl entwickeln.

NE IX, 5   Das Wohlwollen

Das Wohlwollen (*eunoia*), wie Aristoteles es hier darstellt, ist zunächst eine Art passive Freundschaft, aus der dann im Laufe der Zeit eine aktive Freundschaft (z. B. Helfen in der Not) werden kann. Zum Wohlwollen ist nur der charakterlich gute Mensch fähig.
(1) Das Wohlwollen ist sowohl der Freundschaft als auch der Liebe ähnlich, aber trotzdem ist es etwas anderes: Das Wohlwollen ist nämlich auch Unbekannten gegenüber möglich, und zwar sogar so, dass es äußerlich nicht einmal bemerkt wird. Dies ist bei der Freundschaft unmöglich.
(2) Der Unterschied zum Lieben ist dreifacher Art: Das Wohlwollen (a) stellt kein Streben wie das Lieben dar, (b) es besitzt auch nicht die gleiche Intensität wie das Lieben und (c) es hat auch nicht die Vertrautheit des Liebens mit der geliebten Person, sondern Wohlwollen kann aus dem Augenblick heraus entstehen, wie z. B. als Zuschauer im Sportstadion gegenüber Wettkämpfern: Man wendet ihnen spontan seine Aufmerksamkeit zu, hofft und bangt mit ihnen um ihren Sieg, trotzdem möchte man nicht mit ihnen zusammen Sport treiben; diese wohlwollende Liebe bleibt also nur oberflächlich.
(3) Das Wohlwollen ist aber erst der Anfang einer Freundschaft, wie das Sehen eines anderen Menschen der Anfang einer sinnlichen Liebe sein kann. Die Entwicklung

einer Liebe verläuft aber mindestens in zwei Phasen: Zuerst freut man sich am Anblick des anderen Menschen, zur Liebe wird diese angenehme Erscheinung aber erst dann, wenn die Abwesenheit des anderen starke Gefühle der Sehnsucht und Verlangen nach seiner Nähe auslöst. So ist es auch bei der Freundschaft. Zuerst muss ein Wohlwollen für die andere Person vorhanden sein, das sich darin zeigt, dass man der anderen Person seine besten Wünsche zuteil werden lässt, aber für die andere Person sich noch nicht einsetzt (also eine Art passive Freundschaft pflegt). Wenn man aber nach längerer Dauer gemeinsam das Stadium der Vertrautheit erreicht hat, ist das Wohlwollen zur Freundschaft geworden. Aus einer Freundschaft aber, deren Quelle das Wohlwollen ist, können sich weder eine Lust- noch eine Nutzenfreundschaft entwickeln, weil im Wohlwollen diese beiden Elemente (Lust und/oder Nutzen) nicht enthalten sind. Das Wohlwollen entsteht nämlich aufgrund irgendeiner positiven Eigenschaft des anderen, wie dies bei den Wettkämpfern im Sport gezeigt wurde.

(4) Von Wohlwollen kann also nur dann gesprochen werden, wenn man dieses Gefühl nicht wegen irgendeines Vorteils (Lust oder Nutzen) dem anderen gegenüber zeigt, denn dann würde man dieses Wohlwollen nicht auf den anderen, sondern auf sich selbst richten und damit selbst belohnen wollen.

NE IX, 6   Die Eintracht

Die Eintracht (*homonoia*) ist eine Art politische Freundschaft.

(1) Um von Eintracht in einem Staat sprechen zu können, müssen bei den Bürgern drei Bedingungen vorliegen: Sie müssen (a) über wichtige politische Angelegenheiten einer Meinung sein, sie müssen (b) gleiche Absichten und Wünsche haben und sie müssen (c) die getroffenen Entscheidungen gemeinsam durchführen, d. h. die Durchführung muss möglich sein.

(2) Von Eintracht kann man aber noch nicht sprechen, wenn zwei nur gleicher Meinung in einer Sachfrage sind, sondern erst dann, wenn sie diese Auffassung in derselben Person oder Personengruppe (z. B. Aristokraten) verwirklicht sehen wollen.

(3) Zu dieser Eintracht sind, wie beim Wohlwollen, nach Aristoteles nur die charakterlich guten Menschen fähig, denn sie befinden sich mit sich selbst in seelischer Eintracht, nicht in Zwietracht, und sie schwanken nicht hin und her „wie die Fluten im Euripos" (eine Meerenge bei Chalkis).

(4) Die Schlechten aber können keine Eintracht bilden, höchstens in einem sehr geringen Umfang, da sie um des Nutzens willen tätig sind und hier immer mehr haben wollen, in ihren Leistungen aber schwach sind. Aus dieser Grundeinstellung heraus beobachten sie immer ihre Nachbarn, kritisieren und schikanieren sie, und dies wirkt hemmend. So herrscht Zwietracht unter ihnen, und da sie selbst nicht freiwillig das Rechte tun wollen, üben sie Zwang auf ihre Nachbarn aus.

NE IX, 7   Geber und Empfänger von Wohltaten: Wer liebt wen mehr?

Aristoteles untersucht hier die Frage: Liebt der Geber mehr den Empfänger oder mehr der Empfänger den Geber der Wohltat? Eigentlich müsste der Empfänger der Wohltat seinen Wohltäter (*euergetes*) mehr lieben (denn er hat ja etwas bekommen), aber in Wirklichkeit liegt die – scheinbar – paradoxe Situation vor, dass das Umgekehrte der Fall ist. Aristoteles gibt dazu folgende zwei Erklärungen. In der ersten zeigt er, wie sich die meisten Menschen die Beziehung zwischen einem Wohltäter und dem Empfänger vorstellen, in der zweiten gibt er die in seinen Augen richtige Erklärung.

Diese erste Vorstellung, dass in jedem Fall der Geber den Empfänger mehr liebe, kann man unter Nutzenüberlegungen sehen. Hier denkt man im handwerklich-kaufmännischen Modell: Der eine wird wie ein Gläubiger, der andere wie ein Schuldner aufgefasst. So wie auf der einen Seite der Schuldner am liebsten möchte, dass der Gläubiger nicht mehr existiert, so kümmert sich auf der anderen Seite der Gläubiger um das Wohlergehen seines Schuldners, damit dieser ihm das geschuldete Geld zurückzahlen kann. Die Übertragung dieser Denkweise auf das Verhalten des Wohltäters würde ergeben, dass der Wohltäter auf die Rückerstattung seiner Wohltat in Form von Dankbarkeit und Ehre wartet. Eine solche Denkweise würde in Nutzenkalkulationen bestehen. Die Geschäftsbeziehung (z. B. Geldverleih) zwischen zwei Menschen ist nicht analog der Beziehung zwischen Wohltäter und Empfänger in einem freundschaftlichen Sinn, denn in einer Geschäftsbeziehung gibt es kein freundschaftliches Verhältnis zueinander, wohl aber beim (vielleicht einseitigen) Wohlwollen des Gebers zum Empfänger.

Die zweite Vorstellung: Der Wohltäter ist dem Empfänger gegenüber freundschaftlich eingestellt und liebt ihn auch dann, wenn augenblicklich kein Vorteil daraus zu erzielen ist und auch in Zukunft keiner zu erwarten steht. Das dafür passende Erklärungsmodell ist das eines Künstlers bzw. Dichters zu seinem Werk: Diese hängen an ihren Werken, als wären es ihre eigenen Kinder. Sie lieben ihr Werk sogar noch mehr, als das Werk den Künstler oder Dichter lieben könnte, wenn es eine Seele bekäme und lebendig würde. Der Grund dafür ist folgender: Das Werk hat ja etwas Gutes, eine Wohltat, empfangen, nämlich seine Existenz durch den Künstler. Deshalb liebt der Künstler im Werk sich selbst, denn in seinen Augen stellt es etwas Wertvolles dar. Was ein Mensch wirklich ist und kann, zeigt sich nämlich erst in der Verwirklichung seiner Anlagen, in der Existenz des Werkes. Jedes Sein ist aber liebens- und begehrenswert. Und deshalb freut sich auch mehr der Wohltäter an seiner Wohltat (seinem Kunstwerk), die er einem anderen Menschen erwiesen hat, als dies umgekehrt der Fall ist. Allgemein wird nämlich die Aktivierung einer Schöpfungs- und Gestaltungskraft als lustvoll wahrgenommen, eine gelungene Wohltat erfreut also den Wohltäter mehr als den Empfänger, denn dieser bleibt passiv. Aristoteles nennt hier drei Arten von Lust, die mit den drei Zeitformen (Gegenwart, Zukunft, Vergangenheit) in Verbindung stehen: An der Gegenwart ist lustvoll die Tätigkeit, an der Zukunft ist lustvoll die Hoffnung, an der Vergangenheit ist lustvoll die Erinnerung. Am lustvollsten aber, so Aristoteles, ist das Erleben des Tätigseins (also die Gegenwart). Hier nun besteht noch in anderer Hinsicht ein wesentlicher Unterschied zwischen Wohltäter und Empfänger: Ein Werk, insofern es werthaft ist, bleibt als Wert für seinen Urheber länger erhalten als es der Nutzen für den Empfänger dieses Werkes ist, denn der (passive) Genuss ist (wie jeder Genuss) flüchtig. Alle Menschen lieben dasjenige umso mehr, was sie mit großer Mühsal und Anstrengung hervorgebracht haben. Wer beispielsweise sein Geld selbst erarbeiten musste, schätzt es mehr, als wer es nur geerbt hat.

NE IX, 8 Die Selbstliebe

Aristoteles diskutiert hier die Frage, ob die Selbstliebe (*Philautie*) gut oder schlecht sei, d. h. ob man sich selbst lieben dürfe oder nicht. Er wird die Antwort wiederum durch die Differenzierung zwischen dem guten und dem schlechten Menschen finden. Mit diesem Thema der Selbstliebe schlägt Aristoteles einen Bogen von IX, 4 (1166a17–19) und IX, 8 (1169a8–11) zu X, 7 (1178a2–8) und X, 9 (1179a23–30). In IX, 4 hatte Aristoteles den denkenden Teil des Menschen als dasjenige bezeichnet, was der Mensch seinem Wesen nach ist. In IX, 8 wiederholt er, dass der Geist der eigentliche Mensch ist und in der Seele herrschen solle, in X, 7 legt er dar, dass das dem Menschen von Natur aus wesenseigene Vermögen das Höchste und Lustvollste ist, nämlich der Geist. In X, 9 schließlich argumentiert er, dass ein Mensch, der in der Betätigung des Geistes (*nous*) lebt, auch von den Göttern am meisten geliebt werde. Dieser kleine Vorgriff auf Argumente in NE X soll helfen, die nun folgenden Gedanken des Aristoteles leicht nachvollziehen zu können. **Methodisches Vorgehen**: Aristoteles listet nun wieder, wie er dies oftmals tut, die gängigen Argumente Pro und Contra auf, und beginnt mit denjenigen Argumenten, die nicht die seinigen sind und konfrontiert sie mit den Tatsachen, um Dissens oder Konsens zu erkennen. Daraufhin entwickelt er seine eigene Auffassung von der Thematik. Der in Zusammenhang mit der Freundschaft entwickelte Gedanke einer notwendigen Selbstbeziehung des Menschen zu sich selbst wird hier nun weiter entfaltet und vertieft. Zwischen einer guten und einer schlechten Selbstliebe entscheidet nicht primär das äußere Objekt, dem man sich zuwendet, sondern welcher Teil der Seele die Herrschaft hat: der irrationale oder der rationale Teil, d. h. Affekte und Begierden oder der Geist.

(1) Zunächst beschäftigt sich Aristoteles mit den negativen Bedeutungen der Selbstliebe und legt dar, dass der schlechte Mensch nur an sich selbst denkt, während der gute Mensch dadurch ausgezeichnet ist, dass er das Werthafte und den Dienst am Freund vorzieht und dabei sogar seine eigenen Interessen vernachlässigt. Die Selbstliebe ist also moralisch zunächst ambivalent.

(2) Nun sagt er, dass man nicht einfach jeden Freund, sondern in erster Linie den besten Freund lieben solle. Diese Aussage gewinnt erst dann den von Aristoteles gemeinten Sinn, wenn man seine These weiter im Kopf behält, dass die Merkmale der äußeren Freundschaft von der Freundschaft sich selbst gegenüber abgeleitet wurden. Also ist ein Blick in die Seele notwendig, um die Aussage des Aristoteles vom besten Freund zu verstehen. Diesen besten Freund solle man auch dann lieben, wenn dies von niemandem bemerkt würde. Dieser beste Freund des Menschen ist aber der Geist (*nous*), das Göttliche im Menschen. Verständlich ist nun auch, dass diesen niemand anderer bemerken kann als nur der jeweilige Mensch. Aus dieser Selbstliebe erwächst nun die Fähigkeit, anderen Menschen Freund zu sein.

(3) Es ist aber zu unterscheiden, ob man Geld, Ehre oder Sinnengenuss im großen Stil für sich haben möchte und deshalb Egoist genannt wird, oder ob jemand viele ethische Tugenden für sich haben möchte. In diesem Falle kann man ihn nicht Egoist nennen. Der Vorwurf des Egoismus ist nicht allein durch den Selbstbezug (etwas für sich haben wollen) gekennzeichnet, sondern durch die Objekte, denen sich ein Mensch zuwendet.

(4) Die größte Selbstliebe hat jemand, der diesen wertvollsten Teil in sich selbst liebt, den Geist (*nous*). Dieser Geist ist der eigentliche Mensch (der Vernunftmensch in uns), während die Affekte und Triebe den Sinnenmenschen in uns ausmachen. Dieser so beschriebene gute Mensch darf und soll sich selbst lieben, d. h. den Geist in ihm, denn dieser ist sein eigentliches Selbst.

(5) Anschließend folgt ein Hymnus auf den guten Menschen und seine Opferbereitschaft. (1169a19–b1)

> Erstens kann dieser Wertloses zugunsten von Wertlosem aufgeben: Er setzt sich für andere ein, und wenn es sich nicht vermeiden lässt, selbst um den Preis des eigenen Lebens; auch an Geld und Ämtern hängt er nicht.
>
> Zweitens kann er Quantität gegen Qualität tauschen: Lieber ein kurzes und erfülltes Leben als ein langes Leben mit vielen Genüssen; lieber ein Jahr mit schönen Taten als viele Jahre mit belanglosen Tätigkeiten; lieber eine einzige große und bedeutende Leistung als viele unwichtige Bagatellhandlungen.
>
> Drittens: Auch dem tugendhaften Freund gegenüber tritt er gerne zurück, ja er überlässt ihm sogar die Ehre an einer guten Tat, die er selbst vollzogen hat.

(6) In *dieser* Weise soll man sich selbst lieben, so Aristoteles, und nicht wie es die meisten Menschen tun.

NE IX, 9   Hat der Glückliche Freunde nötig?

Die Methode zur Beantwortung der o. g. Frage erfolgt nun wieder nach dem von Aristoteles immer wieder angewendeten Verfahren: Zuerst werden die üblichen Argumente aufgelistet, zuerst die dagegen und dann diejenigen, die dafür sprechen; dann erst wird die Beantwortung der Sachthematik begonnen. Die Frage, ob der glückliche Mensch Freunde benötigt, stellt Aristoteles nun im Hinblick auf die sich immer mehr abzeichnende autarke Position des Weisen und Glücklichen. Zunächst beginnt er also wieder mit den Gegenargumenten. Er argumentiert folgendermaßen:

(1) Diejenige Person wird ja als glückselig (*makarios*) und autark bezeichnet, die nichts über das bereits Vorhandene mehr benötigt, denn diese Person hat ja bereits alle Güter (dies ist definitorisch im Begriff Glück und Autarkie enthalten; siehe NE I, 5). Der Freund ist aber gewissermaßen unser anderes *Ego*, das uns jene Dinge verschafft, die wir selbst nicht erwerben können. Dies drückt das Sprichwort aus, dass derjenige keinen Freund benötigt, dem Gott Gutes zuteil werden lässt. (Euripides, Orest, 667)

(2) Es gilt aber zu bedenken, so Aristoteles: Wäre es nicht merkwürdig, dem Glücklichen alle Güter, ihm aber keinen Freund zu geben? Ein (echter) Freund ist doch das höchste aller Güter.

(3) Der Glückliche ist ja auch der Tugendhafte (die *eudaimonia* ist *kat'areten* im Sinne der *causa formalis*). Um tugendhaft sein können, benötigt man aber jemandem, an dem man seine ethischen Tugenden betätigen kann, und es ist besser, sagt Aristoteles, sie an Freunden als an Fremden anzuwenden. Kennzeichen eines Freundes ist es aber, Gutes zu tun und nicht bloß zu empfangen. Aus diesem Grunde kann man

auch sinnvollerweise die Frage stellen, ob man mehr im Unglück oder mehr im (besser: *für* das) Glück die Freunde brauche. Letzteres scheint hier vorzuliegen.

(4) Es wäre auch merkwürdig, wenn wir uns den Glücklichen als einen Einsiedler vorstellen, denn der Mensch ist von Natur auf Gemeinschaft hin angelegt, und es ist besser, die Zeit mit Freunden als mit Fremden zu verbringen. Also braucht auch der Glückliche Freunde.

(5) Obwohl die Antwort bereits gegeben wurde, geht Aristoteles nochmals auf die These ein, dass der Glückliche keine Freunde benötige. Ist nicht doch ein Körnchen Wahrheit dabei? Aristoteles kommt hier nochmals auf die Dreiteilung der Güter in Nützliches, Lustvolles und Gutes zurück.

  (a) Einen Freund im Sinne einer Nutzenfreundschaft benötige der Glückliche natürlich nicht, denn er hat ja bereits alles.

  (b) Auch einen Freund im Sinne der Lustfreundschaft benötigt der Glückliche ebenfalls nicht, weil er keine Lust mehr braucht, die zusätzlich und von außen an ihn herangetragen wird, denn seine Lust stammt aus der innerseelischen Tätigkeit.

Da er diese beiden Gruppen von Freunden nicht brauche, ist man irrtümlicherweise auf den Gedanken gekommen, dass er überhaupt keine Freunde brauche; dies ist aber falsch, so Aristoteles. Zur Begründung seiner These rekapituliert er seine Kerngedanken zum Glück.

- Glück ist ein Tätigsein der Seele;
- ein Tätigsein ist aber ein Werden und kein fertiger Besitz, der bleibt (wie eine Statue);
- das Glücklichsein besteht im Leben und im ethisch wertvollen Tätigsein, und dieses ist in sich lustvoll, denn das jedem Wesen Eigentümliche (im Sinne des Tüchtigseins) ist genussvoll;
- unsere Blickrichtung ist mehr auf die Außenwelt (auf andere Menschen) als auf unsere eigene Innenwelt gerichtet, und deshalb können wir die uns umgebenden Menschen und ihre Handlungen leichter beobachten als uns selbst;
- deshalb brauchen wir tugendhafte Freunde, an deren sichtbaren Handlungen wir uns erfreuen können (und die uns den Blick in uns selbst erleichtern);
- die zwei Momente des von Natur aus Lustvollen sind dann gegeben: Das Gute und das Eigene (Befreundete).

Nach diesen Argumenten geht Aristoteles auf die für den Menschen notwendige Gemeinschaft ein.

(1) Da also für den Glücklichen das Leben lustvoll sein muss, dieses aber ein ethisch wertvolles Tätigsein voraussetzt, man aber in der Einsamkeit wenig Motivation dazu erhält, ist in der Gemeinschaft die Motivation zu ethisch guten Handlungen größer.

(2) Dies führt dazu, dass in der Gemeinschaft auch die nächste Bedingung für echtes Glück leichter erfüllbar ist, nämlich die Kontinuität der Handlungen für eine Kontinuität des Glücklichseins. Echtes Glück muss dauerhaft sein. (NE I, 6: „Eine

Schwalbe macht noch keinen Sommer, und ein Tag des Glücks ist noch nicht das gesuchte oberste Gut.")

(3) Aus dem Leben in der Gemeinschaft entwickelt sich im Laufe der Zeit eine gewisse Übung (*áskesis*), wie dies der Lyriker Theognis (5./6. Jh. aus Megara) ausdrückt, den Aristoteles am Ende von NE IX, 12 in diesem Sinne nochmals zitiert: „Von guten Menschen lernt man Gutes."

(4) Für zwei ethisch tugendhafte Menschen (gute Menschen) ist die gegenseitige Freundschaft ein natürliches Anliegen, denn diese sind sich jeweils ein natürliches Gut, das wiederum, wie jedes natürliche Gut, den Wert und die Lust in sich trägt, wie Aristoteles betont.

(5) Nun entwickelt Aristoteles eine dreischrittige Gedankenfolge: Fähigkeit – Tätigkeit – Leben.

Erstens: Die beiden Fähigkeiten des Menschen, in denen sich sein Leben vollzieht, sind das Wahrnehmen und das Denken.

Zweitens: Das für das Leben Wichtige ist die Aktualisierung dieser Fähigkeiten, also die daraus folgenden Tätigkeiten. In der Tätigkeit (*enérgeia*) liegt das Wesentliche des Lebens.

Drittens: Das Leben beschreibt Aristoteles als dasjenige, was von Natur aus gut und lustvoll ist, insofern es eine wesensgemäße Tätigkeit und somit **klar umgrenzt** ist. Diese Aussage bedarf der Erläuterung: Eine Fähigkeit (wie z. B. das Sehen und das Denken) kann sich auf alles richten, sie ist als solche nicht begrenzt. Die Aktualisierung einer Fähigkeit (als Tätigkeit) geht auf etwas Bestimmtes (z. B. man sieht einen bestimmten Apfelbaum oder denkt an den morgen Vormittag zu haltenden Vortrag). Das „klar Umgrenzte" ist also das Individuell-Konkrete. Eine Fähigkeit ist also nur potentiell vorhanden, denn man kann nicht einfach „sehen" oder „denken", sondern nur etwas Bestimmtes sehen oder an etwas Bestimmtes denken. Ohne ein konkretes Objekt kann eine Fähigkeit nicht sinnvoll aktiviert werden.

Diese Argumentationsfigur „**klar umgrenzt**" verwendet Aristoteles nochmals in der zweiten Lustabhandlung in NE X, 2, um der Behauptung entgegenzutreten, jede Lust sei schlecht, weil sie etwas „Grenzenloses" sei. Er wirft den Vertretern dieser These vor, „grenzenlos" mit „mehr oder weniger" zu verwechseln. Was versteht man also unter „**mehr oder weniger**"?

Erstens kann damit die Qualität und Intensität einer Empfindung gemeint sein, und dies trifft dann ebenso auf die Tugend der Gerechtigkeit als auch auf die anderen ethischen Tugenden zu: Man kann mehr oder weniger tapfer oder besonnen oder gerecht sein, wodurch auch die Qualität der Tugend betroffen ist.

Zweitens kann es sich auf die Mischung verschiedener Arten der Lust beziehen, und hier können unterschiedliche Anteile verschiedener Arten von Lustempfindungen vorhanden sein.

Drittens kann es auch bei der Gesundheit, die von der Krankheit klar abgrenzt ist, ein Mehr oder Weniger geben, sowohl im Vergleich mehrerer Menschen als auch bei einem einzelnen Menschen. Gewisse Schwankungen bezüglich der Gesundheit heben die Grenze zur Krankheit noch nicht auf. Ebenso ist es bei der Lust, so Aristoteles: Sie ist etwas klar Umgrenztes und lässt trotzdem ein Mehr oder Weniger zu.

(6) Aristoteles baut nun eine Kette von Argumenten auf:
- Das Leben selbst ist gut und lustvoll, weil alle danach streben, vor allem aber die Guten und Glücklichen.
- Menschliches Sein bedeutet Wahrnehmung und Denken.
- Bei allen Tätigkeiten haben wir eine innere Rückmeldung, dass wir diese Tätigkeit ausüben: Wir sind uns bewusst, dass wir hören, denken, sehen usw.
- Durch diese Rückmeldungen sind wir uns bewusst, dass wir leben; das Leben nehmen wir aber als etwas Gutes wahr.
- Die Wahrnehmung dieses Gutes (das Leben), das in uns liegt, ist lustvoll.
- Der gute Freund ist für den guten Menschen wie sein anderes Ich, und deshalb ist, wie das eigene Leben, auch der gute Freund erstrebenswert.
- Der Freund ist deshalb ein integraler Bestandteil des täglichen Lebens (seine Anwesenheit ist notwendig).
- Und deshalb ergibt sich: Ein Mensch, der glücklich sein will, braucht einen echten Freund. Der Freund ist Voraussetzung und Begleitphänomen des Glücklichseins.

NE IX, 10   Braucht der Glückliche viele Freunde?

Aristoteles zitiert einleitend einen Spruch von Hesiod (um 700), der rät, weder zu viele Gastfreunde noch gar keinen zu haben, also ist hier eine Art Mitte zu halten. Die folgenden Argumente das Aristoteles basieren wieder auf der Dreiteilung der Freundschaften.

(1) Bei Freundschaften um des Nutzens willen ist der Spruch des Hesiod zu beherzigen, denn Nutzenfreunde können schnell beschwerlich werden, da man ständig Gegenleistungen erbringen muss.

(2) Auch Freunde um der Lust willen benötigt man nur wenige, wie man bei den Speisen auch nur wenig Gewürz benötigt, so Aristoteles.

(3) Die echten Freunde (Freunde um ihrer selbst willen) sollen nur so viele sein, wie für das gemeinsame Leben benötigt werden. Mit vielen kann man auch keine echte Freundschaft pflegen, wie man ja auch nicht mit mehreren Menschen ein erotisches Liebesverhältnis eingehen kann, so Aristoteles. Wegen der starken emotionalen Intensität einer solchen Beziehung kann man deshalb ein erotisches Verhältnis auch nur mit einer Person aufrechterhalten.

(4) In den Heldengeschichten der Dichter kommen eigentlich auch immer nur Freundes-Paare vor: Achill und Patroklos; Orest und Pylades usw.

(5) Wer vieler Menschen Freund ist, ist erfahrungsgemäß niemandes Freund.

NE IX, 11   Sind Freunde mehr im Glück oder im Unglück wichtig?

Aristoteles erörtert hier einleitend das Pro und Contra der Freunde im Glück oder Unglück: Man braucht sie in beiden Fällen.

(1) Notwendiger ist ein Freund im Unglück, der durch seine Anwesenheit die Not teilen und lindern hilft.
(2) Schöner ist aber ein echter Freund im Glück, weil es wertvoll ist, diesem Wohltaten zu erweisen.
(3) Aber bereits die Gegenwart des Freundes, ob im Glück oder Unglück, ist erstrebenswert:
   - Einerseits hilft seine Gegenwart, das Unglück leichter zu ertragen.
   - Andererseits bereitet es dem Unglücklichen zusätzlichen Kummer, seinen Freund damit zu belasten. Deshalb vermeiden es charakterlich starke Menschen, andere Menschen zum oberflächlichen Lamentieren zu bewegen.
   - Es ist aber geboten, Freunde zur Teilnahme am Glück des Glücklichen einzuladen, nicht aber sollten sie ins Unglück hereingezogen werden, denn es genüge, wenn einer leide.
   - Wenn aber der Freund sich im Unglück befinde, solle man ungefragt ihn aufsuchen und seine Hilfe anbieten.
   - Wenn der Freund unter glücklichen Bedingungen lebt, solle man ihn aufsuchen, um seine Mitwirkung anzubieten, nicht aber, um nur mitzufeiern. Es ist nämlich unschön, so auf seinen persönlichen Vorteil erpicht zu sein.
   - Auf *diese* Weise ist die Gegenwart von Freunden in beiden Lebenssituationen wünschenswert.

NE IX, 12   Die Selbstbeeinflussung der Freunde

Aristoteles trägt hier zusammenfassend einige abschließende Argumente zur Freundschaft vor, die für ihn ein wesentlicher Bestandteil des Lebens ist.
(1) Was für Liebende der Anblick des geliebten Partners ist, das ist die Gemeinschaft für die Freunde.
(2) Wie man sich zu sich selbst verhält, so verhält man sich zum Freund: Da man wahrnimmt, dass man existiert, und diese Wahrnehmung angenehm ist, überträgt man diesen Wunsch auf das Existieren des Freundes (der Freund als *alter ego* gedacht).
(3) Was jemand am meisten liebt, das will er auch mit Freunden zusammen tun: Die einen trinken gerne zusammen, andere lieben das Würfelspiel, wiederum andere die Gymnastik oder die Jagd, andere die Philosophie.
(4) Freundschaften entwickeln und verstärken Tugenden oder Laster: In der Gemeinschaft von Schlechten lernt einer das Schlechte vom anderen, in der Gemeinschaft von Guten dagegen wird der ethische Fortschritt durch gemeinsames Handeln, aber auch durch freundschaftliche Ermahnungen und Kritik erzielt. Aristoteles übernimmt hier den Spruch des Dichters Theognis (6./5. Jh.), dass man das Gute von guten Menschen lerne. (s. NE IX, 9)

2.2.10   Buch X: Zweite Lustabhandlung; zwei Arten des Glücks

Aristoteles behandelt in diesem letzten Buch der Nikomachischen Ethik vor allem zwei Themen in den folgenden Abschnitten. NE X 1–5: Zweite Abhandlung über die Lust.

NE X 6–9: Zwei Arten des Glücks. Zunächst werden in NE X 1–2, wie bisher üblich, verschiedene Meinungen über die Lust vorgetragen, die dann von ihm einer Prüfung unterzogen werden. Diese zweite Abhandlung über die Lust steht weiterhin in Zusammenhang mit der Frage nach dem besten Gut.

NE X, 1   Zwei entgegengesetzte Auffassungen über die Lust

Aristoteles bekräftigt zunächst seine Auffassung, dass die Lust aufs engste mit der menschlichen Natur verbunden ist. Das zeige sich daran, dass die Erziehung der Kinder durch Lust- und Unlustempfindungen gesteuert wird. Auch für die ethische Tüchtigkeit hält man es für besonders wichtig, dass man sich daran freut, woran man sich freuen soll und das ablehnt, was man ablehnen soll. Zwei extreme Auffassungen über die Lust gibt es. Die einen sagen,

(1) die Lust sei das (höchste) Gut, die anderen sagen das Gegenteil, nämlich

(2) die Lust sei durch und durch schlecht. Diese Gruppe kann wieder zweigeteilt werden: In die einen, die wirklich davon überzeugt sind, und in die anderen, die sagen, dass man die Lust als etwas Verwerfliches hinstellen soll, damit dem weit verbreiteten Hang zur Lust gegengesteuert werde und die Menschen am ehesten in den mittleren Zustand gelangen. Diese gänzlich ablehnende Position der Lust gegenüber ist aber falsch, so Aristoteles: In Fragen der Affekte sind theoretische Ansichten weniger zuverlässig als die Taten der Menschen. Außerdem: Wenn eine solche Ansicht mit den Tatsachen in Widerspruch steht, dann leidet die Theorie darunter und schadet darüber hinaus der Wahrheit. Weiterhin: Wenn jemand diese pädagogische Lüge über die Lust vertritt, aber beim Genießen der Lust beobachtet wird (Wasser predigen, aber Wein trinken), dann glauben viele, dass er seine Meinung nun revidiert habe und werden die Lust nun grundsätzlich und in jeder Form bejahen, denn die meisten Leute können nicht selbständig unterscheiden, sondern sie orientieren sich an „Autoritäten". Damit aber haben die Pseudo-Lustgegner genau das Gegenteil erreicht von dem, was sie eigentlich wollten.

NE X, 2   Die bejahende und die verneinende Auffassung über den Wert der Lust

Zunächst wird von Aristoteles die positive Meinung des Eudoxos von Knidos (391–338) über die Lust (*hedone*) vorgetragen, für den sie das höchste Gut darstellt. Eudoxos galt als gemäßigt und besonnen und deshalb vertrauenswürdig bei diesem Thema. Obwohl Aristoteles ebenso wie Eudoxos zu den Lustbefürwortern gehört, stimmt er diesem doch nicht in allen Punkten zu. Vorgestellt werden nun die wichtigsten Positionen.

(1) Begründet wird von Eudoxos seine Auffassung von der Lust als einem Gut damit, dass etwas, nach dem alle streben, ein Gut sein müsse, und nach der Lust streben alle, sowohl die Vernunftbegabten als auch die Vernunftlosen. Dieser These stimmt Aristoteles ausdrücklich zu: Hier muss deshalb eine Wahrheit vorhanden sein.

(2) Die Lust sei außerdem etwas, das wir um seiner selbst willen anstreben. Die Frage nach einem externen Zweck der Lust ist offensichtlich unsinnig.

(3) Wenn die Lust zu einem Gut hinzugefügt werde, so Eudoxos, mache sie dieses noch wählenswerter, denn ein Gut kann nur durch etwas gesteigert werden, was selbst ein

Gut ist. Also ist die Lust ein Gut. Dieses Argument wird von Aristoteles dahingehend differenziert, dass die Lust ein Gut *neben*, aber nicht *über* anderen Gütern ist. Platon wird hier zugestimmt, dass Lust in Verbindung mit Klugheit (*phronesis*) wählenswerter sei als ohne sie. Aristoteles bekräftigt hier nochmals, dass seine Suche demjenigen Gut gilt, das durch keine Hinzufügung noch gesteigert werden kann. Nur dieses ist das oberste Gut. Welches aber ist dieses und was ist sein Name?

(4) Die Antihedoniker argumentieren, dass ein Gut begrenzt sei, die Lust aber unbegrenzt, weil sie ein „Mehr oder Weniger" zulässt. Dieses Argument ist aber nicht stichhaltig, so Aristoteles, denn auch bei der Gerechtigkeit und bei der Gesundheit gebe es ein Mehr oder Weniger. (s. NE IX, 9)

(5) Der nächste Angriff der Antihedoniker erfolgt mit dem Begriffspaar Ziel und Bewegung (auf das Ziel hin). Wenn man das oberste Gut als etwas Vollendetes ansieht, dann kann es nicht die Lust sein, denn Lust sei Bewegung (*kinesis*) bzw. Werden (*genesis*). Nur ein Zustand könne vollendet genannt werden. Aristoteles wendet ein, dass es ja nicht einmal sicher sei, ob die Lust eine Bewegung (bzw. ein Werden) sei. Zu jeder Bewegung gehören Schnelligkeit bzw. Langsamkeit, auf die Lust müsste also die adverbiale Ergänzung „schnell" oder „langsam" zutreffen. Dies ist aber nicht der Fall: Man könne zwar schnell gehen, aber sich nicht schnell freuen. Man kann zwar in einen Zustand schnell oder langsam geraten, aber wenn man darin ist, kann man nichts mehr beschleunigen oder verlangsamen (man kann schnell oder langsam einschlafen, man kann aber nicht schnell oder langsam schlafen, analog gilt dies für die Lust und das Glück). Weil ein Werden peu á peu erfolgt, ist die Lust kein Werden, sondern eine Tätigkeit (*enérgeia*): Sie ist in jedem Augenblick ganz und vollendet vorhanden (wie z. B. das Sehen als reine Tätigkeit, bei der es kein zusätzliches Ziel gibt). Die Lust ist deshalb kein Werden, auch keine Bewegung, sondern eine Tätigkeit (*enérgeia*). In Buch NE VII wurde ja schon gezeigt, dass es eine **Tätigkeitslust** gibt (die Tätigkeitslust unterscheidet sich von der **Sinnenlust** wie Essen und Trinken). Jede Bewegung, die ein externes Ziel hat, ist unvollendet (z. B. lernen, gehen, bauen: Das Ziel ist ja noch nicht erreicht), wie Aristoteles in der Metaphysik IX, 6 zeigt. Reine Tätigkeiten (wie das Sehen) sind aber vollendete Tätigkeiten. Das Kriterium aber für eine Vollendung ist die Anwendbarkeit des **Perfektkriteriums** (Metaphysik IX, 6): Man sieht und hat bereits zugleich gesehen, man ist glücklich und war zugleich glücklich. Bei Tätigkeiten, die ein externes Ziel haben (wie z. B. gesund werden, lernen) gibt es das Perfektkriterium nicht (man kann nicht gerade gesund werden und bereits gesund geworden sein). Eine reine Tätigkeit dagegen (wie das Sehen und das Denken) hat sein Ziel in sich und wird deshalb auch nicht peu à peu vollendet, sondern ist in jedem Augenblick (egal ob Gegenwart oder Vergangenheit) vollständig vorhanden. Vielleicht ist das Argument von der Präsens-Perfekt-Identität für heutige Menschen etwas ungewöhnlich. Aristoteles gebraucht es um zu zeigen, dass hier kein Werden vorliegt (in der Vergangenheit begonnen, vervollkommnet sich etwas peu á peu in der Gegenwart oder erst in der Zukunft). Wenn zwischen Vergangenheit und Gegenwart kein Unterschied besteht, dann gibt es auch keine Entwicklung, denn alles ist ständig nur im Präsenszustand, also in der paradiesischen Zeitlosigkeit.

(6) Die Lust könnte auch als Überwindung eines Mangelzustandes gedeutet werden, wie z. B. Hunger und Durst, und die Lust wäre dann ein Auffüllprozess, und zwar in eine naturgemäße Verfassung (beispielsweise ist satt sein naturgemäß, hungern nicht). Diese Auffüllthese trifft aber nicht auf alle Formen der Lust zu, wie Aristoteles feststellt. Beispiele: Die sinnliche Lust am Geschmack, die sinnliche Lust am Riechen an einer Rose, die Lust an einer Erkenntnis usw. finden ohne „Auffüllvorgang" statt, da kein Mangel ausgeglichen werden muss.

(7) Schlechte Arten der Lust sind nur für schlechte Menschen eine Lust, so wie den Kranken manches anders erscheint als den Gesunden. Beispiele: Wer nicht selbst gerecht ist, kann nicht die Lust eines gerechten Menschen nachempfinden, wer kein Musiker ist, kann nicht die Lust eines Musikers bei einem gelungenen Konzert nachempfinden. Wir würden auch dann nicht dauerhaft den Verstand eines kleinen Kindes haben wollen, wenn wir dafür als Gegenleistung kindliche Freuden in höchstem Maße genießen dürften.

NE X, 3   Beschreibung der Lust: Sie ist eine Tätigkeit

Aristoteles fasst hier seine bisher gewonnenen Einsichten über die Lust zusammen.

(1) Lust und Sehen sind etwas Ähnliches: Wie das Sehen in jedem Augenblick fertig und am Ziel angekommen (*teleios*) ist und es nicht durch hinzukommende Akte vervollkommnet werden kann, so ist es auch bei der Lust.

(2) Deshalb ist die Lust auch keine Bewegung (*kinesis*) wie beispielsweise das Hausbauen und das Gehen, denn diese finden in der Zeit statt und sind auf ein externes Ziel gerichtet. Innerhalb einer Bewegung sind verschiedene Arten zu unterscheiden: bei der Ortsbewegung das Gehen, Laufen oder Springen, beim Hausbau das Zusammenfügen der Steine, das Kannelieren der Säulen usw. Es gibt auch Unterschiede beim Woher und Wohin der Bewegung usw. Also ist keine Form (*eidos*) einer Bewegung zu irgendeinem Zeitpunkt fertig, solange die Bewegung andauert. Bewegung ist also dasjenige, was teilbar und somit (noch) kein Ganzes ist (denn erst die Zusammensetzung der verschiedenen Arbeitsschritte z. B. beim Hausbau ergibt das Ganze, das Haus).

(3) Die Form (*eidos*) der Lust ist aber zu jedem beliebigen Zeitpunkt fertig wie das Sehen. Also ist die Lust keine Bewegung. Die Lust ist wie das Sehen immer als Ganzes vorhanden und somit stets „fertig". Eine Beobachtung aus dem Alltag stützt diese Auffassung, so Aristoteles: Eine Bewegung benötigt den Ablauf in der Zeit (Vergangenheit – Gegenwart), „verbraucht" also Zeit, die Lust dagegen nicht, sie tritt sogar nur in „zeitloser" Form auf (d. h. sie existiert nur in der Gegenwart, die Frage nach der Vergangenheit ist hier irrelevant). Denn, so Aristoteles, nur was im Jetzt und im Augenblick geschieht, ist ein Ganzes. (Nietzsche: Alle Lust will tiefe, tiefe Ewigkeit.)

NE X, 4   Die Lust ist ein Begleitphänomen der Tätigkeit

Für die Weiterführung seiner Bestimmung der Lust greift hier Aristoteles zunächst wieder auf den Vergleich mit dem Wahrnehmungsvermögen (Sinnenvermögen) zurück. In Ergänzung zur ersten Lustabhandlung in NE VII geht er nun auf das Objekt einer Tätigkeit ein, denn beispielsweise sind Sehen und Denken intentionale Akte, und das bedeutet: Man kann nicht einfach sehen oder denken, sondern man muss *etwas* sehen oder denken, man braucht also ein Objekt. Hier aber tritt das Problem auf, dass die bisher vorgeschlagene Unterscheidung zwischen Bewegung und Tätigkeit mit den genannten Kriterien teilweise wieder verwischt wird. Man kann gehen, braucht dazu aber kein Objekt, es sei denn, das Wohin und Woher gelten ersatzweise als Objekte: Ich gehe zum Bahnhof. Bleiben wir deshalb bei der von Aristoteles vorgelegten Analyse. Er kommt zu folgendem Ergebnis:

(1) Eine Wahrnehmung bezieht sich auf ein Objekt, und diese Wahrnehmung ist umso besser, je vollkommener das Wahrnehmungsorgan funktioniert (z. B. wer nicht mehr die hohen Töne hören kann, kann beim Musikhören nicht mehr den vollen Genuss haben). Diese Wahrnehmung ist dann aber noch besser, wenn sich das perfekt funktionierende Organ auch auf das beste Objekt richtet. Dieses perfekte Zusammenspiel von Organ und Objekt bezeichnet Aristoteles als die vollkommenste und lustvollste Tätigkeit. Jedem Organ ist nun seine spezifische Lust zugeordnet (dem Auge die Lust am Sehen, dem Ohr die Lust am Hören, dem Verstand die Lust am Denken usw.)

(2) Wie muss man sich nun das Zusammenwirken von Tätigkeit und Lust denken? Ist die Tätigkeit (*enérgeia*) die Ursache der Lust? Aristoteles bejaht diese Frage, aber mit der Unterscheidung zwischen *causa efficiens* (Kausalursache im Sinne der Naturwissenschaft) und der *causa formalis* (Formursache). Eine Kausalursache zu verstehen bereitet uns heute kaum Schwierigkeiten, die sog. Formursache wird heute nicht mehr als „Ursache" verstanden, weil wir Ursache nur noch im Modell der Naturwissenschaften kennen. Dies sei am Beispiel der Medizin erklärt. Der Arzt ist mit seiner Heilkunde *causa efficiens* der Wiederherstellung der Gesundheit des Patienten. Die Gesundheit dagegen ist, nach einem alten Sprachgebrauch, die Formursache für das gesunde Funktionieren aller Organe eines Menschen, d. h. darin zeigt sie sich. Eine Form-Ursache verstehen wir heute mehr als eine Erkenntnis-Ursache. Eine Kausal-Ursache muss zeitlich vor der Wirkung vorhanden sein (der Arzt muss vorher tätig sein und das Medikament verabreichen), damit die Wirkung eintreten kann (zeitliche Trennung von Ursache und Wirkung, und in dieser Reihenfolge). Die Gesundheit im Sinne der Form-Ursache ist nun untrennbar mit dem gesunden Funktionieren aller Organe verbunden, und so ist die Gesundheit die „Ursache" für die gesunden Lebensvorgänge. Hier ist das Zugleichsein von Gesundheit und gesunden Organen gemeint. „Ursache" ist sie für uns heute nur noch im übertragenen Sinn: Da wo die Gesundheit ist, da ist auch der gesunde Mensch. Die Gesundheit ist also die Bezeichnung für das Vollkommensein der Körperorgane. Es besteht auch noch ein weiterer Unterschied: Die Kausal-Ursache ist außerhalb des Objekts, an dem sie stattfindet, die Formal-Ursache ist innerhalb des Objekts, sie ist seine Form (*eidos*), d. h. dasjenige, was wesentlich an diesem Objekt oder Zustand ist. In der Medizin: Das Wesentliche an einem Organ ist seine Gesundheit. Bei Handlungen: Das Wesentliche an einer vollkommenen Tätigkeit (die sich also einem besten Objekt zuwendet), ist die Lust.

(3) Wie kommt es, fragt Aristoteles, dass niemand die Lust als Dauerzustand genießen kann? Da die Lust ein Begleitphänomen guter oder bester Tätigkeiten ist, niemand

aber ununterbrochen tätig sein kann (der Mensch ermüdet oder verliert wieder das Interesse an dieser Tätigkeit, nicht nur bei sinnlichen, sondern auch bei geistigen Objekten), deshalb gibt es keine dauerhafte Lust. Die Lust aber, die jede Tätigkeit zu einer vollkommenen macht, erhebt auch das Leben, das selbst ein wählenswertes Gut ist, in den Rang von etwas Vollkommenem.

NE X, 5   Es gibt unterschiedliche Arten der Lust

Aristoteles wiederholt eingangs nochmals seine grundlegende Doppelthese: Ohne Tätigkeit (*energeia*) gibt es keine Lust (*hedone*), und durch die Lust erhält jede Tätigkeit ihre Vollkommenheit.

(1) Jedes Ding hat seine spezifische Vollkommenheit und jede Tätigkeit hat ihre artspezifische Vollkommenheit. Tätigkeiten, die der Art nach verschieden sind, haben auch eine der Art nach verschiedene Lust.

(2) Jeder Lust intensiviert die Tätigkeit. Das Intensivierte (die Tätigkeit) ist aber wesensmäßig mit dem Intensivierenden (der Lust) verbunden. Dieser Zusammenhang von Tun und Lust wurde von ihm schon mehrfach betont.

(3) Die einer Tätigkeit wesensmäßig zugehörige Lust kann durch eine gleichzeitig vorhandene fremde Lust gestört werden. Beispiel: Wer sich gerade auf den Genuss eines Musikstückes konzentriert, kann nicht simultan den Genuss eines philosophischen Vortrages erleben. Also: Lustvolles in Vollendung kann nur im Singular erlebt werden. Wenn ein Theaterstück langweilig ist, so Aristoteles, dann fangen die Theaterbesucher an, Süßigkeiten zu knabbern. Es gibt also auch eine wesenszugehörige Unlust, die durch eine fremde Lust vertrieben wird.

(4) Alle Lebewesen üben artverschiedene Tätigkeiten aus, also erleben sie auch eine jeweils artverschiedene Lust. Wie ist es beim Menschen? Hier gibt es doch mannigfaltige Unterschiede: Was den einen freut, ärgert den anderen usw. Wo liegt der Maßstab für die Beurteilung dessen, was als Lust zu gelten hat? Man kann einen abstrakten Maßstab (die ethische Tugend) und einen personalen Maßstab (der tugendhafte Mensch) anlegen. Jeder dieser Maßstäbe zeigt an, ob die gesuchten Voraussetzungen für die gesuchte Art von Lust vorliegen. Beim personalen Maßstab sind viele Menschen unserer Zeit skeptisch, ob man so vertrauensselig sein darf, einen anderen Menschen als Vorbild zu nehmen. Aristoteles ist aber überzeugt, dass bei einer weitgehenden Übereinstimmung über tugendhafte Lebensweisen sich darin Wahrheit kundtut. Hier kann auf die in NE I, 1 vorgetragene Position des Aristoteles zurückgegriffen werden, dass der Exaktheitsanspruch einer Disziplin sich an der Sache (dem Objekt) orientieren muss. Für Aristoteles sind Menschen, die durch Lebenserfahrung einen ethischen Habitus erworben haben, glaubwürdige Repräsentanten einer richtigen Lebensweise und ehrliche Vorbilder für die damit verbundene Tätigkeitslust.

Aristoteles kommt nun zu seinem letzten Thema innerhalb der Nikomachischen Ethik, dem Glück, und er wird hier zwei Formen unterscheiden: Das Glück des praktisch tätigen Lebens und das Glück des beschaulich-theoretischen Lebens.

NE X, 6   Glück und Tätigkeit

Das in den vorangegangenen Kapiteln Vorgetragene wird einleitend zusammengefasst.

(1) Das Glück ist kein Habitus (kein Zustand der Ruhe), sonst könnte es auch jemandem zukommen, der sein Leben lang schläft oder dem die größten (äußeren) Unglücksfälle zustoßen (im Sinne von Unglück haben).

(2) Das Glück ist also eine Tätigkeit (*energeia*), und zwar eine solche, die nicht wegen eines anderen Gutes willen gewählt wird, sondern um seiner selbst willen.

(3) Zu denjenigen Dingen, die man um ihrer selbst willen anstrebt, gehören die tugendhaften Handlungen.

(4) Das Glück ist autark, d. h. es kann nicht durch andere Güter gesteigert werden.

Aristoteles geht nun auf eine weit im Voklk verbreitete Scheinform des Glücks ein, den spielerischen Zeitvertreib. Viele Menschen jagen ihm nach, als wäre er das Endziel des Lebens, was aber nur das Glück sein kann. Erholung ist kein Endziel, sondern ein Mittel, um wieder ernsthaft tätig sein zu können, wie hier Anácharis, einer der Sieben Weisen, von Aristoteles zitiert wird. Die Voraussetzung für das Glück, die Anstrengung der ethischen Tüchtigkeit, ist das Gegenteil von spielerischem Zeitvertreib.

NE X, 7   Das vollkommene Glück besteht in der theoretischen Betrachtung

Wenn also das Glück in einem Tätigsein gemäß einer Tüchtigkeit besteht, und es mehrere Tüchtigkeiten gibt, dann ist das vollkommene Glück auch gebunden an die vollkommene Tüchtigkeit. Diese ist eine theoretische, eine betrachtende Tätigkeit (ein geistiges Schauen). Da bereits gesagt wurde, dass es eine ungehinderte Tätigkeit sein soll, kann es innerhalb der Vernunft nicht das Wissen (*episteme*) sein, sondern nur der *Nous*, der Prinzipien und Wahrheiten spontan und intuitiv zu erfassen vermag. Die Tüchtigkeit (Tugend) des *Nous* ist ja die Weisheit (*sophia*), wie bereits in NE VI gezeigt wurde. Die Tätigkeit der Weisheit ist deshalb, wie Aristoteles hier darlegt, die lustvollste Tätigkeit überhaupt. Sie ist gleichzeitig von größter Reinheit (unvermischt) und Dauerhaftigkeit. Sie entspricht auch dem geforderten Kriterium der Autarkie, denn für diese Tätigkeit braucht man keine Freunde (wie für manche praktischen Tüchtigkeiten des bürgerlichen Alltags). Diese Tätigkeit erfolgt auch um ihrer selbst willen, weil eine andere Orientierung sinnlos ist: Es gibt nämlich kein außerhalb von ihr existierendes Ziel (weise ist man nur um seiner selbst willen). Dem praktischen Handeln mangelt es auch an der erforderlichen Muße, der theoretischen Betrachtung dagegen nicht. Trotz der damit verbundenen Muße besteht die Aktualisierung der Weisheit nicht im spielerischen Umgang mit ihr, sondern in der Seriosität und Ernsthaftigkeit der Betrachtung. Die Tätigkeiten aus der Tugend der Weisheit erfüllen also alle bisher gestellten Forderungen an das Glück. Glück erwächst in vollkommener Weise nur aus der Weisheit.

Dieses so beschriebene Tätigsein und das damit verbundene vollkommene Glück scheint das menschliche Leben weit zu überragen, so Aristoteles. So könnte ein Mensch nur leben, wenn etwas Göttliches in ihm wäre. Der intuitive Verstand, der *Nous*, ist göttlich, und er ist auch im Menschen. (In NE X, 8 wird Aristoteles sagen, dass dieser *Nous* von der Seele abtrennbar und nicht mit dem Körper vermischt ist). Nun dürfe der Mensch nicht kleingeistig sich auf sein naturales Menschsein zurückziehen d. h. (auf die Aktualisierung seiner ethischen Tugenden, die mit den körperlichen und affektiven Gegebenheiten verbunden sind), so Aristoteles, sondern er müsse versuchen, sich „unsterblich zu machen", soweit er es vermag. Was zu einem Lebewesen von Natur aus gehört, so Aristoteles, das ist auch das Beste und Lustvollste für es, beim Menschen ist es der *Nous*, der intuitiv verfahrende Geist mit seiner Tugend, der Weisheit.

NE X, 8   Die zweitbeste Form des Glücks ergibt sich aus dem praktischen Leben

Hier fasst Aristoteles nochmals seine Gedanken zum „Glück im Handeln" und zum „Glück im Betrachten" zusammen, und bekräftigt nochmals seinen Standpunkt, dass nur das theoretische (betrachtende) Leben den geforderten Kriterien für das Glück vollkommen entspricht, das praktische Leben nur ungefähr und teilweise. Seine Gedanken sind folgende:

(1) Die Betätigung der ethischen Tugenden ist an Voraussetzungen gebunden: Der Freigebige braucht Geld, der Tapfere braucht Kraft, der Besonnene braucht eine passende Gelegenheit usw.

(2) Der Weise braucht für seine Tätigkeit solche Voraussetzungen nicht (nur insofern, als er unter Menschen lebt und Bedürfnisse hat), für die Aktualisierung der Weisheit aber braucht er sie nicht, sie sind sogar eher hinderlich, so Aristoteles. Für die Götter, die das Paradigma für den Weisen sind, gibt es diese Handlungsnotwendigkeiten sowieso nicht. Wenn man nun in einem Gedankenexperiment, so Aristoteles, von einem Lebewesen das Handeln und das Herstellen wegnimmt, bleibt nur noch die betrachtende Tätigkeit übrig.

(3) An diesem Glück können neben den Göttern nur die Menschen teilhaben, die anderen (unvernünftigen) Lebewesen aber nicht, da sie Tätigkeiten aus dem Vermögen des *Nous* und aus der Tugend der Weisheit (*sophia*) nicht vollziehen können. Ein wesentlicher Unterschied zwischen Gott und den Menschen besteht trotzdem beim Glück: Gott ist dauerhaft glücklich, die Menschen streben danach, glücklich zu werden. Insofern ist das Glück das Paradigma für ein gutes Leben (*eupraxia*), jener „Zielpunkt" (*skopos*), auf den man „blicken" solle. (s. NE VI, 1)

NE X, 9   Der Mensch im Urteil der Götter

Der Mensch wird selbst als Glücklicher (im Sinne der betrachtenden Lebensweise) verschiedener äußerer Güter bedürfen, denn die menschliche Natur ist nicht autark, sondern bedürftig. Allerdings braucht man, um unter dieser *conditio humana* glücklich zu werden, keine Güter im Übermaß, im Gegenteil. Privatleute, so Aristoteles, sind oft tugendhafter als diejenigen, die „über Land und Meer herrschen". Diese Meinung haben auch Solon und Anaxagoras geteilt, die Menge der Menschen dagegen beurteilt das Glück nur nach äußeren Kriterien. Wer aber in der Betätigung des *Nous* und der Weisheit lebt, der wird auch von den Göttern geliebt, und sie werden diesem Menschen viel Gutes zurückgeben. Die Götter lieben also vor allem den weisen Menschen, und deshalb ist dieser auch der Allerglücklichste.

NE X, 10 Ethik, Erziehung und Politik

In diesem letzten und relativ langen Kapitel referiert Aristoteles seine, so würden wir heute sagen, gesellschaftspolitischen Zielsetzungen. Er spricht über pädagogische Grundsätze und über die richtige und falsche Kindererziehung und über die Aufgaben des Staates und insbesondere der Politiker. Er führt nun seine Darlegungen zum Glück und dem richtigen Leben vom Himmel wieder auf die Erde zurück. Im Einzelnen bringt er folgende Argumente:

(1) Es reicht in diesem Leben nicht aus, etwas nur theoretisch zu betrachten, man muss auch praktisch handeln. Die aristoteleische Ethik wurde ja handlungstheoretisch aufgebaut, weswegen die Praxis hier diesen Stellenwert hat.

(2) Durch Reden kann man (junge) Menschen kaum von schlechten Gewohnheiten abbringen, denn Worte haben diese Kraft nicht. Die Mehrheit fürchtet mehr die Strafe als das vernünftige Argument. Ein Affekt, so Aristoteles, weicht nicht dem Argument, sondern nur dem Zwang. Deshalb muss bereits in früher Jugend ein der Tugend gemäßer Charakter unterstützt werden.

(3) Es ist aber schwer, den Kindern eine solche tugendhafte Erziehung zukommen zu lassen, wenn nicht der Staat eine solche Pädagogik politisch unterstützt. Da Ethik ein lebenslanger Lern- und Gewöhnungsprozess ist, muss der Staat die Aufrechterhaltung der Tugenden im ganzen Leben durch seine Politik und seine Gesetze unterstützen.

(4) Bei der Frage nach dem Wert einer gemeinschaftlichen oder einer individuellen Erziehung entscheidet sich Aristoteles für die letztere, weil sie der gemeinschaftlichen Erziehung überlegen sei. Wie es in der Medizin besser ist, wenn ein Kranker seine Ruhe hat, und ein Boxtrainer individuell seine Schüler trainieren kann, so ist auch in der Erziehung ein individuelles Eingehen auf einen Menschen günstig. Allerdings muss man auch dort das Allgemeine kennen, d. h. dasjenige, was allen förderlich ist oder nur einer bestimmten Art nützt.

(5) Für die Politik stellt sich das Theorie-Praxis-Problem in besonderer Weise, wobei die Sophisten diejenigen „Politiker" sind, die nur lehren, aber keine praktische Erfahrung in der Politik haben. Die echten Politiker dagegen müssten sich stärker den theoretischen Fragen zuwenden, als sie es gewöhnlich tun. Hiermit leitet Aristoteles zu seinem nächsten Thema und Buch über, der „Politik".

3 Cicero

3.1 Biografisches

Marcus Tullius Cicero (106–43 v. Chr.) kam am 3. Januar 106 v. Chr. in Arpinum (einem kleinen Städtchen ca. 100 km südöstlich von Rom) zur Welt. Durch seine Reden gegen Antonius machte er sich diesem gegenüber unbeliebt und wurde im zweiten Triumvirat 44/43 (zwischen Octavian, Antonius und Lepidus) geächtet, was einem Todesurteil gleichkam. Er wurde am 7. Dezember 43 auf seinem Landgut bei Formiae als Führer der Senatspartei auf Befehl des Antonius ermordet. Er wurde 64 Jahre alt.

Ämterlaufbahn (*Cursus honorum*)

Cicero stammte aus dem römischen Ritterstand, Aufstieg in die senatorische Laufbahn: 75 Quästor (Gehilfe eines Prätors) in West-Sizilien, 69 kurulischer Ädil (Jurisdiktion bei Marktstreitigkeiten u. a.), 66 Prätor (Gerichtsvorsitz), 63 Konsul; Niederschlagung der Verschwörung des Catilina. Infolge widriger politischer Umstände verbrachte er die Jahre 58 bis 57 in der Verbannung, wodurch seine politische Karriere nachhaltig geschädigt wurde.

Philosophisch-ethische Grundlagen

Cicero zählt sich selbst bezüglich seiner
- erkenntnistheoretischen Überzeugungen zur Neuen Akademie (sog. skeptischen Phase der Akademie), in seinen
- ethischen Anschauungen tendiert er allerdings zur Stoa, vor allem zu den Lehren des Stoikers Panaitios von Rhodos (180–99 v. Chr.). Er ist also philosophisch-ethisch ein Eklektiker.

Als seine Lehrer nennt er folgende Personen: (1) den Stoiker Diódotos (er starb 59 in Ciceros Haus), (2) den (skeptischen) Akademiker Philon von Larissa (in Thessalien); ihn hat er 86 in Rom kennen gelernt, (3) den (skeptischen) Akademiker Antiochos von Askalon (Palästina), Schüler und Nachfolger des Philon von Larissa (ihn hörte er 79/78), (4) Poseidonios aus Apameia am Orontes (Provinz Syria, ca. 135–51 vor Chr.); ihn hat er 78 bis 77 in Rhodos gehört, und (5) den Epikureer Zenon von Sidon (Libanon; geb. 160/150); Cicero hörte ihn 79 bis 78 in Athen; er blieb aber stets ein Gegner der Epikureer.

Wichtigste Werke (in Auswahl)

In den Jahren 56 bis 51 schrieb er „De re publica" (Vom Gemeinwesen; nur fragmentarisch erhalten) und „De legibus" (Die Gesetze; unvollendet). Die beiden Werke stehen in der Tradition der beiden Werke Platons, nämlich „Politeia" (Das Gemeinwesen) und „Nomoi" (Die Gesetze). Zum Werk „De officiis": Geschrieben in nur zwei Monaten (Nov./Dez. 44), im 63. Lebensjahr, ein Jahr vor seinem Tod, sein letztes philosophisches Werk, wahrscheinlich nicht mehr von Cicero selbst herausgegeben. Dieses Werk gehört zu jener Gruppe von Büchern, die er nach schweren persönlichen Schwierigkeiten in den Jahren 46 bis 44 verfasst hat, und zwar: „De finibus bonorum et malorum" (Über das höchste Gut und das größte Übel), „Tusculanae disputationes" (Tusculaner Gespräche), „De natura deorum" (Über die Natur der Götter), und schließlich „De officiis" (Von den Pflichten).

Persönliches – Cicero und seine Familie: Die Krisenjahre 46–43

Für das Verständnis von „De officiis" ist eine Kenntnis der schweren familiären Krisenjahre 46–44/43 hilfreich. Cicero (106–43) war zweimal verheiratet: Erste Ehe mit einer reichen Frau namens Terentia (geb. um 93); Tochter Tullia (77–45) und Sohn Marcus (*65) werden geboren. Scheidung nach 30-jähriger Ehe im Jahre 46 aus wahrscheinlich finanziellen Gründen (Cicero ist hoch verschuldet), um als 60-jähriger die wesentlich reichere, aber noch nicht einmal 20-jährige Publilia heiraten zu können. Ciceros zweite Ehe mit Publilia verläuft ebenfalls unglücklich. Er lässt sich nach kaum einjähriger Ehe wieder scheiden. Terentia heiratet dann den Historiker Sallust (86–34). Im Februar 45 Tod seiner geliebten und einzigen Tochter Tullia. Sie war dreimal verheiratet, zwei Kinder aus diesen Ehen sterben, Ende 46 lässt sie sich scheiden, wenige Monate später stirbt sie selbst bei der Geburt ihres dritten Kindes. Cicero ist untröstlich, in seinem Schmerz allein und sucht Trost in der Philosophie. Im April 45 schickt er seinen 20-jährigen Sohn Marcus zu philosophischen Studien nach Athen und schreibt in nur zwei Monaten (November und Dezember 44) „De officiis", da sein Sohn wenig Sinn für akademische Studien aufbringt (dieser fordert in Briefen ständig Geld für einen aufwändigen Lebenswandel in Athen, auch für einen Privatsekretär, der für ihn die Vorlesungen mitschreiben muss). Cicero, der Führer der Senatspartei, wird am 7. Dezember 43 auf seinem Landgut bei Formiae (in der Nähe von Gaeta) aus politischen Gründen von den Soldaten des Antonius ermodet. Zur Rehabilitierung seines Vaters wird Ciceros Sohn Marcus von Octavian (Kaiser Augustus) nach seinem Sieg über Antonius bei Actium im Jahre 31 ein Jahr später zum Konsul und Pontifex ernannt, Antonius wird mit der *damnatio memoriae* geächtet. Ciceros Sohn Marcus bleibt zeitlebens von den eigens von seinem Vater für ihn geschriebenen Lehren über die Pflichten („De officiis) unbeeindruckt.

3.2 Die Stoa

Die Geschichte der Stoa wird üblicherweise in drei Phasen eingeteilt, in die alte, mittlere und jüngere Stoa mit folgenden repräsentativen Personen:

1. Die alte Stoa: Gegründet 308 von Zenon von Kition (336–264), etwa zeitgleich mit den Schulgründungen von Epikur und Pyrrhon. Der Name Stoa leitet sich vom ursprünglichen Versammlungsort ab, der von Polygnotos geschaffenen („bunten") Säulenhalle (*stoá poikíle*). Wichtiger Vertreter der alten Stoa war außerdem Chrysippos von Soloi (281–208).

2. Die mittlere Stoa: Wichtigste Vertreter sind Panaitios von Rhodos (185–109) und Poseidonios aus Apameia (am Orontes, Provinz Syria, ca. 135–51). Panaitios war von 129 bis zu seinem Tod 109 Schulhaupt der Stoa. Auf seinem Werk *perí tou kathékontos* (Über die Pflichten) beruhen Ciceros Bücher I und II von „De officiis". Mit ihm setzt sich Cicero auseinander.

3. Die jüngere Stoa: Wichtigste Vertreter sind Seneca (4 v. Chr.–65 n. Chr.), Epiktet (50–138 n. Chr.) und Marc Aurel (121–180 n. Chr.).

Diogenes Laërtius (2./3. Jh. n. Chr.) berichtet in seinem Werk „Leben und Meinungen berühmter Philosophen" (VII, 107), dass der griechische Begriff *kathekon* (den Cicero mit *officium* übersetzt) vom Stoiker Zenon (333–262 v. Chr.) als Fachterminus in die Ethik der Stoa eingeführt wurde. Er beschreibt fünf Merkmale bzw. Einteilungen für den Begriff *kathekon*. Zunächst die zwei wichtigsten Merkmale:

1. „Pflicht (gr. *kathekon*) […] nennen sie [die Stoiker] dasjenige, was, wenn man es handelnd vollzogen hat, sich mit guten Gründen rechtfertigen lässt, wie das Naturgemäße im Leben, das sich auch auf Pflanzen und Tiere bezieht; denn auch bei ihnen lassen sich Pflichten erkennen."
2. Der *kathekon*-Begriff wird von Zenon mit dem Begriff der Vernunft in Verbindung gebracht, wie dies Diogenes Laërtius weiter darstellt: „Pflichtgemäß sei alles, wofür sich die Vernunft entscheidet, wie z. B. Eltern, Brüder, Vaterland in Ehren zu halten und mit den Freunden in herzlichem Umgang zu stehen; pflichtwidrig dagegen, was die Vernunft verwirft, wie z. B. Pflichtversäumnis gegen die Eltern, Rücksichtslosigkeit gegen die Brüder, Mangel an Entgegenkommen gegen die Freunde, Verachtung des Vaterlandes und ähnliches."

Dies sei in folgender Tabelle dargestellt:

gr. *kathekon* (lat. *officium*)	
Diejenige naturgemäße Handlung, für die man stichhaltige Gründe anführen kann.	Diejenige Handlung, die der Vernunft entspricht.
Bezieht sich auch auf Menschen, Tiere und auf Pflanzen, also auf Vernünftiges, Animalisches und Vegetatives.	Z. B. Eltern, Brüder, Vaterland in Ehren halten und mit den Freunden in herzlichem Umgang stehen.

In der Darstellung des Diogenes Laërtius folgen weitere drei Unterteilungen (Fortsetzung von oben), die sich aus der Begriffsbestimmung des *kathekon* (*officium*) ergeben:

3. „Weder pflichtmäßig noch pflichtwidrig ist alles, was die Vernunft weder gebietet noch verbietet zu tun, z. B. Reisig auflesen, den Griffel oder den Striegel zu halten, und was dem ähnlich."
4. „Und die Pflichten seien teils unbedenklicher, teils bedenklicher Art.
   - Unbedenklich sei z. B. die schützende Vorsorge für die Gesundheit und Sinneswerkszeuge und dergleichen,
   - bedenklich dagegen die Selbstverstümmelung und die Preisgabe des Vermögens." Entsprechend steht es auch mit dem Pflichtwidrigen."
5. „Ferner haben die Pflichten teils dauernd verbindliche Kraft, teils nur zeitweilig.
   - Dauernde Pflicht ist es, tugendhaft zu leben,
   - zeitweilige Pflicht ist es, zu fragen und zu antworten und spazieren zu gehen. Dasselbe Verhältnis findet sich auch beim Pflichtwidrigen."

Dies ist in folgender Tabelle zusammengefasst:

Pflichten: Unterscheidungen		
Weder pflichtgemäße noch pflichtwidrige Handlungen, sog. wertfreie Handlungen (*adiáphora*)	Unbedenkliche und bedenkliche Pflichten	Verbindlichkeit: dauernd oder nur zeitweilig
Was weder die Vernunft gebietet noch verbietet, z. B. Reisig auflesen (ohne Hintergedanken), den Griffel oder den Striegel halten usw.	Unbedenklich: z. B. die schützende Vorsorge für die Gesundheit; die Sinnesorgane gebrauchen (sehen, hören). Bedenklich: z. B. Selbstverstümmlung, Verschleuderung des Vermögens.	Dauernde Pflicht: tugendhaft leben. Zeitweilige Pflicht: z. B. spazieren gehen (wenn augenblicklich für die Gesundheit notwendig).

Die folgende Übersicht soll ebenfalls die Darstellung der Inhalte aus Ciceros „De officiis" vorbereiten helfen und ein Verständnis erleichtern.

Zwei Arten von Handlungen	
Kathêkonta (*katà phýsin bíos*)	*Katorthômata* (*homologóumenos bíos*)
= die gegenwärtigen Umstände, unter denen gehandelt wird i. S. von das Erforderliche, das Geeignete.	= die „Gerade gemachten" Dinge = die richtig vollzogenen *Kathêkonta*.
Handlungen gemäß dem naturhaften Leben. Sie sind *notwendige* Bedingungen des Sittlichen. Hier ist der Ort der *Oikeíosis* = naturgemäßes Verhalten von Mensch (gemäß der Vernunft) und Tier (gemäß der Sinne).	Handlungen gemäß dem sittlichen Leben. Sie sind die *hinreichende* Bedingung des Sittlichen.
Media officia Mittlere Pflichten	*Perfecta officia* Vollkommene Pflichten

In Ciceros Darstellung der Pflichtenlehre müssen also die beiden griechischen Begriffe *kathêkon* und *katorthôma* mit ihrer Übertragung in den lateinischen Begriff *officium* mit der Aufspaltung in *medium officium* (für *kathêkon*) und *perfectum officium* (für *katorthôma*) von Anfang an beachtet werden. Diese Begriffe sollen nun einleitend kurz erläutert werden. Zwischen beiden Begriffen der Pflicht besteht kein inhaltlich wesentlicher Unterschied, sondern beide hängen miteinander zusammen: Die sittlichen Handlungen sind die auf die richtige Weise ausgeführten naturgemäßen Handlungen. Beispielsweise ist es naturgemäß, seinen Vorteil im Leben zu suchen, aber sittlich schlecht ist es, dies auf Kosten und zum Nachteil anderer Menschen zu tun (also z. B.

Unschuldige zu schädigen). Nun werden die zentralen griechischen bzw. lateinischen Termini definiert und erläutert. (s. Horn/Rapp 2002, Kersting 1989)

K a t h ê k o n : Das griechische Wort *kathêkon*, pl. *kathêkonta*, lat. *officia*) bedeutet eine Pflicht, und zwar eine mittlere Pflicht (lat. *officium medium)*, die uns von Natur aus selbstverständlich erscheint. Eine solche Handlung ist von der Vernunft-Natur des Menschen geboten, auch wenn sie nicht zu den moralisch gebotenen Handlungen gehört. Die damit beschriebene Handlung zeichnet sich dadurch aus, dass sie der rationalen Begründung zugänglich ist; es ist aber nicht notwendig, dass der Handelnde um diese Begründung weiß, es genügt, dass so gehandelt wird und dass die gebotene Handlung nicht unterlassen wird. B e i s p i e l e : Einen Morgengruß sprechen, eine fachliche Pflicht erfüllen usw. Hierzu gehören z. B. auch alle Handlungen, die der Hygiene dienen. Beispielsweise besteht für kleine Kinder eine Einführung in Handlungen dieses Typs, dass sie von den Eltern zum täglichen Zähneputzen angeleitet werden. Die Handlung des Zähneputzens und des Händewaschens ist einer rationalen Begründung zugänglich und entspricht heutiger Einsicht in die Gesunderhaltung des Körpers. Ein *officium medium* ist es aber auch dann bzw. deshalb, wenn und weil das Kind es ohne tiefere Einsicht tut. Es genügt also, dass es getan und nicht unterlassen wird.

K a t o r t h ô m a : Das griechische Wort *katorthôma*, pl. *katorthômata*, bezeichnet die sittlich richtig vollzogene Handlung (lat. *factum rectum*). Hier genügt es nicht, dass man nur das Richtige tut, sondern man muss es auch um des Guten willen tun. Das Gebot „Tue das Gute" ist im Sinne des *katorthôma*-Begriffs unvollständig, denn man kann ja etwas Gutes tun, um für sich selbst damit einen Vorteil zu erlangen: Tue Gutes und rede darüber, d. h. gib mit deiner guten Tat an (zu deinem Vorteil, nicht zum Vorteil des Betroffenen). Letzteres würde dem *officium-medium/kathêkon*-Begriff entsprechen. Die moralisch richtig vollzogene Handlung ist also jenseits von Belohnungs-Motivationen, sie ist einzig an der Sache interessiert, sie ist die sachliche Handlungseinstellung.

O f f i c i u m : Wie schon oben dargestellt, beschreibt der Begriff *officium* die Qualität einer Handlung, die der Erhaltung der menschlichen (Vernunft)-Natur dient. Unterschieden wird zwischen dem *officium medium* und *officium perfectum*. Damit werden nicht inhaltlich verschiedene Arten von Pflichten, sondern nur die unterschiedliche Art der mentalen Bindung an die Handlung bezeichnet. In mehr physischer Hinsicht ist z. B. die bloße Gesunderhaltung ein *officium medium*, in mehr sittlicher Hinsicht ist die Pflicht zur Gesunderhaltung dann ein *officium perfectum,* wenn dies deshalb geschieht, weil man für Kinder sorgen muss. Sie erhält ihre Vollkommenheit durch eine bestimmte Motivation, nämlich das Gute ausschließlich um des Guten willen zu tun. B e i s p i e l : Einem Verwundeten nur in der Absicht helfen, dass seine Erkrankung möglichst schnell und möglichst perfekt geheilt wird, d. h. nur „im Blick" auf ihn, ohne Hintergedanken an Geld, Ehre oder Ruhm. Dies gilt natürlich nicht für einen Arzt, der deshalb i. d. R. bei einer honorarpflichtigen Heilung ein *officium medium* vollzieht, es sei denn, dass er am Schicksal seiner Patienten interessiert ist.

Eine Veränderung erfährt der *Officium*-Begriff in der Spätantike. Der für die Tradierung des *Officium*-Begriffs wichtige Bischof Ambrosius von Mailand (339–397) hat in seinem Buch „De officiis ministrorum" von 386 die Unterscheidung Ciceros in *media* und *perfecta officia* aufgegriffen, (s. Kersting 1989, Sp. 405–408; Sp. 433–439) aber mit zwei wesentlichen Veränderungen:[30]

(1) Während die stoischen *officia* nur zwei verschiedene Realisierungsweisen der einen Pflicht darstellen, beziehen sich die beiden *officia* des Ambrosius auf zwei inhaltlich verschiedene Pflichten, die er aber terminologisch in gewohnter Weise als *media officia* und als *perfecta officia* bezeichnet.

(2) Inhaltlich wurden die beiden Pflichten in die neue Theologie des Christentums eingefügt: Hier sind die alttestamentarischen Gebote der Tora den neutestamentlichen Geboten der Nächstenliebe untergeordnet, die den neuen Gedanken der Nächstenliebe zum Inhalt haben. Deshalb sind diese neutestamentlichen Aussagen die neuen *perfecta officia*, während die alttestamentlichen Gebote als unvollkommene Vorläufer nun als *media officia* bezeichnet werden. Das Schema von Ambrosius sieht also folgendermaßen aus:

- *Media officia*: Ihnen entsprechen die alttestamentlichen Gebote (z. B. des Dekalogs). Sie sind für alle verpflichtend und gehören zu den *praecepta*. Wer sich nach ihnen in seinen Handlungen richtet, vermeidet Schuld, handelt aber nicht im neutestamentlichen Sinne verdienstvoll.
- *Perfecta officia*: Durch sie wird etwas verbessert, was in der Welt nicht vollkommen ist, z. B. durch Hilfsbereitschaft, Barmherzigkeit, Nächstenliebe. Sie gehören zu den *consilia*. Ihre Befolgung wird prinzipiell empfohlen, bei der individuellen Befolgung hat aber jeder Mensch einen Spielraum. Sie drücken den Geist des Neuen Testaments aus. Wegen ihres Freiheitscharakters und der höheren sittlichen Qualität sind sie den *media officia* des Alten Testaments überlegen.

Media officia	*Perfecta officia*
praecepta	*consilia*
Vor allem die grundlegenden Gebote, die für das Leben in der Gemeinschaft wichtig sind.	Vor allem diejenigen Handlungen, die ergänzend zu den grundlegenden Geboten hinzukommen, weil durch sie Verbesserungen erfolgen.

---

[30] Ambrosius von Mailand: Pflichtenlehre und ausgewählte kleinere Schriften, dt. Übersetzung, Kempten und München 1917

3.3 De officiis

Ausgaben

Cicero: Abhandlung über die menschlichen Pflichten, übersetzt und kommentiert von Christian Garve, 4., vollständige Ausgabe in zwei Bänden, Breslau 1792

Cicero: De officiis. Vom pflichtgemäßen Handeln, Lateinisch/Deutsch, übersetzt, kommentiert und herausgegeben von Heinz Gunermann, Stuttgart 1976

Cicero: Vom rechten Handeln – De offic*iis*. Lateinisch/Deutsch, übersetzt und herausgegeben von K. Büchner, München und Zürich 1987

Kommentare

Bernert, Ernst: Cicero – De officiis. Kommentar, Aschendorffs Klassikerausgaben, 4./5. Auflage, Münster 1961

Garve, Christian: Philosophische Anmerkungen und Abhandlungen zu Ciceros Büchern von den Pflichten, 4., vollständige Ausgabe in zwei Bänden, Breslau 1792

Gunermann, Heinz: De officiis – Kommentar, Bamberg 1996

Müller, C. F. W.: M. Tulli Ciceronis – De officiis libri III. Text, Einleitung, Kommentar, Leipzig 1882

Thurmair, Martin: Das decorum als zentraler Begriff in Ciceros Schrift De officiis, in: Hora, Eginhard/Keßler, Eckehard (Hrsg.): Studia humanitatis. Ernesto Grassi zum 70. Geburtstag, München 1973, S. 63–78

Einleitung: Der Begriff der Pflicht

Bevor das Werk „De officiis" vorgestellt wird, sollen einleitend einige terminologische Klärungen zur Übersetzung antiker Begriffe mit dem deutschen Wort Pflicht erfolgen.[31]

Christian Garve (1742–1798), der 1783 auf Anregung Friedrichs d. Gr. von Preußen Ciceros Schrift „De officiis" ins Deutsche übersetzte, verwendete den Begriff Pflicht für lateinisch *officium*. Das lateinische Wort *officium* ist die Übersetzung des griechischen Wortes *kathêkon* (die von der Vernunft Natur des Menschen gebotene Handlung; das Zukommende). Das lateinische Wort *officium* ist zusammengesetzt aus *op* = Leistung, Hilfe und aus *fac* = *facere*, machen, und heißt also wörtlich etwa Werk–tun. Die griechische und die lateinische Bedeutung sind also nicht deckungsgleich. Hinzu kommt, dass die deutsche Übersetzung von *officium* mit Pflicht nochmals einen Bedeutungsunterschied ins Spiel brachte.

Das deutsche Wort „Pflicht" hat eine alt- und eine mittelhochdeutsche Wurzel (ahd. *phliht*, mhd. *phlicht*) und bedeutet Verbindung, Teilnahme, Gemeinschaft: *âne phliht* = ohne Gemeinschaft, *bî phliht* = in Gemeinschaft. Die gemeinte Bedeutung umfasst auch die Sorge, die Obhut, die Pflege, also das, was auch unter den Begriffen Sitte und Brauch ausgedrückt wird. Der ursprüngliche Sinn stammt aus dem juristischen Denken und drückte ein Verhältnis von Personen oder Gruppen zu Sachen aus, insofern eine rechtliche Bindung vorlag. Der Begriff konnte auch ein persönliches Abhängigkeitsver-

---

[31] Kluge: Etymologisches Wörterbuch, Berlin 1995; Paul: Deutsches Wörterbuch, Tübingen 1968

hältnis bedeuten, z. B. in dem Satz: „Ich stehe in seiner Pflicht", „Ich bin verpflichtet zu...". Diese Gemeinschaftsorientierung ist aber auch im lateinischen Begriff des *officiums* enthalten, worauf Cicero häufig hinweist.

Das Werk „De officiis" von Cicero ist in drei Bücher mit insgesamt 371 Kapiteln eingeteilt.

Buch I: Das Ehrenhafte (161 Kapitel)
Buch II: Das Nützliche (89 Kapitel)
Buch III: Das Ehrenhafte und das Nützliche (121 Kapitel)

Die Bücher I und II sind Zusammenfassungen aus dem Buch von Panaitios (ca. 180–99) mit dem Titel „Über das Kathêkon" (*Perì toû kathêkontos*), Buch III ist eine eigenständige Leistung von Cicero (er gibt eine Darstellung *Marte nostro* = auf eigene Faust), der damit eine aus seiner Sicht notwendige Fortsetzung zum Buch von Panaitios vorlegen wollte. Mit „De officiis" hat Cicero zugleich eine Reihe von lateinischen Fachbegriffen zur Ethik geschaffen (meist Übersetzungen griechischer Begriffe), wie sie bis heute verwendet werden.

3.3.1 Buch I: Das Ehrenhafte

Cicero übersetzt aus dem Buch von Panaitios das griechische Wort *kalon* (das Schöne) im Sinne von sittlich-gut mit dem lateinischen Wort *honestum* (das Ehrenhafte). Damit hat er bereits eine Begriffsverschiebung in den sozialen Bereich vorgenommen, in dem das *honestum* zu Hause ist. Das griechische Wort *kathekon* war von ihm mit *officium* wiedergegeben worden.

I, 1–7: Zunächst ermahnt Cicero seinen Sohn Marcus, sich in Athen eifrig mit der Philosophie zu beschäftigen (er ist dort seit April 45 mit dem gleichaltrigen Horaz; Marcus neigt aber mehr zu Trunk und Verschwendung als zum Studium). Für ihn habe er auch die drei vorliegenden Bücher (*de officiis*) geschrieben. Er studiert Philosophie bei Kratippos, dem Leiter der peripatetischen Schule. Die Lehren über das pflichtgemäße Handeln zu kennen sind dem Lebensalter seines Sohnes angemessen, so der Vater. Er ermahnt seinen Sohn, auch wie sein Vater ein Peripatetiker und Sokratiker (Akademiker) sein zu wollen. Vorbild ist für ihn Demetrios von Phaleron (ca. 345–280), ein „platonischer Philosophenkönig".

Cicero leitet dann über zur Ethik, indem er seinem Sohn erklärt, dass alles, was man entweder alleine oder mit anderen unternimmt, niemals ohne Pflichten sein kann. In der Beachtung dieser Tatsache beruht alle Ehrenhaftigkeit (*honestum*), in der Nichtbeachtung alle Schande (*turpitudo*). Wenn jemand das höchste Gut (*summum bonum*) so bestimme wie die Epikureer und die Kyrenaiker, nämlich nicht nach der Ehrenhaftigkeit (*honestum*), der könne, „wenn er mit sich selbst in Übereinstimmung" bleiben möchte (*si sibi ipse consentiat*), weder Freundschaft, noch Gerechtigkeit noch Großzügigkeit pflegen. Niemand könne tapfer sein, wer den Schmerz für das höchste Übel halte, niemand besonnen und maßvoll, wer die Lust (*voluptas*) für das höchste Gut (*summum bonum*) halte. (I,5) Dagegen sind die Lehren der Stoiker, Akademiker und Peripatetiker zu studieren, wobei für Cicero bei der Ethik an erster Stelle die Stoiker stehen. Derjenige Stoiker, den er für das Thema des pflichtgemäßen Handelns hauptsächlich verwendet, ist Panaitios von Rhodos. Dieser habe es aber versäumt, den Begriff der Pflicht zu definieren, was Cicero deshalb an den Anfang seiner Erörterung stellen wolle. Er schlägt vor, dass die Untersuchung zweierlei Fragen unterscheiden müsse, nämlich

1. in theoretischer Absicht die Fragen nach dem höchsten Gut (*summum bonum*), z. B. mit den Fragen: Sind alle pflichtgemäßen Handlungen vollkommene Handlungen; ist eine Pflicht mehr verpflichtender als eine andere, und
2. in praktischer Absicht die Fragen nach den Vorschriften (*praecepta*) für das tägliche Leben mit seinen wechselnden Handlungsumständen. (Wann? Wo? Wie? Wozu? usw.)

I, 8–10: Nun bereitet Cicero seine Leser auf die Übertragung griechischer Begriffe ins Lateinische vor. Es gibt noch eine andere Einteilung der Pflichten, nämlich in vollkommene und in mittlere Pflichten.

- Vollkommene Pflichten beziehen sich auf „das Rechte", was die Griechen *katorthôma* nennen. Das, was „Recht" ist, ist also eine vollkommene Pflicht. Was nämlich zum Recht gehört, ist erzwingbar und gehört deshalb nicht zum Beliebigen. Dieses Rechtsverständnis wird nun von Cicero im übertragenen Sinn für die Ethik verwendet und bedeutet nun so viel wie „strenge Pflicht".
- Mittlere Pflichten beziehen sich auf das Allgemeine, die Griechen nennen sie *kathêkon*. Eine mittlere Pflicht ist diejenige, für deren Verwirklichung zumindest eine annehmbare Begründung gegeben werden kann.

Die beiden Begriffe bezeichnen unterschiedliche Vollkommenheitszustände von Handlungen. Handlungen können

- erstens dem naturgemäßen Leben entsprechen (*kathêkon*),
- zweitens dem sittlichen Leben (*katorthôma*).

Nach Panaitios, so Cicero, ist jede ethische Beschlussfassung dreifach:
1. Ist etwas ehrenhaft oder schändlich?
2. Trägt etwas zum Nutzen (Bequemlichkeit, Reichtum, Macht, Geltung usw.) bei oder nicht?
3. Wie ist zu entscheiden, wenn das Ehrenhafte in Widerspruch zum Nützlichen steht?

Cicero bemerkt, dass dieses Dreierschema erweitert werden müsse, weil die Handlungsalternativen nicht vollständig benannt sind, denn es muss auch der Komparativ berücksichtigt werden. Wenn nämlich bei der ersten Frage die böse Handlung ausgeschieden wurde, dann bleiben in der Realität nicht nur eine erlaubte Handlung, sondern mehrere erlaubte (gute) Handlungen übrig. Bei der Frage nach der Nützlichkeit von Handlungen ergibt sich die gleiche Situation. Also muss folgendermaßen vorgegangen werden:
- Welche von zwei oder mehr ehrenvollen Handlungen ist vorzuziehen?
- Welche von zwei oder mehr nützlichen Handlungen ist vorzuziehen?

Es bleiben also bei diesem Trennungsverfahren zwei Handlungen übrig, die ehrenhafteste und die nützlichste Handlung. Nun muss zwischen den beiden Alternativen entschieden werden, damit die Handlung in der Realität vollzogen werden kann. Also lautet die letzte und entscheidende Frage vor der Realisierung einer Entscheidung: Welche

Entscheidung soll zwischen der ehrenvollsten und der nützlichsten Handlung getroffen werden? Gibt es hier überhaupt einen Dissens?

3.3.1.1   Anthropologische Grundlagen: die *Oikeiosis*-Lehre

I, 11–14: Cicero beschreibt nun zunächst die Grundstrebungen jedes Lebewesens im Dreierschema von Vernünftigem, Animalischem und Vegetativem, die er, wie schon in der alten Stoa, als *Oikeiosis* bezeichnet. Die nun von Cicero referierte *Oikeiosis*-Lehre ist ein originärer Beitrag der Stoa, die sich damit gegen die *Hedone*-Lehre der Epikureer abgrenzt. Die Grundfrage beider Schulen ist: Wonach streben z. B. Neugeborene von Natur aus (also vorrational). Streben sie nach Lust (*hedone*), wie dies die Epikureer aus ihren Beobachtungen schließen, oder nach dem Eigenen und Vertrauten (*oikeiosis*), wie dies die Stoiker beobachten?

Zunächst zum Begriff *Oikeiosis*: Jedes Lebewesen (Mensch, Tier oder Pflanze) strebe von Natur danach, das Leben und den Körper zu erhalten und allem auszuweichen, was Schaden bringt, ebenso alles zu beschaffen, was für das Leben notwendig ist (bei Tieren: Nahrung, Verstecke usw.). Auch ist gemeinsamer Trieb aller Lebewesen das Streben nach Vereinigung zum Zweck der Erzeugung von Nachkommen und die Sorge für den eigenen Nachwuchs. Dies ist der Kern der sog. Oikeíosis-Lehre (gr. *oikeiosis*: von *oikos* = Haus, also soviel wie „Einhausung" in die soziale Umgebung im Sinne von Akzeptieren der Lebensbedingungen in dieser Welt)[32]. B e i s p i e l : Wenn gleich nach der Geburt der Nachwuchs von Tieren und Menschen heftig nach Nahrung schreit, dann drückt dieses Schreien in der Interpretation der Stoiker aus, dass das Neugeborene seine neue Existenz akzeptiert und weiterleben möchte, sich also „eingehaust" hat im Nest, in der Wiege. Cicero konkretisiert nun die stoische Oikeiosis-Lehre in den im Folgenden dargestellten vier Schritten, aus denen heraus er seine Ethik der v i e r H a u p t t u g e n d e n entwickeln wird.

1. Der Mensch ist ein V e r n u n f t w e s e n mit Entscheidungsfähigkeit: Er kann etwas auf vernünftige oder unvernünftige Weise, auf moralische oder auf unmoralische Weise tun. Dieses Bewegungsprinzip *Oikeiosis* (bei den Pflanzen ist dies die vegetative Psyche, bei den Tieren die sensualistische Psyche, d. h. die Pflanze kann sich eigenständig dem lebensnotwendigen Licht zuwenden und sich öffnen und schließen, das Tier kann zu einer Futterstelle laufen) ist für den Menschen nun der *Logos*, die Vernunft (*ratio*), die zur rationalen Wahlentscheidung befähigt. Im Unterschied zum Tier hat der Mensch nicht nur einen Gegenwarts-, sondern auch einen Vergangenheits- und Zukunftsbezug. Die Leistungsfähigkeit des rationalen Anteils im Menschen sieht Cicero in Folgendem: Der Mensch sieht vorausgehende Gründe ein, kann Folgen abschätzen, kann Ursachen erkennen, kann Ähnliches miteinander vergleichen, das Gegenwärtige mit dem Zukünftigen verknüpfen, kann Entwicklungsstufen erkennen und damit sogar den Verlauf eines ganzen Lebens einsehen.
2. Diese Vernunft-Natur (*ratio*) des Menschen pflanzt ihm, ausgedrückt durch die Sprache (*oratio*), auch einen starken G e m e i n s c h a f t s s i n n ein, ebenso das Stre-

---
[32] Zu Wort und Begriff *oikeiosis* siehe Forschner 1981, 142–159

ben nach gegenseitiger Hilfeleistung, also auch das Streben nach Anteilnahme am Schicksal anderer Menschen. Das den Menschen im eigentlichen Sinne Charakterisierende und ihn vom Tier Unterscheidende ist ja die *Ratio*, die Vernunft. In diesem Sinne ist er nicht nur wie die Tiere auf Gegenwärtiges reduziert, sondern kann Vergangenes und Zukünftiges miteinander verbinden und deshalb mehr Verantwortung in seinen Handlungen übernehmen.

3. Das dritte Merkmal, das den Menschen als Vernunftwesen charakterisiert, ist die Fähigkeit, seelische Größe, Stärke und damit Tapferkeit zu zeigen, sich also in widrigen Situationen seiner Vernunft gemäß behaupten zu können.
4. Das vierte Merkmal des Menschen als Wirkung der Vernunft in ihm ist das Verständnis für Maß und Ordnung, das sich in seelischer Ausgeglichenheit zeigt. In diesem Feld wird Cicero auch seine Lehre vom Schicklichen (*decorum*) ansiedeln (ab I, 93), also die weitergeführte Frage nach bestimmten Handlungsumständen. Dasjenige, was der Ordnung (*ordo*) entspricht, schickt sich auch, das andere schickt sich nicht, sowohl in Worten (z. B. Flüche aussprechen) als auch in Taten.

Thematische Schwerpunkte: In Übernahme der von Platon stammenden Lehre von den vier Haupttugenden (*virtutes*) entfaltet Cicero seine Pflichtenlehre, die im Ehrenhaften (*honestum*) ihren begrifflichen Mittelpunkt hat und durch den Begriff des Schicklichen (*decorum*) konkretisiert wird. In Rückgriff auf den Begriff der *Oikeiosis* entfaltet Cicero seine Lehre von den vier Rollen (*personae*), aus denen heraus sich die Pflichten (*officia media* und *perfecta*) ergeben. Seine Argumentation beruht auf folgenden sechs Begriffen: *officium – honestum – decorum – oikeiosis – persona – virtus*.

3.3.1.2 Das Ehrenhafte und die vier Kardinaltugenden

I, 15–19: Mit dem Ausgangspunkt von der *Oikeiosis* fundiert also Cicero seine Ethik in einem anthropologischen Konzept. Alles Ehrenhafte (*honestum*) geht aus vier Teilbereichen hervor (leichte Veränderungen der vier Kardinaltugenden Platons: Weisheit, Tapferkeit, Besonnenheit, Gerechtigkeit; der Begriff „Kardinaltugend" stammt erst von Ambrosius von Mailand).

1. Wahrheitssuche: I, 18–19.
2. Gemeinschaftssinn und Gerechtigkeit, z. B. in den Prinzipien: „Jedem das Seine" und „Verträge sind zu halten": I, 20–60.
3. Größe und Kraft eines unbezwingbaren Geistes: Tapferkeit (*fortitudo*) und Seelengröße (*magnanimitas*): I, 61–92.
4. Maßvoll sein im Handeln: In der Mäßigkeit zeigen sich Ehrenhaftigkeit (*honestum*) und Schicklichkeit (*decorum*) in den vier Rollen (*personae*) des Menschen: I, 93–151.

3.3.1.3 Erste Tugend: Die Wahrheitssuche

Von den vier Gebieten des Ehrenhaften (*honestum*), repräsentiert durch die vier „Kardinaltugenden", ist nach Cicero die erste, die Wahrheitssuche, die wichtigste, denn sie entspricht am meisten der Vernunftnatur des Menschen. Er hat ihr einleitend nur einen kurzen Abschnitt gewidmet. Im Verlauf der Darstellung der drei anderen Tugenden wird auf die Wichtigkeit der Wahrheitssuche immer wieder eingegangen. Hierbei sind aber nach Cicero zwei Fehler zu vermeiden:

(1) Leichtfertig „Unbekanntes für Bekanntes" zu halten und leichtfertig zuzustimmen, und
(2) unnötig viel Zeit auf schwierige und dunkle Fragen zu verwenden. Man wird sich dann auf würdigere Dinge konzentrieren, Themen die es wert sind, dass man seine Zeit damit verbringt. Hiermit kritisiert Cicero eine rein philosophische Lebensweise, die die Zeit mit unnützen theoretischen Überlegungen vertut, während praktisches (politisches) Handeln gefordert wäre.

3.3.1.4 Zweite Tugend: Gerechtigkeit und Wohltätigkeit

I, 20–22: Die drei folgenden Tugenden (Gerechtigkeit, Tapferkeit und Maß) fordern eine aktive Mitgestaltung im Leben der Gemeinschaft. Der Gedanke der Zusammengehörigkeit aller Menschen ist hier zentral. Diese zweite Haupttugend hat zwei Unterbereiche: (1) die Gerechtigkeit, die den rechtschaffenen Menschen auszeichnet, und (2) die Wohltätigkeit, die den Gedanken der Humanität ausdrückt.

Zuerst zur Gerechtigkeit, der ersten Teiltugend: Welche Aufgaben sind mit ihr verbunden? Diese formuliert Cicero als die beiden obersten Grundsätze der Gerechtigkeit, die Cicero in „De officiis" immer wieder vorträgt und einschärft.

(1) Der erste Grundsatz der Gerechtigkeit ist es, dass man niemandem schadet,
(2) der zweite ist, man das allgemein Beste will, also dass man z. B. das Gemeingut als Gemeingut respektiert und Privates als Privates behandelt. Es gibt nämlich, so Cicero, von Natur aus kein Privateigentum. Wie ist dieses dann entstanden? Entweder (1) durch Inbesitznahme von herrenlosem Land oder (2) durch Kriegsbeute oder (3) durch rechtliche Regelungen wie Kauf, Schenkung oder Los. Jedenfalls ist das Privateigentum jetzt bestimmten Personen zugeordnet und kein herrenloses Gut mehr, es steht also unter dem Schutz des Rechts. Darauf weist Cicero in „De officiis" immer wieder hin.

Zur Wohltätigkeit, der zweiten Teiltugend: Die Gerechtigkeit kann sinnvoll nur in einer Gemeinschaft existieren, in der sie ihren natürlichen Platz hat. Cicero erinnert an Platos Lehre, dass wir nicht nur für uns erschaffen wurden, sondern auch für die Gemeinschaft, indem wir anderen durch Arbeitsteilung helfen. Nach Auffassung der Stoiker sind die Dinge auf dieser Welt zum Nutzen der Menschen geschaffen worden, die Menschen aber sind füreinander geschaffen worden. Die Menschen folgen ihrer Natur, wenn sie durch wechselseitiges Geben und Nehmen das allgemeine Wohl befördern.

I, 23–30: Von der Ungerechtigkeit gibt es zwei Arten:
(1) Selbst Unrecht tun und
(2) fremdes Unrecht, das andere erleiden (die sich aber sich nicht dagegen wehren können), nicht abwehren, obwohl man es könnte. Diese Person steht genauso in Schuld, als wenn sie Freunden, Eltern oder der Vaterstadt die Treue versagte, so Cicero.

Welche Gründe gibt es für beide Verhaltensweisen der Ungerechtigkeit?

zu 1) Gründe für das Unrecht tun:
- a) Der Übeltäter hat Angst, dass ihm jemand zuvor kommen könnte (z. B. ein Tyrann tötet seinen Rivalen aus Angst, dieser könnte sonst ihn töten).
- b) Der Übeltäter wird von Habgier getrieben, z. B. nach Geld, politischer Ehre, militärischem Ruhm (wie z. B. Caesar) usw.

zu 2) Gründe, durch Nichteinschreiten vorhandenes Unrecht geschehen zu lassen, also dadurch ebenfalls Unrecht zu tun:
- a) um keine Feindschaft auf sich zu nehmen;
- b) um keine Mühen oder Kosten auf sich zu nehmen;
- c) um sich ungestört um die persönlichen Angelegenheiten kümmern zu können oder aus Menschenfeindlichkeit;
- d) um in seinen persönlichen Neigungen nicht gestört zu werden (aus Trägheit, Untüchtigkeit, Nachlässigkeit). Hierzu gehören nach Cicero jene griechischen Philosophen, die zwar über die Gerechtigkeit theoretisch viel nachdenken, aber sich von den Pflichten des Lebens zurückziehen (also nicht in die Politik gehen), um ungestört Philosophie betreiben zu können. Man dürfe als Philosoph sich nicht erst bitten lassen, um eine politische Aufgabe zu übernehmen, sondern man müsse aus eigenem Antrieb sich um die Mitwirkung im Gemeinwesen bemühen.

Wie entsteht nun die Ungerechtigkeit? Die Ungerechtigkeit kann

(1) einerseits spontan (aus einem Affekt heraus) entstehen, der meist nicht lang anhält, so dass die Ungerechtigkeit ebenfalls nicht lange dauert,

(2) andererseits kann sie lange vorausgeplant und absichtlich, also intentional, sein.

I, 31–33: Es gibt aber auch Umstände, in denen die Anforderungen an die Gerechtigkeit sich verändern oder ins Gegenteil umschlagen. Beispiel: Ein hinterlegtes Depositum zurückgeben, auch wenn der Eigentümer inzwischen wahnsinnig geworden ist (s. Platon, „Politeia", Buch 1) usw. Das Schickliche (*decorum*) gebietet nämlich auch, so Cicero, die beiden Grundforderungen der Gerechtigkeit zu beachten, nämlich (1) niemanden absichtlich zu schädigen und (2) das allgemein Beste anzustreben. Eine weitere Grundforderung der Gerechtigkeit ist die Verlässlichkeit, d. h. das Einhalten von Zusagen. Daran anschließend stellt Cicero die Frage: Muss man Versprechungen immer halten oder richtet sich ein Versprechen nach den Umständen? Damit hat sich bereits Platon in der „Politeia" beschäftigt, als dort die Frage nach der Rückgabepflicht eines Depositums gestellt wurde. Diese Frage nach der Bindung von Zusagen impliziert zwei Möglichkeiten:

- erstens die Vorstellung, dass es von Umständen abhängig sein kann, wie man sich zu entscheiden habe,
- zweitens die Vorstellung, dass ein Versprechen im absoluten Sinne verbindlich ist, die Umstände dann keine Rolle spielen dürfen.

Wendet man das von Cicero als philosophisch bezeichnete Verfahren an, Antworten auf der Basis von Grundsätzen zu geben, dann müssen die zwei obersten Grundsätze der Gerechtigkeit herangezogen werden, wie sie schon genannt wurden, nämlich niemandem schaden und zweitens das allgemein Beste wollen. Wenn aber die Umstände eine Sache verändern, dann ändern sich auch die Pflichten, die sich darauf beziehen. Grundsätzlich kann bei einem gegebenen Versprechen in der Folge der Fall eintreten, dass das Versprechen für den Geber unnütz wird, für den Empfänger schädlich. (In den Mythen gibt es solche Fälle, dass ein gegebenes Versprechen für denjenigen, der eigentlich Nutznießer zu sein glaubte, schädlich ausgeht.)

Cicero entwickelt hier eine Entscheidungsregel: Wenn die Einlösung eines Versprechens derjenigen Person, der es gegeben wurde, keinen Vorteil mehr bringt, oder dem versprechenden Teil mehr Schaden als es dem annehmenden Teil Nutzen bringt, so braucht das Versprechen nicht gehalten zu werden. Beispiel: Jemand hat einem anderen versprochen, als Rechtsbeistand (z. B. Zeuge) vor Gericht mitzuwirken, aber inzwischen ist sein Sohn schwer erkrankt. Muss er sein Versprechen halten? Ciceros Antwort: Nein, denn hier ist der Schaden für den Vater bzw. das Kind viel größer, denn es geht nicht nur um den Ausgang eines Prozesses, sondern um das Leben eines Kindes. Regel: Es ist also immer gegen die Pflicht (*officium*), das größere Gut dem kleineren zu opfern.

Weitere Regel: Wenn man ein Versprechen unter Zwang oder arglistiger Täuschung gegeben hat, muss man es ebenfalls nicht einhalten. Ungerechtigkeiten kommen auch vor durch allzu spitzfindige Rechtsauslegungen als Schikane gemäß dem Sprichwort, dass „höchstes Recht zugleich höchste Ungerechtigkeit ist" (*summum ius summa iniuria*). Beispiel hierfür: König Kleomenes von Sparta (525–488) hatte mit dem Feind einen Waffenstillstand für 30 Tage geschlossen. Der Feind hielt sich daran, Kleomenes dagegen verwüstete in der Nacht das feindliche Gebiet, weil der Stillstand ja nur für „Tage", aber nicht für Nächte geschlossen worden wäre. Cicero tadelt diese Spitzfindigkeit als Unrecht.

I, 34–40: Gerechtigkeit im Krieg. Denjenigen gegenüber, die einem Unrecht zugefügt haben, gibt es auch Verpflichtungen, nämlich ein Maß im Rächen und Strafen. Beispiel: Nach einem Krieg sind diejenigen zu begnadigen, die im Krieg nicht grausam und unmenschlich waren. Diejenigen, die sich ergeben haben, sind zu schonen. Als Rechtsgrundsatz im Krieg gilt im Fetialrecht (dem vom Priesterkollegium gehüteten Völkerrecht), dass er nur für Schadenersatz oder nach Androhung und Erklärung geführt werden darf. Auf jeden Fall sind im Falle eines Krieges die Regelungen besonders genau einzuhalten. Wer beispielsweise nicht als Soldat vereidigt wurde, darf an einem Krieg nicht teilnehmen, selbst wenn der eigene Vater Feldherr ist. Diese Regelung soll verhindern, dass sich junge Männer aus Abenteuerlust oder sonstigen Gründen an einem Krieg beteiligen.

Einzelpersonen müssen auch Versprechungen, die sie im Krieg unter dem Druck der Umstände dem Feind gemacht haben, einhalten, wie beispielsweise im Ersten Punischen Krieg (256) der Konsul Atilius Regulus. Dieser war nach seiner Gefangennahme durch die Karthager als Unterhändler nach Rom unter dem heiligen Eid geschickt worden, im Falle des Scheiterns der Verhandlungen wieder nach Karthago zurückzukehren. Regulus hat als Verhandlungsführer im römischen Senat sogar für die Ablehnung der karthagischen Vorschläge geworben, und ist dann, seinem Eid gemäß, freiwillig nach Karthago zurückgekehrt, wo er, wie von ihm erwartet, zu Tode gefoltert wurde. Regulus habe also, so Cicero, das Ehrenhafte über das Nützliche gestellt.

Ein Gegenbeispiel, 40 Jahre später, sind jene zehn sehr vornehmen römischen Gefangenen aus dem Zweiten Punischen Krieg nach der verlorenen Schlacht bei Cannae (216), die von Hannibal mit dem gleichen Eid und dem Versprechen zu Verhandlungen nach Rom geschickt wurden. Neun von ihnen sind entgegen ihrem Eid nicht zu Hannibal (und damit in den sicheren Tod) zurückgekehrt, sondern blieben in Rom. Einer von den zehn wollte mit einem Trick sich von diesem Eid lösen. Der Trick bestand darin, dass er, angeblich weil er etwas vergessen hatte, nochmals schnell in das karthagische Lager zurückkehrte (damit habe er das Versprechen formal erfüllt), bevor er endgültig in das sichere Rom abreiste. Der römische Senat hat diesen Eidesbrecher ebenso wie die neun anderen Römer in die unterste soziale Schicht herabgestuft. Welche Begründung gibt es dafür, dass der Trick des zehnten Gefangenen von Rom nicht anerkannt wurde? Eide müsse man, so Cicero, nicht bloß dem Worte nach, sondern der Sache nach einhalten. Bei jedem Ehrenwort müsse man nicht das halten, was man bei der Eidesleistung denkt, sondern das, was man sagt. Cicero bringt diese Beispiele aus den beiden Punischen Kriegen nochmals in III, 99–115, ebenso Augustinus das Beispiel von Regulus in „De civitate Die", I, 15. Cicero erzählt aber in „De officiis" III, 113 das Schicksal der zehn Gefangenen aus dem Zweiten Punischen Krieg anders: Neun Geiseln seien freiwillig zu Hannibal und damit in den Tod zurückgekehrt, der zehnte wollte mit dem Trick der kurzzeitigen Rückkehr ins punische Lager sein Leben retten, der römische Senat aber hat ihn gefesselt zu Hannibal zurückgeschickt.

Eine ähnliche Auffassung von Geradlinigkeit im Handeln in Kriegszeiten enthält die Geschichte von jenem Überläufer aus dem Heer des Pyrrhus, der dem römischen Konsul Fabricius versprach, seinem König Pyrrhus Gift zu geben, wenn Fabricius ihm dafür eine Belohnung gebe. Der römische Feldherr ließ ihn aber gefesselt zu Pyrrhus zurückbringen. (I, 40, und III, 86) Eigentlich wäre es für Rom von Nutzen gewesen, diesen gefährlichen Feind, mit dem sich Rom in einer Entscheidungsschlacht befand, ermorden zu lassen, aber ein angeordneter Mord wäre gegen das *honestum* Roms gewesen, wie man es damals noch verstand: Der Sieg wäre durch ein Verbrechen erkauft worden, also durch Ungerechtigkeit. Gerechtigkeit ist auch gegenüber einem Feind zu üben, denn der Krieg dispensiert nicht von den Pflichten in den vier Bereichen des *honestum,* die identisch sind mit den vier Bereichen, aus denen die vier Kardinaltugenden abgeleitet werden. (I, 40) Tugenden sind für Cicero (wie bereits schon für Platon und Aristoteles) Bezeichnungen für Fähigkeiten, etwas auf besonders kompetente Weise, auf vollkommene Weise tun zu können.

Von der Pflicht zur Gerechtigkeit kann man auch nicht dispensiert werden gegenüber dem im sozialen Bereich am niedrigsten stehenden Menschen, dem Sklaven (*servus*). Auch hier fordert das Prinzip der Gerechtigkeit Leistung und Gegenleistung, also Arbeit gegen Lohn wie bei jedem Lohnarbeiter (*mercenarius*).

Cicero kommt nun nochmals auf zwei Arten der Ungerechtigkeit zurück, die er nun etwas anders einteilt (als in I, 23 f.): Ungerechtigkeit (1) durch Gewalttätigkeit und (2) durch Betrug. Die erste Art der Ungerechtigkeit gleicht mehr dem Verhalten eines Löwen, die zweite gleicht mehr dem eines Fuchses und ist entschieden abscheulicher als die erste. Am abscheulichsten ist es aber, wenn jemand durch Betrug zu etwas gekommen ist und dabei den Anschein eines ehrlichen Menschen erweckt.

Cicero behandelt nun den Verfall der Gerechtigkeit zur Ungerechtigkeit bzw. die Ungerechtigkeit im Gewand der Gerechtigkeit. Wie ist das möglich? Zur zweiten Haupttugend gehören neben der Pflicht zur Gerechtigkeit die Pflichten zur Wohltätigkeit (*beneficentia*), Großzügigkeit (*liberalitas*) und Güte (*benignitas*), denn diese Tugendgruppe gehört ganz fundamental zu unserer Natur als Menschen. (I, 42–60) Dabei sind bei der Ausübung dieser zweiten Tugend drei Grundforderungen der Gerechtigkeit (im Sinne von drei Regeln) zu beachten, wobei die erste Forderung dem ersten obersten Grundsatz der Gerechtigkeit (niemandem schaden) entspricht, die beiden anderen Forderungen sind Ergänzungen zum zweiten obersten Grundsatz, das allgemein Beste anzustreben. Diese drei Grundforderungen der Gerechtigkeit heißen:

1. Sie darf niemandem schaden, am wenigsten denen, welchen man sie zuwendet, noch einem dritten.
2. Sie darf unsere Möglichkeiten (z. B. Finanzen) nicht übersteigen.
3. Sie muss jedem nach dem Maß seines Verdienstes zugeteilt werden (Proportionalitätsprinzip).

Wie können nun diese drei Grundforderungen der Gerechtigkeit zu Ungerechtigkeiten mit dem Anschein von Wohltätigkeit (*beneficentia*) werden?

Zu 1: Indem man erstens anderen, um ihnen zu Gefallen zu sein, selbst zu ihrem Schaden ihre Wünsche erfüllt, zweitens, indem man sich fremdes Gut aneignet, um anderen gegenüber großzügig sein zu können (z. B. Sulla und Caesar).

Zu 2: Indem man fremden Menschen mehr zuwendet als z. B. den eigenen Kindern oder den nächsten Angehörigen. Hier vertritt Cicero die Lehre von den **gestuften Pflichten**. Man darf also nicht seinen engsten Familienkreis vernachlässigen, um in großem Stil ein Wohltäter für andere sein zu können.

Zu 3: Indem man zu wenig auf dreierlei achtet: erstens auf den Charakter desjenigen, dem man Wohltaten erweist, zweitens auf dessen Gesinnungen gegen uns und drittens auf das Verhältnis, in dem er zu uns steht. Hier ist also der Blick in die Seele des anderen für Cicero wichtig.

Weiterhin bringt er folgende Überlegungen, zusammengefasst in drei Punken.

Zum ersten Punkt: Es darf, so Cicero, auch von den weniger vollkommenen Menschen niemand übersehen oder gering geachtet werden, bei denen erste Anzeichen der Vervollkommnung erkennbar sind, vor allem bei den ruhigeren Tugenden wie der Selbstbeherrschung und der Gerechtigkeit (bei der Tapferkeit ist es schwieriger).

Zum zweiten Punkt: Von der Wohltat (*beneficentia*) ist das Wohlwollen (*benevolentia*) zu unterscheiden. (I, 47) Dieses müssen wir erstens denen zuteil werden lassen, von denen wir am meisten geschätzt werden, zweitens denen, von denen wir selbst Wohltaten empfangen haben, denn keine Verbindlichkeit ist größer als die der Dankbarkeit. Von den beiden Gruppen muss man aber zuerst an diejenigen denken, die unserer Hilfe am meisten bedürfen.

Zum dritten Punkt: Das erste und wichtigste gesellschaftliche Verhältnis ist dasjenige, welches aus der gemeinschaftlichen menschlichen Natur entspringt. Die Differenz zu den Tieren besteht darin, dass wir ihnen Mut (wie den Löwen) zuschreiben, aber nicht

Gerechtigkeit, Edelmut und Anstand, denn sie haben nicht Anteil am Vermögen des Denkens und Sprechens. Die menschliche Gemeinschaft besteht von Natur aus darin, dass sie wie Freunde alles gemeinsam haben mit der Ausnahme des Privateigentums.

Insgesamt vertritt Cicero also die Auffassung von den gestuften zwischenmenschlichen Beziehungen: Diejenigen, die einem in einer bestimmten Hinsicht näher sind, sind bevorzugt zu behandeln, z. B. ein Nachbar, Bruder oder Freund. Bei der Festlegung der Pflichten ist hier der Umstand der Zeit zu berücksichtigen, d. h. die spezifische Dringlichkeit einer Handlung (z. B. Helfen bei der Heuernte auf dem Dorf). Was allerdings ohne einen Schaden gewährt werden kann, muss sogar einem Unbekannten gewährt werden, wie beispielsweise jemanden nicht vom fließenden Wasser fernhalten, Feuer vom Feuer nehmen lassen und einem Suchenden einen ehrlichen Rat geben. Diese Stufungen gibt es auch in der menschlichen Gesellschaft:

- Als erstes kommen das Volk, der Stamm und die Sprache,
- als zweites die Bürgerschaft (Gesetze, Wirtschaftsbeziehungen, Religion, Freundschaften usw.),
- als drittes die Gemeinschaft der Verwandten,
- als viertes die Familie (Ehe, die Kinder, gemeinsamer Besitz). Die Ehe ist der Ursprung der Stadtgemeinde und überhaupt des Gemeinwesens.

Diese Abstufungen gipfeln in der Liebe zur Vaterstadt und zu den Eltern (den Ursprüngen also), die für Cicero sogar noch über der Liebe zu Ehepartnern und Kindern steht.

3.3.1.5   Dritte Tugend: Tapferkeit als Seelengröße

I, 61–92: Aus den vier Quellen der (später so genannten) Kardinaltugenden (Wahrheitssuche, Gemeinschaftsorientierung, Großmut und Mäßigkeit) gehen auch die ehrenhaften und somit pflichtgemäßen Handlungen hervor. Am wichtigsten (neben der Wahrheitssuche als erster Tugend) sind die Seelengröße, die Tapferkeit und die Gerechtigkeit, weil aus ihr die wertvollsten Handlungen entspringen. Tapfer ist nicht schon derjenige, der kein Unrecht tut, sondern derjenige, der Unrecht abwehrt, d. h. einschreitet, wenn jemand sich nicht selbst wehren kann, also Hilfe braucht. Es dürfe überhaupt keine Handlungen geben, die gegen die Gerechtigkeit ausgeführt werden, so Cicero. Diese Kombination von hoher Gesinnung mit Tapferkeit ist an zwei Merkmalen zu erkennen,

- erstens in der Verachtung äußerer Werte, die sich darin zeige, dass man nur an ehrenhaften und schicklichen Taten Interesse und Bewunderung zeige und niemandem (keiner Person, keiner Leidenschaft und keinem Schicksal) unterlegen sein dürfe, und
- zweitens an der Verwirklichung dieser Einsicht trotz widriger Lebensumstände.

Ein Gut dürfe also nur das Ehrenhafte (*honestum*) genannt werden, und dieses müsse mit Tapferkeit (*fortitudo*) im Leben realisiert werden. Aber wer sich der Furcht nicht beugt, dürfe sich auch der Begierde nicht beugen, d. h. er müsse auch hier tapfer sein, er dürfe also nicht Sklave seiner Begierden sein oder werden.

Hier streift Cicero die Lehre von den *passiones animae* der Stoiker, die er in den „Tusculanae disputationes" IV, 11–33 ausführlicher dargestellt hat. Da ihre Kenntnis für das Verständnis der Pflichtenlehre hilfreich ist, wird sie aus den Tusculaner Gesprächen hier kurz referiert. Zenon, so Cicero, bezeichnet mit *pathos* die von der richtigen Vernunft abweichende naturwidrige Bewegung der Seele, die Leidenschaft (*perturbatio*). Es gibt vier Leidenschaften, die in der Vorstellung von zwei vermeintlichen Gütern und zwei vermeintlichen Übeln ihren Ursprung haben, die jeweils auf eine gegenwärtige und auf eine zukünftige Vorstellung bezogen werden: Lust und Begierde, Kummer und Furcht. Dies wird in der folgenden Tabelle dargestellt:

	gegenwärtig	zukünftig
Vermeintliche Güter	Lust (*laetitia*)	Begierde (*libido*)
Vermeintliche Übel	Kummer (*aegritudo*)	Furcht (*metus*)

Für die Genese der Leidenschaften kommt es also darauf an, ob und wie etwas dem Menschen als Gut oder Übel erscheint, denn dann wirkt die menschliche Natur selbständig: Sie strebt entweder darauf zu oder weicht davor zurück. Wenn etwas klug (*prudenter*) und beständig (*constanter*) erstrebt wird, dann nennen es die Griechen *boulesis*, wir Römer nennen es Willen (*voluntas*), so Cicero in den „Tusculaner Gesprächen" (IV, 12). Mit Hilfe der *boulesis* bzw. *voluntas* definiert Cicero hier auch den W e i s e n : Ein Weiser (*sapiens*) ist derjenige Mensch, der vernünftig strebt, der also seinem Willen folgt. Wille (*voluntas*) ist also nichts irrational Willkürliches, sondern bezeichnet ein vernünftiges Streben, das konstant vorhanden ist. Ein Weiser ist also nicht derjenige, der viel theoretisches Wissen hat, sondern ein Mensch, der dauerhaft seine Begierden unter der Kontrolle der Vernunft hat. Die Ursache aller Leidenschaften ist die Maßlosigkeit (*intemperantia*), die ein voller geistiger Abfall von der richtigen Vernunft (*recta ratio*) ist, während die Mäßigung (*temperantia*) die Triebe beruhigt und so bewirkt, dass sie der Vernunft gehorchen können. In den „Tusculaner Gesprächen" werden aus den oben genannten vier Leidenschaften nun zahlreiche Untergruppen abgeleitet. So gehören beispielsweise zur Leidenschaft K u m m e r die Eifersucht (*aemulatio*), die Missgunst (*obtrectatio*) und das Mitleid (*misericordia*).

Eifersucht: Sie ist ein Kummer darüber, dass ein anderer erreicht, was man selbst wünscht, aber nicht bekommt.
Missgunst: Sie ein Kummer darüber, dass ein anderer das auch erreicht hat, was man selbst erstrebt hat.
Mitleid: Es ist ein Kummer über das ungerechte Leid anderer.

Zurück zum Werk über die Pflichten („De officiis"): Wenn es keinen überzeugenden Hinderungsgrund gibt, solle man sich den politischen Aufgaben der Gemeinschaft nicht entziehen. Das Leben eines unpolitischen Menschen ist nur im Ausnahmefall anzuraten. Cicero identifiziert hier den Gewaltherrscher und den unpolitischen Menschen, weil beide ihre Unabhängigkeit über alles lieben. Im Ziel der Lebensführung sind sie also gleich, nur in der Wahl der Mittel verschieden.

Das gesuchte Ehrenhafte (*honestum*) findet sich dort, wo die Vernunft die menschlichen Handlungen leitet. In diesem Sinne erweisen sich auch viele Taten des Friedens als ehrenhafter als solche des Krieges. Er vergleicht hier die Leistungen des Themistokles (militärischer Sieger in der Seeschlacht von Salamis) mit denen des Solon: Themistokles habe seinem Volk nur einmal genutzt, Solon aber dauerhaft durch seine politischen Leistungen. Cicero begründet hier den Primat der Politik gegenüber dem Krieg, den Vorrang des Politikers gegenüber dem Feldherrn. Einen Krieg dürfe man aber nur in der Absicht beginnen, dass damit ein Friede erstrebt wird. In allen diesen Fragen habe man immer auf die Stimme der Vernunft zu hören und dürfe sich nicht von Affekten bestimmen lassen.

Ein Soldat dürfe sich in Zeiten des Krieges auch nicht um der Ehre und des Ruhmes willen an vorderster Front aufstellen lassen, aber auch in der Gefahr nicht ängstlich sich verhalten. Das jeweils geforderte Verhalten bemisst sich jedoch am obersten Wert der Gemeinschaft. Ein Politiker solle die zweifache Forderung Platons beachten, dass man erstens das Wohl der einzelnen Mitbürger im Auge behalten müsse, zweitens das Wohl des Ganzen, des Staates.

Als größtes Unglück bezeichnet Cicero, wie bereits Platon, den Wettstreit um Ämter, wenn die Streitenden selbst fachlich inkompetent sind und nur um des Ruhmes willen ein politisches Amt haben wollen. Sie gleichen dann Matrosen, die gerne das Steuerruder übernehmen wollen, aber keine Kapitäne sind und deshalb das Schiff in Seenot bringen. (Platon: „Politeia" V, 4, Schiffergleichnis).

Beim Strafen dürfe man sich nicht vom Zorn, sondern nur von der Gerechtigkeit leiten lassen. Cicero zitiert hier die Mesoteslehre der Peripatetiker (Aristoteliker), die seiner Meinung nach auch ein Mittelmaß beim Strafen verlangt. Ebenso muss man sich von Überheblichkeit, Stolz und Hochmut fern halten.

3.3.1.6   Vierte Tugend: Das Maßvolle als das Schickliche

I, 93–99: Cicero beginnt nun die Erörterung über den vierten Bereich des Ehrenhaften, das Maßhalten, in dem auch das Schickliche (*decorum*) zu finden ist, was die Griechen *prepon* nennen. Die Verbindung zum Ehrenhaften liegt für Cicero darin, dass es von ihm nicht abtrennbar ist: Was ehrenhaft ist, schickt sich, und was sich schickt, ist ehrenhaft. (I, 94) Also gehören auch die drei anderen Bereiche des Ehrenhaften (Vernünftiges, Gerechtes, Tapferes mit Großzügigem) zum Schicklichen. Das Schickliche lässt sich weniger gut durch abstrakte Definitionen darstellen als durch konkrete Beispiele, wie Cicero an mehreren Stellen betont, denn das Schickliche besteht ja gerade in der konkreten Realisierung des Ehrenhaften. B e i s p i e l : Es schickt sich allgemein, vernünftig zu reden und zu handeln, dagegen schickt es sich nicht, sich täuschen zu lassen, zu straucheln und beschränkt zu sein. Hier ist der erste Bereich des Ehrenhaften, die Wahrheitsorientierung, angesprochen. Diese hängt von der Grundausstattung des Menschen mit Vernunft zusammen

So wie sich die Schönheit des Körpers realiter nicht absondern lässt von seiner Gesundheit, aber doch etwas anderes ist, so ist in der Seele das Schickliche ganz verschmolzen mit der Tugend, beide aber können gedanklich unterschieden werden, nämlich wie beim Körper die Gesundheit von der Schönheit.

Wie bestimmt nun Cicero das Verhältnis des Ehrenhaften (*honestum*) zum Schicklichen (*decorum*)? Seine Einteilung ist zweifach:

(1) Das allgemein Schickliche findet sich in jedem der vier Bereiche des Ehrenhaften: Schicklich ist dasjenige Handeln, wodurch es sich von den übrigen Lebewesen unterscheidet.

(2) Das partikular Schickliche bezieht sich auf einzelne Teile des Ehrenhaften: Schicklich ist dasjenige Handeln, wodurch der Mensch sich selbst Mäßigung auferlegt.

Das Schickliche ist die äußere Seite des Ehrenhaften, dasjenige, wie es sich in konkreten Situationen zeigt. Was sich schickt oder nicht schickt, zeigt sich im anständigen Benehmen eines Menschen, also in der Einhaltung von Maß, Ordnung und Beständigkeit, insgesamt in der Zustimmung der Menschen, mit denen man zu tun hat.

- Es schickt sich beispielsweise, Rücksicht auf andere zu nehmen, es gehört sich auch, dass es einem nicht gleichgültig ist, was andere über einen denken.
- Das Schickliche zeigt sich nach Cicero vor allem im Taktgefühl, andere nicht zu verletzen und kein Ärgernis zu erregen.
- Das Schickliche zeigt sich nach Cicero auch in Spiel und Scherz: Derbe Späße schicken sich nicht für einen ehrenhaften Menschen.
- Auch ungestüme Körperbewegungen (z. B. Laufen) schicken sich zwar für ein Kind, nicht aber für einen erwachsenen Menschen. (Diese Beispielsgruppe hat besonders Ambrosius von Mailand intensiv dargestellt.) Auf unsere Zeit übertragen würde es bedeuten, dass man aus Schicklichkeit lieber die Straßenbahn versäumt als ihr hinterher zu laufen.
- Als Grundsatz gilt bei Cicero, dass man bei allem sich der erhabenen Stellung des Menschen (seiner *excellentia* bzw. seiner *dignitas*) bewusst sein muss und diese auch im äußeren Verhalten zum Ausdruck bringen sollte.

Das *decorum* konstituiert sich aus zwei anthropologischen Faktoren, der Individualität und der Sozialität des Menschen. Der Mensch wird bei Cicero verstanden als *animal rationale* und *sociale*, erkennbar in den beiden Anlagen der *ratio* (Vernunft) und der *oratio* (Sprache). Beide sind eng miteinander verbunden, sie sind der individuelle und der soziale Aspekt des Menschengeschlechts. Das Band, das die Menschen miteinander verbindet, sind „*ratio et oratio*", Vernunft und Rede, d. h. „Lehren, Lernen, Mitteilen, Erörtern und Urteilen". (I, 50) Die Sprache repräsentiert den sozialen Aspekt, und zwar in ihrer Rückbindung an die Vernunft und damit an das erste Handlungsfeld, die Wahrheitssuche. Mit Hilfe dieses Doppelbegriffs (*ratio-oratio*) entfaltet Cicero seine These von der Untrennbarkeit des Individual- und Sozialbereichs, der inneren Gemeinsamkeit von Ehrenhaftem und Nützlichem. Deshalb kreisen auch die zentralen Beispiele Ciceros, vor allem in Buch III, um die Orientierung an der Wahrheit, um das Halten von Eiden, vom Einhalten von Verträgen, von Wahrhaftigkeit im Geschäftsverkehr, um Ehrlichkeit beim Immobilienverkauf, um die Ächtung des *dolus malus*, um den vorsichtigen Umgang mit dem *dolus bonus*, um die Verlässlichkeit allgemein als Grundtugenden des individuellen und des sozialen Lebens (lat. *dolus* = List; *dolus malus* = böswillige Täuschung durch Vortäuschung der Existenz nicht vorhandener Dinge; *dolus bonus* = Vorteilsnahme durch Verschweigen negativer Dinge).

Wie ist das Verhältnis von *honestas* und *decorum*? Ist die *honestas* eine oberste Norm, das *decorum* nur die konkrete Anwendung auf die Einzelhandlung? Jede konkrete Handlung setzt sich aus verschiedenen Variablen zusammen, aus einem obersten Grundsatz und aus mehreren Handlungsumständen. Der richtige Umgang mit diesen Variablen macht das *decorum* aus, sein Sitz ist also im konkreten Handlungsfeld. Das *decorum* kann verstanden werden als ein Architekturprinzip für die Auswahl der Handlungsvariablen: Die richtigen Proportionen machen ein schönes Gebäude aus, machen eine schöne Rede aus, machen eine sittlich-schöne Handlung aus usw. Das *decorum* ist mehr das dynamische Element in einer Handlung, das *honestum* die wertmäßige Grundlage. Die Orientierung am *honestum* verbürgt, dass sich nichts Schändliches in die Handlungskonstruktion einschleichen kann, d. h. dass alle Handlungskomponenten moralisch einwandfreie Bestandteile sind. Das *honestum* der vier Lebensbereiche orientiert sich an den vier Kardinaltugenden.

Geht nun das *honestum* dem *decorum* voraus oder umgekehrt? Würde das *honestum* ausschließlich die alleinige Grundlage einer Handlung darstellen, dann stünde die ciceronische Ethik auf einem immobilen Fundament und könnte den Veränderungen des Lebens (z. B. dem Wertewandel) nicht gerecht werden. Die hier von Cicero vorgestellte Ethik sanktioniert keinen Standpunkt vom Typ „Das ist eben so!", „Das gehört sich nicht!" in einem anti-intellektuellen Sinn, sondern besteht in ihrer vorrangigen Bindung an die *ratio* und somit an die Wahrheitssuche: Sie ist normativ offen für alle Veränderungen in Richtung auf einen besseren Zustand. Die *ratio* ist die Feindin des Bestehenden in dem Sinne, dass wenn das Bestehende die Legitimation seiner Existenz vor der *ratio* nicht argumentativ überzeugend vortragen kann, eine Veränderung zum Bessern eintreten muss. Aus diesem Grund sind auch das Erkenntnisstreben und die Wahrheitssuche bei Cicero die erste und oberste Kardinaltugend eines Menschen. Die *ratio* bedient sich aber der *oratio*, um eine Erkenntnis auch anderen Menschen mitteilen zu können. Die *ratio* hat gewissermaßen als naturale Ergänzung die *oratio* (Sprache), weil der Mensch von vornherein auf Gemeinschaft angelegt ist.

I, 107–116: Zur Bestimmung dessen, was sich für einen Menschen schickt, gehört auch, zwischen den verschiedenen R o l l e n (*personae*) zu differenzieren, die Menschen innehaben. Was sich für den einen Menschen schickt, schickt sich nicht unbedingt für einen anderen. Diese Unterscheidung beachten vor allem Dichter, damit ihre Personen auf der Bühne glaubhaft wirken, so Cicero. Für den Jüngling schickt sich etwas anderes als für den Greis. Jeder Mensch spürt in jedem Lebensalter von Natur aus zwei gegensätzliche Kräfte in sich, die Begierden und die Vernunft. Es ist aber Aufgabe der Begierde von Natur aus, der Vernunft zu gehorchen. Man dürfe nämlich nicht einfach unüberlegt etwas tun, sondern müsse immer überlegt und begründet handeln. Darin besteht ja das P f l i c h t g e m ä ß e für den Menschen, dass man immer einen überzeugenden Grund für sein Handeln angeben kann (*officium perfectum*). Wenn sich die Begierden über die Vernunft hinwegsetzen, dann wird nicht nur der Geist, sondern auch der Körper in Unruhe versetzt. Deshalb lautet der o b e r s t e Grundsatz des pflichtgemäßen Handelns, dass alle Begierden der Vernunft zu unterstellen sind.

Wir Menschen sind von Natur aus mit vier Rollen (*personae*) ausgestattet worden.

1. Die erste und mit allen Menschen geteilte Rolle (*persona*) ist die gemäß unserer Ausstattung mit Vernunft (*ratio*), d. h. wir sind nicht trieb-, sondern vernunftgesteuerte Wesen, die sich somit selbst bestimmen müssen. Davon hängt alles Ehrenhafte (*honestum*) und Schickliche (*decorum*) ab, das zur Auffindung des pflichtgemäßen Handelns (*officium*) führt. Bis es aber dazu kommen kann, müssen noch zwei weitere Rollen bedacht werden, die ebenfalls nicht von uns abhängen.
2.. Die zweite, spezifische Rolle haben wir aufgrund einer bestimmten Naturanlage, beispielsweise geistige, soziale, sportliche, künstlerische Anlagen, die uns für etwas befähigen, für anderes aber eher unbrauchbar machen.
3. Die dritte Rolle erhalten die Menschen durch einen Zufall bzw. einen Schicksalsschlag auferlegt.
4. Die vierte Rolle ist schließlich diejenige, die wir selbst wählen.

Diese vier Rollen (*personae*) müssen richtig aufeinander bezogen werden, d. h. es muss das Schickliche (*decorum*) beachtet werden. Beispielsweise soll jemand im Sinne der ersten Rolle beim Sprechen nicht übermäßig viele Fremdwörter gebrauchen, wenn es sich für diesen Menschen nicht schickt, weil er z. B. die Bedeutung der Wörter nicht richtig kennt oder sie nicht richtig aussprechen kann. Diese Menschen machen sich dadurch schnell lächerlich und benehmen sich also unschicklich. Dagegen schickt es sich für einen Gelehrten oder Dichter, sich gewählt auszudrücken und einen anspruchsvollen Wortschatz einzusetzen, sonst ist er in den Augen der Menschen kein Dichter usw. Dieses Schickliche (*decorum*) bezieht sich auch auf die gesamte Lebensführung, die der geistigen (nicht unbedingt sozialen) Leistungsfähigkeit entsprechen muss. Bei einem Verstoß reagiert die Umgebung mit Lachen oder mit Ärger. In einer ersten Betrachtung zeigt es sich, dass beispielsweise für den einen der Freitod schicklich, dagegen für den anderen trotz der gleichen Lage nicht ist. Cicero nennt hier Cato, den die Natur mit einer bewundernswürdigen Charakterstärke ausgestattet habe und für den der Freitod die angemessene Entscheidung war angesichts des Untergangs der Republik wegen Caesars Machtstreben. (Cato, der Onkel des Brutus, verübte im Jahre 46 Selbstmord im nordafrikanischen Utica nach der Niederlage gegen Caesar und erhielt den Beinamen Cato Uticensis.) Menschen dagegen, die von Natur aus anpassungsfähig sind, dürfen eine solche Entscheidung nicht treffen, weil diese nicht zu ihrer Natur (zweite Rolle) passt und deshalb unschicklich ist.

Bezüglich der zweiten Rolle (*persona*) schickt es sich, nichts „gegen den Willen der Minerva" (*invita Minerva*) zu tun, d. h. nichts gegen unsere spezifische Naturanlage zu unternehmen. Wir sollen also kein Ziel zu erreichen versuchen, das nicht zu unseren Fähigkeiten passt, die wir von der Natur als zweite Rolle bekommen haben. Dies meint die stoische Formel, dass wir in Einklang mit der Natur leben sollen: Wir sollen in unserer Lebensführung zwar nicht gegen die allgemeine Natur (*natura universa*) ankämpfen, sie aber in unser Leben so integrieren, als es unserer eigenen Natur (zweite *persona*) möglich und schicklich ist. Dies bedeutet, dass unsere Handlungen authentisch sein sollen, also zu uns passen müssen. Eine Orientierung an fremden Personen, auch wenn ihre Handlungen unseren überlegen sind, scheidet nach Cicero deshalb aus. Es ist also unschicklich, andere Personen imitieren zu wollen, sie zu Vorbildern zu wählen, wenn sie uns von unserem Weg abbringen. Jeder muss also seine Begabung erkennen, einschließlich der guten und der schlechten Seiten seines Wesens. Auch die Schauspieler wählen Rollen, die ihrem Charakter am meisten entsprechen, weil ihnen das Spielen dieser Rolle dann leichter fällt. So sollen wir Menschen des Alltags es auch tun: Unsere Rolle spielen, d. h unsere *persona* akzeptieren. Sollte uns das Leben aber eine andere Rolle aufzwingen, dann sollen wir versuchen, wenn wir schon keine besonders gute Figur in dieser Rolle machen können, möglichst wenig unschicklich zu agieren.

Die dritte Rolle (*persona*) bestimmt irgendein Zufall, erst die vierte Rolle (*persona*) bestimmten wir durch unseren Willen (*voluntas*) selbst.

Diese vier Rollen (*personae*) stellen den Handlungsrahmen dar, innerhalb dessen wir unsere Entscheidungen treffen müssen. Wir müssen aus den vier Handlungsfeldern unseres Lebens (Erkennen, Gemeinschaft, geistige Größe mit Tapferkeit und Maßvolles) jenes Ehrenhafte (*honestum*) wählen, das mit den vier Kardinaltugenden übereinstimmt. Da das Leben sich in den konkreten Handlungen abspielt, müssen die einzelnen Elemente jeder konkreten Handlung passend aufeinander bezogen und zu einem harmonisch-schönem Ganzen zusammengefügt werden, also zu einem Schicklichen (*decorum*).

Alle vier *personae* sind im Sinne der Schicklichkeit (*decorum*) aufeinander zu beziehen			
Erste *persona*: Die allgemeine Vernunftnatur des Menschen.	Zweite *persona*: Die besondere Rolle aufgrund einer spezifischen Naturanlage.	Dritte *persona*: Durch einen Zeitumstand zugefügt (König, Sklave).	Vierte *persona*: Selbstgewählte Rolle aus eigener Entscheidung, eigenem Wollen.
Aufgabe jedes Menschen: Das jeweilige *decorum* ist gemäß den vier *personae* des Menschen so zu bestimmten, dass die vier Bereiche des *honestum* mit Hilfe der vier Kardinaltugenden eine richtige Handlung (*perfectum officium*) ergeben.			

Das Tugendschema, das sich daraus ergibt, ist in folgender Darstellung zusammengefasst, wobei der Bereich des Unmoralischen, Hässlichen (lat. *turpe*, gr. *aischrón*) ausgelassen wurde. Hier sind die vier Lebensbereiche des *honestum* (gr. *kalón* = moralisch Richtiges, moralisch Schönes) und die dazugehörigen vier Kardinaltugenden dargestellt. (I, 18–151) Die Reihenfolge der vier Haupttugenden ist gegenüber Platon verändert, in das „Maßvolle" wurde von Cicero das Schickliche (*decorum*) aufgenommen.

1. *Sapientia* (Weisheit)
2. *Iustitia* (Gerechtigkeit)
3. *Magnanimitas* (Selengröße) und *fortitudo* (Tapferkeit).
4. *Decorum* (gr. *prépon* = Schickliches, moralisch Geziemendes, = Mäßigung, Anstand, richtiges Maß) mit den vier Bereichen des Alltags und den vier Tugenden sowie den vier *personae* (Rollen) des Menschen: 1. Allgemeine Vernunft, 2. Individuelle Anlage, 3. Schicksal und Zufall, 4. Freie Entscheidung. Das *decorum* erhält

seinen Wert vom *honestum* einer Handlung. Aristoteles, NE IV, 4, bemerkt dazu: Es richtet sich nach (1) Person, (2) Situation und (3) Sache. (Cicero „De officiis" I,, 93 ff.)

Für Cicero gilt: Das Ehrenhafte (*honestum*) wird konkretisiert durch das Schickliche (*decorum*) nach (1) Person, (2) Umstände, (3) Lebensalter (Erfahrung).

I, 117–151: Zur Schicklichkeit (*decorum*) gehört für Cicero, dass wir in unseren Handlungen Stetigkeit zeigen und uns vor raschen Schwankungen hüten. Beispielsweise ist es bei Freundschaften, die wenig Freude bringen, besser, sie langsam zu beenden, als sie plötzlich abzubrechen. Eine Herausforderung für die jungen Menschen besteht darin, dass sie Entscheidungen über ihr Leben in einem Alter treffen müssen, wozu ihre Einsicht eigentlich noch nicht ausreicht. Sollte eine Änderung des Lebensstils notwendig werden, dann sind die äußeren Umstände mit den von der Natur mitgegebenen Anlagen zu vergleichen. Auf jeden Fall solle aber die persönliche Naturanlage primär bedacht werden. Das Schickliche (*decorum*) zeigt sich im Alltag vor allem in den Bewegungen, wobei Cicero zweierlei unterscheidet: (1) Bewegungen des Körpers und (2) Bewegungen der Seele. In den körperlichen Bewegungen des Gehens oder Laufens, also in der Körperhaltung, beruht die Schicklichkeit auf drei Voraussetzungen:

- auf Schönheit (*formositas*),
- auf Ordnung (*ordo*) und
- auf einem Auftreten („Schmuck" = *ornatus*), das zur Handlung passt (*ornatus ad actionem aptus*).

Das *decorum* wird also vor allem nach dem Grundsatz der Stetigkeit beurteilt, dem innerlich der Grundsatz der Verlässlichkeit bzw. Würde entspricht.
- Man solle als Erwachsener nicht in träger Langsamkeit gehen, aber bei Zeitknappheit auch nicht überstürzt hasten, weil sich dann wegen der Atemlosigkeit die Gesichtszüge verändern; hier fehlt dann nämlich die Stetigkeit des Ausdrucks. Stetigkeit in den körperlichen und seelischen Erscheinungen ist aber gemäß Ciceros häufigen Hinweisen dasjenige schickliche Kriterium, mit dem wir von anderen Menschen beurteilt werden.
- Man solle sich auch nicht durch einstudierte geckenhafte Bewegungen lächerlich machen, aber auch das Sichgehenlassen vermeiden, denn es ist ebenfalls unschicklich und es zeigt eine schlechte Erziehung.
- In der Kleidung solle man ebenfalls ein Mittelmaß wählen (sich weder modisch affektiert noch nachlässig kleiden). Man solle sich nach Cicero also in allen Fragen des Alltags die Frage nach der Schicklichkeit (*decorum*) stellen.
- Aber auch bei den beiden „Bewegungen der Seele", dem Denken (*cogitatio*) und dem Begehren (*appetitus*), solle man darauf achten, dass sich (1) das Denken auf gute Gegenstände richtet und (2) das Begehren sich der Vernunft unterordnet. Das Schickliche wird auch dadurch gewahrt, dass wir uns nicht in seelische Erschütterungen fallen lassen, die sich in den Gesichtszügen widerspiegeln. Das kann manchmal dadurch vermieden werden, indem wir Denken und Reden von solchen Objekten frei halten, die z. B. Zorn und andere negative Gefühle zur Folge haben, die uns mitreißen, weil sie sich der Vernunft nicht unterordnen.

- Auch gehört es sich, dass wir unseren Gesprächpartnern Achtung und Wertschätzung zeigen. Zurechtweisungen, auch wenn sie notwendig sind, sollen eher widerwillig und nie im beleidigenden Tonfall ausgesprochen werden, auf keinen Fall im Zorn, denn in diesem Gemütszustand kann nichts richtig getan werden. Selbst wenn man sich von seinem Todfeind Entwürdigendes anhören muss, solle man selbst an der Würde (*gravitas*) festhalten. Auch hier gilt es, den Grundsatz der Stetigkeit in allen Handlungen anzuwenden.
- Auch bei der Wahl der Größe eines Hauses darf man sich nicht davon leiten lassen, mit seiner Hilfe sich als Person aufzuwerten, sondern umgekehrt müsse das Haus durch seinen Besitzer geehrt werden. Wer aus Maßlosigkeit ein zu großes Haus bewohnt, verändert die Proportionen zwischen der eigenen Größe und der des Hauses und verstößt somit gegen das *decorum* (Schicklichkeit).

Drei Grundsätze sind nach Cicero am Beginn einer Handlung zu beachten:

(1) Dass das Begehren (*appetitus*) sich der Vernunft (*ratio*) unterordne, die Handlung also vom *appetitus rationi* gesteuert werde; dies ist der oberste und wichtigste Grundsatz.

(2) Dass der Aufwand zum Ziel passen müsse.

(3) Dass das rechte Maß (*modestia*) eingehalten werde, was gleichbedeutend ist mit der Wahrung der Schicklichkeit (*decorum*). Diese *modestia* ist, so Cicero, die *eutaxia* der Griechen, in dem zwar die Bedeutung von Maß steckt, es aber eigentlich die „Bewahrung der Ordnung" meint. „Ordnung" bedeutet hier, dass der richtige Zeitpunkt gewählt oder abgewartet wird, was die Griechen *eukairia* nennen (von gr. *kairos* = der günstige Zeitpunkt; in der bildenden Kunst wurde er als geflügeltes Wesen mit einer Stirnlocke dargestellt, am Hinterkopf war er glatt. Wenn man den Augenblick verpasst hatte, ihn an der Stirnlocke zu packen, konnte ihn niemand mehr festhalten; häufig auch ein Sinnbild für die *fortuna*). Maß und Ordnung sind also austauschbare Begriffe und betreffen den Zeitpunkt und die Zeitumstände. Der richtige Zeitpunkt ist aber abhängig von den Zeitumständen: Beispielsweise wenn jemand sich vor dem Gerichtssaal in Gedanken auf seinen Prozess vorbereitet und dabei auf und ab geht und gedanklich abwesend erscheint, dann stimmen hier Umstand (Gericht) und Zeitpunkt (kurz vor Prozessbeginn) zusammen und das Verhalten ist angemessen.

Mit fortschreitender Übung in diesen Dingen werden wir immer genauer das Schickliche beurteilen können, ähnlich den Musikern, die mit Hilfe ihres geschulten Gehörs bereits geringfügige Fehler beim Musizieren wahrnehmen. So werden wir bereits durch das Heben oder Senken der Stimme, dem Entspannen oder Anspannen der Augenbrauen, dem Blick der Augen usw. bewerten können, ob dies passend oder unpassend in Bezug auf die ganze Handlung ist. Da wir bei anderen Menschen mehr sehen als bei uns, dient die Beobachtung der Fehler und Vorzüge anderer Menschen dazu, das eigene Verhalten verbessern zu können. Diese bei anderen wahrgenommenen Fehler dürfen aber nicht zu einer Arroganz den anderen gegenüber führen, sondern einzig und allein zur Verbesserung und Vervollkommnung der eigenen Anlagen.

Bei den Geschäften des täglichen Lebens ist Ehrlichkeit das wichtigste, denn es gibt nichts Schändlicheres als Unwahrhaftigkeit. „Schmutzig" nennt Cicero deshalb Geschäfte, bei denen Betrug mit im Spiel ist. Damit ergibt sich als Zwischenergebnis: Insgesamt, so Cicero, müssen wir bei allen Handlungen eine Generallinie einhalten: Die Verbindung und Gemeinschaft des ganzen Menschengeschlechts müssen wir pflegen (*colere*), schützen (*tueri*) und bewahren (*servare*).

3.3.1.7 Konflikte zwischen den vier Bereichen der Kardinaltugenden

I, 152–161: Cicero zieht nun eine Bilanz seiner bisherigen Darlegungen. Die pflichtgemäßen Handlungen (*officiis*) werden von den vier Teilen (*partes*) des Ehrenhaften (*honestum*) als Ganzes abgeleitet, und zwar aus

(1) dem Erkenntnisstreben (*cognitio*),

(2) dem Gemeinschaftssinn (*communitatio*),

(3) dem Großmut (*magnanimitas*) und

(4) der Mäßigkeit (*moderatio*).

Diese vier Bereiche bzw. Teile müssen bei einer Entscheidung über eine eventuell vorliegende Verpflichtung (*officium*) einander gegenübergestellt werden. Dabei geht es nicht um den Widerstreit zwischen dem Ehrenhaften und dem Nützlichen (denn hier kann nach Cicero niemals ein echter Widerstreit vorliegen), sondern darüber, welcher der einander gegenüberstehenden Bereiche ehrenhafter und notwendiger ist und wo und wie also eine Abwägung vorzunehmen ist.

Von Natur aus sind wir denjenigen Verpflichtungen enger verbunden, die sich aus der Gemeinschaft ergeben, und nicht denjenigen, die sich aus dem Erkenntnisstreben ableiten lassen. Er führt dafür folgenden Beweis (*argumentum*) an: Selbst ein Weiser (*sapiens*) würde lieber aus dem Leben scheiden, wenn er seiner Wissbegierde nur in völliger Einsamkeit, ohne irgendeinen Menschen zu sehen, nachgehen könnte. Eine bloße Erkenntnis ohne darauf folgende Handlung zur Verwirklichung der Erkenntnis ist etwas Unvollständiges. Die erste und oberste Tugend ist die Weisheit (*sapientia*; gr. *sophía*), die nicht identisch ist mit der Klugheit (*prudentia*; gr. *phrónesis*), betont Cicero (diese Unterscheidung hatte schon Aristoteles in der Nikomachischen Ethik herausgearbeitet, den Unterschied zwischen *phronesis* und *sophia*).

- Die Klugheit ist das Wissen um die zu erstrebenden und um die zu meidenden Dinge,
- die Weisheit dagegen ist das Wissen um die Gemeinschaft von Göttern und Menschen und der Menschen untereinander. Deshalb sind auch die Pflichten, die sich aus der Gemeinschaft ergeben, die wichtigsten, wie auch die Weisheit die wichtigste Tugend ist. Dies zeigt sich auch darin, dass man selbst die Betrachtung der würdigsten Dinge unterbricht, wenn jemand in Not ist und unsere Hilfe braucht.

Bei einer selbstlosen Hilfeleistung geht es um den Nutzen *und* das Ehrenvolle, so dass Ehrenvolles und Nützliches keinen Gegensatz bilden. Es ist aber nach Cicero (und der Lehre der Stoa) nicht so, dass die Menschen die Gemeinschaft nur deshalb suchen, weil sie alleine ihre Bedürfnisse nicht befriedigen können, sondern umgekehrt: Weil sie soziale Wesen sind, sollen sie ihre Ziele zusammen mit anderen erreichen. Cicero bringt hier das Beispiel von den Bienen (aus Aristoteles), die sich nicht deshalb zusammenschließen, um Waben zu bauen, sondern umgekehrt: Sie bauen Waben, weil sie nur in einer Gemeinschaft leben können. Aus dem sozialen Charakter von Lebewesen ergeben sich ihre spezifischen Tätigkeiten. Bei den Menschen wechseln sich Lehren und Lernen, Sprechen und Zuhören ab, was den wechselseitigen Gemeinschaftsbezug zeigt.

Geht nun, fragt Cicero, die Gemeinschaftsorientierung stets dem Sinn für Maß und Mäßigkeit (*moderatio* und *modestia*) voraus? Er verneint dies mit der Begründung, dass abschreckende und schandbare Handlungen nicht einmal zur Rettung des Vaterlandes vollzogen werden dürfen. Aber auch bei den sozialen Pflichten gibt es Abstufungen gemäß folgender Vorzugsregel: die ersten Pflichten gelten den unsterblichen Göttern, die zweiten dem Vaterland (*patria*), die dritten den Eltern, die vierten den anderen Personen.

Cicero schließt das erste Buch mit dem Hinweis, dass das von Panaitios übergangene Kapitel über die Abwägung zwischen verschiedenen ehrenhaften Handlungen nun nachgeholt wurde.

3.3.2 Buch II: Das Nützliche

3.3.2.1 Einleitung

Cicero stellt einleitend fest, dass im I. Buch die Herleitung des *officium* aus dem *honestum* und den vier *virtutes* beschrieben wurde, also aus den vier Handlungsbereichen des Lebens mit seinen vier Haupttugenden. Im II. Buch will er nun die Arten von Pflichten darstellen, die zur Ausgestaltung des Lebens (*ad vitae cultum*) beitragen. Er wird dabei, wie angekündigt, unterscheiden zwischen dem was nützlich und was unnütz ist, und bei den nützlichen Dingen zwischen den nützlicheren und den am nützlichsten differenzieren, also zwischen dem Komparativ und dem Superlativ des Begriffs Nutzen. Erst dann lasse sich eine Abwägung durchführen und eine Entscheidung treffen.

Zunächst weist er resigniert auf den Niedergang des römischen Staates unter Caesar hin, um dann ein Loblied auf die Philosophie anzustimmen. Er wiederholt für seinen Sohn Marcus nochmals, dass Philosophie das Streben nach Weisheit ist, Weisheit im Verständnis der „alten Philosophen" das „Wissen um Göttliches und Menschliches und die Gründe für deren Verbindung" ist. Im Wesentlichen geht es bei der Weisheit um die Erkenntnis, dass der Mensch ein Gemeinschaftswesen ist (auch in Bezug auf Gott), also um die Unterscheidung zwischen Klugheit und Weisheit.

3.3.2.2 Methodische Grundlagen

Cicero betont, dass auch hier ein methodisches Vorgehen, eine Kunst (*ars*), notwendig ist, um nicht in die Irre zu gehen. Wenn man schon bei den kleinen Dingen des täglichen

Lebens eine Kunstfertigkeit verlangt, dann mit umso größerem Recht bei den Fragen der Weisheit, denn von ihr hängen das gute Leben und das menschliche Glück ab. Es gibt fünf Zugänge zur Ermittlung der Handlungspflichten:

- Zwei betreffen das *decorum* und des *honestum*.
- Zwei betreffen die Annehmlichkeiten des Lebens, nämlich Reichtum (*copia*) und (Hilfs)-Mittel (*opes*) sowie die Schaffung von Möglichkeiten (*facultates*), sie zu erlangen.
- Der fünfte Zugang betrifft den Maßstab für eine Entscheidung beim Wählen, wenn mehrere Alternativen vorliegen, die sich zu widersprechen scheinen. Ein solcher Maßstab kann das Ehrenhafte oder das Nützliche sein.

Der Gegenstand dieses II. Buches ist das Nützliche, das aber von Anfang an als in Wechselbeziehung mit dem Ehrenhaften gesehen wird, so dass es also zwischen der *utilitas* und dem *honestum* keinen echten Gegensatz gibt. Dieser zu behandelnde Gegenstandsbereich wird von Cicero in zwei Bereiche geteilt, in Lebloses und in Belebtes. Zu den leblosen, aber wichtigen Dingen gehören z. B. (Edel)-Metalle, zu den belebten Wesen gehören zwei Gruppen, unvernünftige (Tiere) und vernünftige Wesen (Götter und Menschen). Da man annimmt, dass die Götter den Menschen nicht schaden, sind es die Menschen selbst, die einander am meisten Schaden zufügen. Nur die friedliche Zusammenarbeit der Menschen schafft die Kulturgüter, die das Leben angenehm machen wie z. B. Wasserleitungen, Dämme und Häfen. Auch Beispiele berühmter Männer zeigen, dass sie ihre Erfolge ohne die Mitwirkung vieler anderer Menschen nie hätten erringen können.

Cicero geht nun wieder zu einer methodischen Darlegung über, wie er angekündigt hat. Jede Tugend, die ja eine Vollkommenheit in ihrem Handlungsbereich ist, befasst sich mit **drei Aufgaben**:

1. Durchführung einer Sachanalyse: Was ist wahr, was ist folgerichtig, was ist die Ursache eines jeden Dinges usw.?
2. Die seelischen Aufregungen *(gr. pathe)* und die Begierden *(gr. hormai)* sind der Vernunft zu unterstellen, denn die Vernunft ist das spezifische Vermögen der Menschen.
3. Die mit uns zusammenarbeitenden Menschen rücksichtsvoll zu behandeln, damit wir mit ihrer Hilfe das erreichen, was von Natur aus notwendig ist und die uns Schaden zufügenden Menschen jener Strafe zuführen, die der Billigkeit (*aequitas*) und Menschlichkeit (*humanitas*) entspricht.

3.3.2.3   Zusammenleben mit anderen

Cicero stellt nun das freundliche dem aggressiven Verhalten gegenüber. Die Tyrannen als **Beispiele** für aggressive Menschen sind in ihrer Angst vor einer Ermordung eigentlich lächerliche Personen. Durch allerlei Maßnahmen versuchen sie, ihr Leben zu bewahren, das nicht in Gefahr wäre, wenn sie keine Tyrannen wären.

Wie können wir nach Cicero nun am besten ans **Ziel unserer Wünsche** gelangen? Durch dreierlei Eigenschaften im Sinne von Voraussetzungen:
1. der Zuneigung, dem Geliebtwerden (*diligere*),
2. dem Vertrauen (*fides*),
3. der Bewunderung (*admiratio*).

Drei weitere Verhaltensweisen werden von Cicero für das Leben gepriesen:
4. Ehre (*honor*),
5. Ruhm (*gloria*) und
6. Wohlwollen (*benevolentia*).

Nicht alle Menschen brauchen sie gleichermaßen, aber sie helfen doch erheblich, Freundschaften zu gewinnen. Über die Freundschaft will sich Cicero hier nicht äußern, denn darüber habe er schon im „Laelius" gesprochen. Er geht nun auf das Streben nach Ruhm (*gloria*), Ehre (*honor*), Wohlwollen (*benevolentia*), Wohltaten (*beneficium*), Vertrauen (*fides*) und Bewunderung (*admiratio*) ein.

- Zur Ehre (*honor*): In zahlreichen Beispielen zeigt er, wie brutale Machtmenschen (wie z. B. Sulla) durch ungerechte Willkürhandlungen ihre Ehre zerstörten, dasjenige, was wichtiger ist als Macht oder Reichtum. Der Tyrann kann nämlich weder geliebt, noch kann ihm vertraut, noch kann er bewundert werden. Er verfehlt also alle drei wichtigen Ziele, wie sie oben genannt wurden.
- Der Ruhm (*gloria*) beruht ebenso auf diesen drei Voraussetzungen, vor allem aber auf der dritten Bedingung, der Bewunderung (*admiratio*).
- Wie wird die erste Voraussetzung, die Zuneigung, beim Wohlwollen gewonnen? Das Wohlwollen (*benevolentia*) wird vor allem durch eine Wohltat (*beneficium*) erworben, also durch Freigebigkeit. Allein der Ruf von Gerechtigkeit, Verlässlichkeit, Freundlichkeit usw. zwingt die Menschen wie durch eine Naturkraft, solche Menschen hochzuschätzen. Diese Menschen werden als ehrenhaft und schicklich wahrgenommen.
- Vertrauen (*fides*) gewinnt man auf zweierlei Weise: durch Klugheit und Gerechtigkeit, wobei der Ruf der Gerechtigkeit wichtiger ist als der der Klugheit. Cicero rechtfertigt sich hier für diese Trennung zweier Tugenden, und zwar deshalb, weil er zusammen mit „allen Philosophen" der Ansicht ist, dass „wer eine Tugend hat, alle hat". Aber hier kommt es nach Cicero nicht auf eine sachgerechte Erörterung an, sondern im Urteil der Menge ist der Ruf der Gerechtigkeit wichtiger als der der Klugheit. Und um dieses Vertrauen der Menge geht es aber Cicero hier.
- Bewunderung (*admiratio*) wird vor allem denjenigen zuteil, die im Ruf der Tugendhaftigkeit (Vollkommenheit) stehen und von jeder Schande frei sind. Wo lauert dann die Gefahr für die Tugend? In den Vergnügungen (*voluptates*), den verführerischsten Beherrscherinnen (*blandissimae dominae*) eines Menschen. Auch durch andere Gefühle, wie Leben und Tod, Armut und Reichtum, lassen sich die Menschen leicht aus der Fassung bringen. Wenn Menschen aber, nach beiden Seiten hin, diese aus großer Seelenstärke verachten, dann ist ihnen die Bewunderung der weniger starken Naturen sicher. Vor allem wird Gerechtigkeit bewundert, denn gerecht

kann man nur dann sein, wenn man den Tod, den Schmerz, die Verbannung und die Armut nicht fürchtet. Am meisten bewundern die Menschen diejenigen, die sich aus Geld nichts machen, weil sich die meisten aus Habsucht zum Verlangen nach Geld hinreißen lassen.

- Die Gerechtigkeit erfüllt nun jene drei Voraussetzungen, die schon für den Ruhm genannt wurden: Wohlwollen (*benevolentia*), Treue (*fides*) und Bewunderung (*admiratio*). Selbst in Räuberbanden müssen die Regeln der Gerechtigkeit befolgt werden, weil sie sonst nicht existieren könnten. Wenn nun die Bedeutung der Gerechtigkeit so groß ist, dass sie sogar die Existenz von Räuberbanden ermöglicht, wie groß muss diese erst in geordneten Gemeinschaften sein, fragt Cicero.

II, 44–51: Cicero beschreibt nun das rechte Handeln junger Menschen, wenn sie Ruhm (*gloria*) erwerben wollen. Wenn sie, wie sein eigener Sohn, bereits einen berühmten Namen geerbt haben, dann müssen sie damit rechnen, ständig beobachtet zu werden, denn keine Äußerung oder Tat bleibt verborgen. Wenn ihre Herkunft aber unbekannt ist, dann müssen sie durch Zielstrebigkeit voranschreiten. Die beste Empfehlung zum Ruhm ist die, dass man durch Leistungen im Krieg glänzt. Auch könne man sich weisen und berühmten Männern anschließen, so dass man durch die Nähe zu ihnen wie ein Ebenbild von ihnen wahrgenommen werde. Wenn man eine Rede vor der Menge mit Leidenschaft hält, dann glauben die Zuhörer, man habe mehr Einsicht und Verstand als die übrigen. Bei den Juristen wird Ruhm meist durch Verteidigungsreden, weniger durch Anklagereden, erworben. Aber auch einen Schuldigen dürfe man als Anwalt verteidigen, denn es ist Aufgabe des Richters (nicht des Anwalts), die Wahrheit zu erforschen. Diese Überzeugung teilte auch Panaitios, der bedeutendste unter den Stoikern dieser Zeit, wie Cicero feststellt.

II, 52–70: Nun referiert Cicero seine Auffassungen über die Wohltätigkeit (*beneficentia*) und die Großzügigkeit (*liberalitas*). (Mit *liberalitas* drückte der Römer eine Denk- und Handlungsweise aus, die dem freien Menschen angemessen ist, also keine niedere Gesinnung enthielt. Sie bedeutete deshalb auch Höflichkeit, Freundlichkeit, Freigebigkeit und eben Großzügigkeit.) Die Realisierung beider Einstellungen kann auf zweierlei Weise erfolgen: (1) durch die eigene Tat und (2) durch Geldleistungen. Einfacher zu verwirklichen, vor allem für einen Reichen, ist die zweite Version, das Helfen mit Geld. Dagegen ist es rühmlicher, durch eigene Tatkraft anderen zu helfen. Außerdem kann durch das großzügige Austeilen von Geld die Quelle der Hilfeleistung erschöpft werden, so dass die Güte (*benignitas*) durch sich selbst zerstört wird. Manche haben durch solche unüberlegten Geldzuwendungen ihr Erbe verschleudert und sind dadurch sogar auf die schiefe Bahn geraten, da sie es durch Diebstähle wieder zu erlangen suchten. Zwei Arten von Gebenden sind zu unterscheiden: (1) die Verschwender (*prodigi*) und (2) die Freigebigen (*liberales*). Cicero erläutert beide Verhaltensweisen durch Beispiele.

- Verschwender (*prodigi*) werden diejenigen genannt, die beispielsweise durch Gelage, Gladiatorenspiele und Tierhetzen ihr Geld verlieren,

- Freigebige (*liberales*) sind beispielsweise diejenigen, die mit ihrem Geld die von Seeräubern Gefangenen freikaufen, die Schulden ihrer Freunde bezahlen, für die Verheiratung von Töchtern verarmter Bürger Unterstützung gewähren usw.

Politisch kann es aber notwendig sein, großzügige Schenkungen an das Volk zu machen, wofür das Amt der *Aedilen* von Cicero angeführt wird. Diese hatten u. a. die öffentlichen Spiele auszurichten, und Cicero rühmt einige *Aedilen* für ihre glanzvolle Amtsführung. Schenkungen müssen aber notwendig (*necesse*) und nützlich (*utile*) sein und dürfen nicht Ausdruck von Geldverschwendung sein, um beispielsweise bestimmte Volksschichten für sich zu gewinnen. Nützlich sind vor allem langfristig angelegte Ausgaben wie diejenigen für Mauern, Werften, Häfen, Wasserleitungen usw. Aber auch Theater, Säulenhallen und neue Tempel können darunter fallen. Schenkungen sind für Cicero im allgemeinen eher verwerflich, aber unter bestimmten Umständen notwendig. Auch hier rühmt er wieder als Maß (*regula*) die Mitte (*mediocritas*) zwischen Verschwendung und Habsucht (*avaritia*).

3.3.2.4 Konflikte

Es kann aber zu einem inneren Konflikt kommen, wenn man zu entscheiden hat, ob man beispielsweise einem mittellosen, aber charakterlich guten Menschen helfen soll oder einem Mächtigen, der aber charakterlich dem Mittellosen unterlegen ist. Von Natur aus tendieren die meisten Menschen dazu, demjenigen bevorzugt zu helfen, der ihnen auch wieder Wohltaten erweisen kann. Entspricht dies aber, fragt Cicero, der Natur der Sache? Er zitiert als Antwort einen damals bekannten Spruch:

> „Wer Geld besitzt, hat es nicht zurückerstattet.
> Wer es aber zurückerstattet hat, besitzt es nicht mehr.
> Dagegen:
> Dankbarkeit besitzt, wer gedankt hat.
> Wer aber gedankt hat, hat bereits vergolten."

Weiters zitiert Cicero für diesen Konfliktfall, ob man eher einem guten oder einem mächtigen, aber charakterlich instabilen Menschen helfen solle, Themistokles mit dessen Worten: „Ich für meinen Teil mag lieber einen Mann, der Geld braucht, als Geld, das einen Mann braucht." Die wichtigste Vorschrift für Wohltaten ist aber, die Pflichten der Gerechtigkeit niemals zu verletzten. (II, 71) Die Spitzenpolitiker können aber das Wohlwollen der Menschen auf zweierlei Weise gewinnen, erstens durch Uneigennützigkeit im Sinne der Enthaltsamkeit (*abstinentia*) von Bereicherungsgedanken und zweitens durch Beherrschung (*continentia*).

Diejenigen, die sich als Volksfreunde (*populares*) ausgeben, zerstören auf zweierlei Weise das Gemeinwesen: Erstens, indem sie im Rahmen einer Agrarreform die rechtmäßigen Besitzer von ihrem Wohnsitz vertreiben, und zweitens, indem sie zahlungsunfähigen Schuldnern das geliehene Geld schenken. Damit werden die zwei Grundlagen des Gemeinwesens angegriffen, erstens die Eintracht (*concordia*), die nicht bestehen kann, wenn den einen ihr Geld weggenommen wird, um es anderen schenken zu können, und zweitens die Gerechtigkeit (*aequitas*), wenn nicht mehr jeder „das Seine" (*suum cuique*) behalten darf. Die Bewahrung des rechtmäßigen Eigentums ist für Cicero die eigentümliche Aufgabe eines jeden Gemeinwesens. Insgesamt misst Cicero der Respektierung des Eigentums einen großen Wert zu.

Aber auch unter Nützlichkeitsüberlegungen ist nach Cicero diese Politik der Enteignungen aus zwei Gründen falsch. Erstens, weil diejenigen, denen der Besitz genommen wurde, feindlich den neuen Machthabern gegenüberstehen und somit deren Macht mindern, zweitens, weil diejenigen, die diesen Besitz bekommen haben so tun, als hätten sie ihn gar nicht annehmen wollen, und bei erlassenen Schulden verbergen diese Menschen ihre Freude, damit niemand mitbekommt, dass sie bereits zahlungsunfähig gewesen waren.

Hier zählt politisch nicht das Argument, dass diejenigen, die unrechtmäßig etwas bekommen haben, zahlenmäßig mehr sind als diejenigen, denen es ungerechterweise genommen wurde. Bei solchen Vorgängen ist nicht die Zahl wichtig, sondern die Bedeutung der Sache, so Cicero. Er trägt nun mehrere Beispiele aus der römischen und griechischen Geschichte vor, in denen solche Enteignungen vorgekommen sind und zu welchen Resultaten sie geführt haben. Er kann nirgends einen Vorteil erkennen.

Cicero kommt abschließend nochmals auf die – seiner Meinung nach – von Panaitios ausgelassene Frage nach den Unterschieden und Konflikten im Bereich des Nützlichen zurück.

- Er vergleicht äußere Güter (z. B. Reichtum) mit körperlichen Gütern (z. B. Gesundheit), und stellt fest, dass man im Konfliktfall zwischen beiden lieber gesund als reich sein wolle.
- Wenn aber umgekehrt als körperliches Gut starke Muskelkraft im Konflikt mit dem äußeren Gut Reichtum steht, dann möchte man natürlich lieber reich als mit starken Muskeln ausgestattet sein.
- Wenn aber die körperlichen Güter miteinander verglichen werden, dann zieht man die Gesundheit dem Genuss vor, zieht die Kraft der Schnelligkeit vor usw.
- Wenn es sich dagegen um einen Konflikt zwischen äußeren Gütern handelt, dann zieht man beispielsweise den Ruhm dem Reichtum vor usw.

Cicero beendet seine Darlegungen über den Nutzen mit dem Hinweis, dass durch die Beispiele gezeigt wurde, dass man auch die innere Konfliktanfälligkeit des Begriffs Nutzen berücksichtigen und sich auf Lösungsstrategien vorbereiten müsse, wenn sich Entscheidungen dieser Art stellen, damit man seine Handlungspflichten erkennt.

3.3.3 Buch III: Ehrenhaftes und Nützliches im Scheinkonflikt

3.3.3.1 Meinungen der Philosophen

Zunächst spricht Cicero (106–43) einen Lobpreis auf Scipio Africanus (185–129) aus, seinem politischen Vorbild, der in der Einsamkeit seiner Landgüter am produktivsten und deshalb gerade innerlich nicht einsam war. Im Freisein von politisch-beruflicher Tätigkeit fand er Zeit, über sein Handeln nachzudenken, und in seiner Einsamkeit fand er Zeit, mit sich selbst zu reden. Während aber Scipio freiwillig von Zeit zu Zeit die Muße gewählt habe, lasse Cicero unfreiwillig seine politischen Ämter ruhen. Auch habe Scipio keine Bücher geschrieben wie er. In den letzten Jahren seiner erzwungenen Einsamkeit habe Cicero aber mehr Bücher produziert als die vielen Jahre vorher. Mit diesem Lob auf die produktiven Seiten der (scheinbaren) Einsamkeit ermahnt Cicero seinen Sohn Marcus, sich mit der Philosophie und den notwendigen Pflichten im Leben zu beschäftigen, weil er das Werk seines Vaters fortsetzen solle und er sich deshalb nicht in die Vergnügungen Athens stürzen dürfe.

Im Einzelnen führt Cicero folgende Argumente für sein Thema an. Der Stoiker Panaitios (180–110) habe drei Fälle beschrieben, in denen sich die Menschen bezüglich ihrer Pflichten innerlich zu beraten pflegen, wenn sie in folgender Weise unschlüssig sind:

(1) ob der Gegenstand ehrenhaft oder unehrenhaft sei,
(2) ob er nützlich oder unnütz sei,
(3) ob das vorzuziehen sei, was den Anschein des Ehrenhaften habe oder das, welches den Anschein des Nützlichen habe.

Die zwei ersten Fragen habe er erörtert, die dritte nicht. Diesen ausgelassenen dritten Teil wolle Cicero nun nachholen, weil er für ihn die wichtigste moralische Frage enthält. In III, 34 erklärt er, dass er nun diesen fehlenden dritten Teil „auf eigene Faust" (*Marte nostro*) beisteuert.

Für die Stoiker ist das Ehrenhafte (*honestum*) das einzige Gut, für die Aristoteliker ist es das höchste Gut. Cicero betont, dass man niemals dem Nützlichen mehr Wert beimessen dürfe als dem Ehrenhaften. Sokrates habe diejenigen verdammt, welche die beiden Begriffe auseinander gerissen haben. Die Stoiker stimmen Sokrates dabei zu, dass alles Ehrenhafte auch nützlich sei, nichts aber sei nützlich, was nicht auch ehrenhaft sei. Aus diesem Grunde lehrte Panaitios, dass man das Ehrenhafte nicht mit dem Nützlichen verrechnen bzw. gegeneinander abwägen dürfe. Von den Stoikern wurde als höchstes Gut „das Leben in Übereinstimmung mit der Natur" gelehrt, was nach Cicero bedeutet, immer mit der Vollkommenheit überein zu stimmen. Die übrigen naturgemäßen Werte dürfe man nur dann wählen, wenn sie der Vollkommenheit nicht widerstreiten. Das Ehrenhafte ist also das Vollkommene. Es muss deshalb nochmals die vollkommene Pflicht (*officium perfectum*) von der nur mittleren Pflicht (*officium medium*) abgegrenzt werden.

Die **mittleren Pflichten** (*officia media*), die pflichtgemäßen Anforderungen, erwirbt man bei guten natürlichen Anlagen bereits schon, wenn man als Anfänger nur die ersten Schritte im Studium gemacht hat.

Die **vollkommenen Pflichten** (*officia perfecta*) dagegen gestatten keine Ausnahme (auch das „rechte Handeln" genannt). Wer sie zu begreifen und zu realisieren in der Lage ist, wird „Weiser" genannt. In diesem Sinne waren beispielsweise M. Cato und C. Laelius nicht weise, auch wenn sie im allgemeinen Urteil als Weise gelten. Diese zeigten nur eine gewisse Ähnlichkeit mit einem Weisen, denn sie folgten nur den „mittleren Pflichten". Aber aufgrund häufiger Übung dieser mittleren Pflichten haben sie bei vielen den Anschein von Weisen erworben, also den Anschein von moralisch-intellektueller Vollkommenheit. Nicht-Weise vergleichen das Nützliche mit dem Ehrenhaften und wägen ab, Weise erkennt man daran, dass sie eine solche Abwägung nicht einmal ins Auge fassen, weil dies für sie keine Differenz darstellt und deshalb auch keine Alternative. Dies ist für Cicero eine Grundregel in Konflikten: Niemals den eigenen Vorteil auf Kosten anderer suchen, weil man stets daran denken solle, dass der Mensch neben seiner Individualnatur auch eine Sozialnatur habe.

3.3.3.2 Die erste Tugend: Wahrheitssuche

Cicero erklärt nun, da Panaitios den Konflikt des Ehrenhaften mit dem Nützlichen zu wenig konkret untersucht habe, diese Darstellung „auf eigene Faust" (*Marte nostro*) versuchen zu wollen. (III, 34) Er verfolgt den Plan, diese Grundregel auf die vier Haupttugenden anzuwenden. Allerdings folgt seine Darstellung keineswegs nachvollziehbar diesem Plan, deshalb fallen dem Leser die Zuordnungen der Gedanken und Beispiele zur oftmals nur erschließbaren Hauptgliederung schwer. Man kann, mit Vorbehalten, folgenden Plan unterstellen, wie er sich aus verstreuten Einzelbemerkungen Ciceros rekonstruieren lässt.

Bereits bei der Darstellung der ethischen Handlungsmaxime als Grundregel für Entscheidungen hat er auf die Bedeutung der geistigen Orientierung in lebenspraktischen Fragen hingewiesen, also erstens auf die Tugend der Wahrheitssuche. Dieser Untersuchung schließen sich zweitens Fragen der Gerechtigkeit an (III, 40–95), dann folgt drittens die Untersuchung über die Größe und Überlegenheit eines erhabenen Geistes im Sinne der Tugend der Tapferkeit (III, 96–115) und viertens die Mäßigkeit im Sinne der Tugend der Selbstbescheidung (III, 116–120).

3.3.3.2.1 Die Oberste Handlungsregel

Gibt es im Leben konstante Situationen, also solche, die stets die Anwendung des gleichen Handlungskonzepts erlauben, oder müsse man sich auf variable Situationen einstellen? Wie ist also die Rolle der Umstände (*circumstantiae*) bei einer Entscheidung für eine Handlung und für eine Pflicht zu bewerten?

Die Umstände (*circumstantiae*) verändern eine Handlung oft so, dass das sonst Unerlaubte jetzt sogar Pflicht wird. Darf man beispielsweise einen Freund töten, fragt Cicero. Normalerweise Nein. Wenn dieser Freund aber ein Tyrann ist, der das Volk versklavt? Dann, so Cicero, ist es sogar Pflicht des Freundes, den Tyrannen zu töten. Cicero bekennt sich also zur moralischen Erlaubtheit des Tyrannenmordes. Hat hier dann das Nutzendenken das Tugenddenken verdrängt? Nein, so Cicero, der Nutzen folgt der Ehrenhaftigkeit. Der Tyrannenmord ist also Ausdruck der Rechtschaffenheit des Handelnden.

Wenn es also Schwankungen im Urteil geben kann, was Ehrenhaftigkeit und was Nutzen ist, dann muss eine Grundregel *(formula)* gefunden werden, wie man entscheiden soll. Cicero formuliert sie als universelles Handlungsprinzip.

Oberste Grundregel für Entscheidungen
Man darf niemals einem anderen Menschen einen Schaden zufügen, um sich selbst damit einen Vorteil zu verschaffen. (III, 21)

Es gibt nämlich auch unter den Philosophen welche, die annehmen, dass es tugendhafte Handlungen gebe, die nicht nützlich, und nützliche Handlungen, die nicht tugendhaft sind. Cicero orientiert sich hier, wie er betont, an den Stoikern, weil sie den Nutzen nur innerhalb der Tugend, und nicht außerhalb von ihr suchen und finden.

Diese Grundregel wird von Cicero sprachlich als Imperativ ausgedrückt, und da er nicht von bestimmten Bedingungen abhängig ist, als kategorischer Imperativ. Kant hat Ciceros „De officiis" mit den Kommentaren von Garve gelesen (1783) und eine Antwort darauf angekündigt, die aber nie erfolgte. Stattdessen erschien die „Grundlegung zur Metaphysik der Sitten" (1785), in der Kant seinen kategorischen Imperativ entwickelt und begründet, aber auf völlig andere Weise.

3.3.3.2.2 Die naturrechtliche Grundlage der obersten Handlungsregel

Diese Grundregel (*formula*) liegt nach Cicero schon den staatlichen Gesetzen zugrunde, umso mehr liegt sie in jener Natur begründet, der Vernunft innewohnt (*ratio naturae*), die das Gesetz der Götter und Menschen ist (*lex divina et humana*). Gegen die Naturordnung ist es, wenn man wegen seines persönlichen Profits den Nächsten beraubt, denn im Einklang mit der (Vernunft)-Natur leben heißt, die Gemeinschaft aller Menschen zu respektieren. Diese Formel „im Einklang mit der Natur leben" ist nun die ethische Grundmaxime der Stoiker. Die Schädigung der Gemeinschaft aller Menschen durch Schädigung eines einzelnen ist nun sogar mehr gegen die Naturordnung als dies der Tod, die Armut, der Schmerz und andere Schädigungen des Körpers sind. Die einzelnen Menschen verhalten sich nämlich zur Gemeinschaft wie die Teile eines Körpers: Wenn ein Teil verletzt oder geschwächt wird, so wird der ganze Körper geschwächt. Deshalb müsse man auch für die Rettung der Völker die größten Mühsale auf sich nehmen, wie Herakles, der deshalb in den Kreis der Götter aufgenommen wurde. An der Vorbildfigur des Herakles sieht man, dass Arbeit und Mühsal auf sich zu nehmen ehrenwerter ist, als das Leben mit Faulenzen zu verbringen.

Eine zentrale Grundthese Ciceros lautet: Wer einen Mitmenschen schädigt, der beseitigt gänzlich den Menschen im Menschen (*hominem ex homine tollat*). Cicero betont, dass in dieser Denkweise der Nutzen einer Einzelperson mit dem der Allgemeinheit identisch sei. Wenn das nicht beachtet wird, dann wird sich die menschliche Schicksalsgemeinschaft (*humana consortio*) auflösen. Cicero versucht einen Beweis für das Nichtschädigungsverbot mit Hilfe folgender Argumentationsschritte: Wenn es eine natürliche Empfindung im Menschen gibt, dass man *einem* anderen Menschen (und zwar nur deshalb, weil er auch ein Mensch ist) helfen soll, so muss es auch derselben Natur gemäß sein, das Wohl *aller* Menschen als etwas Gemeinsames zu erstreben. Wenn dies zutrifft, dann stehen wir alle unter dem gleichen Naturgesetz, und wenn wiederum dieses zutrifft, dann werden wir durch das Naturgesetz gehindert, andere zu verletzen. Cicero schlussfolgert: Wahr ist das erste, folglich ist wahr auch das zweite *(verum autem primum, verum igitur extremum)*.

In diesem Zusammenhang weist Cicero darauf hin, dass man auch den Ausländern keinen Schaden zufügen dürfe, denn sonst hebe man die umfassende Gemeinschaft der Menschheit auf. Die Tugend der Gerechtigkeit allein „ist aller Tugenden Herrin und Königin" (*domina et regina virtutum*). Damit beginnen seine Erörterungen über die Tugend der Gerechtigkeit, deren Wert sich wiederum im (scheinbaren) Konflikt zwischen dem Ehrenhaften und dem Nützlichen zeigt.

3.3.3.3 Die zweite Tugend: die Gerechtigkeit

Er bringt nun zunächst (ab III, 35) einige Fallbeispiele von Handlungen, bei denen die **Umstände** ausschlaggebend sind, ob sie unterlassen oder vollzogen werden dürfen.

3.3.3.3.1 Erste Beispielgruppe: Umgang mit dem Nächsten

Cicero fragt in einem Beispiel: Darf ein Weiser, der von Hunger gequält wird, einem Menschen, der zu nichts nützlich ist, die Nahrung wegnehmen? (III, 30) Cicero verneint dies, denn das Doppelprinzip der Nichtschädigung des Nächsten zum persönlichen Vorteil (die Grundregel der Gerechtigkeit) bleibt weiter gültig. Das Beispiel wird nun durch einen **Umstand** verschärft: Wenn aber der hungrige Weise „voraussichtlich" durch sein Weiterleben der Gemeinschaft viel Nutzen bringen würde, wie sei dann zu verfahren? Dann sei, so Cicero, sein Diebstahl nicht zu tadeln, solange es nicht zum persönlichen Vorteil, also aus Eigenliebe, geschehe. Gegen die Natur (*contra naturam*) ist aber das Ignorieren des gemeinsamen Nutzens (*communis utilitas*), denn dies ist ungerecht. (III, 30)

Dürfe man aber, fragt Cicero weiter, einem besonders grausamen **Tyrannen** wie z. B. Phálaris, etwas Lebensnotwendiges wegnehmen, z. B. einen Mantel, um nicht selbst zu erfrieren? Cicero bezeichnet dies als eine leicht zu entscheidende Frage, gibt aber keine konkrete Antwort. Aus einer anderen Textstelle in III, 32 (wie auch z. B. bei der Geschichte mit den Seeräubern III, 107) kann man entnehmen, dass grausame Menschen sich außerhalb der Menschengemeinschaft befinden, mit denen es für einen ehrlichen Menschen (*vir bonus*) kein natürliches Band der Verbindung gibt, so dass man sie ungehindert schädigen dürfe. Einem Tyrannen gegenüber gibt es keine humanitäre Verbindung, so dass die Frage nach der Erlaubtheit eines Tyrannenmordes entsteht.

Ciceros Antwort bezüglich der **Erlaubtheit eines Tyrannenmordes**: Wenn dies nicht zum privaten Vorteil, sondern zum Wohl der Allgemeinheit dient, ist dies nicht nur keine Schädigung, sondern es ist dann sogar ein Tyrannenmord erlaubt bzw. geboten. Cicero erläutert dies wieder mit einer Analogie: Wie kranke Teile des Körpers amputiert werden müssen, um den Gesamtkörper zu retten, so dürfe auch bei einem Tyrannen verfahren werden. Der Tyrann hat durch sein Handeln bereits selbst die Trennung von der Gemeinschaft vollzogen, die ihn nun nicht mehr schützen kann.

Zur Bekräftigung, dass man auch dann nicht ungerecht handeln dürfe, wenn man dies ungesehen tun könne, wird die bekannte Fabel vom Ring des Gyges erzählt (siehe Platon, Politeia 359; eine ähnliche Funktion wie der Ring des Gyges hat bei Kant die Geschichte vom Depositum). Dieser Ring macht unsichtbar, und man könne dann alle schlechten Handlungen begehen, von denen niemals jemand etwas erführe. Wer diesen Ring besitzt, und trotzdem keinen Augenblick daran denkt, ihn zu benutzen, der ist ein Weiser (d. h. einer, für den die vollkommenen Pflichten seine Maxime sind), sagt Cicero. Diese Fabel dürfe man aber nicht mit dem Argument abtun, dass es so etwas in der Realität nicht gebe, denn sie hat nur die Funktion, die Gesinnung eines Menschen zu testen. Die Frage ist also nicht, ob es möglich sei, sondern: Wenn es so wäre, was würde dann jemand tun? Wenn nun jemand den Gyges-Ring benutzen würde, so gibt er zu, Unrecht dann zu tun, wenn er dabei straffrei bleiben könnte. Von einem gutgesinnten Mann wird aber das Ehrenhafte (*honestum*) gesucht, nicht die Verborgenheit (*occultum*).

Es gibt aber nicht nur die Frage, ob ein Nutzen so groß ist, dass man die Pflicht verletzen dürfe (Gyges), sondern ob das, was nützlich ist, sich ohne Verletzung einer Pflicht tun lasse. Bei der Vertreibung des letzten etruskischen Königs Superbus und der Einführung des ersten Konsulats war die Amtsenthebung eines der beiden römischen Täter kein Unrecht, sondern es war, im Sinne des Nutzens für den römischen Staat, zugleich ein Gebot der Ehrenhaftigkeit, so dass der des Amtes Enthobene sogar hätte einwilligen müssen. Cicero erblickt hier im Nutzen den Maßstab des Handelns nur deshalb, weil der Grund der Rechtmäßigkeit in ihm lag. Ein Gegenbeispiel: Die Beseitigung des Bruders des ersten Königs, um alleine herrschen zu können, war dagegen ein Unrecht, weil es nur dem persönlichen Nutzen diente. Hier gibt es, im Sinne der naturrechtlichen Grundregel des Handelns, keinen Rechtfertigungsgrund.

Daraus kann sich die Frage ergeben: Darf man dann nicht seinen Vorteil im Leben erstreben? Cicero zitiert zu dieser Frage den Stoiker Chrysippos (etwa 281–208), der sie mit einem Vergleich beantwortet: Man darf im Stadion beim Wettlauf mit seinem ganzen Einsatz kämpfen um zu gewinnen, aber man darf seinem Gegner kein Bein stellen und auch nicht anrempeln. Im Sport wie im Leben gilt also der Grundsatz des Fair Play.

Eine Pflichtenkollision kann es vor allem bei Freundschaften geben. Hier gibt es eine Vorzugsregel: Vergnügungen, Bereicherungen und sonstige Vorteile dürfen niemals der Freundschaft vorgezogen werden, andererseits darf eine gerechte, d. h. unparteiische Entscheidung durch einen Amtsträger niemals der Freundschaft nachgestellt werden. Wenn beispielsweise jemand in der Rolle des Richters über einen Freund urteilen soll, dann legt er für diesen Fall die Rolle des Freundes ab (obwohl er innerlich hoffen darf, dass der Freund Recht habe).

Wenn man aber unter Eid aussagen muss, dann bedenke man, dass man Gott als Zeugen anruft, nach Cicero nämlich den eigenen Geist, der das Göttlichste ist, was Gott selbst dem Menschen gegeben hat. Wenn man einen Richter um einen Gefallen bittet, so geschieht dies von der bittenden Partei mit dem Zusatz: „Soweit dies ohne Verletzung des Gewissens möglich ist". Cicero erzählt ein Beispiel: Von den beiden Pythagoreern Damon und Phintias war einer vom Tyrannen Dionysios zum Tode verurteilt worden, erbat sich aber einen Aufschub, um noch zu seinen Angehörigen nach Hause gehen und alles vor dem Tode regeln zu können. Sein Freund, der freiwillig als Geisel zurück blieb, verbürgte sich inzwischen mit seinem eigenen Leben für ihn. Als er wie versprochen zurückkam, um seine Todesstrafe anzutreten, war der Tyrann so gerührt, dass er bat, als Dritter in den Freundschaftsbund aufgenommen zu werden. Hier war das Nützliche der Freundschaft zugleich ehrenhaft, und deshalb, sagt Cicero, ist diese Handlung zu loben; nicht zu loben aber wäre sie, wenn das Ehrenhafte hinter dem Nützlichen zurückstehen müsste. (Dieser Fall der Freundschaft bis in den Tod wurde auch von Friedrich Schiller aufgegriffen, um sein klassisches Humanitätsideal damit ausdrücken zu können.)

3.3.3.3.2   Zweite Beispielgruppe: Verhalten im Krieg

Auch im Krieg müsse gleichermaßen das Ehrenhafte über das Nützliche gestellt werden, wie Cicero an verschiedenen Beispielen zeigt. Cicero erwähnt die Verwüstung und Zerstörung von Korinth (146) durch die römischen Truppen sowie die Grausamkeiten der Athener gegenüber den Aegineten, als diesen die Daumen abgeschlagen wurden, um sie für die Schifffahrt unfähig zu machen. Die Insel Aegina lag dem Hafen Piraeus so nahe, dass deren Flotte eine ständige Bedrohung für Athen darstellte. (Außerdem wurden die Bewohner vertrieben und Griechen dort angesiedelt.) Diese Grausamkeiten im Kriege dürfe man nie begehen, betont Cicero, auch nicht um eines militärischen Nutzens willen. Das Ehrenhafte müsse auch hier immer vor dem Nützlichen rangieren.

Das römische Volk stellte das Ehrenhafte über das Nützliche, als es im Zweiten Punischen Krieg nach der schrecklichen Niederlage bei Cannae (216 v. Chr.) sich nicht dem Usurpator Hannibal anbiederte oder um einen Frieden mit ihm nachsuchte, sondern die moralische Kraft aufbrachte, ihn aus Italien zu vertreiben.

Als ähnlich zu verstehendes Beispiel erzählt Cicero die Entscheidung der Athener in den Perserkriegen, die Frauen und Kinder aus Athen zu evakuieren und die Heimat mit der griechischen Flotte zu verteidigen. Als nämlich ein Athener, ein gewisser Kyrilos, riet, den Persern die Stadttore zu öffnen und Xerxes in Athen aufzunehmen, steinigten sie ihn. Kratylos hatte zwar das augenblicklich Nützliche geraten, aber nicht das Ehrenhafte, das in der Verteidigung der griechischen Freiheit bestand.

Themistokles riet nach dem Sieg über die Perser, dass man heimlich die Flotte der Lakedaimonier anzünden könne, da diese von Bord gegangen seien. Aristides bezeichnete diesen Vorschlag zwar als nützlich, aber nicht als ehrenvoll. Das Volk von Athen verwarf deshalb seinen Plan, weil nichts nützlich sein könne, war nicht zugleich ehrenvoll (rechtens) sei.

Cicero tadelt in diesem Zusammenhang die Politik Roms, das zwar Seeräuber ungeschoren lasse, aber einen Bundesgenossen wegen dessen Treue zum Senat im Bürgerkrieg von Caesar mit hohen Tributen bestrafen ließ.

Fremden dürfe man aus Gründen der Menschlichkeit den Aufenthalt in Städten nicht verweigern, das Bürgerrecht dagegen kann man ihnen vorenthalten.

3.3.3.3.3   Dritte Beispielgruppe: Wirtschaftsethik

Durch Beispiele aus der Wirtschaftsethik erzählt Cicero, wo das Nützliche mit dem Ehrenhaften in Konflikt treten kann. Dabei geht es hauptsächlich um die Frage, ob und wie weit eine Informationspflicht des Verkäufers gegenüber dem Käufer besteht.

Erstes Beispiel: Ausnutzung eines Informationsvorsprungs

Fallschilderung (III, 50): In Rhodos ist durch Getreidemangel eine große Hungersnot ausgebrochen und ein gutgesinnter Kaufmann aus Alexandria ist mit seinem Schiff voll Getreide als erster in Richtung Rhodos unterwegs. Auf dem Meer sieht er, wie auch noch mehrere andere Schiffe mit Getreide beladen in Richtung Rhodos unterwegs sind.

Nun ergibt sich die Frage: Soll dieser Kaufmann nach seiner Landung in Rhodos den dortigen Bewohnern von diesen vielen Schiffen berichten (was zum Sinken des Getreidepreises und seines Gewinns führt), oder aber soll er davon nichts erzählen und sein eigenes Getreide möglichst teuer zu verkaufen suchen? Die Frage lautet also, ob man seinen Vorteil und Nutzen in diesem Fall als Entscheidungskriterium verwenden dürfe.

Cicero berichtet, dass selbst berühmte Stoiker der Vergangenheit sich in der Antwort auf diesen Konflikt nicht einig waren. Es werden zwei Personen als Vertreter von zwei unterschiedlichen Richtungen vorgestellt: (1) der laxere Diogenes von Babylon (Schüler von Chrysippos und Lehrer von Antipater) und (2) der rigorosere Antipater von Tarsos (Schüler des Diogenes und Lehrer des Panaitios).

Nach Diogenes von Babylon muss der Verkäufer nur soweit den Käufer informieren, wie es durch das Bürgerrecht festgelegt ist (z. B. Mängel angeben) und er dabei keine egoistischen Hintergedanken verfolgt. Er darf aber die Absicht haben, einen möglichst großen Gewinn zu erzielen. Diogenes vertritt also den Standpunkt des ethisch und rechtlich erlaubten *dolus bonus*, d. h. der guten Täuschung. Diese besteht darin, dass ein Verkäufer sich als geschickter Werbestratege betätigen und seine Ware loben darf, und es auf den Käufer ankommt, selbst den wahren Wert der Sache zu erkennen. (Etwas anderes ist der *dolus malus*, d. h. die bewusste und bösartige Täuschung z. B. durch eine vorsätzliche Falschinformation. *Dolus bonus* und *dolus malus* spielen auch heute noch in der Medienethik, der Bioethik, der Unternehmensethik usw., vor allem beim Anpreisen oder Verschweigen von Merkmalen einer Sache, eine wichtige Rolle.)

Nach Antipater von Tarsos ist alles offen zu legen, damit Käufer und Verkäufer den gleichen Kenntnisstand haben. Antipater würde seinem Lehrer Diogenes mit dem bekannten stoischen Argument widersprechen, dass es zum Leben in Übereinstimmung mit der Natur gehöre, dass der persönliche Nutzen der allgemeine Nutzen und umgekehrt dieser auch der persönliche Nutzen sein müsse.

Diogenes wiederum könnte antworten, so Cicero, dass zwischen Verheimlichen (*celare*) und Verschweigen (*tacere*) ein moralisch relevanter Unterschied besteht: Wenn jemand einem anderen nicht sagt, was das höchste Gut oder das Wesen der Götter ist, dann hält er nichts geheim, sondern verschweigt es (weil man nicht jedem alles erzählen müsse), was nicht zu tadeln sei.

Die Frage lautet also, so Cicero: Hat man die Pflicht als Wissender, einem anderen dieses Wissen mitzuteilen, wenn dieser davon einen Nutzen hat?

- Antipater: Ja, und zwar deswegen, weil man durch die Bande der Natur mit allen Menschen verbunden ist.

- Diogenes: Nein, denn man dürfe trotz des naturrechtlichen Prinzips des Gemeinnutzens etwas als Privatbesitz behalten, denn bei konsequenter Anwendung dieses Prinzips dürfe man ja überhaupt nichts verkaufen, sondern man müsse alles verschenken, was einem gehört, wenn dies zum Nutzen der Gemeinschaft geschehe. Es gibt auch das Recht, an den eigenen Voreil zu denken.

- Cicero: Bei diesem Streit zwischen Diogenes und Antipater geht es nicht um den Konflikt zwischen dem Ehrenhaften und dem Nützlichen, sondern darum, ob die

Sache nützlich sei, ohne unrecht zu sein (Diogenes), oder ob sie unrecht sei, die Sache aber nur einen scheinbaren Nutzen enthalte (Antipater).

Zweites Beispiel: Hausverkauf durch Verschweigen der Mängel.

In einem zweiten Beispiel zur Wirtschaftsethik werden nochmals die strenge Position des Antipaters und die laxere des Diogenes vorgeführt. Die Frage heißt: Wenn jemand ein Haus verkaufen möchte, bei dem gewisse Baumängel vorhanden sind, müssen diese vom Verkäufer dem Käufer mitgeteilt werden oder nicht?

- Antipater: Die Mängel müssen genannt werden, sonst gleicht man einem Menschen, der einem Umherirrenden den Weg nicht zeigt, was in Athen sogar mit einem staatlichen Fluch belegt ist. Ja, das Verschweigen der Baumängel sei sogar noch schlimmer, als einem Suchenden den Weg nicht zu nennen, denn es bedeute, den anderen wissentlich auf den Irrweg zu führen.
- Dagegen Diogenes: Der Verkäufer hat den potentiellen Käufer weder zum Kauf gezwungen noch dazu ermutigt. Der Käufer hat offensichtlich an dem Haus Gefallen gefunden, woran der Verkäufer keinen Gefallen mehr hat. Wenn der Verkäufer keine absichtliche Täuschung (*dolus malus*) begangen hat, dann braucht er den Käufer von seinem Urteil nicht abzubringen. Beim Kauf bzw. Verkauf ist es eben so, dass beide Seiten dadurch einen Vorteil haben.

Zwischen Diogenes und Antipater gibt es Gemeinsamkeiten und Differenzen. Die Gemeinschaft besteht darin, dass sie beide den *dolus malus* (rechtswidrige Täuschung) ablehnen, die Differenz besteht in der Frage der Erlaubtheit des *dolus bonus*. Diogenes verteidigt den *dolus bonus* (Maxime mit primärem Blick auf den eigenen Vorteil, nicht auf den Schaden des anderen; also der Standpunkt des rationalen Egoisten), Antipater lehnt aber auch diesen ab, weil er der Ehrenhaftigkeit (*honestum*) eines rechtschaffenen Mannes (*vir bonus*) widerstreite. Es dreht sich also allein um die Frage der Erlaubtheit des *dolus bonus*. Diogenes vertritt mehr den Standpunkt der mittleren Pflicht (*officium medium*), Antipater dagegen den der vollkommenen Pflicht (*officium perfectum*). Die Frage könnte auch so weitergeführt werden: Ist der Satz richtig, dass demjenigen kein Unrecht geschehe, wenn er bekommt was er wollte (*volenti non fit iniuria*), oder müsste man mit Pro- und Contra-Argumenten seine Entscheidung diskutieren? Dem römischen Immobilienrecht nach, so Cicero, werde aber entsprechend dem Rechtsgrundsatz von „Treu und Glauben" (*bona fide*) für das Verschweigen von Mängeln eine Strafe auferlegt.

Ciceros Antwort auf die beiden Beispiele: Weder hätten der Getreidehändler noch der Hausverkäufer die Käufer in Unkenntnis halten dürfen. Zwar bedeute Verschweigen (*tacere*) nicht schon Verheimlichen (*celare*), aber ethisch rechtmäßig ist ein Verschweigen nur dann, wenn es nicht dazu dient, aus der Unkenntnis der anderen einen persönlichen Vorteil zu ziehen, der für die anderen zugleich ein Nachteil ist. Dann wäre es dem Verheimlichen gleichgestellt und ethisch unrecht. Die ciceronische Regel bezüglich des Verschweigens (*tacere*) lautet also: Halte den anderen nicht deshalb in Unwissenheit, weil diese für dich vorteilhaft ist, während sie für den anderen nachteilig ist (III, 57). Oder anders ausgedrückt: Schlage aus der Unwissenheit eines anderen keinen Vorteil nur für dich selbst. (III, 72) Das widerspricht der Obersten Handlungsregel aus III, 21, dass man niemals einen eigenen Vorteil dadurch gewinnen solle, indem man andere Menschen damit zugleich schädigt. Es müsse, was Cicero immer wieder betont, die Doppelnatur des Menschen, das Individelle und das Soziale, beachtet werden.

Nach den juristischen Argumenten erfolgt nun eine ethische Reflexion auf das Naturrecht. Der Rechtsgrundsatz *bona fide* habe eine umfassende Bedeutung und weise darauf hin, dass das Recht eine seiner Quellen in der Moral (*fides*) habe. Auch im Immobilienrecht straft das aus der Natur hergeleitete Bürgerrecht Arglist und Trug, und deshalb ist es gegen die Natur, aus der Unwissenheit des Nächsten einen persönlichen Vorteil zu ziehen. Denn dies führe zur Zerrüttung der natürlichen Lebensordnung.

Drittes Beispiel: *Dolus malus* beim Immobilienverkauf

Das nächste Beispiel Ciceros behandelt den *dolus malus*, der ebenfalls eine ethische Frage beim Immobilienkauf aufgreift. Die Geschichte lautet folgendermaßen: Der reiche Geschäftsmann Canius weilte in Syrakus zur Erholung und erzählte den dortigen Geschäftsleuten, dass er sich in Syrakus einen Park kaufen möchte, damit er in ihn seine Freunde einladen und diese dort ungestört bewirten könne. Der (verschlagene) Bankier Pythius erfuhr davon und lud Canius in seinen Park ein, von dem er (fälschlicherweise) vorgab, dass er unverkäuflich sei. Pythius rief die Fischer der Umgebung zusammen, dass sie an diesem Tag vor seinem Park fischen sollten und trifft mit ihnen die Absprache, dass sie Fische im Überfluss von anderswoher beschaffen sollen, die er dem Canius beim Gastmahl vorsetzen wolle. Dieser reiche Mann ist von diesem Park nun so begeistert, dass er jeden Preis dafür bezahlen wolle. Pythius ziert sich künstlich und treibt damit den Preis auf die Spitze. Der Kaufvertrag wird sogleich abgeschlossen. Am nächsten Tag wundert sich Canius, dass keine Fischer mehr da sind und erfährt dann die bittere Wahrheit.

Cicero berichtet nun, dass sein Freund und Kollege Aquilius (Prätor im Jahre 66) damals seine neue Gesetzesformel „*de dolo malo*" noch nicht bekannt gegeben hatte. Der *dolus malus* ist Aquilius zufolge eine unerlaubte List, die dann vorliegt, wenn man einen Schein entweder (1) von der wahren Beschaffenheit der Sache oder (2) von der wahren Absicht des Handelnden vorgaukelt. Der *dolus malus* setzt beim Täter die Fähigkeit zur Täuschung eines anderen Menschen voraus. Die (negative) Handlungsmaxime des Täters könnte lauten: Etwas Positives vortäuschen, was gar nicht vorhanden ist und/oder etwas Negatives verschweigen, was vorhanden ist. Wie könnte eine solche Vortäuschung gelingen? Beispielsweise dadurch, dass Käufer oder Verkäufer Scheininteressenten auftreten lassen, um den Preis entweder zu erhöhen oder zu senken.

Ciceros Beurteilung der Fallbeispiele:
Das Beispiel aus dem Immobilengeschäft betraf die Frage, ob man einen wichtigen Mangel dem Käufer verschweigen dürfe, und Ciceros Urteil, gestützt durch die damalige Rechtsprechung, lautet: Nein, denn es widerspricht dem Grundsatz von „Treu und Glauben" (*bona fide*). Nun kommt Cicero nochmals auf das Handeln des Getreidehändlers und des Verkäufers des ungesunden Hauses zurück: Beide haben falsch gehandelt, da sie Wichtiges verschwiegen haben. Das Kriterium ist also der *bona-fide*-Grundsatz.

Nun bringt Cicero drei Beispiele für einen Ehrlichkeitstest, der jeweils einen fiktiven Charakter hat und dessen Pointe darin besteht, dass man unentdeckt

Ungerechtes tun könnte: Erstens den Test auf den Wunsch, unberechtigterweise eine große Erbschaft antreten zu können, zweitens das Spiel des „Fingerschnellens" und drittens der Besitz des Gyges-Rings.

(1) Wenn man, sagt Cicero, durch das bloße Schnalzen mit den Fingern sich unbemerkt in das Testament eines reichen Mannes als Erben hineinzaubern könnte (auch wenn man gar nicht erbberechtigt ist und dies nie jemand erfahren würde), dann würde ein „gutgesinnter Mann" (*vir bonus*) dies niemals tun. (III, 75) Diese Handlung würde bedeuten, dass man seines eigenen Vorteils wegen die rechtmäßigen Erben benachteilige, indem man ihr Erbe schmälert. Wer ist nun ein *vir bonus*, den Cicero unablässig als personifiziertes Vorbild für die *officia perfecta* hinstellt? Ein „gutgesinnter Mann" (*vir bonus*) ist derjenige, der gerecht ist und sich nichts aneignet, was ihm nicht zusteht, ja er würde so etwas nicht einmal in Gedanken erwägen. Der *vir bonus* verschafft sich also niemals einen Nutzen zum Schaden der Betroffenen. (III, 75–76)

(2) Zu dieser Gruppe zählt Cicero auch die rechtschaffenen Bauern auf dem Land, die eine uneingeschränkte Gerechtigkeit und Ehrlichkeit bei jemandem mit dem Sprichwort loben, dass man mit ihm sogar bei Nacht das Spiel des „Fingerschnellens" (III, 77) durchführen könne. (Spielregel: Jemand lässt aus der geschlossenen Faust blitzschnell einige Finger herausschnellen, sein Mitspieler muss die gleiche Zahl von Fingern ebenso schnell zeigen, sonst hat er verloren. Wenn dies in der Nacht gespielt wird, dann müssen beide Spieler ehrlich sein, d. h. man muss sich darauf verlassen können, dass die vom anderen Spieler genannte Zahl von Fingern tatsächlich gezeigt wurde. Der gleiche Ehrlichkeitstest würde vorliegen, wenn man dies mit einem Blinden spielen würde.)

(3) Der Ring des Gyges ist nach der unbemerkt möglichen Testamentsfälschung mittels des bloßen Fingerschnalzens und dem Spiel des Fingerschnellen in der Dunkelheit der dritte fiktive Gerechtigkeitstest, die alle zeigen, dass der Test auf die Gerechtigkeit darin besteht, dass man auch dann nicht mogelt oder Unrecht begeht, wenn man dies ungesehen tun könnte. Er kommt also nicht auf die Angst vor Strafe an, sondern auf die Angst vor einer schändlichen Handlung in der Selbstbewertung.

Cicero wiederholt: Die Richtschnur des Nutzens ist dieselbe wie die der Ehrenhaftigkeit. Beide trennen nur die verschiedenen Bezeichnungen, in Wirklichkeit haben sie ein und dieselbe Natur: Was schändlich ist, kann niemals nützlich sein. Beispiel für das Laster der *avaritia* ist die Testamentsfälschung des Basilius (III, 73), Beispiel für eine falsche *ambitio* ist das Konsulat des Marius (III, 79), Beispiel für das Laster der *cupiditas* ist Caesar (III, 83), der König der Römer und Herr über alle Länder sein wollte. Cicero: „Wenn einer sagt, diese *cupiditas* (politisches Begehren des Caesar) sei ehrenhaft, so ist er von Sinnen."

Nun folgen einige weitere Beispiele für den Konflikt zwischen dem Ehrenhaften und dem Nützlichen. Ein solcher Konflikt liegt aber nur – scheinbar – vor, denn in Wirklichkeit liegt er für Cicero niemals vor.

(1) Soll man bei Sturm auf See, um das Schiff manövrierfähig zu halten, lieber ein wertvolles Pferd oder einen wertlosen Sklaven von Bord werfen? Diese Frage be-

antwortet Cicero nicht, sondern weist nur darauf hin, dass die Rücksicht auf das Vermögen in die eine Richtung, die Achtung vor einem Menschenleben in die andere Richtung weist. (III, 89)

(2) Soll nach einem Schiffsuntergang, wenn ein Tor und ein Weiser sich an einer Planke festhalten, der Weise den Toren diese entwinden, wenn er kann, um sich zu retten? Nein, sagt Cicero, weil es ungerecht ist, denn der Tor hatte die Planke zuerst, also gehört sie unter diesen Umständen ihm. V a r i a n t e : Wenn der eine aber der Schiffseigner ist, darf er dann auf seinem Eigentum bestehen? Nein, sagt Cicero, weil ein Schiff auf See nicht mehr dem Eigentümer allein gehört, sondern den Passagieren, denn diese haben für die Schiffsreise bezahlt. Das Schiff gehört erst wieder dem Eigentümer ungeteilt, wenn es im Hafen angekommen ist. (III, 89)

(3) Das Fallbeispiel wird weitergeführt. Wenn nun zwei Schiffbrüchige im Wasser um ihr Leben bangen, aber nur eine Planke da ist und beide sind Weise? Dann, so Cicero, müsse der gerettet werden, der für sich oder für die Gemeinschaft den größeren Nutzen darstellt. Variante: Wenn aber nun beide gleich wichtig sind? Eine Entscheidung in diesem Fall dürfe nur freiwillig, nicht gewaltsam getroffen werden: z. B. einer verzichtet oder man einigt sich durch Los wie beim Spiel mit dem „Fingerschnellen". (III, 90)

(4) Weitere Frage: Darf der Sohn, wenn der Vater einen Bankraub durchführt, seinen eigenen Vater der Polizei melden? Nein, sagt Cicero, weil es für ein Gemeinwesen wichtig ist, Bürger zu haben, die ehrfürchtig gegenüber den Eltern sind. V a r i a n t e : Wenn dieser Vater aber nach der Tyrannenmacht im Staat greift, darf der Sohn dann, wenn es nicht anders zu verhindern ist, den eigenen Vater den Behörden anzeigen? Ja, sagt Cicero, weil das Wohl der Gemeinschaft höher steht als das Wohl eines einzelnen. (III, 90)

(5) Darf ein Weiser, wenn man ihm unbemerkt Falschgeld angedreht hat und er es schließlich bemerkt hat, dieses Falschgeld zur Bezahlung seiner eigenen Schulden verwenden? Er hat dieses Geld ja guten Gewissens angenommen und es entspricht auch dem ihm zustehenden Betrag. Liegt hier ein *dolus bonus* vor, und wenn Ja, ist dieser erlaubt? Der (laxere) Stoiker Diogenes sagt Ja, der (rigorosere) Stoiker Antipater sagt Nein (dies ist auch Ciceros Überzeugung). Cicero ist also der Überzeugung, dass man das Argument des *dolus bonus* auch hier nicht gebrauchen dürfe. (III, 91)

(6) Eine andere Entscheidungsfrage stellt sich nicht aufgrund eines Vertrages, sondern aufgrund eines mündlichen Versprechens: Ein Weiser ist vor vielen Jahren von einem Millionär schriftlich im Testament zum Erben von 100 Millionen Sesterzen eingesetzt worden. Er erhält die Erbschaft (den Nutzen) aufgrund des mündlichen Versprechens (*promissum*), vor Antritt der Erbschaft (also nach dem Tode des Erblassers) am helllichten Tag öffentlich auf dem Forum zu tanzen (also eine lächerliche und unwürdige Show zum Gaudium der Zuschauer zu bieten, im Sinne Ciceros also etwas Unehrenhaftes zu tun). Der Millionär ist gestorben, und die Erbschaft könnte angetreten werden. Der „Weise" (*sapiens*) zweifelt nun, ob dieses vor langer Zeit gegebene Versprechen noch gehalten werden müsse, um die Erbschaft mit moralischer Legitimation antreten zu dürfen. (Auch beim

Nichteinhalten des mündlich gegebenen Versprechens wäre das Testament trotzdem rechtlich gültig.) Der Erblasser hat von der Einhaltung des Versprechens keinen Vorteil, von der Nichteinhaltung keinen Nachteil. Ciceros Antwort:

- Als Weiser (*sapiens*) hätte er dieses Versprechen niemals geben dürfen (dies wäre ein Test auf seinen Status als „Weiser" gewesen); wenn er nun aber, zur Besinnung gekommen, freiwillig der Erbschaft entsagt, kann er auf anständige Weise das Versprechen uneingelöst lassen (denn er zieht daraus keinen persönlichen Vorteil), d. h. er tanzt und erbt nicht.
- Etwas anderes ist es, wenn er mit dem geerbten Geld vorhat, für die Gemeinschaft Nützliches zu tun, dann darf er auch, ohne öffentlich sich lächerlich zu machen, die Erbschaft antreten. Cicero orientiert sich hier wieder im Fall der caritativen Verwendung der Erbschaft an der Frage, ob dem Verstorbenen ein Nachteil entstehe, und verneint dies. Dem Erben entstehen auch keine privaten Vorteile, die moralische G r u n d f o r m e l (nicht zum eigenen Vorteil etwas erstreben, was zugleich ein Nachteil für einen andern ist) bleibt also respektiert.

Nun bringt Cicero noch einige B e i s p i e l e a u s d e r M y t h o l o g i e zur These, dass man Versprechen dann nicht zu halten brauche, wenn sie entweder zum Nachteil desjenigen sind, dem man das Versprechen gegeben hat oder zum Nachteil dessen, der das Versprechen (*promissum*) gegeben hat.

B e i s p i e l e : Helios sagte zu seinem Sohn Phaëton, er werde das tun, was dieser sich immer wünsche. Der Sohn wünscht sich nun, dass er auf den Wagen seines Vaters Helios (die Sonne) gehoben werde und mitfahren dürfe, wo er dann aber verbrennt. Ciceros Kommentar: Sein Vater hätte sein Versprechen in diesem Fall nicht halten dürfen. Nächstes Beispiel: Agamemnon hatte der Göttin Artemis das Schönste versprochen, was in seinem Reich geboren worden war; dies war aber seine Tochter Iphigenie. Cicero: Dieses Versprechen hätte nicht eingelöst werden dürfen, weil damit eine widerliche Untat verbunden war.

Neue Beispielgruppe: Hinterlegtes Depositum

Erstes Beispiel: Wenn jemand bei geistiger Gesundheit bei einem Freund ein Schwert hinterlegt hat, der es aber Jahre später, inzwischen wahnsinnig geworden, zurückfordert, um einen Mord zu begehen, dann ist es sogar Pflicht des Freundes, sein Versprechen nicht zu halten.

Zweites Beispiel: Wenn jemand bei einem anderen Geld hinterlegt hat und er es nun zurück haben möchte, um gegen sein Vaterland einen Krieg zu beginnen, dann darf man es ihm nicht zurückgeben, weil „das Gemeinwesen das teuerste ist". Ciceros Kommentar: Was eigentlich von Natur aus ehrenhaft ist (Versprechen zu halten), kann durch die Zeitumstände (z. B. Charakteränderung) nicht mehr ehrenhaft sein.

3.3.3.3.4   Vierte Beispielgruppe: Medizinethik

Müssen Verträge und Versprechen (*pacta et promissa*) immer eingehalten werden, wenn sie nicht durch Gewalt und auch nicht durch arglistige Täuschung (*dolus malus*) zustande gekommen sind? Normalerweise wird darauf geantwortet: *Pacta sunt servanda*

(Verträge müssen eingehalten werden). Spielen aber vielleicht auch die Handlungsumstände (*circumstantiae*) eine Rolle? Diese Frage nach der Verbindlichkeit eines Vertrages in Abhängigkeit von den Umständen wird an einem Beispiel aus der Medizinethik durchgespielt.

Fallbeispiel: Ein Arzt hat mit einem Kranken einen Behandlungsvertrag geschlossen, dass der Kranke die verabreichte Medizin (aufgrund des bezahlten Geldbetrages) nur einmal zur Heilung verwenden dürfe. Der Kranke wird mit Hilfe dieser Medizin gesund. Einige Zeit später bricht die gleiche Krankheit wieder aus. Der Arzt willigt aber nicht ein, dass der Kranke die gleiche Medizin, von der noch etwas übrig ist, nochmals einnehmen dürfe, er pocht also auf die Einhaltung des Behandlungsvertrages. Was darf der Kranke tun? Ciceros Antwort: Aus zweierlei Gründen dürfe der Kranke die Medizin, auch gegen den Vertrag, einnehmen:

- Erstens aus dem naturrechtlich begründeten Gebot der Humanität (eine Verweigerung wäre inhuman und würde der Tatsache der menschlichen Gemeinschaft widersprechen),
- zweitens aus der Tatsache, dass hier kein Unrecht geschieht (ob der Kranke die Medizin wegschüttet oder einnimmt, ist hier für den Arzt einerlei, nicht aber für den Kranken). Der Arzt schädigt also den Patienten, ohne selbst einen Vorteil zu haben. Aber der ciceronischen Grundmaxime (III, 21) zufolge dürfe man nicht einmal dann für sich einen Vorteil erstreben, wenn ein anderer Betroffener davon einen Schaden hat.

3.3.3.4 Die dritte Tugend: geistige Größe und Tapferkeit

Es folgen nun Beispiele aus Kriegszeiten, in denen Versprechen gemacht wurden, die nun zu halten entweder nicht nützlich oder nicht ehrenhaft ist. Die Frage lautet: Muss man seine Eide auch gegenüber den Feinden im Krieg halten?

3.3.3.4.1 Das Verhalten des Konsuls Regulus

Cicero bringt nun ausführlich das Beispiel des Konsuls Regulus (von Cicero bereits im I. Buch geschildert), der im Ersten Punischen Krieg in die Hände der Karthager gefallen war und auf der Basis eines Eides nach Rom geschickt worden war, um dort wichtige gefangene punische Offiziere freizubekommen, andernfalls solle er zu den Karthagern zurückkehren, wo ihn Folter und Tod erwarten. (III, 99–110) Da er, in Rom angekommen, aber dem Senat empfahl, die punischen Kriegsgefangenen nicht frei zu geben (diese sind junge Offiziere und können nach der Freilassung weiter gegen Rom kämpfen, er aber sei alt und stelle für die weitere Kriegsführung keinen Vorteil mehr dar), hielt er sich an seinen Eid und ging zu den Karthagern zurück, wo er ein grausames Ende erlebte (er wurde in ein Fass gesteckt, in dem scharfe Dolche ein Anlehnen verhinderten, so dass Regulus wegen Schlaflosigkeit schließlich an Erschöpfung starb).

3.3.3.4.2 Das epikureische Übelabwägungskriterium

Es folgt nun eine Auseinandersetzung mit der Lehre der Epikureer bezüglich des Begriffs „Übel" (*malum*). Was ist das größere Übel: die Schande der Ehrlosigkeit oder die Folter bis zum Tod? Das eine ist ein seelisches, das andere ein körperliches Übel. Das seelische Übel wird von Cicero in Anlehnung an Platon als „Hässlichkeit der Seele" interpretiert in Analogie zur Hässlichkeit des Körpers, die auf den Betrachter abstoßend wirkt. Die von den Epikureern bei Entscheidungen immer wieder verwendete Formel „Das geringste von den Übeln" (*minima de malis*), das sog. Übelabwägungskriterium, gilt es zu interpretieren (diese Formel verwendet Cicero auch in III, 3, ebenso in III, 102 und in III, 105), denn ohne ein inhaltliches Grundverständnis von *malum* (Übel) kann man mit dieser Formel nichts anfangen. Zu III, 3: Cicero spricht hier also davon, dass man nicht von den Übeln das geringste auswählen dürfe (*ex malis minima*), sondern wie gebildete Menschen dies tun, bei den Übeln prüfen müsse, was in ihnen Gutes verborgen sei. Das Übel, das Cicero hier meint, ist seine erzwungene politische Untätigkeit (wegen Caesars Machtpolitik), die aber das Gute in sich hat, dass er nun wieder schriftstellerisch tätig sein kann. Zu III, 102: Die gleiche Formel (*minima de malis*) prüft Cicero auch am Handeln des Konsuls Regulus und fragt, ob die Schande (den Eid zu brechen) das gleiche Übel dargestellt hätte wie die Folter, und erblickt in der Folter das geringere Übel (wie Regulus). Zu III, 105: Auch hier geht Cicero nochmals auf die Entscheidung des Regulus ein, zu den Karthagern zurückzukehren. Was für ein *malum* stand Regulus bevor? Der körperliche Schmerz als ein Unglück.

Die hier nochmals verwendete Formel *minima de malis* (das geringste von den Übeln) interpretiert Cicero so, dass die moralische Schändlichkeit *(turpitudo)* das größere Übel ist als das körperliche Leid. Cicero bringt hier aus Platon das Argument, dass die Hässlichkeit einer in die Schande gestürzten Seele größer ist als die körperliche Hässlichkeit. Es geht also nicht um die Schädlichkeit, sondern um die Schändlichkeit (*turpitudo*), die

- von den rigoroseren Beurteilern als alleiniges Übel (*solum malum*) bezeichnet wird,
- von den gemäßigteren Beurteilern als das größte Übel (*summum malum*) bezeichnet wird.

3.3.3.4.3   Der Eid

Diesen Fall des Regulus verwendet Cicero, um über die Bedeutung des Eides zu reflektieren. Man könne einen Eid, so Cicero, aus zweierlei Gründen halten: Erstens aus religiöser Angst vor einer Strafe durch Jupiter, oder zweitens aus Einsicht in die Bedeutung einer Sache, hier des Eides. Den Zorn der Götter mit irdischen Strafen gibt es nach Cicero nicht, das Motiv der Angst sei zudem schlecht. Außerdem hätte selbst Jupiter dem Regulus nicht mehr schaden können als dieser sich selbst. Die Formel *minima de malis* hatte Regulus allein auf das *officium perfectum* der *honestas* angewendet, also die Vier-*personae*-Theorie bereits bei der ersten *persona* des Menschen als Vernunftwesen beginnen lassen.

Cicero stellt weiter die Frage: Sind Eide gegenüber rechtmäßigen Feinden anders zu bewerten als z. B. gegenüber Seeräubern? Cicero bejaht diese Frage, da Seeräuber außerhalb jeder menschlichen Gemeinschaft stehen und nicht mit Krieg führenden Staaten (wie z. B. Karthago) zu vergleichen sind. Mit Seeräubern könne deshalb kein Treueverhältnis existieren (und auch kein das Treueverhältnis zum Ausdruck bringender Eid gemeinsam sein). Allerdings gibt Cicero keine plausible Erklärung dafür, warum man einen Eid, dessen Zeuge nach Cicero Gott ist, in diesem Falle nicht halten müsse.

3.3.3.5 Die vierte Tugend: das Schickliche, das Maß und die Ordnung

Es bleibt von den vier Quellen des Ehrenhaften (*honestum*) noch die letzte übrig, die Mäßigkeit in Verbindung mit dem Schicklichen (*decorum*) und der Ordnung. Kann etwas nützlich genannt werden, was unmäßig ist oder sich nicht schickt oder der Ordnung widerspricht? (III, 116)

Cicero beschäftigt sich nun in dieser Frage mit Epikur (und dessen Vorgängern), deren Lehren er bekämpft, und fasst seine Darlegungen zugleich zusammen: Es gebe keinen Nutzen ohne Ehrenhaftigkeit, alles Vergnügen sei der Ehrenhaftigkeit entgegengesetzt. Der Hedonismus könne nicht die Position des Ehrenhaften (*honestum*) vertreten. Die folgenden Ausführungen Ciceros in „De officiis" sind eine Kampfansage an alle Anhänger Epikurs. Welche Funktion kommt im Hedonismus der Klugheit (*prudentia*) zu, fragt Cicero? Ist sie nur dazu da, das Angenehmste zu entdecken und geschickt herbeizuschaffen? Ist sie dazu da, unter den Lüsten mit Einsicht und Geschmack auszuwählen? Kann es in einem System, in dem der Schmerz das größte Übel darstellt, überhaupt die Tugend der Tapferkeit geben? Zwar gebe es manche Texte von Epikur, in denen er tapfer über den Schmerz spricht, aber man dürfe bei ihm nicht nur auf die Worte hören, sondern man müsse daran denken, was er aufgrund seiner Grundsätze eigentlich sagen müsste, denen zufolge es nichts Gutes gibt als das Vergnügen, nichts Schlechtes als den Schmerz. Auch bei den drei Tugenden der Klugheit (*prudentia*), der Tapferkeit (*fortitudo*) und der Mäßigkeit bzw. Ausgeglichenheit (*temperantia*) drehen und wenden sich die Epikureer, so gut sie können. Cicero stellt fest:

- Die Klugheit ist für sie eine Art von Wissen, wie man Vergnügungen sich verschafft und den Schmerz minimiert.
- Die Tapferkeit ist für sie eine Einstellung, den Tod und den Schmerz gering zu achten. (Epikur: Solange wir leben ist der Tod nicht da; heftige Schmerzen dauern nicht lange, lang dauernde Schmerzen sind leichte Schmerzen usw.)
- Die Ausgeglichenheit (Mäßigkeit) bringen sie in ihr System mit dem Argument, dass sowieso jede Lust ihre von der Natur gezogenen Grenzen habe und sie ohnehin nicht weiter wachsen könne, wenn das Bedürfnis befriedigt, die Unlust also verschwunden sei.
- Die vierte Tugend, die Gerechtigkeit, hat im System Epikurs überhaupt keinen Halt. Wenn Freundschaft, Freigebigkeit usw. nicht um ihrer selbst willen existieren, sondern ihren Grund nur im Vergnügen haben, dann sind alle gesellschaftlichen Werte brüchig.

Cicero wiederholt nun seine Doppelthese: Es gibt keinen Nutzen, der der Ehrenhaftigkeit entgegensteht, und es gibt kein Vergnügen, das der Ehrenhaftigkeit entgegengesetzt sein darf. Einen Konflikt zwischen dem Ehrenhaften und dem Nützlichen bzw. dem Vergnügen gibt es nach Cicero auch deshalb nicht, weil ein anständiger Mensch das Nützliche bzw. Lustvolle niemals auf Kosten des Ehrenhaften erstrebt.

Cicero widerspricht auch dem Versuch damaliger Philosophen (Kalliphon und Deinomachos), die epikureische und die stoische Position zu verbinden und das *summum bonum* als eine Verknüpfung von Lust und Tugend zu definieren. Die Lust und das Vergnügen dürfen nicht den Anschein des Ehrenhaften haben, sondern nur den der Würze (*condimentum*) im Leben. Cicero wendet sich nun abschließend nochmals an seinen Sohn Marcus, den er bittet, die drei Bücher von „De officiis" unter seine Vorlesungsmitschriften aufzunehmen, und bedauert, dass dieser nicht auch die Vorlesungen seines Vaters gehört habe. Diese sind aber nun im Werk über die Pflichten enthalten und sein Sohn könne diese nun mit Gewinn studieren.

4 Thomas von Aquin

4.1 Scholastik und Universitäten

Das Hochmittelalter ist die Zeit der Scholastik. Mittelpunkt des Geisteslebens und des gesellschaftlichen Fortschritts sind Schulen, die im 12. Jahrhundert gegründet werden. Vorläufer war die Palastschule in Aachen seit dem 8. Jahrhundert. Die Scholastik wurde vorbereitet durch eine Reihe von Bildungsimpulsen, die vor allem den Anschluss an das Wissen der Antike erstrebten: den Renaissancen des Mittelalters. Dabei unterscheidet man drei Phasen: die karolingische Renaissance (8. Jahrhundert), die ottonische Renaissance (10. Jahrhundert) und die Renaissance des 12. Jahrhunderts, vorbereitet durch Anselm von Canterbury („Vater der Scholastik", 1033–1109). Erst die vierte Renaissance in Florenz (15. Jahrhundert) kennen wir heute allgemein als *die* Renaissance.

Diese Schulen (Domschulen und innere Klosterschulen) waren zunächst nur für die Ausbildung der Geistlichen gedacht und stellten somit ein Bildungsangebot der Kirchen dar. Die äußeren Klosterschulen, die sich nicht an den theologischen Nachwuchs wenden, werden später Vorbild für die kommunalen Schulen, die auf Initiative des Bürgertums in den mittelalterlichen Städten entstehen. Diese Schulen wurden häufig privilegiert durch Päpste, Könige und die Städte. Das älteste Privileg ist das *privilegium fori* von Kaiser Friedrich I. (Barbarossa) aus dem Jahre 1158, das die Schüler bzw. Studenten von der Jurisdiktion weltlicher Institutionen, mit Ausnahme von Verbrechen, schützte. Papst Coelestin III. ordnete 1194 an, dass Studenten von Paris nur vor kirchliche Gerichte geladen werden durften. Die Schule von Reims stand an der Wiege dieser neuen Bildungsidee. Der Erzbischof Gerbert von Reims (940–1003) war Vorsteher der dortigen Kathedralschule. Geboren war er als Sohn eines Leibeigenen, seine berufliche Laufbahn beendete er als Papst Sylvester II. In jungen Jahren wurde er als Mönch von seinem Abt an die berühmte Schule von Cordoba in Spanien geschickt. Dort lernte er den fortschrittlichen Lehrbetrieb des islamischen Spaniens kennen, wo eine Schule oft mehr als tausend Schüler hatte. Der christliche Bischof von Cordoba war dort sein Mentor. Im islamischen Cordoba wie im staufischen Sizilien arbeiteten islamische, jüdische und christliche Gelehrte an Texten der naturwissenschaftlichen und philosophischen Klassiker der Antike und übersetzten sie ins Arabische, Griechische und Lateinische. Als er wieder in Reims war, war er überzeugt, dass die Werke der *auctores* nicht mehr genügten, sondern dass die Klassiker zu lesen sind. Zu diesem Zweck baute Gerbert eine Bibliothek auf und ließ zahlreiche Bücher und Manuskripte kopieren, eine kostspielige Angelegenheit, dauerte doch das Kopieren eines Buches oft ein Jahr. Aus dieser Schule Gerbert von Reims gingen große Lehrer hervor. Einer davon war Fulbert, der spätere Bischof von Chartres und Leiter der dortigen Kathedralschule. Besonders betont wurde von ihm die dialektische Methode, mit der er seine Schüler zwang, sich von den memorierbaren Aussagen der bisherigen Lehrbücher zu lösen und selbständig zu denken und zu argumentieren. Dieser Ansatz wird um 1200 das Schulwesen revolutionieren und zur Gründung von Universitäten führen.

Diese verschiedenen Schulen schließen sich nun in den großen Städten zusammen, so dass die *universitas* der Studien, der Studenten und der Professoren eine neue organisatorische Form des Bildungsbetriebs darstellte. Diese neuen „Universitäten" unterscheiden sich von den alten Klosterschulen dadurch, dass sie sich nicht mehr an ein gleichbleibendes Publikum unter einem patriarchalischem Abtsystem wenden, sondern an eine unorganisierte Schar von bildungswilligen jungen Leuten aus ganz Europa, die bald einen eigenen Stadtbezirk für sich einnehmen, wo sie auch mit ungestümen Forderungen auf die Straße gehen. In Paris werden sie vor allem fordern, dass der bis dahin von der Kirche verbotene Aristoteles in ihren „Universitäten" gelehrt werde. Nach 50jährigen Auseinandersetzungen werden sie zusammen mit fortschrittlichen Professoren, zu denen aus dem Dominikanerorden Albertus Magnus (auch Albert der Große oder Albert von Köln genannt) und Thomas von Aquin zählen, ihre Forderung durchsetzen. Schon Albertus Magnus hatte sich während der Verbotszeit nicht daran gehalten und in der Zeit von 1240 bis 1248 fünf Werke des Aristoteles kommentiert, unter anderem die Physik, die Nikomachische Ethik und die Psychologie („De anima").

Im 12. Jahrhundert und Anfang des 13. Jahrhunderts kommt es also zur Gründung eines neuen Typs von Schulen, den Universitäten. Der Ausdruck Universität bezeichnete ursprünglich die Gemeinschaft *(universitas)* der Studierenden und Lehrenden, wie es in einem Dokument aus dem Jahre 1221 heißt: *„Nos, universitas Magistrorum et Scholarum"*. Der eigentliche Ursprung der Universitäten liegt in einem Bildungswillen vieler Menschen dieser Zeit begründet, die sich nicht mehr mit den Lehrinhalten der alten Dom- oder Klosterschulen zufrieden gaben. Die Universitätsgründung von Paris folgt zunächst keinem kirchlichen oder staatlichen Plan, sondern ist ein spontaner Zusammenschluss von Studenten und Magistern, d. h. Professoren. (Grundmann 1976, 17 ff.) Die mittelalterliche Universitätsgründung greift nicht auf antike Vorbilder zurück, wie die Akademiegründungen in Florenz zur Zeit der Renaissance. Studenten, welche die aktuellen Themen behandelt haben wollten, wandten sich an die neuen Schulen am linken Seine-Ufer im Einflussbereich der Abtei von Sainte-Geneviève[33]. An diesen gleichsam aus wilder Wurzel entstandenen Schulen unterrichteten Gelehrte auf eigene Faust und ohne Amt und Auftrag, die jedoch ihre jugendlichen Zuhörer faszinierten und in kurzer Zeit eine große Zahl um sich scharten.

Einer dieser Pioniere war Abaelard (1079–1142), der Sokrates Galliens[34], der in seinem Buch „Sic et Non" („Ja und Nein") in 158 Fragen die – scheinbaren – Widersprüche zwischen Bibelaussagen, Kirchenvätertexten und den kanonischen Rechtsauffassungen zusammenstellte, um die Leser *„ad maximum inquirendae veritatis exercitium"* zu provozieren. Für ihn stand fest: Der Schlüssel zur Erkenntnis ist ausdauerndes und eindringliches Fragen, und durch den Zweifel kommen wir zur Prüfung, durch Prüfung zur Wahrheit. (Grundmann 1976, 50) Diese scholastisch-dialektische Methode des Abaelard verschaffte ihm viele Anhänger, aber auch manche Feinde. Einer war der Zis-

---

[33] Genoveva (422–502) wurde als Frau berühmt, als sie als knapp Dreißigjährige 451 während der Belagerung von Paris durch die Hunnen unter König Attila diesen durch geschickte diplomatische Verhandlungen zum Abzug bewegen konnte. Sie wurde später heilig gesprochen und ist seither die Schutzpatronin von Paris.

[34] Diese Bezeichnung verwendete Petrus Venerabilis, der Abt von Cluny, für die Grabverse bei der Beerdigung Abaelards. (J. Pieper 1978, 76)

terzienser-Abt Bernhard von Clairvaux (1090–1153), der die neue scholastische Methode als Hochmut des Denkens bekämpfte und die Lehrer und Studenten in den Städten zur mystisch-frommen Denk- und Lebensweise der alten Klöster auf dem Land bekehren wollte. Abaelards Denkweise sollte sich aber in den kommenden Jahren an den Universitäten durchsetzen. Er war zu seinen Lebzeiten berühmt wegen seines scharfen Witzes und gefürchtet wegen seiner furchtlosen Reden. Als ältester Sohn eines kleinen englischen Adeligen hatte er seine Erbrechte an seine jüngeren Brüder abgetreten und durchstreifte als Lernender und Lehrender Frankreich und besuchte die Schulen dort. Als Gelehrter (*Magister*)[35] ließ er sich an einer der Schulen von Sainte-Geneviève bei Paris nieder, wo sich eine große Zahl von Schülern um ihn scharte.

Diese „Universitäten" hatten zunächst keine festen Quartiere. In und um Paris wurde in Scheunen und den Kreuzgängen der Kirchen unterrichtet, in Oxford und Cambridge unter Vordächern am Straßenrand gelehrt. Im Laufe der Zeit wurden Räume angemietet oder gekauft. Die Studenten hockten auf dem Boden, der zum Schutz vor Kälte und Feuchtigkeit meist mit Stroh bedeckt war. (Fremantle 1973, 50 f.) Diese „Universität" von Paris lokalisierte sich im *Quartier Latin* am linken Seine-Ufer nahe der Abtei Ste. Geneviève[36]. Dort hatte sich 1108 nämlich Abaelard mit etwa dreitausend Studenten in die Scheunen der Weinberge von Sainte Geneviève zurückgezogen. Von diesem freien studentischen Leben legen z. B. die Texte der *carmina burana* Zeugnis ab. Ein von Kaiser Friedrich I. (Barbarossa) verfasstes Privileg von 1158 stellte ausdrücklich die „aus Liebe zur Wissenschaft Heimatlosen" unter seinen Schutz. (Grundmann 1976, 31)

Aus dem Zusammenschluss von Schülern und Lehrern entstand dann in Paris die *universitas magistrorum et scholarum*, zuerst 1213 in Paris bezeugt, die also ursprünglich nicht ein gemeinsames Gebäude verband, sondern eine gemeinsame Bildungsidee. Der Ausdruck *Universität* meint also an seinem Ursprung nicht die Gesamtheit der Unterrichtsgegenstände, die man dort studieren kann (also nicht *universitas litterarum*), sondern ist mehr ein Kampfbegriff für die korporative Autonomie von Magistern (Professoren) und Scholaren (Studenten), die sich in gemeinsamer Abwehr staatlicher und kirchlicher Eingriffe zu dieser autonomen Lehr- und Lerngemeinschaft zusammengeschlossen hatten. Diese Universitäten verwalteten sich von Anfang an selbst und kannten ein demokratisches Prinzip. Sie wählten aus ihrer Mitte ihren Rektor, ihre Dekane usw. selbst. Auch Standesunterschiede zählten wenig oder gar nicht, wozu auch die Akzeptanz von Professoren aus den neuen Bettelorden der Dominikaner und Franziskaner passte. Für arme und bedürftige Studenten, den „Bettelstudenten", entstanden an allen Universitäten kostenlose Unterkunftsmöglichkeiten und Freitische, außerdem wurden Stipendien gewährt. (Grundmann 1976, 22 ff.)

Abschließend kann die Frage gestellt werden: Was war das entscheidende Motiv für die Gründung der mittelalterlichen Universitäten? War es der Wunsch nach beruflichem Aufstieg und Bereicherung derjenigen, die sich zur *universitas* zusammenschlossen? Vieles davon mag eine Rolle gespielt haben, da man sich aber dort von Anfang an mit

---

[35] Ein „Magister" war im heutigen Sinne ein Professor, ein „Baccalaureus" war ein Assistent.
[36] Mitte des 18. Jahrhunderts lässt König Ludwig XV. dort aufgrund eines Gelübdes wegen der Genesung aus schwerer Krankheit anstelle der baufällig gewordenen alten Abtei eine neue erbauen, die kurz darauf in der Französischen Revolution in *Panthéon* umbenannt wird.

den „verbotenen" Lehren und Autoren (wie z. B. dem Aristoteles) beschäftigte, die eher „aufstiegshemmend" waren, stand primär der *amor sciendi*, das Erkenntnis- und Wahrheitsstreben, im Mittelpunkt. (Grundmann 1976, 65)

4.2 Biografisches

1224/25	Geboren Ende 1224 oder Anfang 1225 in Roccasecca (ca. 30 km von Neapel entfernt) als dritter Sohn des Grafen Landulf von Aquino und der Donna Theodora Caracciolo, einer normannisch-neapolitanischen Fürstentochter. Er hatte acht Geschwister (drei ältere Brüder und fünf Schwestern.)
1229/30	Als Fünfjähriger als „Oblate" (= der „Anerbotene", d. h. ein für den Ordensberuf bestimmtes Kind) in der Schule der nahe gelegenen Hauptabtei der Benediktiner auf Monte Cassino, wo sein Onkel Sinibald Abt ist.
1239–1244	Im Alter von ca. 14 oder 15 Jahren an der Artistenfakultät der Universität von Neapel, gegründet 1224 von Kaiser Friedrich II. (1194–1250). Fünf Studienjahre der *artes liberales* an der staatlichen Universität Neapel. Das 1210 erlassene Verbot, Aristoteles zu dozieren, wird an der Universität von Neapel (ähnlich in Toulouse) nicht beachtet, weil diese eine von Rom unabhängige reine Staatsuniversität der Stauferkaiser war. In Neapel wird Thomas zum ersten Mal durch Petrus von Hibernia (Irland) mit einigen Schriften des Aristoteles vertraut gemacht.
1243/44	Anschließend als 19jähriger Eintritt in den neuen Prediger- und Bettelorden der Dominikaner, der ca. 30 Jahre vorher gegründet worden war und in den Universitätsstädten in großer Blüte stand. Der Vater war kurz zuvor gestorben, die (adelige) Mutter widersetzt sich der Absicht ihres Sohnes, in den Bettelorden einzutreten, statt wie vorgesehen nach Monte Cassino zu gehen, um dort später Abt zu werden.
Mai 1244	Auf ihren Wunsch hin wird Thomas von seinen zwei älteren Brüdern auf seinem Weg nach Paris in der Toskana gefangen genommen und für ein Jahr auf der elterlichen Burg eingesperrt. Sein Chronist Wilhelm von Tocco berichtet, dass die Familie sogar eine Kurtisane engagiert haben soll, um Thomas von seinem Entschluss abzubringen. Nachdem auch dies missglückt war, lässt man ihn seinen Willen ausführen.
1244–1252	Studium bei Albertus Magnus, einem schwäbischen Adeligen aus Lauingen, an der Universität von Paris (gegründet um 1200), der bedeutendsten Universität in Europa. Albertus Magnus kommentiert vor allem die naturwissenschaftlichen Schriften des Aristoteles. In Köln hört Thomas die Vorlesung über die „Nikomachische Ethik" des Aristoteles, die erst vor kurzem (1246/48) von Robert Grosseteste ins Lateinische übersetzt worden war. Viele andere Schriften des Aristoteles werden von Wilhelm von Moerbeke zwischen 1260 und 1270 ins Lateinische übersetzt. In diesen Übersetzungen hat ihn Thomas, der selbst kein Griechisch konnte, gelesen.
1253–1254	Erste Phase der Lehrtätigkeit an der Universität Paris: „De ente et essentia".

1252–1256	„Sentenzenkommentar" zu den hundert Jahre vorher geschriebenen Sentenzen des Petrus Lombardus.
1256	Thomas wird mit ca. 30 Jahren *Magister*; d. h. Professor.
1256–1269	„Quaestiones disputatae", „De Veritate", „De Malo" u. a.
1258–1264	„Summa contra Gentiles"
1259–1269	10 Jahre Aufenthalt in Italien: In Rom werden die in Paris begonnenen o. g. Schriften fertig gestellt; die Arbeit an der „Summa theologiae" wird 1267 dort begonnen.
1269–1272	Zweite Phase der Lehrtätigkeit an der Universität Paris; Aristoteleskommentare zu allen wichtigen Werken des Aristoteles; die Arbeit an der „Summa theologiae" wird in Paris fortgesetzt.
1267–1273	„Summa Theologiae" (unvollendet): Lehrgang in straffer methodischer Form, gedacht für Anfänger (*Summa*)
ab 1272	Wieder an der Universität von Neapel; dort wird Wilhelm von Tocco sein Schüler und späterer Biograph.
6.12.1273	Am 6. Dezember 1273 kehrte er morgens nach der Messe in einer für seine Umgebung rätselhaften Veränderung zu den anderen zurück und erklärte, dass er an der „Summa" nicht mehr weiterschreiben wolle, weil das, was ihm heute morgen an Einsicht zuteil geworden war, alles andere nur als „Stroh" erscheinen lasse (*„omnia quae scripsi videntur mihi paleae"*). Thomas war allerdings schon sein ganzes Leben überwiegend schweigsam gewesen, so dass ihn in jungen Jahren seine Mitstudenten als den „stummen Ochsen von Sizilien" verspottet haben. Albertus Magnus wies sie zurecht: „Ihr nennt ihn den stummen Ochsen, ich aber sage euch, das Brüllen dieses stummen Ochsen wird so laut werden, dass es die ganze Welt hört." (Torrell 1995, 48)
7.03.1274	Gestorben im Zisterzienserkloster von Fossanova (nördlich von Neapel) nach einem Unfall auf dem Weg zum Konzil von Lyon, zu dem er von Papst Gregor X. eingeladen worden war. Er wurde 50 Jahre alt. Begraben ist er in der Jakobinerkirche von Toulouse. Schon kurz nach seinem Tod gibt man ihm wie allen bedeutenden Lehrern des Mittelalters einen Titel: *doctor communis*. Knapp 50 Jahre nach seinem Tod, am 18. Juli 1323, wird er in seiner Eigenschaft als genialer Wissenschaftler heilig gesprochen, die damals übliche Art, außergewöhnliche Leistungen gesellschaftlich anzuerkennen.

Jean-Pierre Torrell entwirft folgendes Porträt: „An erster Stelle ist die Beschreibung seines Aussehens zu nennen. Alle Zeitgenossen stimmen hierin überein: Thomas war groß und korpulent und hatte eine kahle Stirn, wie ein Zisterzienser aus Fossanova zu Protokoll gab, *fuit magne stature et pinguis et calvus supra frontem*. Die große Statur hatte Thomas wahrscheinlich von seinen normannischen Vorfahren geerbt. Auch ein zweiter Zeuge erwähnt seine körperliche Größe und auch sein Übergewicht: *fuit magne stature et calvus et quod fuit etiam grossus et brunus*. Remigis von Florenz, der in Paris ein Schüler des Thomas war, schreibt sogar, er sei ungemein dick gewesen: *pinguissimus*." (Torrell 1995, 291) Weiterhin: „Für seine Widerstandskraft sprechen auch seine Reisen und vor allem die langen Fußmärsche, zu denen ihn seine verschiedenen Assignationen zwangen. Setzt man voraus, dass er die Reisen von Neapel nach Paris, nach Köln und wieder zurück zu Fuß unternahm, wie auch diejenige von Paris nach Neapel und die verschiedenen Reisen zu den Provinzkapiteln, so kommt man auf ca. 15.000 Kilometer, die er zu Fuß zurückgelegt haben muss." (dto., 293) Jean-Pierre Torrell schreibt über seine Disziplin beim Denken: „Wenn er derart in seinen Gedanken hing, konnte er sogar eine Kerze halten, ohne die Flamme zu bemerken, die ihn verbrannte. Während der letzten Monate seines Lebens nahm diese *abstractio mentis* sogar noch zu. Wenn man ihn ins Sprechzimmer führte, um hochstehenden Besuch zu empfangen, nahm er dessen Anwesenheit nicht einmal wahr, und man musste ihn heftig an seinen Kleidern ziehen, damit er zu sich zurückkehrte." (dto., 301)

Während Thomas in fast allen seinen Werken als logisch scharfer Analytiker von Sachverhalten hervortritt, zeigen einige Streitschriften ihn auch als witzig formulierenden und in der Sache angriffslustig kämpfenden Magister während seines zweiten Aufenthaltes an der Universität von Paris. An die Adresse derjenigen gerichtet, die seine Argumente angreifen wollen, hat Thomas in einer Schrift aus dem Jahre 1271 folgenden Satz gerichtet: „Wenn einer gegen dieses Buch schreiben will, ist mir das sehr willkommen (*acceptissimum*). Wahr und Falsch enthüllen sich nämlich auf keine Weise besser als im Widerstand gegen den Widerspruch gemäß den Sprüchen Salomons (27,17): ‚Eisen schärft man an Eisen', und ein Mensch bekommt seinen Schliff durch den Umgang mit anderen." (In: *De perfectione vitae evangelicae*, Kap. 30, Abschluss)

Gelegentlich wird unter der Scholastik oder gar unter der Methodik des Thomas von Aquin eine autoritätsgläubige Einstellung verstanden, die das eigene Denken zugunsten „großer" Autoritäten aus der Antike oder den Kirchenvätern vernachlässige. Ganz das Gegenteil ist richtig. Thomas hat in einer *„Disputatio de quodlibet"* (4, 18) jemandem auf die Frage, warum er die Autoritäten durch seine dialektische Methode ständig „in Frage" stelle, ziemlich barsch geantwortet: „Gewiss werdet ihr auf Grund von Autoritäten die Wahrheit erlangen, aber ihr werdet mit leerem Kopf davongehen." (J. Pieper 1981, 56) Der methodische Hauptgedanke des Ethikteils der „Summa theologiae" besteht im Anspruch und in der Durchführung darin, die Selbstbegründbarkeit der moralischen Normen und der sittlichen Handlungsweisen allein aus der menschlichen Vernunft und der Natur des Menschen darzustellen. Glück ist dabei das oberste Gut und das letzte Strebensziel des Menschen. Dabei geht es nicht um den Austausch von Autoritäten, sondern um einen dialogischen Gedankenaustausch. Dies ist der Sinn einer *disputatio*.

4.3 Summa theologiae I–II q. 1–21

Textausgaben

Verschiedene Ausgaben als Nachdrucke aus der Editio Leonina, Rom 1882 ff., ebenfalls aus der Marietti-Ausgabe, Nachdrucke 1948 ff.
Vollständige Texte auf Basis der Leonina unter: http://www.corpusthomisticum.org

Teil-Ausgaben in Übersetzungen

Thomas von Aquin: Summa theologica. Vollständige, ungekürzte deutsch-lateinische Ausgabe (einige Bände noch nicht erschienen), Graz, Wien, Köln 1934 ff.
Thomas von Aquin: Über die Sittlichkeit der Handlung. Sum. Theol. I–II q. 18–21, Lateinisch/Deutsch, übersetzt von Rolf Schönberger, Weinheim 1990
Thomas von Aquin: Über sittliches Handeln, Lateinisch/Deutsch, übersetzt von Rolf Schönberger, Nachdruck Stuttgart 2002
Thomas von Aquino: Summe der Theologie, übersetzt von Wilhelm Hohn, dreibändige Ausgabe 1933–1938, zusammengefasst, eingeleitet und erläutert von Joseph Bernhart, 3. Auflage, Stuttgart 1958

Kommentar

Berger, David: Thomas von Aquins „Summa theologiae", Reihe Werkinterpretationen, Darmstadt 2004

Lexikon

Schütz, Ludwig: Thomas-Lexikon. Sammlung, Übersetzung und Erklärung der in sämtlichen Werken des hl. Thomas v. Aquin vorkommenden Kunstausdrücke und wissenschaftlichen Aussprüche, zweite, sehr vergrößerte Auflage, Paderborn 1895

Biographie

Tocco, Wilhelm von: Das Leben des heiligen Thomas von Aquin, erzählt von Wilhelm von Tocco und andere Zeugnisse zu seinem Leben. Übertragen und eingeleitet von Willehad Paul Eckert, Düsseldorf 1965

Die Zitierweise unter Einschluss der Quaestio und der Artikelstelle sieht vollständig folgendermaßen aus: S.Th. 2IIae, q. 8, a. 3 c (*Summa Theologiae, Secunda Secundae, Quaestio 8, Artikel 3, in corpore*), oder S.Th. I–II, q. 7, a. 2 ad 1m (*Summa Theologiae, Prima Secundae, Quaestio 7, Artikel 2, ad Primum,* oder: zum Ersten. *Prima Secundae* = erster Teil des zweiten Hauptteils; *Secunda Secundae* = zweiter Teil des zweiten Hauptteils (von ingesamt drei Hauptteilen). Der Ausdruck „*in corpore*" bedeutet, dass hier die Antwort des Thomas gemeint ist.

Die Behandlung eines Themas in der „Summa theologiae" ist einheitlich folgende: Jedes Hauptthema wird als *Quaestio (pl. Quaestiones)* formuliert. Jede *Quaestio* wird durch Artikel in Einzelfragen unterteilt und dann im Pro- und Contra-Verfahren beantwortet.

Zunächst beginnt Thomas mit denjenigen Argumenten, die nicht die seinen sind, wie dies auch Aristoteles in der Nikomachischen Ethik vorgeführt hat. Die Artikel haben einheitlich einen fünfschrittigen Aufbau.

Aufbau von S.Th I–II, q. 1–21: In den ersten fünf Quaestiones (q. 1–5) geht es um das Glück, in den nächsten 12 Quaestiones (q. 6–17) geht es um die Struktur menschlicher Handlungen und schließlich in den darauf folgenden vier Quaestiones (q. 18–21) um die moralische Bewertung menschlicher Handlungen.

Übersicht

q.	Thema	Artikel
\multicolumn{3}{c}{Das Glück (q. 1 – 5)}		
1	Der Endzweck des Menschen: das Glück	8
2	Worin das menschliche Glück besteht	8
3	Das Wesen des Glücks	8
4	Was das Glück erfordert	8
5	Das Erlangen des Glücks	8
	Die menschlichen Handlungen (q. 6 – 17)	
6	Das Freiwillige und das Unfreiwillige	8
7	Die Umstände der menschlichen Handlungen	4
8	Der Wille, insofern er das Wollen befiehlt	3
9	Was den Willen bewegt	6
10	Wie der Wille bewegt wird	4
11	Das Genießen als Akt des Willens	4
12	Die Intention	5
13	Die Wahl der Mittel	6
14	Das Sichberaten vor der Entscheidung	6
15	Die Zustimmung als Willensakt bezüglich der Mittel	4
16	Das Gebrauchen als Willensakt bezogen auf die Mittel	4
17	Die vom Willen angeordneten Akte	9
	Die Sittlichkeit menschlicher Handlungen (q. 18 – 21)	
18	Das Gutsein und das Schlechtsein menschlicher Handlungen	11
19	Das Gutsein und das Schlechtsein des inneren Willensaktes	10
20	Das Gutsein und das Schlechtsein der äußeren Akte des Menschen	6
21	Was sich aus den menschlichen Handlungen aufgrund ihres Gut- bzw. Schlechtseins ergibt	4

1. Angabe des Artikels in Frageform.
2. Darstellung wissenschaftlicher Lehrmeinungen (z. B. Aristoteles) in sehr knapper Form. Hierbei handelt es sich um Auffassungen von der Beantwortung der Frage, die Thomas' Auffassung widersprechen. Einleitungssatz: *„Videtur quod non ..."*
3. Argumente und Zitate von wissenschaftlichen Auffassungen, die seiner eigenen Antwort (wie sie unter Nr. 4 kurz begründet wird) entsprechen und als thesenartige Antwort formuliert wird. Einleitungsformulierung: *„Sed contra ..."*
4. Die Antwort des Thomas auf Frage von Nr. 1. Die Antwort (das *„corpus articuli"*, zitiert „c", in *corpore*) wird zunächst thesenartig formuliert, dann kurz begründet. Satzbeginn: *„Respondeo dicendum ..."*
5. Von dieser Position wird nochmals auf die unter Nr. 2 dargestellten Argumente eingegangen und kurz aufgezeigt, warum sie falsch sind bzw. wird die richtige Antwort weiter vertieft. Satzbeginn: *„Ad primum, secundum ....ergo dicendum"*.

Hinweis zur folgenden Darstellung: Ziel ist es, eine möglichst rasche Einarbeitung in die Hauptargumente der *Prima Secundae* zu ermöglichen. Deshalb wurde eine Straffung der Gedankenführung durch Konzentration auf die Argumente des Thomas (*in corpore*) angestrebt. Aus diesem Grunde folgt auf die Artikelfrage unmittelbar die Antwort des Thomas, und zwar in strukturierter Form. Die Darstellung entspricht dem didaktischen Plan, dem Leser das Argumentationspotenzial aus den 21 Quaestiones in einer leicht zugänglichen Art zu erschließen und ihn so für dessen freien Gebrauch in Disputationen vorzubereiten und zu unterstützen. Dies war ja auch das ursprüngliche Kernanliegen der *Summa*: Eine Schulung im Fragen und Antworten *in ethicis*.

Hier beginnt die *Prima Secundae* (erste Hälfte des zweiten Teils) der „Summa theologiae".

4.3.1 Das Glück (q. 1–5)

Vorwort (*Prologus*): Thomas zitiert einleitend einen Satz des Johannes von Damaskus (gest. 749), dass der Mensch nach dem Ebenbild Gottes geschaffen gilt (*homo factus ad imaginem Dei*), insofern mit Ebenbild (*imago*) das Verstandhafte (*intellectuale*) und Wahlfreie (*liberum arbitrium*) und durch sich Machbare (*per se potestativum*) bezeichnet wird. Nachdem Thomas im ersten Teil über das Musterbild (*exemplum*), nämlich über Gott, gesprochen hat und über das, was aus der göttlichen Macht, ihrem Willen gemäß, seinen Ausgang hat, bleibt für Thomas als Endfolge nur noch übrig, sein Bild (*imago*) zu betrachten. Das heißt dreierlei: den Menschen zu beschreiben, insofern auch er seiner Werke Ursprung ist (*suorum operum principium*), insofern er freien Wahlentscheid (*liberum arbitrium*) und die Macht (*potestas*) zu seinen Werken hat.

4.3.1.1 q. 1: Der Endzweck des Menschen
(De ultimo fine hominis in communi)

1,1: Kommt es dem Menschen zu, wegen eines Zweckes tätig zu sein?
(Utrum homini conveniat agere propter finem?)

Ja, so Thomas; zur Beantwortung werden drei Themenbereiche behandelt.

(1) Unterscheidung zwischen menschlicher Handlung *(actio humana* bzw. *actus humanus* und *actio* bzw. *actus hominis)*

Dieser erste Artikel macht mit den zentralen Begriffen der Handlungstheorie des Thomas bekannt. Nur diejenigen, von Menschen gesetzten Handlungen, werden nach Thomas im strengen Sinne menschliche Handlungen *(actus humanus)* genannt, die dem Menschen eigentümlich sind, und zwar insofern er Mensch ist *(homo inquantum est homo)*. Eine wesentliche Aussage macht Thomas bezüglich der Differenz zwischen vernünftigen und vernunftlosen Wesen: Der Mensch unterscheidet sich von den vernunftlosen Geschöpfen dadurch, dass er Herr seiner Akte ist. Deshalb nennt man nur diejenigen Handlungen im strengen Sinne menschlich, über die der Mensch Herr ist. Herr über seine Akte ist der Mensch aber durch diskursiven Verstand und Willen *(rationem et voluntatem)*. Deshalb wird auch die Wahlfreiheit *(liberum arbitrium)* Fähigkeit des Willens und des diskursiven Verstandes genannt; daher werden auch im strengen Sinn diejenigen Handlungen menschliche Handlungen *(actus humanus)* genannt, die aus überlegtem Willen *(voluntas deliberata)* hervorgehen. Wenn aber Tätigkeiten sonst dem Menschen zukommen, können sie zwar Tätigkeiten eines Menschen *(actus hominis)*, aber nicht eigentlich menschliche Tätigkeiten *(actus humanus)* heißen, da sie nicht den Menschen angehen, insoweit er Mensch ist. Vieles tut der Mensch ohne Überlegung, manchmal sogar ohne dass er sich dabei etwas denkt; so, wenn er sich beispielsweise mit anderem beschäftigt, den Fuß oder die Hand bewegt oder sich den Bart streicht." Diese Unterscheidung zeigt die folgende Übersicht.

actus humanus	*actus hominis*
„Menschliche Handlung" Sind spezifisch nur dem Menschen mögliche Handlungen durch Verstand und Wille; nur diese *actus humani* sind moralisch qualifizierbar.	„Handlung eines Menschen" Diese hat er gemeinsam mit anderen Lebewesen, auch unvernünftigen. Diese Handlungen geschehen zum Teil auch unbewusst, z. B. am Kopf kratzen.

Hinweis: lat. *actus* gehört zur 4. Deklination (u-Deklination); deshalb sing. der *actus*, pl. die *actus* (mit lang gesprochenem u).

(2) Unterscheidung zwischen befohlenen und entlockten Willensakten:

Willensakte sind entweder *eliciti* (herausgelockte) oder *imperati* (befohlene).

Voluntas imperatus (befohlen)	*Voluntas elicitus* (herausgelockt)
Beispiele: umhergehen, reden, schreiben. Der Willensakt wird zwar vom Willen gewollt, aber durch ein anderes Vermögen vollzogen. Dieser befohlene Willensakt ist das Ziel des Willens.	Dies ist das Wollen selbst, also z. B. Bejahen, Verneinen, Lieben usw. Das Wollen selbst kann nicht erster Zweck sein, wie man auch nicht nach dem Streben streben kann, sondern man strebt nach etwas.

(3) Umgetauschte Reihenfolge des Zwecks in der Planungs- und in der Realisierungsphase einer Handlung:

Der Zweck der Handlung ist zwar bei der Beschlussfassung als erstes da, bei der Ausführung einer Handlung stellt er sich aber erst zuletzt ein. B e i s p i e l : Urlaub machen, um sich zu erholen (Zweck: die Erholung). Erst aber muss man mit dem Urlaub beginnen, dann erst (am Schluss) stellt sich der Zweck ein (oder er wird verfehlt). Die Realisierung des Zweckes tritt aber stets erst am Schluss in Erscheinung. Also: Zuerst muss man das Mittel einsetzen (Urlaub machen), dann kann der Zweck (Erholung) erreicht werden.

1, 2   Gehört das Handeln um eines Zweckes willen zur vernünftigen Natur?
         (Utrum agere propter finem sit proprium rationalis naturae?)

Ja, so Thomas, und zwar mit folgender Begründung: Etwas kann auf ein Ziel auf zweierlei Weise hinbewegt werden,

(1) durch sich selbst und

(2) durch etwas anderes (z. B. der Pfeil durch den Schützen).

Durch etwas anderes wird die unvernünftige Natur bewegt, die vernünftige Natur kann die Zielhaftigkeit des Zieles eigenständig erkennen und deshalb die Handlung mit voller Einsicht darauf hinführen. Tiere z. B. werden durch ein naturhaftes Begehren auf etwas hingelenkt. Was aber Vernunft hat, kann sich selbst ein Ziel wählen und es anstreben.

1, 3:   Erhalten die menschlichen Handlungen ihre Art aus dem Zweck?
         (Utrum actus humani recipiant speciem ex fine?)

Ja, so Thomas und zwar mit folgender Begründung: Hier wird nochmals vertieft, dass zum Begriff der menschlichen Handlung (*actus humanus*) gehört, dass sie (1) überlegt und (2) willentlich vollzogen wird. Der Gegenstand des Willens ist deshalb der Zweck, insofern er – überlegt – als gut erkannt wurde. Die Art der Handlung, nämlich ob gut oder schlecht, stammt aus dem Zweck, weswegen die Handlung vollzogen wurde. Es gibt zwei moralische Arten von Handlungen: gute und schlechte Handlungen.

1, 4:   Gibt es einen Endzweck im menschlichen Leben?
         (Utrum sit aliquis finis humanae vitae?)

Ja, so Thomas, und zwar mit folgender Begründung: Da es kein Voranschreiten ins Unendliche gibt, gibt es auch nicht unendlich viele Zwecke. Alle Zwecke lassen sich gewissermaßen pyramidenförmig nach oben zu einem höchsten Gut, dem letzten Zweck, führen. Dieses oberste Gut bzw. der letzte Zweck (Endzweck) ist das Glück (*beatitudo*).

Für das Handeln gilt: Alles Wollen ist zweckhaft auf ein Gut gerichtet. Das Gut des Wollens ist der Zweck. Hier zeigt sich aber eine doppelte Ordnung, die der Absicht (*intentio*) und die der Ausführung (*executio*), und beide brauchen ein Erstes, ein bewegendes Prinzip: Was für das Wollen das Erstbewegende (*intentio*) ist, ist für die Ausführung das Letzte. B e i s p i e l : Durstlöschung (beabsichtigtes Ziel) mittels eines Getränks (verwendetes Mittel). Zuerst muss man trinken, damit der Durst verschwindet.

Mit anderen Worten: Zuerst ist die Intention (Durstlöschung) da, dann wird für die Ausführung das Mittel (Wasser) gesucht. Bei der Ausführung ist die Reihenfolge notwendigerweise umgekehrt: Zuerst muss man trinken (Mittel wählen und einsetzen), damit der Durst gelöscht, d. h. das Ziel erreicht wird. In der Ordnung der *executiones* ist also die Intention der Endzweck.

1, 5: Kann es für einen Menschen mehrere Endzwecke geben?
(Utrum unius hominis possint esse plures ultimi fines?)

Nein, so Thomas, und zwar mit drei Begründungen:

(1) Endzweck ist etwas nur dann, wenn kein weiteres Begehren vorhanden ist. In diesem Sinn muss das Begehren zur Ruhe gekommen sein. Solange noch ein Ziel (Begehren) nicht erfüllt ist, ist es noch offen für eine Erfüllung, und deshalb kein Endziel.

(2) Das vernünftige Begehren wird Wille genannt; wie beim Denken die Prinzipien (Anfänge) naturhaft erkannt werden, so werden sie auch beim Handeln im gleichen Modus erstrebt. Der Anfang des vernünftigen Begehrens ist der Zweck. Die Natur aber strebe nur nach Einem. Also, lehrt Thomas, strebt auch der Wille letzten Endes nur nach *einem* Endzweck, der den Anfang (Prinzip) seines Wollens darstellt.

(3) Die willentlichen Tätigkeiten erhalten aus dem Zweck ihre moralische *Species* = Art (gut oder schlecht), der Endzweck, der gemeinsam ist, gibt das *Genus* = die Gattungsbezeichnung an; diese wird, wie jede Gattung, durch ein Erstes bestimmt. Bei Handlungen ist das Erste die Finalität; das gattungsmäßige Eine ist der eine Endzweck. F a z i t : *Species-Genus*-Unterschied: Die *species*/Art der Handlung ist der spezifische Zweck, die Gattung/das *Genus* (zu der die *Species* gehört) ist die Finalität. Der *actus humanus* steht also unter de Gattung (*Genus*) der Finalität. Diese Finalität wird ab I–II q. 12 (*de intentione*) die Intentionalität genannt.

1, 6: Will der Mensch alles, was er will, um eines Endzweckes wegen?
(Utrum homo omnia quae vult, velit propter ultimum finem?)

Ja, so Thomas, und zwar mit folgenden zwei Begründungen:

(1) Alles was der Mensch begehrt, hat für ihn den Charakter eines Gutes. Wenn dieses einzelne Gut auch nicht das Endgut, das vollkommene Gut, darstellt, so ist es doch auf dieses Endgut hingeordnet. Jeder Anfang ist immer auf sein Beenden hingeordnet (in den natürlichen und in den künstlichen Prozessen); so hat jede anfängliche Vollkommenheit ihr Ziel in einer abgeschlossenen Vollkommenheit, die der Endzweck der Tätigkeit ist. Dieser Endzweck, das Glück, ist also das bewegende Prinzip in den Handlungen.

(2) Der Endzweck am Anfang eines Begehrens hat die gleiche Funktion wie ein Prinzip bei anderen Bewegungen (auf ein Ziel hin): Die bewegenden Zweitursachen bewegen nur deshalb, weil sie von einer Erstursache (dem Endzweck) in Bewegung gebracht wurden. Die Erstursache und die folgenden Ursachen stehen also in einem Ordnungszusammenhang: Nur weil es einen höchsten Endzweck gibt, gibt es – daraus abgeleitet – überhaupt Zwecke.

1, 7: Gibt es für alle Menschen nur einen Endzweck?
(Utrum sit unus ultimus finis omnium hominum?)

Ja, so Thomas, der eine und einzige Endzweck ist das Glück. Vom Endzweck kann, so Thomas, auf zweierlei Weise gesprochen werden, nämlich was der Endzweck ist *(ratio ultimi finis)* und worin er sich findet *(in quo finis ultimi ratio invenitur)*.

(1) Indem unter Endzweck etwas Vollkommenes verstanden wird, kommen alle Menschen – vernünftigerweise – darin überein, dass sie etwas Vollkommenes anstreben. Durch Handlungen aber formt sich der Mensch selbst. Alle Menschen begehren – vernünftigerweise – ihre eigene Vollkommenheit. F a z i t : *Formaliter* stimmen alle Menschen in einem endzwecklichen Streben überein.

(2) Worin sich dieses Vollkommene findet, darin stimmen sie nicht überein. Die einen Menschen halten den Reichtum für einen Endzweck, die anderen die Lust usw. Das Lustvolle, so Thomas, ist aber für jeden Geschmack das Süße: Die einen erfreut ein süßer Wein, die anderen die Süße des Honigs usw. Für jede Lust gilt, dass sie umso besser ist, je nachdem ob der Genießende einen guten Geschmack hat oder nicht. Und so gilt: Als vollendetes Gut im Sinne des Endzweckes gilt dasjenige, das von jemandem mit dem besten Geschmack *(affectum)* begehrt wird. F a z i t : *Materialiter* unterscheiden sich die Menschen bei der Bewertung des Endzweckes.

1, 8: Kommen in diesem Endzweck alle Geschöpfe überein?
(Utrum in illo ultimo fine aliae creaturae conveniant?)

Nein, so Thomas, mit der Unterscheidung zwischen vernünftigen und unvernünftigen Geschöpfen.

(1) Die vernünftigen Geschöpfe (die Menschen) stehen zum Endzweck im Verhältnis *per consecutionem* = rationale Gewinnung und persönliche Erarbeitung, d. h. durch eigene Leistung.

(2) die unvernünftigen Geschöpfe (Tiere) dagegen im Verhältnis *per adeptionem* = durch physische Erlangung, d. h. ihre Tiernatur enthält bereits den Endzweck. Dieser Endzweck ist also keine Bestimmung durch die unvernünftigen Geschöpfe, wie es die Tiere sind.

4.3.1.2 q. 2: Worin das menschliche Glück besteht
(De his in quibus hominis beatitudo consistit)

2, 1: Besteht das Glück des Menschen in Reichtümern?
(Utrum beatitudo hominis consistat in divitiis?)

Nein, so Thomas, da das Glück *(beatitudo)* der Endzweck *(finis ultimus)* des Menschen ist. Er zitiert zunächst Boethius („Trost der Philosophie", II. Buch, 5. Kap.), dass Reichtümer die Besitzer wechseln (im Sinne von Nehmen und Geben) und deshalb nicht bei einem Menschen bleiben; sie sind also unbeständig, das Glück muss aber etwas Beständiges sein. Er unterscheidet mit Aristoteles („Politik", I. Buch) zwei Arten von Reichtümern, erstens die von Menschen geschaffenen und zweitens die natürlichen Reichtümer (*artificiales et naturales*), wobei die ersteren um der letzteren willen erstrebt werden, und zwar um die Natur des Menschen zu erhalten. Natürliche Reichtümer sind Speise (*cibus*), Trank (*potus*), Wohnung (*habitaculum*) usw., und darin kann das Glück als letztes und höchstes Ziel (*finis ultimus*) des Menschen unmöglich bestehen.

2, 2: Besteht das Glück des Menschen in Ehrungen?
(Utrum beatitudo hominis consistat in honoribus?)

Nein, so Thomas, denn durch das Glück wird der Mensch in eine Position der *excellentia* (Erhabenheit) gestellt, deren äußeres Anzeichen die Ehre (*honor*) bzw. die Ehrfurchtsbezeigung (*referentia*) ist. Nur im Sinne einer Folgebeziehung sind Ehrungen also Ausdruck von Glück. Im eigentlichen Sinn (*principaliter*) kann also das Glück nicht in Ehrungen bestehen.

2, 3: Besteht das Glück des Menschen in Geltung oder Ruhm?
(Utrum beatitudo hominis consistat in fama, sive gloria?)

Nein, so Thomas, denn die *actus humani* bestehen in singulären und kontingenten Handlungen, der darauf folgende Ruhm erweist sich häufig als trügerisch und kurzlebig. Das Glück muss aber Festigkeit und Beständigkeit besitzen, sonst kann ein solcher Zustand nicht Glückseligkeit genannt werden und er wäre auch kein Endgut. Als solches wurde das Glück aber bereits erkannt.

2, 4: Besteht das Glück des Menschen in der Macht?
(Utrum beatitudo hominis consistat in potestate?)

Nein, so Thomas, und zwar deshalb nicht, weil das Glück als das vollkommene Gut erkannt wurde, die Macht (*potestas*) dagegen in höchstem Maße unvollkommen ist. Wie Boethius im „Trost der Philosophie" III, 5 sagt, vermag die Macht die „Bisse der Sorgen" und den „Stachel der Angst" nicht zu vertreiben. Und weiter: „Hältst du den für mächtig, der sich mit Leibwächtern umgibt, der die, welche er erschreckt, selber noch mehr fürchtet, der, um mächtig zu erscheinen, sich in die Hand seiner Diener begibt?" Die Macht, die zu den äußeren Gütern gehört, ist also nicht mit dem Glück identisch, wofür Thomas vier Begründungen gibt:

(1) Das Glück als höchstes Gut kann nicht ein Übel beinhalten, die Macht aber schon, es sei denn, sie wird von einem Tugendhaften ausgeübt.

(2) Zum Wesen des Glücks gehört, dass es sich selbst genügt, dass man also im Zustand des Glücks nicht nach anderen Gütern verlangt. Hat man die Macht als äußeres Gut, dann können durchaus noch andere Güter fehlen wie Weisheit, Gesundheit usw.

(3) Da das Glück ein vollkommenes Gut ist, können aus ihm heraus auch nicht Übel hervorgehen, aus der Macht oder dem Reichtum aber schon.

(4) Der Mensch ist auf das Glück als Endzweck durch naturhafte innere Prinzipien hingeordnet, die äußeren Güter dagegen stammen aus äußeren Ursachen und auch aus glücksähnlichen Zufällen. Sie haben aber keinen Zusammenhang mit dem Glück als Endzweck.

2, 5:   Besteht das Glück des Menschen in einem Gut des Leibes?
(Utrum beatitudo hominis consistat in aliquo corporis bono?)

Nein, so Thomas, und zwar aus zwei Gründen:

(1) Weil der Mensch die Hinordnung auf einen Endzweck hat, ist er selbst nicht das höchste Gut, sein Leib ist nicht sein Endzweck.

(2) Die Güter des Leibes sind auf die Güter der Seele wie auf ihren Zweck hingeordnet, und nicht umgekehrt. Leib als Materie und Seele als Form sind aufeinander bezogen wie das Werkzeug zum Benutzer, der damit eine Tätigkeit ausführt. Also, so Thomas, können die Güter des Leibes kein Endzweck sein.

2, 6:   Besteht das Glück des Menschen in der Lust?
(Utrum beatitudo hominis consistat in voluptate?)

Nein, so Thomas, wieder mit Bezug auf den „Trost der Philosophie" (*De consolatione philosophiae*), Buch III, 7, wo Boethius (480–524) über den Wert der Lust spricht: „Was ihre Erregung Angenehmes haben soll, weiß ich nicht; dass aber der Ausgang der Lust traurig ist, wird jeder einsehen, der sich an seine Leidenschaften (*libido*) erinnern will." Und weiter folgt er Boethius, wenn er zitiert, dass man dann auch das Vieh glücklich (*beatus*) preisen dürfte. Im Folgenden unterscheidet Thomas zwischen der sinnlichen Lust (*voluptas*) und der geistigen Lust (*delectatio*, auch *gaudium*).

(1) Bei jedem Ding muss man das ihm zuerst Zugehörige von dem unterscheiden, was ihm sonst auch noch zukommt, beim Menschen beispielsweise, dass er sterblich ist von dem, dass er lachen kann. Die geistige Lust hat einen Bezug zum Glück, indem der Mensch sie beispielsweise gegenwärtig hat, sich daran erinnert oder sich darauf freut (Zukunft). Als unvollkommenes Glück ist die geistige Lust eine Teilhabe am vollkommenen Glück. Die **leibliche Lust** (*voluptas corporalis*) dagegen geht nur auf das Gut, das ihr die Sinne vorstellen. Die Sinne können sich nur auf Einzelnes und auf einzelne Güter beziehen, der Verstand dagegen kann auch diese Grenze überschreiten und ein universales bzw. vollkommenes Gut erkennen. Die leibliche Lust ist deshalb, so Thomas, nicht einmal ein zum Glück notwendig dazugehöriges Begleitphänomen. Die bewegende Kraft der Lustgefühle liegt nicht in der Vernunft, sondern in den begehrten Gegenständen. Die teleologische Rangordnung zwischen Tätigkeit und Lust besteht nicht darin, dass die Tätigkeit um der Lust willen da ist, sondern umgekehrt ist die Lust um der Tätigkeit willen vorhanden.

(2) Wird die **geistige Lust** wie ein Gut um ihrer selbst oder um etwas anderes willen begehrt? Er unterscheidet hier *causa finalis* und *causa formalis*: Im Sinne der Zweckursache (*causa finalis*) kann die geistige Lust wie ein Gut um ihrer selbst willen begehrt werden, im Sinne der *causa formalis* (der Formursache) kann die Freude um eines Gutes willen erstrebt werden; von ihr her bekommt sie ihr Wesen vermittelt. B e i s p i e l: Wer sich freut, weil er einem Hungrigen Nahrung verschafft und deshalb zu seiner Sättigung beigetragen hat, erlebt eine artspezifische Freude, nämlich die Freude über eine gelungene Hilfeleistung. Die Art der Freude folgt aus dem Gegenstand, zu dem sie in Beziehung steht und aus dem heraus sie verursacht wurde (*causa formalis*). Das Objekt verleiht der Lust die Form = moralische Art bzw. Qualität. In diesem Sinne folgt auf das Erstreben und der Erreichung eines

Gutes eine bestimmte Freude, auf das höchste Gut die höchste Freude, das Glück, die beide hier eines geworden sind im Sinne der Vollkommenheit.

2, 7:   Besteht das Glück des Menschen in einem seelischen Gut?
(Utrum beatitudo hominis consistat in aliquo bono animae?)

Ja und Nein, so Thomas, und er erläutert seine Sicht folgendermaßen:

(1) Zweck kann man auf zweierlei Weise verstehen, als das erstrebte Ding selbst und als den Gebrauch eines Dinges. B e i s p i e l : Für den Dieb kann Zweck seines Einbruchs die Erlangung des Geldes selbst sein, es kann aber auch der Gebrauch des Geldes sein, z. B. um damit ein Leben lang Urlaub machen zu können. In ersterem Sinne ist die Seele in der Potentialität befindlich, aus der heraus sie zur tugendhaften Aktualität werden kann. Sie ist deshalb nicht selber der Endzweck, weil dieser ein zum Stillstandkommen des Begehrens bedeutet. Glück als Endzweck hat den Charakter der Ruhe.

(2) Im Sinne des G e b r a u c h e n s seiner seelischen Anlagen dagegen kann der Mensch das Glück, den Endzweck, erreichen. So wie für den Dieb eigentlich nicht das Geld das Ziel ist, sondern eine bestimmte Vorstellung vom Gebrauchen des Geldes, so ist auch der Gebrauch der seelischen Anlagen dasjenige, was eigentliches Ziel genannt werden kann. Das Glück ist zwar etwas *an* der Seele, die Antwort auf die Frage, *worin* das Glück besteht, führt zur Erkenntnis, dass es außerhalb der Seele ist (wie jedes Gebrauchen im Sinne eines Zweckes außerhalb des Dinges liegt: Das Vergnügen, das der Dieb mit dem Geld erleben will, liegt nicht innerhalb, sondern außerhalb des Geldes, steht aber in Verbindung mit ihm).

2, 8:   Besteht das Glück des Menschen in einem geschaffenen Gut?
(Utrum beatitudo hominis consistat in aliquo bono creato?)

Nein, so Thomas, denn Glück ist dasjenige, worin das Begehren seinen Stillstand findet und zur Ruhe kommt. Dies stellt ein vollkommenes Gut dar. Endzweck kann nur das sein, über das hinaus nichts mehr sinnvollerweise begehrt werden kann. Der Wille geht nicht auf ein partikulares, sondern auf ein universelles Gut, wie der Verstand auf eine universelle Wahrheit zustrebt. Dies findet man aber, so Thomas, nicht in etwas Geschaffenem, sondern nur in seinem Schöpfer, in Gott. Auf ein partikulares Gut gehen nur die Sinne, die deshalb nicht das allgemeine Gut erfassen können, worunter Thomas das Glück versteht.

4.3.1.3   q. 3: Das Wesen des Glücks
(Quid sit beatitudo)

3, 1:   Ist das Glück etwas Ungeschaffenes?
(Utrum beatitudo sit aliquid increatum?)

Ja und Nein, so Thomas, mit folgender Argumentation: Als Sache selbst ist das Glück etwas Ungeschaffenes, da es Gott selbst ist, als Gebrauchen und Besitzen ist es etwas Geschaffenes, da es für den Menschen da ist. Hier wird das „Objekt" Glück (*beatitudo*) von der Erlangung (*adeptio, consecutio*) des Glücks unterschieden. Als Objekt ist es ein ungeschaffenes Gut, nämlich Gott, als Genuss ist es aber etwas Geschaffenes.

3, 2: Ist das Glück eine Tätigkeit?
(Utrum beatitudo sit operatio?)

Ja, so Thomas, und zwar mit folgender Begründung durch Übernahme der Glücksdefinition des Aristoteles aus der „Nikomachischen Ethik" I, 6: „Das Glück ist ein Tätigsein der Seele im Sinne der höchsten Tugend". Thomas: *„Felicitas est operatio secundum virtutem perfectam"*. Das Glück ist aber bereits definiert worden als eine Vollkommenheit, diese gibt es aber nur in der Aktivität, nicht in der Passivität, denn nur eine Aktivität kann etwas Unvollkommens vervollkommnen.

3, 3: Ist das Glück eine Tätigkeit des sinnenhaften Teils oder nur des verstandhaften?
(Utrum beatitudo sit operatio sensitivae partis, aut intellectivae tantum?)

Ja und Nein, so Thomas, denn auf dreierlei Weise kann etwas zum Glück gehörig sein:

(1) Auf wesenhafte Weise *(essentialiter)*: Die Tätigkeiten der Sinnlichkeit können nicht diesen Bezug zum Glück haben, weil Glück Teilhabe am unerschaffenen Gut ist; mit dem Endzweck kann der Mensch nicht durch eine sinnliche Tätigkeit in Verbindung treten, weil dieser Endzweck nicht in einem sinnlichen Gut liegt.

(2) Auf vorgängige Weise *(antecedenter)*: In diesem Sinn ist ein unvollkommenes Glück möglich und notwendig, auch in diesem Leben, weil die Beanspruchung der sinnlichen Vermögen (Sinnesorgane) eine Voraussetzung für die intellektuelle Erkenntnis ist. Der Verstand muss vorher durch die Sinne informiert werden, bevor er tätig werden kann. In diesem Sinne ist die durch die Sinnlichkeit des Menschen verursachte unvollkommene Glückseligkeit in dieser Welt natürlich und notwendig.

(3) Auf nachfolgende Weise *(consequenter)*: Nach der Auferstehung erfolge, so Thomas mit Bezug auf einen Text des Augustinus, ein Rückfluss des Glücks aus der Seele in den Leib und seine Sinne, damit sie in ihren Tätigkeiten vollkommener werden.

3, 4: Ist das Glück, wenn es auf der verstandhaften Seite liegt, eine Tätigkeit des Verstandes oder des Willens?
(Utrum, si beatitudo est intellectivae partis, sit operatio intellectus an voluptatis?)

Das Glück, so Thomas, entsteht aus einer Tätigkeit des Verstandes und nicht des Willens. Man kann zwischen dem Wesen des Glücks (*essentialiter*) und den Begleitphänomenen des Glücks (z. B. der Freude) unterscheiden (akzidentell).

(1) Was essentialiter zum Glück gehört, kann nicht in einer Tätigkeit des Willens bestehen, da der Endzweck durch eine Tätigkeit des Verstandes repräsentiert wird. Das Glück als Endzweck, so Thomas, besteht in der Erkenntnis Gottes, die eine Tätigkeit des Verstandes ist.

(2) Bei den sinnlichen Zielen, wie beispielsweise Geld, muss dieses abwesende Objekt durch den Verstand als gegenwärtig vorgestellt werden, damit der Wille auf dieses

Ziel hingetragen wird und sich freut. Bei den geistigen Zielen ist ebenfalls eine Tätigkeit des Verstandes notwendig. Der Zweck wird also durch eine Verstandesoperation als gegenwärtig vorgestellt; aus diesem imaginativ-gegenwärtigen Zweck ergibt sich dann die Freude. Für die thomanische Ethik zeigt sich hier, dass der Verstand vor und über dem Willen steht, weil der Verstand dem Willen etwas als Gut repräsentieren muss, damit dieser das abwesende Gut erstreben kann. Diese Grundbestimmung wird auch im Folgenden beibehalten.

3, 5: Ist das Glück eine Tätigkeit des spekulativen oder des praktischen Intellekts?
(Utrum beatitudo sit operatio intellectus speculativi, an practici?)

Das Glück besteht mehr in einer Tätigkeit der theoretischen Vernunft, so Thomas. Das folgt aus drei Gründen:

(1) Das Glück des Menschen im Sinne des höchsten Gutes erfordert den Einsatz des besten Vermögens; dieses ist aber die theoretische Vernunft, weil sein Gegenstand Gott ist. In der (theoretischen) Schau Gottes besteht deshalb das eigentliche Glück.
(2) Die theoretische Schau wird am meisten um ihrer selbst willen gesucht, die praktische Vernunft ist tätig um etwas anderem willen.
(3) In der theoretischen Vernunft tritt der Mensch mit Gott in Gemeinschaft, in der praktischen Vernunft tritt er in die unvollkommene Gemeinschaft mit den anderen Menschen.

3, 6: Besteht das Glück in der Betrachtung der spekulativen Wissenschaften?
(Utrum beatitudo consistat in consideratione scientiarum speculativarum?)

Nein, so Thomas, denn die Einzelwissenschaften, da ihre Reichweite begrenzt ist, können nicht das vollkommene Glück als Endzweck vermitteln, sondern nur eine gewisse Teilhabe daran.

3, 7: Besteht das Glück im Erkennen der von der Substanz getrennten Wesen, beispielsweise der Engel?
(Utrum beatitudo consistat in cognitione substantiarum separatarum, scilicet Angelorum?)

Nein, so Thomas, weil alle materielosen Wesen, außer Gott, nicht die wahren Gegenstände der menschlichen Erkenntnis sein können, noch die Beschäftigung mit ihnen das vollkommene Glück im Sinne eines Endzweckes sein kann.

3, 8: Besteht das Glück des Menschen in einer Schau der göttlichen Dinge?
(Utrum beatitudo hominis sit in visione divinae essentiae?)

Ja, so Thomas, und zwar aus folgenden Gründen:

(1) Der Mensch kann nicht vollkommen glücklich sein, wenn ihm noch etwas zu verlangen bleibt.
(2) Bei einem jeden Vermögen (Verstand oder Wille) erkennt man die Vervollkommnung durch das Wesen des Gegenstandes, mit dem er sich beschäftigt hat. Das Objekt des Verstandes ist aber das, was etwas ist *(quod quid est)*, und das ist das We-

sen eines Dinges. Er verlangt aber hierzu auch die Ursache zu wissen, er möchte auch von der Ursache wissen, was sie ist *(quid est)*. So geht es bei rätselhaften Naturerscheinungen dem Menschen. Der Mensch erlangt aber erst dann seine volle Glückseligkeit, wenn er sich bis zur Erstursache durcharbeitet, und dies ist Gott.

4.3.1.4 q. 4: Was das Glück erfordert
(De his quae ad beatitudinem exiguntur)

4, 1: Wird Vergnügen zum Glück benötigt?
(Utrum delectatio requiratur ad beatitudinem?)

Thomas zitiert einleitend Augustinus: „Das Glück besteht in der Freude über die Wahrheit" *(Beatitudo est gaudium de veritate)*. Er führt vier Argumente an, wie etwas von etwas anderem erfordert wird:

(1) Als Vorbereitendes und Vorausgängiges: Zum Wissen wird Schulung *(disciplina)* vorausgesetzt.

(2) Als Vervollkommnendes *(perficiens)*: Die Seele ist zum Leben des Leibes erforderlich. Erst ihre Anwesenheit macht den Körper lebendig.

(3) Als externe Helfer: Freunde werden benötigt werden, damit etwas erledigt wird.

(4) Als Begleitendes *(concomitans)*: Zum Feuer gehört Wärme. In diesem Modus wird Freude *(delectatio)* als zum Glück gehörig erkannt. Die Freude entsteht dadurch, dass wahrgenommen wird, dass das Begehren im erlangten Gut zur Ruhe gekommen ist. Deshalb kann Glück nicht ohne die begleitende Freude sein.

4, 2: Ist beim Glück die Schau oder das Vergnügen hauptsächlicher?
(Utrum in beatitudine sit principalius visio quam delectatio?)

Die Schau *(visio)* als Tätigkeit des Verstandes ist wichtiger als das Vergnügen *(delectatio)*, so Thomas. Er baut hierzu einen Syllogismus auf:

(a) Die Ursache ist vorzüglicher als die Wirkung;

(b) Die Schau ist die Ursache der Freude;

(c) Also ist die Schau vorzüglicher als die Freude.

Verlangt man wegen der Lust nach etwas oder wegen etwas nach der Lust?

(1) Die Tätigkeit des Verstandes, welche die Schau ist, ist vorzüglicher als die Freude. Diese Freude besteht in einer Beruhigung des Willens. Dass der Wille zur Ruhe kommen kann, liegt daran, dass das Gut dafür geeignet ist. Dieses Gut muss durch die Tätigkeit des Verstandes erst vorgestellt werden, und dies ist die Schau.

(2) Die Schau hat also die Aufgabe, dem Willen diejenigen Güter zu präsentieren, in denen er zur Ruhe kommen kann. Das Glück als Endziel ist ja ein zur Ruhe kommen. Tätigsein und die Lust sind beide Güter, aber in folgender Ordnung: Die Tätigkeit ist erstes, die Lust zweites Gut, nicht umgekehrt. Die Lust ist Begleitphänomen des Tätigseins, und wenn dieses moralisch gut ist, dann ist auch die sie begleitende Lust moralisch gut.

4, 3: Ist zum Glück Vorstellungsvermögen notwendig?
(Utrum ad beatitudinem requiratur comprehensio?)

Dreierlei, so Thomas, ist zum Glück erforderlich:

(1) Die Schau (*visio*), welche die möglichst vollkommene Erkenntnis des verstandhaften Zieles (*finis intelligibilis*) anstrebt,

(2) das Vorstellungsvermögen (*comprehensio*), das die Gegenwart des Zieles vorstellt, um dafür motiviert zu sein,

(3) die Freude (*delectatio*) oder der Genuss (*fruitio*), die das zur Ruhe kommen des Liebenden in der geliebten Sache ausdrückt.

4, 4: Ist zum Glück die Rechtheit des Willens notwendig?
(Utrum ad beatitudinem requiratur rectitudo voluntatis?)

Ja, so Thomas, und zwar auf zweierlei Weise:

(1) Vorauf (*antecedenter*) zum Glück besteht die Rechtheit des Willens in der zugehörigen Hinordnung auf das richtige Ziel (*per debitum ordinem ad finem*). Dieses Ziel ist ein *finis intelligibilis*. Deshalb kann niemand das Glück erlangen ohne diese Rechtheit des Willens.

(2) Begleitend (*concomitanter*) zum Glück liebt der Wille etwas als allgemeines Gut (*sub communi ratione boni*), nicht als partikulares Gut (*finis sensibilis*). Auch aus diesem Grunde ist das Glück von diesem rechten Willen abhängig.

Glück (*beatitudo*) ist in diesem Sinne also nicht einfach ein Habenwollen, nicht nur ein Erreichenwollen, sondern ein Wollen in Unterordnung unter den rechten Willen (*rectitudo voluntatis*). Das so beschriebene Glück ist also nicht wertneutral, wie Thomas auch in den folgenden Artikeln zeigen wird.

4, 5: Ist zum Glück der Körper notwendig?
(Utrum ad beatitudinem hominis requiratur corpus?)

Ja und Nein, so Thomas, denn das Glück ist zweifach (*duplex est beatitudo*) einerseits unvollkommen (*imperfecta*), andererseits vollkommen (*perfecta*).

(1) Für das Glück auf dieser Welt ist die Tätigkeit des Verstandes notwendig, weil nur er die Vielfalt der Gegenstände und das höchste Gut zu erfassen vermag. Zur Erzeugung dieser Vorstellungsbilder benötigt er aber den Leib und seine Sinnesorgane, weil der Verstand die Sinneseindrücke zu Erkenntnissen verarbeitet.

(2) Für die vollkommene Glückseligkeit in der Schau Gottes sind dagegen keine Vorstellungsbilder notwendig, und so ist hierfür der Leib nicht notwendig.

4, 6: Ist zum Glück eine Vervollkommnung des Körpers notwendig?
(Utrum ad beatitudinem requiratur aliqua perfectio corporis?)

Auf dieser Welt geht dem Glück eine gewisse Vollkommenheit des Körpers voraus (*antecedenter*) z. B. Gesundheit), sie folgt (*consequenter*) dem Glück als Zierde (*decor*) und Vollendung (*perfectio*).

4, 7: Sind zum Glück irgendwelche äußeren Güter notwendig?
(Utrum ad beatitudinem requirantur aliqua exteriora bona?)

Ja und Nein, so Thomas, mit folgender Argumentation:
(1) Zum Glück im tätigen Leben sind bestimmte äußere Güter als Werkzeuge notwendig.
(2) Für das Glück in einer jenseitigen Welt werden äußere Güter, die nicht zugleich den geistigen Gütern dienen, nicht benötigt.

4, 8: Ist zum Glück die Gesellschaft von Freunden notwendig?
(Utrum ad beatitudinem requiratur societas amicorum?)

Ja, so Thomas, mit folgenden Argumenten: Nach Aristoteles (NE IX) ist Freundschaft für das Glück notwendig, aber nicht aus Nutzenüberlegungen und auch nicht zum Vergnügen, sondern wegen guter Tätigkeiten, die man anderen zukommen lässt und von anderen erfährt. Tugendhafte Freunde sind also Teil des Glücks, nach Aristoteles. Damit aber das Glück auf gute Weise anwesend ist (*bene esse beatitudinis*), brauche man gute Freunde.

4.3.1.5 q. 5: Das Erlangen des Glücks
(De adeptione beatitudinis)

5, 1: Kann der Mensch das Glück erreichen?
(Utrum homo possit consequi beatitudinem?)

Ja, so Thomas, denn der Mensch kann das universelle Gut (*universale et perfectum bonum*) durch seinen Verstand (*intellectus*) aufnehmen (*comprehendere*) und kann es auch durch seinen Willen (*voluntas*) begehren (*appetere*). Deshalb hat der Mensch grundsätzlich die Möglichkeit, glücklich zu werden (*adipisci*).

5, 2: Kann ein Mensch glücklicher sein als ein anderer?
(Utrum unus homo possit esse beatior altero?)

Ja und Nein, so Thomas.
(1) Zunächst einmal ist vollkommenes Glück das höchste Gut derjenige Zustand, bei dem nichts mehr begehrt wird, und so ist definitorisch jedes Glück gleich einem anderen Glück im Sinne eines begehrungslosen Vollkommenheitszustandes, als Endzweck.
(2) Jemand hat aber vielleicht mehr Talent zum Glück (*melius dispositus*), kann bessere Voraussetzungen schaffen, und so können manche Menschen unterschiedlich glücklich sein.

5, 3: Kann ein Mensch in diesem Leben glücklich sein?
(Utrum aliquis in hac vita possit esse beatus?)

Ja und Nein, so Thomas. Er zitiert aus dem Buch Hiob: „Vom Weibe geboren, eine kurze Zeit am Leben, wird der Mensch reichlich versorgt mit vielen Erbärmlichkeiten." Er führt folgende Argumente für ein Pro und Contra an:

(1) Irgendeine Art von Glück im Sinne einer Teilhabe (*participatio*) am vollkommenen Glück kann man in diesem Leben erreichen, das vollkommene Glück aber nicht.

(2) Das vollkommene Glück aber kann man in diesem Leben nicht haben, weil dazu der Ausschluss von Übeln notwendig wäre, was auf dieser Welt nicht möglich ist. Diese Übel sind beispielsweise die Unwissenheit des Verstandes, das affektartige Auftreten von Begehrlichkeiten, die Gebrechlichkeiten des Leibes. Auch die Güter, nach denen der Mensch naturhaft verlangt, wie z. B. das Leben, stehen nicht dauerhaft zur Verfügung. Das Leben, an dem der Mensch hängt, verschwindet wieder. Also kann es in diesem Leben kein wahrhaftes, d. h. dauerhaftes Glück geben.

5, 4: Kann der Besitz des Glücks verloren gehen?
(*Utrum beatitudo habita possit amitti?*)

Ja und Nein, so Thomas: Das unvollkommene Glück auf dieser Welt kann eingebüßt werden (z. B. Gesundheit und äußere Güter), nicht aber das vollkommene Glück, das ja als jenseitiges Glück in der Schau der göttlichen Wesenheit besteht (*perfecta beatitudo hominis in visione divinae essentiae consistit*).

5, 5: Kann der Mensch durch seine Naturanlagen das Glück erlangen?
(*Utrum homo per sua naturalia possit acquirere beatitudinem?*)

(1) Das unvollkommene Glück kann der Mensch mit seinen Naturanlagen erwerben, wie dies auch für die Tugend zutrifft, zu deren Tätigkeitsbereich das Glück gehört. Der Mensch ist natürlicherweise ausgestattet mit Verstand und Wille (*intellectus et voluntas*). Das natürliche Erkennen bedeutet, dass jedes Wesen auf seine Weise erkennt und strebt, also im Rahmen seiner Möglichkeiten, also prinzipiell unvollkommen.

(2) Das vollkommene Glück, das in der Schau des göttlichen Wesens besteht, kann der Mensch nicht natürlicherweise erwerben. Aber die Natur versagt nicht das Notwendige (*in necessariis*). Dies ist für den Menschen das Erreichen des Endziels, das Glück. Die Natur hat zwar dem Menschen hierfür kein Prinzip (*principium*) gegeben, dafür aber gab sie ihm die freie Wahl (*libererum arbitrium*), damit er sich auf Gott hinwenden kann, der ihn glücklich machen kann. Thomas zitiert hier Aristoteles: „Das, was wir durch Freunde vermögen, vermögen wir irgendwie durch uns". Dies führt auch bei Aristotels zu der Aussage, dass der beste Freund im Menschen der Geist (*nous*) ist, mit dem wir uns anfreunden sollen.

5, 6: Erlangt der Mensch das Glück durch die Tätigkeit eines höheren Geschöpfs?
(*Utrum homo consequatur beatitudinem per actionem alicuius superioris creaturae?*)

Nein, so Thomas, auch nicht durch Engel oder Heilige, da jedes Geschöpf den Gesetzen der Natur unterworfen ist und diese nur durch Gott überschritten werden können.

5, 7: Werden irgendwelche Werke verlangt, damit der Mensch von Gott das Glück bekommt?
(*Utrum requirantur aliqua opera bona ad hoc quod homo beatitudinem consequatur a Deo?*)

Thomas zitiert Aristoteles (NE I, 9), nach dem das Glück ein Tätigsein der Seele im Sinne der wesenhaften Tüchtigkeit ist. Thomas: Alle Geschöpfe benötigen für das Glück neben dem rechten Willen (*rectitudo voluntatis*) auch die entsprechenden Tätigkeiten. Da Glück kommt nämlich dem Menschen nicht *naturaliter* zu, sondern kommt *naturaliter* nur Gott zu. Die „Rechtheit" des Willens ist nicht anderes als die „richtige" Hinordnung des Willen auf den Zweck, hier auf den Endzweck, das Glück (*beatitudo*).

5, 8: Verlangt jeder Mensch nach Glück?
(Utrum omnis homo appetat beatitudinem?)

(1) Einerseits verlangt jeder Mensch nach Glück, denn Glück bedeutet nichts anderes, als dass der Wille satt wird (*appetere ut voluntas satietur*). Glück im eigentlichen Sinn ist aber das vollkommene Gut (*bonum perfectum*). Ein Gut ist aber das Objekt des Willens (*obiectum voluntatis*).

(2) Andererseits sind sich die Menschen nicht immer sicher, *worin* das Glück besteht, weil sie keine sichere Erkenntnis darüber haben, welchen Gütern das Glück zukommt. In diesem Sinne verlangen nicht alle nach dem Glück.

4.3.2 Die menschlichen Handlungen (q. 6–17)

4.3.2.1 q. 6: Das Freiwillige und das Unfreiwillige
(De voluntario et involuntario)

6, 1: Gibt es in den menschlichen Handlungen Freiwilliges?
(Utrum in humanis actibus inveniatur voluntarium?)

Ja, so Thomas, und zwar mit folgenden Begründungen:

(1) Ein Stein beispielsweise, der nach oben geschleudert wird, hat das Prinzip (Anfang) seiner Bewegung außerhalb (im werfenden Menschen); wenn der Stein dann nach unten fällt, ist das Prinzip seiner Bewegung in ihm. Von denjenigen, die von einem inneren Prinzip bewegt werden, bewegen sich manche selbst, manche aber nicht.

(2) Ein Mensch dagegen bewegt sich auf ein Ziel hin aufgrund eines inneren Prinzips, und zwar nicht nur, dass er bewegt wird, sondern dass er aufgrund einer Erkenntnis des Zieles sich selbst auf dieses hinbewegt. Menschen handeln also wegen eines Zieles, und deshalb werden ihre Handlungen freiwillige genannt. Thomas zitiert hier Aristoteles (384–322), Gregor von Nyssa (gest. 394) und Johannes von Damaskus (gest. 750), dass freiwillig nicht nur das ist, was sein Bewegungsprinzip innerlich hat, sondern dass hier das Wissen hinzukommen muss. Weil der Mensch das Ziel seiner Tätigkeiten erkennt, bewegt er sich selbst und seine Handlungen werden freiwillige genannt (*agere propter finem*).

6, 2: Gibt es Freiwilliges in den Tieren?
(Utrum voluntarium inveniatur in animalibus brutis?)

Zum Begriff der Freiwilligkeit gehört, dass (a) das Prinzip des Aktes innerlich ist, und dass (b) eine Erkenntnis des Zieles vorliegt. Thomas unterscheidet hier zwischen einer vollkommenen und unvollkommenen Erkenntnis.

(1) Eine v o l l k o m m e n e E r k e n n t n i s bezüglich des Zieles besteht darin, dass nicht nur das Objekt als Ziel erfasst wird, sondern dass bezüglich des Zieles alles erkannt

werden kann, was für den Handelnden relevant ist, dass also die Zielhaftigkeit des Zieles erkannt werden kann. Der Mensch kann sich in ein Verhältnis zu seinem Ziel setzen, die Mittel und sonstigen Umstände erwägen und schließlich die Bewegung auf das Ziel hin realisieren oder aber unterlassen. Dafür kann er gelobt und auch getadelt werden. Menschliches Handeln ist ein *agere propter finem* (Handeln *wegen* eines Zieles).

(2) Eine **unvollkommene Erkenntnis** bezüglich des Zieles besteht darin, dass von einer unvernünftigen Natur (Tier) zwar das bloße, gegenständliche Objekt als Ziel erkannt wird (z. B. die Maus von der Katze), nicht aber eine Reflexion über das Ziel und evtl. eine bewusste Distanzierung vom Ziel möglich wird. Es handelt sich hier um ein *agere ad finem*. Eine solche unvollkommene Erkenntnis eines Zieles kommt aufgrund der sinnlichen Wahrnehmung von Tieren zustande. Im Rahmen einer sinnlichen Wahrnehmung bewegt sich das Tier nach Thomas zwar freiwillig auf das Objekt zu, aber nicht im Sinne der Fähigkeit zu Ja und Nein und auch nicht im Sinne von Lob oder Tadel, was mit Freiwilligkeit verbunden sein kann.

6, 3: Gibt es Freiwilliges ohne Akt?
(Utrum voluntarium possit esse absque omni actu?)

Ja, so Thomas, mit folgenden Begründungen:

(1) Freiwillig wird das genannt, über das wir Herr sind. Wir sind Herr über unser Handeln und über unser Nicht-Handeln, über unser Wollen und Nicht-Wollen.

(2) Freiwillig wird das genannt, was vom Willen ausgeht. Wenn ihm ein Nicht-Wollen und ein Nicht-Handeln zugerechnet werden kann, dann gibt es Freiwilliges ohne Akt. Wenn etwas von etwas anderem ausgeht, dann ist zweierlei *(dupliciter)* zu unterscheiden. Erstens kann etwas direkt ausgehen, wie z. B. die Erwärmung durch die Wärme (Feuer), zweitens indirekt wie der Untergang eines Schiffes vom Kapitän *(gubernator)* ausgeht, aber nur dann, wenn er tätig sein kann und soll. Auf diese Weise kann es Freiwilliges ohne Akt geben, manchmal ohne äußeren Akt, aber mit innerem Akt (wenn jemand will, dass nicht gehandelt wird), manchmal ohne inneren Akt, wenn jemand nicht einmal will, dass gehandelt wird).

6, 4: Kann Gewalt in den Willen eingehen?
(Utrum violentia voluntati possit inferri?)

Ja und Nein, so Thomas, mit der Begründung, dass der Akt des Willens ein zweifacher ist (siehe q. 1, 1):

(1) Der eine Akt wird vom Willen unmittelbar aus ihm selbst hervorgebracht, nämlich das Wollen selbst. Dies ist der eigentümliche Akt des Willens. In diesem Sinne kann ihm nicht Gewalt angetan werden, da er nur innerlich verbleibt (Dieser Willensakt ist *elicitus* = „herausgelockt"). Niemand kann man beispielsweise verwehren, dass man jemandem innerlich liebt, auch wenn man ihm befiehlt, dass man diese Person hassen soll.

(2) Der andere Akt wird vom Willen angeordnet und mittelbar durch ein anderes Vermögen ausgeführt, z. B. Gehen, Sprechen. In diesem Sinne kann dem Willen

Gewalt angetan werden, beispielsweise wenn man ihn hindert, zu gehen, zu sprechen usw. Dieser Willensakt benötigt externe ausführende Organe und ist deshalb befohlen (*imperatus*).

6, 5:   Verursacht Gewalt Unfreiwilliges?
         (Utrum violentia causet involuntarium?)

Wiederholung von q. 1, a 1 und q. 6, a. 4: Unterscheidung zwischen dem eigentümlichen Akt des Willens (*voluntas elicitus*) und dem angeordneten Akt des Willens (*voluntas imperatus*), ausgeführt aber von einem äußeren Vermögen, z. B. den Armen und Beinen. In diesem zweiten Sinn kann Gewalt dem Willen zugefügt werden und insofern verursacht Gewalt etwas Erzwungenes, also Unfreiwilliges. Es kann aber etwas auf zweifache Weise freiwillig genannt werden: Erstens, indem jemand etwas will und aktiv tätig wird, zweitens, indem jemand passiv etwas erleiden will, was an diese Person herangetragen wird und in dieser Person verbleibt; so ist dies nicht schlechthin (*simpliciter*) gewaltsam, denn es liegt eine Mitwirkung vor, und darum wird dies mit dem Ausdruck „nicht unfreiwillig" *(non involuntarium)* bezeichnet.

6, 6:   Verursacht Furcht schlechthin Unfreiwilliges?
         (Utrum metus causet involuntarium simpliciter?)

Wenn etwas aus Furcht getan wird, dann liegt meist eine Mischung auf Freiwilligem und Unfreiwilligem vor: Die Handlungen sind aber überwiegend freiwillig. Argumentation mit der Unterscheidung zwischen „schlechthin" und „in gewisser Hinsicht": Was infolge von Furcht getan wird, ist schlechthin (*simpliciter*) freiwillig, in gewisser Hinsicht (*secundum quid*) aber unfreiwillig. B e i s p i e l hierfür aus Aristoteles, NE III: Matrosen geraten mit einem voll beladenen Schiff durch einen Sturm in Seenot und werfen die Waren über Bord. Tun sie dies freiwillig oder unfreiwillig? A n a l y s e d e s B e i s p i e l s : Was sie tun, tun sie um eines Zieles willen, nämlich Schaden von ihnen abzuwenden (Untergang des Schiffes). Das Mittel, das sie zur Zielerreichung einsetzen, steht in unmittelbarer Verbindung mit dem Ziel. Das Ziel (Lebensrettung) wurde schlechthin (*simpliciter*) freiwillig gewählt, das Mittel (Waren über Bord werfen) wurde nur „in gewisser Hinsicht" (*secundum quid*) freiwillig gewählt, ansonsten (bei ruhiger See) wäre es schlechthin (*simpliciter*) unfreiwillig gewesen.

6, 7:   Verursacht Begierde Unfreiwilliges?
         (Utrum concupiscentia causet involuntarium?)

Nein, so Thomas, sondern durch die Begierde wird der Wille zum Wollen dessen geneigt, was die Begierde ihm vorstellt. Freiwillig ist sie auch deshalb, weil eine Handlung auch unterlassen werden könnte und der Handelnde, auch im Zustand der Begierde, nicht völlig ohne Verstand ist. Die Furcht, so Thomas, richtet sich auf ein Übel, die Begierde dagegen auf ein Gut, wenn auch beides subjektiv erkannt wird.

6, 8:   Verursacht Nichtwissen Unfreiwilliges?
         (Utrum ignorantia causet involuntarium?)

Ja, so Thomas, aber mit einer dreifachen Differenzierung. Das Nichtwissen verhält sich zum Akt des Willens auf dreierlei Weise.

(1) Begleitend (*concomitander*): Dies sind unwissentliche Handlungen. Etwas wird getan, aber es wird nicht gewusst, was begleitend noch geschieht. Beispiel: Jemand glaubt, auf der Jagd einen Hirsch zu erlegen, in Wirklichkeit trifft sein Pfeil einen Jagdgehilfen, der getötet wird. Zwischen beiden Ereignissen besteht keine intentionale Beziehung, die Tötung des Jagdgehilfen war ein Versehen. Bei Aristoteles NE III,1–2 findet sich das Moment der Reue bzw. das der Freude:
- Bereut der Jäger nach der Tat das Geschehene, dann erst ist die Tat unfreiwillig erfolgt.
- Freut er sich jedoch über den Tod des Jagdgehilfen (weil er in ihm schon seit langem einen Rivalen erblickt hat), dann hat er zwar den Jagdgehilfen nicht freiwillig erschossen, aber auch nicht unfreiwillig, weil er durch die Freude zeigt, dass er sich mit den Folgen der Tat einverstanden erklärt. Im einen Fall handelt es sich um ein aktuelles Wollen, im anderen Fall um ein habituelles Wollen.

(2) Folgend (*consequenter*): Die Unwissenheit ist auf zweierlei Weise freiwillig.
- Die Unwissenheit ist willentlich, um eine Entschuldigung für ein Tun zu haben oder um von einer Tat nicht Abstand halten zu müssen. Dies nennt man die herbeigeführte Unwissenheit (*ignorantia affectata*).
- Die andere Art der freiwilligen Unwissenheit ist diejenige, dass man etwas wissen kann und auch soll, aber aus Berechung, Faulheit oder Sonstigem sich dieses Wissen nicht aneignet. Hier kann es dann zur Unwissenheit der schlechten Wahl kommen (*ignorantia malae electionis*). Weil aber das Nichtwissen freiwillig ist, kann es schlechterdings nichts Unfreiwilliges verursachen.

(3) Vorausgehend (*antecedenter*): Die Unwissenheit ist nicht freiwillig. Wenn nun gehandelt wird, dann ist die Handlung schlechthin unfreiwillig. Dies trifft dann zu, wenn die handelnde Person kein Wissen darüber haben konnte und auch nicht so gehandelt hätte, wenn dieses Wissen vorhanden gewesen wäre. Beispiel: Wenn jemand einen Pfeil abschießt, der jemanden verletzt oder tötet, ohne dass die handelnde Person das geringste Wissen hatte und auch keinesfalls haben konnte, so ist diese Handlung schlechterdings unfreiwillig. Natürlicherweise folgt ihr dann ein Bedauern und eine Reue.

4.3.2.2 q. 7: Die Umstände der menschlichen Handlungen
(De circumstantiis humanorum actuum)

7, 1: Ist ein Umstand ein Akzidens der menschlichen Handlung?
(Utrum circumstantia sit accidens actus humani?)

Ja, so Thomas, denn was außerhalb der Substanz des Aktes steht und eine menschliche Handlung dennoch berührt, weil es gewissermaßen um sie herumsteht, wird Umstand genannt. Was aber außerhalb einer Sache steht, aber zu ihr gehört, wird deren Akzidens genannt. Darum sind die Umstände (*circumstantiae*) der menschlichen Handlungen deren Akzidenzen. (Allgemein: Akzidenzien sind dasjenige, was nicht zum Wesenskern einer Definition gehört, wie z. B. die Haar- und Gesichtfarbe beim Menschen, auch nicht das, was wechseln kann, z. B. die Gesundheit oder Krankheit beim Menschen.).

7, 2: Sind die Handlungsumstände vom Theologen zu untersuchen?
(Utrum circumstantiae humanorum actuum sint considerandae a theologo?)

Ja, so Thomas, weil das Nichtwissen der Handlungsumstände (*circumstantiae*) Unfreiwilliges zur Folge hat. Unfreiwilliges entschuldigt aber von einer Schuld; deshalb muss sich auch der Theologe mit den *Circumstantiae* beschäftigen.

7, 3: Sind die Umstände im III. Buch der Nikomachischen Ethik unzutreffend?
(Utrum convenienter enumerentur circumstantiae in 3 Ethicorum?)

Ja, so Thomas, mit folgender Darstellung, wobei er neben Aristoteles auch Cicero als Gewährsmann angibt. Cicero („De inventione" I) listet sieben Handlungsumstände (*circumstantiae*) auf:

Wer?	Was?	Wo?	Womit?	Warum	Wie?	Wann?
Quis?	*Quid?*	*Ubi?*	*Quibus auxiliis?*	*Cur?*	*Quomodo?*	*Quando?*
Person	Objekt	Ort	Hilfsmittel	Grund	Art und Weise	Zeit

Aristoteles kennt in NE III noch den Umstand des *circa quid* (im-Bereich-von), der aber bei Cicero unter das Was? fällt. Thomas nennt drei Gründe, inwiefern ein Umstand, der ja außerhalb der Substanz des Aktes steht, trotzdem diesen in gewisser Weise berührt und mit ihm eine Verbindung hat: (1) Er berührt den Akt selbst. (2) Er berührt die Ursache. (3) Er berührt die Wirkung.

Die *Circumstantiae* sind auf diese drei Fragen nach Thomas zu beziehen. Bezüglich der Frage, was Umstand ist und was nicht, formuliert er drei Grundsätze und drei Beispiele.

(1) Als erster G r u n d s a t z gilt, dass die Bedingung der Ursache, von der die Substanz des Aktes abhängt, nicht Umstand genannt wird, sondern eine damit verknüpfte Bedingung. B e i s p i e l : Zum Handlungsakt Diebstahl gehört nicht als Umstand, dass es sich um fremdes Eigentum handelt, (denn dies gehört zur Substanz des Diebstahls), sondern dass es sich z. B. um Großes oder Kleines handelt.

(2) Als zweiter G r u n d s a t z gilt auch, dass nicht das Ziel ein Umstand ist, sondern dasjenige, was mit dem Ziel erreicht werden soll. B e i s p i e l : Dass der Tapfere um der Tapferkeit willen handelt, ist kein Umstand, sondern dass er z. B. zur Befreiung von Menschen tapfer handelt.

(3) Als dritter Grundsatz gilt auch, dass in der Frage des Was? nicht das sachlich notwendig damit verknüpfte Geschehen interessiert, sondern das damit verfolgte Ziel. Beispiel: Wenn jemand einen anderen wäscht und ihn dabei mit Wasser übergießt, ist dies kein Umstand, sondern dass er ihn z. B. damit abkühlt oder erwärmt.

7, 4: Sind die Hauptumstände das Wozu und das Was?
(Utrum sint principales circumstantiae, propter quid, et ea in quibus est operatio?)

Ja, so Thomas, mit Bezug auf Gregor von Nyssa (gest. 394), dass die zwei wichtigsten Handlungsumstände (*circumstantiae*) die Fragen nach dem

(1) *cuius gratia* (wozu, worum willen etwas getan wird/wurde) und dem

(2) *quid fecit* (was getan wurde) sind.

Handlungen werden dann als menschliche bezeichnet, wenn sie freiwillig sind. Das Ziel ist Motiv und Objekt des Willens (*Voluntatis autem motivum et obiectum est finis*). Der wichtigste Umstand ist das *cuius gratia*, der nächste dasjenige, was die Substanz des Aktes selbst berührt, die Frage nach dem *quid fecit* (*secundaria vero quae attingt ipsam substantiam actus, idest quid fecit*).

4.3.2.3   q. 8: Über den Willen, insofern es das Wollen betrifft
(De voluntate, quorum sit ut volitorum)

8, 1:   Geht der Wille nur auf das Gute?
(Utrum voluntas sit tantum boni?)

Ja, so Thomas, mit einer Erklärung von Aristoteles NE I, dass das Gute das ist, wonach alle streben. Da der Wille ein rationales Streben ist, geht sein Streben nicht einfach auf ein sinnliches Etwas, sondern auf ein vom Verstand als Gut Erkanntes, unabhängig davon, ob es wirklich ein Gut ist (der Verstand könnte sich nämlich irren). Der Wille ist also kein sinnliches Streben (das durch ein sinnliches Objekt angelockt wird). B e i s p i e l : Wenn man jemanden fragt, ob er eine Tasse Kaffee mit einem Stück Torte „wolle", und die betreffende Person stürzt sich sofort darauf, dann liegt dieser Reaktion wahrscheinlich mehr ein *sinnliches* Streben zugrunde. Wenn die gefragte Person aber zunächst über den Wert von Kaffee und Kuchen zu diesem Zeitpunkt (z. B. am Nachmittag) nachdenkt, dann könnte sie vielleicht zu dem Ergebnis kommen, dass die Tasse Kaffee die aufkommende Müdigkeit zu bekämpfen hilft und das Stückchen Torte die nachlassenden Kraftreserven aufbaut. Dann „will" diese Person die angebotenen Dinge, denn diese erscheinen als ein Gut.

8, 2:   Geht der Wille nur auf das Ziel oder auch auf die Mittel?
(Utrum voluntas sit tantum finis, an etiam eorum quae sunt ad finem?)

Thomas macht hier eine Unterscheidung: Unter Wille wird erstens das Vermögen (*potentia*) selbst bezeichnet, zweitens der Akt des Willens (*voluntatis actus*).

(1) Wenn man vom Willen in der ersten Bedeutung (als *potentia*, Vermögen) spricht, so geht er auf das Ziel (*finis*) *und* auf die Mittel (*ea, quae sunt ad finem*) als das, was zum Ziel führt). E r l ä u t e r u n g : Ein Vermögen bezieht sich auf vieles, z. B. das Auge kann alle möglichen Dingen sehen, also alles Sichtbare. In diesem umfassenden Sinn gehören neben dem Ziel auch die Mittel zum Gegenstandbereich des Willens als *potentia*. Das Gute gehört somit nicht nur zum Ziel, sondern auch zum Mittel. Ziel und Mittel bilden hier eine sachliche Einheit. B e i s p i e l : Wer das gute Ziel hat, Kinder in der Dritten Welt vor dem Verhungern zu retten, kann dies nicht durch verbrecherische Mittel erreichen. Die Schlechtigkeit des Mittels würde das eigentlich gute Ziel zu einem schlechten Ziel korrumpieren. Das Ziel ist hier nicht losgelöst vom Mittel, das dem Ziel seinen moralischen Charakter verleiht. Der Akt hier ist nämlich nur einer, es sind also nicht zwei Akte. Das, was um seiner selbst

willen gewollt ist, ist das Ziel, das Mittel ist um des Zieles willen gewollt. Als Vermögen geht der Wille sowohl auf das Ziel als auch auf die Mittel, denn nur mit Hilfe des richtigen Mittels wird das Ziel erreicht bzw. durch ein falsches Mittel verfehlt.

(2) Wenn man vom Willen in der zweiten Bedeutung (dem Akt) spricht, dann geht er eigentlich nur auf das Ziel. Denn jeder Akt benennt den einfachen und primären Akt eines Vermögens, und der einfache Akt eines Vermögens besteht in dem, was um seiner selbst willen gut und gewollt ist. Beim Verstand (*intellectus*) ist es das Einsehen (*intelligere*), beim Wollen ist es das Ziel. Die Mittel aber werden in Abhängigkeit vom Ziel gewählt, sie haben keine selbständige Funktion. B e i s p i e l : Hammer und Nagel als Mittel haben als gewählte Dinge nur dann einen Sinn, wenn damit ein bestimmtes Ziel erreicht werden kann, wie z. B. ein Bild aufhängen. Als einfacher Akt geht der Wille dagegen nur auf das Ziel.

8, 3:   Wird der Wille durch den gleichen Akt zum Ziel und zum Mittel bewegt?
(Utrum voluntas eodem actu moveatur in finem et in id quod est ad finem?)

Das Ziel wird also um seiner selbst willen gewollt, das Mittel aber nur um des Zieles willen, wie in q. 8, a. 2 gezeigt wurde. Der Wille geht (als einfacher Akt) primär auf das Ziel, aber in dieses auf zweifache Weise:

(1) in das Ziel absolut seiner selbst nach (*absolutus* im Sinne des „losgelöst von"), d. h. zunächst losgelöst von der Überlegung der Mittel, d. h. den Willen interessiert nur das Ziel (z. B. die Gesundheit),

(2) in das Ziel als der Grund des Wollens für die Mittel (z. B. die bittere Medizin, um gesund zu werden). Das heißt: Grund des Wollens der Mittel ist das Ziel, aber direkt in die Mittel kann der Wille nicht gelangen, sondern nur dadurch, dass er das Ziel (als Grund des Wollens der Mittel) erstrebt. Im Wollen des Ziels ist das Wollen gewisser geeigneter Mittel schon enthalten. B e i s p i e l : Die Gesundheit als Ziel, die bittere Medizin als Mittel. Wer also ein Ziel erreichen möchte, muss auch die dafür notwendigen Mittel wollen. Dies kann das *intentionale Wollen* genannt werden. Dagegen kann man ein Ziel auch vom Mittel losgelöst (*absolutus*) wollen, dann kann man hier vom *absoluten Wollen* (losgelöst von Mitteln) sprechen. Dieses absolute Wollen ist aber mehr ein – unrealistisches – Wünschen, denn zur Zielerreichung gehören notwendig die dazu passenden Mittel. In diesem Sinne liegt *ein* Akt vor.

4.3.2.4   q. 9: Was den Willen bewegt
(De motivo voluntatis)

9, 1:   Wird der Wille vom Verstand bewegt?
(Utrum voluntas moveatur ab intellectu?)

Ja, so Thomas, und zwar mit folgender Begründung:

(1) Von seiten des S u b j e k t s aus betrachtet kann man tätig oder nicht tätig sein. Aus jenem Bereich, aus dem das Ziel stammt, wird derjenige Bereich bewegt, aus dem die Mittel stammen. Beispielsweise erteilt die Steuermannskunst der Schiffsbaukunst die Anweisungen.

(2) Von seiten des Objekts aus betrachtet kann man dieses oder jenes tun., z. B. Weißes oder Schwarzes sehen. Hier wird der Akt in seiner Art bestimmt. Das Objekt des Willens ist das Gute im Allgemeinen, das die Bedeutung eines Zieles besitzt. Derjenige Bereich, aus dem das allgemeine Ziel stammt, bewegt denjenigen Bereich, aus dem das partikulare Ziel stammt, wenn es unter das allgemeine Ziel fällt.

Das Gute, das die Bedeutung eines Zieles hat, bewegt den Willen. Der Verstand aber bewegt den Willen insofern, als er ihm sein Objekt, das Gute und also Erstrebenswerte, aufzeigt. Der Verstand muss also dem Willen das Gute erst zeigen, damit er bewegt wird. Ohne den Verstand kann der Wille nicht sinnvollerweise tätig werden.

9, 2: Kann der Wille vom sinnlichen Streben bewegt werden?
(Utrum voluntas moveatur ab appetitu sensitivo?)

Ja, so Thomas. Der Wille wird von einem Gut bewegt, das als gut und angemessen zu bezeichnen ist. Dies kann auf zweierlei Weise unterschieden werden, (a) aufgrund der Qualität des Objekts und (b) aufgrund der Auffassung dessen, dem es vorgelegt wird. Die Angemessenheit drückt eine Beziehung aus.
(1) Der Geschmackssinn kann bei verschiedener innerer Verfassung etwas nicht gleichermaßen als angemessen bzw. nicht angemessen erfassen. Aristoteles: Wie beschaffen jemand ist, so beschaffen erscheint ihm auch das Ziel.
(2) Wenn sich der Mensch in einem Affekt befindet, erscheint ihm etwas anders als angemessen als demjenigen, der sich außerhalb dieses Affekts befindet. Beispiel: Dem Zornigen erscheint etwas anderes als angemessen als dem Ruhigen. Auf diese Weise bewegt das sinnliche Streben den Willen.

9, 3: Bewegt der Wille sich selbst?
(Utrum voluntas moveat seipsam?)

Ja, so Thomas. Im Willen gibt es Wollen (*velle*) und Nichtwollen (*non velle*). Also kann er sich selbst zum Wollen bewegen (*movere seipsam ad volendum*). Der Wille bewegt sich selbst, indem er den Zweck will, d. h. er führt sich selbst zum Wollen dessen, was zum Ziel führt, also zu den Mitteln (*ad volendum ea quae sunt ad finem*). Dies wird von Thomas verglichen mit der Leistung des Verstandes (*intellectus*), der von der Kenntnis der Prinzipien sich selbst zur Erkenntnis der Schlussfolgerung (*conclusio*) bewegt. So bewegt sich auch der Wille selbst: Indem er das Ziel erkennt und will, bewegt er sich selbst zum Wollen der Mittel.

9, 4: Wird der Wille von etwas Äußerem bewegt?
(Utrum voluntas moveatur ab aliquo exteriori principio?)

Ja, so Thomas. Man kann davon ausgehen (aus q. 9, a 3), dass die Bewegung des Willens freiwillig ist, und zur Freiwilligkeit gehört, dass sein Prinzip innerlich ist. Dies muss aber nicht unbedingt ein Erstes sein. In einer hierarchischen Verlängerung verschiedener Prinzipien der Bewegung folgt eines aus dem anderen, bis zum obersten und letzten Prinzip der Bewegung. Thomas argumentiert folgendermaßen: Natürlich wird der Wille anfänglich von einem Objekt bewegt, das etwas Äußerliches ist. Was bewegt aber den Willen, etwas zu wollen, das er vorher noch nicht wollte? Er bewegt sich selbst, indem er zunächst (a) das Ziel will und sich dann (b) zum Wollen des Mittels bewegt, das ihn zum Ziel führt (die Mittel = *ea, quae sunt ad finem*). Damit dies gelingt, muss er eine Zwischenüberlegung einschieben. Beispiel: Wenn jemand gesund werden will (Ziel), dann überlegt er, wie das geschehen könnte, und er sucht vielleicht einen Arzt auf oder beginnt selbst eine gesunde Lebensweise (Mittel) u. a. Dieses Gesundwerden-wollen muss die Kraft eines Bewegenden haben. Weil diese Person aber nicht immer aktuell wollte, dass sie gesund werde (als sie nämlich noch gesund war), muss etwas anderes sie dazu veranlassen. Würde sie sich allein selbst bewegen können, wäre ihre Bewegung auf alles gerichtet, eine Bewegung ins Unendliche ist aber nicht möglich. Deshalb ist es nötig, dass ein erster Anstoß von einem Äußeren, dem Objekt, erfolgt.

9, 5: Wird der menschliche Wille von einem Himmelskörper bewegt?
(Utrum voluntas moveatur a copore caelesti?)

Ja und Nein, so Thomas. Hier wird eine Frage nach dem Stellenwert der Astrologie bezüglich der Beeinflussung menschlicher Handlungen gestellt. Damit wird die Frage von q. 9, a. 4 weitergeführt, ob Äußeres den menschlichen Willen bewegen kann. Da Himmelskörper etwas dem Willen Äußeres sind, könnte die Frage in Weiterführung von q. 9, a. 4 mit Ja beantwortet werden, Thomas beantwortet sie aber mit Nein, und zwar mit der Unterscheidung zwischen direkter und indirekter Beeinflussung.

(1) Direkt können die Himmelskörper nicht den menschlichen Willen bewegen, weil dieser sich im Verstand befindet und immateriell ist, die Himmelskörper dagegen sind materiell. Etwas Materielles kann unmöglich etwas Immaterielles direkt erreichen und bewegen, sie befinden sich gewissermaßen auf zwei verschiedenen Ebenen ohne direkte Verbindung.

(2) Indirekt aber können Himmelskörper den menschlichen Willen schon bewegen, und zwar durch ihren Einfluss auf die sinnlichen Vermögen des Menschen, die etwas Materielles sind. Beispiel: Vollmondnächte können dazu führen, dass manche Menschen nervös sind und unruhig schlafen, sie haben also Einfluss auf das sinnliche Wohlbefinden, das gestört wird. Als Folge kann der Mensch, um einschlafen zu können, zu Beruhigungsmitteln greifen. Die gestörten Affekte veranlassen also den Willen zu einer Bewegung.

9, 6: Wird der Wille von Gott allein wie von einem äußeren Prinzip bewegt?
(Utrum voluntas moveatur a Deo solo sicut ab exteriori principio?)

Ja, so Thomas, mit folgender Begründung. Wie eine natürliche Bewegungsrichtung (Stein fällt von oben nach unten) verändert werden kann (ein Mensch schleudert den Stein von unten nach oben), so findet sich auch im menschlichen Willen diese doppelte Möglichkeit. Ein menschlicher Wille kann zwar von etwas Äußerem als Objekt bewegt werden, unmöglich ist aber, dass er von einem äußeren (*extrinsecus*) Prinzip bewegt werde, das nicht zugleich Ursache des Willens (*causa voluntatis*) ist.

(1) Der Wille ist ein Vermögen der vernünftigen Seele, (*voluntas est potentiae animae rationalis*) die von Gott geschaffen und damit verursacht wurde.

(2) Der Wille hat als Vermögen der vernünftigen Seele eine Hinordnung auf ein nichtpartikulares Gut (partikulare Güter entstammen den Sinnen, allgemeine Güter der Verunft), sondern auf ein universales Gut. Dieses allgemeine Gut, so Thomas, ist Gott.

4.3.2.5 q. 10: Wie der Wille bewegt wird
(De modo quo voluntas movetur)

10, 1: Wird der Wille natürlicherweise auf etwas hin bewegt?
(Utrum voluntas ad aliquid naturaliter moveatur?)

Ja, so Thomas, und zwar mit folgender Begründung. Der Begriff Natur kann auf verschiedene Weise verstanden werden: Einmal ist es das innewohnende Prinzip in den bewegbaren Dingen, zum anderen ist jede beliebige Substanz Natur, d. h. es bezeichnet das natürliche Sein einer Sache, also dasjenige, war ihr aufgrund ihrer selbst innewohnt. Beim Verstand ist dies die Erkenntnis, beim Willen ist es das Gute im Allgemeinen (*bonum in communi*). Auf dieses richtet er sich natürlicherweise. In diesem Sinn will der Mensch alles, was zum ganzen Menschen gehört wie Erkenntnis, Leben und auch partikulare Güter. Der Natur entspricht immer Eines, das seiner Natur angemessen ist. Dem Verstand entspricht natürlicherweise das allgemein Wahre, dem Willen natürlicherweise das allgemein Gute. Unter dem allgemeinen Guten (*bonum commune*) sind viele partikulare Güter enthalten, wobei der Wille durch keines determiniert ist.

10, 2: Wird der Wille mit Notwendigkeit von seinem Objekt bewegt?
(Utrum voluntas moveatur de necessitate a suo obiecto?)
Ja und Nein, so Thomas. Der Wille, so Thomas, wird auf zweierlei Weise bewegt: Erstens bezüglich der Ausführung seines Aktes (*ad exercitium actus*), zweitens bezüglich der spezifischen Bestimmung seines Aktes, die aufgrund eines Objektes beschieht (*ad specificationem actus, quae est ex obiecto*).
(1) bezüglich der generellen Art der Ausführung seines Aktes: Hier wird er vom Objekt mit Notwendigkeit bewegt. B e i s p i e l : Der Seh-Sinn wird durch etwas Sichtbares bewegt (z. B. die Farbe),
(2) bezüglich der spezifischen Bestimmung seines Aktes durch ein Objekt wird er nicht mit Notwendigkeit bewegt. B e i s p i e l : Wenn man einem Sinn, z. B. dem Auge, etwas zeigt, dann bewegt das Objekt (z. B. das Bild, die Farbe) den optischen Sinn auf generelle Art notwendigerweise (das Bild erscheint im Auge), aber nicht spezifischerweise, denn man kann das Auge schließen, sich abwenden usw. Das alles aber gehört zur Ausführung des Aktes eines optischen Sinns. Analog ist es beim Willen, dessen Objekt das allgemein Gute ist. Wird dem Willen vom Verstand ein Objekt gezeigt, das uneingeschränkt gut ist, dann richtet sich der Wille natürlicherweise darauf, im anderen Falle nicht, d. h. er kann sich abwenden. Das uneingeschränkt Gute ist aber der Endzweck allen Strebens, das Glück.

10, 3: Wird der Wille mit Notwendigkeit vom niederen Streben bewegt?
(Utrum voluntas moveatur de necessitate ab inferiori appetitu?)

Ja und Nein, so Thomas. Zunächst werden einige gewichtige Einwände gegen die von

Thomas im Folgenden vorgenommene Verneinung der Frage vorgetragen. Zunächst zu den Einwänden:

- Das Wort des Apostels Paulus aus dem Römerbrief (7,15): „Denn nicht das Gute, das ich will, tue ich, sondern das Böse, das ich nicht will."
- Aristoteles, NE III: „Wie ein jeder beschaffen ist, so beschaffen erscheint ihm auch sein Ziel."

Diese beiden Zitate würden eine Bejahung der Frage nahe legen. Deshalb nun zu den Argumenten des Thomas. Mit dieser Frage werden Leidenschaften des sinnlichen Strebens angesprochen. Durch solche Leidenschaften (Affekte) urteilt der Mensch anders als ein Mensch außerhalb von Leidenschaften. Leidenschaften können also das Urteil eines Menschen verändern. Diese Veränderung kann auf zweifache Weise erfolgen:

(1) Die Vernunft ist durch die große Leidenschaft (z. B. gewaltige Wut) völlig gebunden, so dass Vernunft und Wille ausgeschaltet sind. Hier folgt der Mensch allein dem sinnlichen Streben wie die Tiere.

(2) Die Vernunft ist nicht durch ein sinnliches Streben völlig gebunden. Hier hat der Wille (als Teil und Vermögen der Vernunft) einen Handlungsspielraum. Hierher gehören auch die Antworten auf das Paulus- und auf das Aristoteleszitat.

- Der Mensch könne zwar, wie im Pauluszitat, nicht verhindern, dass er von einer Begierde erfasst wird, der Wille könne jedoch wollen, nicht begierlich sein zu wollen und deshalb der Begierde nicht zustimmen. So folgt darauf nicht mit Notwendigkeit eine Bewegung des Willens.
- Zum Aristoteleszitat: Dem Menschen wohnen zwei Naturen inne, eine sinnliche und eine verstandesmäßige. Er kann innerlich zwei Extreme realisieren: Einmal die Vernunft ganz der Sinnlichkeit unterwerfen, oder die Sinnlichkeit ganz der Vernunft unterwerfen. Solange aber die Vernunft durch die Sinnlichkeit nur „umwölkt" (*obnubiletur*) ist, verbleibt ein Freiheitsspielraum in der Vernunft.

10, 4: Wird der Wille mit Notwendigkeit von Gott bewegt?
(Utrum voluntas moveatur de necessitate ab exteriori motivo, quod est Deus?)

Der Wille, so Thomas, wird von Gott nicht mit Notwendigkeit auf Eines hin bewegt, sondern dem Willen verbleiben eine kontingente und eine nichtkontingente Bewegung.

4.3.2.6 q. 11: Das Genießen als Akt des Willens
(De fruitione, quae est actus voluntatis)

11, 1: Ist das Genießen ein Akt des Strebevermögens?
(Utrum frui sit actus appetitivae potentiae?)

Ja, so Thomas, und zwar mit folgenden Argumenten. Etymologisch stehen Genießen (*fruitio*) und Frucht (*fructus*) in Verbindung. Früchte gehören zum sinnlichen Bereich, denn eine sinnliche Frucht wird als Ziel beispielsweise aus einem Baum erwartet und mit einer gewissen Süße genossen. Das Strebevermögen verlangt nach dem Ziel, das ein Gut ist. In diesem Sinne, so Thomas, ist der Genuss ein Akt des Strebevermögens.

11, 2: Genießen allein die vernünftigen Geschöpfe oder auch die Tiere?
(Utrum frui conveniat tantum rationali creaturae, an etiam animalibus brutis?)

Die Antwort erfordert eine zweifache Unterscheidung bezüglich der Erkenntnis des Zieles, eine vollkommene und eine unvollkommene Erkenntnis.

(1) Eine vollkommene Erkenntnis des Zieles ist diejenige, in der nicht allein das Ziel (als Objekt) erkannt wird, sondern auch der universale Grund des Zieles als etwas Gutes. Eine solche Erkenntnis ist nur den vernünftigen Wesen möglich. Hier erfolgt deshalb auch ein Genießen in einem vollkommenen Sinn.

(2) Eine unvollkommene Erkenntnis ist eine solche, in der das Ziel und das Gute nur partikular erkannt werden. Dies findet sich bei den Tieren. In diesem Sinne findet sich bei den Tieren ein Genießen in diesem unvollkommenen Sinne.

11, 3: Gehört das Genießen nur zum Endziel?
(Utrum fruitio sit tantum ultimi finis?)

Ja, so Thomas, denn zum Begriff der Frucht (*fructus*) gehört zweierlei, nämlich dass sie ein Letztes (*ultimum*) ist und dass in ihr das Streben zur Ruhe kommt. Ein Letztes (*ultimum*) kann aber auf zweierlei Weise aufgefasst werden,

- schlechthin (*simpliciter*), d. h. was auf anderes nicht bezogen ist, und
- unter einer bestimmten Rücksicht (*secundum quid*), d. h. was auf etwas bezogen ist, hier: was das Letzte von etwas Bestimmtem ist.

(1) Was schlechthin ein Letztes der Freude ist, wird im eigentlichen Sinn Frucht genannt. Hierzu gehört die „Süße" als Metapher für alles Erfreuliche. Eine bittere Medizin kann deshalb nicht genossen werden (ist keine Frucht), da sie nur ein Mittel zum Ziel der Gesundheit ist.

(2) Was aber nicht schlechthin, sondern in einer bestimmten Hinsicht (*secundum quid*) ein Genuss ist, kann auch nicht im eigentlichen Sinn Frucht genannt werden.

11, 4: Gehört das Genießen zum Erreichthaben eines Zieles?
(Utrum fruitio sit solum finis habiti?)

Genießen hat eine Beziehung zu etwas, das letztes Ziel ist oder das man dafür hält. Hier ist zu unterscheiden, auf welche Weise man ein Ziel „haben" kann: auf vollkommene und auf unvollkommene Weise.

(1) Auf vollkommene Weise kann man ein Ziel „haben", indem man es nicht nur in der Absicht hat, sondern tatsächlich besitzt. Im eigentlichen Sinne kann man als leibliches Wesen etwas nur dann genießen, wenn es auch leiblich erfahrbar ist.

(2) Auf unvollkommene Weise kann man etwas genießen, wenn man es beabsichtigt zu besitzen, aber noch nicht hat, gewissermaßen im Sinne einer Vorfreude.

4.3.2.7 q. 12: Die Intention
(De intentione)

12, 1: Ist die Intention ein Akt des Verstandes oder des Willens?
(Utrum intentio sit actus intellectus, vel voluntatis?)

Die Intention ist im eigentlichen Sinne ein Akt des Willens, so Thomas. Die Intention ist vom lateinischen Sprachgebrauch her ein Hinspannen auf etwas (*in aliud tendere*). Der Wille richtet sich auf *etwas anderes* (*aliud*) entsprechend einer Vorgabe (Ordnung) der Vernunft. Die Ordnungstätigkeit der Vernunft (scheidet Gutes vom Schlechten) ist also Voraussetzung für die intentionale Tätigkeit des Willens. Zur Intention im eigentlichen Sinne gehört also die Kombination von Ziel (*finis*) und einem *aliud*, das Mittel zum Ziel ist (die Mittel heißen bei Thomas: *ea, quae sunt ad finem*). Wer zu einem *finis* gelangen möchte, muss den Umweg über ein *aliud* machen, welches das Mittel zum Ziel ist. B e i s p i e l : Um das Ziel Examen erreichen zu können, muss man zuerst in die Seminare und zu den dort zu erwerbenden Scheine (die Mittel) „tendieren" (*tendere*). Die Reihenfolge: Zuerst ist die Intention vorhanden, dann werden die Mittel gewählt, die zum Ziel führen. Die Intention ist somit ein Akt des Willens bezüglich des Zieles, und dies kann auf dreifache Weise verstanden werden:

(1) Im a b s o l u t e n Sinn: Beispiel: Man kann die Gesundheit losgelöst (lat. *absolutus*) von einem *aliud* (dem Mittel = die bittere Medizin) anstreben; dann aber wird man nicht gesund. In diesem Sinne sprechen wir von Wünschen: Wer möchte nicht gesund oder reich werden? Das *aliud*, das dazu notwendig wäre, z. B. die bittere Medizin nehmen oder viel arbeiten, streben viele nicht an. Dann wollen sie auch nicht gesund oder reich werden. Dies ist keine Intention im eigentlichen Sinne, weil dazu die Akzeptanz eines *aliud* = eines Mittels (das zum Ziel führt) gehört.

(2) Im Sinne des E n d e s : Wer am Ende (Ziel eines mühsamen Weges) angekommen ist, kann genießen.

(3) Als K o m b i n a t i o n v o n Z i e l u n d M i t t e l , die beide auf dasselbe hingeordnet sind: Gesundheit und bittere Medizin. Das Mittel realisiert das Ziel. Wer ein Ziel will, will auch die dazu passenden Mittel, sonst träumt er nur. Hier sprechen wir von einem intentionalen Wollen im Gegensatz zu einem absoluten Wollen, wie dies schon oben unter (1) dargestellt wurde. Die richtigen Mittel zu erkennen ist Sache des Verstandes.

12, 2: Gehört die Intention nur zum Endziel?
(Utrum intentio sit tantum ultimi finis?)

Nein, so Thomas, denn man strebt nicht nur das Endziel an, sondern dieses über verschiedene Zwischenziele. Auch auf diese Zwischenziele bezieht sich die Intention. Beispiel: Man kann in die Arbeit gehen (Ziel 1), um Geld zu verdienen (Ziel 2), um damit Urlaub machen zu können (Ziel 3), um neue Kräfte für die Arbeit zu schöpfen (Ziel 4) usw.. Endziel allen Strebens ist, wie schon gezeigt, das Glück, in dem das Streben nach Zielen zum Ende gelangt und Ruhe in den Menschen einkehrt.

12, 3: Kann jemand zugleich zwei Intentionen verfolgen?
(Utrum aliquis possit simul duo intendere?)

Ja, so Thomas. Die Natur hat beispielsweise die Zunge auf zweierlei hingeordnet, zum

Schmecken und zum Sprechen. Die menschliche Kunst ahmt aber die Natur nach. Bezüglich der Frage ist deshalb eine Unterscheidung vorzunehmen, so Thomas. Zwei Dinge können entweder wechselseitig aufeinander bezogen sein oder nicht.

(1) Sind sie wechselseitig (*ordinata*) aufeinander zugeordnet, dann kann der Mensch mehrere Dinge zugleich intendieren. B e i s p i e l : Die Gesundheit und die Einnahme von Medizin; die Gesundheit und die Planung eines Kuraufenthaltes usw. Hier sprechen wir von einem intentional geordneten Zusammenhang. Wir könnten auch von ursächlichem Zusammenhang sprechen, weil die Medizin die Ursache der Gesundheit ist.

(2) Sind sie nicht wechselseitig (*non ordinata*) aufeinander hingeordnet, dann kann der Mensch ebenfalls mehrere Dinge zugleich intendieren, wenn b e i s p i e l s w e i s e etwas zur Auswahl steht und der Mensch sich für eines entscheidet, weil es die größeren Vorzüge hat als die anderen. Jemand kann aber auch zwei Dinge zugleich intendieren, die zwar der Sache nach verschieden sind, nicht aber dem Begriff nach. Weil nämlich die Vernunft dem Willen und damit der Intention erst etwas zeigen muss (als Gut), was er wollen kann, und sie dies durch Begriffe erreicht, kann das der Sache nach Verschiedene dem Begriff nach gleich sein. Beispiel: Wer reich geworden ist, kann seine Intentionen auf eine Villa, auf einen teuren Sportwagen, teure Kleidung, luxuriösen Urlaub usw. richten. Erklärung: Die zwar sachlich verschiedenen Dinge werden vom Verstand unter den gemeinsamen Begriff „Wohlstand" geordnet und dann vom Willen als ein zusammengehöriges Ganzes intendiert.

12, 4:   Ist die Intention des Zieles mit dem Wollen des Mittels identisch?
(*Utrum intentio finis sit idem actus cum voluntate eius quod est ad finem?*)

Ja, so Thomas, mit folgender Differenzierung. Die Bewegung des Willens auf ein Ziel und auf ein Mittel hin kann auf zweierlei Weise erfolgen: losgelöst (*absolutus*) voneinander und im Hinblick auf sich selbst (*secundum se*).

(1) Wenn Ziel und Mittel losgelöst (*absolutus*) voneinander angestrebt werden (d. h. wie zwei verschiedene, nicht zusammengehörige Objekte), dann handelt es sich auch um zwei verschiedene Bewegungen des Willens, um zwei Akte. Ziel und Mittel scheinen eine Verbindung zu haben, sind in Wirklichkeit aber ohne sachliche Verbindung.

(2) Der Wille wird auf das Mittel gelenkt um des Zieles willen. B e i s p i e l : Bittere Medizin nehmen um der Gesundheit willen. Das Ziel ist dann der Grund für das Wollen des Mittels. In diesem Sinne handelt es sich hier nur um *einen* Akt, nicht um zwei. Das Objekt und der Grund des Objekts gehören hier zu einem Akt

12, 5   Kommt die Intention auch den Tieren zu?
(*Utrum intentio conveniat brutis animalibus?*)

Ja, mit einer Unterscheidung, so Thomas. Intendieren bedeutet eine Bewegung auf ein Ziel hin, und dies kommt sowohl dem Bewegenden als auch dem Bewegten zu, aber mit dem Unterschied, dass sich die vernünftigen Naturen sich selbst auf ein Ziel hinordnen, während die unvernünftigen Naturen (Tiere) von etwas anderem (Instinkte) auf ein Ziel hingelenkt werden. Tiere *verfolgen* Ziele intentional, Menschen *setzen* Ziele intentional.

(1) Tiere *verfolgen* deshalb nur Ziele, die sie sich nicht selbst gesetzt haben. Sie werden von ihrer Natur auf ein Ziel hingelenkt wie der Pfeil vom Schützen. Intentional ist ihr Streben aber insofern, als sie in ihrem Streben auch die geeigneten Mittel kennen, um ans Ziel zu gelangen. B e i s p i e l : Die Katze „weiß" instinktiv, dass sie sich vorsichtig und gegen den Wind anschleichen muss, um die Maus zu fangen.

(2) Der Mensch als vernünftige Natur *setzt* sich Ziele selbst und wählt die dazu passenden Mittel.

4.3.2.8   q. 13: Die Wahl der Mittel
(De electione eorum quae sunt ad finem)

13, 1:   Ist das Wählen ein Akt des Willens oder des Verstandes?
   (Utrum electio sit actus voluntatis vel rationis?)

Im Akt des Wählens ist etwas enthalten, was sowohl zum Verstand (*ratio*) bzw. zur Vernunft (*intellectus*) als auch zum Willen (*voluntas*) gehört, denn nach Aristoteles NE VI ist das Wählen ein strebendes Verstehen oder ein verstandesmäßiges Streben. Das Wählen ist also etwas Zusammengesetztes, wobei das niedere von dem höheren Vermögen geordnet wird und diesem die Art zuteilt. B e i s p i e l : Wenn jemand aus Liebe zu einer anderen Person sich für diese bei Gefahr für Leib und Leben einsetzt, dann ist dieser Akt material ein Akt der Tapferkeit, formal (seiner Form nach) aber ein Akt der Liebe. (Hinweis: In dieser Begrifflichkeit ist „Form" nicht das bloße Äußere, sondern bezeichnet die wesentliche Bestimmung von etwas. Die Form bezeichnet also das Höherwertige. Das Objekt wird vom Verstand dem Willen als Gut vorgestellt. Jener Akt gehört also material zum Willen, formal aber zur Vernunft. Weil aber in der Ordnung der Vernunft das Gute dem Willen zur Realisierung vorgestellt wurde, vollendet sich dieser Akt erst in der Wahl. Aus diesem Grund, so Thomas, gehört der Akt offenkundig zum Strebevermögen.

13, 2:   Kommt das Wählen auch den Tieren zu?
   (Utrum electio conveniat brutis animalibus?)

Das Wählen ist ein Vorziehen bzw. Nachstellen eines Objekts vor dem anderen. Voraussetzung ist also, dass zwischen mehreren Dingen gewählt werden kann. Bei Lebewesen, die nur auf eines hingeordnet sind, kann also ein Wählen nicht stattfinden, hingegen bei vernünftigen Lebewesen schon. Es ist zu unterscheiden zwischen einem sinnlichen Streben und einem Willen (der in der Vernunft liegt).

(1) Das sinnliche Streben ist auf ein partikulares Gut gerichtet,
(2) das vernünftige Streben (der Wille) geht auf ein universales Gut, das viele partikulare Güter unter sich hat. Deshalb gehört das Wählen im eigentlichen Sinn nur hierher.

13, 3:   Werden allein die Mittel gewählt oder zuweilen auch das Ziel?
   (Utrum electio sit solum eorum quae sunt ad finem, an etiam quandoque ipsius finis?)

Aristoteles sagt in NE III, dass das Ziel zum Wollen, die Mittel aber zum Wählen gehören. B e i s p i e l : Für den Arzt ist die körperliche Gesundheit des Patienten ein Ziel; gewählt wird von ihm das Mittel. In einer anderen Ordnung kann aber die Gesundheit Mittel zu einem Ziel sein (einen Sportwettbewerb gewinnen), dann wird die Gesundheit als Mittel gewählt, d. h. es wird alles unternommen, damit man topfit ist. Thomas übernimmt diese aristotelische Position mit folgenden Argumenten: Das Wählen verhält sich wie eine Schlussfolgerung aus einem praktischen Syllogismus, das Ziel dagegen ist das Prinzip. Das Wählen ist also ein Urteil. (Beispiel für einen praktischen Syllogismus: (1) Jedem Menschen, der in Not ist, soll man helfen! (2) Dieser Mensch ist in Not. (3) Deshalb soll man diesem Menschen helfen.)

13, 4: Gehört das Wählen nur zu dem, was durch uns getan wird?
(Utrum electio sit tantum eorum quae per nos aguntur?)

Es ist festzuhalten: Ein Ziel wird intendiert, die Mittel werden gewählt (q. 13, a. 3). Das Ziel ist aber entweder eine Sache oder eine Handlung. Wenn das Ziel aber eine Sache ist, dann muss eine Handlung dazwischentreten. Um ein Bild aufzuhängen (Ziel), benötigt man beispielsweise als Mittel einen Hammer und einen Nagel. Der Vorgang des Bildaufhängens ist zwar das Mittel zum Ziel, zugleich aber ist es eine Handlung, denn es müssen verschiedene Arbeitsvorgänge durchgeführt werden.

13, 5: Wird nur das Mögliche gewählt?
(Utrum electio sit solum possibilium?)

Ja, so Thomas, und zwar mit folgender Begründung: Wenn die Mittel möglich sind, kann auch ein Ziel erreicht werden. Das Ziel liegt ja noch in weiter Ferne, aber seine Realisierung kann in Angriff genommen werden, wenn die Mittel zur Verfügung stehen.

13, 6: Wählt der Mensch aus Notwendigkeit oder frei?
(Utrum homo ex necessitate eligat, vel libere?)

Hier ist folgende Unterscheidung zu treffen.
(1) Der Mensch wählt nicht mit Notwendigkeit, sondern frei. Der Mensch kann wollen oder nicht wollen, handeln oder nicht handeln. Dies betrifft vor allem die partikularen Güter, die alle aus einem bestimmten Blickwinkel betrachtet einen Mangel haben können. Hier kann der Mensch Ja und Nein sagen.
(2) Der Mensch wählt mit Notwendigkeit. Dies bezieht sich auf das vollkommene Gute, die Glückseligkeit. Diese kann vom Sinn her keinen Mangel aufweisen, weswegen man sich auch nicht sinnvollerweise dagegen entscheiden kann. Die Menschen können das Glück als Endziel nicht wählen und auch nicht abwählen, weil es ohne Alternative ist.

4.3.2.9 q. 14: Das Sichberaten vor der Wahl
(De consilio quod electionem praecedit)

14, 1: Ist das Sichberaten ein Nachforschen?
(Utrum consilium sit inquisitio?)

Ja, denn das Handeln erfolgt im Bereich des Individuell-Konkreten (mit den Handlungsumständen), und hier gibt es so viele Zweifel und Ungewissheiten, dass die Vernunft ohne vorangehendes Nachforschen (*inquisitio*) zu keinem Urteil gelangen kann. Eine *inquisitio* geht auf zweifelhafte und unsichere Dinge. Dieses Nachforschen (*inquisito*) vor dem Urteil über eine bestimmte Wahl (eine Entscheidung) wird Sichberaten (*consilium*) genannt, wie dies auch Aristoteles darstellt. Also ist das *consilium* eine *inquisito*.

14, 2: Wird nur über das Ziel oder auch über die Mittel beraten?
(Utrum consilium sit de fine, an solum de his quae sunt ad finem?)

Eine Beratung (*consilium*) findet statt über etwas, worüber man Zweifel hat. Sie findet aber nicht über das Ziel, sondern über die Mittel statt. Handlungstheoretisch hat ein Ziel die Bedeutung eines Prinzips. Die Gründe für die Wahl eines Mittels werden aus dem Prinzip genommen. Aus diesem Grunde fällt das Prinzip nicht unter diese (Artikel)-Frage. Ein Ziel kann aber auch wieder auf ein anderes Ziel hingeordnet werden, und so kann es vorkommen, dass ein Ziel zu einem Mittel wird. B e i s p i e l : Geld zu erwerben kann ein Ziel sein; wenn es aber vorhanden ist, wird es zu einem Mittel, weil mit ihm ein anderes Ziel erstrebt wird, z. B. eine Urlaubsreise. Jetzt wird über die Verwendung des Geldes beraten. Was also Ziel und was Mittel ist, hängt von der zu untersuchenden Handlung ab.

14, 3: Gehört das Sichberaten allein zu dem, was durch uns getan wird?
(Utrum consilium sit solum de his quae a nobis aguntur?)

Eine Beratung (*consilium*) bezieht sich auf das, was durch uns getan wird, so Thomas. Beraten bedeutet nämlich, dass man Vergleiche anstellt. Ein *consilium* (Beratung) leitet seinen Namen her von *considium* (dem Zusammensitzen). Weil dem einzelnen leicht die Vielzahl der Faktoren einer Handlung entgeht, ist Beraten eine Aufgabe, zu der mehrere hinzugezogen werden. Bei notwendigen und allgemeinen Dingen ist aber eher eine Beratung angebracht, bei der der einzelne genügt.

14, 4: Gehört das Sichberaten zu allem, was durch uns getan wird?
(Utrum consilium sit de omnibus quae a nobis aguntur?)

Die Beratung (*consilium*) ist ein Nachforschen (*inquisitio*), aber nur über zweifelhafte Dinge. Über Bagatellfragen, auch wenn sie durch uns geschehen, findet kein Nachforschen und somit auch kein Beraten statt. Ebenso findet kein Beraten statt über Handlungen, bei denen der Ablauf selbstverständlich ist, z. B. wie ein Buchstabe geschrieben werden muss, weil es durch die entsprechende Kunst so bestimmt wird.

14, 5: Schreitet das Sichberaten in einer rückführenden Ordnung voran?
(Utrum consilium procedat ordine resolutorio?)

Es gibt zwei unterschiedliche Ordnungen von Handlungen (Reihenfolge von Ziel und Mittel), eine in der Planungsphase einer Handlung (*in intentione*) und eine in der Ausführungsphase (*in executione*).

In der Planungsphase ist zuerst die Intention (das Ziel, der Zweck) vorhanden, dann das oder die Mittel (*ea, quae sunt ad finem*); in der Ausführungsphase ist es naturgemäß umgekehrt, zuerst wird das Mittel eingesetzt, dann erst zeigt sich das Ziel (oder nicht). Ob in der Planungsphase Ziel und Mittel richtig aufeinander bezogen wurden, zeigt sich realiter erst in der Ausführungsphase, wenn durch die Anwendung des Mittels die Intention in Erfüllung gehen müsste. Eine Beratung bezieht sich auf die Planungsphase, weil man ein Scheitern der Handlung vermeiden möchte. Man beginnt mit dem Ziel, das früher in der Intention, aber erst später im Sein ist, und geht von dem, was sich – potentiell – in der Zukunft zeigt, zurück zu dem, womit in der Gegenwart begonnen werden muss.

Die beiden Ordnungen sind also (1) das Überlegen vom Zweck her und (2) das Wirken auf den Zweck hin. Beispiel: Ein Architekt geht in der Planungsphase vom vorausgesetzten Zweck, dem Haus, aus, welches das erste im Denken, aber das letzte im Sein ist. Erst die Arbeit (Einsatz der Mittel) realisiert das Ziel. Der Architekt geht also in der Planungsphase zerlegend (analytisch) vom Ganzen zu den Teilen vor, in der Bauphase geht er synthetisch von den Teilen zum Ganzen.

14, 6:   Schreitet das Sichberaten ins Unendliche voran?
         (Utrum consilium procedat in infinitum?)

Bei dieser Frage muss zwischen der Ratsuche dem Akt nach und dem Vermögen nach unterschieden werden. Dem Akt nach ist sie endlich, und dabei ist weiterhin zweierlei zu unterscheiden:

(1) Die Ratsuche vom Prinzip her. Das ist das Ziel, über das nicht beratschlagt wird, weil es selbst Prinzip der Beratung ist. Manches wird auch ungeprüft von anderen Wissenschaften übernommen, anderes ergibt sich unmittelbar aus den Sinneseindrücken, anderes wieder ist spekulativ einsichtig. Über diese Dinge werden keine weiteren Überlegungen angestellt.

(2) Die Ratsuche von der Schlussbestimmung (*terminus*) her. Was wegen eines Zieles getan wird, hat die Bedeutung einer Schlussfolgerung (*conclusio*), die zu realisieren in unserer Macht (*potestas*) steht. Dies sind die Mittel. Diese Beratung, als Vermögen gesehen, kann unendlich sein, nicht aber als Akt.

4.3.2.10 q. 15: Die Zustimmung als Willensakt bezüglich der Mittel
(De consensu, qui est actus voluntatis, respectu eorum quae sunt ad finem)

15, 1:   Ist die Zustimmung ein Akt der strebenden oder der erfassenden Kraft?
         (Utrum consensus sit actus appetitivae vel apprehensivae virtutis?)

Hier werden die Fragen nach der Genese einer Handlung weitergeführt, die in q. 12 *(de intentio)* begann, in q. 13 *(de electione)* weitergeführt wurde zu q. 14 *(de consilio)* und nun zu q. 15 *(de consensu)*. In q. 15 geht es um die Zustimmung, und zwar um die Fragen, ob mehr ein *appetitives* (strebendes) oder mehr ein *apprehensives* (erfassendes) Vermögen beteiligt ist, ob es mehr um das Ziel (*finis*) oder um die Mittel (*ea, quae sunt ad finem*) geht, ob mehr der Wille (*voluntas*) oder mehr der Verstand (*intellectus*) beteiligt ist.

Das Thema beginnt mit der Frage: Was heißt es im Vorfeld einer Handlung, seinen Sinn (*sensus*) auf etwas richten? Dabei wird beim Sinn unterschieden zwischen anwesenden und abwesenden Dingen. Der Verstand (*intellectus*) kann sich auf die allgemeinen

Gründe und auf die an- als auch auf die abwesenden Dinge beziehen. In der nun folgenden Analyse kommt Thomas zu folgender Zuordnung: Man kann mehr oder weniger distanziert einer Sache zustimmen: Liegt eine gewisse Distanz (*distantia*) vor, dann spricht Thomas von *assentire* (*ad aliud sentire*), liegt aber eine gewisse Verknüpfung (*coniunctio*) vor, dann spricht Thomas von *consentire* (*simul sentire*). Dieses *consentire* bezieht sich auf den Willen (*voluntas*), weil sich dieser an der Sache selbst orientiert, während beim Verstand (*intellectus*), bei dem eine umgekehrte Bewegungsrichtung vorliegt (von den Objekten zum Intellekt, der eine Bewertung vornimmt), Thomas von *assentire* spricht. Deshalb gehört das *consentire* zum *appetetiven* Vermögen (Stebevermögen), das *assentire* zum *apprehensiven* (erfassenden) Vermögen. Damit ergibt sich für Thomas folgende Verknüpfung: Der Wille (*voluntas*) mit seiner spezifischen Fähigkeit der Zustimmung (*consentire*) bewegt den Verstand (*intellectus*) mit dessen spezifischer Fähigkeit zur Zustimmung (*assentire*). Fazit: Der Verstand steht den Objekten bezüglich einer möglichen Zustimmung distanzierter gegenüber als der Wille, dessen Strebevermögen (*appetetives* Vermögen) sich dem Objekt zuwendet. Die Zustimmung im Sinne eines *consensus* (wie es die q. 15 benennt), kommt also dem Willen zu, nicht dem Verstand.

15, 2: Kommt die Zustimmung auch den Tieren zu?
(Utrum consensus conveniat brutis animalibus?)

Nein, denn es muss zwischen den Tieren und den Menschen unterschieden werden.

(1) Den Tieren kommt eine Zustimmung (*consensus*) nicht zu, denn eine Zustimmung ist die Anwendung einer Strebebewegung (*appetitivus motus*) auf etwas, was getan wird. Dies kann aber nur jemand, in dessen Macht die Anwendung oder Unterlassung der Strebebewegung liegt; dies liegt bei Tieren nicht vor, da sie instinktgebunden tätig sind.

(2) Den Menschen kommt die Zustimmung zu, weil sie Herren über diese Handlungen sind und die Zustimmung (*consensus*) auf dieses oder jenes anwenden oder auch unterlassen können.

15, 3: Geht die Zustimmung auf das Ziel oder auf die Mittel?
(Utrum consensus sit de fine, vel de his, quae sunt ad finem?)

Über die Mittel wird beraten, und dies setzt die Existenz eines Zieles voraus; und deshalb ist die Beratung der Mittel auch eine Zustimmung. (Eine Zustimmung als *consensus* ist ja die Anwendung der Strebebewegung des Willens auf etwas hin.) Weil es eine Beratung nur über die Mittel gibt, gibt es auch eine Zustimmung (der Strebebewegung) nur über die Mittel.

Es muss in dieser Angelegenheit aber zwischen Zustimmung (*consensus*) und Wählen (*electio*) unterschieden werden, denn nach einer Zustimmung kann noch eine Wahl notwendig werden. Die Zustimmung (*consensus* des Willens) wird denjenigen Objekten gegeben, die gefallen.

Wenn es aber mehrere Objekte gibt, die sowohl gefallen als auch echte Mittel zum Ziel sind, dann muss eine Auswahl getroffen werden, d. h. eine Wahl (*electio*) erfolgen. Wenn es aber nur ein Mittel zum Ziel gibt, dann unterscheiden sich consensus und electio nicht.

15, 4: Gehört die Zustimmung in einen Akt allein zum höheren Teil der Seele?
(Utrum consensus in actum pertineat solum ad superiorem animae partem?)

Ja, so Thomas, und zwar mit folgender Begründung.

Man könnte zunächst vermuten, dass die Freude (*delectatio*) der vollzogenen Handlung folgt. Eine Zustimmung (*consensus*) zur Freude, wie es der Jugend eigentümlich ist, gehört aber zur niederen Vernunft. Die Zustimmung zu einem Akt gehört dann zur höheren Vernunft, wenn es sich um einen abschließenden Spruch (*sequentia finalis*) handelt. Ein abschließender Spruch gehört immer zu dem Vermögen, das höher ist und dem es deshalb zukommt, über andere zu urteilen.

Über die sinnlichen Dinge wird mit Hilfe von Vernunftgründen geurteilt. Ein abschließender Spruch ist aber eine Zustimmung (*consensus*). Die Gedankenfreuden **beispielsweise** gehören zunächst zur niederen Vernunft, die Entscheidung aber darüber, worin Gedankenfreuden bestehen sollen (z. B. Schadenfreude oder Freude an guten Taten), gehört als Urteil in den Zuständigkeitsbereich der höheren Vernunft. Insofern ist hier wieder die Verbindung von Wille und Vernunft vollzogen worden.

4.3.2.11 q. 16: Das Gebrauchen als Willensakt bezüglich der Mittel
(De usu, qui est actus voluntatis, comparatione eorum quae sunt ad finem)

16, 1: Ist das Gebrauchen ein Akt des Willens?
(Utrum uti sit actus voluntatis?)

Ja, das Gebrauchen ist im eigentlichen Sinn ein Akt des Willens, so Thomas.

Gebrauchen heißt: Wir wenden eine Sache (Objekt) zu einer Handlung an, z. B. ein Pferd zum Reiten; wir gebrauchen das Pferd. Wir wenden aber auch innere Prinzipien (z. B. die Vermögen der Seele, den Verstand zum Verstehen, das Auge zum Sehen) für eine Handlung an, d. h. wir gebrauchen sie. Äußere Dinge (z. B. einen Stock) können aber nur mit Hilfe innerer Prinzipien angewendet werden; der Wille aber bewegt die Vermögen der Seele zu ihren Akten. Der Wille ist das erste Bewegende, die Vernunft aber bestimmt die Ausrichtung des Willens auf das Ziel.

16, 2: Kommt das Gebrauchen auch den Tieren zu?
(Utrum uti conveniat brutis animalibus?)

Nein, so Thomas, mit folgenden Begründungen.

(1) „Gebrauchen" bedeutet, ein Prinzip auf eine Handlung anzuwenden, wie

(2) „Zustimmung" bedeutet, die Strebensbewegung auf etwas zu Erstrebendes anzuwenden. In beiden Fällen gilt: Etwas auf etwas anderes anwenden bedeutet, darüber eine Verfügungsgewalt zu haben, was wiederum bedeutet, etwas auf etwas beziehen zu können, was wiederum bedeutet, über Vernunft zu verfügen. Darum kommen das „Gebrauchen" (Akt des Willens) und das „Zustimmen" (Akt der Strebensbewegung) nur den vernünftigen Lebewesen zu, nicht den Tieren.

16, 3: Gehört das Gebrauchen auch zum Endziel?
(Utrum usus possit esse etiam ultimi finis?)

„Gebrauchen" ist eine Anwendung von etwas auf etwas, was ein Ziel darstellt. Unter einem letzten Ziel kann man zweierlei verstehen, einmal „schlechthin" *(modo simpliciter)* und zum anderen „in Bezug auf etwas" *(modo quoad aliquem)*. Man kann als Ziel die Sache selbst oder aber den Besitz einer Sache als Ziel verstehen.

(1) Endziel schlechthin: Dies ist die Sache selbst. In diesem Sinne kann man auch von „Genießen" sprechen, und zwar deshalb, weil erst das Erreichen des Zieles ein Zur-Ruhe-Kommen bedeutet.

(2) Endziel mit Bezug auf etwas: Dies ist der Besitz und Gebrauch einer Sache, z. B. des Geldes. Dies ist kein letztes Ziel, weil ein Besitz nur solange gut ist, wie etwas einen Wert darstellt, also ein Gut ist. In diesem Sinne spricht man von Gebrauchen.

16, 4: Gehören Gebrauchen und Wählen zusammen?
(Utrum usus praecedat electionem?)

Unterscheidung: Wille und Gewolltes. Der Wille *(voluntas)* hat ein zweifaches Verhältnis zum Gewollten *(ad volitum)*:

(1) Das Gewollte ist im Wollenden durch eine Hinordnung *(ordo)* oder Verhältnismäßigkeit *(proportio)* zum Gewollten; dies ist ein **unvollkommenes Haben**.

(2) Das Gewollte ist im Wollenden als Wirklichkeit, was ein **vollendetes Haben** bedeutet.

Das Gewollte ist aber nicht nur das Ziel, sondern auch das Mittel. Hierzu gehört das Wählen *(electio)*, damit der Wille auch das Mittel will. Das Gebrauchen gehört aber zum zweiten Bereich, womit er sich auf die tatsächliche Erreichung des Gewollten richtet. Dieses Gut ist dann ein *bonum consummatum*[37]. Reihenfolge. Zuerst das Wählen, dann das Gebrauchen. Damit ergibt sich:

(1) Das Gewollte ist im Wollenden durch eine Hinordnung oder Verhältnismäßigkeit: Sowohl als Ziel als auch als Mittel; dies ist aber kein wirkliches Haben. Es handelt sich um den Akt des Wählens.

(2) Das Gewollte ist im Wollenden wirklich vorhanden, und zwar sowohl als Ziel als auch als Mittel, d. h. als ganzes Gewolltes; erst hier ist ein Gebrauchen möglich. Dies bedeutet, es vollendet zu besitzen.

4.3.2.12 q. 17: Die vom Willen angeordneten Akte
(De actibus imperatis a voluntate)

17, 1: Ist das Anordnen mehr ein Akt der Vernunft oder des Willens?
(Utrum imperare sit actus rationis, vel voluntatis?)

Das Anordnen *(imperare)* ist ein Akt der Vernunft, wobei ein Akt des Willens zugrunde liegt. Wie ist dies zu verstehen? Dieses Anordnen erfolgt durch die Vernunft, darstellbar

---

[37] lat. *consummatio* = Erfüllung, Vollendung, Abschluss. Kant bezeichnet in der KpV das Glück als *bonum consummatum*.

a) durch einen Infinitiv (Dies ist zu tun) und b) durch einen Imperativ (Tue dies!). Weil aber nur der Wille eigentlich bewegen kann, ist die Vernunft ein zweites Bewegendes und vom Willen abhängig. Wie ist der Zusammenhang zu verstehen? Thomas: Von der Kraft des früheren Aktes bleibt im folgenden Akt etwas erhalten, d. h. die Kraft des Vernunftaktes kann in den Willensakt übergehen, und umgekehrt.

17, 2: Kommt das Anordnen auch den Tieren zu?
(Utrum imperare pertineat ad animalia bruta?)

Nein, das Anordnen (*imperare*) ist, wie in q. 17, a 1 gesagt, ein Akt der Vernunft. Dieser kommt den Tieren nicht zu. Der Einwand, dass den Tieren doch Muskelkraft zukomme, trifft hier nicht zu, weil Anordnen (*imperare*) ein Ordnen (*ordinare*) ist, was bedeutet, dass etwas mit einer inneren Bewegung (*motio*) erfolgt: Ordnen ist aber ein Akt der Vernunft, der den Tieren nicht möglich ist.

17, 3: Geht das Gebrauchen dem Anordnen voraus?
(Utrum usus praecedat imperium?)

Nein, das Anordnen (*imperare* und *ordinare* als Akte der Vernunft; 17, 2) ist früher als das Gebrauchen. Das Gebrauchen der Mittel, insofern sie dem ausführenden Vermögen unterstellt sind, folgt dem Anordnen.

17, 4: Sind das Anordnen und der angeordnete Akt ein einziger oder sind es verschiedene Akte?
(Utrum imperium et actus imperatus sint actus unus vel diversi?)

Das Anordnen (Akt der Vernunft) und der angeordnete Akt machen nur einen einzigen menschlichen Akt aus. Die menschlichen Akte sind aber zusammengesetzt aus verschiedenen Teilen. Wie kommt dann hier die behauptete Einheit zustande? Thomas: Der Akt eines niederen Vermögens steht zum Akt eines höheren Vermögens in der Kraft des höheren Bewegenden, so dass er als *ein* Akt wirkt. Einheit und Vielheit müssen notwendigerweise keine Gegensätze sein: Viele Menschen sind *ein* Volk, viele Steine sind *ein* Haufen usw. Bei den menschlichen Akten ist es ebenso: hinsichtlich ihrer Teile ist vieles vorhanden, als Ganzes sind sie *eines*.

17, 5: Wird der Akt des Willens angeordnet?
(Utrum actus voluntatis imperetur?)

Das Anordnen ist ein Akt der Vernunft. Wie aber die Vernunft urteilen kann, dass etwas gut oder schlecht ist, so kann sie auch einen Akt des Wollens ordnen, denn eine Aufgabe der Vernunft ist es, zu ordnen. Wie bei den verschiedenen Vermögen des Menschen eines nicht nur für sich alleine handelt (das Auge sieht nicht nur für sich, sondern für den ganzen Körper), so denkt der Verstand nicht nur für sich, sondern für den ganzen Menschen, auch der Wille will nicht nur für sich, sondern für alle Vermögen. Indem der ganze Mensch ein denkender und ein wollender Mensch ist, kann ein Akt des Willens auch (durch die Vernunft) angeordnet werden, so Thomas.

17, 6: Wird ein Akt der Vernunft angeordnet?
(Utrum actus rationis imperetur?)

Ja, mit folgender Begründung: Da es Aufgabe der Vernunft ist, zu ordnen, kann sie auch ihren eigenen Akt ordnen und anordnen. Die Vernunft hat Erkenntnisse, denen sie zustimmen oder nicht zustimmen kann; in diesem Fall kann sie eine Zustimmung oder einen Widerspruch anordnen.

17, 7: Wird ein Akt des sinnlichen Strebevermögens angeordnet?
(Utrum actus appetitus sensitivi imperetur?)

Ja, mit folgender Begründung: Das sinnliche Streben unterscheidet sich vom verstandesmäßigen Streben (Wille) dadurch, dass das sinnliche Streben auf die Kraft eines körperlichen Organs (z. B. das Auge) angewiesen ist, der Wille dagegen nicht. Der Akt des sinnlichen Strebens ist dann dem Anordnen der Vernunft unterworfen, wenn Einzelnes nur mit Hilfe einer allgemeinen Erfassungskraft durch die Vernunft erfasst werden kann. Es kann aber vorkommen, dass das sinnliche Streben plötzlich zur Erfassung eines sinnlichen Eindrucks angeregt wird, ohne dass die Vernunft darauf vorbereitet ist. Dann kann die Vernunft keine Anordnung mehr treffen. Hier wird Aristoteles, „Politik" I, zitiert, dass die Vernunft dem Begehrlichen nicht im Sinne einer despotischen Herrschaft vorsteht wie ein Herr dem Sklaven, sondern im Sinne einer politischen Herrschaft. Als Beispiel nennt er die Kindererziehung, wo die Kinder auch einen gewissen Spielraum haben. Hier ist das Anordnen also milde und nicht durchgängig.

17, 8: Werden die Akte der vegetativen Seele angeordnet?
(Utrum actus animae vegetabilis imperetur?)

Nein, so Thomas, denn die Vernunft kann nur die animalischen und die verstandesmäßigen Akte anordnen, nicht aber die natürlichen Akte der vegetativen Seele. Diese natürlichen Akte folgen keiner Erfassung (*apprehensio*), und da die Vernunft ihre Anordnungen durch eine erfassende Kraft gibt, kann sie diese Akte der vegetativen Seele nicht ordnen und sie deshalb auch nicht anordnen.

17, 9: Wird ein Akt der äußeren Glieder angeordnet?
(Utrum actus exteriorum membrorum imperentur?)

Hier ist eine Unterscheidung zu machen:
(1) Weil die Kräfte des sinnlichen Vermögens der Vernunft gehorchen können, sind sie der Vernunft unterworfen. Die äußeren Glieder des Menschen sind der Seele unterworfen und müssen deshalb der Anordnung der Vernunft gehorchen.
(2) Insofern die Glieder des Körpers aber den natürlichen Kräften unterworfen sind, kann die Vernunft sie nicht beeinflussen. Hier sind die vitalen und pulsierenden Bewegungen (*pulsativum*) des Körpers gemeint, die durch die pulsierenden Venen symbolisiert werden (*manifestatur per venas pulsatiles*). Gemeint sind alle Lebensvorgänge wie Ernährung und Fortpflanzung, die dem Herzen, und nicht dem Verstand und Willen folgen. Diese vitalen Bewegungen (Streben nach etwas) sind von Natur aus den Bewegungen des Herzens gemäß. (Ähnlich wie später Pascal sagen wird, dass der Verstand seine Gründe hat, das Herz die seinigen.)

4.3.3 Die Sittlichkeit menschlicher Handlungen (q. 18–21)

4.3.3.1 q. 18: Gute und schlechte Handlungen im Allgemeinen
(De bonitate et malitia humanorum actuum in generali)

18, 1: Ist jede menschliche Handlung gut oder gibt es auch schlechte Handlungen?
(Utrum onmis humana actio sit bona, vel aliqua mala?)

Die Antwort darauf erfolgt in mehreren Schritten. Zunächst das sog. ontologische Argument, das die Frage beantworten möchte, ob es Gutes und Schlechtes auch im außermoralischen Sinn gibt: (1) Zum ganzen (ontologisch guten) Menschen gehört das Vorhandensein aller seiner Glieder. Analog gilt: (2) Zur ganzen (= ontologisch guten) „menschlichen Handlung" *(actus humanus)* gehört das Vorhandensein aller ihrer Elemente. Fehlt etwas, ist es schlecht. Thomas verwendet hier den Begriff „Seinsfülle": Vollkommen im Sinne der „Seinsfülle" ist etwas nur dann, wenn alles vorhanden ist, was zu dieser Sache oder Handlung gehört. Ein Beispiel: Zu einer gelungenen Geburtstagsfeier gehört das Vorhandensein aller Elemente, einschließlich der Intention, dem Geburtstagskind eine Freude machen zu wollen. Analog erfolgt die Analyse und Bewertung menschlicher Handlungen: Die Zahl der notwendigen Handlungselemente muss bekannt sein.

18, 2: Ist eine Handlung aufgrund ihres Objektes gut oder schlecht?
(Utrum actio hominis habeat bonitatem vel malitiam ex obiecto?)

Ja, so Thomas, und zwar mit folgenden Argumenten: Die Artbestimmung einer Handlung (gut oder schlecht) ergibt sich aus dem angemessenen oder nicht angemessenen Objekt, das ihr zugrunde liegt. Dieses Objekt ist die Materie der Handlung; der Begriff Materie wird hier aber nicht verstanden als „Materie woraus" *(materia ex qua)*, sondern als „Materie „mit Bezug worauf" *(materia circa quam)*. Beispiele: Einer Holzstatue liegt die Materie Holz zugrunde, aus der heraus sie vom Künstler geschnitzt wurde. Hier spricht man von „Materie woraus". Bei einer Handlung kann das Objekt bzw. die Materie ein Geschenk sein, diese Materie ist aber immer mit Bezug vorauf, z. B. um zu erfreuen, um zu verführen usw. Die Materie bzw. das Objekt einer Handlung ist also immer *„circa quam"* zu verstehen, bloße wertneutrale „Objekte" gibt es hier nicht. Das primäre Gutsein einer Handlung entstammt ihrem angemessenen Objekt, und dies wird „gut im generischen Sinn" (bonum ex genere) genannt, wie z. B. Nutzung dessen, was einem gehört.
(1) Objekt der äußeren Handlung ist die Tat selbst, also das, was geschieht, und zwar mit Bezug worauf. Zur konkreten Ausführung dieser Tat gehören bestimmte Umstände, wie in q. 18, 3 gezeigt wird. (= Aufgabe des überlegenden Verstandes).
(2) Objekt des inneren Aktes, des Willensaktes, ist das Ziel bzw. der Zweck der Handlung. Dieses Objekt des Willens wird auch Intention bzw. Absicht (q. 12) genannt. (= Aufgabe des Ziele setzenden Willens).

18, 3: Ist eine menschliche Handlung aufgrund ihrer Umstände gut oder schlecht?
(Utrum actio hominis sit bona vel mala ex circumstantia?)

Die Lehre von den Handlungsumständen wurde bereits in q. 7 behandelt. Diese Umstände *(circumstantiae)* stehen „um die Handlung herum" *(circumstare)* und sind deren

Akzidenzien. Dabei gibt es unwesentliche und wesentliche Akzidenzien. Die Bestimmung ergibt sich aus der Gesamtsituation der Handlung. Das Ziel der menschlichen Handlung, das aus dem Willen stammt, wird in q. 18, 6 kurz behandelt, ausführlich behandelt dagegen in q. 19, die sich ausschließlich dem Thema Willen widmet. Beispiel: Jemand begeht einen Diebstahl. Zur näheren Spezifizierung können diese Umstände dienen: Verändern sie die Art der Handlung oder nur die Schwere der Tat? Wenn Ja oder Nein, warum? Das Gut- bzw. Schlechtsein (= die moralische Art) einer menschlichen Handlung stammt zwar aus dem Objekt. Die Handlung wird jedoch unter bestimmten Umständen vollzogen. Folglich gilt als Regelergänzung: Fehlt etwas, was als erforderlicher Umstand verlangt wird, dann ist die Handlung schlecht. Dabei gilt aber: Ist aufgrund des gewählten Handlungsobjektes die moralische Art der Handlung schlecht, dann können auch gut gewählte Umstände das Schlechtsein der Handlung nicht aufheben. Ein schlechtes Ziel kann nicht auf gute Weise vollzogen werden.

18, 4: Ist irgendeine menschliche Handlung aufgrund ihres Zieles gut oder schlecht?
(Utrum actio humana sit bona vel mala ex fine?)

Das Ziel des Handelnden ist *ein* Element einer menschlichen Handlung. Dieses allein lässt noch kein endgültiges Urteil über die Sittlichkeit einer Handlung zu. Thomas nennt hier vier notwendige Elemente, die jeweils einen anderen Aspekt des Gutseins einer Handlung ausdrücken (insofern sie von vornherin keine schlechte Handlung ist):

1. *actus humanus* (generisches Gutsein)
2. angemessenes Objekt (spezifisches Gutsein)
3. besondere Umstände (akzidentelles Gutsein)
4. Ziel (finales Gutsein)

Menschliche Handlungen sind in ihrem sittlichen Anspruch auch und vor allem von ihrem Ziel abhängig. Erst das Vollständigsein macht die Handlung vollständig gut. Vollständig gut ist eine Handlung dann, wenn sie (1) vom Ziel her vernünftig ist, (2) als äußere Handlung vollzogen wird unter (3) sachlich richtig gewählten Umständen. Ihre „Seinsfülle" (q. 18, 1) hat eine menschliche Handlung erst durch die volle Realisierung dieser drei Komponentengruppen. Dabei sind das (1) aus dem Willen stammende Ziel der Handlung und das (2) von der Vernunft dem Willen aufgezeigte äußere Objekt der Handlung wie die Vorder- und Rückseite ein und derselben Sache zu verstehen.

18, 5: Ist irgendeine menschliche Handlung ihrer Art nach gut oder schlecht?
(Utrum aliqua actio humana sit bona vel mala in sua specie?)

Die Art einer Handlung stammt aus dem Objekt (*materia circa quam*), dem der Wille sich als vorgestelltes Handlungsziel zuwendet. Die Hinwendung zu einem Objekt kann vernunftgemäß oder vernunftwidrig sein.
(1) Alle vernunftwidrigen Handlungen sind der Art nach schlecht,
(2) alle vernunftgemäßen sind der Art nach gut. Der actus humanus ist ja dann ein solcher, wenn von der Vernunft ein Objekt dem Willen zur Ausführung vorgestellt wird. Auch hier gilt wieder, dass zwischen der (a) Bewertung schlechter Handlungen und ihrer Umstände einerseits und der (b) Bewertung guter Handlungen und ihrer Umstände eine Asymmetrie besteht.

- Eine vom gewollten Ziel her schlechte Handlung kann nicht durch „gute" Umstände in ihrer Art sittlich „umgewandelt" werden, dagegen kann eine vom Ziel her schlechte Handlung durch schlechte Umstände noch graduell verschlechtert werden. Beispiel: Wenn jemand einen Diebstahl plant, dann wird die Schlechtigkeit des Handelns auch dann der Art nach nicht verändert, wenn die betreffende Person den Diebstahl unter Umständen vollzieht, unter denen keine Personen verletzt werden, beispielsweise indem sie auf eine Geiselnahme verzichtet und den Diebstahl nachts (Umstand: wann) in einem unbewohnten Gebäude (Umstand: wo) und ohne Schusswaffen (Umstand: wie bzw. mit welchen Mitteln) durchführt.
- Eine vom Ziel her gute Handlung dagegen kann durch gute oder schlechte Umstände noch verbessert oder verschlechtert werden. Beispiel: Eine Hilfeleistung wie das Verbinden einer Wunde kann sachgemäß (= unter guten Umständen) oder unsachgemäß (= unter schlechten Umständen) erfolgen.

18, 6: Hat die Handlung das Gut- bzw. Schlechtseins durch ihren Zweck?
(Utrum actus habeat speciem boni vel mali ex fine?)

Der Zweck ist das Objekt des (inneren) Willensaktes, dem das äußere Objekt der Handlung gemäß sein soll. Da die Art der Handlung aus dem Objekt stammt, bestimmt hier der Zweck (= Objekt des Willens), die Handlungsart (= ihr Gut- oder Schlechtsein mit). Auch hier wird der Begriff *actus humanus* wieder zugrunde gelegt. Der Bestandteil *humanus* besagt ja Vernünftigkeit; das komplementäre Vermögen zur Vernunft ist der Wille:

Der *actus humanus* entspringt vernünftiger Überlegung und ist willentlich. Das (innere) Objekt des Willens ist der Zweck. Das Objekt verleiht dem *actus humanus* aber seine Art = „Form", d. h. bestimmt seine sittliche Qualität; also verleiht der Zweck der Handlung die sittliche Qualität. Dies muss man bedenken, wenn man bestimmen möchte, was bei einer zusammengesetzten Handlung das art- bzw. formgebende (= sittlich entscheidende) Merkmal ist. Beispiel: Jemand lügt einen Freund an, um ihn abzulenken und in seiner Wohnung etwas stehlen zu können. Frage: Ist er nun mehr ein Lügner oder ein Dieb? Antwort: Im sittlichen Urteil ist er mehr ein Dieb, weil der Zweck der Lüge das Stehlen war. Die Lüge war hier nur das Mittel, das auch gegen ein anderes Mittel hätte getauscht werden können, wenn dieses erfolgreicher gewesen wäre.

18, 7: Ist das zweckbestimmte Gutseins im objektbestimmten Gutsein wie in einer Gattung enthalten – oder umgekehrt?
(Utrum species bonitatis quae est ex fine, contineatur sub specie quae est ex obiecto, sicut sub genere, vel e converso?)

Hier muss unterschieden werden: Mit „objektbestimmter" Art meint Thomas eine äußere Handlung, beispielsweise eine Hilfeleistung; mit „zweckbestimmter" Art meint Thomas hier das Ziel oder eben den Zweck des Willens, aus dem heraus die Handlung erfolgt. Hier ist die Frage von Bedeutung, ob das moralische Urteil über eine Handlung aufgrund (1) der Abhängigkeit des Zweckes (des Willens) von der äußeren Handlung und den durch sie realisierten Gütern oder Übeln erfolgt, oder ob (2) umgekehrt eine Abhängigkeit der äußeren Handlung und ihrer Güter oder Übel vom Zweck des Willens vorliegt. Zur Beantwortung der Frage muss man berücksichtigen, ob zwischen Willensziel und den Gütern oder Übeln der äußeren Handlung eine wesentliche oder unwesentliche (akzidentelle) Verbindung vorliegt. Antwort: Bei einer unwesentlichen Verbindung lassen sich für eine bestimmte Handlung sehr viele Zwecke denken, auf die die Handlung hingeordnet ist. Zweck und äußere Handlung sind dann nicht notwendig aufeinander bezogen, sondern zufällig. B e i s p i e l: Ein Diebstahl kann aus sehr vielen Motiven = Zielen/Zwecken erfolgen. Bei einer wesentlichen Verbindung zwischen Zweck und Handlung bestimmt der Zweck die moralische Art der Handlung.

18, 8: Ist irgendeine Handlung ihrer Art nach indifferent?
(Utrum aliquis actus sit indifferens secundum suam speciem?)

Das bereits bekannte Argument wird hier nochmals eingeschärft: Die Art stammt aus dem Objekt, das Objekt des Willens ist der Zweck, dieser muss aber vernünftig sein (vernünftig = zweckrationale Ordnung), also ist – über den Zweck – die Vernunft das eigentliche Objekt des Willens. Sittlich indifferent sind also als Art nur Handlungen, die sich überhaupt nicht auf die Vernunft beziehen. Dies ist ein *actus hominis*.

18, 9: Ist irgendeine Handlung als individuelle indifferent?
(Utrum aliquis actus sit indifferens secundum individuum?)

Selbst wenn eine Handlung ihrer Art nach indifferent ist, ist sie es als individuelle trotzdem nicht, weil jede Handlung auch noch durch ihre Umstände (circumstantiae) bestimmt werden muss. Durch Umstände kann eine indifferente Handlung noch zu einer guten oder schlechten Handlung werden. Beispiel: Das Musizieren (als Art) ist als solches (ohne weitere Umstände) sittlich indifferent. Wenn aber

(1) spät nachts (= Umstand der Zeit: wann?)
(2) laut (= Umstand der Art und Weise: wie?)
(3) vor einem Krankenhaus (Umstand des Ortes: wo?) musiziert wird,
(4) um die Kranken am Genesen zu hindern (= Umstand des Grundes: wozu? Antwort: um zu), dann ist diese individuelle Handlung schlecht. Ihre Individualität erhält sie durch ihre Umstände. Sie ist deshalb schlecht, weil diese Handlung, vor einem Krankenhaus, der Ordnung der Vernunft, die das Krankenhaus zum Zwecke der Genesung gewollt hat, widerspricht (= zweckrational unvernünftiges Verhalten; „zweckrational" so verstanden, dass wenn auch der einzelne Mensch den Zweck nicht gesetzt hat, er ihn doch als vernünftig akzeptieren kann und sein Handeln danach ausrichtet).

18, 10: Konstituiert irgendein Umstand eine sittliche Handlung als Gut oder Schlecht?
(Utrum aliqua circumstantia constituat actum moralem in specie boni vel mali?)

Normalerweise ist ein Umstand das individuelle Moment einer Handlung. Wenn aber die Vernunft anordnet, dass bestimmte Umstände immer vorhanden bzw. nicht vorhanden sein müssen, dann kann auch ein Umstand eine Handlung der Art nach sittlich qualifizieren. B e i s p i e l: Das o. g. Beispiel (19, 9) kann auch so aufgefasst werden, dass das Musizieren vor Krankenhäusern (= Umstand) immer schlecht ist. Oder: Das Singen lustiger Lieder ist als (Handlungsart) indifferent, auf Friedhöfen (= Umstand des Ortes) ist es der Art des Ortes unangemessen und deshalb durch die anordnende Vernunft verboten.

18, 11: Verändert jeder Umstand, der das Gutsein bzw. das Schlechtsein steigert, die sittliche Qualität einer Handlung?
(Utrum omnis circumstantia augens bonitatem vel malitam constituat actum moralem in specie boni vel mali?)

Die Steigerung von etwas im Sinne von „Mehr" oder „Weniger" ist der Umstand „Wie" (die Art und Weise). Der Umstand der Steigerung oder Abschwächung betrifft die Quantität, nicht die Qualität (Art) der Handlung. Er verändert als solcher nicht die Art und damit die sittliche Einstufung der menschlichen Handlung. B e i s p i e l : Ob jemand viel oder wenig stiehlt, verändert nicht die Art der Handlung, die in beiden Fällen ein Diebstahl ist. Sie beeinflusst aber die Schwere der Handlung. Wenn nicht weitere Umstände vorliegen (Individualisierung einer Tat), ist diese Handlungsart (= Diebstahl) immer (= unter allen Umständen) schlecht.

4.3.3.2   q. 19: Über das Gut- oder Schlechtsein des inneren Willensaktes
(De bonitate et malitia actus interioris voluntatis)

19, 1:   Ist das Gutsein des Willens vom Objekt abhängig?
(Utrum bonitas voluntatis dependeat ex obiecto?)

Ja, so Thomas, mit folgender Begründung: Das Gutsein bzw. Schlechtsein sind die wesentlichen Differenzierungen des Willensaktes. Gutsein bzw. Schlechtsein gehören also zum Willen wie Richtig bzw. Falsch zur Vernunft gehören. Da die spezifischen Differenzen bei den menschlichen Handlungen vom Objekt abhängen, ist auch das Gutsein vom Objekt abhängig. Hier wird Aristoteles zitiert, dass der gute Wille derjenige ist, der der Tugend gemäß ist. Ein guter Wille ist für Thomas derjenige, der das Vernünftige will. Das Gutsein des Objekts besteht darin, dass es von der Vernunft dem Willen vorgestellt wird (und nicht durch Leidenschaften u. a.). Dieses kann ein echtes oder ein scheinbares Gutes sein.

19, 2:   Ist das Gutsein des Willens ausschließlich vom Objekt abhängig?
(Utrum bonitas voluntatis dependeat ex solo obiecto?)

Ja, so Thomas, denn das Gutsein des Willens hängt nur von einem ab, nämlich dem Objekt, und nicht von den Umständen. Diese sind eine Art Akzidenzien der Handlung. Das Objekt des Willens ist der Handlungszweck. Umstände können normalerweise einen Willen, dessen Objekt das Vernünftige ist, nicht schlecht machen. Umstände sind Begleiterscheinungen einer Handlung, die (bildhaft gesprochen) um die Handlung herumstehen. Sie sind also nicht in der Handlung, sondern äußerlich. Sie sind der Handlung akzidentell zugeordnet. Thomas ergänzt diesen Standpunkt durch die Aussage, dass wesentliche Umstände eine Handlung auch in ihrem Gut- oder Schlechtsein beeinflussen können. Die Umstände beeinflussen den moralischen Wert einer Handlung aber nur dann, wenn sie dem Handelnden bekannt sind.

19, 3: Ist das Gutsein des Willensaktes von der Vernunft abhängig?
(Utrum bonitas voluntatis dependeat ex ratione?)

Ja, so Thomas, und zwar mit folgender Begründung: Zwischen Wille und Vernunft besteht eine Entsprechung. Das Gute als das Erstrebenswerte gehört zum Willen, das Gute als das Wahre gehört zur Vernunft. Dem Willen soll nur die Vernunft ein Objekt vorstellen, weil nur ein solches seinem Wesen entspricht. Das sinnlich vorgestellte Objekt spricht nicht den Willen zur Realisierung an, sondern das sinnliche Begehrungsvermögen. Thomas differenziert hier sprachlich genau und baut Folgendes parallel: (1) Vernunft – Wille, (2) Sinnlichkeit – Begehrungsvermögen. Also: Etwas nur Sinnliches kann nicht „gewollt", sondern nur „begehrt" werden.

19, 4: Ist das Gutsein des Willens vom ewigen Gesetz abhängig?
(Utrum bonitas voluntatis dependeat ex lege aeterna?)

Ja, so Thomas, und zwar mit folgender Begründung: Bei den geordneten Ursachen ist die Wirkung mehr von der Erstursache als von der Zweitursache abhängig. Diese Zweitursache ist die menschliche Vernunft als Richtschnur des menschlichen Willens. Diese gründet aber in einer Erstursache, die Gott bzw. das ewige Gesetz (*lex aeterna*) ist. Die menschliche Vernunft ist Maßstab für jedes Urteil über menschliche Handlungen. Über der menschlichen Vernunft steht aber noch die göttliche Vernunft, das ewige Gesetz (*lex aeterna*).

19, 5: Verpflichtet eine irrende Vernunft (ein irrendes Gewissen)?
(Utrum voluntas discordans a ratione errante sit mala?)

Ja, so Thomas, und zwar mit folgender Begründung: „Das Gewissen ist nichts anderes als die Anwendung (Applikation) des Wissens auf eine Handlung. Das Wissen liegt aber in der Vernunft". „Das Gewissen ist ein Spruch der Vernunft – es stellt die Anwendung des praktischen Wissens auf eine konkrete Handlung dar". Deshalb ist für Thomas jeder Wille, der von der Vernunft abweicht, sei diese eine rechte oder eine irrige, immer schlecht. Der eigenen Vernunft, wenn sie ihr Wissen auf eine Handlung anwendet, muss man auch dann im Konfliktfall folgen, wenn andere behaupten, dass man sich irrt. Darauf bezieht sich heute auch die Lehre von der Gewissensfreiheit und Würde des Menschen.

19, 6: Ist derjenige Wille gut, der mit einer irrigen Vernunft übereinstimmt? (Entschuldigt ein irrendes Gewissen?)
(Utrum voluntas concordans rationi erranti sit bona?)

Nein, so Thomas, und zwar mit folgender Begründung: Moralisch zurechenbare Handlungen müssen freiwillig sein, diese sind sie aber nur dann, wenn sie wissentlich vollzogen wurden (Wissen ist wesentlich für die Freiwilligkeit, die Willentlichkeit). Wenn aber jemand etwas nicht wissen will, was er wissen könnte und auch sollte (als Pflicht), dann ist die auf das Nichtwissen gegründete Handlung sittlich schlecht. (Bereits Aristoteles hat in der Nikomachischen Ethik das Wissen oder Nichtwissen als wesentliches Merkmal einer zurechnungsfähigen Handlung bezeichnet. Hier gilt also: Unwissenheit schützt vor moralischer Schuld, aber nur, wenn Nichtwissen nicht schuldhaft ist.). B e i s p i e l s w e i s e kümmert sich jemand nicht um die Lebensbedingungen eines von ihm abhängigen Menschen (d. h. sie sind ihm gleichgültig). Oder: Ein gestürzter Diktator „wusste" nichts von den schlechten Lebensbedingungen seines Volkes. Also entschuldigt das bloße Nichtwissen nicht von der sittlichen Schuld, wenn etwas zu wissen möglich gewesen wäre. Das Nichtwissenwollen ist offenbar ein Trick, sich ein gutes Gewissen zu machen. Es gibt also für Thomas eine sittliche Pflicht, alles wissen zu wollen, was man bezüglich einer Handlung oder Nichthandlung wissen sollte.

19, 7: Ist das Gutsein des Willens, insofern er sich auf Mittel richtet, abhängig von der Art des Zieles, das er intendiert?
(Utrum voluntatis bonitas in his quae sunt ad finem dependeat ex intentione finis?)

Ja, so Thomas, und zwar mit folgender Begründung: Die moralische Qualität des Willens ist zwar vom Objekt abhängig, das Objekt des Willens aber ist der Zweck, und Zwecke sind intentional. Eine Intention (s. q. 12: *de intentione*) beeinflusst die Strebensrichtung einer Handlung. Eine Intention kann sich auf zweierlei Weise zum Willen verhalten, vorhergehend oder nachfolgend.

(1) Vorhergehend (*praecedens*): Eine Intention geht kausal dem Willen voraus, wenn man wegen der Intention eines Zweckes (*intentio finis*) etwas anderes (*aliquid*) will. Beispiel: Ein Geschenk kaufen, um das Geburtstagskind zu erfreuen. Die Intention, dem Geburtstagskind eine Freude zu machen, geht dem Willen, ein bestimmtes Geschenk (*aliquid*) zu kaufen, voraus. Das heißt: Das Gutsein des Willens ist abhängig vom Gutsein des Gewollten, d. h. notwendigerweise (*necesse*) abhängig von der *intentio finis*. Der Grund (*ratio*) für das Gutsein des Gewollten liegt also in dieser Verbindung zur *intentio finis*.

(2) Nachfolgend (*consequens*): Die Intention geht erst nachträglich eine Verbindung zu einem vorausgehenden Willen ein. Jemand hat vor, etwas zu tun (beispielsweise Blumen für sich zu kaufen) und erinnert sich plötzlich, dass heute ein lieber Bekannter Geburtstag hat, und möchte diesem nun mit den Blumen eine Freude machen. Das Gutsein des Wollens ist hier abhängig vom Gutsein der nachfolgenden Intention, aber nur dann, wenn sich der Willensakt in der nachfolgenden Intention wiederholt. Das heißt, bezogen auf das Beispiel, dass man die Blumen nicht nur deshalb verschenkt, weil sie schon am Verwelken sind und man sie gerne loswerden möchte.

19, 8: Hängt das Gut- oder Schlechtseins des Willens von der Intention ab?
(Utrum quantitas bonitatis vel malitiae in voluntate sequatur quantitatem boni vel mali in intentione?)

Hier wird der Frage nachgegangen, inwiefern die Intention gut sein kann, der Wille dagegen schlecht. Das Gut- oder Schlechtsein einer Handlung wird bestimmt durch das Objekt und das angestrebte Ziel. Es ist deshalb zu prüfen, ob Objekt und Ziel übereinstimmen oder nicht. Der Wille kann nun ein Objekt anstreben, das dem eigentlichen Zweck gar nicht entspricht, d. h. der Wille ist dann nicht in dem Maße gut, wie es die Intention ist. Dabei sind folgende Unterscheidungen zu beachten:

- Das Gutsein der Intention ist nicht die hinreichende Bedingung für das Gutsein des Willens.

- Aber umgekehrt gilt: Die Bosheit der Intention ist bereits die hinreichende Bedingung für das Schlechtsein des Willens. Daraus folgt: Je schlechter die Intention, umso schlechter der Wille.
- Die Intensität der Intention überträgt sich sowohl auf den inneren Akt des Willens als auch auf die äußere Handlung als deren gemeinsame Form (wer etwas intensiv intendiert, will dies normalerweise auch intensiv und arbeitet deshalb intensiv daran), aber der Sache nach entspricht nicht unbedingt der Grad der Intention dem Grad des Willens und der äußeren Handlung. Beispiel: Wer zwar als Kranker die Gesundheit intensiv intendiert (geradezu herbeisehnt), will nicht unbedingt im gleichen Maß die bittere Medizin nehmen. Als „Form" aber hat sich das intensive Gesundwerdenwollen auf das intensive Wollen der Medizin übertragen, auch wenn der äußere Akt augenblicklich dem noch nicht entspricht (d. h. der Kranke nimmt noch widerwillig die Medizin). Das bedeutet für die Bewertung menschlicher Handlungen: Das Verdienst (das Lob) für einen Menschen liegt nicht in der Intensität der Intention, sondern in der Intensität des ausführenden Aktes.

19, 9: Hängt das Gutsein des Willens von seiner Übereinstimmung mit dem göttlichen Willen ab?
(Utrum bonitas voluntatis dependeat ex conformitate ad voluntatem divinam?)

Ja, so Thomas, mit folgender Begründung: Der gute (oder schlechte) Wille ist abhängig von der Intention eines Zieles (*intentio finis*). In der aufsteigenden Hierarchie der Ziele gelangt man zu einem höchsten Ziel (*finis ultimus*), und dies ist für den menschlichen Willen das höchste Gut (*summum bonum*), und das ist, so Thomas, Gott (als Garant für das Glück). Dieses höchste Gut ist auf den göttlichen Willen und sein Objekt bezogen. In einer Gattung ist das Erstrangige aber das Maß (*mensura*) und der Grund (*ratio*) für alles, was zu dieser Gattung gehört. Etwas Gutes oder Rechtes wird aber nur dasjenige genannt, das sein spezifisches Maß erreicht. Also ist es für das Gutsein des menschlichen Willens erforderlich, dass er sich dem göttlichen Willen in diesem Sinne angleicht (*conformetur*), weil das Maß des menschlichen Willens der göttliche Wille ist, wie Thomas hier darlegt.

19, 10: Soll der menschliche Wille mit dem göttlichen Willen übereinstimmen?
(Utrum necessarium sit voluntatem humanam conformari voluntati divinae in volitio ad hoc quod sit bona?)

Der Wille ist auf die Weise auf sein Objekt (= Zweck) bezogen, wie es die Vernunft vorstellt. Hier gibt es Unterschiede. B e i s p i e l: Ein Richter will die Bestrafung (Hinrichtung) eines Verbrechers und versucht, ihn zu ergreifen. Sein Gut ist das Gemeinwohl. Die Ehefrau will, dass ihr Mann am Leben bleibt und vereitelt die Ergreifung. Ihr Gut ist die Ehe. Alle Personen handeln gut, weil aus der jeweiligen Perspektive das Handeln vernünftig ist: Der Richter handelt aus der umfassenden Perspektive des Gemeinwohls, die Ehefrau handelt aus der partikularen Perspektive der Ehe, die es für sie zu erhalten gilt. Das Handeln beider Personen ist deshalb vernünftig, weil der jeweilige Zweck des Wollens vernünftig ist. Gott will (analog dem Richter) das umfassende Gute für die gesamte Welt, der Mensch aber verfolgt seinem Wesen gemäß ein partikulares Gut (wie die Ehefrau). Deshalb kann etwas in einem umfassenden Sinn gut sein, was es

vielleicht im partikularen Sinn nicht ist. Um diesen Konflikt zu vermeiden, soll der Mensch, so Thomas, sein eingeschränktes Gut mit Blick auf das universale Gut, das Gott ist, auswählen. Dies kann er auf zweierlei Weise tun:
- Erstens kann er sich auf das umfassende Ziel beziehen, das für den menschlichen Willen der Formalgrund des Wollens ist. (In materialer Hinsicht ist hier noch nicht entschieden, was der Mensch konkret tun soll.)
- Zweitens kann er sich in materialer Hinsicht dem Willen Gottes angleichen, dann hat Gott den Charakter einer Wirkursache für die menschlichen Handlungen: Der Mensch soll deshalb nicht das wollen, was Gott will, sondern dasjenige, wovon Gott will, dass der Mensch es wollen soll.

4.3.3.3 q. 20: Das Gut- oder Schlechtsein der äußeren Handlungsakte
(*De bonitate et malitia exteriorum actuum humanorum*)

20, 1: Sind eher der Akt des Willens oder die äußere Handlung gut oder schlecht?
(Utrum bonitas vel malitia per prius sit in actu voluntatis vel in actu exteriori?)

Ja und Nein, so Thomas mit folgender Differenzierung. Man kann einen Handlungsakt in zwei Elemente trennen:
- erstens in die Gattung (*genus*) und der Umstände (*circumstantiae*) und
- zweitens in den damit verfolgten Zweck (*ex ordine ad finem*).

Zu 1: Beispielsweise ist Almosen (*eleemosynam*) ein Objekt, das unter Beachtung der angemessenen Umstände (wem, wann, wo usw.) einem Armen gegeben wird.

Zu 2: Der Zweck des Almosengebens kann mit ihm sachlich verbunden oder nicht verbunden sein, beispielsweise Almosen geben aus eitler persönlicher Ruhmsucht und nicht, um zu helfen. Anmerkung: Im Mittelalter war die Tugend des Almosengebens eine sozial erwünschte Tat, die den Almosengeber in den Augen der anderen Menschen moralisch aufwertete, also zu seinem Vorteil eingesetzt werden konnte. Zur Artikelfrage:
- Da der Zweck aber das eigentliche Objekt des Willens ist, liegt das Gut- oder Schlechtsein der äußeren Handlung ursprünglicher im Zweck.
- Insofern aber erst die Vernunft dem Willen ein gemessenes Objekt unter richtigen Umständen vorstellen muss, liegt aus dieser Perspektive gesehen das Gut- oder Schlechtsein der äußeren Handlung mehr in der Vernunft. Die Ausführung der Handlung aber wird vom Willen angeleitet, der seinen Zweck realisiert.

Fazit: Das Gut- oder Schlechtsein kann also sowohl ursprünglicher im Willen als auch in der äußeren Handlung sein. Um dies zu verstehen, muss zwischen der Phase vor und während des Vollzugs der äußeren Handlung unterschieden werden. Der Zweck ist in der Intention das erste, in der Realisierung aber das zweite, d. h. die Reihenfolge wird notwendigerweise ausgewechselt: Zuerst muss man einen Zweck haben (z. B. gesund werden wollen), dann aber muss man handeln durch Einsatz eines Mittels (z. B. Medizin nehmen), und erst am Ende dieser Handlung erreicht man seinen Zweck (die

Gesundheit). Das Mittel im Sinne von geeignet oder ungeeignet entscheidet also darüber, ob der Zweck am Ende der Handlungsphase erreicht wird oder nicht.

20, 2: Hängt das Gut- bzw. Schlechtsein der äußeren Handlung als Ganzes vom Gut- oder Schlechtsein des Willens ab?
(Utrum tota bonitas et malitia exterioris actus dependeat ex bonitate et militia voluntatis?)

Das Gut- oder Schlechtsein der äußeren Handlung hängt von zweierlei ab:
- Erstens von der Materie und den Umständen,
- zweitens von der Ausrichtung auf ein Ziel (*finis*).

Die Prüfung der Materie (das Objekt) und der Umstände in Bezug auf die äußere Handlung erfolgt durch die Vernunft, die Wahl eines Zweckes hängt dagegen vom Willen ab. Aber davon, was die Vernunft dem Willen als Objekt und als Umstände darbietet, hängt dessen Gutsein ab, d. h. die erkennende Vernunft ist zuständig dafür, was der Wille wollen kann. Eine gut *intentio finis* des Willens kann sich dann auf ein falsches Objekt beziehen.

Zur Frage nach der äußeren Handlung „als Ganzes" ist zu unterscheiden:
- Ein einziger Mangel (*defectus*) reicht aus, dass etwas schlecht ist.
- Dagegen macht ein einziges gutes Element eine Handlung noch nicht schlechthin (*simpliciter*) gut, sondern zum Gutsein ist die Vollständigkeit aller notwendigen Elemente erforderlich.

Das bloße Gutsein des Willens (das aus der Intention des Zweckes folgt), ist zwar eine notwendige, aber noch keine hinreichende Bedingung für das Gutsein der äußeren Handlung. Allgemein: Eine notwendige Bedingung ist *eine* Voraussetzung für das Eintreten einer Folge, wobei für das tatsächliche Eintreten der Folge noch zusätzlich etwas hinzukommen muss, nämlich die sog. hinreichende Bedingung. Beispiel: Jemand hat zwar eine gute Absicht bei einer Handlung (= notwendige Bedingung für das Gutsein), realisiert sie aber unter ungeeigneten Umständen und am ungeeigneten Objekt.

Weiterhin: Eine schlechte Tat kann nicht durch eine gute Absicht (*intentio*) entschuldigt (gut gemacht) werden. Wenn jedoch der Wille schlecht ist (seine *intentio finis* und das damit Gewollte sind schlecht), dann ist auch die ganze äußere Handlung schlecht. Schuldig wird aber jemand auch dann, wenn jemand eine schlechte Handlung will, ohne dass ein böses Ziel dabei intendiert wird. Beispiel: Ein Diebstahl ist auch dann schlecht, wenn man damit gar nicht eine Schädigung des Eigentümers intendiert hat (weil man den Eigentümer einer verlorenen Geldbörse nicht kennt).

20, 3: Ist das Gut- bzw. Schlechtsein des inneren und des äußeren Aktes dasselbe?
(Utrum bonitas et malitia sit eadem exterioris et interioris actus?)

Manchmal, so Thomas, ist das Gut- bzw. Schlechtsein des inneren und des äußeren Aktes dasselbe, manchmal aber nicht. Wovon hängt nun diese Bestimmung ab? Das Zusammenspiel von innerem und äußerem Akt kann man auf zweierlei Weise verstehen, erstens in der Gattung des Natürlichen (*genus natura*e), zweitens in der Gattung des

Sittlichen (*genus moris*). Betrachtet man Inneres und Äußeres nur im *genus naturae*, dann können die beiden Momente einer Handlung verschieden sein, im *genus moris* dagegen nicht.

(1) In der Gattung des Sittlichen (im *genus moris*) sind der innere und der äußere Akt dann *ein* Akt, wenn sie ausschließlich (*solum*) auf *ein* gutes Ziel bezogen (*ordinatur*) sind. B e i s p i e l : Ein bitteres Getränk ist dann gut, wenn es als Medizin der Gesundheit dient. Das Gutsein der Gesundheit und das Gutsein des Getränkes sind nicht zwei verschiedene Dinge, sondern *ein* Gutes. Es liegt also eine sog. Attributionsanalogie vor.

(2) In der Gattung des Natürlichen (*genus naturae*) dagegen können innerer und äußerer Akt verschieden sein. Wie ist das zu verstehen? Fortführung des Beispiels: Betrachtet man die bittere Medizin losgelöst von der damit erreichbaren Gesundheit, dann ist natürlich eine bittere Medizin physisch-sinnlich etwas Schlechtes (so nehmen kleine Kinder eine bittere Medizin wahr, ohne das Ziel der Gesundheit zu begreifen). Der Wille (z. B. der des Arztes) ist aber das Ziel der Heilung ausgerichtet, die hier natürlich etwas Gutes ist. Also kann in der naturalen Sichtweise die äußere Handlung schlecht, der Wille (aufgrund der *intentio finis*) aber gut sein.

20, 4: Fügt der äußere Akt dem inneren Akt etwas an Gutsein bzw. Schlechtsein hinzu?
(Utrum actus exterior aliquid addat de bonitate vel malitia supra actum interiorem?)

Ja und Nein, so Thomas, mit folgenden Argumenten: Die gestellte Frage kann nämlich auf zweierlei Weise verstanden werden, nämlich erstens (1) in Bezug auf den äußeren Akt als Kombination von Materie (Objekt) und Umständen, zweitens (2) in Bezug auf den äußeren Akt, insofern er im Wollen eines Zieles (Zweckes) besteht. Im ersten Fall geht es um die intellektuell richtige Bestimmung von Objekt und Umständen, also um einen Erkenntnisakt (Aufgabe des Verstandes), im zweiten Fall geht es um den volitiven Akt des Erstrebens richtiger Ziele und Zwecke (Aufgabe des Willens).

(1) Das Gutsein des äußeren Aktes, das ihm durch die angemessene Materie und die angemessenen Umstände zukommt, wird durch den Bezug des äußeren Aktes auf sein Ziel und Ende bestimmt. Waren Materie und Umstände richtig gewählt, wird das Ziel der äußeren Handlung erreicht, im anderen Falle nicht. Jedes Streben und jede Bewegung vollenden sich nämlich dadurch, dass sie ihr Ziel erreichen und an ihrem Ende angelangt sind. Auf diese Weise fügt der äußere Akt dem inneren Akt etwas an Gutsein hinzu. Beispiel: Wenn das Verbinden einer Wunde (= Materie, Objekt) unter richtigen Umständen (= mit richtigem Verband, auf richtige Weise, zur richtigen Zeit usw.) erfolgreich durchgeführt wird, dann fügt diese Zielerreichung dem inneren Akt (der gewollten Heilung) etwas Gutes hinzu, nämlich die realiter erreichte Heilung. Eine gewollte gute oder schlechte Handlung wird endgültig erst durch ihre Ausführung gut oder schlecht.

(2) Betrachtet man aber den äußeren Akt unter dem Aspekt seiner Hinordnung auf einen Zweck, dann fügt der erfolgreiche Vollzug des äußeren Aktes dem Gut- oder Schlechtsein der Handlung nichts hinzu, außer wenn das Erreichen des Handlungs-

zieles als angenehm erlebt wird und der Wille dadurch angespornt oder demotiviert wird. Je intensiver der Wille aber zum Guten oder Schlechen strebt, umso besser oder schlechter wird er.

20,5: Wird die äußere Handlung durch ihre Folgen besser oder schlechter?
(Utrum eventus sequens aliquid addat de bonitate vel malitia ad exteriorem actum?)

Thomas unterscheidet vorhergesehene (*praecogitatus*) von nicht vorhergesehenen Folgen.
(1) Die vorhergesehene Folge beeinflusst die Sittlichkeit der Handlung, da, wenn etwas Übles als Folge erwartet wird, die Handlung hätte unterbleiben können.
(2) Die nicht vorhergesehenen Folgen werden unterteilt
- in solche, die sich aus der Natur dieser Handlung und in den meisten Fällen (*ut in pluribus*) ergeben, und hier fügt die Folge etwas zum Gut- oder Schlechtsein der Handlung hinzu.
- in solche, die sich nicht aus der Natur der Handlung und damit nur zufälligerweise (*per accidens*) und in seltenen Fällen (*ut in paucioribus*) ergeben. Hier fügt die Folge nichts zum Gut- oder Schlechtsein der Handlung hinzu, denn diese wird nicht danach beurteilt, was zufällig vorkommen kann, sondern danach, was an ihr wesentlich (*quod est per se*).

Thomas greift mit dieser Frage und seiner Antwort die gegenwärtig als Nebenwirkungen bzw. externe Effekte bezeichneten Handlungsfolgen auf. Ökonomische, technische, ökologische, medizinische u. a. Entscheidungen kommen ohne die Einbeziehung von Nebenwirkungen nicht aus. R e g e l : Eine gute Handlung wird durch eine (nicht vorhersehbare) schlechte Folge nicht verändert, eine schlechte Handlung wird aber umgekehrt durch keine noch so gute Folge gut. (Ein Umkehrschluss ist also nicht erlaubt). B e i s p i e l : Wenn jemand einem Armen ein Almosen gibt, das dieser zum Kauf von Alkohol benützt und der Arme unter Alkoholeinfluss eine Straftat begeht, so ist dieses Almosengeben nicht schlecht, sofern die Folge nicht vorhergesehen wurde (der Almosenempfänger war kein dem Geber bekannter Trinker). Ein anderer Fall: Wenn jemand mit Geduld ein Unrecht erträgt, so wird der Handelnde deshalb nicht entschuldigt.

20, 6: Kann dieselbe äußere Handlung gut und schlecht sein?
(Utrum idem actus exterior possit esse bonus et malus?)

Nein, so Thomas, eine äußere Handlung kann nicht zugleich moralisch Gut und Schlecht sein. Thomas unterscheidet hier wieder die „Gattung des Natürlichen" (*genus naturae*) und die „Gattung der sittlichen Handlungen" (*genus moris*). In einem natürlichen physischen Kontinuum (z. B. Gehen, Laufen) können sich in zeitlicher Folge gute und schlechte Handlungen kombinieren, nicht jedoch zugleich vorhanden sein. Die Sittlichkeit hängt nämlich vom Willen und seinem Zweck ab, dieser wiederum von der intendierten Absicht. B e i s p i e l : Jemand läuft zunächst, um für einen Ertrinkenden Hilfe zu holen. Im weiteren Verlauf seines Eilens wird ihm bewusst, dass er sich damit eine Belohnung verdienen wird, und läuft nun weiter, aber nun nicht mehr wegen der Rettung, sondern wegen seiner Belohnung. Die äußerlich gleiche Handlung hat nun zwei verschiedene sittliche Phasen. Begründung: Die physische Tat (*genus naturae*) und die moralische Absicht (*genus moris*) sind auseinander getreten. Ein und dieselbe äußere Handlung kann nicht zugleich gut und schlecht sein, sondern höchstens in aufeinander folgenden physischen Phasen.

4.3.3.4 q. 21: Was aus den guten oder schlechten Handlungen folgt
(*De his quae consequuntur actus humanos ratione bonitatis vel malitiae*)

21, 1: Wann hat eine menschliche Handlung den Charakter von Rechtheit bzw. Sünde?
(*Utrum actus humanus inquantum est bonus vel malus habeat rationem rectitudinis vel peccati?*)

Thomas differenziert hier die Begriffe „Übel" und „Fehler":
- Übel (der weitere Begriff) ist das Fehlen von etwas (eines Gutes).
- Fehler (engerer Begriff) nennt man eine Tätigkeit, die um eines Zieles willen geschieht, aber nicht die entsprechende Hinordnung auf dieses Ziel hat oder dieses Ziel nicht erreicht.
- Rechtheit ist der Ausdruck für eine Handlung, wenn sie dem Maßstab gemäß ist; dies sind hier die Vernunft des Menschen als das unmittelbare Maß und das ewige Gesetz (*lex aeterna*) als das höchste Maß. Bei natürlichen Dingen bemisst sich die Zielgerichtetheit des Strebens aus ihrer Natur selbst, und dies ist der Maßstab für die Bewertung. Bei allem, was einen Willen hat, ist der Maßstab die Vernunft. Die Abweichung von diesem Maßstab der Rechtheit wird Sünde genannt.

21, 2: Ist eine menschliche Handlung auch rühmens- bzw. tadelnswert?
(*Utrum actus humanus inquantum est bonus vel malus habeat rationem laudabilis vel culpabilis?*)

Ja, so Thomas, denn jede willentliche Handlung wird dem Handelnden zugerechnet im Sinne von Lob oder Tadel. Hier sind dann Übel, Sünde und Schuld identisch. Verfehlungen in der Natur (z. B. ein Blitz erschlägt einen Menschen) können nicht als Maßstab für menschliche Handlungen genommen werden. (Was die außermenschliche Natur tut, ist dem Menschen trotzdem nicht erlaubt.) Auch Verfehlungen im technischen und im sittlichen Bereich sind nicht gleichwertig, weil die Vernunft in beiden Bereichen eine jeweils unterschiedliche Funktion hat. Im technischen Bereich ist sie auf ein eingeschränktes Ziel bezogen (hier kann man sogar willentlich Fehler machen), im moralischen Bereich dagegen ist sie auf das umfassende Ziel des menschlichen Lebens bezogen (und hier ist ein willentlicher Fehler eine Schuld).

21, 3: Wann kommen einer menschlichen Handlung Verdienst oder Strafe zu?
(*Utrum actus humanus inquantum est bonus vel malus habeat rationem meriti vel demeriti?*)

Jede menschliche Handlung lässt sich nach Thomas in drei Urteilsklassen einordnen:
(1) Rühmenswert bzw. tadelnswert ist eine Handlung insofern, als sie in der Macht des Willens liegt.

(2) Den Charakter der Rechtheit bzw. der Sünde hat eine Handlung, insofern sie auf ein bestimmtes Ziel hingeordnet ist.

(3) Verdienstvoll bzw. strafwürdig ist eine Handlung, wenn man in der Gemeinschaft einem anderen etwas gibt oder nimmt nach dem Maßstab der Gerechtigkeit. Das Verdienstvolle oder Strafwürdige kann also sowohl auf einen einzelnen als auch auf die Gemeinschaft bezogen werden.

21, 4: Wann ist eine menschliche Handlung gut oder schlecht vor Gott?
(Utrum actus humanus inquantum est bonus vel malus habeat rationem meriti vel demeriti apud Deum?)

Eine menschliche Handlung hat dadurch den Charakter des Verdienstvollen bzw. Strafwürdigen, dass sie entweder auf einen anderen Menschen oder auf die Gemeinschaft hingeordnet ist. Dies gilt analog auch für Gott.

(1) Eine Handlung kann auf Gott selbst bezogen werden, insofern er das letzte Ziel des Menschen ist. In diesem Sinne erweist man Gott diejenige Ehre, die man dem letzten Ziel schuldet.

(2) Eine Handlung kann auf die Gemeinschaft des Universums bezogen sein: Wie ein jeder Herrscher auf der Welt die Sorge um die Gerechtigkeit im Sinne der Vergeltung des Guten und Bösen hat, so auch Gott als Herrscher des Universums. Wer dies bestreitet, der behauptet, dass Gott sich nicht um die Welt kümmere, so Thomas.

5 Immanuel Kant

5.1 Biografisches

Immanuel Kant wurde am 22. April 1724 in Königsberg (Ostpreußen) als viertes von sieben Kindern in einer Handwerkerfamilie (sein Vater war Riemermeister) geboren. Seine Mutter verlor er mit 13 Jahren, den Vater mit 21 Jahren. Von der pietistischen[38] Erziehung im Elternhaus sprach Kant stets mit großem Respekt: „Nie habe ich von meinen Eltern etwas Unwürdiges[39] gesehen – beide lebten in Rechtschaffenheit und sittlicher Anständigkeit und Ordnung. Ohne ein Vermögen, aber auch keine Schulden zu hinterlassen, haben sie mir eine Erziehung gegeben, die, von der moralischen Seite betrachtet, gar nicht besser sein konnte".

Nach Absolvierung der Universität schlug Kant zunächst nicht die Hochschullaufbahn ein, sondern unterrichtete fast 10 Jahre lang von 1746 bis 1755 als Hauslehrer (Hofmeister) nacheinander die Kinder von drei wohlhabenden Familien. Nach einer Übergangszeit als Privatdozent wird er schließlich mit 46 Jahren Universitätsprofessor in Königsberg. Sein ganzes Leben hat Kant seine Heimatstadt nicht verlassen. Erst im Alter zwischen 60 und 70 Jahren hat er seine ethischen Hauptschriften verfasst. Diese sind:

1785 „Grundlegung zur Metaphysik der Sitten" (GMS)
1788 „Kritik der praktischen Vernunft" (KpV)
1797 „Die Metaphysik der Sitten" (MS)

Daneben sind für die Ethik folgende weitere Schriften wichtig:

1781 „Kritik der reinen Vernunft" (KrV). Hierin das für die Ethik wichtige Kapitel zum Freiheitsproblem.
1793 „Die Religion innerhalb der Grenzen der bloßen Vernunft"
1798 „Anthropologie in pragmatischer Hinsicht abgefasst"

Im Jahre 1804 stirbt Kant, fast 80jährig. Obwohl er sich zweimal mit Heiratsabsichten beschäftigt hatte, ist er unverheiratet geblieben. Zu seinem Begräbnis in Königsberg kamen über 30.000 Menschen aus ganz Deutschland.

Über seinen Tagesablauf wird aus zeitgenössischen Quellen manches berichtet: Pünktlich um 5 Uhr morgens ließ sich Kant von seinem Diener Lampe, einem ausgedienten

---

[38] Pietismus: Eine religiöse Bewegung innerhalb des Protestantismus, vor allem im 17. und 18. Jahrhundert. Der Pietismus strebte eine vertiefte Religiosität und eine im Alltag praktizierte Ethik der Mitmenschlichkeit an. Von Bedeutung für das Geistesleben wurde, dass führende Männer der Aufklärung und der Klassik in seinem Sinn erzogen wurden.
[39] **Würdigkeit:** Dies ist ein Schlüsselbegriff für die Ethik Kants. Alle Handlungsweisen des Menschen werden von Kant nicht danach beurteilt, ob sie erfolgreich oder dem Glück dienlich waren, sondern einzig und allein danach, ob sie Ausdruck eines würdigen Lebens waren. Würdig ist dasjenige Leben, das der Wahrheit verpflichtet ist. Unwürdig lebt nach Kant vor allem derjenige Mensch, der sich oder andere nur als Mittel ansieht, nicht aber als Selbstzweck. Das „Urlaster" ist für Kant die Lüge und die Verstellung, die man daran erkennt, dass sie die Öffentlichkeit scheut.

Soldaten, mit stets dem gleichen Ruf „Es ist Zeit!" wecken. Viermal in der Woche hielt er von 7 bis 9 Uhr, zweimal in der Woche von 8 bis 10 Uhr Vorlesungen. Anschließend arbeitete er bis zur Mittagszeit um 13 Uhr an seinen Manuskripten. Während seiner Professorenzeit, als es ihm finanziell besser ging, hat er ein gastfreundliches Haus unterhalten, in dem er jeden Mittag mehrere Personen als Gäste bewirtete. Die Zahl seiner Gäste betrug mindestens drei – nach der Zahl der Grazien –, aber nie mehr als neun – nach der Zahl der Musen (wie auch in antiken Gastmählern üblich). Dabei ist bemerkenswert, dass er nicht Kollegen aus der Philosophie einlud, sondern Personen aus der Wirtschaft, wie Kaufleute und Bankdirektoren. Üblicherweise gab es drei Gerichte und für jeden Gast eine halbe Flasche Wein. Diese Mahlzeiten erstreckten sich wegen der dabei geführten Unterhaltungen oftmals bis in den Nachmittag. Dabei hatte jeder seiner Gäste Kants Abneigung gegen philosophische Gespräche außerhalb von Lehrveranstaltungen zu beachten. Bei solchen Gelegenheiten war seiner Meinung nach einzig ein Plauderton angebracht – und dazu eignete sich Philosophie bzw. Ethik, wie Kant sie verstand, eben nicht. Die Seriosität des Themas verbot seiner Auffassung nach eine unseriöse, d. h. unmethodische Behandlungsweise. Während dieser Tischzeit wurde über allgemein interessante Dinge aus Kultur, Wirtschaft, Geographie, Politik u. a. gesprochen. Nach der wissenschaftlichen Arbeit am Vormittag sollte der Nachmittag der geselligen Entspannung vorbehalten bleiben.

Kant galt bei allen, die ihn kannten, als gesellschaftlich gewandt, geistreich und witzig. Den Vorwurf eines weltfremden Grüblers, wie er gelegentlich erhoben wird, kann man Kant also nicht machen. Nach dem Mittagessen zog sich Kant zurück, um zu lesen. Pünktlich um 16 Uhr begann Kant seinen täglichen Spaziergang. Nach seinem Spaziergang las Kant wieder die neuesten Bücher. Jeden Tag pünktlich um 22 Uhr ging er zu Bett, um am Morgen wieder mit dem Ruf „Es ist Zeit" von seinem Diener geweckt zu werden.

Herder, der von 1762 bis 1764 in Königsberg studierte, schrieb über ihn: „Ich habe das Glück genossen, einen Philosophen zu kennen, der mein Lehrer war. Er munterte auf und zwang angenehm zum Selbstdenken; Despotismus war seinem Gemüte fremd. Dieser Mann, den ich mit größter Dankbarkeit und Hochachtung nenne, ist Immanuel Kant: sein Bild steht angenehm vor mir."[40] Eine genaue Lebensbeschreibung liegt von drei zeitgenössischen Autoren, die alle Kant gut gekannt haben, aus dem Jahre 1804, seinem Todesjahr, vor. Es sind dies Borowski, Jachmann und Wasianski.[41]

---

[40] Zitiert nach: Uwe Schulz, Kant, Reinbek 1977, 30
[41] Immanuel Kant: Sein Leben in Darstellungen von Zeitgenossen, Darmstadt 1980

5.2 Grundlegung zur Metaphysik der Sitten (1785)

Textausgaben
Stellvertretend für viele Ausgaben der „Grundlegung zur Metaphysik der Sitten" seien die folgenden genannt. Von den zahlreichen Kommentaren wurden nur die neueren Ausgaben aufgeführt.
Immanuel Kant: „Grundlegung zur Metaphysik der Sitten", hrsg. von Bernd Kraft und Dieter Schönecker, Hamburg 1999
Immanuel Kant: „Grundlegung zur Metaphysik der Sitten", hrsg. von Theodor Valentiner, mit einer Einleitung von Hans Ebeling, Stuttgart 1961

Textausgaben mit Kommentaren
Immanuel Kant: „Grundlegung zur Metaphysik der Sitten". Herausgeben, eingeleitet und erläutert von Jens Timmermann, Göttingen 2004
Immanuel Kant: „Grundlegung zur Metaphysik der Sitten". Kommentar von Christoph Horn, Corinna Mieth und Nico Scarano, Frankfurt 2007

Kommentare
Höffe, Otfried (Hrsg.): Grundlegung zur Metaphysik der Sitten. Ein kooperativer Kommentar, Frankfurt/M. 1989
Kaulbach, Friedrich: Immanuel Kants „Grundlegung zur Metaphysik der Sitten". Reihe Werkinterpretationen, Darmstadt 1988
Ludwig, Ralf: Kant für Anfänger: der kategorische Imperativ, München 1995
Paton, H. J.: Der kategorische Imperativ. Eine Untersuchung über Kants Moralphilosophie, engl. Originalausgabe 1947 unter dem Titel „The categorial Imperative. A study in Kants moral philosophy", Übersetzung ins Deutsche von Karin Schenk, Berlin 1962
Schönecker, Dieter/Wood, Allen W.: Kants „Grundlegung zur Metaphysik der Sitten". Ein einführender Kommentar, Paderborn 2002

Zeitgenössische Biographie
Immanuel Kant: Sein Leben in Darstellungen von Zeitgenossen. Die Biographien von L. E. Borowski, R. B. Jachmann und A. Ch. Wasianski, Darmstadt 1980

Zitierweise
Die „Grundlegung zur Metaphysik der Sitten" wird abgekürzt GMS; bei der Nennung von Seitenzahlen bezeichnet der Buchstabe A die erste Auflage von 1785, der Buchstabe B die zweite Auflage von 1786. Häufig wird auch nach der Akademie-Ausgabe zitiert. Beispiel: GMS, BA 110 = 453 der Akademie-Ausgabe (AA) bzw. einfach nur 453. Von der „Grundlegung zur Metaphysik der Sitten" (GMS) ist zu unterscheiden die „Metaphysik der Sitten" von 1797, abgekürzt MS.

Vorgeschichte
Der Philosoph Christian Garve hatte 1783 auf Anregung König Friedrich d. G. von Preußen Ciceros Werk „De officiis" ins Deutsche übersetzt und noch im gleichen Jahr zu den drei Büchern von „De officiis" je einen Kommentarband herausgebracht. Kant hat diese Kommentare gelesen und sich mit dem Gedanken getragen, darauf eine Erwiderungsschrift (also einen *Prodromus* = Vorläufer zur geplanten Ethik Kants) zu

verfassen. Dazu ist es aber nie gekommen, denn 1785 (Kant ist 61 Jahre alt) erscheint die „Grundlegung zur Metaphysik der Sitten", die in Zusammenhang mit dem Werk von Cicero steht. Einerseits kreist die Grundlegung um den gleichen Zentralbegriff der Pflicht und die Methode der Identifizierung dieser Pflicht mit Hilfe einer „Formel" (bei Cicero *formula* genannt, bei Kant kategorischer Imperativ), andererseits sind Aufbau und Begründung der beiden Ethiken grundverschieden. Eine Pflicht wird bei Kant nicht mehr wie noch bei Cicero aus den anthropologischen und gesellschaftlichen Voraussetzungen des Menschseins abgeleitet, sondern stellt eine „Achtung vor dem Gesetz" dar, und deshalb enthält bei Kant eine Pflicht den guten Willen, aber nicht umgekehrt (denn es sind nach Kant reine Vernunftwesen denkbar, auf die zwar der gute Wille, aber nicht eine Pflicht anwendbar ist, weil diese keinen Konflikt innerhalb des Willens kennen). Außerdem stammt offenbar Kants Unterscheidung innerhalb des Pflichtbegriffs zwischen einer Handlung „aus Pflicht" und nur „pflichtgemäß" aus der bei Cicero übernommenen stoischen Tradition, dass eine Handlung entweder als *to kathêkon (officium medium)* oder als *to katorthôma (officium perfectum)* bezeichnet werden kann. Die Lehre von den mittleren und den vollkommenen Pflichten findet sich auch bei Kant in der GMS (und dann wieder in der „Metaphysik der Sitten") wieder, allerdings mit einem gegenüber der Stoa und Cicero veränderten Sinn. Garve vertritt in seinen Kommentaren zu Cicero eine empirisch ausgerichtete Ethik, Kant dagegen eine empiriefreie Ethik. Aus dem geplanten Prodromus gegen Garve ist dann doch nichts mehr geworden. In der GMS findet sich überraschenderweise kein Hinweis auf eine Kritik an Garve, allerdings auch kein Hinweis auf Ciceros Werk über die Pflichten (dieser findet sich erst in der MS).

Bevor mit der detaillierten Darstellung der beiden Werke Kants begonnen wird, soll auf einen wesentlichen Unterschied zwischen der „Grundlegung zur Metaphysik der Sitten" und der „Kritik der praktischen Vernunft" hingewiesen werden:

- Die „Grundlegung zur Metaphysik der Sitten" macht den Versuch einer Deduktion[42] (Rechtfertigung) des kategorischen Imperativs. Diesen Versuch erklärt Kant bereits drei Jahre später in der „Kritik der praktischen Vernunft" für gescheitert, da „die objektive Realität des moralischen Gesetzes durch keine Deduktion [...] bewiesen" werden kann. (KpV 47)
- Die „Kritik der praktischen Vernunft" setzt deshalb an die Stelle der Deduktion des Sittengesetzes das „Faktum der Vernunft" als eine innerlich sichere und unbezweifelbare Tatsache, „die sich uns selbst aufdrängt" und sich uns „als ursprünglich gesetzgebend" ankündigt: *sic volo, sic iubeo*"[43]. (KpV A 31) Diese gebieterische innere Stimme der Pflicht, die sich in der Selbstwahrnehmung bemerkbar macht, ist nun der neue Ausgangspunkt für das Sittengesetz (den kategorischen Imperativ, der den guten Willen ausdrückt). Die KpV beginnt also dort, wo die GMS aufhört.

---

[42] Den Begriff Deduktion übernimmt Kant aus der Rechtssprache, und bezeichnet damit die Rechtfertigung (den Rechtsanspruch) und die Legitimation eines Anspruchs. Es ist also keine Herleitung vom Allgemeinen zum Besonderen, wie man diesen Ausdruck heute vielfach versteht.

[43] dt.: „So will ich es, so befehle ich es." Diesen Ausspruch übernimmt Kant aus der 6. Satire Juvenals.

5.2.1 Vorrede

In der Vorrede zeigt Kant, um welche Disziplin bei der GMS es sich aus seiner Sicht handelt, und gibt deshalb die aus der Antike stammende Einteilung der Wissenschaften in Physik, Ethik und Logik wieder. Die drei Disziplinen gehören zu zwei verschiedenen Theorien, den formalen und den materialen. Die formalen Disziplinen haben kein spezifisches Objekt (dazu gehört die Logik); die beiden anderen Theorien (Physik und Ethik) aber haben einen Gegenstand. Die beiden materialen Theorien (Physik und Ethik) haben gemeinsam, dass ihre Gegenstände bestimmten Kausalgesetzen unterliegen, den „Gesetzen der Natur" (Physik) und den „Gesetzen der Freiheit" (Ethik); beides sind Kausalgesetze. Kausalgesetze machen Aussagen über Ursache und Wirkung.

Damit ist bereits der für die Ethik Kants wichtige Begriff des Gesetzes von ihm am Anfang eingeführt worden, und zwar in systematischer Bedeutung. Die Ethik wird von Kant unter dem Begriff des (Kausal)-Gesetzes entwickelt: Das Gesetz der Ethik (später „Sittengesetz" genannt) ist, im Unterschiede zum „Gesetz der Natur", ein „Gesetz der Freiheit": Erstere stehen in einem Determinationszusammenhang, letztere beruhen darauf, dass die Ursache von einem freien Willen (den nicht wieder eine andere Ursache bewegt, der also nur von sich selbst bewegt wird) gesetzt wird. Das erste Gesetz beschreibt, wie etwas geschieht, das zweite gibt an, was geschehen *soll*, aber oftmals trotzdem nicht geschieht.

Eine Philosophie kann sich entweder auf Erfahrung stützen, oder sie kann ihre Lehren rein aus Prinzipien a priori entwickeln. Wenn sie dies formal tut, heißt sie Logik, wenn sie dies material tut (d. h. auf bestimmte Gegenstände des Verstandes bezogen), heißt sie Metaphysik. Dabei gibt es zwei Metaphysiken, eine Metaphysik der Natur und eine Metaphysik der Sitten. Sowohl die Physik als auch die Ethik haben zwei Teile, einen empirischen und einen rationalen Teil.

- Den empirischen Teil der Ethik nennt Kant praktische Anthropologie (nicht zu verwechseln mit seiner „Anthropologie in pragmatischer Hinsicht" von 1798, weil das Wort „pragmatisch" dasjenige bezeichnet, was „zur Wohlfahrt beiträgt", und nicht dasjenige behandelt, was Kant unter Ethik oder Moral versteht);
- den rationalen Teil nennt er Moral.

Der griechische Ausdruck Metaphysik bedeutet sprachlich ja eine *nach* der Physik oder *über* die Physik hinaus gewonnene Erkenntnis. Insofern ist mit dem Ausdruck „Metaphysik der Sitten" zum Ausdruck gebracht worden, dass es die Moral mit Gegebenheiten zu tun hat, die nicht zur Welt der Physik (empirische Natur) gehören. Unter einer „Metaphysik der Sitten" versteht Kant eine nicht-empirische Ethik, die also ohne Erfahrung auskommt. Diese Aussage muss aber im Kontext seiner Argumente in der GMS gesehen werden: Natürlich kennt Kant die empirischen Gegebenheiten der Moral, ja er beginnt sogar seinen Gedankengang in der GMS mit der Ausgangsfrage nach dem „Übergang von der gemeinen sittlichen Vernunfterkenntnis zur philosophischen". Das heißt: Jeder Mensch verfügt über elementare moralische Vorstellungen, die sein Handeln leiten. Eine Gefahr liegt aber darin, dabei ohne philosophische Reflexion zu bleiben, weil aus der Spannung zwischen den Bedürfnissen der Sinnlichkeit und den Forderungen der Vernunft sich eine „natürliche Dialektik" ergibt, die darin besteht, gegen die moralischen Gebote zu „vernünfteln". Dieses „Vernünfteln" bedeutet, die moralischen Begriffe mit ihren Inhalten zu verändern, um sie den eigenen Interessen anzupassen. Ein Verbleiben in der vorphilosophischen Moralität bedeutet also, kein stabiles Fundament der Moral zu besitzen, sondern einer labilen Überzeugung ausgeliefert zu sein.

Die Ethik Kants enthält einen empirischen Teil (die Anthropologie, bezogen auf die menschliche Natur) und einen metaphysischen Teil (reine Philosophie a priori, die sich auf ein bestimmtes Gebiet bezieht, nämlich auf die Moral). Ein empirisches Wissen ist auch insofern vorhanden und notwendig, als davon ausgegangen wird, dass die menschliche Natur korrumpierbar und kein Gefühl in der Lage ist, ein stabiles moralisches Fundament zu begründen; das gelingt nur der Vernunft. Dies macht die Begründung einer „Metaphysik der Sitten" notwendig, die gerade aus der empirischen Einsicht in die moralisch instabile menschliche Natur ihre Legitimation erfährt. Dies drückt Kant in folgendem Satz aus: „Jedermann muss eingestehen, dass ein Gesetz, wenn es moralisch, d. i. als Grund einer Verbindlichkeit, gelten soll, absolute Notwendigkeit bei sich führen müsse; dass das Gebot: du sollst nicht lügen, nicht etwa bloß für Menschen gelte, andere vernünftige Wesen sich aber daran nicht zu kehren hätten; und so alle übrige[n] eigentliche[n] Sittengesetze; dass mithin der Grund der Verbindlichkeit hier nicht in der Natur des Menschen, oder den Umständen in der Welt, darin er gesetzt ist, gesucht werden müsse, sondern a priori lediglich in Begriffen der reinen Vernunft, und dass jede andere Vorschrift, die sich auf Prinzipien der bloßen Erfahrung gründet, und sogar eine in gewissem Betracht allgemeine Vorschrift, so fern sie sich dem mindesten Teile, vielleicht nur einem Bewegungsgrunde nach, auf empirische Gründe stützt, zwar eine praktische Regel, niemals aber ein moralisches Gesetz heißen kann." (GMS 389) Zum Transfer dieses apriorischen Moralwissens auf die Alltagsfälle benötigt man ein eigenes Vermögen, und zwar die Urteilskraft, die durch Erfahrung geschärft wurde. Sie ist dasjenige Vermögen, das darüber zu urteilen hat, ob etwas der Fall ist oder nicht.

Worin besteht nun die „Metaphysik" der Sitten? Kants Antwort, die er mehrfach vorträgt, lautet: Moralische Prinzipien müssen zwei Bedingungen genügen:
1. Sie müssen **notwendig** sein (d. h. bedingungslos und ausnahmslos gelten).
2. Sie müssen **allgemein** gelten (d. h. für alle vernünftigen Wesen, nicht nur für Menschen).

Die beiden Bestimmungen der Notwendigkeit und Allgemeinheit führen bereits aus einer Ethikvorstellung heraus, die in subjektiven Wünschen (Präferenzen) das entscheidende Moralkriterium sieht. Kant dagegen ist Vertreter einer objektiven Ethik, die nicht in persönlichen Neigungen und Interessen wurzelt. Allerdings ist sie auch nicht weltfremd (ein übliches Missverständnis seiner Ethik), da Kant bereits in der Vorrede betont, dass eine „durch Erfahrung geschärfte Urteilskraft" (GMS 389) erforderlich ist, um unterscheiden zu können im Hinblick auf ihre Anwendung.

Die „Metaphysik der Sitten" ist also eine Ethik a priori. Ihre Allgemeingültigkeit gewinnt sie aus der Vernunft des Menschen, nicht aus seiner Natur (also nicht aus einer empirischen Anthropologie). Sie ist aber auf den empirischen Menschen anwendbar und kann auch in die Anthropologie eingehen und dort zu einem vertieften Verständnis der menschlichen Vernunft-Natur verhelfen. Die Philosophie Kants, und nicht nur seine Ethik, sucht nach dem Apriorischen im menschlichen Erkennen und findet sie in Raum und Zeit als den apriorischen Formen der Anschauung: Der Mensch ist in seiner theoretischen Vernunftbetätigung eingeschränkt auf Räumliches und Zeitliches, der praktische Vernunftgebrauch erschließt über die Idee der Freiheit eine neue Dimension der Verantwortung (III. Abschnitt der GMS). Darauf weist Kant bereits am Anfang der GMS hin, dass es „Gesetze der Natur" und „Gesetze der Freiheit" gibt; zur letzten Gruppe gehört die apriorische Ethik. Die Apriorität ist aber kein passives Vermögen (ist also nicht nur einfach angeboren), sondern zeigt sich in der aktiven Auseinandersetzung mit der empirischen Welt.

Eine „Metaphysik der Sitten" ist für Kant auch deshalb notwendig, weil es für das moralische Gutsein nicht genügt, dass man etwas Gutes pflichtgemäß tut (also ohne innere Verbindung zum Objekt und zum Motiv der Handlung), sondern dass man es auch „um desselben willen" tue. Diese Grundlagen können nicht in einer vermischten Ethik gefunden werden (Empirisches mit Apriorischem vermischt), die der „gemeinen Vernunfterkenntnis" entspricht, sondern nur in einer reinen Philosophie, die diese Vermengung wieder trennt.

Das Werk enthält drei Teile, die jeweils als „Übergänge" bezeichnet werden. Zum Begriff „Übergang": Kant beginnt dreimal mit etwas Gegebenem und führt zu etwas Neuem. Das gesamte Verfahren ist phänomenologisch-genetisch (Irrlitz 2002, 278) konzipiert.
1. Der erste Teil trägt den Titel „Übergang von der gemeinen sittlichen Vernunfterkenntnis zur philosophischen". Er analysiert die allgemeinen Moralvorstellungen wie „guter Wille" und „Pflicht" und gelangt so zur ersten Formulierung des Moralprinzips. Dieser erste Teil ist also analytisch konzipiert.
2. Der zweite Teil trägt den Titel „Übergang von der populären Moralphilosophie zur Metaphysik der Sitten". Er analysiert die „populäre Moralphilosophie" und gelangt so zur Metaphysik der Sitten als einer höheren Stufe der moralischen Wahrnehmung. Dieser Teil ist ebenfalls analytisch konzipiert.
3. Der dritte Teil trägt den Titel „Übergang von der Metaphysik der Sitten zur Kritik der praktischen Vernunft". Er schreitet voran zur Rechtfertigung und Begründung (Deduktion im Wortgebrauch Kants) des kategorischen Imperativs. Da mit analytischen Mitteln kein Existenznachweis geführt werden kann, ist dieser dritte Abschnitt synthetisch konzipiert.

Die drei Abschnitte scheinen drei Gliederungsebenen zu sein, wobei jeder neue Abschnitt mit dem Schluss des vorhergegangenen Abschnittes weiterführt. Dies trifft zwar für den Anschluss des dritten Abschnittes an den zweiten zu, aber nicht für den Anschluss des zweiten Teils an den Schluss des ersten Abschnitts.

Zur Wortwahl „analytisch" und „synthetisch":
- Die Teile I und II sind analytisch konzipiert (Zerlegung der Begriffe),
- der Teil III dient der Begründung (Deduktion) des gefundenen Moralprinzips und ist synthetisch konzipiert.

Wie sind nun die beiden Begriffe „analytisch" und „synthetisch" zu verstehen?

1. Man könnte sie erstens als eine bestimmte Methode verstehen, und dann wäre die analytische Methode der Aufstieg von etwas Faktischem zu den Bedingungen, unter denen es allein möglich ist.
2. Man könnte sie zweitens im Sinne von begriffsanalytisch und begriffssynthetisch verstehen, und dann versteht man darunter das Aussuchen des obersten Moralprinzips (den kategorischen Imperativ). Diese Bedeutung scheint Kant hier zu verwenden, da er in beiden ersten Abschnitten das Moralprinzip entwickelt hat, aber mit Hilfe analytischer Begriffe dessen Geltung nicht nachweisen konnte; das ist erst möglich durch das begriffssynthetische Verfahren im dritten Abschnitt. (Horn u. a. 2007, 164)

5.2.2 Von der gemeinen sittlichen zur philosophischen Vernunft

Dieser erste Teil von Kants Schrift trägt den Titel: „Übergang von der gemeinen sittlichen Vernunfterkenntnis zur philosophischen".

Kerngedanke: Kant geht von der klassischen Frage nach dem höchsten Gut (*summum bonum*) aus und bestimmt es als den „guten Willen". Aus diesem wird der Begriff der Pflicht entwickelt. Pflichten haben es schwer im Leben, ihre Verbindlichkeit gegenüber den subjektiven Wünschen und Neigungen zu behaupten. In dieser Situation gerät der Mensch in Verwirrung, was zu tun ist, weil sich hier eine „natürliche Dialektik" ergibt, die die Inhalte der Pflichten verändert: Die Neigungen setzen den Pflichten zu und „weichen" sie auf. Aus diesen analytischen Vorüberlegungen gelangt Kant schließlich zu der Behauptung, dass den Menschen aus dieser Hilflosigkeit nur eine praktische Philosophie befreien kann.

Gliederung dieses ersten Abschnittes:

1. Der Ausgang ist der Begriff des guten Willenss.
2. Dann führt Kant in den Begriff der Pflicht ein.
3. Nun wird der Begriff des kategorischen Imperativs in Umrissen entwickelt.
4. Schließlich wird auf die „natürliche Dialektik der gemeinen Menschenvernunft" hingewiesen.

Diese vier Gliederungspunkte als Inhalt des ersten Abschnitts werden nun erläutert.

5.2.2.1 Der gute Wille

Kant geht vom „höchsten Gut" (*summum bonum*) der antiken Ethik aus. „Gut" ist hier ein Prädikat, das eine Eignung für einen bestimmten Zweck zum Ausdruck brachte, der wieder einem anderen Zweck diente, der schließlich zum Begriff des Endzweckes, des Glücks bzw. Gottes, führte. Das *summum bonum* war also das Glück oder Gott. Kant bricht inhaltlich damit, als er – handlungstheoretisch denkend – das höchste Gut im guten Willen erblickte, der nun nicht mehr in seiner Tauglichkeit für bestimmte Zwecke seine Bestimmung findet. Die einführende Bestimmung als erster Satz des ersten Abschnitts lautet (393): „Es ist überall nichts in der Welt, ja überhaupt auch außer derselben zu denken möglich, was ohne Einschränkung für gut könnte gehalten werden, als allein ein GUTER WILLE".

Vor diesem höchsten Gut verlieren die anderen Güter ihre Bedeutung, die Kant in zwei Gruppen einteilt, in Naturgaben und Glücksgaben.

- Zu den Naturgaben gehören
  - einerseits die „Talente des Geistes" wie beispielsweise Verstand, Witz, Urteilskraft,
  - andererseits positive „Eigenschaften des Temperaments" wie Mut, Entschlossenheit, Beharrlichkeit im Vorsatze.
- Zu den Glücksgaben gehören einerseits
  - Macht, Reichtum, Ehre, Gesundheit, andererseits
  - der Zustand des Wohlbefindens und der Zufriedenheit unter dem Namen der Glückseligkeit.

Beide Gruppen von Gütern genießen deshalb keinen absoluten Wert, weil sie auch zu schlechten Zwecken verwendet werden können. Die Glücksgaben schließlich können auch zu Übermut führen und damit schädlich werden. Drei Argumente werden von Kant dafür aufgestellt, dass diese Gütergruppen ihre gute Verwendung nur einem guten Willen verdanken:

1. Der gute Wille muss auf das Gemüt wirken, damit
2. das Handlungsprinzip eventuell korrigiert werden kann, weil
3. ein „vernünftiger unparteiischer Beobachter" (Gott) nur dann an einem „ununterbrochenen Wohlergehen" eines Wesens ein Wohlgefallen haben könne, wenn dieses Wesen einen guten Willen hat.

Kant trägt seine Ablehnung der eudämonistischen Orientierung mit zwei Argumenten vor:

1. Wenn die Natur gewollt hätte, dass für vernünftige Wesen Glück das eigentliche Ziel ihres Lebens sei, hätte dieser Plan besser durch einen „eingepflanzten Naturinstinkt" erreicht werden können. Dies wird als teleologisches Argument Kants bezeichnet. Kant trägt zur Erläuterung und Bekräftigung eine Beobachtung aus dem Alltagsleben vor: Bei kultivierten und vernünftigen Menschen, die irgendwann sich auf die Jagd nach Genuss und Glück begeben, stellt sich als Folge sogar das Gegenteil ein, nämlich ein gewisser Grad von *Misologie* (Hass der Vernunft), also ein paradoxer Zustand bezüglich des eigentlich erstrebten Ziels. Kant wird später diese Beobachtung dahingehend ergänzen, dass Glück intentional ist und man deshalb einen Grund braucht, um als vernünftiges Wesen glücklich sein zu können; diesen Grund, der nicht willkürlich sein kann, nennt Kant „Würdigkeit zum Glück". Wäre der gesuchte Grund willkürlich, dürfte es keine unglücklichen Menschen geben. Ein Grund ist aber seiner Natur nach nicht sensualistisch, sondern rational wirksam.
2. Dieses Argument führt Kant weiter, indem er das Argument Rousseaus (ohne ihn namentlich zu zitieren) vorträgt, dass selbst die Künste und Wissenschaften nicht zum Glück des Menschen ausschlagen, dass also mit Hilfe der Vernunft das Glück nicht erreichbar ist, was man deshalb auch als das Rousseau-Dilemma bezeichnet.

Der gute Wille ist nach Kant kein bloßer Wunsch, sondern zeigt seine Gutheit erst dann, wenn man „mit Aufbietung aller Mittel, sofern sie in unserer Gewalt sind", etwas will. Einen guten Willen hat also nur derjenige Mensch, der beispielsweise einem anderen Menschen, der in Not ist, unter Aufbietung aller Kräfte und Möglichkeiten beisteht. Der gute Wille ist also auch nicht identisch mit der guten Intention: Eine solche kann auch jemand haben, der einem in Not befindlichen Menschen alles Gute wünscht (auch innerlich und echt), aber äußerlich nichts zur Linderung seiner Notlage tut, obwohl er es könnte. Die Gründe für das Auseinandertriften von guter Intention und gutem Willen könnten beispielsweise in Bequemlichkeit, Feigheit, Opportunismus usw. gefunden werden.

Bei Kant gibt es vor dem menschlichen guten Willen überhaupt nichts mehr, was unabhängig davon ein moralisch Gutes genannt werden kann. Eine Handlung wird erst dann gut, wenn der ausführende Wille gut war. **Wann aber ist ein Wille moralisch gut?** Die Antwort Kants lautet: Wenn er sich in der Wahl seiner Maximen vom kategorischen Imperativ leiten lässt und sich die Maxime als logisch widerspruchsfrei nachweisen lässt. Folgende Textstelle aus der „Grundlegung zur Metaphysik der Sitten" zeigt die Position Kants: „Der Wille ist schlechterdings gut, der nicht böse sein, mithin dessen Maxime, wenn sie zu einem allgemeinen Gesetze gemacht wird, sich selbst niemals widerstreiten kann." (GMS 436)

Die Erkenntnis, dass die **Widerspruchsfreiheit** der Test auf die Richtigkeit einer Handlungsmaxime darstellt, liegt schon der **Goldenen Regel** zugrunde. Man kann zwar den kategorischen Imperativs Kants als eine „Verfeinerung der Goldenen Regel" bezeichnen (Spaemann), in entscheidender Hinsicht repräsentieren beide Formeln unterschiedliche Moralkonzepte (die Goldene Regel kennt z. B. keine Pflichten gegen sich selbst). Die Goldene Regel, die ja bekanntlich seit dem 6. Jahrhundert v. Chr. in allen Hochkulturen (Europa, Indien, China) nachweisbar ist, ist ein Prüfungsverfahren für die Richtigkeit bzw. Unrichtigkeit menschlicher Handlungen. Sie lautet in der sog. negativen Formulierung: „Was du nicht willst, dass man dir tut, das füg' auch keinem anderen zu." Was verlangt die Goldene Regel? Sie verlangt vom Handelnden einen Perspektivenwechsel: Ich (als Handelnder) soll mich in die Position des von meiner Handlung Betroffenen versetzen. Wenn ich zwar als Handelnder meine Tat bejahe, aber als Betroffener ihr zugleich widerspreche, weil ich sie nicht an mir vollzogen haben möchte, dann habe ich mich in einen Selbstwiderspruch verwickelt und die Handlung ist zu unterlassen. Zur Absicht der Handlung gehört, dass sie Folgen hat. Werden die Folgen aber nicht gewünscht, dann braucht die Handlung auch nicht vollzogen zu werden. Der Erkenntnisgewinn durch die Anwendung der Goldenen Regel besteht eben darin, dass ich dies erst erkenne, wenn ich einen anderen Standpunkt der Betrachtung einnehme*:* Ein und dieselbe Handlung kann vom Standpunkt des aktiv Handelnden anders aussehen als vom Standpunkt des passiv Betroffenen. Kann sie nicht von *beiden* Standpunkten aus bejaht werden, dann ist sie aus der Sicht dieser Formel falsch und muss unterbleiben.

Nach Kant ist eine Handlung nur dann gut, wenn sie aus gutem Willen erfolgte. Ein guter Wille ist der, der sich **widerspruchsfrei** verwirklichen lässt. Güter liegen also nicht *vor* dem menschlichen Willen, sondern erhalten ihr Gutsein oder Schlechtsein durch die moralische Beschaffenheit des menschlichen Willens. Diese moralische

Beschaffenheit des guten Willens gründet in seiner logischen Widerspruchsfreiheit. Beispiel: Die Maximenprüfung, ob die Maxime des erlaubten Diebstahls allgemein gerechtfertigt sei, zeigt einen Widerspruch auf: Der Dieb, der zwar stiehlt, möchte seinerseits nicht bestohlen werden und versteckt deshalb seine Beute. Damit besteht innerhalb ein und derselben Handlungsmaxime ein (kontradiktorischer) Widerspruch: Widersprüche sind kontradiktorisch, Gegensätze sind konträr.

Kant ist in seiner Suche nach einer Ordnung in der moralischen Welt (d. h. was das Gute bewirkt) zu der Erkenntnis gelangt, dass diese nicht in der Natur und auch nicht in der gesellschaftlichen Tradition gefunden werden kann, sondern einzig und allein in der menschlichen Vernunft. Die Ethik Kants beruht auf der fundamentalen Überzeugung, dass es nirgendwo fertige Werte und Güter gibt, die der Mensch gewissermaßen nur finden und annehmen muss. Der Mensch muss auch in der moralischen Welt den Standpunkt eines „Gesetzgebers" einnehmen. Handlungen erhalten ihren moralischen Wert erst durch einen Willen, der das Gute will. Ein Wille will nach Kant nur dann das Gute, wenn er seinem eigenen Wesen entsprechend rational handelt. Rational handeln heißt, seine Maximen dem kategorischen Imperativ zu unterwerfen. Die Rationalität des kategorischen Imperativs besteht darin, dass er ein Prüfverfahren für Maximen dadurch ist, dass er Maximen auf ihre innere Widerspruchsfreiheit zu beurteilen gestattet.

5.2.2.2 Die Pflicht

Kant entwickelt nun aus dem Begriff des guten Willens den der Pflicht. Wie hängen beide zusammen? Er schreibt, dass bei Menschen der gute Wille den Begriff der Pflicht „enthält". Wie ist das zu verstehen? Aus den folgenden Argumenten und Beispielen in der GMS ergibt sich, dass immer dann, wenn eine Handlung aus Pflicht erfolgt, auch ein guter Wille vorhanden ist, aber nicht umgekehrt. Wie ist das möglich? Kant unterscheidet reine Vernunftwesen (Gott) und gemischte Vernunftwesen (mit Sinnlichkeit). Für gemischte Vernunft- und Sinnenwesen (Menschen) ist der gute Wille eine Pflicht, weil auch Neigungen dem guten Willen entgegenstehen können. Deshalb ist für diese Mischwesen der gute Wille also eine Pflicht.

Kant unterscheidet beim Pflichtbegriff erstens zwischen
- Handlungen „aus Pflicht" (diese Handlung hat moralischen Wert), und
- „pflichtgemäßen" Handlungen (haben nur den vordergründigen Anschein einer moralisch zurechenbaren Handlung),

zweitens zwischen
- direkten und
- indirekten Pflichten (d. h, die eigene Glückseligkeit anzustreben, damit die direkten Pflichten nicht vernachlässigt werden).

Er stellt diese Einteilung an Hand von vier Fallbeispielen dar.
1. Ein ehrlicher Kaufmann übervorteilt weder einen unerfahrenen Käufer noch ein Kind, ist also „ehrlich" aus Vorteilsdenken, auch hat er zu keinem seiner Kunden eine besondere Neigung. Er handelt dann weder „aus Pflicht" noch aus Neigung, sondern nur aus eigennützigen Absichten.

2. Viele Menschen sehen im Leben keinen besonderen Sinn und keinen inneren Wert, bewahren ihr Leben trotzdem, aber nur aus Neigung; dann setzen sie ihr Leben nur „pflichtgemäß" fort. Wenn aber jemandem aus hoffnungslosem Gram der „Geschmack am Leben" gänzlich abhanden gekommen ist, und er sich den Tod wünscht, und doch sein Leben erhält „aus Pflicht", dann hat seine Maxime einen moralischen Gehalt.
3. Auch die Handlung eines „Menschenfreundes" hat nur dann Wert, wenn sie nicht aus Neigung (Streben nach Ehre, Lob usw.) geschieht, sondern aus Pflicht.
4. Es ist Pflicht, seine eigene Glückseligkeit zu sichern, nicht um ihrer selbst willen, sondern um durch die Zunahme von Sorgen nicht in Versuchung zu geraten, seine Pflichten zu übertreten. Dies ist dann eine indirekte Pflicht, weil sie die Voraussetzung für die Erfüllung anderer Pflichten ist.

Kant entwickelt den Begriff der Pflicht aus drei Sätzen (GMS 399–401):

1. Die Bestimmung des guten Willens erfolgt durch den Begriff der Pflicht. Kant zitiert eine biblische Aufforderung, dass es „geboten" ist, seinen Nächsten, selbst seinen Feind, zu lieben. Kant interpretiert diese Aufforderung so, dass es sich bei diesem Gebot nicht um eine Neigung, sondern um eine Pflicht handeln müsse, denn Neigungen (Gefühle) könne man nicht befehlen.
2. Der moralische Wert einer Handlung liegt nicht in der Absicht, sondern in der Maxime. Was ist eine Absicht, und was ist eine Maxime?
   - Eine Maxime ist das „Prinzip des Wollens" und als solches ein Prinzip a priori,
   - eine Absicht dagegen ist ein Prinzip a posteriori, das eine Wirkung bezweckt.

Ob Maximen formell und Absichten material sind, bereitet bei der Interpretation dieser Stelle einige Schwierigkeiten. Aus dem Kontext der GMS kann man aber feststellen, dass bei Kant Maximen immer einen Inhalt haben, also material sind.

3. Pflicht ist die Notwendigkeit einer Handlung aus Achtung fürs Gesetz. Zu einem beabsichtigten Ergebnis einer Handlung kann man eine Neigung haben (weil damit z. B. ein Vorteil verbunden ist), Achtung dagegen kann man nicht einem Ergebnis gegenüber haben, sondern nur etwas Höherem gegenüber, hier also demjenigen, was der Grund des Wollens ist, d. h. dem moralischen Gesetz im Menschen. Eine Maxime ist das „subjektive Prinzip des Wollens", das dann zum objektiven Prinzip wird, wenn die Vernunft Gewalt über das Begehrungsvermögen besitzt. Kant unterscheidet sprachlich zwischen der
   - „Achtung fürs Gesetz" als dem moralischen Motiv und der
   - „Achtung vor dem Gesetz" als der bloßen äußeren Beachtung eines Gesetzes (Timmermann 2004, 103).

Für die Handlungen gilt,
- dass das Gesetz unmittelbar den Willen bestimme (also die gesetzgebende Instanz des Willens ist),
- die Achtung trete bei der Ausführung auf den Plan (also als ausführende Instanz des Willens).

Der Wille hat also im Handlungsakt eine doppelte Funktion, eine *judikative* und eine *exekutive* Funktion. Die „Achtung fürs Gesetz" muss man sich als ein Urteil der Vernunft vorstellen, das jene gesetzgebende Funktion des Willens als auslösenden Handlungsakt bewundert, der diese Leistung ohne empirischen Gegenstand vollbringt. In diesem Sinne ist die „Achtung fürs Gesetz" zugleich die Motivation und Volition.

Ergänzend zu den Aussagen in der GMS soll hier aus der „Metaphysik der Sitten" (MS) der sog. „moralische Katechismus" vorgestellt werden. Mit diesem Fallbeispiel möchte Kant demonstrieren (wie auch in anderen Beispielen), dass bereits kleine Kinder das von Kant vertretende Moralprinzip verstehen können. Im Folgenden wird nun ein von Kant durchgespieltes Beispiel wiedergegeben, betitelt als „Bruchstücke eines moralischen Katechismus" zum Thema: Gibt es einen Widerstreit zwischen Pflicht und Glück? Hier sollte zwischen der Explikation und der Applikation unterschieden werden: Die Explikation (Erklärung) von ethischen Maßstäben ist schwierig, dagegen ist die Applikation (Anwendung) des moralischen Urteilsvermögens auf konkrete Situationen oder Fragen auch Kindern bereits möglich, zumindest unterstellt Kant dies im folgenden Gedankenexperiment.

L = Lehrer, S = Schüler

"L: Was ist dein größtes, ja dein ganzes Verlangen im Leben?
S: (schweigt)
L: Dass dir alles und immer nach Wunsch und Willen gehe.
L: Wie nennt man einen solchen Zustand?
S: (schweigt)
L: Man nennt ihn Glückseligkeit[44] (das beständige Wohlergehen, vergnügtes Leben, völlige Zufriedenheit mit seinem Zustande)
L: Wenn du nun alle Glückseligkeit (die in der Welt möglich ist) in deiner Hand hättest, würdest du sie alle für dich behalten, oder sie auch deinen Nebenmenschen mitteilen?
S: Ich würde sie mitteilen, andere auch glücklich und zufrieden machen.
L: Das beweist nun wohl, das du noch so ziemlich ein gutes Herz hast: Lass aber sehen, ob du dabei auch guten Verstand zeigst. – Würdest du wohl dem Faulenzer weiche Polster verschaffen, damit er im süßen Nichtstun sein Leben dahin bringe, oder dem Trunkenbolde es an Wein und was sonst zur Berauschung gehört, nicht ermangeln lassen, dem Betrüger eine einnehmende Gestalt und Manieren geben, um andere zu überlisten oder dem Gewalttätigen Kühnheit und starke Faust, um andere überwältigen zu können? Das sind ja so viele Mittel, die ein jeder sich wünscht, um nach seiner Art glücklich zu sein.
S: Nein, das nicht.
L: Du siehst also: dass, wenn du auch alle Glückseligkeit in deiner Hand und dazu den besten Willen hättest, du jene doch nicht ohne Bedenken jedem, der zugreift, Preis geben, sondern erst untersuchen würdest, wie denn ein jeder der Glückseligkeit würdig wäre. – Für dich selber würdest du doch wohl kein Bedenken haben, dich mit allem, was du zu deiner Glückseligkeit rechnest, zuerst zu versorgen?
S: Ja.
L: Aber kommt dir da nicht auch die Frage in Gedanken, ob du wohl selbst auch der Glückseligkeit würdig sein mögest?

---

[44] Hervorhebung durch M. K.

S: Allerdings.

L: Das nun in dir, was nur nach Glückseligkeit strebt, ist die Neigung; dasjenige aber, was deine Neigung auf die Bedingung einschränkt, dieser Glückseligkeit zuvor würdig zu sein, ist deine Vernunft, und dass du durch deine Vernunft deine Neigung einschränken und überwältigen kannst, das ist die Freiheit deines Willens.

L: Um nun zu wissen, wie du es anfängst, um der Glückseligkeit teilhaftig und doch auch nicht unwürdig zu werden, dazu liegt die Regel und Anweisung ganz allein in deiner Vernunft; das heißt soviel als: Du hast nicht nötig, diese Regel deines Verhaltens von der Erfahrung, oder von anderen durch ihre Unterweisung abzulernen; deine eigene Vernunft lehrt und gebietet dir geradezu, was du zu tun hast. Zum Beispiel wenn dir ein Fall vorkommt, da du durch eine fein ausgedachte Lüge dir, oder deinen Freunden, einen großen Vorteil verschaffen kannst, ja noch dazu dadurch auch keinem anderen schadest, was sagt dazu deine Vernunft?

S: Ich soll nicht lügen; der Vorteil für mich und meinen Freund mag so groß sein, wie er immer wolle. Lügen ist niederträchtig und macht den Menschen unwürdig, glücklich zu sein. – Hier ist eine unbedingte Nötigung durch ein Vernunftgebot (oder Verbot), dem ich gehorchen muss: wogegen alle meinen Neigungen verstummen müssen.

L: Wie nennt man diese unmittelbar durch die Vernunft dem Menschen auferlegte Notwendigkeit, einem Gesetze desselben gemäß zu handeln?

S: Sie heißt P f l i c h t.[45]

L: Also ist dem Menschen die Beobachtung seiner Pflicht die allgemeine und einzige Bedingung der Würdigkeit, glücklich zu sein, und diese ist mit jener ein und dasselbe.

L: Wenn wir uns aber auch eines solchen guten und tätigen Willens, durch den wir uns würdig (wenigstens nicht unwürdig) halten, glücklich zu sein, auch bewusst sind, können wir darauf auch die sichere Hoffnung gründen, dieser Glückseligkeit teilhaftig zu werden?

S: Nein! Darauf allein nicht; denn es steht nicht immer in unserem Vermögen, sie uns zu verschaffen, und der Lauf der Natur richtet sich auch nicht so von selbst nach dem Verdienst, sondern das Glück des Lebens (unsere Wohlfahrt überhaupt) hängt von Umständen ab, die bei weitem nicht alle in des Menschen Gewalt sind. Also bleibt unsere Glückseligkeit immer nur ein Wunsch, ohne dass, wenn nicht irgendeine andere Macht hinzukommt, dieser jemals Hoffnung werden kann.

L: Hat die Vernunft wohl Gründe für sich, eine solche, die Glückseligkeit nach Verdienst und Schuld der Menschen austeilende, über die ganze Natur gebietende und die Welt mit höchster Weisheit regierende Macht als wirklich anzunehmen, d. i. an Gott zu glauben?

S: Ja; denn wir sehen an den Werken der Natur, die wir beurteilen können, so ausgebreitete und tiefe Weisheit, die wir uns nicht anders als durch eine unaussprechlich große Kunst eines Weltschöpfers erklären können, von welchem wir uns denn auch, was die sittliche Ordnung betrifft, in der doch die höchste Zierde der Welt besteht, eine nicht minder weise Regierung zu versprechen Ursache haben: Nämlich dass, wenn wir uns nicht selbst der Glückseligkeit unwürdig machen, welches durch Übertretung unserer Pflicht geschieht, wir auch hoffen können, ihrer teilhaftig zu werden." (MS 480 f.)

Kant begründet sein Vorgehen nun mit pädagogischen Argumenten in der moralisch signifikanten Unterscheidung zwischen dem Schädlichen und dem Schändlichen: „In dieser Katechese, welche durch alle Artikel der Tugend und des Lasters durchgeführt werden muss, ist die größte Aufmerksamkeit darauf zu richten, dass das Pflichtgebot

---

[45] Hervorhebung durch M. K.

[...] ganz rein auf das sittliche Prinzip gegründet werde [...]. Die Schändlichkeit, nicht die Schädlichkeit des Lasters (für den Täter selbst) muss überall hervorstechend dargestellt werden. Denn wenn die Würde der Tugend in Handlungen nicht über alles erhoben wird, so verschwindet der Pflichtbegriff selbst und zerrinnt in bloße pragmatische Vorschriften; da dann der Adel des Menschen in seinem eigenen Bewusstsein verschwindet und er für einen Preis feil ist und zu Kauf steht, den ihm verführerische Neigungen anbieten." Und er fährt fort: „In dieser katechetischen Moralunterweisung würde es zur sittlichen Bildung von großem Nutzen sein, bei jeder Pflichtzergliederung einige kasuistische Fragen aufzuwerfen und die versammelten Kinder ihren Verstand versuchen zu lassen, wie ein jeder von ihnen die ihm vorgelegte verfängliche Aufgabe aufzulösen meinte. — Nicht allein dass dieses eine der Fähigkeit des Ungebildeten am meisten angemessene Kultur der Vernunft ist (weil diese in Fragen, die, was Pflicht ist, betreffen, weit leichter entscheiden kann, als in Ansehung der spekulativen) und so den Verstand der Jugend überhaupt zu schärfen die schicklichste Art ist: sondern vornehmlich deswegen, weil es in der Natur des Menschen liegt, das zu lieben, worin und in dessen Bearbeitung er es bis zu einer Wissenschaft (mit der er nun Bescheid weiß) gebracht hat, und so der Lehrling durch dergleichen Übungen unvermerkt in das Interesse der Sittlichkeit gezogen wird." (MS 483)

5.2.2.3 Der kategorische Imperativ im Umriss

Worin liegt nun der moralische Wert einer Handlung? Wie von Kant bereits dargelegt, kann er weder in der Wirkung noch in einem Handlungsprinzip, das seinen Beweggrund aus dieser Wirkung bezieht, gefunden werden, also in keinem Zweck, mag dieser auch noch ehrenhaft und gut sein. Kants Schlussfolgerung lautet: Also bleibt nur noch die „allgemeine Gesetzmäßigkeit der Handlungen" übrig, und dieses moralische Gesetz kann nur aus der Frage abgeleitet werden, ob „ich auch wollen könne, meine Maxime solle ein allgemeines Gesetz werden". (GMS 401) Mit diesem Prinzip, das Kant ein Prinzip der Pflicht nennt, stimme „die gemeine Menschenvernunft in ihrer praktischen Beurteilung auch vollkommen überein und hat auch das gedachte Prinzip jederzeit vor Augen". Kant bleibt also auch in den Details seiner Aussagen seinem Plan treu, aus der „gemeinen Menschenvernunft" seine Darlegungen zum obersten Moralprinzip ihren Anfang nehmen zu lassen.

Kant erläutert sein Anliegen anhand der Frage: „Darf ich, wenn ich im Gedränge [= Bedrängnis] bin, nicht ein Versprechen tun, in der Absicht, es nicht zu halten?" Diese Frage kann auf zweierlei Weise beantwortet werden, erstens mit Hilfe des Begriffs der Klugheit, und zweitens mit Hilfe des Begriffs der Pflicht. Nun könnte die Antwort aus Klugheitsüberlegungen mit Ja, diejenige aus Pflichtüberlegungen mit Nein gegeben werden. Kant spielt aber die gleiche Antwort, nämlich die Verneinung, mit dem Begriff der Klugheit und dem der Pflicht durch. Aus Klugheitsüberlegungen könnte man dieses lügenhafte Versprechen ablehnen, weil die nachteiligen Folgen, wenn es bekannt wird, zu bedenken sind (aus Klugheit = Schlauheit unterlässt man es dann), aber aus der Vorstellung des Prinzips der Pflicht könnte man es auch ablehnen, seine Zuflucht in diesem lügenhaften Versprechen zu suchen. Nur die Unterlassung aus dem Motiv der Pflicht hat nun im Konzept dieser Ethik einzig und allein moralischen Wert. Es kommt also nicht auf das (sichtbare) Ergebnis der Handlung an, sondern auf das (unsichtbare) Motiv des Handelnden. Dies ist zwar keine neue ethische Einsicht, denn die Ethiken vor Kant haben diese Orientierung ebenfalls vertreten, aber Kants Ethik basiert zentral auf diesem Gedanken, und keine Ethik vor ihm hat *dieses* Pflichtprinzip so eingehämmert wie Kant.

Wie sieht nun die Rechtfertigung dieses Moralprinzips aus? Zweierlei Antworten finden sich bei Kant:

(1) Erstens kann man sich fragen, so Kant, was passiert, wenn man vom Prinzip der Pflicht oder von der Maxime der Klugheit abweicht. Weicht man vom Prinzip der Pflicht ab, so ist die gesamte Handlung böse, weicht man aber von der Maxime der Klugheit ab, so könnte es manchmal sogar vorteilhaft sein, wenn man auf das Ergebnis blickt, d. h. die Maxime wurde durch die Abweichung nicht zerstört.

(2) Zweitens kann man sich fragen, so Kant, was passiert, wenn man die Handlung aus Pflicht als ein „allgemeines Gesetz (sowohl für sich als auch für andere)" betrachtet. Jedermann werde erkennen, dass man beispielsweise zwar die Lüge, nicht aber ein „allgemeines Gesetz zu lügen" wollen könne, und zwar mit folgender Begründung: Jedes Versprechen würde sich aufheben, denn niemand würde mehr irgend jemandem etwas glauben, d. h. die Maxime, zum Gesetz gemacht, würde sich selbst „zerstören". (GMS 403)

5.2.2.4 Die natürliche Dialektik des gesunden Menschenverstandes

Die „gemeine Menschenvernunft" (der sog. gesunde Menschenverstand), von dem phänomenologisch-genetisch dieser erste Abschnitt der GMS seinen Ausgang nahm, ist aber in ihrem natürlichen Urteilsgebrauch nicht unfehlbar, sondern sie ist gewissen Schwächen unterworfen. Diese nennt Kant die „natürliche Dialektik", wobei der Begriff „Dialektik" von Kant negativ gebraucht wird. Dialektik liegt dort vor, wo sich die Vernunft in ihrem Gebrauch in Widersprüche verwickelt. Beim Vernunftgebrauch ist zwischen einem theoretischen und einem praktischen Gebrauch zu unterscheiden, wobei es zu beachten gilt, dass es nur eine Vernunft gibt, aber zwei Möglichkeiten des Gebrauchens.

- Beim theoretischen Gebrauch kann sich die Vernunft in Widersprüche dadurch verwickeln, dass sie sich von ihrer Erfahrungsbasis entfernt. Diese Erfahrungsbasis sind die empirisch-sinnlichen Voraussetzungen und Grundlagen des Forschens. Grundmodell für das Verständnis des theoretischen Vernunftgebrauchs sind die Naturwissenschaften.
- Beim praktischen Gebrauch ist es umgekehrt: Der Einfluss empirisch-sinnlicher Gegenstände und Motive bringt diese „Dialektik" hervor, die im praktischen Bereich darin besteht, sich aus dem Gesetzescharakter der Pflicht und des guten Willens „herauszuvernünfteln", indem man beispielsweise zwar empirisch-sinnliche Motive zulässt, aber nur unter der Bedingung der Redensart „einmal ist keinmal". So hat zwar die „praktische Vernunft" ihre Dialektik, nicht aber die „reine praktische Vernunft", die ja ohne einen sinnlichen Teil als existierend gedacht wird. Diese aber kann nur ein reines Vernunftwesen (also nicht der Mensch als sinnlich-vernünftiges Mischwesen) haben.

5.2.3 Von der populären Weltweisheit zur Metaphysik der Sitten

5.2.3.1 Moralischer Empirismus versus Metaphysik der Sitten

Dieser zweite Teil von Kants Schrift trägt den Titel: „Zweiter Abschnitt: Übergang von der populären sittlichen Weltweisheit zur Metaphysik der Sitten". Der Abschnitt ist folgendermaßen aufgebaut:

1. Kant führt einleitend in den Begriff der Metaphysik der Sitten ein, indem er diese von einer empirischen Ethik abgrenzt. Dabei wird der begrenzte Wert von Beispielen bzw. Exempeln, die er strikt unterscheidet, deutlich. In der Ethik gehört der Primat nicht der Empirie, sondern der Metaphysik.
2. Aus dem Begriff des Willens als dem Vermögen, nach der Vorstellung von Gesetzen zu handeln, entwickelt er seine Lehre von den Imperativen. Dabei unterscheidet er zwei Gruppen: hypothetische Imperative und den kategorischen Imperativ, der in einer Grundformel und drei Varianten hierzu entwickelt wird.
3. Diese Formeln werden an Hand von vier Beispielen durchgespielt.
4. Schließlich wird der Unterschied zwischen Autonomie und Heteronomie entwickelt.
5. Abschließend wird die Frage nach dem kategorischen Imperativ als einem synthetischen Satz a priori gestellt, weil mit dieser Frage zum dritten und letzten Abschnitt der Grundlegung übergeleitet werden soll.

Kerngedanke: Hier entwickelt und entfaltet Kant seine Empirismus-Kritik. Er beginnt neu mit dem Begriff der „populären sittlichen Weltweisheit", die darin besteht,

(1) nicht zwischen empirischen und moralischen Handlungsgründen unterscheiden zu können, sodann

(2) eine Ethik der Vorbilder zu vertreten, die in einer moralanalogen Nachahmung besteht und die Kant ablehnt. Zu unterscheiden ist hier zwischen dem „Beispiel" und dem „Exempel". In der „Metaphysik der Sitten" bemerkt er dazu (MS 479/480): „Beispiel, ein deutsches Wort, was man gemeiniglich für Exempel als ihm gleichgeltend braucht, ist mit diesem nicht von einerlei Bedeutung. Woran ein Exempel nehmen und zur Verständlichkeit eines Ausdrucks ein Beispiel anführen, sind ganz verschiedene Begriffe. Das Exempel ist ein besonderer Fall von einer praktischen Regel, sofern diese die Tunlichkeit oder Untunlichkeit einer Handlung vorstellt. Hingegen ein Beispiel ist nur das Besondere (*concretum*), als unter dem Allgemeinen nach Begriffen (*abstractum*) enthalten vorgestellt, und bloß theoretische Darstellung eines Begriffs." An der gleichen Textstelle konkretisiert er seine Unterscheidung: „Die Angewöhnung oder Abgewöhnung ist die Begründung einer beharrlichen Neigung ohne alle Maximen durch die öftere Befriedigung derselben; und ist ein Mechanism der Sinnesart statt eines Prinzips der Denkungsart (wobei das Verlernen in der Folge schwerer wird als das Erlernen). — Was aber die Kraft des Exempels (es sei zum Guten oder Bösen) betrifft, was sich dem Hange zur Nachahmung oder Warnung darbietet, so kann das, was uns Andere geben, keine Tugendmaxime begründen. Denn diese besteht gerade in der subjektiven Autono-

mie der praktischen Vernunft eines jeden Menschen, mithin dass nicht anderer Menschen Verhalten, sondern das Gesetz uns zur Triebfeder dienen müsse. Daher wird der Erzieher seinem verunarteten Lehrling nicht sagen: Nimm ein Exempel an jenem guten (ordentlichen, fleißigen) Knaben! Denn das wird jenem nur zur Ursache dienen, diesen zu hassen, weil er durch ihn in ein nachteiliges Licht gestellt wird. Das gute Exempel (der exemplarische Wandel) soll nicht als Muster, sondern nur zum Beweise der Tunlichkeit des Pflichtmäßigen dienen. Also nicht die Vergleichung mit irgend einem andern Menschen (wie er ist), sondern mit der Idee (der Menschheit), wie er sein soll, also mit dem Gesetz, muss dem Lehrer das nie fehlende Richtmaß seiner Erziehung an die Hand geben."

Kant gelangt schließlich zu den verschiedenen Formeln des kategorischen Imperativs, die er unter den Begriff des (Sitten)-Gesetzes subsumiert: Der Gesetzescharakter des obersten Moralprinzips besteht darin, dass der Mensch nicht *direkt* nach Kausalgesetzen wirkt, sondern nach der „*Vorstellung* von Gesetzen", d. h. nach Prinzipien, d. h. durch einen Willen. Dies ist zugleich die in diesem Abschnitt entwickelte Definition von Wille: Er ist das „Vermögen, nach der Vorstellung der Gesetze, d. i. nach Prinzipien zu handeln". Diese Prinzipien wirken nun nicht ohne intellektuelle Zustimmung des Menschen (gleichsam wie das vegetative Nervensystem ohne Willenszustimmung wirkt), sondern sie sind ein Akt der Freiheit.

Kants Gedankengang in seiner Auseinandersetzung mit einer empirischen Moraltheorie lässt sich so darstellen:

- Die empirische Handlungsorientierung an der Selbstliebe (Philautie) und die apriorische Orientierung an der Pflicht stellen zwei verschiedene Ethikkonzepte dar.
- Empirische Orientierungen basieren auf spezifischen Voraussetzungen und Vorlieben des handelnden Subjekts, die von Mensch zu Mensch und von Generation zu Generation verschieden sind oder zumindest sein können. Kants Ethik bringt jedoch zum Ausdruck, dass diese Unterschiede keine Rolle spielen dürfen, weil Moral für jeden Menschen möglich (dem Handlungsprinzip nach, dem guten Willen) sein muss. Bereits Aristoteles hatte in der Nikomachischen Ethik einen Unterschied machen müssen zwischen den ethischen Tugenden, für die bestimmte Voraussetzungen gegeben sein müssen und den dianoetischen Tugenden, vor allem der Weisheit, die ohne diese Einschränkungen vollziehbar ist. Die Ethik Kants enthält deshalb von Anfang an und systematisch einen universalistischen Kern.
- Bereits in der „Kritik der reinen Vernunft" (KrV) von 1781 hatte Kant erklärt, dass in der empirischen Welt zwar ein Wollen feststellbar ist, aber kein Sollen daraus ableitbar ist. (B 577) Dieses bereits von Hume beschriebene Verbot, von einem Ist zu einem Sollen überzugehen, leitet Kants Argumentation auch in der Grundlegung.

5.2.3.2 Die hypothetischen Imperative und der kategorische Imperativ

Mit dem Ausdruck „Imperativ" bezeichnet Kant einen Willensentschluss bzw. Befehl. Er unterscheidet drei Gruppen von Imperativen, von denen die beiden ersten zum Typus des hypothetischen Imperativs gehören, die letzte den kategorischen Imperativ umfasst, der wiederum in drei Varianten besteht. Es gibt also zwei Hauptarten von Imperativen: hypothetische Imperative und den kategorischen Imperativ (mit seinen Varianten).

1. **Hypothetische Imperative**: Diejenigen Handlungen, die vom einzelnen in persönlicher Entscheidung unterlassen oder aber realisiert werden können.
   - Beispiele: Eine bestimmte Reise unternehmen; eine bestimmte Ausbildung anstreben; ein bestimmtes Werk verrichten (z. B. eine bestimmte Mahlzeit zubereiten). Weil zu ihrer Ausführung Geschicklichkeit gehört (als geschickte Verbindung von Ziel und Mittel), nennt Kant sie auch **Imperative der Geschichtlichkeit**.
   - Dazu gehört auch der Wunsch, im Leben glücklich zu werden. Da aber jeder Mensch unter Glück etwas anderes versteht, führt für jeden Menschen der Weg zum Glück über jeweils andere Mittel. Weil man es im Leben klug bedenken muss, wie man persönlich glücklich wird, nennt Kant diese Handlungsmaximen auch **Imperative der Klugheit**.

3. **Kategorischer Imperativ**: Mit seiner Hilfe werden diejenigen Handlungen identifiziert, die eine sittliche Qualität besitzen. Sie stellen sich dem Menschen in denjenigen Situationen, deren Handlungsmaxime eine Pflicht ausdrückt. **Beispiele**: Menschen in Not helfen; oder: die vorhandenen inneren Fähigkeiten nicht brachliegen lassen usw. Diesen Imperativ nennt Kant kategorischer Imperativ. Mit einem anderen Ausdruck wird er auch Imperativ der Sittlichkeit (oder Sittengesetz) genannt.

Imperative	
hypothetisch	kategorisch
(1) Imperative der Geschicklichkeit (2) Imperative der Klugheit	Imperativ der Sittlichkeit

Die „Imperative der Geschicklichkeit" und der „Imperativ der Klugheit" gehören also zur Gruppe der hypothetischen Imperative. Sie charakterisieren mehr Alltagshandlungen, die nicht allgemein verbindlich sind. Die beiden Imperative sollen in ihrer Struktur noch kurz dargestellt werden.

Zum hypothetischen Imperativ der Geschicklichkeit: Der angestrebte Zweck des Handeln ist nicht notwendigerweise, sondern nur möglicherweise (= hypothetisch) sinnvoll. Das zielgerichtete Handeln verlangt den Einsatz ganz bestimmter, für den Erfolg der Handlung unverzichtbarer und darauf bezogener Mittel. Wer **beispielsweise** das Ziel hat, eine Weltreise zu unternehmen, wird normalerweise sparen müssen. Diese hypothetischen Imperative haben alle folgende formale Struktur: Der Befehl (Imperativ) ist an eine Bedingung geknüpft: Dann und nur dann, wenn ich x will, muss ich y tun, und zwar deshalb, weil zwischen x und y eine Zielerreichungsabhängigkeit besteht. Hypothetische Imperative drücken ein (subjektives) Wollen, kein (objektives) Sollen aus. Deshalb beschreiben diese Handlungsmaximen kein allgemeinverbindliches Sollen. Ob der Zweck vernünftig ist oder nicht, wird hier nicht untersucht, sondern nur, ob die Zielerreichung geschickt geschieht. Ein **Beispiel**: Ein Arzt, der eine Medizin herstellt, um einen Kranken gesund zu machen, verhält sich genau so geschickt wie ein Giftmischer, der einen Trank herstellt, um diesen Kranken zu töten. Kant nennt diese Imperative deshalb auch Imperative der Geschicklichkeit: Technisch geschickte Beherrschung von Verfahren, ein beliebiges Ziel methodisch sicher zu erreichen. Weitere Beispiele für die „Imperative der Geschicklichkeit":

1. Wenn du als Musiker öffentlich Konzerte geben möchtest, musst du fleißig üben.
2. Wenn du schlank werden möchtest, musst du weniger essen.
3. Wenn du ein Examen bestehen möchtest, musst du fleißig lernen.

Die sprachliche Formulierung „wenn du" drückt bereits aus, dass das Ziel nicht allgemeinverbindlich ist, sondern eine persönliche (subjektive) Entscheidung darstellt. Das Ziel wird als möglich (= hypothetisch) vorgestellt. Ob man es tatsächlich anstrebt, ist in die ganz persönliche Entscheidung jedes einzelnen gestellt, über die man niemand Rechenschaft schuldig ist. Allerdings ist bei der Entscheidung für ein bestimmtes Ziel im Allgemeinen bereits mit entschieden, welche Mittel man hierfür akzeptieren muss. Kant nennt diese Imperative analytisch: Im Zweck ist das einzusetzende Mittel bereits enthalten. Man gewinnt es gewissermaßen durch Analyse des Zwecks. Beispiel: Im Begriff der Weltreise (sie ist sehr teuer) ist das Mittel (Geld hierfür anzusparen) zur Erreichung des Zwecks bereits enthalten.

Zu den hypothetischen Imperativen zählt Kant auch jene, welche die eigene Glückseligkeit zum Ziel haben. Auch sie drücken ein Wollen aus, aber ebenfalls kein unbedingtes. Wie man aber glücklich wird, darüber gibt es keine Aussagen vom Typus eines Gesetzes, sondern aufgrund jeweils unterschiedlicher *(pragmatischer)* Lebenserfahrung wird der eine diesen, der andere jenen Weg zu seinem Glück wählen (denn der eine erblickt im Reichtum das Glück, ein anderer in der Gesundheit, ein dritter im Nichtstun und so fort). Deshalb kann der hypothetische Imperativ der Glückseligkeit nur auf der Klugheit (= eigener Lebenserfahrung und Selbsterkenntnis) basieren.

Der wichtige Unterschied zwischen den Imperativen der Geschicklichkeit und denen der Klugheit ist nun folgender:

Glücklich werden zu wollen ist im Gegensatz zu den Zwecken, die die Imperative der Geschicklichkeit beschreiben, nicht beliebig: Jeder Mensch will glücklich werden, nur eben jeder Mensch auf eine etwas andere Art. In formaler Hinsicht besteht folgender Unterschied zwischen den beiden Arten der hypothetischen Imperative:

1. Imperative der Geschicklichkeit: Der Zweck (x) ist frei wählbar, die Mittel (y) zur Ausführung ergeben sich meist aus dem gewählten Zweck. Diesen Zusammenhang drückt der Begriff „Imperativ" aus. Das x ist mit beliebig vielen Inhalten auffüllbar, das y ergibt sich dann meist von selbst (aus der Analyse des Zwecks x).
2. Imperativ der Klugheit = Imperativ der Glückseligkeit: Der Zweck = das Glück (x) gilt hier als gegeben (weil alle Menschen glücklich ein wollen), die Mittel (y) hierzu sind aber frei wählbar. Das x ist inhaltlich als Glück bestimmt, die Wahl von y hängt von der Klugheit (= Lebenserfahrung und Selbsterkenntnis) ab.

Die Lehre von den hypothetischen Imperativen der Geschicklichkeit und der Klugheit ist besonders wichtig im Hinblick auf den kategorischen Imperativ der Sittlichkeit, weil sonst leicht der Eindruck entstehen könnte, Kant habe dem Wunsch nach Glück keine Beachtung geschenkt. Glücklich werden zu wollen ist zwar bei allen Menschen eine Grundtatsache, aber keine sittliche Pflicht. Vor allem in der Kollision von Glücksstreben und Pflichterfüllung zeigt sich die Intention der Ethik Kants. Die Neigungen zum Glück dürfen nicht mit der Erfüllung einer sittlichen Pflicht vermischt werden, weil sonst zwei heterogene (in der Herkunft grundverschiedene) Quellen der Handlungsbestimmung miteinander vermischt werden. Kant spricht, wenn er das Verlangen nach Glück ausdrücken will, auch von Neigungen. Zwischen Pflicht und Neigungen unterscheiden zu können ist Aufgabe des Imperativs der Sittlichkeit. Kaum eine Stelle in der Ethik Kants ist so vielen Missverständnissen ausgesetzt gewesen wie seine Auffassung von den Neigungen. Bereits Friedrich von Schiller (1759–1805) hat in den „Xenien" (Gedichte aus den Jahren 1788–1805) diesem Missverständnis Ausdruck gegeben: „Gewissensskrupel: Gerne dien' ich den Freunden, doch tu ich es leider mit Neigung. Und so wurmt es mir oft, dass ich nicht tugendhaft bin." Hier liegt ein Missverständnis vor: Schiller betrachtet die Freundesliebe unter tugendethischem Verständnis. Aber auch für Kant sind Neigungen keinesfalls an sich „untugendhaft", sie sind auch nicht böse. Neigungen sind ein anderer Ausdruck für Selbstliebe. Jeder hat das Recht, an sich selbst zu denken und sich Vorteile und Wohltaten zu verschaffen. Erst im Konflikt mit einer Pflicht muss die Neigung zurücktreten. B e i s p i e l: Eine Mutter hat die „Neigung", sich im beruflichen und privaten Leben möglichst optimal zu entfalten. Dies ist ihr persönliches Recht, solange sie damit nicht gleichzeitig die Fürsorge für ihr kleines Kind massiv vernachlässigt. Neigungen sind nach Kant Empfindungen, die der Selbstliebe entspringen. Solange also Neigungen nicht zeitlich zugleich mit moralischen Pflichten kollidieren, sind sie ethisch unbedenklich und im Handlungsvollzug zugelassen. Kant nennt Neigungen sogar „an sich selbst betrachtet gut, d. i. unverwerflich und brauchen nicht ausgerottet zu werden". Er betont, dass sie nur „bezähmt" werden müssen, damit sie sich untereinander nicht selbst aufreiben, sondern zur Zusammenstimmung in einem Ganzen, Glückseligkeit genannt, gebracht werden können.

Mit dem Ausdruck „I m p e r a t i v d e r S i t t l i c h k e i t" bezeichnet Kant den kategorischen Imperativ. Er dient nach dem bereits Gesagten der Maximenprüfung auf ihre Sittlichkeit hin. Der Ausdruck „kategorisch" besagt, dass die damit verbundenen Handlungen kategorisch = un-bedingt gelten. Nach Kant ist das kategorische Sollen ein Ausdruck des „guten Willens". Das methodische Verfahren, zu prüfen, ob die Maxime dem guten Willen entspricht und damit sittlich genannt werden kann, besteht in der Anwendung des Kontradiktionsprinzips, wie schon dargelegt wurde.

Zunächst ein Überblick über die Grundformel und die drei Varianten (Formeln) des kategorischen Imperativs: Erstens die „Naturgesetzformel", zweitens die „Selbstzweckformel", drittens die „Reich-der Zwecke-Formel". Kant selbst rechtfertigt den Gebrauch des Ausdrucks „Formel" für die sprachlich unterschiedlichen Fassungen des einen Grundgedankens des kategorischen Imperativs in der „Kritik der praktischen Vernunft": „Wer weiß, was dem Mathematiker eine Formel bedeutet, die das, was zu tun sei, um eine Aufgabe zu befolgen, ganz genau bestimmt und nicht verfehlen lässt, wird eine Formel, welche dieses in Ansehung aller Pflicht überhaupt tut, nicht für etwas Unbedeutendes und Entbehrliches halten." (KpV, 13/14, Anmerkung)

Grundformel
„Handle nur nach derjenigen Maxime, durch die du zugleich wollen kannst, dass sie ein allgemeines Gesetz werde."
(GMS 421)

Zum Zwecke der Maximenprüfung müssen folgende Arbeitsschritte durchgeführt werden: Eine Maxime ist nur dann mit dieser Formel im Einklang, wenn sie ein Sittengesetz (= Gesetz) sein kann. Sie ist ein kategorischer Imperativ, wenn keine Ausnahmen (sprich: einschränkende Bedingungen) zugelassen werden, wenn sie also kategorisch = un-bedingt gelten kann. Dies meint auch der Ausdruck allgemeines Gesetz. Der Gedankengang sieht also folgendermaßen aus: Moralisch gut ist etwas dann, wenn der subjektive Handlungsgrundsatz (die Maxime) tauglich ist zu einem (allgemeinen) Sittengesetz. Mit dem Ausdruck „Gesetz" wird hier von Kant also kein juristisches (staatliches) Gesetz gemeint, sondern ein Sittengesetz, dessen Merkmal darin besteht, dass ihr Inhalt eine universalisierungsfähige Maxime ist. Beispiel: Jemand schlägt als Maxime vor, es solle ein gesellschaftlich und allgemein akzeptiertes Recht auf Lüge geben. Die Maximenprüfung sieht dann folgendermaßen aus: Wenn das Recht auf Lüge allgemein und von jedermann akzeptiert wird, dann gibt es keine Unterscheidung zwischen Wahrheit und Lüge mehr. Jede Kommunikation hätte ihren Sinn verloren, auch die Lüge hätte keinen Sinn mehr, da niemand mehr jemandem etwas glaubt. Der Lügner baut aber darauf, dass man seine Lüge für Wahrheit hält; er möchte ja einen Vorteil mit seiner Aussage erreichen. Dieses Problem kannte man auch schon in der Antike. Die Bewohner der Insel Kreta, die Kreter, galten einem Vorurteil gemäß als besonders lügnerisch. Darüber ist das Epigramm erhalten, das nacherzählt so lautet: „Alle Kreter lügen, sprach der Kreter". Damit wird deutlich, dass unter solchen Bedingungen nicht mehr entschieden werden kann, ob der Kreter jetzt die Wahrheit sagt oder lügt.

Naturgesetzformel
„Handle so, als ob die Maxime deiner Handlung durch deinen Willen zum allgemeinen Naturgesetz werden sollte."
(GMS 421)

Der Begriff der Natur bzw. der Begriff des Naturgesetzes (im Gegensatz zum „Gesetz der Freiheit" muss zunächst analysiert werden. Am Beispiel der Frage nach der allgemeinen Erlaubtheit des Selbstmordes zeigt Kant, dass eine solche Maxime, die dies bejaht, mit dieser Formel des kategorischen Imperativs in kontradiktorischen Widerspruch geraten müsse. Zum Begriff der Natur gehört nämlich die Vorstellung von Leben, Wachsen, Blühen und Gedeihen. Eine Selbstvernichtung widerspricht aber diesem Begriff.

Aber warum soll der Mensch die Maximenprüfung mit diesem Gedanken durchführen? Als Antwort lässt sich formulieren: Weil der Mensch selbst Teil der Natur ist und diese Zugehörigkeit Pflichten mit sich bringt. Als vernünftige Natur, die er zeitlebens bleibt, kann er diese Natur nicht abschütteln, und es ist deshalb widersprüchlich, ihr zuwider zu handeln. Im Sinn der Vorstellung eines Naturgesetzes soll die Maximenprüfung gedanklich so angelegt sein, dass der Prüfende sich fragt, ob er das „Dasein" dieser Maxime in der Welt möchte. Wenn eine Maxime ein Naturgesetz wäre, dann müssten sich alle Menschen, wenn diese Maxime dies fordert, so verhalten. Ein anderes Verhalten wäre nicht mehr möglich. Kann ich das wollen? ist die Hauptfrage der Naturgesetzformel. Eine Maxime, die über die Naturgesetzformel in Kraft gesetzt worden wäre, dürfte also nicht nur die logische Widersprüchlichkeit nicht besitzen, sie müsste darüber hinaus auch als zwingendes moralisches Gesetz auf der ganzen Welt gewollt werden können. Kant denkt sich den Fall so, dass dann kein Mensch mehr die Freiheit habe, anders zu entscheiden. Jeder müsste dem Zwang der einmal als moralisches Naturgesetz in Kraft gesetzten Maxime folgen. Die Funktion dieser Maximenprüfung besteht darin, dass sie auffordert, die Prüfung unter einem gedanklichen Höchstmaß an Verantwortung durchzuführen. Man solle also den gedanklichen Standpunkt einnehmen: Könnte ich mit meiner Maxime ein moralischer Gesetzgeber sein, dessen Gesetze in der Welt auf andere zwingend wirken?

Selbstzweckformel
„Handle so, dass du die Menschheit sowohl in deiner Person als in der Person eines jeden anderen, jederzeit zugleich als Zweck, niemals bloß als Mittel brauchst."
(GMS 429)

Diese zweite Variante der Grundformel könnte auch „Würde-des-Menschen-Formel" genannt werden, weil in ihr ein Instrumentalisierungsverbot des Menschen (gegenüber sich selbst und anderen) ausgedrückt wird. Diese Formel gebietet zu prüfen, ob ich einen Menschen (auch mich selbst) nur als Mittel zu einem bestimmten Zweck gebrauche. Natürlich sind Menschen beispielsweise durch ihre Berufsarbeit Mittel zur Erzeugung von Waren. Die Formel möchte durch das Wörtchen „zugleich" deutlich machen, dass der Mensch auch sein eigener Zweck ist. Auch das Wörtchen „bloß" bringt zum Ausdruck, dass ein Mensch die Doppelfunktion als zwecksetzendes und mittelerfüllendes Wesen hat, und zwar deshalb, weil er sich selbst und freiwillig als Mittel unter seine Zwecksetzung gestellt hat. Die „Menschheit" ist dabei nicht bloß die empirische Summierung aller lebenden Einzelmenschen, sondern die ideale Vorstellung von den höchsten Repräsentanten des Universums. Diese Menschheit, sagt Kant, kann heilig genannt werden, der einzelne Mensch dagegen ist unheilig. Deshalb muss man auch sich selbst so verhalten, dass man ein würdiger Repräsentant dieser Menschheit ist.

Diese Formel wird deshalb auch „Würde-des-Menschen-Formel" genannt. Der Begriff der Würde wird aus einer Differenzierung des Begriffs Wert entwickelt. Alles, was einen Wert hat, sagt Kant, hat auch einen Preis. Es gibt also höhere und niedere Werte, d. h. Werte lassen sich hierarchisieren. Dieses Hierarchisieren hat aber eine Grenze, und diese ist der Mensch. Man kann also nicht mehr sinnvoll fragen, welcher Mensch (ob reich oder arm, alt oder jung, klug oder dumm, hübsch oder hässlich, Mann oder Frau) mehr Wert hat gegenüber einem anderen Menschen. Der Mensch als Repräsentant des Ideals Menschheit hat einen absoluten Wert. Diesen nennt Kant Würde. Folgende Textstelle aus der „Grundlegung zur Metaphysik der Sitten" verdeutlicht Kants Aussage: „Im Reich der Zwecke hat alles entweder einen Preis oder eine Würde. Was einen Preis hat, an dessen Stelle kann auch etwas anderes als Äquivalent treten; was dagegen über allen Preis erhaben ist, mithin kein Äquivalent verstattet, das hat eine Würde. Das aber, das Zweck an sich selbst sein kann, hat nicht bloß einen relativen Zweck, d. i. einen Preis, sondern einen inneren Wert, d. i. Würde." (GMS 435)

Reich-der-Zwecke-Formel
„Handle nach Maximen eines allgemein gesetzgebenden Gliedes zu einem bloß möglichen Reich der Zwecke."
(GMS 439)

Bezüglich der Entwicklung dieser dritten Variante der Grundformel besteht gegenüber den beiden anderen ein Unterschied: Während die Grundformel und ihre beiden ersten Varianten analytisch aus dem Begriff des Willens abgeleitet wurden, entwickelt Kant diese dritte Variante aus diesen Formeln (zwei Varianten) selbst. Sie ist also eine Weiterführung der beiden bisherigen Formeln, nämlich der Betrachtung des Menschen als eines gesetzgebenden Wesens im Bereich der Moral. Dieser Ansatz führt hier zum Begriff der Autonomie, der nicht Unabhängigkeit von allgemeinen Gesetzen meint, sondern die persönliche Unterwerfung darunter.

Kant gebraucht den Ausdruck „Reich der Zwecke" in bewusster Analogie zu einem „Reich der Natur". Was möchte Kant damit ausdrücken? Es geht ihm hierbei um den sozialen Aspekt der handelnden Vernunftwesen, der darin zum Vorschein kommt, dass das aus gutem Willen handelnde Subjekt sich vielleicht als unwirksames Rädchen im Getriebe der Handlungen aller anderen Menschen erblicken könnte, weil diese Menschen sich an den guten Willen (wie er bisher entwickelt wurde), nicht halten. Es könnte im moralisch korrekt handelnden Menschen leicht der Eindruck entstehen, dass der Ehrliche der Dumme ist. Wie es nun im Naturreich (dem der ausnahmslos geltenden Kausalgesetze) eine universelle (nicht nur generelle) Gültigkeit gibt, ebenso sollte es im „Reich der Zwecke" sein, das von Menschen geschaffen und erhalten werden muss. Weil es dieses „Reich der Zwecke" im Gegensatz zum „Reich der Natur" noch nicht gibt, sondern erst durch das Handeln der Menschen geschaffen werden muss, spricht Kant von einem „möglichen Reich der Zwecke". Das dahinter stehende Motiv nennt Kant selbst ein „Paradoxon", weil „bloß die Würde der Menschheit als vernünftiger Natur ohne irgendeinen anderen dadurch zu erreichenden Zweck oder Vorteil, mithin die Achtung für eine bloße Idee, dennoch zur unnachlasslichen Vorschrift des Willens dienen sollte". (GMS 439)

Wie ist nun aber Kants neue Aufwertung des Zweckes in dieser dritten Variante zu verstehen, wo er doch bisher das Zweckdenken aus der Ethik verbannt hat, weil es zu einer empirischen Moralauffassung gehöre? Kant unterscheidet im Begriff des Zweckes zweierlei:
- Erstens ein „bewirkender Zweck" (der also eine bestimmte Wirkung erstrebt), weswegen ein solcher Wille immer nur relativ gut sein kann in Abhängigkeit von diesem Zweck.
- Zweitens „Zweck" nicht als subjektive Angelegenheit, sondern als dasjenige, wodurch sich eine „vernünftige Natur" auszeichnet, „dass sie sich selbst einen Zweck setzt", also die Vernunftnatur selbst und sie allgemein mit einem Zweck ausstattet. (GMS 437) Dieser „objektive Zweck" aller Vernunftnaturen ist nun aber die Schaffung eines „Reiches der Zwecke". Kant parallelisiert hier die erste und die zweite Variante des kategorischen Imperativs in sprachlich leicht abgewandelter Form: Das Prinzip: „Handle in Beziehung auf ein jedes vernünftige Wesen (auf dich selbst

und andere) so, dass es in deiner Maxime zugleich als Zweck an sich selbst gelte", ist „einerlei" mit dem Grundsatz: „Handle nach einer Maxime, die ihre eigene allgemeine Gültigkeit für jedes vernünftige Wesen zugleich in sich enthält". (GMS 437)

In einem „Reich der Zwecke" unterscheidet Kant nun wiederum zweierlei, das bloße Mitglied und das Oberhaupt. Das letztere ist notwendig, damit dieses Reich wirklich werden kann. Der Mensch ist zugleich „gesetzgebend" in diesem Reich tätig, andererseits ist er seinen eigenen Gesetzen selbst „unterworfen". Der gute Wille via das Gebot der Pflicht verlangt ja, dass man als Gesetzgeber zugleich ein Untertan des Gesetzes ist. Dieses, gewissermaßen aufklärerische innere Regierungsprogramm erzeugt nun eine „gewisse Erhabenheit und Würde" für diejenige Person, „die alle ihre Pflichten erfüllt". (GMS 439)

Kant bestimmt aus diesem Ansatz heraus nochmals die Moralität, die in der Autonomie des Willens besteht, also darin, dass der Wille sich durch verallgemeinerungsfähige Maximen bestimmten lässt. Ein Wille, der „notwendig" mit den Gesetzen der Autonomie übereinstimmt, ist nach Kant ein heiliger Wille, dagegen ist die Abhängigkeit eines nicht schlechterdings guten Willens (also eines menschlichen Willens) vom Prinzip der Autonomie eine Verbindlichkeit, die Pflicht heißt. Es werden also von Kant immer wieder seine zentralen Begriffe in neue Zusammenhänge eingeführt, damit ergänzt und verständlich gemacht, ohne dass sie ihre Grundbedeutung verändern.

5.2.3.3 Vierergruppe der Pflichten

Bei Kant findet sich im „Zweiten Abschnitt" eine Einteilung von Pflichten in vier Gruppen, wie es im Folgenden dargestellt ist. (GMS 421–424; 429–431) Diese Vierergruppe von Pflichten wird aber bereits im „Ersten Abschnitt" vorbereitet, wobei dort noch das dritte Beispiel fehlt. (GMS 397–399; 402 f.) Zunächst zu den drei Beispielen im „Ersten Abschnitt":

Erstes Beispiel: Ein erfahrener Krämer dürfe seinen unerfahrenen Kunden nicht übervorteilen, d. h., die Erlaubtheit des *dolus bonus* (siehe Cicero, „De officiis" III, 50 f.) wird untersucht.

Zweites Beispiel: Lebenserhaltung entweder „aus Pflicht" oder nur „pflichtgemäß" (diese Art des Lebens praktiziert nach Kant die größte Gruppe von Menschen; diese Art von Lebenserhaltung hat moralisch weniger Wert als diejenige „aus Pflicht").

Drittes Beispiel: Anderen Menschen in Not helfen kann man entweder, weil einem diese Hilfeleistung Spaß macht (innerlich gut tut, also zu den Neigungen gehört), oder aber „aus Pflicht". Nur dann hat sie einen moralisch erkennbaren Wert.

Nun zum „Zweiten Abschnitt" und seiner Vierergruppe an Beispielen. Diese Beispiele (mit leicht anderer Bezeichnung) werden von Kant nochmals in der „Metaphysik der Sitten" von 1797 verwendet, und zwar dort in der „Tugendlehre". Einteilung der Pflichten in vier Gruppen (Zweiter Abschnitt der GMS): (1) Pflichten gegen sich selbst, (2) Pflichten gegen andere, (3) vollkommene Pflichten, (4) unvollkommene Pflichten. Folgende vier Beispiele (besser: Exempel) führt Kant an: (1) Selbstmordverbot, (2) Verbot des falschen Versprechens, (3) Verbot der Faulheit, (4) Verbot der Gleichgültigkeit gegenüber fremder Not. Die Aufteilung der vier Beispiele auf die vier Pflichten sieht folgendermaßen aus:

Arten Adressaten	vollkommene Pflichten	unvollkommene Pflichten
Pflichten gegen sich selbst	Selbstmordverbot	Verbot der Nichtentwicklung eigener Fähigkeiten (Verbot der Faulheit)
Pflichten gegen andere	Lügenverbot (Verbot des falschen Versprechens)	Verbot der Gleichgültigkeit gegen fremde Not

Erklärungsbedürftig ist die zweite Pflichtengruppe, die aus den vollkommenen und den unvollkommenen Pflichten besteht. (Höffe 1989, 206 ff.) Eine vollkommene Pflicht ist diejenige Pflicht, die keine Ausnahme zugunsten einer Neigung (die zum Glücksstreben gehört) zulässt, eine unvollkommene dagegen schon. (GMS 421) Eine vollkommene Pflicht ist aber auch eine, deren Verneinung man nicht ohne Widerspruch denken kann, eine unvollkommene Pflicht ist eine solche, deren Verneinung man nicht wollen kann. Das Kriterium des Nichtdenkenkönnens und des Nichtwollenkönnens ist also das Differenzkriterium. Kant bemerkt dazu: „Einige Handlungen sind so beschaffen, dass ihre Maxime ohne Widerspruch nicht einmal als allgemeines Naturgesetz gedacht werden kann; weit gefehlt, dass man auch noch wollen könne, es sollte ein solches werden." (GMS 424) Er betont diese beiden Gruppen gemäß diesem Differenzkriterium nochmals im nächsten Satz: „Bei anderen ist zwar diese innere Unmöglichkeit nicht anzutreffen, aber es ist doch unmöglich, zu wollen, dass ihre Maxime zur Allgemeinheit eines Naturgesetzes erhoben werde, weil ein solcher Wille sich selbst widersprechen würde."

Zur Differenz zwischen dem Nichtdenkenkönnen und dem Nichtwollenkönnen gehört auch noch folgende Unterscheidung:
- Die vollkommenen Pflichten (Selbstmordverbot, Lügenverbot) betreffen Einzelhandlungen,
- die unvollkommenen Pflichten (Faulheitsverbot, Gleichgültigkeitsverbot gegen fremdes Leid) betreffen Lebenseinstellungen. (Höffe 1989, 214)

Bei den Einzelhandlungen gibt es den Standpunkt des Entweder – Oder, deshalb formuliert Kant das Kriterium des die Verallgemeinerung nicht widerspruchsfrei Denkenkönnens (die allgemeine Erlaubnis einer Lüge im Sinne eines Naturgesetzes kann man nicht einmal widerspruchsfrei denken, geschweige denn wollen = mit Lebenserfahrung anstreben).

Bei den Lebenseinstellungen gibt es nicht den Standpunkt des Entweder – Oder, sondern den der graduellen Abstufungen, bei den Einzelhandlungen ist dies anders. Bei den Lebenseinstellungen ist empirisch gewonnene Lebenserfahrung notwendig, die Kant mit seinem Begriff des Nichtwollenkönnens ausdrückt. Daraufhin unterscheidet Kant diese beiden Pflichtengruppen begrifflich nochmals etwas anders:
- Die vollkommenen Pflichten nennt er nun die „strengen", „engeren (unnachlasslichen) Pflichten", also diejenigen Pflichten, die man nicht nachgelassen bekommt,

- die unvollkommenen Pflichten nennt er die „weiten (verdienstlichen) Pflichten", also diejenigen, die man im vollem Umfang nicht unbedingt erfüllen muss, deren Übernahme aber ein Verdienst ist, und zwar umso größer, je mehr man davon tut. Er weist aber zugleich darauf hin, dass der Unterschied zwischen den vollkommenen und den unvollkommenen Pflichten nicht im Objekt der Handlung besteht, sondern in der Art der Verbindlichkeit einer Pflicht für die Handlung. (GMS 424)

Die ersteren wird er später (in der „Metaphysik der Sitten") die Rechtspflichten nennen, auch Unterlassungspflichten (weil sie zum Inhalt haben, eine bestimmte Handlung zu unterlassen, wenn sie die Rechte anderer Individuen verletzen, z. B. durch einen Diebstahl, einen Mord), die zweiten wird er Tugendpflichten nennen (weil sie bestimmte Zwecke zur Pflicht machen, z. B. fremde Glückseligkeit und die eigene Vollkommenheit). Das Wort Tugend drückt im Sinne Kants die Tauglichkeit zu etwas aus, hier die Stärke des Vorsatzes zu einer Pflicht. Mit den beiden Pflichten wird der Unterschied zwischen einem Verbot und einem Gebot ausgedrückt.

- Die Unterlassungspflichten (Rechtspflichten) sind unbedingt notwendig für das Leben und den Erhalt der Gemeinschaft (z. B. Du sollst nicht stehlen),
- die Begehungspflichten (Tugendpflichten) dagegen nicht, sondern sie verbessern nur das Leben und die Art der Gemeinschaft (z. B. Liebe deinen Nächsten).

Allerdings bedarf das Verhältnis von vollkommenen und unvollkommenen Pflichten einer Interpretation: Der kategorische Imperativ ist positiv formuliert („Handle so, ..."), die vier Beispiele testen aber die Maximenverallgemeinerung *e contrario*, d. h. Kant beweist, dass deren Maximen *nicht* universalisierbar sind. Ist also der kategorische Imperativ generell ein Prüfverfahren nicht für Gebote, sondern für Verbote? Bei den vollkommenen Pflichten (Selbstmordverbot und *dolus-malus*-Verbot beim falschen Kreditversprechen) handelt es sich um kontradiktorische Widersprüche (Entweder-Oder-Widersprüche) wie Selbstmord gegen Weiterleben, Ehrlichkeit gegen Unehrlichkeit (ein mittleres Drittes ist bei kontradiktorischen Fällen nicht möglich). Wer also die Unehrlichkeit unterlässt, landet sofort bei der Ehrlichkeit. Ebenso: Wer das falsche Kreditversprechen unterlässt, landet beim ehrlichen Kreditversprechen (oder nimmt überhaupt keinen Kredit auf). Also können, je nach Standpunkt, sowohl die vollkommenen als auch die unvollkommenen Pflichten Unterlassungs- und auch Begehungspflichten werden. (Höffe 1989, 220)

Es folgen nun die vier Fälle von Handlungen, an denen der Pflichtgedanke des kategorischen Imperativs durch Kant verdeutlicht wird. Ist die Maxime der Handlung erkannt und formuliert, so erfolgt die Verifizierung bzw. Falsifizierung der Maxime dadurch, dass sie auf einen möglichen Selbstwiderspruch hin analysiert wird. Diese Funktion hat der kategorische Imperativ. Die Suche nach einem Selbstwiderspruch innerhalb der Maxime ist die in den Fallanalysen eingelöste theoretische Forderung der Pflichtethik Kants, dass sie der moralischen Autonomie des eigenverantwortlichen Menschen entsprechen müsse. Die Richtigkeit oder Nichtrichtigkeit einer (subjektiven) Maxime wird nicht durch eine andere Maxime gewährleistet, die dann mit mehr Autorität von außen ausgestattet sein müsste. Dies wäre der von Kant abgelehnte Grundsatz der Heteronomie der Moral. In der Prüfung auf logische Widerspruchsfreiheit seiner eigenen Maxime ist der einzelne Mensch sein eigener Richter und Beurteiler. Dies entspricht dem Selbstbewusstsein des aufgeklärten Menschen, der in Fragen der Moral keine Anweisungen von fremden Personen entgegennehmen will.

Voraussetzungen:
- Der Grundgedanke der Autonomie der Moral muss bekannt und verstanden sein.
- Der Begriff der Maxime muss eingeführt sein.
- Die drei Formeln des kategorischen Imperativs müssen bekannt sein.

Fallanalytisch kann folgendermaßen dreischrittig vorgegangen werden:

1. Schritt: Eine Handlungssituation (= Einzelfall oder Lebenseinstellung) ist daraufhin zu überprüfen, ob ein moralischer Fall vorliegt oder nicht. Diese Handlungssituation bzw. Lebenseinstellung wird möglichst genau beschrieben.
2. Schritt: Die Maxime (= persönliche Entscheidungsregel), die in der Handlungssituation enthalten ist, wird genannt: möglichst nur ein Satz.
3. Schritt: Die Maxime wird daraufhin überprüft, ob sie moralisch ist oder nicht. Dazu wird eine Erkenntnis verwendet, die in sich unbezweifelbar richtig ist *(= oberster Moralgrundsatz)*, bei Kant: der kategorische Imperativ. Die Maxime muss nun auf ihre Übereinstimmung bzw. Nichtübereinstimmung mit diesem obersten Moralgrundsatz überprüft werden. Bei einer Übereinstimmung, d. h. wenn die Handlung nicht unterbleiben soll, darf die Handlung ausgeführt werden.

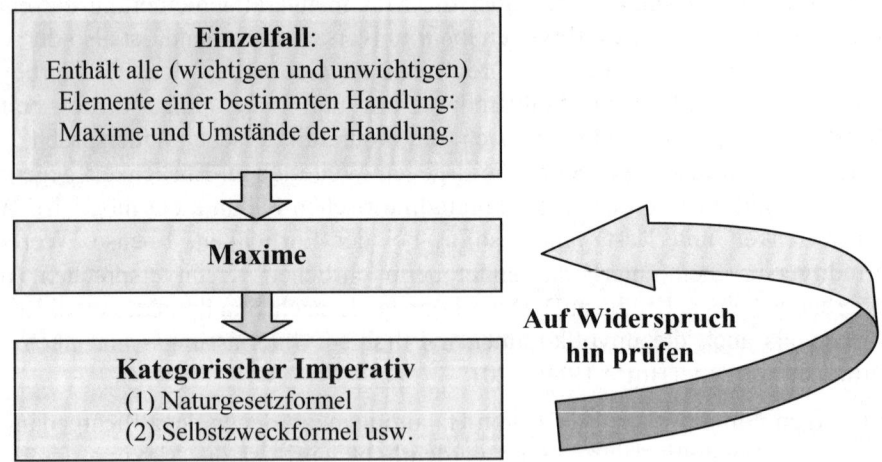

Es folgen nun die von Kant zur Erläuterung erzählten vier Fallbeispiele, also jene Form von Beispielen, die Kant „Exempel" nennt. Im Folgenden wird die Methode der Maximenprüfung mit Hilfe der Formeln des kategorischen Imperativs dargestellt. (1) Es werden zunächst vier Fälle von Handlungsüberlegungen geschildert (nach Kant). (2) Es wird die jeweils in diesen vier Fällen unausgesprochen enthaltene Maxime gesucht. (3) Es wird anhand von zwei Formeln des kategorischen Imperativs die Richtigkeit oder Nichtrichtigkeit der Maxime aufgezeigt.

5.2.3.3.1 Erstes Fallbeispiel: Suizid

Vorausinformation: Hier behandelt Kant die Frage des rational überlegten Suicids. In der antiken Ethik der Stoa war es beispielsweise erlaubt, wenn ein Leben nicht mehr den Lebensbedingungen eines „Weisen" gerecht wird, es diesem erlaubt ist, es zu beenden. Es geht hier bei Kant also nicht um die psychologischen Motive eines Suicids, auch nicht um die Frage einer Affekthandlung. Hier geht es vielmehr um die moralische Erlaubtheit eines geplanten Selbstmordes, nicht um eine Affekthandlung. Der folgende Text drückt dies deutlich aus.

Fallschilderung: „Einer, der durch eine Reihe von Übeln, die bis zur Hoffnungslosigkeit angewachsen ist, einen Überdruss am Leben empfindet, ist noch soweit im Besitze seiner Vernunft, dass er sich selbst fragen kann, ob es auch nicht etwa der Pflicht gegen sich selbst zuwider sei, sich das Leben zu nehmen." Kant fährt fort: „Nun versucht er: ob die Maxime seiner Handlung wohl ein allgemeines Naturgesetz werden könne. Seine Maxime aber ist: „Ich mache es mir aus Selbstliebe zum Prinzip, wenn das Leben bei seiner längeren Frist mehr Übel droht, als es Annehmlichkeit verspricht, es mir abzukürzen. Er fragt sich nur noch, ob dieses Prinzip der Selbstliebe ein allgemeines Naturgesetz werden könne."

Erste Prüfung der Maxime mit Hilfe der Naturgesetzformel des kategorischen Imperativs: „Handle so, als ob die Maxime deiner Handlung durch deinen Willen zum allgemeinen Naturgesetz werde." Begründung, warum diese Maxime dem Test durch den kategorischen Imperativ nicht standhält: „Da sieht man aber bald, dass eine Natur, deren Gesetz es wäre, durch dieselbe Empfindung, deren Bestimmung es ist, zur Beförderung des Lebens anzutreiben, das Leben selbst zu zerstören, ihr selbst widersprechen und also nicht als Natur bestehen würde, mithin jene Maxime unmöglich als allgemeines Naturgesetz stattfinden könne und folglich dem obersten Prinzip aller Pflicht gänzlich widerstreite."

Zweite Prüfung der Maxime mit Hilfe der Selbstzweckformel (= Würde-des-Menschen-Formel) des kategorischen Imperativs: „Handle so, dass du die Menschheit, sowohl in deiner Person als in der Person eines jeden anderen, jederzeit zugleich als Zweck, niemals bloß als Mittel brauchst." Kant schildert den darauf aufbauenden Gedankengang folgendermaßen: „So wird nach dem Begriffe der notwendigen Pflicht gegen sich selbst derjenige, der mit Selbstmord umgeht, sich fragen, ob seine Handlung mit der Idee der Menschheit als Zweck an sich selbst zusammen bestehen könne? Wenn er, um einem beschwerlichen Zustand zu entfliehen, sich selbst zerstört, so bedient er sich seiner Person bloß als eines Mittels zur Erhaltung eines erträglichen Zustandes bis zum Ende seines Lebens. Der Mensch ist aber keine Sache, mithin nicht etwas, das bloß als Mittel gebraucht werden kann, sondern muss bei allen seinen Handlungen jederzeit als Zweck an sich selbst betrachtet werden. Also kann ich über den Menschen in meiner Person nicht disponieren, ihn zu verstümmeln, zu verderben oder zu töten."

5.2.3.3.2 Zweites Fallbeispiel: Ehrlichkeit im Borgen von Geld

Fallschilderung: „Ein anderer sieht sich durch Not gedrungen, Geld zu borgen. Er weiß wohl, dass er nicht wird bezahlen können, sieht aber auch, dass ihm nichts geliehen werden wird, wenn er nicht festiglich verspricht, es zu einer bestimmten Zeit zu bezahlen. Er hat Lust, ein solches Versprechen zu tun; aber noch hat er soviel Gewissen, sich zu fragen: Ist es nicht unerlaubt und pflichtwidrig, sich auf solche Art aus [der] Not zu helfen?" Wie lautet die Maxime in diesem Fall? Kant hat die Frage folgendermaßen beantwortet: „Gesetzt, er beschlösse es doch, so würde seine Maxime der Handlung so lauten: „Wenn ich mich in Geldnot zu sein glaube, so will ich Geld borgen und versprechen, es zu bezahlen, ob ich gleich weiß, es werde niemals geschehen." Weiterführender Gedankengang: „Nun ist dieses Prinzip der Selbstliebe oder der eigenen Zuträglichkeit mit meinem ganzen künftigen Wohlbefinden vielleicht wohl zu vereinigen, allein jetzt ist die Frage: ob es recht sei? Ich verwandle also die Zumutung der Selbstliebe in ein allgemeines Gesetz und richte die Frage so ein: Wie es dann stehen würde, wenn meine Maxime ein allgemeines Gesetz würde. Da sehe ich nun sogleich, dass sie niemals als allgemeines Naturgesetz gelten und mit sich selbst zuammenstimmen könne, sondern sich notwendig widersprechen müsse."

Erste Prüfung unter Einsatz der Naturgesetzformel: „Handle so, als ob die Maxime deiner Handlung durch deinen Willen zum allgemeinen Naturgesetz werde." Begründung, warum diese Maxime sich selbst widerprechen muss: „Denn die Allgemeinheit eines Gesetzes, dass jeder, nachdem er in Not zu sein glaubt, versprechen könne, was ihm einfällt mit dem Vorsatz, es nicht zu halten, würde das Versprechen und den Zweck, den man damit haben mag, selbst unmöglich machen, indem niemand glauben würde, dass ihm was versprochen sei, sondern über alle solche Äußerung als eitles Vorgeben lachen würde."

Zweite Prüfung der Maxime mit Hilfe der Selbstzweckformel: „Handle so, dass du die Menschheit sowohl in deiner Person als in der Person eines jeden anderen, jederzeit zugleich als Zweck, niemals bloß als Mittel brauchst." Kants darauf aufbauender Gedankengang sieht folgendermaßen aus: „Was die notwendige oder schuldige Pflicht gegen andere betrifft, so wird der, so ein lügenhaftes Versprechen gegen andere zu tun im Sinne hat, sofort einsehen, dass er sich eines anderen Menschen bloß als Mittel bedienen will, ohne dass dieser zugleich den Zweck in sich enthalte. Begründung: „Denn der, den ich durch ein solches Versprechen zu meinen Absichten brauchen will, kann unmöglich in meine Art, gegen ihn zu verfahren, einstimmen und also selbst den Zweck dieser Handlung enthalten. Deutlicher fällt dieser Widerstreit gegen das Prinzip anderer Menschen in die Augen, wenn man Beispiele von Angriffen auf Freiheit und Eigentum anderer herbeizieht. Denn da leuchtet klar ein, dass der Übertreter der Rechte der Menschen sich der Person anderer bloß als Mittel zu bedienen gesonnen sei, ohne in Betracht zu ziehen, dass sie als vernünftige Wesen jederzeit zugleich als Zwecke, d. i. nur also solche, die von eben derselben Handlung auch in sich den Zweck müssen enthalten können, geschätzt werden sollen."

Hinweis: Dieses zweite Beispiel wird manchmal auch kurz als „Lügenbeispiel" bezeichnet. Dies ist nicht ganz richtig, denn es handelt sich in Wirklichkeit um eine falsche Aussage, um einen Kredit zu bekommen, also um ein Tauschgeschäft: Gut gegen Gut. Aber nur einer der beiden „Geschäftsleute" hat ein materielles Gut (derjenige, der das Geld leihen soll, der Kreditgeber), der Kreditnehmer hat nur ein immaterielles Gut, sein Versprechen, d. h. seinen guten Ruf. Dieses (immaterielle Gut) gibt er in diesem

Tauschgeschäft, und zwar als zeitversetztes Gut: Er verspricht, später zu zahlen. Er weiß aber bereits bei der Abgabe des Versprechens, dass er nie wird zahlen können oder wollen. Da dieses Gut aber auf einer vorsätzlich falschen Angabe beruht, liegt der *dolus malus* vor. (siehe Cicero „De officiis" III, 50 f.) Kant prüft also nicht einfach eine Lüge, sondern die Erlaubtheit bzw. Unerlaubtheit des *dolus malus* (der *dolus bonus* scheidet aufgrund der eindeutigen Fallbeschreibung aus). Der Fall des *dolus bonus* (s. Cicero,) scheidet aus, und zwar deshalb, weil nicht einfach etwas Nebensächliches verschwiegen wird, sondern eine bewusste und arglistige Täuschung vorliegt. Es handelt sich also mehr um einen ansatzweise skizzierten Fall aus der Wirtschaftsethik.

5.2.3.3.3 Drittes Fallbeispiel: Faulheit

In diesem dritten Fallbeispiel geht es um die Frage, ob es ein moralisch legitimierbares Recht auf Faulheit gibt (als Nichtentwicklung vorhandener Anlagen).

Fallschilderung: „Ein dritter findet in sich ein Talent, welches vermittelst einiger Kultur ihn zu einem in allerlei Absicht brauchbaren Menschen machen könnte. Er sieht sich aber in bequemen Umständen und zieht vor, lieber dem Vergnügen nachzuhängen, als sich mit Erweiterung und Verbesserung seiner glücklichen Naturanlagen zu bemühen. Noch fragt er aber, ob außer der Übereinstimmung, die seine Maxime der Verwahrlosung seiner Naturgaben mit seinem Hange zur Ergötzlichkeit an sich hat, sie auch mit dem, was man Pflicht nennt, übereinstimme?"

Erste Prüfung mit Hilfe der Naturgesetzformel. Kant entwickelt nun folgende **Behauptung:** „Da sieht er nun, dass zwar eine Natur nach einem solchen allgemeinen Gesetze immer noch bestehen könne, obgleich der Mensch (so wie der Südsee-Einwohner) sein Talent rosten ließe und sein Leben bloß auf Müßiggang, Ergötzlichkeit, Fortpflanzung, mit einem Wort auf Genuss zu verwenden bedacht wäre; allein er kann unmöglich **wollen**, dass dieses ein allgemeines Naturgesetz werde oder als ein solches in uns durch Naturinstinkt gelegt sei." **Begründung**, warum diese Maxime dem kategorischen Imperativ in der Grundformel und in der Naturgesetzformel widerspricht: „Denn als ein vernünftiges Wesen will er notwendig, dass alle Vermögen in ihm entwickelt werden, weil sie ihm doch zu allerlei möglichen Absichten dienlich und gegeben sind."

Zweite Prüfung mit Hilfe der Selbstzweckformel. „Handle so, dass du die Menschheit sowohl in deiner Person als in der Person eines jeden anderen, jederzeit zugleich als Zweck, niemals bloß als Mittel brauchst." Er **argumentiert**: „In Ansehung der zufälligen (verdienstlichen Pflicht) gegen sich selbst ist's nicht genug, dass die Handlung nicht der Menschheit in unserer Person als Zweck an sich selbst widerstreite, sie muss auch dazu zusammenstimmen. Nun sind in der Menschheit Anlagen zu größerer Vollkommenheit, die zum Zwecke der Natur in Ansehung der Menschheit in unserem Subjekt gehören; diese zu vernachlässigen, würde allenfalls wohl mit der Erhaltung der Menschheit als Zweck an sich selbst, aber nicht der Beförderung dieses Zweckes bestehen können." Es geht also Kant bei dieser Begründung nicht nur darum, dass der Mensch nicht nur etwas Negatives zu tun unterlässt, sondern der Mensch hat auch die Pflicht, etwas zur Vervollkommnung der Welt beizutragen. Dem liegt die

Differenzierung zwischen den *praecepta* und den *consilia* zugrunde, den notwendigen und den freiwilligen Handlungen.

5.2.3.3.4 Viertes Fallbeispiel: Menschen in Not

Fallschilderung: „Noch denkt ein vierter, dem es wohl geht, indessen er sieht, dass andere mit großen Mühseligkeiten zu kämpfen haben (denen er auch wohl helfen könnte): Was geht's mich an? Mag doch ein jeder so glücklich sein, als es der Himmel will oder er sich selbst machen kann, ich werde ihm nichts entziehen, seinem Beistande in der Not habe ich nicht Lust etwas beizutragen!" Dies ist also seine Maxime. Kant fährt fort: „Nun könnte allerdings, wenn eine solche Denkungsart ein allgemeines Naturgesetz würde, das menschliche Geschlecht gar wohl bestehen und ohne Zweifel noch besser, als wenn jedermann von Teilnehmung und Wohlwollen schwatzt, auch sich beeifert, gelegentlich dergleichen auszuüben, dagegen aber auch, wo er nur kann, betrügt, das Recht der Menschen verkauft oder ihm sonst Abbruch tut. Aber obgleich es möglich ist, dass nach jener Maxime ein allgemeines Naturgesetz wohl bestehen könnte, so ist es doch unmöglich, zu wollen, dass ein solches Prinzip als Naturgesetz allenthalben gelte."

Erste Prüfung mit Hilfe der Naturgesetzformel. Kant argumentiert mit folgender formalen Begründung der Vermeidung eines Selbstwiderspruchs: „Denn ein Wille, der dieses beschlösse, würde sich selbst widerstreiten, indem der Fälle sich doch manche ereignen können, wo er anderer Liebe und Teilnehmung bedarf, und wo er durch ein solches aus seinem eigenen Willen entsprungenes Naturgesetz sich selbst alle Hoffnung des Beistandes, den er sich wünscht, rauben würde."

Zweite Prüfung mit Hilfe der Selbstzweckformel des kategorischen Imperativs: „Handle so, dass du die Menschheit sowohl in deiner Person als in der Person eines jeden anderen, jederzeit zugleich als Zweck, niemals bloß als Mittel brauchst." Kants darauf aufbauender Gedankengang sieht wiederum folgendermaßen aus: „In Betreff der verdienstlichen Pflicht gegen andere ist der Naturzweck, den alle Menschen haben, ihre eigene Glückseligkeit. Nun würde zwar die Menschheit bestehen können, wenn niemand zu des anderen Glückseligkeit was beitrüge, dabei aber ihr nichts vorsätzlich entzöge: Allein es ist dieses doch nur eine negative und nicht positive Übereinstimmung zur Menschheit als Zweck an sich selbst, wenn jedermann auch nicht die Zwecke anderer, soviel an ihm ist, zu befördern trachtete. Denn das Subjekt, welches Zweck an sich selbst ist, dessen Zwecke müssen, wenn jene Vorstellung bei mir alle Wirkung tun soll, auch soviel möglich meine Zwecke sein."

Über die adäquate Interpretation der vier Beispielfälle Kants gibt es in der Literatur zu Kant unterschiedliche Vorschläge. (Wimmer 1980, 333 ff.) Fünf Ansätze können unterschieden werden (Horn u. a. 2007, 231 ff.):

1. Die logische Interpretationsmethode: Hier begibt man sich auf die Suche nach logischen Widersprüchen, die entweder bereits in der Maxime enthalten sind oder erst bei der Verallgemeinerung auftreten. Hier muss die Maxime jenen Test bestehen, den Platon bereits im „Gorgias" auf seine Gesprächspartner angewendet hat.
2. Die transzendentalpragmatische Interpretationsmethode: Hier stellt man sich die Frage nach den notwendigen Voraussetzungen des Handelns. Die Maxime wird

daraufhin getestet, ob sie von bestimmten unverzichtbaren Bedingungen abhängig ist oder ob bei ihrer Verallgemeinerung ein Widerspruch zu diesen Bedingungen auftritt. Man spricht hier vom transzendentalpragmatischen Konsistenzkriterium. Dieses geht auf Karl-Otto Apels Konstruktion der sprachlichen Kommunikationsgemeinschaft mit ihren transzendentalen Voraussetzungen zurück. In der Übertragung auf die Handlungsmaximen besteht der Test darin, dass man prüft, ob ihre gedachte oder gewollte Verallgemeinerung die Möglichkeitsbedingungen des mit der Maxime verfolgten Zweckes (partikular oder universell) negiert.

3. Die konsequentialistische Interpretationsmethode: Hier wird der mögliche Widerspruch darin gesucht, ob es negative empirische Konsequenzen (Folgen der Maxime) bei einer Verallgemeinerung der Maxime für den Handelnden oder für andere Menschen gibt. Es wird also gefragt, ob der angestrebte Zweck mit Hilfe der verallgemeinerten Maxime wirklich erreicht werden kann oder eventuell dadurch sogar verhindert wird. Hierzu wäre Lebenserfahrung notwendig, die aber individuell verschieden ist.

4. Die teleologische Interpretationsmethode: Hier wird vor allem die erste Variante der Grundformel des kategorischen Imperativs, die Naturformel, einem Test unterzogen. „Natur" wird von Kant in dieser Formel-Variante ja teleologisch als Finalursache verstanden, nicht als Wirkursache (wie in den modernen Naturwissenschaften). Die Natur wird in dieser Betrachtungsweise als zweckmäßig eingerichtet vorgestellt, und das bedeutet, die Maxime wird daraufhin geprüft, ob die Zwecksetzung der Maxime mit der (gedachten) Zwecksetzung der Natur harmoniert oder nicht. Der Test ist also wieder ein Konsistenztest, die Verallgemeinerungsfähigkeit spielt hier keine Rolle.

5. Die Rational-agency Interpretationsmethode: Hier wird von der rationalen Handlungsfähigkeit des die Maximen setzenden Menschen ausgegangen, der als solcher bereits einen zentralen Wert in einer Handlungstheorie besitzt. Diese rationale Orientierung ist jener fundierende Wert, von dem aus die anderen Werte ihren Wertcharakter vermittelt bekommen. Es geht also hier nicht darum, die Maximen isoliert vom Menschen zu testen, sondern der Test erfolgt unter der Frage, inwiefern hier ein rationales Handlungssubjekt sichtbar wird oder nicht.

5.2.3.4 Autonomie und Heteronomie des Willens

Kant setzt mit diesen beiden Begriffen seine kritische Sicht der bisherigen Moralsysteme fort. Heteronomie (gr. *heteros* = fremd, *nomos* = Gesetz) ist im Sinne Kants immer verbunden mit bloß hypothetischen Imperativen: Man soll x tun, weil man den Zustand y haben möchte. Wenn der Mensch so verfährt, dann geht sein Wille über sich selbst hinaus und sucht „in der Beschaffenheit eines seiner Objekte das Gesetz". Dann gibt sich nicht der Wille, sondern das äußere Objekt (in seinem Verhältnis zum Willen, der sich nötigen lässt) das Gesetz. Man kann in diesem Sinne beispielsweise fleißig oder ehrlich sein, weil man die gesellschaftliche Anerkennung nicht verlieren möchte. Man kann auch beispielsweise „fremde Glückseligkeit zu befördern suchen", und zwar auf zweierlei Weise: erstens entweder durch eine Neigung (z. B. Mitleid) oder zweitens deswegen, weil eine Maxime, die solches verneinen würde, „nicht in einem und demselben Wollen, als allgemeines Gesetz, begriffen werden kann." (GMS 441)

In dieser Orientierung strebt der Wille etwas an, was außerhalb seines eigentlichen Wesens liegt. Eine Maxime ist aber, wie Kant sie auffasst, material auf einen Zweck gerichtet, formal aber auf die eigene Selbstgesetzgebung, wenn sie moralischen Wert haben soll. Autonom (gr. *autos* = selbst, *nomos* = Gesetz) dagegen ist ein Wille, der nur seiner eigenen Gesetzgebung unterliegt. Was also durch eine Maxime realisiert werden kann, ist immer ein Inhalt, also ein Zweck. Wenn dieser aber der Handlungsgrund ist, dann ist der Wille auf eine Dienstfunktion reduziert worden und der Mensch hat seinen Willen instrumentalisiert. Kant formuliert das Prinzip der Autonomie zunächst negativ so, dass man keine Handlung nach einer anderen Maxime tun dürfe als nach derjenigen, dass diese Maxime eine allgemeines Gesetz sei, oder positiv als

Autonomieformel
„Handle so, dass der Wille durch seine Maxime sich selbst zugleich als allgemein gesetzgebend betrachten könne."
(GMS 434)

Dieses „Prinzip der Autonomie des Willens" ist also eine weitere sprachliche Variante der Grundformel des kategorischen Imperativs, mit deren Hilfe Kant nun wiederholt sein Argument formuliert, dass nur ein souveräner Wille, der bei sich selbst bleibt, ein moralischer Wille ist. Kant kommt nun zur abschließenden Bestimmung des „schlechterdings guten Willens": Er ist ein Wille, dessen Prinzip ein kategorischer Imperativ sein muss, der bezüglich der Objekte unbestimmt bleibt, der die bloße Form des Wollens enthält, dessen Form die Autonomie ist.

Dieser gute Wille, der mit Hilfe der Formeln des kategorischen Imperativs identifiziert wird, ist ein synthetisch-praktischer Satz a priori. Damit kündigt Kant am Schluss des zweiten Abschnitts einen Methodenwechsel von der analytischen zur synthetischen Vorgehensweise an, weil nun nach dem guten Willen als einem synthetischen Satz gesucht wird. Er wird im nächsten Kapitel die Frage stellen, ob ein solcher Satz in der Handlungstheorie möglich und zugleich notwendig ist. Dies ist nun die eigentliche Hauptfrage, zu deren Beantwortung aber nun eine Kritik der reinen praktischen Vernunft erforderlich ist.

5.2.4 Von der Metaphysik der Sitten zur Kritik der praktischen Vernunft

Dieser dritte Teil von Kants Schrift trägt den vollständigen Titel: Dritter Abschnitt: „Übergang von der Metaphysik der Sitten zur Kritik der reinen praktischen Vernunft". Auf den feinen Unterschied zwischen dem Ausdruck „praktische Vernunft" und „reine praktische Vernunft" ist zu achten. In der ersten Formulierung wird mitbedacht, dass der Mensch keinen „reinen" („heiligen") Willen hat, sondern sich mit seinen sinnlichen Neigungen auseinandersetzen muss. Die „reine praktische Vernunft" stellt sich in einem Gedankenexperiment das Funktionieren eines von allen sinnlichen Begierden freien Willens vor.

Dieser dritte Abschnitt beginnt bei der Autonomie des Willens, setzt also die Gedankenführung aus dem Ende des zweiten Abschnitts fort. Weil aber dort die analytisch gewonnenen Begriffe (1) des guten Willens, (2) der Pflicht und (3) der Autonomie keine Erfahrungsbegriffe sind, und eine Analyse keinen Existenzbeweis führen kann, möchte Kant in diesem dritten Abschnitt auf synthetische Weise den seiner Meinung zu recht bestehenden Anspruch (Deduktion) dieser Begriffe auf ihre Existenz durchführen.

Dieser dritte Abschnitt enthält fünf Kapitel und eine Schlussbemerkung:

1. „Der Begriff der Freiheit ist der Schlüssel zur Erklärung der Autonomie des Willens."
2. „Freiheit muss als Eigenschaft des Willens aller vernünftigen Wesen vorausgesetzt werden."
3. „Von dem Interesse, welches den Ideen der Sittlichkeit anhängt."
4. „Wie ist ein kategorischer Imperativ möglich?"
5. „Von der äußersten Grenze aller praktischen Philosophie."
6. „Schlussbemerkung".

In der folgenden Darstellung werden Punkt 1 bis 3 unter der Überschrift „Freiheit und Autonomie" dargestellt, Punkt 4 wird mit dem dort verwendeten Begriff der Deduktion referiert, Punkt 5 und 6 schließlich werden unter der Überschrift „Die Grenze der praktischen Philosophie" behandelt. Allerdings geht es im ganzen dritten Abschnitt im eigentlichen Sinn um die „Deduktion" des kategorischen Imperativs (GMS 454) und um die „Deduktion der Freiheit". (GMS 447)

Für das Verständnis des nun folgenden dritten Abschnittes der GMS ist es hilfreich, sich an die menschliche Doppelnatur zu erinnern: Der Mensch ist

- einerseits ein Sinnenwesen, und als solches gehört er zur Welt der determinierenden Naturgesetze (*mundus sensibilis),*
- andererseits ist er ein Vernunftwesen, und als solches gehört er zur Welt des Sittengesetzes (*mundus intelligbilis*).

Beim Begriff „Natur" ist aber, und dies ist wichtig für das Verständnis der nun folgenden Darstellung, zwischen einer „Natur der Sinnenwelt" und einer „Natur der Verstandeswelt" zu unterscheiden. Der Mensch gehört zu beiden Bereichen, er hat also eine Doppelnatur. Aus der simultanen Zugehörigkeit zu diesen beiden Naturen entwickelt nun Kant die Deduktion, die zum Existenzbeweis des kategorischen Imperativs (des Sittengesetzes) führen soll.

5.2.4.1 Freiheit und Autonomie

Kant beginnt seinen Gedankengang mit dem Begriff des Willens, der mit dem Begriff der Kausalität deshalb verbunden ist, weil der Wille Wirkungen in dieser Welt hervorbringt, also zur Kausalität fähig ist. Kant hatte aber schon vorher zwischen einer Kausalität in der empirischen Welt (sie wird gesteuert durch die Naturgesetze von Ursache und Wirkung) und einer Kausalität aus Freiheit (sie wird nicht gesteuert von Fremdursachen) unterschieden. Das Funktionieren jeder Art von Kausalität schreibt Kant den dort wirkenden Kräften zu, die er Gesetze nennt. Der Begriff des Gesetzes bringt zum Ausdruck, dass die Kausalitätswirkung geordnet erfolgt, also zielstrebig, denn der Begriff der Kausalität und der einer Willkür (des Gegensatzes von Gesetz) wären ein Widerspruch in sich. Zum Begriff der Kausalität gehört also zwingend der Begriff des Gesetzes. Ein Wille, der nichts bewirken wollte oder könnte (also keine Kausalitätsmacht besäße), wäre ein völlig sinn- und nutzloser Wille. Also gehören Kausalität und Gesetz zu seinem Wesen. Diese Erkenntnis wird von Kant weiterhin analytisch gewonnen, da im Begriff der Kausalität die gesetzmäßige Verknüpfung von Ursache und Wirkung sinngemäß enthalten ist und durch Begriffszergliederung (analytisch) gewonnen wird.

Nun wird der im Begriff der Autonomie enthaltene Gedanke der Selbstbestimmung weiter entfaltet, wozu der Begriff der Freiheit gehört (auch wieder analytisch gewonnen): Autonomie ohne Freiheit ist ein Unding. Beim Begriff der Freiheit kann nun zweierlei unterschieden werden, die negative und die positive Freiheit.

- Die negative Freiheit (von lat. *negare* = verneinen) bringt zum Ausdruck, dass auf den Menschen bestimmte Ursachen nicht einwirken, dass er also frei *von* bestimmenden Ursachen ist.
- Die positive Freiheit (von lat. *ponere* = setzen) bringt zum Ausdruck, dass der Mensch die Freiheit *zu* etwas hat.

Zunächst legt Kant dar, dass der negative Freiheitsbegriff auf den Menschen zutrifft, da er grundsätzlich die Fähigkeit hat, sich von seinen eigenen sinnlichen Begierden (Neigungen) zu distanzieren, also Askese zu praktizieren. Das war aber nicht das Problem (denn es ist jedermann bekannt), sondern das Problem ist der Nachweis (die Deduktion) des positiven Freiheitsbegriffs, dass also der Mensch die Kausalität seines Willens aus sich selbst hervorbringen kann (also ohne eine Fremdursache wie die Neigung). Die Frage ist also nicht, was Freiheit ist, sondern wie (die positive) Freiheit – deduktiv – als möglich nachgewiesen werden kann.

Der Gedankengang Kants in analytischer und synthetischer Vorgehensweise sieht nun folgendermaßen aus:

1. Aus der Voraussetzung der Freiheit des Willens folgt analytisch der Begriff der Sittlichkeit (Moralität), also der gute Wille. Erläuterung: Kant setzt hier bereits stillschweigend voraus, dass nur in der Unabhängigkeit von direkten sinnlichen Einflüssen (als Kausalität der Natur der Sinnenwelt) die menschliche Moral angetroffen werden kann, denn anderenfalls (ohne Freiheit) wäre der Mensch ausschließlich ein Mitglied der Natur der Sinnenwelt, wäre also fremdbestimmt (heteronom) und somit wäre diese Natur für alle Folgen verantwortlich. Diese Analyse war ja schon gewonnen worden im zweiten Abschnitt. Die zum guten Willen dazu gehörige Maxime (ohne hier den Inhalt zu bestimmen) ist formal die Eigenschaft, „jederzeit sich selbst, als allgemeines Gesetz betrachtet, in sich enthalten" zu können. (GMS 447)
2. Nun wird der Zusammenhang zwischen dem „guten Willen" und seiner so bestimmten „Maxime" untersucht, und Kant gelangt zur Erkenntnis, dass im Begriff des guten Willens der Begriff einer gesetzeskonformen Maxime *nicht* enthalten ist und deshalb auch nicht analytisch (durch Zerlegung) daraus gewonnen werden kann. Die Schwierigkeit beginnt schon damit, dass der menschliche Wille nicht schlechter-

dings gut ist, also kein heiliger Wille ist. Auf analytischem Weg kann also dieser Zusammenhang nun nicht mehr nachgewiesen werden, denn es liegt eine synthetische Verbindung vor, also ein synthetischer Satz.

Wie aber muss man sich allgemein einen „synthetischen Satz" vorstellen? In einem Satz werden Subjekt und Prädikat aufeinander bezogen: Der Zusammenhang kann analytisch (z. B. Ball ist rund) oder synthetisch sein (z. B. Goethe ist der Dichter des Faust). Bei synthetischen Sätzen muss zwischen dem Subjekts- und dem Prädikatsbegriff eine Verbindung geschaffen werden durch ein drittes Element; dieses darf weder im Subjekts- noch im Prädikatsbegriff enthalten sein. Dieses dritte, d. h. verbindende Element, darf aber nicht willkürlich behauptet werden, sondern muss sachlogisch eine überzeugende Brücke bilden können. In den empirischen Naturwissenschaften ist zwischen der Ursache und der Wirkung dieses dritte Element das Gesetz der Sinnenwelt, die naturwissenschaftlich verstandene Kausalität. Für Kant ist nun in der Moral dieses gesuchte Dritte der positive Begriff der Freiheit. Wie ist das zu verstehen? Wie gelangt der gute Wille zu einer zu ihm passenden, also gesetzeskonformen Maxime (also nicht zu einer x-beliebigen Maxime)? Nicht auf dem Weg einer physisch-empirischen Kausaldetermination (denn dann wäre der Mensch nur Teil einer Sinnennatur), sondern eben (seinem autonomen Wesen gemäß) durch die Fähigkeit, sich freiheitlich seine Maximen zu setzen. Diese Freiheit kann nun nicht dinglich (als „Seiendes") nachgewiesen werden, sondern der Argumentationsgang Kants legt dar, dass wir uns als freie Wesen *denken* müssen, wenn wir moralisch handeln wollen. Ob es *die* Freiheit gibt oder nicht, kann theoretisch nicht bewiesen werden.

Der kategorische Imperativ ist also ein „Gesetz der Freiheit", und er kann deshalb kategorisch = ausnahmslos gebieten, weil er, wegen seines Freiheitscharakters, von niemandem genötigt oder eingeschränkt werden kann, als allein vom wollenden und handelnden Subjekt. Diese nun näher bestimmte praktische Vernunft hat keine konstitutive (ein *Sein* begründende) Funktion, sondern eine regulative (ein Sollen begründende) Funktion (Pieper, in: Höffe 1989, 280). In der „Kritik der praktischen Vernunft" wird Kant bereits in der Vorrede diesen Zusammenhang so erklären: Freiheit ist der Seinsgrund des Sittengesetzes (die *ratio essendi*), das Sittengesetz ist der Erkenntnisgrund (die *ratio cognoscendi*) der Freiheit. (KpV A 4) Damit ist der synthetische Charakter des kategorischen Imperativs im Dreischritt von guter Wille – Freiheit – Moralität aufgezeigt.

Der kategorische Imperativ ist nicht nur ein synthetischer Satz, sondern er ist ein synthetischer Satz a priori. Was versteht nun Kant unter dem Ausdruck „a priori"? Der Ausdruck „a priori" bedeutet „vom Früheren her" in dem Sinne, dass etwas ohne empirische Erfahrung gewonnen wurde, also aus Vernunftgründen erschlossen wurde. Dieses gesuchte Dritte, die positive Freiheit als verbindendes Element, existiert aber nirgendwo in der empirisch erfahrbaren Sinnenwelt real und kann deshalb nicht theoretisch nachgewiesen werden (denn die theoretische Vernunft nimmt ihren Ausgang in der Sinnenwelt). Wenn wir Menschen, ausgestattet mit der Doppelnatur von Sinnlichkeit und Verstand, uns moralisch in unseren Handlungen verhalten wollen, bleibt uns nichts anderes als denknotwendig übrig, als uns als positiv freie Wesen zu *denken*. Das meint Kant offenbar damit, dass der positive Begriff der Freiheit diese Erkenntnis „schafft", die also eine Denktätigkeit voraussetzt und nicht einfach vorhanden „ist".

Die plausible Darlegung dieses Zusammenhangs erfordere aber, so Kant, eine „Deduktion des Begriffs der Freiheit", die er aber auf später verschiebt, weil dazu noch einiges an gedanklicher „Vorbereitung" nötig sei.

Diese Bestimmung der Freiheit des Willens erfordert nun als nächsten Doppel-Schritt:
- Erstens, dass sich ein Individuum nicht nur als Einzelwesen für frei erkennt, sondern diese Erkenntnis auf *alle* Vernunftwesen überträgt, Freiheit also als eine Eigenschaft aller Vernunftwesen begreift.
- Zweitens, dass sich der Mensch die Vorstellung von Freiheit nicht *aus* den Erfahrungen der menschlichen Natur bildet (dort findet er sie nämlich nicht), sondern dass er diese Erkenntnis *auf* die Handlungen in der empirischen Außenwelt anwendet. Kant drückt dies folgendermaßen aus: „Ein jedes Wesen, das nicht anders als unter der Idee der Freiheit handeln kann, ist eben darum in praktischer Rücksicht wirklich frei." (GMS 448) Mit anderen Worten: Wer es sich gar nicht mehr anders vorstellen kann, als dass er frei ist, ist auch in Wirklichkeit frei. Freiheit ist also, worauf Kant so großen Wert legt, weil seine Moraltheorie damit steht und fällt, die unverzichtbare Grundlage für moralisch verantwortliches Handeln. Die Ethik geht in der Willensbestimmung nicht von den empirischen Gegebenheiten des Alltags aus, sondern umgekehrt, auf diese Gegebenheiten des Alltags werden apriorische Erkenntnisse angewendet. In diesem Sinne ist die Vernunft selbst praktisch tätig, d. h. der Mensch kann aus Vernunftgründen sich selbst bestimmen und braucht nicht die Hilfestellung empirisch gewonnener Moralbegriffe, denn die Moralbegriffe kommen in der Sinnenwelt nirgends vor. Damit kann der Mensch für sich selbst die Frage beantworten: Wann ist mein Wille wirklich mein eigener Wille? Und die Antwort Kants: Nur unter der Idee der Freiheit, d. h. indem man sich so verhält, „als ob" man frei wäre, d. h. indem man sich als frei *denkt*.

5.2.4.2 Das Interesse an Moral und das Problem eines Zirkelschlusses

Im dritten Unterabschnitt, betitelt mit: „Das Interesse an den Ideen der Sittlichkeit" (GMS 449–453) untersucht Kant auch das damit möglicherweise verbundene Problem einer unbeabsichtigten „Art von Zirkel". (GMS 450 und 453) Die Frage nach dem Interesse an moralischen Aktionen und der Möglichkeit, in einen Fehlschluss zu geraten, liegen nahe beisammen und müssen deshalb im Kontext behandelt werden. Zunächst zum Interesse. Bei allen hypothetischen Imperativen liegt eindeutig ein Interesse vor: Wenn du x (Ziel) willst, musst du y (Mittel) tun (Imperativ der Geschicklichkeit), oder: Du willst ein feststehendes x (Glück), dann musst du y (Mittel) wählen (Imperativ der Klugheit).

Aber welches Interesse, fragt Kant hier, haben wir an moralischen Handlungen, also an kategorischen Imperativen? Sind moralische Handlungen nicht immer mit Verzichtsleistungen verbunden, an denen wir gar kein Interesse haben können nach dem Motto: Der Ehrliche ist der Dumme? Kant geht es bei der hier aufgeworfenen Frage nicht um eine Art Gefühl zu diesem Thema, sondern um die korrekte Argumentationsweise im Umgang mit den bisher entwickelten Begriffen. Zwei Begriffe stehen hier im

Zentrum, (1) die Freiheit und (2) der gute Wille. Wie ist ihre Verbindung korrekt zu denken? Zwei Möglichkeiten bieten sich an:

1. Willensfreiheit und Moralität sind „einerlei", wie dies aus Kants Satz hervorgeht: „Also ist ein freier Wille und ein Wille unter sittlichen Gesetzen einerlei". (GMS 447) Das Problem ist: *Wie* muss dieser Satz verstanden werden? Wie hängen „freier Wille" und „Wille unter sittlichen Gesetzen" zusammen? Die Frage heißt: Kann nun der zweite Teil des Satzes durch Analyse aus dem ersten Teil gewonnen werden?

2. Wer dies bejaht, vertritt die sog. Analytizitätsthese, und sie ist falsch. (Horn u. a. 2007, 271)

   Falsch ist auch die These, aus der Textstelle bei Kant („Freiheit und eigene Gesetzgebung des Willens sind beides Autonomie, mithin Wechselbegriffe", GMS 450) deren Reziprozitätscharakter ableiten zu wollen (sog. Reziprozitätsthese).

   Warum sind diese beiden Interpretation – scheinbar eindeutiger – Aussagen bei Kant falsch? Die richtige Antwort führt auch zur Beantwortung der Frage nach dem moralischen Interesse. Die Struktur des kategorischen Imperativs ist ja nicht analytischer, sondern synthetischer Art; außerdem können mit Hilfe der analytischen Methode keine Existenzbeweise (Deduktionen im Sinne einer Rechtfertigung) geliefert werden; die Existenz eines Moralprinzips wäre aber die Voraussetzung dafür, daran auch ein Interesse haben zu können. Angesetzt werden muss beim Begriff der (positiven) Freiheit und seiner Funktion innerhalb einer Moralbegründung, aus der heraus auch das Interesse daran abgeleitet werden kann.

3. Kant lenkt die Aufmerksamkeit des Lesers auf die Gefahr eines „Zirkels", der bei einer unkorrekten Verwendung der beiden Begriffe Freiheit und Sittlichkeit auftreten kann. Ein fehlerhafter Zirkel (*circulus vitiosus*) tritt dann auf, wenn in einem Schlussverfahren aus einer hypothetischen Prämisse zunächst korrekt eine Konklusion entwickelt wird, im Rückschlussverfahren dann aus der als wahr interpretierten Konklusion auch eine wahre Prämisse behauptet wird. Das ganze Schlussverfahren bleibt dann bezüglich seiner Gültigkeit hypothetisch. Kant beschreibt es für den Zusammenhang von Freiheit und Sittengesetz: „Wir nehmen uns in der Ordnung der wirkenden Ursachen als frei an, um uns in der Ordnung der Zwecke unter sittlichen Gesetzen zu denken, und wir denken uns nachher als diesen Gesetzen unterworfen, weil wir uns die Freiheit des Willen beigelegt haben." (GMS 450)

Wie wird hier (falsch) argumentiert? Wie sieht die Struktur dieses Satzes aus? Zwei Teile sind zu unterscheiden:

- Von der vorausgesetzten Freiheit geht es zum Handeln unter sittlichen Gesetzen.
- Man sei diesem Handeln unter sittlichen Gesetzen deshalb unterworfen, weil wir uns Freiheit zuschreiben.

Warum ist diese Umkehrung der Aussagen falsch? Weil wir Menschen weder schlechterdings frei sind (das wäre nur ein Wesen in einer intelligiblen Welt), andererseits sind wir auch nicht schlechterdings dem guten Willen unterworfen (da Menschen auch Wesen der Sinnenwelt sind, sonst bräuchten diese Wesen den Begriff der Pflicht nicht). Es liegt also keine plane Wechselseitigkeit vor, sondern ein aufeinander Verwiesensein anderer Art. Die beiden Begriffe Freiheit und Selbstgesetzgebung kommen im Begriff der Autonomie zusammen, sind also Wechselbegriffe. Dies darf aber nicht zum falschen Schluss verführen, sie könnten in der logischen Argumentation wechselseitig ausgetauscht werden, um Grund und Folge zu erklären, so dass jeder sowohl Grund als auch Folge beim anderen Partner sein könnte.

Wie ist das Zirkelproblem zu lösen? Wie sieht Kant diese fatale Ähnlichkeit der beiden Begriffe? Er erklärt sie mit Hilfe einer Analogie: Wie man verschiedene Brüche gleichen Inhalts auf die kleinsten Ausdrücke bringen kann, so kann man „in logischer Absicht verschieden scheinende Vorstellungen von ebendemselben Gegenstande auf einen einzigen Begriff bringen". (GMS 450) Kant spricht davon, dass man zur Auflösung dieses – scheinbaren – Zirkels zwischen Freiheit und Moral einen „anderen Standpunkt" einnehmen müsse: Wenn wir uns als Wesen der Sinnenwelt betrachten, nehmen wir die Dinge anders wahr als wenn wir uns als Wesen einer intelligiblen Welt betrachten. Im ersten Fall sehen wir auf die empirisch-sinnlichen Folgen unserer Handlungen, im zweiten Fall betrachten wir uns unter der Bedingung der Freiheit a priori und erkennen die moralischen Folgen unserer Handlung.

Mit anderen Worten: Es ist ein Unterschied, ob man von den Sinnen affiziert wird oder ob man sich denkend den Dingen zuwendet. Im ersten Fall erlebt sich der Mensch „leidend", im zweiten Fall als aktives Subjekt. Im ersten Fall kommt der Mensch nur zur Erkenntnis von Erscheinungen, erfährt also niemals, wie die Dinge an sich sind. Diese kann er zwar niemals erkennen (obwohl er ihre Existenz denken kann), trotzdem baut Kant auf dieser noumenalen Welt sein Interesse an moralischen Handlungen auf. Bezüglich der sinnlichen Wahrnehmung seiner eigenen Person stößt der Mensch ebenfalls an diese Grenze: Weil er nun weiß, dass er aus dem Blickwinkel (Standpunkt) der Sinnenwelt „aus lauter Erscheinungen zusammengesetzt" ist (GMS 451), kann sein Interesse sich daran entzünden, was dieser Erscheinung, die er ist, zugrunde liegt, nämlich sein Ich: Wie ist es beschaffen, dieses mein Ich? Wer bin ich wirklich (als Wesen hinter der Erscheinungswelt)? Antwort: Der Mensch kann sich gedanklich in einen anderen Standpunkt versetzen, in den der intelligiblen Welt, aus dem heraus er nun seine Handlungen betrachtet (wie ein interessierter Beobachter). Dazu muss er den Standpunkt der phänomenalen Welt (der Sinnenwelt) verlassen. In dieser Welt war er mehr ein Getriebener (seiner Triebe), in der anderen Welt ist er ein Akteur, ein Souverän (als Gesetzgeber seines Willens).

Damit zeichnet sich schon Kants Antwort auf die Frage nach dem Interesse an moralischen Handlungen ab:

- Wir wissen (als Denkende), dass wir uns nun in einer anderen Welt (gedanklich) befinden, in der Verstandeswelt, in der wir einen ganz anderen Status haben, den eines Souveräns (eines moralischen Gesetzgebers).

- Bleibt dagegen der Menschen ausschließlich in der Sinnenwelt, dann „darf er sich nicht anmaßen zu erkennen, wer er wirklich ist". (GMS 451) Als Sinnenwesen bleibt seine Selbsterkenntnis nach wie vor begrenzt, aber er hat nach Kant trotzdem ein Plus: Er weiß, dass er sich durch seine moralische Tätigkeit zur intellektuellen

Welt zählen kann, gewissermaßen ein Mitglied werden darf. (GMS 451) Das Ich hat also, wie alle Dinge, eine phänomenale und eine noumenale Seite.

Diese Beobachtung schreibt nun Kant auch dem „gemeinsten Verstande" zu (also jedem Menschen), nämlich hinter der Sinnenwelt noch etwas Unsichtbares zu vermuten, etwas für sich selbst Tätiges. Aber indem die Menschen das Unsichtbare zu versinnlichen und zum Gegenstand von Anschauungen zu machen versuchen, beginnen sie es zu verderben, so dass man „dadurch nicht um einen Grad klüger wird." (GMS 452)

Welche Plausibilität hat nun diese Zwei-Welten-Theorie (Sinnenwelt und Verstandeswelt, *mundus sensibilis* und *mundus intelligibilis*) für das handelnde Subjekt? Kants Antwort: Stellt sich der Mensch auf den Standpunkt des Sinnenwesens, dann unterscheidet er sich von den anderen Menschen auf vielerlei Weise, weil Sinnliches individuell ist, während der Standpunkt der Vernunftwelt die allgemeine und sich selbst gleich bleibende Sicht der Dinge zeigt. Das aber war gerade als das Erfordernis einer moralischen Welt erkannt worden, dass das Moralische das Gleichbleibende ist (z. B. ist ein Mord überall und zu allen Zeiten ein Mord).

Hier geht nun Kant auf den Unterschied zwischen Verstand und Vernunft ein.
- Der Verstand empfängt von den Sinnen die Vorstellungen, die er selbsttätig unter Regeln bringt: Im Gegensatz zur Vernunft bringt er aber aus eigener Kraft keine Begriffe hervor, sondern ist auf die Sinne angewiesen, auf das, was sie „liefern".
- Anders die Vernunft: Sie ist zur reinen Spontaneität fähig, kann also ohne Zuhilfenahme der Sinne tätig werden. Ihr „vornehmstes Geschäft" ist die Unterscheidung zwischen Sinnen- und Verstandeswelt und kann auch dem Verstand seine Grenzen aufzuzeigen.

In diesem Sinne kann der Mensch als Vernunftwesen die Kausalität seines Willens niemals anders als unter der Idee der Freiheit denken, denn die Unabhängigkeit von der Sinnenwelt ist Freiheit. Damit ist aber der Begriff der Autonomie „unzertrennlich" verbunden, damit ist aber das allgemeine Prinzip der Sittlichkeit gegeben. Damit ist aber der „geheime Zirkel" (GMS 453) aufgehoben, dessen Unterstellung darin bestand: Die Idee der Freiheit sei nur um des Sittengesetzes willen zu Grunde gelegt worden, um dieses nachher wieder aus der Freiheit abzuleiten, so dass man für dieses Sittengesetz keinen Grund angeben kann. Damit aber wäre seine Existenz grundlos, und man könnte es nur als „Erbittung eines Prinzips" (*petitio principii*)[46] ansehen, womit man nur „gutgesinnte Seelen" überzeugen könne, also niemals aber einen „erweislichen Satz" abgeben könne. (GMS 453) Dieser Zirkel bleibt solange bestehen, solange man auf nur *einer* Ebene argumentiert; argumentieren muss man aber auf *zwei* Ebenen, auf der Ebene der Sinnen- und der Verstandeswelt *zugleich*. Damit ergibt sich für unsere Handlungen etwas Doppeltes:
1. Indem wir uns als frei denken, versetzen wir uns in eine Verstandeswelt und erkennen die Autonomie unseres Willens mitsamt allen Folgen daraus, die uns sonst ohne dieses kleine Gedankenexperiment unerkannt geblieben wäre.

---

[46] Eine *petitio principii* ist die Erschleichung des Beweisgrundes bzw. die Verwendung des Beweiszieles als Beweisgrund.

2. Indem wir den Begriff der Pflicht verwenden, denken wir uns als Mitglieder der Sinnenwelt und *zugleich* als Mitglieder der Verstandeswelt. (GMS 453)

5.2.4.3 Deduktion des kategorischen Imperativs

Kant hat nun, wie im letzten Kapitel beschrieben, die Auflösung des Zirkels durch die Unterscheidung zwischen einer Sinnen- und einer Verstandeswelt erklärt und gezeigt, dass der Menschen beiden Welten zugehörig ist. Unbeantwortet ist nach wie vor die Frage, warum die eine Welt (Verstandeswelt) der anderen (Sinneswelt) überlegen sein soll. Welche Gründe gibt es, uns der einen Welt bevorzugt zuzuwenden?

Eine erste Antwort wurde schon gefunden:
- Die Verstandeswelt ist uns als vernünftige Wesen näher, weil der Mensch dort Akteur (moralischer Gesetzgeber) ist. Entsprechend der Unterscheidung zwischen einer Verstandes- und einer Sinnenwelt werden also in der Verstandeswelt die Entscheidungen getroffen, die dann in der Sinnenwelt vollzogen werden. Weil also, wie Kant dies ausdrückt, die Verstandeswelt der „Grund der Sinnenwelt" ist (GMS 453), enthält sie auch die Gesetze für die Sinnenwelt, also ist der Mensch in dieser Perspektive „unmittelbar gesetzgebend".
- Umgekehrt aber kann die Sinnenwelt keinen direkten Einfluss auf die Verstandeswelt ausüben, nur insofern indirekt, als in ihrer Welt sich die Entscheidungen stellen und ihre empirischen Lösungen vollzogen werden müssen. Diese Gesetzgeber-Funktion in der Verstandeswelt ist nun diejenige Überlegenheit über die Sinnenwelt, welche die Wahl zugunsten der Verstandeswelt ausfallen lässt.

Ist damit auch schon die angestrebte „Deduktion" des Sittengesetzes durch die Darlegung der Überlegenheit der Verstandes- über die Sinnenwelt gelungen? Zumindest wollte Kant zeigen, dass der kategorische Imperativ möglich ist (denn das bedeutet eine „Deduktion" im Sinne Kants) und keine bloße Fiktion. Da dieser Versuch der Deduktion des kategorischen Imperativs für die „Grundlegung zur Metaphysik der Sitten" zentral ist, soll er in fünf Schritten zusammengefasst und dargestellt werden. (Horn u. a. 2007, 288)

1. Wir Menschen sind vernünftige Wesen und verfügen deshalb über einen Willen, der eine Kausalität auszuüben vermag, d. h. also Wirkungen gezielt hervorbringen kann.
2. Wir Menschen sind auch zugleich sinnliche Wesen, deren Wahrnehmungsfähigkeit auf Erscheinungen eingeschränkt ist und deren Handlungen sich an den Erscheinungen von Begierden und Neigungen orientieren.
3. Wären wir Menschen nur Vernunftwesen, handelten wir ausnahmslos moralisch, wären wir nur Sinnenwesen, würden wir uns vollständig von Begierden und Neigungen leiten lassen.
4. Da die Verstandeswelt die Gesetze für die Handlungen in der Sinnenwelt bereitstellt, und der Mensch ein Mitglied dieser Verstandeswelt ist und dort als Gesetzgeber fungiert, denkt er als vernünftiges Wesen aus dieser Perspektive im Hinblick auf seine Handlungen in der Sinnenwelt, wo er Untertan seiner eignen Gesetze ist.

5. In dieser bipolaren Situation erkennt der Mensch, dass die ihm als Mitglied der Verstandeswelt auferlegte Pflicht zur moralischen Gesetzgebung zugleich die Deduktion seiner Freiheit ist und dass aus der Erkenntnis dieser Freiheit die Pflicht zur Selbstgesetzgebung erwächst.

Wie aber ist dieser doch etwas abstrakte Gedanke von der moralischen Gesetzgeber-Funktion in der Realität der Handlungen innerhalb der Sinnenwelt existent? Kant greift nun wieder auf den gesunden Menschenverstand (die „gemeine Menschenvernunft") zurück, der diese „Deduktion" bestätigen würde. In einem Gedankenexperiment stellt er sich den „ärgsten Bösewicht" vor, der, wenn er den Gebrauch der Vernunft noch nicht verlernt hat und man ihm Beispiele der (1) Redlichkeit in den Absichten, der (2) Standfestigkeit in der Befolgung guter Maximen, der (3) Teilnahmefähigkeit am allgemeinen Wohlwollen verbunden mit großen Verzichtsleistungen erzählen würde, aus innerstem Herzen wünschte, auch ein solcher Mensch zu sein. Wegen seiner starken sinnlichen Neigungen schafft er es aber nicht, selbst so zu sein, er wünscht sich aber aus tiefstem Herzensgrund, auch ein solch guter Mensch zu werden. Damit möchte Kant zeigen, dass niemand, selbst der ärgste Bösewicht nicht, sofern in ihm noch Vernunft aktiv ist, die Gültigkeit (Deduktion) und Überlegenheit moralischer Lebensweisen bestreitet. In diesem Perspektivenwechsel entdeckt der Bösewicht eine Alternative zu sich selbst, nämlich den Wert seiner Person, und diese bessere Person kann man jederzeit erleben, wenn man den Standpunkt eines Mitgliedes der Verstandeswelt einnimmt.

Allerdings hat Kant diese Bindung der Deduktion des Sittengesetzes an einen fiktiven Bösewicht in der „Kritik der praktischen Vernunft" nicht mehr fortgeführt und durch das „Faktum der Vernunft" ersetzt. Zu dieser Einsicht verhilft aber nur eine Kritik des praktischen Vernunftvermögens, die deshalb erst in der „Kritik der praktischen Vernunft" vorgestellt wird. Allerdings bedeutet die sprachliche Neufassung der alten Deduktion mit Hilfe des „Faktums der Vernunft" in der „Kritik der praktischen Vernunft" nicht unbedingt einen Bruch: Die Deduktion in der Grundlegung basiert ebenfalls, wie das spätere „Faktum der Vernunft", das er wenige Zeilen später auch das „einzige Faktum der reinen Vernunft" (KpV 31) bezeichnet, auf einer Innenerfahrung, denn sonst könnte der „ärgste Bösewicht" nicht als Exempel für die Deduktion des Sittengesetzes und der Freiheit herangezogen werden.

5.2.4.4 Die Grenze einer praktischen Philosophie

Hier werden aus dem dritten Abschnitt der „Grundlegung der Metaphysik der Sitten" die Kapitel 5 und 6 referiert. Sie sind betitelt:
- „Die äußerste Grenze aller praktischen Philosophie."
- „Schlussbemerkung: Die Begreiflichkeit der Unbegreiflichkeit der Moral."

Zunächst gibt Kant ein Urteil des gesunden Menschenverstandes wieder, dass „alle Menschen" sich dem Willen nach als frei denken. Jeder Mensch erlebt sich insofern als frei, als sein Urteil über Handlungen so ausfallen kann, dass man Handlungen auch dann als gesollt beurteilt, selbst wenn sie nicht so geschehen sind. Mit welchem Recht urteilen Menschen so? Wie kommen sie zu einem Sollen? Warum bleiben sie nicht in der

Welt der empirisch gegebenen Faktizitäten stehen? Wären sie Menschen nur der Sinnenwelt, dürfte es ein solches Urteil gar nicht geben. Sie erleben sich nun in dieser Sinnenwelt als frei, obwohl Freiheit kein Erfahrungsbegriff ist, sondern eine Idee der Vernunft. Weder kann der negative Freiheitsbegriff (Unabhängigkeit von) erfahren werden, weil ein Negativum nicht erfahrbar ist, noch der positive Freiheitsbegriff (Freiheit zu). Wenn von einem Sollen gesprochen wird, dann wird damit eine Notwendigkeit behauptet. Aber auch der Begriff der Notwendigkeit ist kein Erfahrungsbegriff, weil mit seiner Hilfe, als Voraussetzung, in der Natur der Sinne die Gegenstände als nach allgemeinen Gesetzen zusammenhängend erkannt werden. Diese Erfahrung der Notwendigkeit ist mit einer Erkenntnis a priori verbunden. Mit Hilfe des Begriffs der Notwendigkeit können wir die sinnlich wahrnehmbaren Phänomene dieser Welt in ihren Zusammenhängen interpretieren und somit Naturwissenschaft betreiben. Da also die Idee der Freiheit, um die es hier geht, in der Sinnenwelt und deren Erkenntnismöglichkeiten nicht bewiesen werden kann, bleibt zunächst ihre Art von Existenz offen.

Besteht nun zwischen Freiheit und Notwendigkeit ein Widerspruch? Kant stellt die Frage so: Entwickelt sich aus dem Gegensatz zwischen Freiheit und Notwendigkeit eine „Dialektik der Vernunft"? (GMS 455) Der Begriff der „Dialektik" in seiner Verwendung bei Kant bedarf der Erläuterung. Eine Dialektik ist bei Kant nichts Positives (wie z. B. bei Platon), sondern ein ernster Konflikt im Sinne eines „Widerstreites", wie Kant dies auch bezeichnet. Welcher Widerstreit liegt hier vor? Der Widerstreit zwischen Freiheit und Notwendigkeit: Inwiefern? Kants Antwort:

- Die Freiheit ist eine Idee der Vernunft,
- die Notwendigkeit ist ein Begriff des Verstandes.

Aus diesem Zusammenspiel können sich, wenn man die Gefahr nicht erkennt, Trugschlüsse ergeben. Wie kann hier eine Lösung gefunden werden? Beantwortet werden muss die Frage, ob ein Ereignis (eine menschliche Handlung) *zugleich* als Teil der Naturnotwendigkeit *und* als ein Akt der Freiheit möglich sein kann (Kant: Freiheit ist hier – als negative Freiheit – die Freiheit *von* Naturgesetzen).

Die Lösung besteht in folgender Unterscheidung:
- Als „Erscheinung" ist der Mensch den Naturgesetzen unterworfen,
- als Mitglied der Verstandeswelt ist er frei.

In beiden Fällen ist er aber trotzdem einem „Gesetz" unterworfen: Dem Natur- und/oder dem Sittengesetz. Die entscheidende Frage lautet hier nun: Kann der Mensch nur einem oder auch zwei Gesetzen unterworfen sein, den Gesetzen der physischen Natur *und* den Gesetzen der Freiheit? Beides sind Kausalgesetze, da sie eine Wirkung hervorrufen, aber bei den ersteren sind Ursache und Wirkung verschieden, bei den zweiten ist das handelnde Subjekt selbst Urheber seiner Handlungen (Wirkungen, Folgen).

Die Lösung, die Kant vorschlägt, besteht nicht in einem Entweder – Oder, sondern in einem Sowohl–als–auch. Diese Lösung wird auch als kompatibilistische Lösungsstrategie bzw. Kompatibilismus bezeichnet. (Horn u. a. 2007, 290) Für Kant ist dieser Widerspruch nur scheinbar vorhanden, weil der Mensch Bürger zweier Welten ist, der Sinnen- und der Verstandeswelt, und er deshalb notwendigerweise unter zwei Kausalgesetzen steht. Betrachtet man das Thema von Freiheit und Notwendigkeit nicht unter diesem Gesichtspunkt, dann könnte die Freiheit zu einem „bonum vacans", einem herrenlosen Gut werden, was bedeutet, dass die Deterministen unter den Philosophen sich ihrer bemächtigen. (GMS 456)

Der Streit dürfe also nicht mit den Mitteln der theoretischen Vernunft allein ausgetragen werden, sondern erfordert die Einbeziehung der praktischen Vernunft, denn diese kann zum Thema Freiheit eine eigene und neue Sicherheit gewinnen. Aus der Sicht der praktischen Vernunft, also aus der Sicht des handelnden Menschen, ergibt sich aus der Erkenntnis der moralischen Verpflichtung die innere Gewissheit des Aufgefordertseins und damit der Freiheit.

Damit ist aber die Grenze einer praktischen Philosophie erreicht, und der „Rechtsanspruch" (d. h. die Deduktion) der „gemeinen Menschenvernunft" auf Freiheit des Willens gründet sich auf dieses Bewusstsein der Unabhängigkeit von bloßen „Erscheinungen", die sich in den schwankenden Gefühlen zeigen. Die andere Seite des Menschen, seine rationale, bezeichnet Kant wiederholt als „das eigentliche Selbst" des Menschen. (GMS 457)

Hier muss auch die doppelte Verwendung von „Gefühl" bei Kant berücksichtigt werden: Das schwankende Gefühl kann kein „Richtmaß unserer sittlichen Beurteilung" sein, womit Kant *die moral-sense*-Ethik des 18. Jahrhunderts ablehnt. Das moralische Gefühl der „Achtung" dagegen (von dem Kant im ersten und zweiten Abschnitt der GMS spricht, nicht jedoch im dritten), geht nicht dem sittlichen Urteil voraus, sondern folgt ihm nach. Es ist auch nicht der objektive Bestimmungsgrund (denn dieses ist nur der gute Wille als Pflicht *via* kategorischer Imperativ) des Handelns, sondern der subjektive Bestimmungsgrund, d. h. in der Sprache Kants die „Triebfeder".

Die praktische Vernunft findet nun ihre Grenze darin, dass sie weder in die intelligible Welt „hineinschauen" noch sich „hineinempfinden" kann, sondern sich nur in sie „hineindenken" kann. Diese damit als subjektiv erfahrene Freiheit hat zwei Ergebnisse,
- nämlich die Unabhängigkeit von der deterministischen Bestimmung aus Impulsen der Sinnenwelt (negative Freiheit),
- und die Unabhängigkeit von Zwängen zu etwas Bestimmtem (positive Freiheit).

Kant weist nun darauf hin, dass die Vernunft ihre Grenze überschreiten würde, wenn sie „erklären" wollte, *wie* Freiheit möglich sei, was identisch ist mit der Frage, wie *reine* Vernunft praktisch werden kann. „Erklären" (in der Terminologie Kants) kann man etwas nur dann, wenn man es auf Gesetze zurückführen kann, „deren Gegenstand in irgend einer möglichen Erfahrung gegeben werden kann. Freiheit ist aber eine bloße Idee, deren objektive Realität auf keine Weise nach Naturgesetzen" bewiesen werden kann. (GMS 458 f.) Eine theoretische Erkenntnis von Freiheit ist also unmöglich, nur eine praktische Erkenntnis, die in den beschriebenen Bewusstseinsakten besteht. Es kann deshalb auch kein empirisches „Interesse" an moralischen Handlungen ausfindig gemacht werden, weil die Quellen der Moral nicht in der Sinnenwelt, sondern in der Verstandeswelt liegen. Von einem „Interesse" spricht man sowieso nur bei Vernunftwesen, vernunftlose Geschöpfe werden durch „sinnliche Antriebe" gesteuert. Ein

„Interesse" liegt dann vor, wenn Vernunft praktisch wird, d. h. wenn die Vernunft zur bestimmenden Ursache des Willens wird. Das einzige Interesse der Vernunft an moralischen Handlungen ist die Allgemeinheit ihrer Maximen, die deshalb zu einer Transformation in ein intelligibeles Kausalgesetz (Sittengesetz mit dem Kausalfaktor Freiheit) geeignet sind.

Kant zeigt nun auf, dass die Frage, *wie* ein kategorischer Imperativ möglich sei, nur insoweit beantwortet werden kann, als man angeben kann, *dass* er einzig und allein unter der Voraussetzung der Freiheit möglich ist. Wie diese Voraussetzung selbst wieder möglich ist, kann man nur denken, aber nicht erkennen bzw. nicht einsehen. (GMS 463) Damit ist die „äußerste Grenze einer praktischen Philosophie" erreicht: Wir sollen uns in das „herrliche Ideal" eines „Reichs der Zwecke" (vernünftiger Wesen) hineindenken, und zwar nach „Maximen der Freiheit", *als ob* sie Gesetze der Natur wären". Wenn nämlich alles theoretische Erkennen seine Grenze hat, beginnt der Bereich des „vernünftigen Glaubens". (GMS 463 f.)

5.3 Kritik der praktischen Vernunft (1788)

Werkausgaben

Akademie-Ausgabe: Gesammelte Schriften, hrsg. von der Königlich-Preußischen Akademie der Wissenschaften, Berlin 1902 ff. (auch auf CD-ROM erhältlich)

Weischedel-Ausgabe: Werke in 6 Bänden, hrsg. von Wilhelm Weischedel, Frankfurt 1956–1964

Einzelausgaben

Kant: Kritik der praktischen Vernunft, hrsg. von Joachim Kopper, Stuttgart 1961, Nachdruck 1992

Kant: Kritik der praktischen Vernunft, hrsg. von Horst D. Brandt und Heiner Klemme, Hamburg 2003

Kommentare

Beck, Lewis White: Kants „Kritik der praktischen Vernunft". Ein Kommentar, aus dem Englischen, deutsch von Karl-Heinz Ilting, München 1974

Höffe, Otfried (Hrsg.): Kritik der praktischen Vernunft, Berlin 2002

Klemme, Heiner F.: Einleitung, in: Kant: Kritik der praktischen Vernunft, Hamburg 2003, S. IX – LXIII

Sala, Giovanni B.: Kants „Kritik der praktischen Vernunft", Darmstadt 2004

Kant-Lexika

Eisler, Rudof: Kant-Lexikon. Nachschlagewerk zu Kants sämtlichen Schriften, Briefen und handschriftlichem Nachlass, Berlin 1930, unveränderter Nachdruck Hildesheim, New York 1972

Schmid, Carl Christian Erhard: Wörterbuch zum leichtern Gebrauch der Kantischen Schriften, Erstauflage 1786, auf der Basis der 4. und erweiterten Auflage Jena 1798 neu herausgegeben und mit einem Personenregister versehen von Norbert Hinske (im Rahmen der sechsbändigen Werkausgabe [Weischedel-Ausgabe]), Darmstadt, 1998

Aufbau

Die „Kritik der praktischen Vernunft" hat in der ersten Ausgabe von 1788 (Ausgabe A, in der sie heute meist zitiert wird) einen Umfang von 292 Seiten und folgenden Aufbau:

- Vorrede (KpV A 3–28) und Einleitung (KpV A 29–32)
- Erster Teil: Elementarlehre der reinen praktischen Vernunft (KpV A 35–266)
- Erstes Buch: Die Analytik (KpV A 35–191)
- Zweites Buch: Die Dialektik (KpV A 192–266)
- Zweiter Teil: Methodenlehre der reinen praktischen Vernunft (KpV A 269–292)

Abkürzungen

KpV = „Kritik der praktischen Vernunft", Ausgabe A (1788)
GMS = „Grundlegung zur Metaphysik der Sitten" (1785)
MS = „Metaphysik der Sitten" (1797)
KrV = „Kritik der reinen Vernunft" (1781)

5.3.1 Vorrede und Einleitung

In der „Vorrede" (A 3–28) skizziert Kant sein Programm einer Ethik auf der Basis der praktischen Vernunft, in der „Einleitung" mit dem Untertitel „Von der Idee einer Kritik der praktischen Vernunft" (A 29–32) geht er auf die fundamentale Unterscheidung ein, die zwischen der Vernunft in einem theoretischen und in einem praktischen „Gebrauch" besteht.

Zur Vorrede: Der Titel „Kritik der praktischen Vernunft" ist im Sinne eines *genitivus obiectivus* zu verstehen, d. h. die praktische Vernunft ist das Objekt, also Kritik *an* der praktischen Vernunft. Das Wort Kritik ist, gemäß seinem griechischen Ursprung als *kritiké techne*, eine Beurteilung von etwas. Aber bereits in der „Kritik der reinen Vernunft" von 1781 verwendete Kant diesen Begriff auch noch in anderer Bedeutung, nämlich als Ausdruck für die Abweisung unberechtigter Ansprüche an das Vernunftvermögen, durch die man die Vernunft über- oder unterfordert. In der „Kritik der reinen Vernunft" betraf dies die „Anmaßung" der theoretischen Vernunft, über die Gegenstände der empirischen Welt hinausgehend metaphysische Erkenntnisse gewinnen zu können (z. B. über die Freiheit, Unsterblichkeit und Gott in einem theoretisch-gegenständlichen Sinn).

Schon in der Vorrede zur „Grundlegung der Metaphysik der Sitten" (GMS 391) hatte Kant darauf hingewiesen, dass es nur *eine* Vernunft gibt, die einmal theoretisch, ein andermal praktisch angewendet werden kann.

- Im theoretischen Gebrauch wird etwas erkannt (z. B. ein Naturgesetz),
- im praktischen Gebrauch wird etwas hervorgebracht (zuerst das Moralgesetz, dann die gute Handlung auf der Basis dieses moralischen Prinzips).
- In der „Kritik der praktischen Vernunft" gebraucht Kant den Begriff „Kritik", um im Feld des Moralischen (des Praktischen) den Anspruch abzuweisen, dass die Sittlichkeit ihre Quellen in der empirisch gegebenen Sinnenwelt habe.
- Im Unterschied dazu hat Kant in der „Kritik der reinen Vernunft" den Anspruch der theoretischen Vernunft abgewiesen, unabhängig von empirischen Quellen metaphysische Aussagen machen zu können.

Die „Kritik der reinen Vernunft" und die „Kritik der praktischen Vernunft" haben also im methodischen Vorgehen unterschiedliche Ausgangs- und Zielpunkte:
- Die theoretische Vernunft beginnt bei den sinnlich-empirisch gegebenen Einzeldingen, geht dann zu den Kategorien und steigt zu obersten Einsichten (transzendentalen Grundsätzen) empor.
- Die praktische Vernunft beginnt bei obersten Prinzipien (dem Sittengesetz, dem kategorischen Imperativ) und steigt über die Kategorien und die Triebfedern zu empirischen Einzelhandlungen in der Sinnenwelt herab.

Das bedeutet für die Ethik: Sie nimmt nicht die empirisch gegebenen Einzeldinge zum Anlass für die Entwicklung moralischer Normen, sondern umgekehrt: Sie wendet sich mit Hilfe von Prinzipien (bei Kant: dem kategorischen Imperativ) der Vielfalt der Sinnenwelt als Feld des Handelns zu. **Kants Ethik ist also eine antiempirische Ethik**, die auch ihre Handlungs-Motivationen nicht aus der sinnlichen

Empirie gewinnt. Das heißt: Eine Handlung ist moralisch nur dann gut, wenn sie aus reiner Vernunft, d. h. nach ihren eigenen (formalen) Gesetzen vollzogen wurde. Diese Einsicht und diesen Grundsatz wird Kant immer wieder mit Exempeln einfacher Menschen aus dem Volk zu untermauern versuchen. Diese einfachen Menschen fungieren bei Kant als Repräsentanten für das feste innerliche Gefühl, dass die innere moralische Rechtschaffenheit wichtiger ist als irgendwelche Erfolge in der äußeren Sinnenwelt, die mit unlauteren Mitteln erreicht wurden.

Damit sind schon die beiden wichtigsten Kennzeichen von Kants Ethik angesprochen: Autonomie (des Willens) und Formalismus (des Sittengesetzes).
- Wenn die Vernunft theoretisch verfährt, muss sie aus sich herausgehen und (in die sinnliche Empirie hinein),
- dagegen wenn sie praktisch verfährt, muss sie nicht aus sich herausgehen, sondern bleibt bei sich selbst. Daraus ergibt sich: Das Objekt, das die praktische Vernunft bestimmt, ist sie selbst in ihrer Erscheinungsform als Wille.

Da die praktische Vernunft es also nur mit sich selbst zu tun hat, besteht keine Gefahr, dass sie ihre Grenzen, wie beim theoretischen Gebrauch, überschreiten könnte. Sie benötigt deshalb als *reine* praktische Philosophie keine Kritik mit der Mahnung aus der theoretischen Vernunftkritik (KpV 3). Das bedeutet:
- Als *reine* praktische Vernunft (= ohne sinnlich-empirische Bestandteile) muss sie nicht um eine Grenzüberschreitung besorgt sein,
- sondern nur als praktische Vernunft (= mit sinnlich-empirischen Bestandteilen), weil sie sich hier auch als empirisch beeinflusste Vernunft verhalten könnte: Dieser Anspruch der sinnlich-empirischen Vernunft, *alleiniger* Bestimmungsgrund des Willens zu sein, soll durch diese praktische Vernunftkritik zurückgewiesen werden. Es soll gezeigt werden, dass die empirische Vernunft nur dann bestimmend werden kann und darf, wenn sie von der reinen praktischen Vernunft selbst schon bestimmt worden ist.

Zum Unterschied zwischen theoretischem und praktischem Vernunftgebrauch:

Durch die theoretische Vernunft wird ein Objekt nur seiner Möglichkeit nach, nicht aber seiner Wirklichkeit nach hervorgebracht (es existiert als empirisches Material in Rohform schon, vermittelt durch die Sinne; es wird nur durch den theoretischen Vernunftgebrauch in seiner Struktur und in einer neuen möglichen Verwendung erkannt).

Der praktische Vernunftgebrauch dagegen bringt kein (mögliches) Sein, sondern ein *Sollen* hervor, dessen Ursprung in der Vernunft selbst liegt. Die praktische Vernunft erkennt nicht nur, sondern sie bringt ein Gut hervor, das vorher nicht da war (z. B. eine Hilfeleistung). Dieses Gut ist kein technisches Gut (z. B. ein Gegenstand), sondern ein praktisches Gut (z. B. das praktische Gut Gerechtigkeit innerhalb einer empirisch gerechten Handlung). Ein praktisches Gut wird also durch eine Handlung hervorgebracht; es ist aber kein empirisch vorhandenes Gut (wie z. B. Schuhe), sondern ein intelligibles Gut (wie z. B. Gerechtigkeit). Eingebunden ist dieses praktische Gut aber in eine äußere Handlung, die aber nicht existent wäre, würde damit nicht zugleich ein praktisches Gut (oder Übel) realisiert werden. (Dieses praktische Gut war in der antiken

Tradition der Ethik als Bestandteil einer *actio immánens* verstanden worden, also als ein Gut, das im Handelnden bleibt und nicht von ihm abgetrennt werden kann. Beispiel: Man spricht ja auch nicht nur davon, dass jemand etwas gestohlen *hat*, sondern davon, dass diese Person nun ein Dieb *ist*.)

In der „Vorrede" der KpV werden auch weitere zentrale Begriffe der Ethik Kants eingeführt.

Die „transzendentale Freiheit": Sie ist jene Freiheit, die das von Kant behauptete Praktisch-Sein der Vernunft realisiert, indem sie synthetisch den Zusammenhang zwischen der (subjektiven) Maxime und dem (objektiven) Gesetz herstellt. Zwei Pole existieren bei jeder Entscheidung: Eine Maxime (Anfang) und eine Handlung (Folge). Aus der Maxime (subjektiver Willensgrundsatz, beispielsweise keine Kränkung ungerächt lassen) folgt nicht automatisch die Handlung der Rache, sondern dazwischen liegt ein freier Entschluss, den Kant transzendentale Freiheit nennt (nicht nur negative Freiheit von..., sondern positive Freiheit zu...im Sinne der Spontaneität). Diese Freiheit ist eine „Unabhängigkeit von allem Empirischen". (KpV A 173) Als solche soll sie die Maxime auf ihre Verallgemeinerungsfähigkeit prüfen, d. h. aus der Maxime ein Gesetz machen. Als solches hat sich dann möglicherweise ihr Inhalt, ihre Materie, verändert.

Diese transzendentale Freiheit der nicht-empirischen Spontaneität ist zu unterscheiden von der „psychologischen" Freiheit (KpV A 13) oder der „komparativen" Freiheit (KpV A 171 f.), die darin besteht, dass der bestimmende Naturgrund innerhalb des wirkenden Wesens liegt. In diesem Sinne wäre ein geworfener Stein auch „frei", weil er sich innerhalb einer „freien Wurfbahn" bewegt, oder der Zeiger einer Uhr „frei", weil er seine Zeiger selbst („frei") treibt, aber natürlich erst, nachdem die Uhr aufgezogen wurde. In diesem Zusammenhang spricht Kant auch von der „Freiheit eines Bratenwenders", der sich auch „frei" bewegt, wenn er aufgezogen wurde. (KpV A 174) Aber natürlich liegt hier keine transzendentale Freiheit der nicht-empirischen Spontaneität vor, sondern nur die Illusion eines sich „frei" bewegenden Dinges.

Hier liegt ein naturwissenschaftlicher Kausalzusammenhang zwischen Ursache A und Wirkung B vor, der notwendigerweise den Faktor Zeit benötigt, um ablaufen zu können, d. h. die Ursache A liegt in der Vergangenheit, die Wirkung B in der Gegenwart: A bringt hier kausalgesetzlich B hervor, d. h. B ist abhängig von A und deshalb nicht „frei". Zwischen A und B besteht eine Verbindung (Synthese), die durch die Naturkraft hergestellt wird, ausgedrückt im Naturgesetz.

Denkt man sich aber die Zeit weg, dann gibt es diese Art von naturwissenschaftlichem Kausalzusammenhang nicht; dies kann aber nur ein Vermögen realisieren, das auch zeitfrei handeln kann; als solches gilt in der Kantischen Argumentation die praktische Vernunft, der Wille. Da der Kausalfaktor bei Handlungen die positive Freiheit ist (Freiheit zu..., als Anfang), diese aber immateriell ist, kann und braucht sie nicht in einer vergangenen Zeitstufe tätig zu werden, sondern kann simultan die Handlung auslösen (Kant spricht hier von transzendentaler Freiheit oder der Spontaneität der Freiheit). Wie kann man sich dieser Art von Freiheit (der transzendentalen Freiheit) gewiss sein? Die Idee der Freiheit offenbart sich durch das moralische Gesetz. (Erläuterung: Zum Begriff der Kausalität gehört im Argumentationsgang Kants zwingend der Begriff des Gesetzes, wie in der Physik; der Wille hat nämlich auch eine Kausalität, denn er bewirkt ja etwas; also gehört zu seiner Struktur und zu seiner Kausalität analog ebenfalls ein Gesetz; Kausalität ohne Gesetz ist unmöglich). Moralisches Gesetz und (positive) Freiheit (= Freiheit zu…) gehören also untrennbar zusammen.

Wie ist dieser Zusammenhang zu verstehen? Den Ausgang in der moralischen Selbstvergewisserung macht das moralische Pflichtbewusstsein. „Denn, wäre nicht das moralische Gesetz in unserer Vernunft *eher* deutlich gedacht, so würden wir uns niemals berechtigt halten, so etwas, als Freiheit ist, […] anzunehmen. Wäre aber keine Freiheit, so würde das moralische Gesetz in uns gar nicht anzutreffen sein." In Übernahme einer scholastischen Formel bezeichnet Kant

- die Freiheit als die *ratio essendi* (Seinsgrund) des moralischen Gesetzes,
- das moralische Gesetz als die *ratio cognoscendi* (Erkenntnisgrund) der Freiheit. (KpV A 5, Anmerkung)[47]

Wie muss man diesen Zusammenhang interpretieren? Das moralische Gesetz ist im Argumentationsgang Kants kein Seinsgesetz, sondern ein Sollensgesetz, es kann also nicht vorgefunden werden, sondern muss von jedem Menschen (ob jung oder alt) persönlich gesetzt werden. Wenn es nicht gesetzt wird, ist es nicht vorhanden, d. h. der Mensch handelt dann unter sinnlich-empirischen Bestimmungsgründen (z. B. der Lust), denn diese sind aufgrund ihrer Zugehörigkeit zur Sinnenwelt bereits von Anfang an da (wie alles in der Sinnenwelt ohne Mitwirkung des Menschen vorhanden ist). Kant hat in seinen ethischen Schriften ausdrücklich immer wieder betont, dass die Lehre vom Sittengesetz auch für kleine Kinder gilt, ja dass acht- bis zehnjährige Kinder diese intuitiv besser verstehen können als Erwachsene. (Siehe hierzu die Beispiele Kants im Methodenkapitel der KpV dieser Darstellung.)

Wer dies erkannt hat, weiß damit zugleich, dass er selbst dieses Sollen (nicht als pure Willkür, sondern als gesetzliche Ordnung, da eine Kausalität damit verursacht wird) selbst aus sich hervorbringen muss, also erkennt er eine Lücke in seiner Welt als handelndes Wesen, die er selbst ausfüllen muss; also erkennt er sich als frei. Das Sittengesetz fungiert hier als *ratio cognoscendi* (Erkenntnisgrund) der Freiheit.

Wenn er sich nun als frei erkannt hat, weiß er zugleich, dass dieses moralische Gesetz nicht innerhalb des Seins existiert, dass er also dieses moralische Handlungsgesetz aus sich *selbst* hervorbringen muss. Wir wissen uns frei, ohne einzusehen, warum wir Wesen dieser Welt frei sind. (KpV A 5) Die Freiheit ist also die Bedingung des moralischen Gesetzes. Neben der „Idee der Freiheit" sind die beiden anderen Ideen in Kants „Kritik der praktischen Vernunft" Gott und die Unsterblichkeit der Seele (er nennt sie später Postulate). Diese beiden Ideen von Gott und Unsterblichkeit sind aber nicht die Bedingungen der Moral, sondern die Möglichkeitsbedingungen des höchsten Gutes (*summum bonum*). Dieses höchste Gut (*summum bonum*) ist das dem Willen a priori vorgegebene Objekt und setzt sich zusammen aus dem (1) obersten Gut (*bonum supremum*), der Tugend, und dem (2) vollendeten Gut (*bonum consum-*

---

[47] Diese Doppelbestimmung liegt schon Platons Höhlengleichnis in der „Politeia" zugrunde. Dort wird das Gute durch die Sonne symbolisiert, die zweierlei Funktionen hat: Sie ermöglicht das Sehen der Dinge (sie ist die *ratio cognoscendi* der Dinge), durch ihre Wärme ermöglicht sie aber auch das Sein der Dinge (sie ist die *ratio essendi* der Dinge).

matum), dem Glück (lat. *consummatio* = Vollendung, Erfüllung, Abschluss, Ende). (KpV A 198 f.) Das *summum bonum* ist also dasjenige, was als Folge des moralischen Lebens für möglich gedacht und erwartet werden kann (aber nur in einer transzendenten Perspektive). Auf dieses „höchste Gut" wird Kant im Dialektik-Kapitel ausführlich eingehen, ja es ist das eigentlich Neue gegenüber der in der „Grundlegung zur Metaphysik der Sitten" von 1785 entwickelten Ethik.

Im theoretischen Gebrauch der Vernunft können diese zwei Ideen (Gott und die Unsterblichkeit) anders erkannt werden als im praktischen Vernunftgebrauch, nämlich über den Begriff der Freiheit als (1) objektive Realität und (2) subjektive Notwendigkeit. (Siehe die Darstellung im Kapitel über die Dialektik der reinen praktischen Vernunft.) In Weiterführung des begonnenen Ansatzes differenziert Kant zwischen der Erscheinung und dem Ding an sich (bereits in der KrV eine wesentliche Unterscheidung). Die beste Erläuterung aus der Feder Kants in theoretischer Hinsicht findet sich in der Schrift „Prolegomena zu einer künftigen Metaphysik" in § 20: (1) Erscheinungen als Fakten sind die Grundlage von (2) Wahrnehmungsurteilen, diese wiederum die Grundlage für (3) Erfahrungsurteile.

- Erscheinungen: Sonne, Stein, Wärme.
- Wahrnehmungsurteil: Die Sonne scheint auf den Stein und nun fühlt er sich warm an (= Verknüpfung von Erscheinungen im Gemütszustande, universalisiert nur auf der Basis wiederholter Wahrnehmungen).
- Erfahrungsurteil: Immer wenn die Sonne auf den Stein scheint, wird er warm (= mit Hilfe der Kategorie der Kausalität formuliert, also ein Verstandesurteil mit erstens Notwendigkeit und zweitens Allgemeingültigkeit).

Übertragung auf Handlungen: Als „Erscheinung" (und mit den darauf aufbauenden „Wahrnehmungsurteilen) begegnen dem Menschen nicht nur die äußeren Gegenstände der Sinnenwelt, sondern er erkennt auch sich selbst, sofern er nur innerhalb der Sinnenwelt bleibt, ebenfalls nur als „Erscheinung" in der „inneren Anschauung". (KpV A 10) Als „Erscheinung" nimmt er sich mit seinen Lust- und Unlustgefühlen wahr. Eine Erscheinung ist aber immer auf die besondere Art des Erkennens bezogen (für den Menschen beispielsweise ist die „Erscheinung" des Regenwurms eine andere als für das Huhn; aus diesem Grunde wissen wir nicht, was der Regenwurm „an sich" ist, d. h. unabhängig von den jeweiligen Aufnahmeapparaturen von Mensch und Huhn). Deshalb führt Kant den Grenzbegriff des „Dings an sich" ein; dieser drückt nicht die Abwesenheit eines realen Objekts aus, sondern seine Variabilität bezüglich des Wahrnehmens und Erkennens, und zwar abhängig von der Wahrnehmungs- und Denkapparatur des aufnehmenden Subjekts. Wir Menschen haben also einen doppelten ontologischen Status: Als „Erscheinungen" sind wir glück- und lustorientierte Wesen. Wir können hier fragen: Wer bin ich in der Sinnenwelt? Als „Ding an sich" (das eigentliche Selbst des Menschen) entdecken wir uns erst in der geschilderten Kombination von Moralität und Freiheit. Hier stellt sich also auf anspruchsvolle Weise die Frage: Wer bin ich? Da das reale Leben des Menschen sich leib-seelisch in der Kombination von Sinnenwelt und Verstandeswelt abspielt, kann eine Bewertung des Sinnenwesens Mensch nicht ohne Bewertung des Vernunftwesens Mensch erfolgen. Die Frage, welche die Ethik Kants prägt, lautet: Wie lässt sich das Sinnenwesen Mensch durch Erkenntnisse aus der Verstandeswelt beeinflussen? Wie zugänglich ist der Mensch bei Handlungsentscheidungen den Vernunftgründen?

In der „Vorrede" führt Kant auch bereits die Unterscheidung zwischen dem *Noumen* und dem *Phänomen* ein (KpV A 10); er spricht auch vom *homo noumenon* und vom *homo phaenomenon*, ebenso von der *noumenalen* und der *phänomenalen* Welt: Der Mensch ist Bürger zweier Welten, erstens der empirischen Sinnenwelt (der Welt der Erscheinungen) und zweitens der intelligiblen Welt (lat. *intelligibilis* = nur durch den Intellekt einsehbar). Diese beiden Begriffe drücken aus, dass der Mensch einerseits den (physischen) Naturgesetzen unterliegt, andererseits den Freiheitsgesetzen (im Sinne einer positiven Freiheit). Der Begriff des *Phänomens* drückt aus, dass der Mensch ein Naturwesen ist, der Begriff des *Noumens* drückt aus, dass der Mensch ein moralisches Wesen ist. Der Mensch kann sich nun auf zweierlei Weise erleben, erstens als Bürger der Sinnenwelt und zweitens als Bürger der Verstandeswelt. Diese beiden möglichen Perspektiven zeigen ein und dieselbe Handlung aber in einem jeweils anderen Licht: Einmal wird der sinnliche Vorteil betrachtet, das andere Mal das moralische Selbsturteil gefällt.

Kant betont, dass im Mittelpunkt der zweiten Vernunftkritik („Kritik der praktischen Vernunft") der Begriff der Freiheit steht, den man in der Ethik nicht als psychologischen Begriff verstehen darf, sondern als transzendentalen Begriff (Freiheit zu..., die man selbst ergreifen kann, unabhängig von der Mitwirkung anderer). Kant bittet bereits hier die Leser, seine Argumente über die Freiheit, die er am Schluss der Analytik vorträgt, „nicht mit flüchtigem Auge" zu lesen.

Kant weist darauf hin, dass die Lektüre der „Kritik der praktischen Vernunft" an eine Voraussetzung gebunden ist, nämlich die Kenntnis der „Grundlegung zur Metaphysik der Sitten", und zwar deshalb, weil der Leser dadurch „mit dem Prinzip der Pflicht [eine] vorläufige Bekanntschaft macht" und auch die „Formel" dieses Prinzips sowie seine Rechtfertigung (Deduktion) kennen gelernt hat. Kant geht auch auf die in der KpV verwendete Terminologie ein und rechtfertigt die dort gebrauchten Ausdrücke. Er weist dabei das Ansinnen zurück, „dass es überall gar keine Erkenntnis a priori gebe noch geben könne". Das wäre nach Kant, genau so, „als ob jemand durch Vernunft beweisen wollte, das es keine Vernunft gibt". Also „ist Vernunfterkenntnis und Erkenntnis a priori einerlei". (KpV A 23) Auch in der „Kritik der reinen Vernunft" (KrV) von 1781 hatte Kant bereits erklärt, dass Kennzeichen einer Erkenntnis a priori erstens die Notwendigkeit und zweitens die Allgemeinheit sind.

Zum Abschluss der „Vorrede" weist Kant (wie schon in der GMS) die Ansprüche des Empirismus zurück. Aus einem Erfahrungssatz (= sinnlich-empirisch) kann erstens keine Notwendigkeit und zweitens auch keine Allgemeinheit abgeleitet werden; das Sittengesetz möchte Kant aber als einen synthetischen Satz a priori formulieren, der erstens notwendig und zweitens allgemeingültig ist (wie schon in der "Grundlegung zur Metaphysik der Sitten" dargestellt). Welche Aufgabe ist damit verbunden? Synthese heißt Verbindung, und bedeutet, dass ein Anfang (A) mit einer Folge (F) verbunden sein muss. Die gesuchte Synthese (S) muss zwischen beiden Polen liegen, und zwar wird diese Synthese durch die Kategorie (ein reiner Verstandesbegriff) der Kausalität hergestellt.

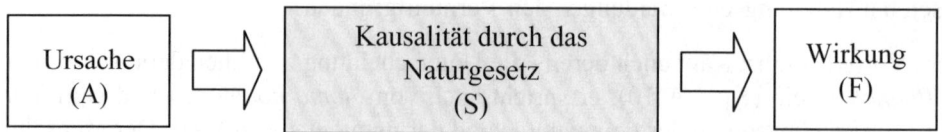

Die wichtigste Kategorie in den Natur- und in den Moralwissenschaften ist also die der Kausalität. Zur Kausalität gehören Notwendigkeit und Allgemeinheit. Diese Kausalität (als Verknüpfung von zwei Begriffen) gibt es nicht nur in der Naturwissenschaft, sondern auch im moralischen Handeln. Der Wille übt eine solche Kausalität aus, denn er bezweckt eine Wirkung, nämlich eine Handlung. Wie jede Natur-Kausalität gesetzmäßig funktioniert, so auch die moralische Willenskausalität. Also ist der Begriff des Gesetzes analytisch aus dem Begriff der Kausalität abgeleitet.

Für das Handeln, den Bereich der praktischen Vernunft, sind die beiden Pole (1) die Maxime und (2) der Wille (der nach gelungener Synthese die gesetzeskonforme Maxime in sich aufgenommen hat). Die Verbindung (Synthese) wird wiederum durch Kausalität hergestellt. Diese neue Kausalität im Feld des Handelns ist nun keine Naturkraft und deshalb auch kein Naturgesetz, sondern die (positive) Freiheit; etwas anderes steht nicht zur Verfügung, wenn man nicht den Bestimmungsgrund für den Willen und das Handeln aus der empirischen Welt nehmen möchte. Der Zusammenhang im Feld des Handelns ist in folgender Grafik ausgedrückt.

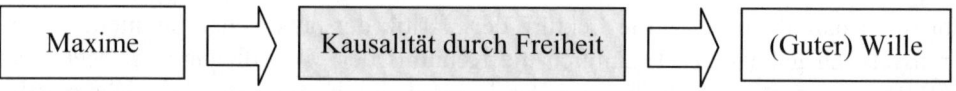

Damit beendet Kant die „Vorrede" und kommt zur Einleitung: Von der Idee einer Kritik der praktischen Vernunft (KpV A 29–32).

Kant geht hier wieder auf die Analogie zwischen theoretischem und praktischem Vernunftgebrauch ein: Die theoretische Vernunft hat es mit Erkenntnissen, die praktische Vernunft hat es mit Handlungen zu tun, sie bringt also etwas hervor. Daraus leitet Kant die entscheidende Frage ab: **Kann reine Vernunft allein den Willen bestimmen?** Hierin steckt die These aus der „Grundlegung zur Metaphysik der Sitten", dass ein Wille nur dann gut ist, wenn er durch die reine Vernunft allein zum Handeln bewegt wird. Wann ist ein Wille „rein"? Kants Antwort: Wenn er nicht durch sinnlich-empirische Vorstellungen (wie Neigungen, Lustvorstellungen usw.) bewegt wird. Die weiterführende Frage lautet: Kann ein Wille ohne solche sinnlichen Bestimmungsgründe aktiv werden? Und zwar ist hier jeder Wille gemeint, nicht nur der Wille eines Philosophen. Kants Antwort wird in eine sehr gründliche Analyse des Zusammenhangs von Glücksverlangen und Moralverlangen münden. Dass es ein Glücksverlangen gibt, braucht nicht erläutert zu werden, denn das kennt jeder aus eigenem Erleben. Was aber ist ein „Moralverlangen"?

Das **Menschenbild Kants** besteht im Kern darin, dass der Mensch nicht nur ein Interesse an äußeren Dingen der Sinnenwelt hat, sondern auch ein primäres Interesse an Selbstachtung, d. h. dass es ihm nicht gleichgültig ist, welches Urteil er über sich in der inneren Selbstwahrnehmung fällt. Er möchte in der inneren Selbstprüfung, wie Kant dies auch nennt, nicht minderwertig erscheinen. Dies ist der eigentlich lebenspraktische Bezug der Ethik Kants, der sich auch in seinen Beispielen über die Urteile der einfachen Menschen in Moralfragen zeigt. Kants feste Überzeugung ist: Die einfachen Menschen urteilen in Moralfragen im Kern genau so, wie Kant es in seiner sprachlich und gedanklich wesentlich komplizierteren Form ausdrückt. Hier ist der Einfluss Rousseaus erkennbar, der Kant auf die Übereinstimmung des Philosophen mit den Urteilen der einfachen Menschen aufmerksam gemacht hat (ein Standpunkt, den auch schon Aristoteles in der Nikomachischen Ethik zum Ausdruckt gebracht, z. B. dass Volkes und der Philosophen Stimme sich in den Sprichwörtern wiederfinden können).

Kant erläutert hier die Parallelität zwischen dem Aufbau der „Kritik der reinen Vernunft" (1781) und der „Kritik der praktischen Vernunft" (1788), also zwischen dem theoretischen und der praktischen Vernunftgebrauch, denn es gibt ja nur *eine* Vernunft, die nur jeweils im theoretischen oder praktischen Gebrauch verschieden ist. Einmal wird etwas nur erkannt (theoretische Funktion), im anderen Fall wird etwas hervorgebracht (praktische Funktion). Beide Werke sind in zwei große Teile eingeteilt, in eine Elementarlehre und in eine Methodenlehre. Die Elementarlehre ist wieder zweigeteilt in eine Analytik „als Regel der Wahrheit" und in eine Dialektik als „Darstellung und Auflösung des Scheins in Urteilen der praktischen Vernunft".

Ein wichtiger Unterschied besteht in der Unterabteilung der Analytik der „Kritik der praktischen Vernunft": Gegenüber der theoretischen Vernunft (Ausgang von der Empirie) wird in der praktischen Vernunft die Reihenfolge der drei Abschnitte umgekehrt sein, nämlich von den

1. Grundsätzen (kategorischer Imperativ, Sittengesetz) zu den
2. Begriffen von Gut und Böse in der Handlungsmaxime, und von dort zu den
3. Sinnen, d. h. den konkreten Handlungen als Vollzug von Maxime und Grundsatz.

Warum wird von Kant die Reihenfolge in der KpV gegenüber der KrV umgedreht? Die Vernunft hat es im praktischen Gebrauch nicht mit sinnlichen Gegenständen, sondern mit dem Willen und dessen spezifischer Kausalität, der Freiheit, zu tun. Kant beendet die „Einleitung" mit der Feststellung: „Das Gesetz der Kausalität aus Freiheit, d. i. irgend ein reiner praktischer Grundsatz macht hier unvermeidlich den Anfang, und bestimmt die Gegenstände, worauf er allein bezogen werden kann." (KpV A 32) Im Folgenden beginnt die Darstellung des ersten Hauptteils der „Kritik der praktischen Vernunft", die Elementarlehre, unterteilt in „Analytik" und „Dialektik".

5.3.2 Die Analytik

Das „Erste Buch" des „Ersten Teils" der „Kritik der praktischen Vernunft" trägt den Titel: „Die Analytik der reinen praktischen Vernunft" und ist in die folgenden drei „Hauptstücke" unterteilt:

1. „Von den Grundsätzen der reinen praktischen Vernunft"
2. „Von dem Begriffe eines Gegenstandes der reinen praktischen Vernunft"
3. „Von den Triebfedern der reinen praktischen Vernunft"

5.3.2.1 Die Grundsätze der reinen praktischen Vernunft

Dieses Kapitel ist betitelt als „Erstes Hauptstück" mit der Überschrift „Von den Grundsätzen der reinen praktischen Vernunft". Es beginnt in § 1 mit einer „Erklärung", in der Kant verschiedene Definitionen gibt, und umfasst die §§ 1–8. Es ist im Sinne der damaligen Lehrbücher eingeteilt in eine Erörterung (*Expositio*), auf die eine *Demonstratio* folgte, die Kant in Übernahme einer juristischen Terminologie *Deduktion* nennt. (Brandt u. a. 2003, XXII) In der KrV hatte Kant diesen Begriff folgendermaßen definiert: „In einer Deduktion wird nachgewiesen, dass ich befugt bin, von einem bestimmten Rechtstitel Gebrauch zu machen." (KrV A 84/B116) Die Darstellung ähnelt der bei Rationalisten der Neuzeit (z. B. Spinoza, Chr. Wolff) beliebten geometrischen Methode (*ordo geometricus*) mit *Definitio* (Kant nennt sie „Erklärung"), *Scholium* (Kant nennt sie „Anmerkung"), *Propositio* (Kant nennt sie „Lehrsatz"), *Quaestio* (Kant nennt sie „Aufgabe") usw. Nach dem § 8 gibt Kant diese Art der Darstellung seines Themas auf. (Sala 2004, 78; Brandt u. a. 2003, XXI f.)

Der auf diese *Expositio* folgende Teil (KpV A 35–100) enthält zwei Abschnitte:

1. Von der De du k t io n der Grundsätze der reinen praktischen Vernunft. (KpV A 72–87)
2. Von der Befugnis der reinen Vernunft, im praktischen Gebrauche, zu einer Erweiterung, die ihr im spekulativen für sich nicht möglich ist. (KpV A 87–100)

Zunächst zur einleitenden Erörterung, der Expositio: (KpV A 35–71). Dieser Abschnitt beginnt in § 1 mit einer „Erklärung" und enthält in den §§ 2–8 vier Lehrsätze, die teils mit „Anmerkungen" weiter erläutert werden. Die §§ 5 und 6 enthalten jeweils eine „Aufgabe", § 7 geht auf das „Grundgesetz der reinen praktischen Vernunft" ein. Im Einzelnen werden die acht Paragraphen nun dargestellt.

§1, Erklärung

Dieser Paragraph beginnt mit einer „Erklärung", worauf eine „Anmerkung" folgt, die wie bei den anderen „Anmerkungen" von § 1 bis § 8 gestaltet wird. Folgendes wird in § 1 definiert bzw. erklärt: Ein praktischer Grundsatz enthält eine allgemeine Bestimmung des Willens und kann mehrere praktische Regeln unter sich haben. Ist diese Regel subjektiv, heißt sie Maxime, ist sie objektiv, heißt sie praktisches Gesetz.

Anmerkung I

Praktisches Gesetz: Wenn die reine Vernunft einen hinreichenden Grund zur Willensbestimmung enthält, wird sie praktisch genannt. Wenn nicht, wird sie bloß Maxime genannt. Gibt es einen Widerstreit zwischen Maxime und praktischem Gesetz? Kant gibt ein Beispiel: Jemand könnte zwar die Maxime haben, „keine Beleidigung ungerächt zu erdulden", er könnte diese Maxime aber nicht zu einem praktischen Gesetz für alle vernünftigen Wesen machen, weil diese vernünftigen Wesen nicht in dieser Maxime gemeinschaftlich übereinstimmen könnten. Zumindest würde mindestens eine Person dieser Maxime nicht zustimmen: Der Maximenersteller als betroffene Person seiner eigenen Maxime, sofern diese auf ihn angewendet würde.

Zum Begriff „Gesetz":
- In den Naturwissenschaften ist sein Gebrauch theoretisch und durch das Objekt bestimmt,
- in den Moralwissenschaften ist sein Gebrauch praktisch und durch das Subjekt bestimmt. Dieses Subjekt selbst ist bestimmt durch das „Begehrungsvermögen", das einmal sinnlich sein kann, das andere Mal rational und als rationales Begehrungsvermögen Wille genannt wird. Deshalb sind im praktischen Gebrauch die Grundsätze nicht unmittelbar Gesetze, weil es auf die Beschaffenheit des Subjekts durch das spezifische Begehrungsvermögen (sinnlich oder rational) ankommt. Das Subjekt handelt nach der „Vorstellung" von Gesetzen.

Zum Begriff „Imperativ": Weil es also im praktischen Gebrauch (in der Ethik) diese oben beschriebene Situation gibt, muss der Bestimmungsgrund des Willens ein Imperativ sein. Das bedeutet, „dass wenn die Vernunft den Willen gänzlich bestimme, die Handlung unausbleiblich nach dieser Regel geschehen würde" (KpV A 36), also die Qualität eines naturwissenschaftlichen Kausalgesetzes haben würde.

Die Imperative werden von Kant nun in hypothetische und kategorische Imperative eingeteilt. Die hypothetischen Imperative sind „bloße Vorschriften der Geschicklichkeit" (Wenn du ein Bild aufhängen möchtest, musst du eine Aufhängevorrichtung anbringen), die kategorischen Imperative sind Gesetze. Die „Gesetze" enthalten eine Notwendigkeit, die „Vorschriften" nicht. Der Unterschied ist derjenige zwischen bedingten und unbedingten Imperativen:

- Die bedingten Imperative „bestimmen den Willen nicht schlechthin als Wille, sondern nur in Ansehung einer bestimmten Wirkung". (KpV A 37) Sie sind „Vorschriften" bezüglich der Mittel, wenn man ein bestimmtes Ziel erreichen möchte (aber nur für diesen Fall).
- Die kategorischen Imperative dagegen müssen den Willen qua Willen bestimmen, also ohne Blick auf etwas anderes, das mit Hilfe des Willens erreicht werden soll. Der Wille hat seine moralische Qualität in sich, die Folgen zeigen sich in seiner Anwendung in der Sinnenwelt, also dort, wo die Handlung tatsächlich stattfindet.

Eine Regel, die eine Notwendigkeit enthält, kann nur aus der Vernunft entspringen, denn in den Objekten der Natur ist keine Notwendigkeit enthalten. Ein Gesetz gilt unabhängig von den Zwecken, das mit seiner Hilfe erreicht werden kann. Also ist die damit verbundene Wirkung etwas, was nicht a priori zum Gesetz gehört. Als solches ist ein praktisches Gesetz etwas, was nicht zur Sinnenwelt gehört, und ist deshalb „rein". (KpV A 38)

§ 2, Lehrsatz I

Kant untersucht hier, wie ein Bestimmungsgrund für einen Willen weiterhin beschaffen sein muss. Er muss zwei Bedingungen entsprechen: Er darf

(1) nicht empirisch sein und er darf
(2) nicht dem praktischen Gesetz vorhergehen.

Er erläutert dies folgendermaßen: Wenn ein bestimmtes Objekt den Willen bestimmt, dann ist dieser Bestimmungsgrund empirisch und kann kein praktisches Gesetz abgeben (erfüllt nicht die Bedingung der Notwendigkeit und Allgemeinheit). Wenn dieses Objekt dem Willen vorausgeht, dann ist es empirischer Natur, weil damit die Wirklichkeit dieses Objekts begehrt wird; das Verhältnis der Existenz dieses Objekts zum Subjekt ist aber die Lust an der Wirklichkeit dieses Objekts. Ein solches Verhältnis ist aber nie apriorisch, sondern immer empirisch und kann kein praktisches Gesetz abgeben. (KpV A 39)

§ 3, Lehrsatz II

Kant bestimmt hier weiterhin, wie ein praktisches Prinzip beschaffen sein muss, um zur Willensbestimmung tauglich zu sein. Er argumentiert folgendermaßen: Alle materialen praktischen Prinzipien scheiden aus, denn sie bezwecken Selbstliebe bzw. die eigene Glückseligkeit (fremde Glückseligkeit zu befördern ist kein solcher Hinderungsgrund). Der Mensch kann auf zweierlei Weise eine Beziehung zu einem Objekt haben, sinnlich und verstandesmäßig, d. h. durch Begriffe. Hier wendet Kant den Blick auf die Glückseligkeit: „Glückseligkeit" wird von Kant definiert als „das Bewusstsein eines vernünftigen Wesens von der Annehmlichkeit des Lebens, die ununterbrochen sein ganzes Dasein begleitet". (KpV A 40) Glückseligkeit ist bei Kant in der KpV also ein empirischer Begriff.

Kant setzt seine Argumentation zu diesem Thema in drei Schritten fort: (1) in einer „Folgerung", (2) einer „Anmerkung I" und (3) einer „Anmerkung II ". In der „Folgerung" unterscheidet er zwischen dem „unteren Begehrungsvermögen" und dem „oberen Begehrungsvermögen". In „Anmerkung I" bestimmt er die beiden Vermögen:

- Das untere Begehrungsvermögen ist das sinnliche Begehrungsvermögen,
- das obere Begehrungsvermögen ist das rationale Begehrungsvermögen.

Aus beiden Vermögen kann Lust entstehen: sinnliche Lust aus dem unteren Begehrungsvermögen, geistige Lust aus dem oberen Begehrungsvermögen. Er kritisiert hier die Vorstellung (z. B. bei Epikur), dass die geistige Lust etwas anderes und sogar etwas Besseres sei als die sinnliche Lust. Für Kant ist Lust gleich Lust, egal, wo die Quelle liegt, in der Sinnlichkeit oder im Verstand, und deshalb ist auch die geistige Lust als Bestimmungsgrund für den moralisch qualifizierten Willen ausgeschlossen. Die verschiedenen Lüste unterscheiden sich nach Kant nicht durch die Art, sondern nur durch ihre Intensität. Dass sie „von einerlei Art" sind, liegt für Kant darin begründet, dass sie

- erstens alle empirisch sind,
- zweitens nur durch ihren „Grad" bzw. ihre „Größe" unterschieden werden können, also nur quantitativ, nicht qualitativ.

Er zeigt dies an folgenden vier Beispielen, in denen geistige und sinnliche Lust sich gegenseitig durch ihre unterschiedliche Intensität, aber nicht durch ihre unterschiedliche Art (Qualität) und Herkunft ausstechen. Kant schreibt: „Eben derselbe Mensch kann ein ihm lehrreiches Buch, das ihm nur einmal in die Hände kommt, ungelesen zurückgeben, um die Jagd nicht zu versäumen, in der Mitte einer schönen Rede weggehen, um zur Mahlzeit nicht zu spät zu kommen, eine Unterhaltung durch vernünftige Gespräche, die er sonst schätzt, verlassen, um sich an den Spieltisch zu setzen, so gar einen Armen, dem wohlzutun ihm sonst Freude ist, abweisen, weil er jetzt eben nicht mehr Geld in der

Tasche hat, als er braucht, um den Eintritt in die Komödie zu bezahlen." (KpV A 42) Also ist auch der kultivierte Genussmensch dem einfachen Genussmenschen nicht überlegen. Die Lust ist also, nach Kant, austauschbar: sog. höhere gegen sog. niedere Lust, sog. niedere gegen sog. höhere Lust. Die Lustorientierung erweist sich nach Kant durch dieses Gedankenexperiment als ein und derselbe Bestimmungsgrund, als ein und dieselbe Quelle zur Bestimmung des Willens.

Anmerkung II

In der nun folgenden „Anmerkung II" wiederholt Kant seine schon vorgetragenen Argumente, dass „Prinzipien der Selbstliebe" und „Regeln der Geschicklichkeit" kein „praktisches Gesetz" darstellen können, weil sie empirischen Ursprungs sind.

§ 4, Lehrsatz III

In diesem dritten Lehrsatz legt Kant dar, dass ein vernünftiges Wesen sich seine Maximen als praktische allgemeine Gesetze nicht der Materie nach, sondern bloß der Form nach denken kann. Er begründet dies folgendermaßen: Maximen können nur dann zu einer allgemeinen Gesetzgebung taugen, wenn ihre Materie nicht der Bestimmungsgrund des Willens ist. Dann bleibt nichts anderes übrig, als dass man die Materie (den Gegenstand als Inhalt des Willens) davon absondert, bis nur noch die Form übrig bleibt.

Kant erläutert seinen Gedanken an dem bekannten Beispiel des anvertrauten Depositums (von Kant acht Jahre später ausführlicher erzählt in der Schrift „Über den Gemeinspruch: Das mag in der Theorie richtig sein, taugt aber nicht für die Praxis" von 1793). Was verstand man unter einem Depostitum? Ein Depositum war seit dem Römischen Reich eine bewegliche Sache, die zur unentgeltlichen Aufbewahrung übergeben wurde. (Höffe 2002, 70). Kants Depositumsbeispiel lautet folgendermaßen: Jemand hat es sich zur Maxime gemacht, sein Vermögen durch „alle sicheren Mittel" zu vergrößern. Jetzt hält er „ein Depositum in seinen Händen, dessen Eigentümer verstorben ist und keine Handschrift darüber hinterlassen hat." (KpV A 49) Kant fährt fort: „Jetzt will ich nur wissen, ob jene Maxime auch als allgemeines praktisches Gesetz gelten könne." Er beschreibt nun das Verfahren der Maximenprüfung: „Ich wende jene [Maxime] also auf gegenwärtigen Fall an, und frage mich, ob sie wohl die Form eines Gesetzes annehmen, mithin ich wohl durch meine Maxime zugleich ein solches Gesetz geben könne: Dass jedermann ein Depositum ableugnen dürfe, dessen Niederlegung ihm niemand beweisen kann." Kant kommt dabei zu folgendem Ergebnis: „Ich werde sofort gewahr, dass ein solches Prinzip, als Gesetz, sich selbst vernichten würde, weil es machen würde, dass es gar kein Depositum gäbe." (KpV A 49)

Der Depositumsfall ist die Geschichte eines nicht riskanten Betrugs, also eigentlich nur eine Variante der Erzählung vom Ring des Gyges (Platon, „Politeia", 2. Buch), die auch bei Cicero in „De officiis" (3. Buch, 38) vorkommt. Bei Kant hatte der Inhaber des Depositums die Maxime, „alle sicheren Mittel" zur Reichtumsvermehrung einzusetzen. Die Veruntreuung des Depositums war nun eigentlich ein „sicheres Mittel", da keine Aufzeichnungen über den wahren Sachverhalt vorlagen. Der Depositumsinhaber konnte also „legal" Unrecht tun, genauso wie der Inhaber des Gyges-Rings. Die Frage ist also nicht, ob er es kann, sondern nur, ob er es darf oder ob er es unterlassen soll, und mit welchen Gründen. Tugendethisch oder charakterlich gehört der Fall in die Beispielgruppe zur Habsucht.

Nun folgen zwei „Aufgaben" (§§ 5 und 6) und eine „Anmerkung". (KpV A 51–54)

§ 5, Aufgabe I

Hier erörtert Kant den Zusammenhang zwischen Sittengesetz und Freiheit.

- In der „Grundlegung zur Metaphysik der Sitten" hatte Kant im dritten Abschnitt durch eine transzendentale Deduktion nachzuweisen versucht, dass ein vernünftiges Wesen nur unter der Idee der Freiheit und deshalb unter einem Moralgesetz handeln könne, also die Berechtigung (Deduktion) eines solchen ethischen Ansatzes aufzuzeigen versucht.
- In der „Kritik der praktischen Vernunft" nimmt er den umgekehrten Weg: Der Ausgang ist nun das „Faktum der Vernunft". (§ 7, Anmerkung) Hier in § 5 argumentiert er folgendermaßen: Der „allein zureichende" Bestimmungsgrund eines Willens ist seine „bloße gesetzgebende Form". Eine solche „Form" kann aber nur durch die Vernunft erkannt werden, nicht durch die Sinne. Deshalb ist ein solcher vernünftiger Bestimmungsgrund von allen Naturkausalitäten unabhängig (in der Sinnenwelt), also hat der Wille seine eigene Kausalität aus Freiheit (transzendentale Freiheit), also ist der Wille frei. Viele Ethiken vor Kant haben die Form eines Moralgesetzes zwar auch als notwendig erachtet, Kant aber legt Wert darauf, dass in seiner Ethik die Form der allein „zureichende" und nicht nur der notwendige Bestimmungsgrund des Willens ist.

§ 6, Aufgabe II

Kant entwickelt die Argumentation um die beiden Begriffe Form und Materie weiter. Er beginnt mit einer Voraussetzung und der sich daraus ergebenden Konsequenz. Vorausgesetzt wird, dass ein freier Wille in der Lage sei, ein ihn bestimmendes Moralgesetz „zu finden". Es gibt zwei Möglichkeiten: Entweder bestimmt eine Materie (ein Objekt der Maxime, das empirisch vorhanden ist) den Willen, oder aber ein von aller Materie freies Gesetz. Das erstere scheidet aufgrund der schon vorgetragenen Argumente aus. Also bleibt nur noch die „gesetzgebende Form" zur Willensbestimmung übrig. Kant bezeichnet es als „das einzige", was einen Bestimmungsgrund des Willens ausmachen darf.

Anmerkung (KpV A 53–54)

Kant erörtert hier, welcher logische Vorrang zwischen der Freiheit und dem Sittengesetz existiert: Geht die „Freiheit" der Erkenntnis des „Sittengesetzes" voraus, oder umgekehrt? Der Anfang ist das Bewusstsein des moralischen Gesetzes, daraus folgt das Bewusstsein der Freiheit (aus der Vorrede: Zusammenhang von *ratio cognoscendi* und *ratio essendi*), nicht umgekehrt. Die Freiheit kann auch deshalb nicht das zuerst Erkannte sein, weil der erste Begriff von Freiheit negativ ist, d. h. Unabhängigkeit von allen empirischen Bestimmungen. Ein Negativum kann nicht als erstes erkannt werden. (Sala 2004, 96)

Kant argumentiert, dass die Erfahrung diese „Ordnung der Begriffe" bestätige, und erzählt hierzu eine Doppelgeschichte:
- Wenn jemand behauptet, der könne seine „wollüstigen Neigungen" nicht unterdrücken, weil sie unwiderstehlich auf ihn einwirken, so könne man seine Willensfreiheit

dadurch testen, indem ein „Galgen vor dem Hause, da er diese Gelegenheit trifft, aufgerichtet wäre, um ihn sogleich nach genossener Wollust daran zu knüpfen, er alsdann nicht seine Neigung bezwingen würde."

- Kant fährt fort mit dem zweiten Teil der Geschichte. „Fragt ihn aber, ob, wenn sein Fürst ihm, unter Androhung derselben unverzögerten Todesstrafe, zumutete, ein falsches Zeugnis wider einen ehrlichen Mann, den er gerne unter scheinbaren Vorwänden verderben möchte, abzulegen, ob er da, so groß auch seine Liebe zum Leben sein mag, sie wohl zu überwinden für möglich halte." Kant räumt ein, dass dieser Mensch vielleicht nicht zu entscheiden vermag, ob er in der Realität des Falles wirklich so handeln könnte, aber er erkennt doch, dass es ihm „möglich" wäre. Kant schlussfolgert nun: „Er urteilet also, dass er etwas kann, darum weil er sich bewusst ist, dass er es soll, und erkennt in sich die Freiheit, die ihm sonst ohne das moralische Gesetz unbekannt geblieben wäre."

Die Pointe der Doppelgeschichte liegt also darin, dass

- erstens die Androhung der Todesstrafe das Bewusstsein zutage fördert, dass man ein Gesetz einhalten kann,
- zweitens aber zeigt auch die gleiche Androhung der Todesstrafe, dass diese Drohung nicht in der Lage ist, die im Moralbewusstsein enthaltene Verpflichtung aufzuheben.

Dieser Zusammenhang wurde von Rezensenten der Ethik Kants in dem Kurzsatz ausgedrückt: „Du kannst, denn du sollst", der sich allerdings so nirgends in den Schriften Kants findet. (Sala 2004, 96)

§ 7, Grundgesetz der reinen praktischen Vernunft (KpV A 54–58)

Kant beginnt mit der Grundformel des kategorischen Imperativs (hier aber stets „Grundgesetz" genannt): „Handle so, dass die Maxime deines Willens jederzeit zugleich als Prinzip einer allgemeinen Gesetzgebung gelten könne." Es kommt dann im Text eine „Anmerkung", dann eine „Folgerung" und schließlich wieder eine „Anmerkung".

Anmerkung I

Kant baut hier seine Argumentation bezüglich des „Faktums der Vernunft" auf, das er einige Zeilen weiter als das „einzige Faktum der reinen Vernunft" bezeichnet. (Die Lehre vom Faktum der Vernunft in der KpV ersetzt die Deduktion des Sittengesetzes aus der GMS.) Kant bezeichnet mit dem „Faktum" das „Bewusstsein dieses Grundgesetzes", und nennt es deshalb ein Faktum, weil man es nicht aus „vorhergehenden Datis der Vernunft" (wie z. B. dem Bewusstsein der Freiheit) „herausvernünfteln" kann, sondern „weil es sich für sich selbst uns aufdrängt". (KpV A 56) Kant meint damit folgendes: Das Bewusstsein einer moralischen Verpflichtung und Verantwortung ist dem Menschen unmittelbar (also nicht mittelbar über andere Erkenntnisse als Voraussetzungen gegeben, aus denen heraus diese Verpflichtung erst bewusst gemacht werden müsste.) Dieses Faktum ist die mit gebieterischem Anspruch auftretende Stimme der Vernunft: *„sic volo, sic iubeo"* („So will ich es, so befehle ich es!"), die Kant aus den Satiren Juvenals übernommen hat. (KpV A 56)[48] Dieses moralische Erstgesetz bezeichnete man in der scholastischen Terminologie als ein *primum quoad nos*, also ein Erstes für uns im Sinne eines Handlungsanfangs.

Dieses Faktum des (moralisch–kategorischen) „Grundgesetzes" ist ein synthetischer Satz a priori, und das bedeutet: Mit dem Begriff des Willens (W) wird eine Handlung (H) verknüpft. Zwischen W und H muss also eine Verbindung geschaffen werden: Das besagt das Wort „synthetisch". Aus dem Willen kann nicht analytisch eine Handlung abgeleitet werden, sondern die Handlung ist etwas, was zum Willen synthetisch hinzutreten muss. Aber wie? Die Verbindung zwischen (W) und (H) wird durch den positiven Begriff der Freiheit (= Freiheit zu...; nicht Freiheit von..., dies wäre der negative Begriff von Freiheit) geleistet; die Handlung also, die aus dem Willen folgt, ist ein purer Akt der Freiheit. Das Wörtchen a priori besagt, dass diese Verbindung notwendig erfolgt, also ohne empirische Neigungen. (vgl. hierzu GMS 420, ebenso GMS 440 und 454).

Dieser § 7 wird von Kant weitergeführt durch eine „Folgerung", die aus einem Satz besteht, in dem er feststellt, dass die reine Vernunft für sich allein praktisch ist (also zum Handeln motivieren kann ohne sinnliche Motive) und dem Menschen ein allgemeines Gesetz gibt, das Kant nun hier „Sittengesetz" nennt. Dem schließt sich eine „Anmerkung" an, in der Kant im ersten Satz erklärt, dass dieses Faktum „unleugbar" ist. Diese Unleugbarkeit liegt für Kant darin, dass die Menschen in ihrem Urteil über die Gesetzmäßigkeit ihrer Handlungen zu dem Ergebnis kommen, dass ihre Vernunft einen Selbstzwang ausübt und die Handlungsmaxime an den reinen Willen (empiriefreien Willen) binde, und nicht an die sinnlichen Güter. Das damit formulierte „Prinzip der Sittlichkeit" ist die „Allgemeinheit der Gesetzgebung", und darin drückt sich der „formale oberste Bestimmungsgrund des Willens" aus.

Dieses „Prinzip der Sittlichkeit" kann nun in zweierlei Willen angetroffen werden, in einem „heiligen Willen" (= der zu keiner dem Sittengesetz widerstreitenden Maxime fähig wäre, dem göttlichen Willen) und einem „reinen Willen" (= ein menschlicher Wille), der aber, weil er kein heiliger Wille ist, jederzeit sinnlichen Bestimmungen unterworfen werden kann. Dieser „reine Wille" ist also nur potentiell rein, nicht aktuell rein. Der heilige Wille dagegen dient dem menschlichen Willen als „Urbild", dem er bis „ins Unendliche" sich nähern soll, weil ein menschlicher Wille niemals vollendet sein kann.

§ 8, Lehrsatz IV (KpV A 58–71)

Dieses „Prinzip der Sittlichkeit" wird hier als „Autonomie des Willens" bestimmt. Hier kommt wieder der Begriff der Freiheit ins Spiel, die in ihrer negativen Form (Freiheit

---

[48] Bei Juvenal (römischer Satiriker, 1. Jh. n. Chr.) steht das Zitat so: *„Hoc volo, sic iubeo, sit pro ratione voluntas"* („Dies will ich, dies befehle ich; mein Wille ersetze den Grund dir"). Dieses aus der 6. Satire Juvenals gewählte Zitat steht dort in einem anderen Zusammenhang, als Kant es hier verstanden wissen möchte: Juvenal beschreibt dort eine extrem egoistische und sexuell ausschweifende Frau, die aus Grausamkeit einen unschuldigen Sklaven kreuzigen lässt und auf Vorhaltungen ihres Mannes, ihm Gründe für ihr Verhalten zu nennen, ihm mit diesem provokanten Satz antwortet. In allen Beispielen Juvenals wurzelt ein ausschweifendes Leben in einer Gier nach Genüssen (d. h. in der Sprache Kants in einer Bevorzugung von Glücksgründen vor Pflichtgründen). In der Kritik der praktischen Vernunft hat Kant aus Juvenals Satiren ein positives Beispiel für seine Pflichtethik zitiert, nämlich dass man sich auch gegen massive eigene Vorteile (d. h. dort sogar gegen das eigene Leben) entscheiden kann. Siehe KpV, A 283, Methodenlehre, dort das Beispiel mit dem Tyrannen Phálaris und dem Verlangen nach einem Meineid.

von…) Unabhängigkeit ist, in ihrer positiven Form (Freiheit zu…) die Fähigkeit zur eigenen Selbstbestimmung in Spontaneität. Zur Autonomie des Willens gehört, dass der Wille sich nur durch die Form des Sittengesetzes bestimmen lasse. Wie steht es aber mit dem Komplementärbegriff zur Form, der Materie? Muss das Sittengesetz frei von Materie sein? Kant bemerkt dazu: „Nun ist freilich unleugbar, dass alles Wollen auch einen Gegenstand, mithin eine Materie haben müsse; aber diese ist darum nicht eben der Bestimmungsgrund und die Bedingung der Maxime." (KpV A 60) Das heißt:

- Der Inhalt (die Materie) des Willens ist zwar ein empirischer Gegenstand,
- aber der Bestimmungsgrund (die Bedingung) der Maxime ist das Sittengesetz (als Form des Willens).

Die Begründung lautet folgendermaßen: Der Moralität könnte nie Notwendigkeit und Allgemeinheit (die beiden formalen Grundbedingungen) zukommen, wenn die Existenz eines Objekts der Bestimmungsgrund des Willens wäre, denn diese Existenz liegt immer in empirisch–zufälligen Bedingungen begründet.

Wenn man diesen wichtigen Unterschied zwischen dem Objekt des Willens und dem Bestimmungsgrund des Willens beachtet,
- kann auch die Glückseligkeit (die eigene, die zugleich die anderer mit einschließt) ein Objekt des Willens sein,
- der Bestimmungsgrund des Willens muss aber die gesetzliche Form des Willens sein, also das Sittengesetz. (Kant spricht auch von der „gesetzgebenden Form der Maxime".)

Anmerkung II

Die Lehre vom Unterschied zwischen (1) Inhalt/Objekt (Materie) und (2) Bestimmungsgrund (Form) wird hier weitergeführt. Kant behandelt zwei Fragen:
- Kann Glückseligkeit als Bestimmungsgrund für moralisches Handeln gelten? (KpV A 61–68)
- Kann überhaupt ein „materialer Bestimmungsgrund", beispielsweise die Vollkommenheit, ein moralisch legitimer Bestimmungsgrund des Willens sein? (KpV A 68–71)

Kants These: Die eigene Glückseligkeit dürfe man nie zum „Bestimmungsgrund" für die Maxime machen. Kant wendet sich also gegen den Eudämonismus in der Ethik. Die Glückseligkeit, weil sie für Kant immer empirisch bedingt ist, kann deshalb nicht den Status eines Gesetzes haben. Das aber ist die geforderte Bedingung Kants: Das oberste Moralgesetz müsse empiriefrei sein, weil es ja zur Beurteilung der sinnlichen Maximen (Maximen der Glückseligkeit) geeignet sein soll. Die Bestätigung für die Richtigkeit dieser Unterscheidung erblickt Kant auch hier wieder im Urteilsvermögen der meisten (einfachen) Menschen, die jemanden verachten, der sich unter Ausnutzung der Möglichkeit, unbeobachtet Unrecht tun zu können, für dieses Unrecht tun entscheidet (wie in der Fabel vom Ring des Gyges oder im Depositum-Fall).

Kant erzählt zur Illustration seines Arguments die beiden Geschichten vom egoistischen Freund und vom untreuen Hausverwalter. (KpV A 62/63) In beiden Geschichten wird der Widerstreit zwischen dem „Prinzip der Sittlichkeit" und dem „Prinzip der Glückseligkeit" dargestellt. Dass ein solcher Widerstreit überhaupt vorhanden ist, ist für Kant die Schuld der „kopfverwirrenden Spekulationen der Schulen", (er meint damit bestimmte antike und moderne Philosophenschulen), die „dreist" genug sind, „gegen jene himmlische Stimme taub" zu sein, „um eine Theorie, die kein Kopfbrechen kostet, aufrecht zu erhalten". (KpV A 62) Wegen dieser Situation greift Kant immer wieder auf die These zurück, dass das Prinzip der Sittlichkeit, wie er es darstellt, „selbst für den gemeinsten Menschen" einsichtig sei, ja dass dieser ohne philosophische Belehrung natürlicherweise bereits so denke. Erst Menschen, die durch falsches Denken verbildet wurden, haben damit Probleme. (KpV A 62) Kant möchte mit den beiden Beispielen vom egoistischen Freund und dem untreuen Hausverwalter zeigen, wie „deutlich und scharf" die „Grenzen der Sittlichkeit und der Selbstliebe" gezogen sind, „dass selbst das gemeinste Auge den Unterschied, ob etwas zu der einen oder der anderen gehöre, gar nicht verfehlen kann". (KpV A 63)

Nun zu den beiden Beispielen (KpV A 62/63), in denen Kant die Erscheinungsformen des Sittengesetzes bei zwei Betrügern beschreibt.

Erstes Beispiel: Ein „beliebter Umgangsfreund" rechtfertigt eine nachteilige Lüge gegenüber seinem Freund mit zwei Argumenten: Dass er erstens das Streben nach Glückseligkeit als „heilige Pflicht" aufgefasst habe, und dass er zweitens alle Klugheit angewandt habe, um nicht entdeckt zu werden, und er es seinem Freund nur deshalb jetzt unter vier Augen erzähle, damit er es später leicht wieder abstreiten könne. Wenn dieser „Freund" sein Verhalten als „wahre Menschenpflicht" bezeichnete, „so würdest du ihm entweder gerade ins Gesicht lachen, oder mit Abscheu davor zurückschrecken."

Zweites Beispiel: Jemandem wurde ein Hausverwalter mit den Argumenten empfohlen, dass man diesem Hausverwalter alle „Angelegenheiten blindlings anvertrauen" könne, da er ein kluger Mensch sei, „der sich auf seinen eigenen Vorteil meisterhaft verstehe", aber auch bedürftigen Menschen Vorteile zukommen lasse, und dass „fremdes Geld und Gut ihm hierzu, so bald er nur wisse, dass er es unentdeckt und ungehindert tun könne, so gut wie sein eigenes wäre: So würdet ihr entweder glauben, der Empfehlende habe euch zum besten, oder er habe den Verstand verloren."

Kant fährt fort: Das Prinzip der Glückseligkeit kann zwar eine Maxime sein, aber keine Maxime, aus der ein Handlungsgesetz gemacht werden könnte, auch dann nicht, wenn man nicht bloß seine eigene Glückseligkeit, sondern die „allgemeine Glückseligkeit zum Objekte machte". (KpV A 63) Er begründet dies folgendermaßen: Vorstellungen vom Glück basieren auf empirischen Erfahrungen und sind deshalb subjektiv und zufällig, außerdem sind diese Erfahrungen veränderlich, sind also labil und haben deshalb keinerlei Stabilität, die aber erforderlich wäre, damit die Maxime der Glückseligkeit analog als allgemeines Naturgesetz fungieren könnte. Den Maximen der Glückseligkeit kommt deshalb höchstens der Status „genereller Regeln", aber nicht „universeller Regeln" zu. (KpV A 63) Was ist der Unterschied?

Generelle Regeln sind solche, „die im Durchschnitt am öftesten anzutreffen" sind. Sie entsprechen den Wahrnehmungsurteilen (die auf der Basis von Gewöhnungen entstehen).

Universelle Regeln sind solche, denen jederzeit Allgemeinheit und Notwendigkeit zukommen. (KpV A 63) Sie entsprechen den Erfahrungsurteilen, die auf der Basis der Kategorie der Kausalität entstehen. Nur diese haben Allgemeingültigkeit und Notwendigkeit. Beispiel: Bösewichter, die vielen Menschen Leid angetan haben, haben keinen moralisch legitimen Anspruch auf Glückseligkeit. Also ist Glückseligkeit zwar für die meisten Menschen zu fordern, nicht aber für radikale Bösewichter. Also hat auch aus diesem Blickwinkel das Prinzip der Glückseligkeit weder Allgemeingültigkeit noch Notwendigkeit. Die Pflicht zum guten Willen aber hat beides.

Kant fasst seine Argumente zusammen:
- Die Maxime der Selbstliebe (die Klugheit) „rät bloß an", ist also nur ein Rat,
- das Gesetz der Sittlichkeit dagegen „gebietet", enthält also Pflicht und Verbindlichkeit.

Deshalb kenne die „gemeine Menschenvernunft" den Unterschied zwischen den
- Ratschlägen der Klugheit (die zur eigenen Glückseligkeit raten) und den
- Geboten der Sittlichkeit (die eine allgemeine Verbindlichkeit der Pflicht ausdrücken).

Wesentlich in der Argumentation Kants ist, was beim Zustandekommen einer Entscheidung innerseelisch vorher und was nachher auftritt. Die weiteren Ausführungen Kants in dieser Anmerkung II schärfen nun nochmals ein, dass beispielsweise Zufriedenheit und Seelenruhe
- nicht der Erkenntnis einer Pflicht vorhergehen dürfen, sondern
- dem (gesetzeskonformen) Willen als Bestimmungsgrund der Maxime beim handelnden Menschen nachfolgen müssen. (Der Wille mit dem Inhalt einer gesetzeskonformen Maxime ist die Voraussetzung.)

Kant schärft nun nochmals den für ihn so wichtigen Unterschied zwischen Sittlichkeit und Glückseligkeit ein, und zwar in Bezug auf das jeweilige Erkennen:
- Sittlichkeit und Pflicht sind für den „gemeinsten Verstand", so Kant, „ganz leicht und ohne Bedenken einzusehen", denn diese Erkenntnis erfolgt aus der Autonomie des Willens, d. h. der Mensch ist im Zustand der Autonomie mit seinem Willen unmittelbar bei sich selbst als seiner praktischen Vernunft (insofern er sich vernünftig selbstbestimmen möchte).
- Die Bestimmung der wahren Glückseligkeit erfordere dagegen „Weltkenntnis", die Kant auch „Klugheit" nennt, weil man glücklich in dieser Welt nur unter Kenntnis und Einsatz von allerlei Manipulationen (durch „geschickte Ausnahmen") werden könne. (Der Begriff der Klugheit, z. B. bei Aristoteles, hat einen völlig anderen Inhalt und Sinn: Er ist dort die Bedingung für ein situationsgerechtes moralisches Handeln.) Kant: Ein geradliniger Charakter und rechtschaffener Mensch verliere sich in die Fallstricke des Glücks, die ihn straucheln lassen. Die antike *Fortuna*, die Göttin des Glücks, war launisch und ungerecht; dieses Bild schwebt Kant hier offensichtlich vor, weswegen er die Pflicht in einen solch hellen Kontrast zu ihr stellt.

Kant bringt hier für den Unterschied zwischen Glücksverlangen und Moralverlangen das Beispiel des Glücksspielers. Dieser kann zwei unterschiedliche seelische Wechselbäder erleben, denn für einen Glücksspieler gibt es nur Gewinnen oder Verlieren. Kant schreibt:
- Wenn er im Spiel verloren hat, kann er sich ärgern wegen seiner Unklugheit beim Spiel.

- Wenn er zwar im Spiel gewonnen hat, aber mit Hilfe eines Betrugs, „so muss er sich selbst verachten, sobald er sich mit dem sittlichen Gesetz vergleicht". (KpV A 65)

Also, schlussfolgert Kant, müssen die „Prinzipien der Glückseligkeit" und die „Prinzipien der Sittlichkeit" grundverschieden sein, denn auch zwischen dem unmoralisch erreichten Erfolg auf der einen Seite und dem raffinierten und klugen Erfolg auf der anderen Seite und der darauf bezogenen inneren Selbstbewertung liegen Welten:
- „Zu sich selbst sagen zu müssen: Ich bin ein Nichtswürdiger, ob ich gleich meinen Beutel gefüllt habe", ist etwas anderes als
- zu sich selbst sagen zu können: Ich bin ein „kluger Mensch", „denn ich habe meine Kasse bereichert". (KpV A 65)

Also ist auch Gewinn nicht gleich Gewinn, denn es kann zwischen einem moralisch korrekten Gewinn und einem Gewinn, der mit unlauteren Mittel erreicht wurde, unterschieden werden. Das Differenzkriterium, auch für den gesunden Menschenverstand, ist das Prinzip der Sittlichkeit. Damit kann auch auf einfache Weise gezeigt werden, dass Glückseligkeit und Sittlichkeit nicht einerlei sind. Das Kriterium für die Glückseligkeit ist aber die Sittlichkeit, und nicht umgekehrt, wie hier gezeigt wurde. Das Verhältnis von Sittlichkeit und Glückseligkeit kann auch noch im Hinblick auf die Berechtigung von Strafe diskutiert werden, denn Strafe ist ja die Negierung von Glück. Die von Kant diskutierte Strafe soll eine gerechte Strafe sein, so dass der Gestrafte „selbst gestehen muss, es sei ihm Recht geschehen, und sein Los sei seinem Verhalten vollkommen angemessen". (KpV A 66) Also macht Gerechtigkeit das Wesen der Strafe aus.

Nach dieser grundsätzlichen Bestimmung der Strafe kommt Kant zu den psychischen Konsequenzen, die sich aus der moralischen Selbstbewertung des Missetäters ergeben. Wenn man diesen „Lasterhaften" mit „Gemütsunruhe" geplagt sich vorstellt, so kann dieser lasterhafte Mensch diese seelischen Qualen nur dann spüren, wenn er bis zu einem gewissen Grade moralisch gut ist, wenn ihm also „das Bewusstsein pflichtmäßiger Handlungen" nicht fremd ist. Daraus leitet Kant wieder die für seine Ethik entscheidende Frage nach Grund und Folge ab, d. h. die Frage, was kommt zuerst und was folgt daraus: „Also musste doch der Begriff der Moralität und Pflicht vor aller Rücksicht auf diese Zufriedenheit vorhergehen und kann von dieser gar nicht abgeleitet werden."

Dies ist der eigentliche Grundsatz der Ethik Kants: Gut oder Böse sind Folgebegriffe daraus, ob der handelnde Mensch sich dem moralischen Gesetz gemäß verhalten hat oder nicht. (KpV A 67/68) Kant formuliert dieses ethische Grundgesetz nochmals an der gleichen Stelle: „Man kann also diese Zufriedenheit oder Seelenunruhe nicht *vor* der Erkenntnis der Verbindlichkeit fühlen und sie zum Grunde der letzteren machen." Kant führt diesen Gedanken weiter: „Man muss wenigstens auf dem halben Wege schon ein ehrlicher Mann sein, um sich von jenen Empfindungen auch nur eine Vorstellung machen zu können." Kant leitet nun über zur Frage der Berechtigung materialer Prinzipien bei der Bestimmung des Willens. Aus dem bisher Dargelegten ist klar, dass kein materialer Gegenstand der Bestimmung des Willens vorher gehen darf. Kant listet nun einige ethische Schulen auf, die ein materiales Prinzip des Handelns kennen. Die „praktischen materialen Bestimmungsgründe" des Handelns können in subjektive und objektive Bestimmungsgründe unterteilt werden. Jeder der beiden Gruppen kann nochmals in innere und äußere Bestimmungsgründe gegliedert werden. Die Gruppe der subjektiv- materialen Bestimmungsgründe der Sittlichkeit sind folgende:

Subjektive materiale Bestimmungsgründe	
Innere Gründe	Äußere Gründe
Montaigne[49]: Die Erziehung Mandeville[50]: Die bürgerliche Verfassung	Epikur[51]: Das physische Gefühl Hutcheson[52]: Das moralische Gefühl

Alle subjektiv–materialen Bestimmungsgründe (ob innerlich oder äußerlich) sind insgesamt empirisch und taugen nicht zum allgemeinen Prinzip. Ihre Falschheit ist deshalb bereits erwiesen. Wie steht es nun mit den objektiv–materialen Bestimmungsgründen des Willens? Wie heißen sie und auf wen gehen sie zurück?

Objektive materiale Bestimmungsgründe	
Innere Gründe	Äußere Gründe
Wolff[53]: Vollkommenheit	Crusius[54] (und andere theologische Moralisten): Der Wille Gottes

Die objektiv–materialen Bestimmungsgründe liegen in der Vernunft und können deshalb diskutiert werden: Die Vollkommenheit als (1) Beschaffenheit der Dinge und als (2) die höchste Vollkommenheit der Substanz (Gott) sind nur mit Hilfe von Vernunft zu denken (Kein Tier kennt den Begriff der Vollkommenheit, sondern findet sich einfach mit dem Gegebenen ab.) Der Begriff der Vollkommenheit kann in theoretischer oder in praktischer Bedeutung verstanden werden.

In theoretischer Bedeutung meint Vollkommenheit entweder

- die Vollkommenheit (= Vollständigkeit) eines Dinges in seiner Art (transzendentale Vollständigkeit), oder aber
- die Vollkommenheit eines Einzeldinges qua Einzelding (metaphysische Vollkommenheit).
- Diese beiden Arten der theoretischen Vollkommenheit sind hier von Kant aber nicht gemeint. Ihn interessiert, wenn überhaupt, die praktische Vollkommenheit als möglicher materialer Bestimmungsgrund des Willens.

---

[49] Montaigne, Michael Eyquem de: 1533–1592
[50] Mandeville, Bernhard de: 1670–1733
[51] Epikur: 341–271
[52] Hutcheson, Francis: 1694–1747
[53] Wolff, Christian: 1679–1754
[54] Crusius, Christian August: 1715–1775

- In praktischer Bedeutung meint Vollkommenheit „die Tauglichkeit oder Zulänglichkeit eines Dinges zu allerlei Zwecken". Auf den Menschen bezogen ist diese praktische Vollkommenheit nichts anderes als eine bestimmte Beschaffenheit, also entweder „Talent" oder „Geschicklichkeit".

Kants Imperative

Zu jedem materialen Bestimmungsgrund des Willens gehört, dass dieser vor einer Bestimmung durch das Sittengesetz (dem Prüfkriterium für Gut oder Böse) einsetzt, so dass der Mensch durch ein materiales, d. h. empirisches Prinzip, bestimmt wird. Dieses aber, das schärft Kant hier nochmals ein, kann niemals zum Vernunftgrund und zur Pflicht taugen. Denn aus dem bisher Gesagten liegt Folgendes vor: Ob etwas gut oder böse genannt werden kann, hängt vom Prüfkriterium ab. Ein legitimes Prüfkriterium muss die Doppelbedingung von Notwendigkeit und Allgemeinheit erfüllen, und dies kann niemals ein materiales Moralprinzip sein, denn dieses ist zufällig und veränderbar: Außerdem würde dann dem moralischen Urteil ja ein Gegenstand (eine Materie) vorhergehen, der bereits nach Gut oder Böse vorherbestimmt sein müsste, denn jeder tut ja subjektiv nur das Gute, niemals das Böse.

Kant dreht aber die Reihenfolge um: Ob etwas Gut oder Böse ist, weiß man nicht bereits vor dem Willensentschluss, sondern erst hinterher. Ein solches Urteil über eine gute oder böse Handlung kann also nicht der Anfang, sondern nur das Ende einer Handlung im Sinne eines Willenentschlusses sein. Mit anderen Worten: Güter gehen nicht dem Willen voraus, sondern erst nach vollzogenem Willensentschluss weiß man, ob man ein Gut oder ein Übel verfolgt hat (bzw. bereits bei der Maximenprüfung). Diese Abkehr von der klassischen Güterethik ist verbunden mit Kants Hinwendung zum Formalismus seiner Ethik. Erst die Form des Sittengesetzes (als Wille) entscheidet darüber, ob etwas ein Gut ist oder nicht.

Kants Fazit: Materiale ethische Prinzipien taugen überhaupt nicht zur moralisch korrekten Willensbestimmung, sondern nur formale Prinzipien wie das beschriebene Sittengesetz bzw. der kategorische Imperativ (aus der GMS), denn nur sie erfüllen die Bedingung für Notwendigkeit und Allgemeingültigkeit (nicht im Sinne von Generalität, sondern von Universalität).

Kant fasst seine vorgetragenen Gedanken am Ende dieses Abschnittes folgendermaßen zusammen: „Wenn nun also uns Zwecke vorher gegeben werden (…) mithin die Materie des Willens, als Bestimmungsgrund desselben genommen, jederzeit empirisch ist, mithin zum Epikurischen Prinzip der Glückseligkeitslehre, niemals aber zum reinen Vernunftprinzip der Sittenlehre und der Pflicht dienen kann, (…) und daraus endlich der Schluss: dass, weil materiale Prinzipien zum obersten Sittengesetz ganz untauglich sind, (wie bewiesen worden), das oberste formale praktische Prinzip der reinen Vernunft, nach welchem die bloße Form einer durch unsere Maximen möglichen allgemeinen Gesetzgebung den obersten und unmittelbaren Bestimmungsgrund des Willens ausmachen muss, das einzige mögliche sei, welches zu kategorischen Imperativen, d. i. praktischen Gesetzen (welche Handlungen zur Pflicht machen), und überhaupt zum Prinzip der Sittlichkeit, sowohl in Beurteilung, als auch in Anwendung auf den menschlichen Willen, in Bestimmung desselben, tauglich ist." (KpV A 70)

Die folgende Tabelle enthält eine Zuammenfassung und Übersicht der „Grundsätze der reinen praktischen Vernunft", wie sie oben dargestellt wurden.

„Grundsätze der reinen praktischen Vernunft"

§	
§ 1	Erklärung: Praktische Grundsätze sind Maximen (subjektiv) und Gesetze (objektiv). Anmerkung: Unterschied zwischen Gesetzen in den Natur- und in den Moralwissenschaften. Beispiel: Falsche Maxime: Keine Beleidigung ungerächt lassen.
§ 2	Lehrsatz I: Bestimmungsgrund des Willens darf nicht empirisch sein und darf deshalb nicht dem praktischen Gesetz vorhergehen.
§ 3	Lehrsatz II: Glückseligkeit ist empirisch. Anmerkung I: Unterscheidung von unterem und oberem Begehrungsvermögen nicht relevant; Hierzu das Beispiel des Lusttausches zwischen „niederen" und „höheren" Lüsten. Anmerkung II: Keine Gesetze sind die „Regeln der Geschicklichkeit" und die „Prinzipien der Selbstliebe".
§ 4	Lehrsatz III: Unterscheidung zwischen Form (Gesetz) und Materie (Maxime): Der Bestimmungsgrund des Willens liegt in der Form, also im praktischen Gesetz. Anmerkung: Beispiel des Depositums als Möglichkeit, unerkannt ungerecht sein zu können.
§ 5	Aufgabe I: Zusammenhang von Sittengesetz und Freiheit. Die Form (Gesetz) kann nur durch die Vernunft erkannt werden. Ein vernünftiger Bestimmungsgrund für den Willen muss von der Sinnenwelt unabhängig sein. Deshalb: Unterschied von „Kausalität aus Natur" und „Kausalität aus Freiheit". Begriff: transzendentale Freiheit. Also: Bekenntnis zur Willensfreiheit.
§ 6	Aufgabe II: Weiterführung des Unterschieds von Form und Materie: Nur die gesetzgebende Form ist zur Willensbestimmung qualifiziert. Anmerkung: Reihenfolge von Gesetz und Freiheit: Aus dem Bewusstsein des moralischen Gesetzes folgt das Bewusstsein der Freiheit. Doppelgeschichte: 1. Wollüstige Neigungen, die durch eine Todesstrafe unterdrückt werden. 2. Drohung eines Fürsten an einen Untertanen mit der Todesstrafe, falls ein Meineid nicht geleistet wird. Kant: In beiden Fällen zeigt sich die moralische Kraft der praktischen Vernunft.
§ 7	„Grundgesetz der reinen praktischen Vernunft": Die „Grundformel" des kategorischen Imperativs wird hier „Grundgesetz" genannt. Anmerkung: „Faktum der reinen praktischen Vernunft": ein synthetischer Satz a priori Folgerung: Reine Vernunft kann alleine praktisch sein. Anmerkung: Dieses „Faktum" ist unleugbar. Unterschied: heiliger und reiner Wille
§ 8	Lehrsatz IV: Das Prinzip der Sittlichkeit ist die Autonomie des Willens. Anmerkung I: Unterschied: „Materie des Willens" (empirisches Objekt) und „Bestimmungsgrund des Willens" (Sittengesetz als Form des Willens) Anmerkung II: Glück ist kein Bestimmungsgrund für den Willen. Tabelle: heteronome Moraltheorien. Unterschied: generelle – universelle Regeln.

5.3.2.1.1 Deduktion der Grundsätze

Mit Blick auf den § 7 erstaunt die Bezeichnung dieses Kapitels als „Deduktion", die durch die Einführung des „Faktums der Vernunft" (in § 7) eigentlich überflüssig geworden ist. Sucht man eine Begründung für diese Bezeichnung, so ist man auf Vermutungen angewiesen. Kant hat an verschiedenen Stellen der KpV betont, dass er dieses Werk in einer gewissen Parallelität zur KrV konzipiert hat, und dort enthält die Analytik ein Unterkapitel mit der Bezeichnung „Deduktion der reinen Verstandesbegriffe".

Das zentrale Thema dieses Kapitels ist der Nachweis, dass reine Vernunft praktisch sein kann. Was heißt das? Es bedeutet: Die Vernunft könne unabhängig von allen empirischen Beimischungen der Sinnlichkeit (= rein) den Willen bestimmen und somit das Handeln auslösen. In der methodischen Durchführung dieses Kapitels vergleicht Kant immer wieder den theoretischen mit dem praktischen Vernunftgebrauch und legt dabei die jeweiligen Vorzüge und die jeweiligen Grenzen offen.

Theoretischer Vernunftgebrauch	Praktischer Vernunftgebrauch
1. Beginnt bei den Gegenständen der Sinnlichkeit. Eine Erfahrung kommt nur dadurch zustande, dass die Verstandesbegriffe auf sinnlich vorhandene Gegenstände bezogen werden. Eine übersinnliche Erkenntnis ist hier unmöglich.	1. Beginnt bei einem nicht-sinnlichen Grundsatz, dem Moralprinzip. Eine moralische Erfahrung (= Selbsterkenntnis) ist nur durch diesen Anfang möglich. Eine übersinnliche Erkenntnis, die der Willensfreiheit, ist hier möglich.
2. Freiheit kann hier nur negativ erkannt werden (Freiheit von…).	2. Freiheit kann hier negativ und positiv erkannt werden (Freiheit zu…).
3. Die Kausalität im Sinne physikalischer Ursache-Wirkungs-Zusammenhänge offenbart also Heteronomie, also Determinismus.	3. Die Kausalität des Willens (er bewirkt ja etwas) offenbart Autonomie, also Willensfreiheit.
4. Der Wirkungszusammenhang von Ursache und Wirkung in der physikalischen Natur ist naturgesetzlicher Art, und er ist die urbildliche Natur (*natura archetypa*). Hier geht es um die theoretischen Grundlagen der Naturgesetze.	4. Der Wirkungszusammenhang von reinem Willen und Handlung soll hier als analoge Verknüpfung gedacht werden, also das Sittengesetz als nachgebildete Natur (*natura ectypa*). Er bezeichnet später das Sittengesetz als Typus eines Naturgesetzes.
5. Kant spricht hier von einer „Natur, der ein Wille unterworfen" ist. (KpV A 77) Begründung: Die Objekte sind Ursachen der Vorstellungen, die den Willen bestimmen. Beispiel: Für den Dieb ist das Objekt fremdes Geld, die Vorstellung ist der damit verbundene Genuss, der dann den Willen bestimmt, der die Handlung des Diebstahls auslöst.	5. Hier: „Natur, die einem Willen unterworfen" ist. (KpV A 77) Begründung: Der Wille ist Ursache der Objekte und der damit verbundenen Vorstellungen. Beispiel: Der Nicht-Dieb lässt sich nicht vom Objekt des Geldes bestimmen, sondern umgekehrt bestimmt sein Wille das Objekt (= fremdes Eigentum), es unangetastet zu lassen.

Ist diese Unterscheidung eine Idealforderung oder entspricht diese Darstellung der Realität des Menschen? Kant legt nun wiederum dar, dass diese Moralvorstellung „wirklich unseren Willensbestimmungen" zugrunde liegt, und erläutert seine Auffassung mit zwei Beispielen (die er bereits in der GMS verwendet hatte) mit Hilfe des Widerspruchstests:
- Das erste Beispiel betrifft die Bewertung einer Falschaussage,
- das zweite Beispiel prüft die moralische Erlaubtheit des Suizids.

Geprüft wird hier mit Hilfe der Naturgesetzformel des kategorischen Imperativs (ebenfalls aus der GMS bekannt). Kant spricht in diesen Beispielen in der Ich-Form.
1. Wenn meine Maxime, ein falsches Zeugnis abzulegen, durch die praktische Vernunft geprüft wird, „so sehe ich immer danach, wie sie sein würde, wenn sie als allgemeines Naturgesetz gölte". Er gelangt zur Schlussfolgerung: „Es ist offenbar, in dieser Art würde es jedermann zur Wahrhaftigkeit nötigen." Seine Begründung lautet: „Denn es kann nicht mit der Allgemeinheit eines Naturgesetzes bestehen, Aussagen für beweisend und dennoch als vorsätzlich unwahr gelten zu lassen." (KpV A 76) Also besteht diese Maxime den Widerspruchstest mit der Naturgesetzformel nicht.
2. Wenn meine Maxime die „freie Disposition über mein Leben" enthält, d. h. die Erlaubnis zum Suicid, kann ich mich fragen, ob „sich eine Natur nach einem Gesetze derselben erhalte". Kant gelangt zur Schlussfolgerung: „Offenbar würde niemand in einer solchen Natur sein Leben willkürlich endigen können, denn eine solche Verfassung würde keine bleibende Naturordnung sein, und so in allen übrigen Fällen." (KpV A 76) Also kann eine solche Maxime von der Natur, personifiziert vorgestellt, nicht zum Gesetz gemacht werden. Die Maxime hat also auch hier den Widerspruchstest nicht bestanden.

Es geht hier also immer wieder um den Menschen als Wesen zweier Welten, der Sinnes- und der Verstandeswelt, weshalb Kant auch vom „Sinnenmenschen in mir" und vom „Verstandesmenschen in mir" spricht. Deshalb spielt in der „Kritik der praktischen Vernunft" die Naturgesetzformel des kategorischen Imperativs die entscheidende Rolle. Das Sittengesetz wird Kant dann später (KpV A 119 f.) einen „Typus des Naturgesetzes" nennen. Entscheidend ist, dass in der Ethik Kants der handelnde Mensch ständig aufgefordert wird, sich als Mitglied dieser beiden Welten zu betrachten, wobei die Gesetze der (physikalischen) Sinnenwelt das Vorbild für das Moralgesetz enthalten: Der Mensch soll dem Moralgesetz genauso die durchgängige Geltung in der Sinnenwelt verschaffen, wie die Naturgesetze in der physischen Welt unangefochten gelten. Kant betont hier aber, dass diese „Kritik der praktischen Vernunft" nur nachweisen möchte, dass reine Vernunft prinzipiell unmittelbar willensbestimmend sein könne, nicht aber nachweisen, ob alle Menschen die seelische Kraft haben, so zu entscheiden und zu handeln. (Deshalb auch immer wieder die Beispiele und Hinweise Kants, dass selbst ein Bösewicht innerlich wünsche, ein guter Mensch zu sein, und zugleich erlebt, dass er zu diesem Schritt nicht die innere Kraft hat.)

Kant bekräftigt auch hier, dass eine Deduktion des moralischen Prinzips „vergeblich" ist, weil das moralische Gesetz „keiner rechtfertigenden Gründe" bedarf, denn es ist ein „Faktum" der Vernunft. In der scholastischen Terminologie wurde es ein

„*primum quoad nos*" genannt, also dasjenige, was für uns Menschen das erste beim Handeln ist. Wenn es aber sowieso schon ein erstes ist (wie es auch der Begriff des Faktums ausdrückt), dann kann und braucht es nicht aus einem noch weiter voraus liegenden Grundsatz abgeleitet zu werden. Die Realität des moralischen Gesetzes wird dadurch nachgewiesen, dass durch den **theoretischen** Vernunftgebrauch sie in ihrer **negativen** Form (Unabhängigkeit von...) erkannt, aber durch den **praktischen** Vernunftgebrauch sie in ihrer **positiven** Form (Wille zu...) als bestimmender Handlungsgrund beschrieben wurde. Umgekehrt aber kann das moralische Gesetz (als **Faktum) zur Deduktion der Freiheit** dienen. Dies ist deshalb möglich, weil Moralgesetz und Freiheit untrennbar zusammenhängen, so „dass die Hoffnung besteht", dass wenn man das eine als Faktum der Vernunft in sich hat, das andere daraus deduziert werden kann. Diesen unlösbaren Zusammenhang zwischen Sittengesetz und Freiheit hatte Kant als das zweite zentrale Thema dieses Kapitels bezeichnet. (KpV A 72) Was bedeutet dieser Zusammenhang für den handelnden Menschen?

Kant greift hier wieder auf das Grundprinzip seiner Argumentation in der KpV zurück, den Vergleich zwischen dem theoretischen und dem praktischen Vernunftgebrauch.

- Im **theoretischen** Vernunftgebrauch legt die Vernunft sinnliche „Anschauungen" von den Dingen (auch vom Menschen) ihren Erkenntnisakten zugrunde (und gelangt deshalb über die Welt der Sinnendinge nicht hinaus).

- Im **praktischen** Vernunftgebrauch legt die Vernunft ihrem spezifischem Vermögen, dem Willen, keine sinnlichen „Anschauungen" zugrunde, sondern den „Begriff ihres Daseins", d. h. die Freiheit. Mit anderen Worten: Die *Existenz* eines empiriefreien Moralgrundsatzes (kategorischer Imperativ) liegt in der Welt der Freiheit, die eine „intelligibele Welt" ist. (KpV A 79) In der Sinnenwelt ist sie nicht existent. Diejenige Bedeutung, die im theoretischen Vernunftgebrauch die „Anschauung" hat, übernimmt im praktischen Vernunftgebrauch die Freiheit, und zwar die transzendentale Freiheit (= absolute Freiheit im Sinne von lat. *absolutus* = losgelöst (d. h. von sinnlichen Gegenständen); dies wird auch Willensfreiheit oder reiner Wille genannt).

Das bedeutet: Die Existenzgrundlage eines empiriefreien Moralgesetzes liegt notwendigerweise im Reich der Freiheit (in der noumenalen Welt), und zwar deshalb, weil in der Sinnenwelt Willensfreiheit überhaupt nicht vorkommt. Unter der Voraus-etzung der Freiheit ist das Moralgesetz aber notwendig. (KpV A 79) Hier wiederholt Kant sein Argumentationspaar aus der „Vorrede", dass die Freiheit die *ratio essendi* des Moralgesetzes, das Moralgesetz aber die *ratio cognoscendi* der Freiheit ist. (KpV A 4/5)

Fazit: Das moralische Gesetz hat und braucht keine Deduktion (Rechtfertigung seiner Existenz und seines Gebrauchs), sondern umgekehrt ist Folgendes richtig: Eine Deduktion der Freiheit aus dem Moralgesetz ist möglich und auch notwendig. Ein Unterschied ist aber zu beachten: Das Moralgesetz braucht keine Deduktion seiner *puren* Existenz, sondern nur eine Deduktion seiner *spezifischen* Existenz, nämlich einer Existenz im Reich der Freiheit. Insofern hängen Moralgesetz und Freiheit unzertrennlich zusammen, wie Kant immer wieder betont. Dies drückt Kant auch dadurch immer wieder aus, dass das Moralgesetz ein „synthetischer Satz a priori" ist: Das bedeutet: Zwischen Maxime und Moralgesetz stellt die Freiheit die Kausalität des Willens her (Synthese), damit der Wille entsprechend dem Moralgesetz wirken und entsprechende Handlungsfolgen hervorbringen kann. Der Begriff der Apriorität drückt ja nur seine empiriefreie Existenz aus, d. h. seine Existenz im übersinnlichen Reich der Freiheit.

5.3.2.1.2 Praktischer Vernunftgebrauch als Erweiterung der Erkenntnisse

Hier setzt sich Kant mit dem Empirismus, vor allem mit David Hume (1711–1776), auseinander. Seine Argumente gegen Humes Empirismus sind im Wesen deckungsgleich mit seinen bisher schon vorgetragenen Argumenten gegen eine Ethik, welche die Bestimmungsgründe für den Willen ausschließlich aus der Sinnenwelt (Empirismus) gewinnt. Wer in der Sinnenwelt verbleibt, gelangt nur zu „Anschauungen". Dem theoretischen Vernunftgebrauch ist auch keine andere Erkenntnis zugänglich. Nur der praktische Vernunftgebrauch kann über die „unzertrennliche" Kombination von Sittengesetz und Freiheit eine neue Türe aufmachen, die in die Welt der Freiheit. Das Sittengesetz bleibt mit seiner Anwendung zwar nach wie vor in der Sinnenwelt, nur ihr Ursprung (ihre spezifische Existenz) liegt in der Welt der Freiheit, der nicht-sinnlichen Welt. Insofern eröffnet der praktische Vernunftgebrauch, die Ethik, einen gedachten Zugang in eine andere Welt, in die Welt des freien Willens. Dieser freie Wille hat nun eine spezifische Kausalität, die *causa noumenon,* die Kausalität aus Freiheit. (KpV A 97)

Die Frage nach der Erkenntniserweiterung durch den praktischen Vernunftgebrauch kann auch noch anders verstanden werden. (KpV A 96) Der Verstand kann zweierlei Beziehungen aufbauen:

- erstens zu Gegenständen, die er erkennen möchte,
- zweitens zum Begehrungsvermögen (das, wenn es rational ist, Wille[55] genannt wird). Durch die bloße „Vorstellung" eines Moralgesetzes wird der reine Wille „praktisch", d. h. er kann nun unmittelbar handlungsbestimmend werden ohne Zuhilfenahme sinnlicher Gegenstände. Wie ist das möglich? Wegen seiner „unzertrennlichen" Verbindung mit der Freiheit ist er dazu imstande, weil seine Heimat die intelligible Welt ist. Diese „Vorstellung" der Freiheit, so Kant, reicht aus, um Vernunft praktisch = handlungsbestimmend werden zu lassen. Allerdings, und das ist das Wichtige, muss beim Handelnden diese „Vorstellung" tatsächlich innerpsychisch vollzogen werden, denn ohne eine solche Vorstellung von Freiheit kann praktische Vernunft nicht tätig werden.

5.3.2.2 Der Gegenstand der reinen praktischen Vernunft

Dieses Kapitel, betitelt in der KpV als „Zweites Hauptstück", enthält zwei Abschnitte:

1. Von dem Begriffe eines Gegenstandes der reinen praktischen Vernunft. (KpV A 100–119)
2. Von der Typik der reinen praktischen Urteilskraft. (KpV A 119–126)

---

[55] Kant ergänzt an dieser Stelle reiner Wille = reiner Verstand = Vernunft (KpV A 96)

5.3.2.2.1 Die Begriffe Gut und Böse

Kant stellt hier die Frage: Was ist der Gegenstand der *praktischen* Vernunft? Er bestimmt ihn als ein Objekt, das durch Freiheit möglich wird (also nicht schon vorhanden ist und nur noch erkannt werden müsste: Dies wäre ein theoretischer Vernunftgebrauch, kein praktischer). Und er fährt fort: Die beiden „alleinigen Objekte einer praktischen Vernunft sind...die vom Guten und Bösen." (KpV A 101) Das erste ist ein „Gegenstand des Begehrungsvermögens", das zweite des „Verabscheungsvermögens". Ob etwas gut oder böse ist, wird nicht durch das Gefühl, sondern wird durch die Vernunft bestimmt.

Es geht also in diesem Kapitel um die Begriffe Gut und Böse in ihrer Beziehung zur praktischen Vernunft. Kant unterscheidet zwei Möglichkeiten: Gut und Böse können der praktischen Vernunft logisch vorausgehen oder ihr nachfolgen. Für die Ethik gilt nach Kant: Die Begriffe des Guten und des Bösen gehen nicht dem moralischen Gesetz voraus, sondern umgekehrt, sie folgen ihm nach, indem sie „nach demselben und durch dasselbe bestimmt werden". (KpV A 110)

Wie begründet Kant dieses Argument? Wenn der Begriff des Guten oder Bösen im Sinne eines Gefühls von angenehm oder unangenehm der Handlung vorausgehen würde, wäre diese durch das sinnliche Begehrungsvermögen motiviert und nicht durch die praktische Vernunft. Außerdem wäre dieses Begehren seinem Inhalt nach a posteriori gegeben, und nicht a priori, worin aber Kant bereits das Fundament einer kritischen Ethik erblickt hat. Eine Ethik auf der Basis von aposteriorischen Erfahrungen wäre abhängig von der unterschiedlichen Art dieser Erfahrungen und könnte somit das von Kant aufgestellte apriorische Kriterium von Ethik nicht enthalten. Die Ethik Kants geht ja von Prinzipien zu den sinnlichen Gegebenheiten der Handlung, um sie zu prüfen, und nicht umgekehrt. Das Objekt einer praktischen Erkenntnis ist nach Kant aber die Beziehung des Willens auf die (empirisch vorliegende) Handlung. In diesem Sinne spricht er auch vom rationalen Begehren, und dieses ist der Wille, der ja eine Eigenschaft der praktischen Vernunft ist.

Kant greift hier pauschal die Ethik der Antike an (er spricht von den „alten Schulen"), die eine Ethik des guten Lebens war und im Begriff des „höchsten Gutes" (*summum bonum*) ihren spezifischen Mittelpunkt hatte. Dieses „höchste Gut" konnte entweder in der Glückseligkeit, oder in der Vollkommenheit, oder im moralischen Gefühl, oder im Willen Gottes gefunden werden. (KpV A 113) Diese antiken obersten Prinzipien der Moral waren aber Ausdruck der Heteronomie, denn diesen lagen bestimmte Gefühle des Angenehmen oder Unangenehmen, also empirische Bedingungen, zugrunde. Die Glückseligkeit und alles, was damit in Verbindung steht, ist für Kant Teil des Menschen als Sinnenwesen, und somit empirisch-heteronom. (Bereits in der GMS hatte Kant ja das Glücksstreben im hypothetischen Imperativ der Klugheit angesiedelt: Um bestimmen zu können, was einen Menschen glücklich macht, braucht man Klugheit = empirisch erworbene Lebenserfahrung, die unterschiedlich möglich ist).

Kant untersucht nun die lateinischen Begriffe *bonum* und *malum* und findet dafür im Deutschen vier Übersetzungen: *bonum* als das Gute (moralisch) und das Wohl (physisch), *malum* als das Böse (moralisch) und das Übel (physisch). Was ist darunter zu verstehen?

- Das Wohl und das Übel bezeichnen eine Beziehung auf unseren Zustand des Angenehmen und des Unangenehmen, also auf die Gefühle von Lust oder Unlust,
- das Gute und das Böse bezeichnen eine Beziehung auf unseren Willen, sofern er durch ein Vernunftgesetz bestimmt wird.

Die Begriffe des Guten und des Bösen können deshalb für Kant nicht auf Sachen bezogen werden, sondern nur auf handelnde Menschen, im übertragenen Sinn auch auf Handlungen. Nur ein Mensch kann bezüglich seines Willens gut oder böse genannt werden, im übertragenen Sinn kann dann die ganze Handlung als gut oder böse bezeichnet werden (aber nur dann, wenn man die handelnde Person immer mit bedenkt). Kant zitiert hier zustimmend einen Stoiker, der bei den heftigsten Gichtschmerzen ausrief: „Schmerz, du magst mich noch so sehr foltern, ich werde doch nie gestehen, dass du etwas Böses (gr. *kakon*, lat. *malum*) seist!" (KpV A 106) Als Begründung führt Kant an: „Denn der Schmerz verringert den Wert seiner Person nicht im mindesten, sondern nur den Wert seines Zustandes." (KpV A 106) Der Schmerz kann aber nur dann diese Bewertung erhalten, wenn er durch keine unrechte Handlung verschuldet wurde. Kant bringt ein weiteres Beispiel: „Der eine chirurgische Operation an sich verrichten lässt, fühlt sie ohne Zweifel als ein Übel; aber durch Vernunft erklärt er, und jedermann, sie für gut". (KpV A 107)

5.3.2.2.2 Kategorien der Freiheit und die Begriffe Gut und Böse

Wie sieht nun die Struktur des moralischen Urteils in Kants Ethik aus? Wir haben zwei Pole zu unterscheiden, erstens die Willensbestimmung aus Vernunft (a priori), und zweitens die Folgebegriffe des Guten oder Bösen. Kants entscheidende Frage lautet hier: Wie werden die beiden Pole verbunden vorgestellt? Die Antwort Kants: Wenn die Art der Willensbestimmung „Folgen" hat, muss sie durch die Kategorie der Kausalität damit verbunden sein (analog dem naturwissenschaftlichen Kausalitätsbegriff). Da der Mensch Bürger zweier Welten ist, kennt Kant zwei Kausalitäten, die

- „Kausalität aus Natur" (im theoretischen = erkennenden Vernunftgebrauch) und die
- „Kausalität aus Freiheit" (im praktischen = hervorbringenden Vernunftgebrauch, also in der Ethik).

Kant entwirft hier nun seine „Tafel der Kategorien der Freiheit in Ansehung der Begriffe des Guten und Bösen" (KpV A 117), die er aber vorher bereits als „modi einer einzigen Kategorie, nämlich der der Kausalität, sofern der Bestimmungsgrund derselben in der Vernunftvorstellung eines Gesetzes…besteht", gekennzeichnet hatte. (KpV A 115) Kategorien (reine Verstandesbegriffe) haben aber im theoretischen Gebrauch eine andere Funktion als im praktischen Gebrauch: Während im theoretischen Gebrauch die Kategorien (z. B. Naturkausalität) zwischen zwei ungleichartigen Bereichen, nämlich zwischen der sinnlich-empirischen Anschauung und dem Denken, eine Brücke bilden, ist diese Funktion im praktischen Vernunftgebrauch (Ethik) nicht nötig, weil die Vernunft als reine Vernunft es hier nur mit sich selbst zu tun hat (die sinnliche Empirie kommt erst nachträglich dazu, im Handlungsvollzug). Die Ethik ist deshalb nicht auf sinnliches Basismaterial wie Interessen, Neigungen, Gefühle usw. angewiesen, um ihre spezifische Leistung erbringen zu können. Was ist dann der Unterschied zwischen den beiden Funktionen der Kategorien? In beiden Fällen haben sie Ordnungsfunktion:

- Sie ordnen im **theoretischen** Gebrauch das **Mannigfaltige der sinnlichen Anschauungen** in vier Gruppen von Kategorien (nach Quantität, Qualität, Relation und Modalität),
- im **praktischen** Gebrauch ordnen sie die **Mannigfaltigkeit der Begehrungen**, und zwar ebenfalls nach den vier Gruppen von Quantität, Qualität, Relation und Modalität. (KpV A 117) Kant nennt sie die „Tafeln der Kategorien der Freiheit".

Diese „**Tafel der Kategorien der Freiheit** für den praktischen Vernunftgebrauch" (KpV A 117) in der Ethik wird hier nun vorgestellt und dann erläutert. (A. Pieper 1973, 149) Jede der vier Gruppen (Quantität, Qualität, Relation und Modalität) hat drei Unterteilungen.

1. Kategorie der **Quantität** als Maximen, Vorschriften und Gesetze

1.1 Maximen: Sie stellen einen subjektiven Willensgrundsatz dar.

1.2 Vorschriften: Sie sind Willensgrundsätze für eine Gruppe von Menschen.

1.3 Gesetze: Sie gelten schlechthin (ohne Ausnahme) für alle Vernunftwesen.

2. Kategorie der **Qualität** als Handeln, Unterlassen und als Ausnahme

2.1 Handeln: kategorischer Imperativ als Gebot (Du sollst auf jeden Fall x tun!)

2.2 Unterlassen: kategorischer Imperativ als Verbot (Du sollst unter keinen Umständen x tun!)

2.3 Ausnahme: Dies sind die hypothetischen Imperative (Wenn du x haben möchtest, musst du y tun!) Sie sind deshalb Ausnahmen, weil sie nicht für alle Menschen verbindlich sind.

3. Kategorie der **Relation** als Persönlichkeit, als Zustand und als Wechselseitigkeit

3.1 Persönlichkeit: Der Mensch als Individuum (Bestimme dich aus dir selbst; lass dich nicht fremdbestimmen).

3.2 Moralischer Zustand einer Person: Der Mensch soll seinen Willen gesetzmäßig bestimmen (Oder anders ausgedrückt: Handle gesetzmäßig).

3.3 Wechselseitigkeit zwischen zwei oder mehreren Personen: Der Mensch darf seine Freiheit immer nur so weit gebrauchen, wo die Freiheit des anderen beginnt, oder als Selbstzweckformel des kategorischen Imperativs: Handle so, dass du die Menschheit sowohl in deiner Person, als auch in der Person eines jeden anderen, jederzeit zugleich als Zweck, niemals bloß als Mittel brauchst". (MS 429)

4. Kategorie der **Modalität** als das Erlaubte und Unerlaubte, als die Pflicht und das Pflichtwidrige und als vollkommene und unvollkommene Pflicht.

4.1 Erlaubt und unerlaubt: Eine Handlung ist erlaubt, wenn der Wille „mit einer bloß möglichen praktischen Vorschrift in Einstimmung" steht. (KpV A 21)

4.2 Pflicht und pflichtwidrig: Kant unterscheidet zwischen „pflichtmäßig" im Sinne von legal und „aus Pflicht" im Sinne einer Willensbestimmung durch den kategorischen Imperativ. Pflichtwidrig sind alle Handlungen, die durch die Bevorzugung sinnlicher Motive der Pflicht entgegenwirken.

4.3 Vollkommene und unvollkommene Pflicht: Diese Unterscheidung trifft Kant bereits in der „Grundlegung zur Metaphysik der Sitten", wo er die
- unvollkommene Pflicht als eine Pflicht mit subjektivem Handlungsspielraum (z. B. die Art und der Umfang einer Hilfeleistung in der Not) beschreibt und die
- vollkommene Pflicht ohne Handlungsspielraum (Du sollst nicht stehlen!") definiert.

Was wird mit dieser Kategorientafel des Guten und des Bösen (als Begriffe der Freiheit) ausgedrückt? Zunächst zur Sprachregelung: Die Begriffe „Gut und „Böse" sind bei Kant deshalb Begriffe der Freiheit, weil einzig und allein die Verwendung der Freiheit durch den handelnden Menschen darüber entscheidet, ob eine Handlung gut oder böse genannt werden kann. Weiterhin: Man kann mit ihrer Hilfe dem Vorwurf an die Ethik Kants entgegentreten, dass die Lehre vom kategorischen Imperativ eine Art ethische Monokultur darstelle, die der Vielfalt möglicher Handlungen nicht gerecht würde. Kant zeigt durch diese Tafel der Kategorien also folgendes:

Das Gute (bzw. das Böse) kann kategorial in 12 Modifikationen vorkommen. (Sala 2004, 150)

1. Quantitativ kann das Gute im Sinne der Willensbestimmung folgendermaßen vorkommen:
   - gut für einen einzelnen (Maxime i. S. eines sinnlichen Bestimmungsgrundes),
   - gut für viele (praktische Vorschrift),
   - gut für alle (praktisches Gesetz).
2. Qualitativ kann das Gute als praktische Regel des Handelns folgendermaßen vorkommen:
   - gut durch Begehung einer Handlung seine Existenz bejahen (Handlung ist gut)
   - gut durch Unterlassen einer Handlung das Verschwinden des Guten verhindern (Handlung ist schlecht),
   - gut als Ausnahme seine Abgrenzung gegen moralisch indifferente Handlungen aufzeigen (Handlung ist gut unter der Bedingung dass...).
3. Relational kann das Gute (unter Verwendung der theoretischen Kategorien) folgendermaßen vorkommen:
   - gut als Einzel-Substanz (d. h. als verantwortliche Persönlichkeit),
   - gut als Ursache der Handlung (durch den Zustand der handelnden Person als autonomes bzw. heteronomes Individuum),
   - gut als Gemeinschaft in Verbindung mit anderen (Intersubjektivität).
4. Modal kann das Gute (wieder unter Verwendung der theoretischen Kategorien von Möglichkeit, Dasein und Notwendigkeit) folgendermaßen vorkommen:
   - gut als das Erlaubte (Möglichkeit), d. h. die Handlung ist möglicherweise gut,
   - gut als die Pflicht (Wirklichkeit), d. h. die Handlung ist tatsächlich gut,
   - gut als die vollkommene Pflicht (Notwendigkeit), d. h. die Handlung ist notwendigerweise gut.

Diese Kategorien leisten für Kant „den Übergang von praktischen Prinzipien überhaupt zu denen der Sittlichkeit". (KpV A 118) Diese Tafel hat für Kant eine „praktische Bedeutung", denn man wisse nun, dass man

- bei den Maximen anfangen müsse, „die jeder auf seine Neigung gründet", dann weiter fortschreiten müsse zu den
- Vorschriften, „die für eine Gattung vernünftiger Wesen, sofern sie in gewissen Neigungen übereinkommen, verbindlich sind", und man gelange schließlich zum
- Gesetz, das „für alle, unangesehen ihrer Neigungen, gilt". (KpV A 119)

5.3.2.2.3 Die Typik der reinen praktischen Urteilskraft

Schließlich behandelt Kant die Frage nach der „Typik der reinen praktischen Urteilskraft". (KpV A 119) Er greift hier wieder die Grundunterscheidung zwischen dem theoretischen und dem praktischen Vernunftgebrauch auf, hier aber im Hinblick auf die Frage nach der Vermittlung zwischen Sinnen- und Verstandeswelt. Kant baut ja die „Kritik der praktischen Vernunft" in Parallelität zur „Kritik der reinen Vernunft" auf und muss aus diesem Grunde immer wieder auf die beiden Vernunftvermögen zurückkommen, um seine Gedankenführung parallel anlegen zu können.

- Im theoretischen Gebrauch benötigt die Vernunft ein Schema, womit sie diese Verbindung zwischen den Sinnen und dem Denken herstellen kann,
- im praktischen Gebrauch ist dies nicht nötig, weil dort die Sinnlichkeit als Willensbestimmung (um die es hier geht) nicht vorkommt. Was dort das Schema (der Sinnlichkeit) ist, ist hier der Typus (des Sittengesetzes). Wozu ist der „Typus des Sittengesetzes" notwendig? Damit soll die Urteilskraft der reinen praktischen Vernunft in die Lage versetzt werden, von einer abstrakten zu einer konkreten Vorstellung des Sittengesetzes gelangen zu können.

Was ist ein Typus des Sittengesetzes? Wie kann diese Vermittlung zwischen Sinnen- und Verstandeswelt mit Hilfe der Typik möglich werden? Kant schlägt folgendes vor: „Frage dich selbst, ob die Handlung, die du vor hast, wenn sie nach einem Gesetze der Natur, von der du selbst ein Teil wärest, geschehen sollte, sie du wohl, als durch deinen Willen möglich, ansehen könntest." (KpV A 122) Entscheidend für die Typik des Sittengesetzes ist der Gedanke des Naturgesetzes, in der GMS als Naturgesetzformel des kategorischen Imperativs eingeführt. Kant bringt hier nun in leichter Abwandlung einen Gedanken, den er bereits in der „Grundlegung zur Metaphysik der Sitten" in drei Beispielen vorgetragen hatte: „Wie, wenn ein jeder, wo er seinen Vorteil zu schaffen glaubt, sich erlaubte, zu betrügen, oder befugt hielte, sich das Leben abzukürzen, so bald ihn ein völliger Überdruss derselben befällt, oder anderer Not mit völliger Gleichgültigkeit ansähe, und gehörtest mit zu einer solchen Ordnung der Dinge, würdest du darin wohl mit Einstimmung deines Willens sein?" Kant argumentiert weiter: Jeder weiß, dass er von anderen nicht auch automatisch (naturgesetzlich) so behandelt wird, wie er selbst andere behandelt. Deshalb kann ein solcher Gedanke nicht wie ein richtiges Naturgesetz aufgefasst werden, aber doch wie der „Typus eines Naturgesetzes". In ihr drückt sich diejenige praktische Urteilskraft aus, die für die Anwendung der autonomen Selbstbestimmung *in concreto* erforderlich ist. Kant schreibt dazu: „Wenn die Maxime der Handlung nicht so beschaffen ist, dass sie an der Form eines Naturgesetzes überhaupt die Probe hält, so ist sie sittlich unmöglich." (KpV A 123)

Um also von einer Darstellung *in abstracto* zu einer Vorstellung *in concreto* zu gelangen, ist Urteilskraft erforderlich. Diese muss aber für ihre Aufgabe im Feld der Praxis geeignet sein, und deshalb muss nach Kant die reine praktische Vernunft die Natur als Typus der Urteilskraft gebrauchen. Was bedeutet das? Diejenige permanente Wahrnehmung, die wir Menschen im Alltag haben, gründet sich auf die Naturphänomene, deren Gesetzescharakter uns selbstverständlich ist. Deshalb denkt „jedermann" auch in der moralischen Welt unter Zuhilfenahme der Naturkategorie so, und deshalb ist es nach Kant „auch erlaubt, die Natur der Sinnenwelt als Typus einer intelligibelen Welt zu brauchen", aber eben nur analog. Es ist deshalb zu unterscheiden zwischen dem (1) Typus eines Begriffes und dem (2) Begriff selbst. Das Sittengesetz ist also nur als „Typus" eines Naturgesetzes zu verstehen, und kann nach Kant vor dem Empirismus bewahren, den er für die größte Gefahr in der Ethik hält. Der angemessene Typus für das Sittlich-Gute ist also die Natur als allgemeine Naturgesetzlichkeit.

5.3.2.3 Die Triebfedern der reinen praktischen Vernunft

Dieses Kapitel, betitelt in der KpV als „Drittes Hauptstück", enthält ebenfalls zwei Abschnitte:
1. „Von den Triebfedern der reinen praktischen Vernunft" (KpV A 127–159)
2. „Kritische Beleuchtung der Analytik der reinen praktischen Vernunft" (KpV A 159–191)

5.3.2.3.1 Die Triebfedern zum Handeln zwischen Sinnlichkeit und Verstand

Zentraler Gedanke: In diesem Kapitel geht Kant weiterhin der Frage nach, wie bei einem Wesen, wie es der Mensch ist, nämlich ausgestattet mit der Doppelnatur von Sinnlichkeit und Verstand, ein moralisches Gesetz tatsächlich Bestimmungsgrund des Willens sein kann. Diesen tatsächlichen, d. h. subjektiven Bestimmungsgrund, nennt er die „Triebfeder" (*elater animi*) des Willens. Was Kant hier eine „Triebfeder" nennt, würden wir heute als Motivation bezeichnen. Ein göttlicher Wille, so Kant, bräuchte keine Triebfeder (Motivation), weil der objektive mit dem subjektiven Bestimmungsgrund identisch wäre. Beim Menschen ist dies aber anders, da diese Einstimmigkeit nicht von Natur aus vorhanden ist. Kant untersucht deshalb in diesem Kapitel die psychologischen Mechanismen, die für ein Leben unter der Führung der praktischen Vernunft notwendig sind. Er untersucht also die Frage, ob und wie der Mensch in seinen Handlungen durch Vernunftgründe motivierbar ist.

Festzuhalten bleibt aber weiterhin: Der ausschließliche, unmittelbare, objektive und „ganz allein zugleich der subjektiv-hinreichende Bestimmungsgrund" ist und bleibt aber das moralische Gesetz selbst. Es geht also hier um die Frage, „auf welche Art das moralische Gesetz Triebfeder werde" und somit darum, *wie* „sie im Gemüte wirkt". (KpV A 128) Dies ist die Frage nach dem Anteil des Gefühls beim Praktischwerden der reinen Vernunft. Um welche Art von Gefühl kann es sich hier handeln? Man muss den von Kant hier entfalteten Gedankengang in mehren Schritten darstellen.

1. Ausgangspunkt ist, dass das moralische Gesetz als intelligibeler Bestimmungsgrund des Willens den unmittelbaren Einfluss von sinnlichen Gefühlen ausschließt.
2. Das Wesentliche daran ist, dass somit ein freier Wille (Unabhängigkeit von sinnlichen Einflüssen) handelt.
3. Diese intellektuelle Selbstbestimmung hat zwei Gefühle zur Folge, ein negatives und ein positives Gefühl.
4. Das negative Gefühl (von lat. *negare* = verneinen) ist eine Art von Schmerz, weil man seinen sinnlichen Neigungen nicht folgen darf. Als „pathologisches Gefühl" ist es direkt erlebbar.
5. Alle „Neigungen" zusammen und deren Befriedigung, die „Glückseligkeit" genannt werden kann, machen die Selbstsucht (Solipsismus) aus. Diese tritt in zweierlei Erscheinungsformen auf:
    (1) als Selbstliebe (*Philautia*), die ein „über alles gehendes Wohlwollens gegen sich selbst ist (Kant nennt sie auch die „Eigenliebe"), und
    (2) als Wohlgefallen (*Arrogantia*) an sich selbst (Kant nennt es auch den „Eigendünkel").

    Auf diese beiden Arten von Neigungen (Selbstliebe und Wohlgefallen) wirkt sich nun das moralische Selbstbestimmungsgesetz auf verschiedene Weise aus:
    - Die praktische Vernunft tut der Eigenliebe „Abbruch", indem sie diese als natürlich verständliche Grundeinstellung eines sinnlichen Wesens in moralischen Fragen auf Konformitätskurs mit der moralischen Selbstbestimmung aus Vernunft bringt. Sie braucht also nicht in allen Lebensfragen ignoriert zu werden, sondern nur in moralisch relevanten Fragen. Dass die Eigenliebe verlangt, sich beispielsweise eine schöne Wohnung zu gönnen sowie ausreichenden und erholsamen Urlaub usw., bleibt davon völlig unberührt. Dieser „Abbruch" wird dann „vernünftige Selbstliebe" genannt.
    - Den „Eigendünkel", die Arroganz, „schlägt sie nieder". Diese Arroganz liegt dann vor, wenn jemand seine subjektiven Neigungen vor (zeitlich und wertmäßig) die intellektuelle Selbstbestimmung aus Vernunftgründen stellt.
    - Fazit: Die Eigenliebe (*Philautia*) ist in moralisch neutralen Fragen erlaubt (sie wird nur eingeschränkt auf den außermoralischen Gebrauch), der Eigendünkel (*Arrogantia*) als Vordrängen sinnlicher Gefühle *vor* die praktische Vernunft dagegen wird komplett „niedergeschlagen". Die moralische Arroganz ist ausnahmslos unakzeptabel, die Eigenliebe in moralisch neutralen Handlungen erlaubt. Das moralische Gesetz mindert bei der Selbstliebe den „Einfluss", beim Eigendünkel nimmt sie den „Wahn" weg, über der autonomen praktischen Vernunft zu stehen.
6. Wegen dieser Kraft zum „Abbruch" und zur „Niederschlagung" sinnlicher Neigungen verspüren die Menschen nun das positive Gefühl der „Achtung" für dieses Gesetz. Die negative und die positive Wirkung der praktischen Vernunft werden zusammen das „moralische Gefühl" genannt. Also, sagt Kant, „demütigt" das moralische Gesetz den Menschen, insofern er sich von diesen beiden Gefühlen der

Eigenliebe und des Eigendünkels gerne leiten ließe, nun aber nicht mehr darf, weil der Mensch eine neue innere Erfahrung gemacht hat.

7. Trotzdem und gerade deswegen schärft Kant nochmals ein: Es geht weiterhin kein Gefühl dem moralischen Gesetz *voraus*. Wie ist das zu verstehen? Auch eine „Triebfeder" (Motivation) für den vernünftigen Willen muss von allen sinnlichen Einflüssen frei sein. Ist das überhaupt möglich, und wenn ja, wie? Durch die vernünftige Selbstbestimmung mittels eines freien Willens erlebt der Mensch zwei emotionale Phasen:
   - Zuerst geht es durch den „Abbruch", die „Niederschlagung" und die „Demütigung" sinnlicher Antriebe, emotional-sinnlich a b w ä r t s (= sinnlicher Schmerz wegen des Verzichts),
   - dann aber geht es durch die intellektuelle Erkenntnis über die Ursachen dieser emotionalen Talfahrt zum nicht-sinnlichen Gefühl der Achtung für dieses Moralgesetz und damit emotional wieder a u f w ä r t s (= Stolz auf diese innere Kraft der Selbstüberwindung).

Diese „Achtung für das moralische Gesetz" ist ein „Tribut", den wir der Kraft unserer Vernunft „nicht verweigern können, wir mögen wollen oder nicht". (KpV A 137) Und deshalb ist für Kant diese „Achtung" kein Gefühl der Lust, und die daraus entspringende Triebfeder (Motivation) hat nur insofern Einfluss auf die Bildung von Handlungsmaximen, als damit die Sittlichkeit gemeint ist, die subjektiv als Triebfeder (Motivation) wahrgenommen wird. (KpV A 134)

Diese e m o t i o n a l e B e r g - und T a l f a h r t ist nun der entscheidende Kern der T r i e b f e d e r n l e h r e (ethische M o t i v a t i o n s l e h r e): Der „Herabsetzung und Demütigung auf der sinnlichen Seite" geht eine „Erhebung" auf der vernünftigen Seite parallel einher. (KpV A 140) Dies hängt unmittelbar mit Kants Anthropologie zusammen, der zufolge der Mensch ein Sinnen- und ein Vernunftwesen zugleich ist: Was für den einen ein *bonum* ist, ist für den anderen ein *malum*, denn beide haben nicht die gleiche Zielsetzung. Eine natürliche Harmonie kann es nur im außermoralischen (nicht unmoralischen!) Handlungsfeld geben, im moralischen Handlungsfeld muss diese Einheit durch die praktische Vernunft mit ihrer imperativischen Kraft hergestellt werden. Diese Wechselwirkung wird von Kant nochmals betont: Jede Wegnahme einer Behinderung ist zugleich eine Beförderung dieser Tätigkeit. (KpV A 140) Dieses moralische Gefühl nennt Kant auch ein „m o r a l i s c h e s I n t e r e s s e". (KpV A 142) Konstitutiv ist hier also Kants Unterscheidung zwischen *mundus sensibilis* und *mundus intelligibilis*, auf den Menschen bezogen in der Unterscheidung zwischen dem *homo noumenon* und dem *homo phaenomenon*. (Ricken, in Höffe 1989, 234–252)

8. Für dieses Argument fügt nun Kant wieder einige B e i s p i e l e ein, ja Beispiele haben hier geradezu methodischen Status. Kant erzählt: Fontenelle[56] habe gesagt, dass er sich vor einem Vornehmen bücke, sein Geist aber bücke sich nicht. Kant kontert: Vor einem „niedrigen, bürgerlich-gemeinen Mann" mit einem rechtschaffenen Charakter „bückt sich mein Geist", „ich mag wollen oder nicht, und den Kopf noch so hoch tragen. Warum das? Sein Beispiel hält mir ein Gesetz vor, das

---

[56] Fontenelle: frz. Schriftsteller und Philosoph (1657–1757), Vorläufer der Aufklärung

meinen Eigendünkel niederschlägt, wenn ich es mit meinem Verhalten vergleiche." (KpV A 136) Kant fährt fort: „Denn, da beim Menschen immer alles Gute mangelhaft ist, so schlägt das Gesetz, durch ein Beispiel anschaulich gemacht, doch immer meinen Stolz nieder." (KpV A 137) Diese „Beispiele aus dem Alltagsleben", wie Kant sie nennt, sind es nun, die jene Einsicht fördern, vor allem wenn wir in uns durch den moralischen Vergleich mit anderen eine „Demütigung" durch ein „solches Beispiel" erleben. (KpV A 137) Dies hängt auch damit zusammen, dass die „Kausalität aus Freiheit" im praktischen Bereich nur erlebt werden kann durch eine Negierung von sinnlichen Antrieben. Also gehört zur Triebfedernlehre (ethische Motivationslehre) auch das innere Freiheitserlebnis dazu, das ein apriorisches Gefühl darstellt. Es ist also ein Gefühl, das im Stolz auf die Selbstbestimmung aus Vernunftgründen besteht.

9. Kant leitet nun über zum Lobpreis der Pflicht, den er in einem besonders emphatischen Ton vorträgt, der sich dann wenig später zum Hymnus steigert. Seine Argumentation nimmt ihren Ausgang davon, dass durch die Ablegung des Eigendünkels man sich „an der Herrlichkeit dieses Gesetzes nicht satt sehen" könne und die Seele sich erheben könne, wenn sie das „heilige Gesetz" mit unserer „gebrechlichen Natur" vergleiche. (KpV A 138) An diesem Gesetz der Pflicht kann sich der Mensch entweder unvollkommen oder vollkommen orientieren. Im ersten Fall handelt der Mensch „pflichtmäßig", im anderen Fall „aus Pflicht".
   - Aus Pflicht zu handeln bedeutet, dass die Handlung objektiv in Übereinstimmung mit dem Gesetz erfolgt,
   - pflichtgemäße Handlungen sind nur subjektiv-vordergründig an einer Pflichterfüllung interessiert.

   Die einzig korrekte Triebfeder (Motivation) für einen moralischen Willen besteht deshalb in der Orientierung einer Handlung „aus Pflicht", weil nur diese die Moralität der Handlung hervorbringen kann. (KpV A 144) In anderer Terminologie: „Pflichtmäßig" handeln nennt Kant Legalität (wenn Neigungen der Bestimmungsgrund des Willens waren), „aus Pflicht" handeln nennt Kant Moralität (um des Gesetzes willen handeln).

10. Kant wiederholt hier, dass das moralische Gesetz für den Willen eines „allervollkommensten Wesens" ein „Gesetz der Heiligkeit", für den Willen eines „endlichen Wesens" ein „Gesetz der Pflicht" sei.

11. Kant betont nun, dass wir alle „unter der Disziplin der Vernunft stehen" und dürfen unsere „Unterwürfigkeit unter derselben nicht vergessen". (KpV A 147) Die moralische Grundsituation des Menschen ist durch „Pflicht und Schuldigkeit" gekennzeichnet als die zwei Seiten unserer Existenz:
    - Erstens sind wir Gesetzgeber in einem durch Freiheit möglichen Reich der Moral: Wir haben hier die „Pflicht" zur Gesetzgebung.
    - Zweitens sind wir Untertanen in diesem Reich der Moral: Wir haben hier die „Schuldigkeit" zum Gehorsam. Dies folgt nach Kant aus unserem Status als „Geschöpfe, weswegen wir in Ansehung des „heiligen Gesetzes" den Eigendünkel niederschlagen sollen.

    Kant vergleicht hier das Prinzip der Sittlichkeit und das Prinzip der eigenen Glückseligkeit anhand des Bibelwortes: „Liebe Gott über alles und deinen Nächsten wie dich selbst." (KpV A 148) Dieses ist nach Kant Ausdruck des Prinzips der Sittlichkeit. Sollte es als Prinzip der eigenen Glückseligkeit fungieren können, müsste es nach Kant umformuliert werden in folgende Fassung: „Liebe dich selbst über alles, Gott aber und deinen Nächsten um deiner selbst willen". (KpV A 148 Anm.) Kant reklamiert also auch einen der obersten Moralgrundsätze der Bibel für seine Ethik. Er analysiert nun die Pflichtauffassung, die in diesem Bibelwort steckt, indem er den Begriff der „Liebe" genauer untersucht. Liebe in einem sensualistischen Sinn (Kant spricht von „pathologischer Liebe") kann nicht damit gemeint sein, denn Gott ist kein Gegenstand der Sinne. Also bleibt nach Kant nur noch die „praktische Liebe", und in diesem Sinne heißt „Gott lieben" das gleiche wie „seine Gebote gerne tun", und „seinen Nächsten lieben" heißt nach Kant „alle Pflicht gegen ihn gerne tun". (KpV A 148) Da aber alle Pflichten eines Menschen (mit der Doppelnatur von Sinnlichkeit und Verstand) stets eine innere Anstrengung bedeuten, kann der Mensch nach diesem „Gesetz aller Gesetze" nur „streben" als einem „Ideal der Heiligkeit", dem wir in einem „ununterbrochenen, aber unendlichen Progressus" gleich zu werden versuchen.

12. Wenn man diese menschliche Doppelsituation nicht beachtet, dann könne man leicht in moralische Schwärmerei verfallen, also eine Grenzüberschreitung der menschlichen Vernunft begehen. Diese kann vermieden werden, wenn man
   - erstens den subjektiven Bestimmungsgrund für Handlungen, die Triebfeder (Motivation), nirgendwo anders als allein im gesetzesförmigen Willen erblickt, und
   - zweitens die Gesinnung, die damit in die Maxime gelangt, nirgendwo anders als allein in der „Achtung fürs Gesetz" erblickt. (KpV A 153) Anders ausgedrückt: Diese „Achtung" ist Bewunderung für die seelische Kraft, die sich aus den Vernunftgründen auf den handelnden Menschen überträgt, mit dessen Hilfe er den sinnlichen Neigungen Widerstand leisten kann. Voraussetzung für dieses Erlebnis ist, dass der Mensch beim Vergleich zwischen den sinnlichen Objekten einerseits und der moralischen Pflicht andererseits (wenn es zu einem fundamentalen Widerstreit kommt) die Überlegenheit der Vernunftgründe zu erkennen vermag, d. h. die Zweitwertigkeit der sinnlichen Gegenstände versteht. Die Achtung besteht also darin, mit Hilfe der Vernunftgründe zu der Erkenntnis gelangt zu sein, die richtige Entscheidung getroffen zu haben. Dieses Erlebnis stellt sich, gemäß zahlreicher Beispiele Kants, dann ein, wenn man eine böse Tat aus Vernunftgründen unterlassen hat.

Damit werden „Schranken der Demut (d. i. der Selbsterkenntnis)" aufgerichtet, die Kant nun in seinem Pflichthymnus preist: „Pflicht! Du erhabener großer Name, der du nichts Beliebtes, was Einschmeichelung bei sich führt, in dir fassest, sondern Unterwerfung verlangst, doch auch nicht drohest, was natürliche Abneigung im Gemüte erregt und schreckte, um den Willen zu bewegen, sondern bloß ein Gesetz aufstellst, welches von selbst im Gemüte Eingang findet, und doch selbst wider Willen Verehrung (wenn gleich nicht immer Befolgung) erwirbt, vor dem alle Neigungen verstummen, wenn sie gleich insgeheim ihm entgegen wirken, welches ist der deiner würdige Ursprung, und wo findet man die Wurzel deiner edlen Abkunft, welche alle Verwandtschaft mit Neigungen stolz ausschlägt, und von welcher Wurzel abzustammen, die unnachlässliche Bedingung desjenigen Werts ist, den sich Menschen allein selbst geben können?" (KpV A 154)

Hier sollte der Blick auf den letzten Satz in diesem Pflichthymnus mit seiner zentralen Aussage gelenkt werden: Einen Wert kann ein Mensch sich nur allein und selbst durch sein Handeln geben. Wer aber seiner ethischen Pflichterfüllung nur mürrisch nachkommt, der hat den Sinn der befreienden Vernunftunterwerfung missverstanden. Wenn der Vernunft/Pflicht-Aspekt in der Ethik ignoriert wird, dann, befürchtet Kant, werden sich drei negative Motive an seine Stelle stellen:

- die moralische Schwärmerei,
- die moralische Arroganz (der Eigendünkel),
- der sinnliche Egoismus (die Selbst- oder Eigenliebe).

Kant bemerkt dazu: „Wenn Schwärmerei in der allgemeinsten Bedeutung eine nach Grundsätzen unternommene Überschreitung der Grenzen der menschlichen Vernunft ist, so ist moralische Schwärmerei diese Überschreitung der Grenzen, die die praktische reine Vernunft der Menschheit setzt, dadurch sie verbietet, den subjektiven Bestimmungsgrund pflichtmäßiger Handlungen, d. i. die moralische Triebfeder derselben, irgend worin anders, als im Gesetze selbst, und die Gesinnung, die dadurch in die Maximen gebracht wird, irgend anderwärts, als in der Achtung für dies Gesetz, zu setzen, mithin den alle Arroganz sowohl als eitle *Philautie*[57] niederschlagenden Gedanken von Pflicht zum obersten Lebensprinzip aller Moralität im Menschen zu machen gebietet." (KpV A 151) Kant fährt fort: „Wenn dem also ist, so haben nicht allein Romanschreiber, oder empfindende Erzieher[58] (ob sie gleich noch sehr wider Empfindelei eifern), sondern bisweilen selbst Philosophen, ja die strengsten unter allen, die Stoiker, moralische Schwärmerei statt nüchterner, aber weiser Disziplin der Sitten, eingeführt, wenn gleich die Schwärmerei der letzteren mehr heroisch, der ersteren von schaler und schmelzender Beschaffenheit war, und man kann es, ohne zu heucheln, der moralischen Lehre des Evangelii mit aller Wahrheit nachsagen: Dass es zuerst, durch die Reinigkeit des moralischen Prinzips, zugleich aber durch die Angemessenheit desselben mit den Schranken endlicher Wesen, alles Wohlverhalten des Menschen der Zucht einer ihnen vor Augen gelegten Pflicht, die nicht unter moralischen geträumten Vollkommenheiten schwärmen lässt, unterworfen und dem Eigendünkel sowohl als der Eigenliebe, die beide gerne ihre Grenzen verkennen, Schranken der Demut (d. i. der Selbsterkenntnis) gesetzt habe." (KpV A 153)

Am Anfang des Dialektik-Teils der „Kritik der praktischen Vernunft" mahnt Kant ebenfalls zur Bescheidenheit und intellektuellen Redlichkeit, wenn er es als Peinlichkeit bezeichnet, sich den Titel eines Philosophen (eines „Weisheitslehrers") selbst zuzusprechen. Zu Beginn seiner Ausführungen über das „höchste Gut" (*summum bonum*)

---

[57] Selbstliebe

[58] Empfindsame Pädagogen, die von ihren Schülern keine Leistung und keine Pflicht verlangen, sondern sie verzärteln und damit auch im Hinblick auf moralische Bewährungssituationen lebensuntüchtig und für harte, der eigenen Selbstliebe zuwiderlaufende Entscheidungen unfähig machen. Kant erblickt darin eine moralische Erziehungsaufgabe, dass dem natürlichen Hang des Menschen zur Eigenliebe die Notwendigkeit eindeutiger moralischer Entscheidungen unter dem Gedanken einer Pflicht entgegengesetzt werde, der nicht ausgewichen werden darf.

schreibt er, mit Blick auf die griechischen Ursprünge der Philosophie: „Anderen Teils würde es auch nicht übel sein, den Eigendünkel[59] desjenigen, der es wagte, sich den Titel eines Philosophen selbst anzumaßen, abzuschrecken, wenn man ihm schon durch die Definition den Maßstab der Selbstschätzung vorhielte, der seine Ansprüche sehr herabstimmen wird." (KpV A 195) Den „Ehrennamen" eines Philosophen verdient nach Kant nur der, dessen Leben in theoretischer und praktischer Hinsicht eine Einheit bildet, dessen Leben also auch in der Praxis den sittlichen Maßstäben entspricht, die seine Vernunft erkannt hat. „Philosoph" in dieser Bedeutung kann also jeder sein, dessen Leben die Umsetzung sittlicher Ansprüche darstellt. Diesen Ehrentitel kann man sich aber nicht selbst zulegen, denn dies wäre nach Kant nur der „angemaßte Name eines Philosophen". Dieser Titel kann nur das „Ziel einer unaufhörlichen Bestrebung" sein, denn der eigentliche Testfall für eine ethische Lehre ist die Angemessenheit der eigenen Lebenspraxis, oder wie Kant auch sagt, die „Beherrschung seiner selbst", um selbst ein Beispiel für die Theorie und die Praxis sein zu können, „welches die Alten auch forderten, um jenen Ehrennamen verdienen zu können". (KpV A 195)

Für die Ethik ist die strenge Vernunftorientierung bei der Entscheidungsfindung Pflicht. Die Forderung nach Vernünftigkeit menschlichen Handelns war ja das Programm der Aufklärung. Kant hatte in seiner kleinen Schrift „Beantwortung der Frage: Was ist Aufklärung?" von 1784 geschrieben:[60]: „Sapere aude! Habe Mut, dich deines eigenen Verstandes zu bedienen." Kant fügt in der gleichen Schrift weiter hinten als Zusatz ein: „ohne Zuhilfenahme eines anderen".[61]. Die Aufklärung war für Kant „der Ausgang des Menschen aus seiner selbstverschuldeten Unmündigkeit". Auf die Frage, warum sich die Menschen in diesem Zustand befinden, hat er in dieser Schrift geantwortet: „Es ist bequem, unmündig" zu sein. [62]

Ein erneutes Abgleiten in eine den menschlichen Neigungen und Schwächen bereitwillig entgegenkommende Gefühlsmoral[63] ist deshalb für ihn ein gefährlicher Rückfall in eine Zeit, die ja durch die Aufklärung als überwunden galt. Lediglich die Pflicht-Vernunft kann jenes „Wächteramt" ausüben, um den Rückfall in die latent vorhandene menschliche Bequemlichkeit zu verhindern. Deshalb erfüllt die – so verstandene – vernünftige Pflichterfüllung den Menschen auch mit Frohsinn. Deshalb steckt für Kant in der stoischen Ethik durchaus Weisheit, wenn sie lehrt, dass die zufälligen Lebensübel ertragen und die überflüssigen Genüsse entbehrt werden sollen. Dies ist für ihn eine Art von „Diätetik", sich moralisch gesund zu halten, ohne ernstlichen seelischen Schaden in einer lebenslangen Selbstbehauptung zu nehmen. Auch hier ist für ihn die Würde des Menschen ein Komplementärbegriff zur Moralität. Beispielsweise ist nicht das

---

[59] Arrogantia
[60] Beantwortung der Frage: Was ist Aufklärung? in: Berlinische Monatsschrift, 1784, Nachdruck: Bahr, Eberhard (Hrsg.): Was ist Aufklärung?, Stuttgart 1974, 9–17
[61] dto. 15
[62] dto. 9
[63] Kant schreibt hierzu in der Methodenlehre der KpV: „Alle Gefühle, vornehmlich die, so ungewohnte Anstrengung bewirken sollen, müssen in dem Augenblicke, da sie in ihrer Heftigkeit sind, und ehe sie verbrausen, ihre Wirkung tun, sonst tun sie nichts; indem das Herz natürlicherweise zu seiner natürlichen gemäßigteren Lebensbewegung zurückkehrt, und sonach in die Mattigkeit verfällt, die ihm vorher eigen war; weil zwar etwas, was reizte, nicht aber, das es stärkte, an dasselbe gebracht war." (KpV A 280/81)

Erreichen eines materiell sorglosen Lebens das entscheidende Ziel im Leben, sondern mit Würde den entsprechenden möglichen Lebensstil zu vertreten. Jeder Mensch, der sich mit Würde über die Aufdringlichkeit der Materialität dieser Welt erhebt, ist nach Kant eine Persönlichkeit. Trotzdem kann eine solche Einstellung nur lebenslang praktiziert werden, wenn der Mensch sich selbst ein „frohes Herz" bewahrt, wie es auch der von ihm ausdrücklich als „tugendhaft" bezeichnete Epikur fordert. (KpV A 208) Diese fröhliche Gemütsstimmung soll jeder Mensch sich „habituell"machen, d. h. sie sich selbst bewusst anerziehen, damit sie eine dauerhafte seelische Grundstimmung wird.

Schon die antik-mittelalterliche Tugendethik hatte ein entscheidendes Merkmal jeder Tugend darin erblickt, dass sie mit Freude vollzogen wird. Selbst wenn moralisch richtig gehandelt wurde, dies aber nicht mit Freude geschah, konnte die Handlung nicht den Status einer Tugend haben. Bei Kant sieht der Gedanke nun folgendermaßen aus: „Aus Pflicht" gehandelt zu haben ist synonym mit „aus Vernunfteinsicht" gehandelt zu haben. Wer aus Pflicht in einer solchen Entscheidungssituation sich vor sich selbst bewährt hat, hat Achtung vor der praktischen Vernunft in sich bewiesen; diese Achtung hat, wie Kant sich häufig ausdrückt, ein nicht-pathologisches Glücksgefühl zur Folge. Wichtig ist auch wieder, dass ein Glücksgefühl nicht bereits am Handlungsanfang vorhanden, sondern nur als Handlungserfolg sich einstellen darf, dass also die Reihenfolge beachtet werden muss. Wäre es am Handlungsanfang bereits vorhanden, so könnte es der Bestimmungsgrund für den Willen sein: Dies scheidet für Kant aufgrund seiner bisherigen Darlegungen für einen moralischen Willen aber aus. Die Frage ist nun zu beantworten, wie dieses nicht-pathologische Glücksgefühl entsteht.

Kant fasst die Zurückweisung der sich aufdrängenden Neigungen, Bestimmungsgrund des Willens werden zu wollen, als inneren Kampf des „Sinnenmenschen in uns" gegen den „Vernunftmenschen in uns" auf: Siegt die Vernunft, so empfinden wir (als Sinnenmenschen) ein Gefühl des Schmerzes (weil auf das eigene Verdienst nicht geachtet werden durfte), andererseits (als Vernunftmenschen) ein Gefühl der Achtung. Diese Achtung, die wir als Vernunftmenschen vor uns selbst wegen der Beachtung der moralischen Pflicht als Folge verspüren, nennt Kant das „**moralische Gefühl**". Dieses als eine Folge sich einstellende Glücksgefühl ist eine indirekte (d. h. gedanklich-gefühlsmäßige) Bestätigung, richtig gehandelt zu haben. Nicht jedoch kann nach Kant ein Gefühl die Quelle der Moral sein, da dies Aufgabe der Vernunft ist, denn die Vernunft fühlt nicht, sie wirkt durch Erkenntnis, wie Kant dies auch ausdrückt.

Abschließend verknüpft Kant hier nochmals, wie bereits an anderen Stellen vorher, seine philosophischen Überlegungen mit dem Urteil der „gemeinsten Menschenvernunft", wodurch er darlegen möchte, dass seine Ethik nicht utopisch ist, sondern sich mitten im einfachen Volk wiederfindet. Er greift als Beispiel einen „nur mittelmäßig ehrlichen Mann" heraus, der sich durch eine „unschädliche Lüge" entweder selbst oder seinem Freund einen Vorteil verschaffen könnte, es aber unterlässt, um sich in seinen eigenen Augen „nicht verachten zu dürfen". (KpV A 156) Diese innere Selbstwahrnehmung ist eine entscheidende Triebfeder (Motivation) für Handlungen, auf die Kant großen Wert legt: Der „rechtschaffene Mann" (bei Cicero der *vir bonus*) möchte sich „vor sich selbst nicht schämen" und den „inneren Anblick der Selbstprüfung" nicht scheuen müssen. (KpV A 157)

Auffallend ist hier in diesem Kapitel über die Triebfedern, dass Kant öfters von der „Heiligkeit" des Moralgesetzes spricht, wobei Heiligkeit bei Kant so viel bedeutet wie Unantastbarkeit, Unveränderlichkeit. Zwar ist der einzelne Mensch durchaus unheilig, aber die Idee der Menschheit in ihm ist heilig. Diese Bezeichnung muss in Zusammenhang mit seiner Bestimmung des Menschen als „Zweck an sich selbst" gesehen werden, der damit den Status einer Exzellenz hat. Das formale Prinzip der Sittlichkeit (ausgedrückt durch Universalität und Notwendigkeit) wird damit durch ein materiales Prinzip (Mensch als Zweck an sich selbst) ergänzt. (Sala 2004, 192) Materiale Prinzipien sind aus der Ethik Kants auch sonst nicht verschwunden, wie seine Lehre über das „höchste Gut" (*summum bonum*) im Dialektik-Teil zeigt, womit bei Kant die Fragen nach der Unsterblichkeit der Seele und der Existenz Gottes verbunden werden.

Abschließend fasst Kant seine „Triebfedernlehre" (ethische Motivationslehre) zusammen und betont, dass die „echte Triebfeder" zum moralischen Handeln zwar

- o b j e k t i v keine andere als das moralische Gesetz selbst ist,
- s u b j e k t i v sie aber das innere seelische D o p p e l e r l e b n i s ist, das
  - erstens in der Wahrnehmung der „Erhabenheit unserer übersinnlichen Existenz" besteht, weil damit zugleich
  - zweitens die Mängel unserer sinnlichen Natur erfahren werden können. Die echte Triebfeder ist subjektiv also diese emotionale Berg- und Talfahrt.

Hier lobt nun Kant überraschenderweise die E p i k u r e e r und hat nichts dagegen einzuwenden, dass mit *dieser* Triebfeder (ihrem Doppelaspekt!) auch die „Reize und Annehmlichkeiten des Lebens" verbunden werden, und es „kann auch ratsam sein" so zu verfahren, wenn mit dieser Aussicht auf einen „fröhlichen Lebensgenuss" der Beweggrund für Handlungen im obersten Moralgrundsatz unangetastet bleibt. (KpV A 159) „Ratsam" ist es für Kant deshalb, um damit den „Anlockungen" und „Vorspiegelungen" des Lasters (auf der sinnlichen Seite der Seele) ein „Gegengewicht" auf der anderen Seite der Seele bieten zu können. Es geht Kant hier also um eine gewisse seelische Symmetrie (Sinnlichkeit und Verstand), sofern die bestimmende Ursache für Handlungen in der Vernunft bleibt. Nur dürfe man die beiden Bestandteile nicht „zusammenschütteln", um sie als „Arzneimittel der kranken Seele" zu reichen, weil diese Verbindung sich entweder sehr schnell wieder auflösen würde, oder wenn nicht, das „physische Leben hierbei einige Kraft gewönne", zugleich aber das „moralische Leben ohne Rettung dahin schwinden" würde. (KpV A 159)

5.3.2.3.2 Kritische Prüfung der Analytik

Das nun folgende Kapitel trägt bei Kant die Überschrift: „Kritische Beleuchtung der Analytik der reinen praktischen Vernunft". (KpV A 159–191) In diesem Teil führt Kant seine Triebfedernlehre nicht weiter, sondern befasst sich mit der Frage, warum die Analytik der „Kritik der praktischen Vernunft" diese besondere Form haben müsse, wie sie bisher vorgetragen wurde. Hier wird also ein Blick zurück geworfen. Dieses Kapitel hat vier Teile:

1. Vergleich zwischen dem theoretischen und dem praktischen Vernunftgebrauch (KpV A 159–165)

2. Moralität und Glück (KpV A 165–167)
3. Freiheit und Determinismus (KpV A 167–185)
4. Freiheit und übersinnliche Welt (KpV A 185–191)

Zu 1: Vergleich zwischen dem theoretischen und dem praktischen Vernunftgebrauch (KpV A 159–165)

Kant legt (nochmals) dar, dass der theoretische und der praktische Vernunftgebrauch (wobei es nur eine Vernunft gibt, die nur unterschiedlich gebraucht werden kann) verschieden sind:
- Im theoretischen Vernunftgebrauch (dargestellt in der Kritik der reinen Vernunft) geht es (1) von den empirischen Gegebenheiten der Sinnlichkeit (2) zu den Begriffen und von dort (3) zu den Grundsätzen.
- Im praktischen Vernunftgebrauch ist es umgekehrt: (1) Der Anfang liegt bei den (empiriefreien) Grundsätzen (Kant nennt sie deshalb a priori), (2) von dort geht es zu den Begriffen (Gut und Böse) und (3) schließlich zur Sinnlichkeit (dem moralischen Gefühl).

Der Grund für diese Unterschiede liegt in Folgendem: Im theoretischen Vernunftgebrauch wird etwas erkannt; (dieses Etwas muss deshalb bereits vorliegen), im praktischen Vernunftgebraucht wird etwas hervorgebracht (dieses Etwas kann deshalb nicht der Anfang sein, sondern nur ein bestimmter Wille, im Idealfall ein guter Wille; dieses hervorgebrachte Etwas ist eine Handlung mit einem Kern, der moralisch oder unmoralisch ist).

Die zentrale Frage, die Kant mit der „Kritik der praktischen Vernunft" beantworten möchte, lautet ja, ob reine Vernunft zur Bestimmung des Willens für sich allein ausreiche. (KpV A 30). Zur Beantwortung legt Kant das methodische Vorgehen der praktischen Vernunft im Stil eines Syllogismus dar, wobei der Ausgangspunkt die reine Vernunft ist (womit Kants Frage eigentlich im Kern schon beantwortet ist). Der reine praktische Vernunftgebrauch hat die Ähnlichkeit mit einem „Vernunftschluss":

1. Obersatz: Das Allgemeine, hier: das moralische Prinzip (kategorischer Imperativ).
2. Untersatz: Das Konkrete, hier: Subsumtion möglicher Handlungen unter die Begriffe des schlechthin Guten oder Bösen.
3. Schlusssatz: Die Handlung, hier: die subjektive Willensbestimmung durch ein Interesse am Guten, d. h. Vollzug der Handlung.

zu 2: Moralität und Glück (KpV A 165–167)

Dieses kleine Kapitel enthält zwei Teile:
- erstens wird (zum wiederholten Mal) der Unterschied zwischen dem (a) Glücksverlangen und dem (b) Bestimmungsgrund des Willens in der Pflicht dargelegt,
- zweitens der Zusammenhang zwischen Glücks- und Pflichtverlangen aufgezeigt (ebenfalls im Kern schon in der Triebfedernlehre enthalten). Im Dialektik-Kapitel der KpV wird Kant dieses Thema der Glückseligkeit nochmals aufgreifen, und zwar in Zusammenhang von Glück und höchstem Gut (*summum bonum*).

1. Zunächst arbeitet Kant nochmals die Trennung von Glückseligkeitslehre und Sittenlehre heraus. Er benützt dazu einen Vergleich aus der Chemie: Wenn der Chemiker dem Kalk in Salzgeist Alkali zusetzt, so verlässt der Salzgeist sofort den Kalk, vereinigt sich dann mit dem Alkali, und der Kalk „wird zu Boden gestützt"; also erzwangen die nicht zusammengehörigen Elemente die Trennung, denn deren Chemie stimmte nicht (wie wir heute sagen würden). Dieses Bild überträgt Kant auf einen „ehrlichen Mann", der lügen möchte, um sich damit einen Vorteil zu verschaffen: Er vermengt den „empirisch-affizierten Willlen" (das Lügenwollen um des eigenen Vorteils willen) mit dem „moralischen Gesetz" (der apriorischen Pflicht), das ihm die „Nichtswürdigkeit eines Lügners" erkennen lässt, und „sofort verlässt seine praktische Vernunft...den Vorteil, vereinigt sich mit der […] Wahrhaftigkeit, und der Vorteil wird nun von jedermann...abgesondert, gewaschen und gewogen". (KpV A 166) Auch hier wieder, wie an vielen anderen Stellen, die Überzeugung Kants, dass diese seine Moralauffassung die gleiche ist, wie sie „jedermann" bereits in sich trägt.

2. Nun kommt Kant zur Verbindung von Glücksverlangen und Sittenlehre (Ethik). Er beginnt mit dem Bekenntnis, dass die „Unterscheidung" nicht zugleich „Entgegensetzung" beider ist. Er begründet es damit, dass die reine praktische Vernunft nicht will, dass die Menschen ihre Ansprüche auf Glückseligkeit aufgeben, sondern nur, dass sie im Konfliktfall zwischen Glücksverlangen und Pflichtgebot sich für das letztere entscheiden. Er fährt fort: „Es kann sogar in gewissem Betracht Pflicht sein, für seine Glückseligkeit zu sorgen" und zwar aus einem positiven und einem negativen Grund, d. h. im Falle des Vorhandenseins und des Fehlens von Glück:

- Im Leben braucht man oftmals bestimmte Mittel zur Erfüllung einer Pflicht (beispielsweise Geschicklichkeit, Gesundheit, Reichtum), und
- ein Mangel an solchen Mitteln (z. B. Armut) hält Versuchungen bereit, seine Pflichten zu „übertreten".

Zu 3: Freiheit und Determinismus (KpV A 167–185)

Kant stellt hier wiederum eine Frage nach Unterscheidung oder Entgegensetzung, hier aber die zwischen Freiheit und Determination. Kant greift hier nochmals auf den Versuch einer „Deduktion"[64] des obersten Prinzips der reinen praktischen Vernunft zurück, wie er sie im dritten Abschnitt der „Grundlegung zur Metaphysik" vorgelegt hat, nach der die Existenz des moralischen Gesetzes aus der Voraussetzung der Freiheit abzuleiten wäre. In der „Kritik der praktischen Vernunft" gebraucht der zwar den Terminus „Deduktion" immer wieder, aber nicht mehr in der speziellen Verwendung wie in der GMS.

Der Argumentationsgang ist in beiden Werken eingespannt zwischen Grund und Folge. Kant hatte offenbar erkannt, dass in der GMS nicht überzeugend dargelegt werden konnte, ob es ein solches praktisches Vernunftgesetz überhaupt gibt. Dieser Nachweis war aber angestrebt worden. In der KpV hatte Kant deshalb den umgekehrten Weg eingeschlagen. Wie argumentierte Kant in beiden Werken?

---

[64] Die Berechtigung der Möglichkeit einer Existenz von etwas, d. h. Existenz des Sittengesetzes oder Existenz der Freiheit.

- In der GMS wurde die Existenz des Sittengesetzes aus der Voraussetzung abgeleitet, dass ein vernünftiges Wesen nur unter der Idee der Freiheit moralisch handeln kann. Die Deduktion des Sittengesetzes erfolgt aus der Voraussetzung der Freiheit. In der KpV ist es umgekehrt.
- In der KpV wurde das Bewusstsein des Sittengesetzes bereits als ein sicheres „Faktum der Vernunft" bezeichnet, das jedermann intuitiv bekannt ist und aus dem heraus wir berechtigt sind, die Freiheit „anzunehmen". Die Deduktion der Freiheit erfolgt aus der Voraussetzung des Sittengesetzes.

Unterschiede zwischen der Grundlegung und der Kritik der praktischen Vernunft	
„Grundlegung zur Metaphysik der Sitten" 1785	„Kritik der praktischen Vernunft" 1788
Die Deduktion des Sittengesetzes erfolgt aus der Voraussetzung der Freiheit.	Die Deduktion der Freiheit erfolgt aus der Voraussetzung des Sittengesetzes.

Hier in der KpV leitet Kant also das Moralgesetz unmittelbar aus dem Bewusstsein ab (deshalb auch die vielen Hinweise, dass der „gemeine Menschenverstand" auch so denke), und nennt es konsequenterweise ein „Faktum der Vernunft". Was ist dabei der Unterschied in der Argumentation? Kant war zu der Überzeugung gelangt, dass Freiheit so „unzertrennlich" mit der Unabhängigkeit des Willens verbunden ist, dass der alte Weg der Deduktion hier in der KpV nicht mehr weiter verfolgt werden kann. Kant hat deshalb bezüglich der Freiheit ein anderes Erkenntnisinteresse. Welches ist dies und wie argumentiert Kant hier? Kant hatte bereits vor der Triebfedernlehre der KpV das Sittengesetz als einen Typus des Naturgesetzes beschrieben, das heißt, dass wir uns bei Handlungen so verhalten sollten, als ob das Sittengesetz den analogen Status eines Naturgesetzes hätte (also mit allgemeinen und notwendigen Folgen wie in der Natur, also mit einem Zwangsmechanismus). Aus diesem Ansatz der Typik des Sittengesetzes entwickelt nun Kant seine Argumentation, denn nach wie vor ist die Freiheit die unbekannte Größe, die, so weit möglich, erkannt werden soll.

Die zentralen Gedankenschritte, von denen Kant ausgeht, sollen kurz in Erinnerung gerufen werden:

- Der Wille bewirkt etwas, deshalb kommt ihm Kausalität zu.
- Eine Kausalität ist ohne Gesetz nicht denkbar.
- Dem Willen liegt aber kein empirisch zu erklärendes Naturgesetz zugrunde (dies tut nur der Empirismus, den Kant aber scharf ablehnt), sondern ein Sittengesetz.
- Zu jeder Kausalität gehören zwei Pole, eine Ursache (oder ein Grund) und eine Wirkung (oder eine Folge).
- In der physischen Natur erfolgt die Verbindung (Synthese) zwischen Ursache und Wirkung durch die im Naturgesetz ausgedrückte Zwingkraft.
- In der intelligiblen Natur kann kein Naturgesetz wirken, sondern nur das, was Kant die „Kausalität aus Freiheit" und damit ein Sittengesetz nennt. Aus diesem Zusammenhang heraus kann nun auch verstanden werden, warum Kant den Kern

seiner Ethik mit dem Begriff des Gesetzes bezeichnet: Er will damit den Kausalitätsgedanken ausdrücken, weil der Wille ja etwas bewegt. Der sich nun zwischen (innerem) Willen und (äußerer) Handlung abspielende Zusammenhang erfolgt aber nicht chaotisch, sondern geordnet, was durch den Begriff des Gesetzes ausgedrückt wird. Das meint Kant, wenn er das Sittengesetz als den „Typus eines Naturgesetzes" bezeichnet (aber nicht umgekehrt).
- Diese Synthese leistet die positive Freiheit (Freiheit zu…).

Für Kant ist alles in der Natur geregelt, sie unterliegt einer Ordnung. Die Ordnung in der natürlichen Welt ist diejenige einer Abfolge von Ursache zur Wirkung; dazu ist als verbindendes Element die Zeit notwendig. In dieser natürlichen Welt gibt es nur einen gesetzmäßigen Kausalzusammenhang, der nicht vom Menschen stammt, dessen Vollzug der Mensch aber erlebt. Nur derjenige, der eine solche Ordnung ins Leben gerufen hat, war außerhalb der Zeit und damit frei. Der Mensch nun, der Gesetzgeber in einer moralischen Welt ist, hat ebenfalls diesen Status eines Gesetzgebers, und zwar jeder Mensch, ob jung oder alt, ob Kind oder Greis. Diese denknotwendige Position wird von Kant nun dazu verwendet, um die Willensfreiheit weiter zu untersuchen. Keine Schwierigkeiten bereitet es, diese beiden Prozesse (unfrei und frei) als getrennte Prozesse zu erleben (im vegetativen Bereich läuft alles ohne unsere Mitwirkung ab, im Willensbereich gibt es in der inneren Selbstwahrnehmung das Phänomen der freien Entscheidung, der Verantwortung, der Schuld oder des Verdienstes. Die Schwierigkeit liegt darin, dass der Mensch beiden Welten zugleich angehört.

In jeder Entscheidung handelt der Mensch als Sinnenwesen *und* als Vernunftwesen, ja die Sinnenwelt nimmt seine Aufmerksamkeit stets zuerst in Anspruch (hier dominiert der theoretische Vernunftgebrauch), ohne dass er dabei den Vernunftmenschen in sich ignorieren kann.
- In der Verstandeswelt ist er Gesetzgeber,
- in der Sinnenwelt ist er Untertan seines eigenen Gesetzes

Anders ausgedrückt. Immer wenn der Mensch sein Handeln aus Vernunftgründen bestimmt, befindet er sich (automatisch) in der Verstandeswelt. Die Anwendung (Realisierung) dieses Moralgesetzes erfolgt in der Sinnenwelt. Der Mensch ist also Gesetzgeber und Untertan in einer Person.

Was hat es nun mit dieser Freiheit auf sich? Kant macht sich zunächst über diejenigen lustig, die durch eine immer genauere Untersuchung der menschlichen Seele und der Triebfeder des Willens das Geheimnis der Freiheit des Willens lüften möchten. Seine Argumentation setzt bei der Grundbedingung der Naturkausalität an, der Zeit: Wenn etwas aus Ursache und Wirkung zusammengesetzt ist, dann ist dafür Zeit erforderlich, denn die Ursache muss notwendigerweise in der Vergangenheit liegen, die Wirkung notwendigerweise in der Gegenwart (bzw. in der Zukunft). Es wird also Zeit „verbraucht". Ein solcher physikalischer Ursache-Wirkungs-Zusammenhang ist streng determiniert via Zeit. Alles, was in der Zeit abläuft, unterliegt diesen Bedingungen. Diese Bedingungen gelten auch für die menschlichen Handlungen, die in der Zeit ablaufen: Aus einer Ursache (z. B. einer Kränkung) folgt als Wirkung eine Handlung

(Rache). Psychisch interpretiert folgt die Rache aus der zeitlich vorhergehenden Kränkung, ist also menschlich verständlich, da kausal-psychologisch nachvollziehbar.

Es ist bei menschlichen Handlungen also unwichtig, ob die bestimmende Ursache äußerlich oder innerlich ist. Glaubt jemand, dass eine Sache oder ein Mensch deshalb frei genannt werden kann, weil die bewegende Ursache innerlich und somit äußerlich nicht sichtbar ist, so verwendet er nach Kant den „komparativen" Begriff von Freiheit. Was ist eine komparative Freiheit? Kant bringt zwei Beispiele aus der physikalischen Welt:

- In diesem komparativen Sinne wäre beispielsweise ein geworfener Gegenstand „frei", weil er während seiner Flugbahn nicht durch äußere Einwirkungen getrieben wird.
- Ebenfalls „frei" wäre dann in diesem komparativen Sinn eine Uhr, weil sie ihre Zeiger von innen treibt, ohne Antrieb von außen.

Beim Menschen könnte sich die gleiche Illusion einstellen: Ein Mensch glaubt deshalb frei zu sein, weil seine Bestimmungsgründe zum Handeln (Wünsche, Begierden usw.) innerlich liegen und sie deshalb den Schein haben, von ihm selbst hervorgebracht worden zu sein. Der Mensch erlebt sich zwar „frei", ist aber nur „komparativ frei", was Kant in Bezug auf den Menschen auch „psychologisch frei" nennt. Auch die innen liegenden Bestimmungsgründe zum Handeln können unfrei sei, da beispielsweise die Erziehung so perfekt war, dass der Mensch wie ein „*automaton sprituale*" (KpV A 174) diese Erziehung in Handlungen umsetzt, ohne noch eine selbständige Willensbestimmung vor die Ausführung der Handlung zu setzen. (Die Tiefenpsychologie spricht vom Unbewussten usw. in uns, das nicht unser Ich ist.) Die komparative bzw. psychologische Freiheit habet aber nicht die Merkmale von Freiheit, nach der Kant sucht, nämlich die von physischen *und* psychischen Bedingungen unabhängige Willensfreiheit: *Diese* Freiheit wird Kant transzendentale Freiheit nennen. Er nennt sie auch absolute Freiheit (*absolutus* = losgelöst von…); die absolute Freiheit ist also losgelöst von allen äußeren und inneren Einflussen, sofern sie nicht dem bewussten Willen des handelnden Menschen unterworfen ist. Die Frage ist nur: Gibt es eine solche Freiheit?

Für die Frage und die Antwort nach der komparativen (psychologischen) und der transzendentalen Freiheit ist wichtig einzig und allein, ob zwischen Ursache und Wirkung der Faktor Zeit existiert oder nicht. Kant argumentiert hier zweistufig:

1. Jede Begebenheit, auch jede Handlung, die zu einem bestimmten Zeitpunkt stattfindet, erfolgt unter Bedingungen der vorhergehenden Zeit, also dessen, was vorher *war*.
2. „Da nun aber die vergangene Zeit nicht mehr in meiner Gewalt ist, so muss jede Handlung, die ich ausübe, durch bestimmende Gründe, die nicht mehr in meiner Gewalt sind, notwendig sein, d. i. ich bin in dem Zeitpunkt, darin ich handle, niemals frei." (GMS A 169)

Zur Beantwortung der Freiheitsfrage setzt nun Kant wieder mit seiner Zwei-Welten-Theorie ein, dass der Mensch ein Sinnenwesen und *zugleich* ein Verstandeswesen ist:

Das wichtigste Differenzkriterium zwischen den beiden Existenzweisen ist die Zeit. Diese Unterscheidung führt bei Kant zu folgenden Ergebnissen:
- Als Sinnenwesen (hier untersteht er der Zeit) ist der Mensch „Erscheinung", auch sich selbst gegenüber in der inneren Wahrnehmung. Wenn etwas oder jemand nur als „Erscheinung" erkannt wird, so drückt dies aus, dass man nicht genau weiß, was oder wer diese Erscheinung eigentlich („an sich") ist, hier also ob jemand ein guter oder böser Mensch ist. Es bleibt also für den Menschen als Erscheinung immer noch ein unerkannter Rest.
- Als Verstandeswesen (hier untersteht er *nicht* der Zeit) ist der Mensch aber ein Ding an sich", ein Noumenon, und also frei, denn es gibt hier keinen Faktor aus der Vergangenheit, der in die Gegenwart hineinreicht. Um es zu betonen: Zur Unfreiheit gehört der Faktor Zeit, zur Freiheit gehört, dass dieser Faktor Zeit fehlt. Wie aber erkennt man psychisch real diesen Zustand? Wodurch macht er sich bemerkbar? Ist er nur denkbar oder auch sinnlich erlebbar? Kant beschreibt es im Phänomen der Reue.

Diese Argumentation verbindet Kant mit lebenspraktischen Erfahrungen. Er erzählt die Geschichte eines „geborenen Bösewichts": Jemand hat eine Erziehung genossen, die andere zu guten Menschen gemacht hat, diesen einen aber nicht. Seine „frühe Bosheit" hat er bis in die „Mannesjahre" beibehalten, und man hält ihn deshalb allgemein für „unverbesserlich", nur er selbst nicht. Er hält die Vorwürfe gegen ihn für begründet und fühlt sich genauso verantwortlich wie jeder andere Mensch auch. Dies könnte nicht geschehen, so Kant, wenn nicht das Bewusstsein einer freien (bösen) Entscheidung vorhanden wäre, die dann einen bestimmten Charakter, nämlich hier einen bösen Charakter, zur Folge hat. (KpV A 178 f.)

Die entscheidende Deutung liegt für Kant im Phänomen der Reue, wie nun gezeigt werden soll. In dieser Geschichte unterstellt Kant, dass die Innenperspektive dem Menschen die Welt der Freiheit offenbart, selbst dann, wenn die empirischen Gegebenheiten das Gegenteil suggerieren. Fundament für diese gesamte Diskussion und das Verständnis der Freiheitslehre Kants ist also die Unterscheidung zwischen (1) den „Erscheinungen" in der empirischen Welt und (2) dem „Ding an sich" in der intelligibelen Welt. In weniger theoretischer Form zeigt sich der gleiche Sachverhalt: Wie könnte man überhaupt ein Sollen verlangen, wenn alles in der Welt und im Menschen naturgesetzlich zuginge? Man könnte zu niemandem sagen: Du sollst dieses oder jenes tun bzw. unterlassen.

Vor allem wäre dann das Phänomen der Reue eine merkwürdige Erscheinung. Sie macht sich ja stets dann schmerzhaft bemerkbar, wenn der Mensch etwas getan hat, das er hätte unterlassen *sollen*. Wenn nun alles von einer rückwärts gewandten Kausalkette abhängig ist, wieso gibt es dann diese Reue? Die Natur hätte etwas in den Menschen hineingelegt, das überflüssig wäre: In einer total naturdeterminierten Welt bräuchte es keine Reue geben, wenn sowieso nichts ungeschehen gemacht werden kann, und auch neue Kausalketten gleiche oder neue Wirkungen unabweislich zur Folge haben würden. Wie also ist das Phänomen der Reue zu erklären? Kants Antwort: Sie ignoriert ganz offensichtlich die Kausalkette in der Zeit. Der seelische Schmerz in Verbindung mit Reue zeigt, dass die Vernunft bezüglich des Moralgesetzes „keinen Zeitunterschied anerkennt". Er fährt fort: „Darauf gründet sich denn auch die Reue über eine längst begangene Tat bei jeder Erinnerung derselben." Was ist der Sinn dieser inneren Reaktion? Sie kann ja das Geschehene nicht wieder gutmachen; die Tat ist geschehen, und niemand kann sie ungeschehen machen. Kants Antwort: Es gibt ganz offensichtlich eine innere Stimme, das Gewissen, welches die Reue hervorbringt. Diese schert sich nicht um Kausalbedingungen (etwas ist abhängig von etwas, das wiederum abhängig ist von etwas anderem, das wiederum abhängig ist...usw.), sondern stellt ein zeitloses Urteil aus in der kategorischen Form: Du sollst bzw. du sollst nicht! Es ist also die Stimme einer Pflicht, die hier ausgedrückt wird, der ein Wille gehorchen soll. Hier spricht offensichtlich eine Stimme zu uns herüber, die außerhalb der Zeit steht: die praktische Vernunft spricht durch das Sittengesetz. Das bedeutet für Kant: Im Augenblick der bösen oder guten Tat stehen wir außerhalb der Zeit, die ihre Wirkung aber dann sofort in der Sinnenwelt ausübt, so dass von jetzt an in der Sinnenwelt alles wieder in schöner Reihenfolge einer empirischen Kausalkette abläuft.

Die Instanz, die das alles zum Vorschein bringt, ist das Gewissen, „jenes wundersame Vermögen in uns". Kant denkt hier an das Gewissen als „innerer Gerichtshof" (*forum internum*), wie es ursprünglich bei Philon von Alexandrien[65] und beim Apostel Paulus[66] beschrieben wurde, nämlich mit den drei Instanzen des Anklägers, Verteidigers und Richters (und natürlich dem Angeklagten). Bei Kant sind es „die sich selbst anklagenden oder freisprechenden Gedanken". Wenn sich jemand an ein „gesetzwidriges Betragen" erinnert, und der Verteidiger in ihm alles auf puren Zufall, Unachtsamkeit usw. schieben möchte, so wird der Ankläger in ihm trotzdem nicht „zum Verstummen" zu bringen sein, weil der Übeltäter sich bewusst ist, dass er zum Zeitpunkt des Unrechttuns „im Gebrauche seiner Freiheit" war. Also besteht der „innere Gerichtshof" durch den „Ankläger" ebenfalls auf einem Faktor, der nicht der Kausalität in der Zeit unterliegt, sondern zeitlos auftritt. Jede noch so einfache Handlung, wie z. B. ein Diebstahl, steht unter der Forderung der Freiheit. Denn, so Kant, wie könne man allgemein verlangen, dass ein Diebstahl unterbleiben *solle*, wenn jemand unwidersprochen argumentieren dürfe, dass er unausbleiblich erfolgen musste? (KpV A 171)

Auf diese Weise bildet sich der Mensch seinen Charakter: Der Ursprung seiner guten oder bösen Tat erfolgt „spontan", d. h. frei (sonst dürfte das Gewissen nicht tadeln und die Reue nicht schmerzen), aber die empirischen Folgen in der Sinnenwelt (in welcher der Mensch eigentlich lebt) aus dieser vergangenen Tat formen nach und nach seinen Charakter.

Damit hat Kant auf zwei Wegen den Faktor Zeitlosigkeit und damit die positive Freiheit (Freiheit zu ...) beschrieben,
- einmal mit Hilfe des theoretischen Vernunftgebrauchs durch die Differenz von sinnlicher Erscheinung und intelligibelem Ding an sich (dem unbekannten x),
- das andere Mal mit Hilfe der lebenspraktischen Introspektion durch das Gewissen und die Reue.

Abschließend stellt Kant noch die Frage, ob durch Gottes Allmacht (in der Schöpfung) die menschliche Freiheit eingeschränkt wird. Dieser letzte Abschnitt vor dem Dialektik-

---

[65] Jüdischer Philosoph (ca. 20/15 v. –42 n. Chr.)
[66] Paulus von Tarsos; Apostel; genaue Lebensdaten unsicher (ca. 0/10 n. Chr. – ca. 60)

Teil bereitet der Kantforschung gewisse Schwierigkeiten, weil nicht ganz klar ist, was Kant hier ausdrücken möchte. (Sala 2004, 221 f.) Kant geht hier wieder auf die Rolle des Menschen als Noumenon ein, also eines Wesens, das nicht der Zeit unterworfen ist, das aber als Phaenomenon der Sinnenwelt, also der Zeit, unterworfen ist. Die Welt hat somit für den Menschen einen doppelten ontologischen Stellenwert, (1) den Status einer „Erscheinung" und (2) den eines „Dinges an sich". Nachdem Kant dargelegt hatte, dass Naturkausalität und Freiheit *zugleich* vereinbar sind, stellt er die Frage nach der Vereinbarkeit von Schöpfung und Freiheit. Unter Zugrundelegung der Zweiweltentheorie betrifft die Schöpfung in Bezug auf den moralischen Status des Menschen nicht die phänomenale Welt, sondern die noumenale Welt. Das Problem dieses Abschnitts könnte im Begriff „Schöpfung" liegen: Die Schöpfung bezieht sich biblisch auf die Sinnenwelt (Himmel und Erde, das Firmament, die Ozeane, die Tiere, schließlich der Mensch), zugleich wurde dem ersten Menschenpaar ein Gesetz gegeben, d. h. das noumenale Moralgesetz gehört auch zur Schöpfung. In dieser Sicht ist Gott nicht für die in der Sinnenwelt ablaufenden Handlungen der Menschen verantwortlich. In moralischer Hinsicht betrifft „die Schöpfung ihre intelligibele, aber nicht ihre sensible Existenz, und [kann] also nicht als Bestimmungsgrund der ‚Erscheinungen' in der Sinnenwelt angesehen werden." (KpV A 184)

Mit diesem Exkurs in die Schöpfungstheologie gibt Kant selbst zu, dass sie „viel Schweres in sich" habe und „einer hellen Darstellung kaum empfänglich" sei. Er rechtfertigt sich trotzdem: „Allein, ist denn jede andere, die man versucht hat, oder versuchen mag, leichter und fasslicher?" Kant rechtfertigt sich abschließend ein weiteres Mal, dass es für eine Wissenschaft vorteilhafter sei, wenn man alle Schwierigkeiten aufdeckt, als dass man sie ungelöst zudeckt. (KpV A 185)

zu 4: Freiheit und übersinnliche Welt (KpV A 185–191)

In letzten Abschnitt greift Kant nochmals die Frage auf, ob der praktische Vernunftgebrauch neben seiner Maximenverbesserung auch noch einen anderen Wert habe. Diese Frage soll offensichtlich das nächste Kapitel, die Dialektik, vorbereiten, in der Kant den Zusammenhang von Freiheit, Unsterblichkeit der Seele und der Existenz Gottes aufgreift. Er argumentiert in diesem Schlusskapitel folgendermaßen: Ohne die Verwendung von Kategorien kann man nichts erkennen. Die hier in Frage kommende Kategorie ist die der Kausalität. Da der Mensch ein Sinnenwesen und ein Verstandeswesen zugleich ist, kann man, wie schon mehrfach von Kant dargelegt, den Menschen einerseits als determiniert, andererseits als frei denken, ohne in einen Widerspruch zu geraten.

Kant fragt nun, ob „dieses Können in ein Sein verwandelt" werden kann, d. h. ob Freiheit wirklich existiert. Eine Kausalität aus Freiheit kann aber empirisch in der Sinnenwelt nicht beobachtet werden. Also sucht Kant nach einem „objektiven Grundsatz der Kausalität", der alle sinnlichen Bedingungen ausschließt. Er fährt fort: „Dieser Grundsatz aber bedarf keines Suchens und keiner Erfindung; er ist längst in aller Menschen Vernunft gewesen und ihrem Wesen einverleibt, und ist der Grundsatz der Sittlichkeit." (KpV A 188) Weil dieser „Grundsatz der Kausalität" ein „Faktum der Vernunft" ist, kann hier der Mensch als frei und somit auch die „Wirklichkeit einer intelligibelen Welt" mit Hilfe der praktischen Vernunft erkannt werden. Wie ist das zu verstehen? Die Freiheit qua Willensfreiheit hat ihren Ort in der intelligibelen Welt, und die, weil mit dieser Freiheit das Moralbewusstsein als ein Faktum „unzertrennlich" verbunden ist, ebenfalls eine tatsächliche Existenz hat. Kant schließt dieses Kapitel: „So lässt es sich begreifen, warum in dem ganzen Vernunftvermögen nur das Praktische dasjenige sein könne, welches uns über die Sinnenwelt hinaus hilft und Erkenntnisse von einer übersinnlichen Ordnung und Verknüpfung verschaffe, die aber eben darum freilich nur so weit, als es gerade für die reine praktische Arbeit nötig ist, ausgedehnt werden kann." (KpV A 190)

5.3.3 Die Dialektik

Hier beginnt das „Zweite Buch" mit dem Titel: „Dialektik der reinen praktischen Vernunft" mit den beiden „Hauptstücken":
1. „Von einer Dialektik der reinen praktischen Vernunft überhaupt" (KpV A 192–197)
2. „Von der Dialektik der reinen Vernunft in Bestimmung des Begriffs vom höchsten Gut" (mit neun Kapiteln: KpV A 198–266)

Entgegen dieser Zweiteilung in seinen beiden Überschriften beginnt Kant bereits im „Ersten Hauptstück" mit der Lehre vom höchsten Gut. Diese beiden „Hauptstücke" (mit den neun Unterkapiteln von Teil zwei) werden in der folgenden Darstellung in drei Kapiteln zusammengefasst behandelt.

5.3.3.1 Dialektik und höchstes Gut

Gegenüber der „Grundlegung zur Metaphysik der Sitten" ist die Lehre vom „höchsten Gut" (*summum bonum*), die Kant hier beginnt, anders konzipiert. (In der Grundlegung bestimmte Kant das höchste Gut als Guter Wille.) Er wird hier in „Kritik der praktischen Vernunft" in der Verbindung von Sittlichkeit (Tugend) und Glückseligkeit die Frage nach Gott und der Unsterblichkeit der Seele stellen. Im Begriff des höchsten Gutes zeigt sich also ein religiös-theologisches Anliegen Kants, das hier integraler Bestandteil seiner Ethik ist.

Kant beginnt dieses Kapitel mit dem Satz, dass die reine Vernunft sowohl im theoretischen als auch im praktischen Gebrauch jederzeit ihre Dialektik habe. Was ist damit gemeint? Zwei Pole werden miteinander in Beziehung gesetzt, eine Bedingung und ein Bedingtes, und zwar die „absolute Totalität der Bedingungen" zu einem „gegebenen Bedingten". Diese „absolute Totalität" nennt er wenige Zeilen weiter auch das „Unbedingte" bzw. die „unbedingte Totalität des Gegenstandes" der reinen Vernunft. Was ist dieses Unbedingte? Dieses Unbedingte ist das „höchste Gut", das über der notwendigen Verbindung von Sittlichkeit (Tugend) und Glückseligkeit zur Lehre von der Unsterblichkeit der Seele und Gott führt.

Was ist nun die praktische Bedingung, unter der wir Menschen handeln? Es ist die sinnliche Neigung, das Naturbedürfnis. (KpV A 194) Also ist unsere Dialektik eingespannt zwischen der sinnlichen Neigung und dem Verlangen nach dem höchsten Gut. Mit anderen Worten: Die vielen erstrebten sinnlichen Einzel-Güter haben ihre Vollendung (Totalität, Unbedingtes) im höchsten Gut als dem Endzweck des Strebens. Kehrt Kant hier zur klassischen Güterethik zurück? Zu dieser Güterethik gehörte, dass jegliches Streben von einem Gut ausgelöst wird, und nicht von der Form eines Willens, wie es Kant in der GMS und in der Analytik der KpV gelehrt hatte. Kant fährt zunächst mit seiner Bestimmung des höchsten Gutes fort, indem er sie als Teil der „Weisheitslehre" bezeichnet, wofür auch der Begriff Philosophie verwendet wird. Die „Alten" (Stoiker und Epikureer) hätten einer Weisheitslehre zwei Aufgaben zugewiesen:

- erstens das „höchste Gut" definitorisch zu bestimmen und
- zweitens das menschliche Handeln so zu beschreiben, *wie* dieses „höchste Gut" zu erwerben sei.

Kant unterscheidet bezüglich des „moralischen Gesetzes" und des „höchsten Gutes":

Das „moralische Gesetz" ist weiterhin der alleinige Bestimmungsgrund des Willens. Das „höchste Gut" ist der „ganze Gegenstand" des Willens (der reinen praktischen Vernunft). Wie ist dies zu verstehen? Kant macht hier keine Kehrtwende zur traditionellen Güterethik. Er argumentiert: Im Begriff des höchstes Gutes ist bereits das moralische Gesetz als oberste Bedingung eingeschlossen, so dass das höchste Gut nicht bloß Objekt, sondern zugleich durch die Vorstellung seiner Existenz (Gott und Unsterblichkeit) der Bestimmungsgrund des Willens ist. Die „Existenz" dieses höchsten Gutes verbürgt wiederum seine „Vorstellung" mit Hilfe der praktischen Vernunft, womit hier die Einheit von Sittengesetz und Freiheit gemeint ist. (KpV A 196) Das „Faktum der Vernunft", das sichere Bewusstsein des Sollens, verbürgt die Existenz dieses höchsten Gutes: Zum Faktum des Moralbewusstseins gehört „unzertrennlich" die Freiheit des Willens. Kant bemerkt hierzu: „Diese Ordnung der Begriffe von der Willensbestimmung darf nicht aus den Augen gelassen werden, weil man sonst sich selbst missversteht und sich zu widersprechen glaubt, wo doch alles in der vollkommensten Harmonie nebeneinander steht." (KpV A 197)

Kant beginnt nun mit dem „Zweiten Hauptstück", das er betitelt hat: „Von der Dialektik der reinen Vernunft in Bestimmung des Begriffs vom höchsten Gut." (KpV A 198) Er beginnt mit einer Begriffsklärung: Das „höchste Gut" setzt sich aus zwei Bestandteilen zusammen, aus dem (1) obersten (*bonum supremum*) und dem (2) vollendeten Gut (*bonum consummatum*). Das oberste Gut ist die Voraussetzung (der Grund) für das vollendete Gut, das Glück, das er auch *bonum perfectissimum* nennt.

Höchstes Gut (*summum bonum*)	
Oberstes Gut (*bonum supremum*)	Vollendetes Gut (*bonum consummatum* [67])
Es ist das Unbedingte (es unterliegt keiner weiteren Bedingung). Es ist die **Sittlichkeit** (von Kant hier **Tugend** genannt), das *bonum originarium*.	Es ist das Ganze, das nicht Teil eines noch größeren Ganzen von der gleichen Art sein kann. Es ist die **Glückseligkeit**, das *bonum perfectissimum*.

---

[67] lat. *consummatum*, von *consummatio* = die Zusammenrechnung, die Vollendung

Das dem bisher Gesagten leuchtet ein, dass wiederum diese Reihenfolge beachtet werden muss:
- Die Sittlichkeit (Tugend) muss der Grund sein, die Glückseligkeit die Folge. Nur dann liegt Autonomie des Willens vor. Die Tugend ist deshalb das *bonum originarium*.
- Wenn aber die Reihenfolge vertauscht wird und der Grund für das Handeln das Streben nach Glückseligkeit ist, und die Tugend nur eine Folge, dann liegt Heteronomie vor. Glückseligkeit ist aber, wie sie hier von Kant aufgefasst wird, das *bonum consummatum* bzw. das *bonum perfectissimum*.
  - Ein *perfectissimum* ist es deshalb, weil zum Begriff des Glücks die Vorstellung der Vollkommenheit gehört, wie bereits Aristoteles das Glück definiert hatte;
  - ein *consummatum* (als Zusammengerechnetes, als Ergebnis-Bilanz) ist es für Kant deshalb, weil es als Folge der tugendhaften Handlungen dem Menschen zugeteilt wird, aber erst in einem anderen Leben. Deshalb gehört für Kant zur Lehre vom höchsten Gut das Postulat der unsterblichen Seele und das Postulat der Existenz Gottes. (Davon aber später in der Postulatenlehre ausführlicher.)

Der Zusammenhang von Tugend und Glückseligkeit wird von Kant folgendermaßen gedacht: Wer in seinem Leben moralisch korrekt (tugendhaft) gelebt hat, muss auch ein Anrecht auf die proportionale Belohnung haben, also auf Glückseligkeit. Da in diesem Leben eine solche Gerechtigkeit nicht herzustellen ist, wird es von Kant in ein Leben nach dem Tod verlegt. Das zeigt, dass für Kant das Prinzip der Gerechtigkeit eine objektive Verbindlichkeit hat, dass ein solcher gerechter Ausgleich von einer „unparteiischen Vernunft" geradezu gefordert wird. (KpV A 199) Auf diese Glückseligkeit hat aber nicht jeder Missetäter ein Anrecht, sondern nur derjenige, der sich die „Würdigkeit" zum Glück durch seine tugendhaften Handlungen verdient hat.

Tugend und Glück gehören hier für Kant notwendig zusammen. Wie ist das zu verstehen? Zwei in einem Begriff notwendig verbundene Bestimmungen müssen wie Grund und Folge verknüpft sein. Diese Einheit kann analytisch oder synthetisch sein. Der Begriff „analytisch" könnte bedeuten: Es liegt eine logische Verknüpfung zwischen Tugend und Glück vor insofern, als beide notwendig zueinander gehören. Diese Auffassung teilt Kant nicht. Mit dem Begriff „synthetisch" meint Kant, dass zwischen Tugend und Glück ein kausaler Zusammenhang wie zwischen Ursache und Wirkung vorliegt. Wenn also Tugend vorliegt, dann folgt daraus kausalgesetzlich Glück, aber nur in proportionaler Hinsicht. Das ist in folgender Grafik dargestellt.

Einheit von Tugend und Glück	
Analytische Einheit = logische Verbindung durch Identität	Synthetische Einheit = reale Verbindung durch Kausalität
Das Streben nach Tugend und nach Glück wären hier keine zwei verschiedenen Handlungen, sondern eine identische Handlung.	Die Verbindung zwischen Tugend und Glück wird hier verstanden wie eine Ursache, die eine Wirkung hervorbringt = Kants Standpunkt. (KpV A 200)

Kant vergleicht nun die beiden antiken Ethikschulen der Stoiker und der Epikureer im Hinblick auf deren Auffassung vom höchsten Gut als Kombination von Tugend und Glück. Beide Schulen denken die Verbindung analytisch, also im Sinne einer Identität. Dies ist aber nach Kant falsch. Kant vergleicht sie folgendermaßen, wie dies in der nachfolgenden Tabelle darstellt ist. (KpV A 200)

Analytischer Zusammenhang von Tugend und Glück	
Epikureer	Stoiker
Sich seiner zur Glückseligkeit führenden Maxime bewusst zu sein ist Tugend.	Sich seiner Tugend bewusst zu sein ist Glückseligkeit.
Glückseligkeit sei das ganze höchste Gut, und die Tugend sei nur die Form der Maxime, sich um das Glück zu bemühen, nämlich im vernünftigen (klugen) Gebrauch der Mittel zu diesem Ziel.	Tugend sei das ganze höchste Gut, und Glückseligkeit nur das Bewusstsein des Besitzes.

Nach Kant orientierten sich die beiden Schulen an zwei verschiedenen Tugenden:
- Die Epikureer orientierten sich an der Klugheit (Wie werde ich glücklich?),
- die Stoiker an der Weisheit (Was ist Sittlichkeit?).

Die Vermutung einer Identität von Tugend und Glück ist nach Kant deshalb falsch, weil durch die Zerlegung (Analyse) des Begriffs der Tugend sich niemand „ipso facto glücklich finden werde", wie sich ebenfalls niemand durch die Analyse des Begriffs Glück bereits tugendhaft finden werde. (KpV A 203) Die Begründung hierfür liegt darin, „dass Glückseligkeit und Sittlichkeit zwei spezifisch ganz verschiedene Elemente des höchsten Gutes sind, und ihre Verbindung also nicht analytisch erkannt werden kann, sondern eine Synthesis der Begriffe sei". (KpV A 203) Diese Verbindung von Tugend und Glück ist notwendig, deshalb auch nicht sinnlich-empirisch. Die Rechtfertigung (Deduktion) dieses Zusammenhangs ist deshalb, in der Sprache Kants, transzendental: Da im Begriff des höchsten Gutes das fundierende Element die Sittlichkeit (Tugend) ist, diese aber in einer unlösbaren Verbindung zur Willensfreiheit steht, muss auch „das höchste Gut durch Freiheit des Willens" hervorgebracht werden.

Den nun folgenden Dialektik-Teil hat Kant in neun Teilkapitel gegliedert (hier: teils zusammenfasst und im Titel vereinfacht):

I – II: Die Antinomie der praktischen Vernunft und ihre Lösung
III: Der Primat des praktischen Vernunftgebrauchs in Verbindung mit dem theoretischen Vernunftgebrauch
IV–VI: Die Postulatenlehre
VII Über eine Erkenntniserweiterung durch praktische Vernunft
VIII: Das Fürwahrhalten
IX: Von der praktischen Bestimmung des Menschen

5.3.3.2 Die Antinomien der praktischen Vernunft

Das nun darzustellende und schließlich zu lösende Problem der Antinomien[68] besteht in der notwendig synthetischen Verbindung von Tugend (Sittlichkeit) und Glückseligkeit. Kant denkt sich diese Verbindung als „Verknüpfung der Ursache mit der Wirkung". (KpV A 204) Beide scheinen zugleich richtig oder zugleich falsch zu sein. Es liegt also eine Antinomie vor.

Antinomien bezüglich des höchsten Gutes	
Die Begierde nach Glückseligkeit ist die Bewegursache zu Maximen der Tugend.	Die Maxime der Tugend ist die wirkende Ursache der Glückseligkeit
Diese Verbindung ist „schlechterdings unmöglich". Begründung: Wie im Analytik-Teil bereits gezeigt, sind materiale Maximen ungeeignet, einen moralischen Willen zu bestimmen.	Diese Verbindung ist „bedingterweise unmöglich". Begründung: In der Sinnenwelt unterliegt ein Erfolg nicht den Willensmaximen, sondern den empirischen Kausalgesetzen oder der Geschicklichkeit usw.

Beide Synthesen sind also unmöglich, wenn auch einmal schlechterdings, das andere Mal bedingterweise. Daraus könnte folgen: Aus der Unmöglichkeit der ersten Synthese würde die Falschheit der zweiten folgen. Wie ist hier weiterzukommen? Kant stellt hierzu fest: Das höchste Gut ist ein a priori notwendiges Objekt unseres Willens und ist mit dem Moralgesetz „unzertrennlich" verbunden. (KpV A 205)

Die Auflösung dieser Antinomie erfolgt (ebenso wie diejenige in der KrV in der Freiheitsfrage) durch die Unterscheidung zwischen der Sinnen- und der Verstandeswelt. Der erste Zusammenhang ist schlechterdings falsch, der zweite ist nur dann falsch, wenn man die Synthese als eine Verbindung in der Sinnenwelt ansieht. Die dort herrschenden Gesetze gestatten keinen proportionalen Zusammenhang zwischen Gutsein und Glücklichsein, aber in der noumenalen Welt ist ein solcher Zusammenhang möglich, ja sogar notwendig. Kant fährt fort: Das „höchste Gut ist der notwendige höchste Zweck eines moralisch bestimmten Willens, ein wahres Objekt der praktischen Vernunft". (KpV A 207) Hier wird das „höchste Gut" mit dem „höchsten Zweck", einem teleologischen Begriff, identifiziert, denn es ist für vernünftige Wesen ein „ausgestecktes Ziel aller ihrer moralischen Wünsche". (KpV A 208) Das höchste Gut muss nun in der Verknüpfung mit einer intelligibelen Welt gesucht werden, weil man diese Verknüpfung von Gutsein und Glücklichsein nicht schon „in diesem Leben (in der Sinnenwelt)" haben kann. (KpV A 208)

Kant beschäftigt sich nun mit dem „tugendhaften Epikur" und seiner Lehre „von der Glückseligkeit, die aus dem Bewusstsein der Tugend im Leben entspringe". Wie kam Epikur zu dieser Auffassung, die Kant einen „Fehler" nennt? (KpV A 208) Epikur (und wie viele andere) setzte die tugendhafte Gesinnung in den Personen schon voraus, nämlich die Zufriedenheit, wozu die „uneigennützigste Ausübung des Guten mit zu den

---

[68] Antinomie: gr. *antinomía* = Widerspruch innerhalb eines Gesetzes, eines Satzes oder zweier Sätze, von denen jeder den Anschein von Gültigkeit hat.

Genussarten der innigsten Freude" gehörte, für die er die „Triebfeder zur Tugend" zuerst angeben wollte.

Was war also nach Kant Epikurs Fehler? Er hatte nicht bedacht, dass sich der „Rechtschaffene" nicht glücklich fühlen kann, wenn er sich seiner Rechtschaffenheit nicht bewusst ist; also muss das Bewusstsein der Tugend (durch eine Tat) dem Glücksgenuss (einem Gefühl) vorausgehen. Im anderen Fall würde er bei einer „Übertretung" seiner Pflichten „durch seine eigene Denkungsart" zu einer „moralischen Selbstverdammnis" genötigt sein, die ihm jeden Genuss und jede Annehmlichkeit rauben würde. Kant trägt hier nun wiederum seine Lehre vor, dass die Tugend (die Moralität) als Handlung dem Glück (als Gefühl) vorangehen müsse, ein moralisches Gefühl also immer nachfolgen müsse. Kant macht darauf aufmerksam, dass selbst ein tugendhafter Mensch „des Lebens nicht froh werden" könnte, wenn er sich in seinen Handlungen seiner Rechtschaffenheit nicht bewusst wäre, selbst wenn er alle physischen Glücksgüter hätte. Und weiter: Man könne doch niemandem tugendhaft machen, wenn er den moralischen Wert seiner Existenz noch gar nicht kennt, und ihm das Gefühl der „Seelenruhe" (*Ataraxia*) „anpreisen", für das er überhaupt noch „keinen Sinn hat"? (KpV A 209)

Kant weist nun darauf hin, dass es von „großer Wichtigkeit" ist, diesen Grund-Folge-Zusammenhang von Tugend (als Akt der Handlung) und dem Glück als nachfolgendes Gefühl in Bezug auf unsere Persönlichkeit zu „kultivieren". Denn bei den praktischen Handlungen des Alltags lauert dieser „Fehler des Erschleichens (*vitium subreptionis*)" auf uns, der gleichsam eine „optische Illusion" in unserem Bewusstsein ist: Immer wenn wir unser Begehrungsvermögen bestimmen, ist dies mit einem „Wohlgefallen" an der Handlung, einer „Lust" verbunden. Diese Lust darf sich aber erst dann einstellen, wenn der unmittelbare Bestimmungsgrund des Willens das Sittengesetz ist. Die vorhergehenden Gefühle nennt Kant ästhetisch und pathologisch. Wenn der Mensch „angenehmen Gefühlen zufolge" eine Handlung begeht, erfolgt diese nur „pflichtgemäß", aber nicht aus Pflicht. Diese Lehre vom Grund-Folge-Zusammenhang und der Unterscheidung zwischen „pflichtmäßig" und „aus Pflicht" nennt Kant den „wahren Zweck der moralischen Bildung". (KpV A 211)

Kant geht nun weiter auf die Suche nach angenehmen Gefühlen, die unsere Handlungen begleiten, und ob sie diesen vorhergehen oder nachfolgen. Ein „Analogon der Glückseligkeit", welches das „Bewusstsein der Tugend" notwendig begleitet, ist die „Selbstzufriedenheit", d. h. ein Wohlgefallen an unserer Existenz. Dieses ist aber nur ein negatives Wohlgefallen, indem man sich bewusst ist, nichts weiter zu bedürfen. Freiheit dagegen, im Bewusstsein der moralischen Gesetzesbefolgung, ist eine intellektuelle Zufriedenheit. Eine ästhetische Zufriedenheit, die auf der Befriedigung der Neigungen beruht, so fein diese auch immer sein mögen, kann niemals den eigenen Wert bewusst machen. „Neigungen wechseln, wachsen mit der Begünstigung, die man ihnen widerfahren lässt, und lassen immer noch größere Leere übrig, als man auszufüllen gedacht hat. Daher sind sie einem vernünftigen Wesen jederzeit lästig, und wenn es sie gleich nicht abzulegen vermag, so nötigen sie ihm doch den Wunsch ab, ihrer entledigt zu sein." (KpV A 213) Aber selbst eine positive Neigung, wie die zur pflichtmäßigen Wohltätigkeit, kann zwar die Wirksamkeit der moralischen Maximen sehr erleichtern, aber keine hervorbringen. „Neigung ist blind und knechtisch, sie mag gutartig sein oder nicht." (KpV A 213) Aber selbst das „Gefühl des Mitleids", „wenn es *vor* der Überlegung, was Pflicht sei, existiert und so Bestimmungsgrund wird, ist wohldenkenden Personen eher lästig, bringt ihre überlegten Maximen in Verwirrung, und bewirkt den Wunsch, ihrer entledigt und allein der gesetzgebenden Vernunft unterworfen zu sein." (KpV A 213) Kant fährt mit seiner Abwägung sensualistischer Zufriedenheit gegenüber intellektuellen Zufriedenheiten fort. Er macht auf ein anderes Gefühl aufmerksam: Wenn man beim Handeln nur Vernunftgründe (Tugenden) als Bestimmungsgründe des Willens akzeptiert, dann erlebt man etwas Doppeltes:

- Erstens erfährt man das Bewusstsein der „Obermacht über seine Neigungen" und erlebt somit die Unabhängigkeit von ihnen,
- zweitens aber durch die Distanz von den Neigungen die Unabhängigkeit von der „Unzufriedenheit, die diese immer begleitet". Dies ist ein negatives Wohlgefallen, eine Zufriedenheit des Menschen mit seiner Person. Durch die Freiheit (im Sinne der vernünftigen Selbstbestimmung) wird der Mensch auch „eines Genusses fähig", der aber nicht Glückseligkeit und auch nicht Seligkeit genannt wird, sondern Selbstgenügsamkeit, wie man sie analog „dem höchsten Wesen" zuspricht.

Mit diesen Argumenten erklärt Kant die Auflösung der Antinomie für vollzogen, weil es hier im moralischen Handlungsbereich eine „notwendige Verbindung zwischen dem Bewusstsein der Sittlichkeit und der Erwartung einer ihr proportionierten Glückseligkeit als Folge derselben" gibt. Wenn das geschilderte Grund-Folge-Verhältnis bzw. die Über- und die Unterordnung der beiden Begriffe beachtet wird, dann ist das „höchste Gut das ganze Objekt der reinen praktischen Vernunft". (KpV A 214)

5.3.3.3 Der Primat der praktischen Vernunft

In diesem relativ kurzen Kapitel (KpV A 215–220) untersucht Kant die Rangordnung zwischen dem theoretischen und dem praktischen Vernunftgebrauch, betont aber zugleich, dass es nur *eine* Vernunft gibt (die eben unterschiedlich gebraucht wird). Kant beginnt mit einer Begriffsdefinition: Unter einem „Primat von zwei oder mehr durch Vernunft verbundenen Dingen versteht [er] den Vorzug des einen, der erste Bestimmungsgrund der Verbindung mit allen übrigen zu sein". Welche Art von „Vorzug" ist damit gemeint? Kant bezeichnet ihn als „Vorzug des Interesses": Da wir Menschen mehrere Interessen haben, entsteht die Frage, welches Interesse bevorzugt wird. Kant überträgt diese Vorstellung nun auf die „Vermögen des Gemüts", denen man ein bestimmtes Interesse beilegen könne. Die zu untersuchenden Vermögen sind der theoretische und der praktische Vernunftgebrauch. Diese unterscheiden sich folgendermaßen:

- Das Interesse des theoretischen Vernunftgebrauchs besteht in der Erkenntnis des Objekts bis zu den höchsten Prinzipien a priori,
- das Interesse des praktischen Vernunftgebrauchs besteht in der Bestimmung des Willens im Hinblick auf den „letzten und vollständigen Zweck" (dem bonum consummatum), den Kant zuvor auch das höchste Gut genannt hat. Unter der gesuchten Bedingung für einen Primat des einen Vernunftvermögens vor dem

anderen wird nicht deren bloße Kombinationsfähigkeit verstanden, sondern nur die „Erweiterung" wird als Interesse bezeichnet.

Entweder hat der theoretische oder der praktische Vernunftgebrauch den Primat, insofern er eine „Erweiterung" des Vernunftgebrauchs ermöglicht. Zwei Möglichkeiten sind also zu prüfen:
- Hätte der theoretische Vernunftgebrauch den Primat, so entstünde für die Ethik eine Situation, wie sie Epikur repräsentiert: Sie müsste „alles als leere Vernünftelei ausschlagen, was seine objektive Realität nicht durch augenscheinliche in der Erfahrung aufzustellende Beispiele beglaubigen kann". Die praktische Vernunft (der Wille) wäre auf den Leistungsbereich der theoretischen Vernunft eingeschränkt und müsste das „annehmen", was die theoretische Vernunft ihr an Erkenntnissen „darreicht". (KpV A 216) Verschlossen bleibt dem theoretischen Vernunftgebrauch aber die Erfahrung der positiven Freiheit (Freiheit zu …).
- Hat aber der praktische Vernunftgebrauch den Primat, dann kann die Leistung der theoretischen Vernunft mit der praktischen Vernunft verknüpft werden, was zu der gesuchten „Erweiterung" des Vernunftgebrauchs führt. Dazu ist aber notwendig, „dass diese Verbindung nicht etwa zufällig und beliebig, sondern a priori auf der Vernunft selbst gegründet, mithin notwendig sei". (KpV A 219) Kant begründet diesen Primat damit, dass „alles Interesse zuletzt praktisch ist". Und das bedeutet, dass selbst die theoretischen Erkenntnisse immer nur „bedingt" interessieren, weil jede theoretische Erkenntnis nur im praktischen Gebrauch „allein vollständig" ist. (KpV A 219) Erst im praktischen Gebrauch, d. h. in der Anwendung durch das Moralgesetz auf der Basis der Willensfreiheit, erschließt sich die Frage nach dem Guten oder Bösen.

5.3.3.4 Die Postulatenlehre

In diesem Kapitel werden drei Unterkapitel aus dem Dialektik-Teil der KpV zusammenfasst, die dort in der fortlaufenden Nummerierung folgendermaßen lauten:
IV: „Die Unsterblichkeit der Seele, als ein Postulat der reinen praktischen Vernunft". (KpV A 219–223)
V: „Das Dasein Gottes, als ein Postulat der reinen praktischen Vernunft" (KpV A 223–237)
VI: „Über die Postulate der reinen praktischen Vernunft überhaupt" (KpV A 238–241)

In den Unterkapiteln über die Postulatenlehre knüpft Kant an seine Lehre vom „höchsten Gut" als dem „Objekt" und dem „Endzweck" des menschlichen Strebens an. Damit liefert Kant die Auflösung der Frage, die er mit dem Ausdruck „Dialektik" bezeichnet hatte durch die Darlegung der unterschiedlichen Leistungsfähigkeit des theoretischen und des praktischen Vernunftgebrauchs. Was theoretisch unentschieden bleiben muss, wird praktisch sicher.

Zu IV: Die Unsterblichkeit der Seele

Kants Ausgangsbasis ist folgender Ansatz: Das „höchste Gut" ist das „notwendige Objekt" eines durch das moralische Gesetz bestimmten Willens. Dieses höchste Gut (*summum bonum*) gilt es für den Menschen zu erreichen. Dieses „höchste Gut" setzt sich aber, wie schon darlegt, aus zwei Elementen zusammen: aus Sittlichkeit (Tugend) und Glückseligkeit. Diese „erste und vornehmste Teil des höchsten Gutes", die Sittlichkeit (Tugend), wird von Kant hier untersucht, das zweite Element, die Glückseligkeit, im folgenden Teil V, in dem er über das Dasein Gottes spricht. Die Tugend war von Kant bestimmt worden als oberstes Gut (*bonum supremum*), die Glückseligkeit als *bonum consummatum* bzw. *bonum perfectissimum*.

Die oberste Bedingung für die Realisierung dieses höchsten Gutes ist die „völlige Angemessenheit" der persönlichen Gesinnungen zum moralischen Gesetze. Kant erläutert nun diese „völlige Angemessenheit" des Willens zur Erreichung des höchsten Gutes: „Die völlige Angemessenheit des Willens aber zum moralischen Gesetz ist Heiligkeit, eine Vollkommenheit, deren kein vernünftiges Wesen der Sinnenwelt, in keinem Zeitpunkte seines Daseins, fähig ist." (KpV A 220) Damit ist die weitere Argumentation schon festgelegt: Wenn das höchste Gut das „notwendige" Objekt jedes Willens ist, dieses aber niemals unter den Lebensbedingungen der Menschen in dieser Welt in der Sinnenwelt erreichbar ist, weil dazu „Heiligkeit" erforderlich ist, „so kann sie nur in einem ins Unendliche gehenden Progressus zu jener völligen Angemessenheit angetroffen werden". Kant bestimmt diesen unendlichen moralischen Progressus dann als „Unsterblichkeit der Seele". (KpV A 220) Diese Unsterblichkeit der Seele nennt Kant ein Postulat der praktischen Vernunft, worunter er einen zwar theoretisch nicht beweisbaren Satz versteht, der aber mit einem „a priori unbedingt geltenden praktischen Gesetz unzertrennlich" verbunden ist. (KpV A 220) Dieses a priori unbedingt geltende Gesetz ist die Sittlichkeit, der kategorische Imperativ (in der Sprache der GMS), das Sittengesetz.

Zu V: Das Dasein Gottes

Nun kommt Kant zur Beantwortung der Frage, wie das zweite Element des höchsten Gutes, die Glückseligkeit, erreicht werden kann. Wenn zur Erreichung der obersten Bedingung des höchsten Gutes die Unsterblichkeit der Seele erforderlich ist, dann muss es ein vernünftiges Wesen geben, das diese Unsterblichkeit ermöglicht, also Gott. Dies erläutert Kant noch auf andere Weise: Wenn aus der Lehre vom höchsten Gut folgt, dass es einen proportionalen Zusammenhang zwischen Tugend und Glück geben muss, dieser aber wegen der in der Sinnenwelt geltenden Kausalität nicht erreichbar ist, dann muss dieser Zusammenhang durch ein Wesen geschaffen werden, das „eine der moralischen Gesinnung gemäße Kausalität hat", das also Glück auf gerechte Weise tatsächlich zuteilen kann. (KpV A 225) Kant scheibt: „Also ist das höchste Gut in der Welt nur möglich, so fern eine oberste Ursache der Natur angenommen wird, die eine der moralischen Gesinnung gemäße Kausalität hat." (A 225) Beides kann aber nur postuliert, nicht bewiesen werden: die Unsterblichkeit der Seele und das Dasein Gottes. Diese beiden Postulate nennt Kant auch einen „Vernunftglauben", weil das höchste Gut allein seine Quelle in der Vernunft hat. (KpV A 227)

Kant vergleicht nun die Ethik der Epikureer, der Stoiker und die „Lehre des Christentums" bezüglich des höchsten Gutes miteinander.

Die Epikureer hatten ein ganz falsches Prinzip der Sittlichkeit, die Glückseligkeit, als Anfang der Handlungsmaximen aufgestellt. Dieses Prinzip der Glückseligkeit lehrten sie aber sehr konsequent (wozu auch Enthaltsamkeit und ein maßvolles Leben als Tugenden gehörten) und bestimmten somit das höchste Gut allein aus der Klugheit. Dies war aber zugleich die Grenze ihrer Glücksvorstellung: Glück als ein maßvolles Leben.

Die Stoiker hatten richtigerweise von den zwei Elementen des „höchsten Gutes" ihr oberstes Handlungsprinzip in die Tugend gelegt, aber das zweite Element, die Glückseligkeitslehre, vernachlässigt. Kant kritisiert hier die Stoiker, weil sie ihre Ethik nur weltimmanent angelegt haben, den transzendenten Bezug des Menschen aber ausklammerten. Ihre Lehre vom „Weisen" ist so hoch geschraubt, dass sie jeder „Menschenkenntnis widerspricht". Dieser stoische Weise war „gleich einer Gottheit" konstruiert worden, als „frei vom Bösen", den sie zwar den „Übeln des Lebens aussetzten, aber nicht unterwarfen". Der stoische Weise praktizierte die Tugend mit einem „gewissen Heroismus", trug anderen Menschen ihre Pflichten vor, war selbst aber „keiner Versuchung zur Übertretung dieser Pflichten unterworfen". (KpV A 230) Dieser so konstruierte Weise verlangt auch nicht nach dem „Gegenstand des menschlichen Begehrungsvermögens", der Glückseligkeit.

Die Lehre des Christentums dagegen (die Kant hier nicht als „Religionslehre", sondern als Ethik auffasst) kennt den Begriff des „höchsten Gutes" als „Reich Gottes", der „allein der strengsten Forderung der praktischen Vernunft ein Genüge tut". (KpV A 231) Kant steigert gegenüber dem bisher Vorgetragenen seine Ansprüche, wenn er hier das moralische Gesetz „heilig" nennt, wobei er darunter die Unnachsichtlichkeit versteht, mit der sie die „Heiligkeit der Sitten" fordert, die allerdings beim Menschen nur Tugend sein kann, also eine „gesetzmäßige Gesinnung aus Achtung fürs Gesetz". (KpV A 231) Es geht also auch hier nicht um äußere Vollzüge tugendhafter Handlungen, sondern um eine innere Gesinnung, die sich an einer strengen Pflichtauffassung orientiert.

Im Gegensatz zum stoischen Weisen berücksichtigt dieses Gesetz der Heiligkeit den „kontinuierlichen Hang zur Übertretung" durch den Menschen. Zwischen moralischer Pflichterfüllung (Tugend) und der Glückseligkeit besteht nun in dieser christlichen Lehre kein notwendiger Zusammenhang, denn „das moralische Gesetz verheißt noch keine Glückseligkeit", weil diese „nicht notwendig verbunden" sind. (KpV A 231) Dieser Zusammenhang kann nur durch einen „heiligen Urheber" erfolgen, durch den „Natur und Sitten" in eine für beide Seiten „fremde Harmonie" gebracht werden, so dass das „abgeleitete höchste Gut möglich" wird. (KpV A 232)

Hier sieht sich Kant offenbar dem Vorwurf der Heteronomie ausgesetzt, den er aber sogleich zurückweist. Bezüglich der Erkenntnis Gottes verweist er wieder auf die Grund-Folge-Regel seiner Ethik: Die Erkenntnis Gottes und seines Willens ist nicht der Grund für das Moralgesetz, sondern es ist die Folge zur Erlangung des höchsten Gutes, wozu auch die Triebfeder (Motivation) gehört. Also bleibt auch unter dieser religiösen Betrachtung die Autonomie des Willens gewahrt, das Kernstück der Ethik Kants. Kant hat diesen Sachverhalt in der zweiten Auflage der „Kritik der reinen Vernunft" in dem berühmt gewordenen Satz ausgedrückt: „Ich musste also das Wissen aufheben, um für den Glauben Platz zu bekommen". (KrV, Vorrede B XXX) In der „Kritik der praktischen Vernunft" drückt er dies so aus: „Auf solche Weise führt das moralische Gesetz durch den Begriff des höchsten Gutes und den Endzweck der reinen praktischen Vernunft, zur

Religion, d. i. zur Erkenntnis aller Pflichten als göttlicher Gebote, nicht als Sanktionen, d. i. willkürlich für sich selbst zufällige Verordnungen eines fremden Willens, sondern als wesentlicher Gesetze eines freien Willens für sich selbst". (KpV A 233)

Der Begriff des höchsten Gutes wird wieder mit dem teleologischen Begriff des Endzweckes verbunden, er drückt also eine Strebensrichtung aus. Das moralische Gesetz macht diese Strebensrichtung auf den Endzweck (das höchste Gut) geradezu zur Pflicht. Kant begründet dies damit, dass die Gesetze des freien menschlichen Willens zugleich als „Gebote des höchsten Wesens" angesehen werden müssen, weil wir nur von einem „moralisch-vollkommenen" (heiligen und gütigen) und zugleich „allgewaltigen Willen" das „höchste Gut" erlangen können, „welches zum Gegenstande unserer Bestrebungen zu setzen uns das moralische Gesetz zur Pflicht macht". (KpV A 233) Kant erläutert dies mit einem anderen Kernsatz aus seiner Ethik: „Daher ist auch die Moral nicht eigentlich die Lehre, wie wir uns glücklich machen, sondern wie wir der Glückseligkeit würdig werden sollen." (KpV A 234) Das „höchste Gut", das Kant hier wieder „Reich Gottes" nennt, gehört für ihn deshalb zur „Hoffnung" und damit zur Religion, so dass man konsequenterweise den „Schritt zur Religion" tun müsse. Der „letzte Zweck" ist also nicht die Glückseligkeit, sondern er ist das höchste Gut mit der Doppelstruktur von Gutsein und Glücklichsein, so dass nun das „höchste Gut" anders und neu formuliert werden kann: **Das höchste Gut ist die Würdigkeit zum Glücklichsein.** Das fundierende Element des Grundes für das Glücklichsein steckt dabei in der „Würdigkeit", verstanden der Tugend bzw. Sittlichkeit. Die besprochenen drei ethischen Systeme (ergänzt um die antiken Kyniker, bei Kant aber Zyniker geschrieben) werden von ihm mit ihrem leitenden Prinzip charakterisiert. (KpV A 231) Dies wird in der folgenden Tabelle dargestellt.

Schule	Kyniker	Epikureer	Stoiker	Christen
Prinzip	Natureinfalt	Klugheit	Weisheit	Heiligkeit

zu VI: Über die Postulate der reinen praktischen Vernunft überhaupt

Kant unterscheidet hier drei Postulate:
1. die Unsterblichkeit,
2. die positive Freiheit und
3. das Dasein Gottes.

Über alle drei Bereiche kann die theoretische Vernunft keine Aussagen machen, ohne sich in Widersprüche zu verwickeln. Im praktischen Vernunftgebrauch dagegen sind sie über den Begriff des höchsten Gutes als Objekt unseres Willens notwendig.

Kant fasst zunächst seine Position zusammen: (1) Ausgangspunkt ist die Moralität, die kein Postulat ist, sondern ein Gesetz. (2) Durch dieses Moralgesetz bestimmt die Vernunft unmittelbar den Willen (dass und wie sie dies kann, wurde in der Analytik gezeigt). (3) Die drei Postulate der Freiheit, Unsterblichkeit der Seele und die Existenz Gottes sind nicht theoretische Dogmata, sondern praktisch notwendige Sätze der Moral. Sie sichern, auf der Basis der in der Dialektik vorgetragenen Argumente, die objektive Realität dieser drei Begriffe von Freiheit, Unsterblichkeit und Gott.

Postulate erweitern unsere Erkenntnisse bezüglich Freiheit, Unsterblichkeit und Gott nicht in theoretischer, sondern in praktischer Hinsicht, sie sind also in der Morallehre dann unverzichtbar, wenn es um das „höchste Gut" geht. Da es sich hier beim höchsten Gut nach Kant nicht um eine Laune des Menschen handelt, sondern um die tiefste Sehnsucht seines Lebens, dem Tod nicht endgültig ausgeliefert zu sein, sind diese drei Vergewisserungen nach Kant notwendig. Das höchste Gut ist ja das eigentliche Objekt des Willens und – teleologisch gesprochen – der „ganze Zweck der praktischen Vernunft". (KpV A 239) Kant erläutert nun den Unterschied zwischen der Leistungsfähigkeit der theoretischen und der praktischen Vernunft bezüglich Unsterblichkeit, Freiheit und Gott.

1. Unsterblichkeit
   - Die theoretische Vernunft gerät dabei in *Paralogismen* (Widervernünftigkeiten, Fehlschlüsse), die sie nicht selbst auflösen kann, weil ihr die Kategorie der Beharrlichkeit nicht zur Verfügung steht, die notwendig wäre, um aus dem Selbstbewusstsein der Seele eine reale Substanz (d. h. etwas Bleibendes) zu gewinnen.
   - Die praktische Vernunft dagegen kann über den Begriff des höchsten Gutes als dem letzten und ganzen Zweck des Willens ein Postulat gewinnen, das zwar nicht theoretisch sicher, aber praktisch notwendig ist für ein moralisches Leben, und zwar deshalb, weil man nur über die Unsterblichkeit der Seele das „höchste Gut" (= Glückseligkeit proportional zur praktizierten Moral in der Sinnenwelt) erreichen kann. Dieses ist aber das höchste „Objekt" unserer praktischen Vernunft = unseres Willens.

2. Freiheit
   - Der theoretische Vernunftgebrauch gerät dabei in Antinomien (Widerstreit zwischen zwei Sätzen, von denen jeder wahr sein könnte): Beispielsweise ist der Satz: „Es gibt Willensfreiheit" möglicherweise genau so richtig wie der Satz „Es gibt keine Willensfreiheit". Der theoretische Vernunftgebrauch kann hier mit seinen Möglichkeiten keine Lösung herbeiführen.
   - Der praktische Vernunftgebrauch dagegen kann über das Faktum der Vernunft („Du sollst!") uns eine innere Gewissheit verschaffen, zu der unabtrennbar die Willensfreiheit gehört. Also wurde über das moralische Faktum die Freiheit zwar nicht theoretisch, aber praktisch-postulatorisch nachgewiesen.

3. Dasein Gottes
   - Der theoretische Vernunftgebrauch kann Gott zwar denken, aber nicht erkennen. (Etwas „Denken-Können" bedeutet: Etwas wird nicht unmittelbar repräsentiert, beispielsweise im Kinderspiel mit der Aufforderung: „Denke an einen fliegenden Elefanten")
   - Der praktische Vernunftgebrauch kann Gott über den Endzweck des höchsten Gutes (= Glückseligkeit proportional zur praktizierten Moral in der Sinnenwelt) insoweit postulieren, als das höchste Gut nur in einer intelligiblen Welt vorkommt und es dort eine „Gewalt habende moralische Gesetzgebung" geben muss. Dies folgt aus dem Zusammenhang der drei Postulate, wobei das „Faktum der Vernunft" (die Innenerfahrung des Sollens) den Ausgangspunkt bildet.

5.3.3.5 Folgerungen aus der Postulatenlehre

Kant fasst in dem nun folgenden VII. Unterkapitel die bisher vorgetragnen Gedanken zum theoretischen und praktischen Vernunftgebrauch nochmals zusammen und wiederholt sie zugleich. Der Dreh- und Angelpunkt der gesamten Erörterung ist das höchste Gut mit seinen beiden Elementen der Sittlichkeit und der Glückseligkeit samt den damit verbundenen drei Postulaten, weil das höchste Gut als praktisch notwendig erkannt wurde. Kant drückt dies so aus: Was in der theoretischen Vernunft noch „problematisch"[69] war, wird im praktischen Vernunftgebrauch „assertorisch"[70] gewiss. Kant bezeichnet die problematischen Aussagen auch als „bloß denkbare" Begriffe. (KpV A 242)

Kant wendet sich dann nochmals der Frage nach der Existenz Gottes zu. Wie kann man eine Existenz erkennen? Über den Umweg durch das „höchste Gut" kann man ihn als „höchste Vollkommenheit" denken, die drei Eigenschaften besitzen muss:

1. Um den Charakter eines Menschen „bis zum Innersten meiner Gesinnung" erkennen zu können, muss dieses Wesen „allwissend" sein.
2. Um einem Menschen mit seinem Charakter und seiner Gesinnung die „angemessenen Folgen erteilen" zu können, muss dieses höchste Wesen „allmächtig" sein.
3. Um diese beiden Aufgaben durchführen zu können, muss dieses höchste Wesen „allgegenwärtig, ewig" sein. (KpV A 252)

Zu VIII: Bedürfnis und Führwahrhalten

Im VIII: Unterkapitel, betitelt als „Führwahrhalten aus einem Bedürfnis der reinen Vernunft" beginnt Kant mit der Feststellung (aus VII), dass

- die theoretische Vernunft zu Hypothesen,
- die praktische Vernunft dagegen zu Postulaten führt.

Kant setzt nun seine Überlegungen über das „höchste Gut" fort, indem er die Begriffe „Bedürfnis" und „Fürwahrhalten" einführt.

- Es ist ein „Bedürfnis" der reinen praktischen Vernunft, das höchste Gut „zum Gegenstand meines Willens" zu machen, „um es nach allen meinen Kräften zu befördern". Dieses Bedürfnis ist aber keine Hypothese, sondern ein Postulat. Das Interesse, einen „weisen Welturheber" anzunehmen, ist nach Kant „subjektiv" ein „Bedürfnis".
- Der Mensch muss aber die Bedingungen für das höchste Gut „voraussetzen", nämlich Gott, Freiheit und Unsterblichkeit. Das subjektive Bedürfnis daran führt zur „Maxime des Fürwahrhaltens" als dem „Beförderungsmittel" dessen, was objektiv-praktisch notwendig ist, nämlich dem moralischen Handeln in der Sinnenwelt. Dieses Fürwahrhalten ist nach Kant ein „Vernunftglaube".

Fazit: Das „Bedürfnis" nach dem höchsten Gut kann der Mensch nur durch einen „Vernunftglauben" erfüllt bekommen, der ein „Fürwahrhalten" ist.

---

[69] problematisch = eine unentschiedene Aussage, in der Form: Ein Prädikat kommt möglicherweise dem Subjekt zu.

[70] assertorisch = ein Prädikat kommt einem Subjekt tatsächlich zu.

zu IX: Das menschliche Erkenntnisvermögen in der Moral

Kant stellt hier die Frage, wie die menschliche Doppelnatur (Sinnlichkeit und Verstand) zum „höchsten Gut" gelangen kann, wenn beide Vermögen, die theoretische und die praktische Vernunft, unterschiedliche Rollen dabei spielen. Er gelangt zunächst zur resignierend klingenden Aussage: „Also scheint die Natur hier uns nur stiefmütterlich mit einem zu unserem Zwecke benötigten Vermögen versorgt zu haben." (KpV A 264) Kant prüft nun zwei Möglichkeiten, wie hier weiterzukommen ist.

1. Kant überlegt nun zuerst die erste Möglichkeit, dass der Mensch sich Gott und die Ewigkeit mit ihrer „furchtbaren Majestät" „unablässig vor Augen" hält. Dann, sagt er, würde die Übertretung des Moralgesetzes vermieden und das moralisch Gebotene würde getan werden. Aber zu welchem Preis! Der Mensch würde sich dadurch in einen bloßen „Mechanismus" verwandeln „wie im Marionettenspiel", wo alles nur gestikuliert, „aber in den Figuren kein Leben anzutreffen sein würde". (KpV A 265) Denn hier würde die „Gesinnung", der „Stachel der Tätigkeit", nur äußerlich sein, so dass „die Vernunft also sich nicht allererst empor arbeiten darf, um Kraft zum Widerstande gegen Neigungen durch lebendige Vorstellung der Würde des Gesetzes zu sammeln". Kant befürchtet, dass dann selbst die moralisch korrekten Handlungen überwiegend „aus Furcht", wenige „aus Hoffnung" erfolgen, aber gar keine „aus Pflicht" geschehe. Damit aber würde (1) der moralische Wert der Handlungen…gar nicht existieren", (2) worauf aber der „Wert der Person" und der Welt „in den Augen der höchsten Weisheit" beruht. (KpV A 265)

2. Kant überlegt deshalb die zweite Möglichkeit, dass dies deshalb so ist, weil „der Weltregierer uns sein Dasein und seine Herrlichkeit nur mutmaßen, nicht erblicken und klar beweisen lässt". Diese zweite Möglichkeit erblickt er im moralischen Gesetz in uns, das uns nichts mit Sicherheit verheißt, aber auch nicht droht, sondern von uns „uneigennützige Achtung fordert". Wenn aber in uns diese Achtung „tätig und herrschend" geworden ist, „allererst dann und nur dadurch" haben wir Menschen die Aussicht, ins „Reich des Übersinnlichen" einen „schwachen Blick" zu werfen. So und nur so kann nach Kant „das vernünftige Geschöpf des Anteils am höchsten Gute würdig werden, das dem moralischen Werte seiner Person und nicht bloß seiner Handlungen angemessen ist". (KpV A 265/266)

Kant schließt hier mit der Überzeugung, dass „die unerforschliche Weisheit, durch die wir existieren", sowohl verehrungswürdig ist in dem, „was sie uns versagt", als auch in dem, „was sie uns zuteil werden ließ". (KpV A 266)

5.3.4 Die Methodenlehre

Die „Methodenlehre" ist der Abschluss von Kants „Kritik der praktischen Vernunft". (KpV A 269–292) Er grenzt zunächst die Methodenlehre in theoretischer von der in praktischer Hinsicht ab.

- Eine theoretische Methodenlehre würde darin bestehen, dass man im Hinblick auf ein wissenschaftliches Interesse eine Methode lehrt.

- Dagegen weist Kant in seiner Forderung nach einer praktischen Methodenlehre nachdrücklich darauf hin, „dass ein Verfahren gefunden werden müsse, „wie man den Gesetzen der reinen praktischen Vernunft Eingang in das menschliche Gemüt verschaffen könne". (KpV A 269) Er wiederholt zunächst nochmals zusammengefasst seine Lehre aus der Analytik, dass das moralische Gesetz unmittelbar den Willen bestimmen müsse, und zwar „aus Pflicht", weil sonst die Handlung nur Legalität, nicht aber die gesuchte Moralität besitzen würde.

Er schildert zunächst die in Gesprächen mit anderen Personen gemachte Beobachtung, dass selbst Personen, „welchen sonst alles Subtile und Grüblerische in theoretischen Fragen trocken und verdrießlich ist", bald Interesse zeigen, wenn es darum geht, „den moralischen Gehalt einer erzählten guten oder bösen Handlung auszumachen, und sind so genau, so grüblerisch, so subtil, alles, was die Reinigkeit der Absicht, und mithin den Grad der Tugend in derselben zu vermindern, oder auch nur verdächtig machen könnte, auszusinnen, als man bei keinem Objekte der Spekulation sonst von ihnen erwartet." (KpV A 274)

Psychologisch gesehen wird das Interesse an ethischen Fragen durch das „Richteramt" angeregt, das die am Gespräch beteiligten Personen ausüben. Da verschieden strenge Maßstäbe angelegt werden, ergibt sich die Notwendigkeit, die eigene Auffassung innerhalb einer dialektischen Gesprächsführung zu behaupten. Als guter Menschenkenner hat Kant bei vielen Menschen ein gewisses boshaftes Vergnügen festgestellt, die Lauterkeit einer Gesinnung durch das Aufsuchen egoistischer Motive abzuwerten.

Er hält es für psychologisch unrealistisch, an unechten, sentimentalen, oberflächlich erfundenen Geschichten ethische Gesinnung aufrichten zu wollen. Da nichts realistischer ist als das tatsächlich Geschehene, empfiehlt er die Einschaltung historisch-biographischer Exkurse: „Ich weiß nicht, warum die Erzieher der Jugend von diesem Hange der Vernunft nicht schon längst Gebrauch gemacht haben (und) Biografien alter und neuerer Zeiten in der Absicht durchsuchten, um Belege zu den vorgelegten Pflichten bei der Hand zu haben, an denen sie, vornehmlich durch die Vergleichung ähnlicher Handlungen unter verschiedenen Umständen, die Beurteilung ihrer Zöglinge in Tätigkeit setzten." (KpV A 274)

Der Wirklichkeitsbezug ist also eine Forderung für die Ethik Kants. Aber auch bei den aus der Wirklichkeit gewählten Beispielen muss unterschieden werden, ob sie nur einen flüchtigen oder aber einen dauerhaften Eindruck zu hinterlassen vermögen. Flüchtigen Aufwallungen des Gemüts (die Kant „Seelenerhebungen" nennt), die durch unechte Dramatisierung zustande gekommen waren, steht die „Herzensunterwerfung" entgegen, die sich auf Grundsätze stützt. Bloß Emotionalisierung nützt nichts, da Moralität nicht im unbeständigen Gefühl, sondern in der Vernunft ihren Ursprung hat. Nur die Vernunftbezogenheit verschafft dem Menschen eine Art motivierendes Erfolgserlebnis, „denn wir gewinnen endlich das lieb, dessen Betrachtung uns den erweiterten Gebrauch unserer Erkenntniskräfte empfinden lässt." (KpV A 285)

Nicht auswendig gelerntes Wissen, sondern die Fähigkeit zu immer genauerer kritischer Prüfung der Elemente einer Handlung an immer neuen Fällen erzeugt das Bewusstsein der ethischen Bildung. Indem jemand durch das Bejahen oder Verwerfen einer Einstellung auch sich selbst als beurteilendes Wesen erfährt, bahnt sich ihm ein Weg zur ethischen Selbsterkenntnis, denn „wenn der Mensch nichts stärker scheuet, als sich in der inneren Selbstprüfung in seinen Augen geringschätzig und verwerflich zu finden, kann ihm jede gute Gesinnung gepfropft werden, weil dieses der beste, ja der einzige Wächter ist, das Eindringen unedler und verderblicher Antriebe vom Gemüte abzuhalten". (KpV A 288)

In der „Metaphysik der Sitten" hat Kant einen weiteren Vorschlag zur Behandlung ethischer Themen vor Jugendlichen gegeben: „Dass Tugend erworben werden müsse (nicht angeboren sei), liegt, ohne sich deshalb auf anthropologische Kenntnisse aus der Erfahrung berufen zu dürfen, schon in dem Begriffe derselben. Denn das sittliche Vermögen des Menschen wäre nicht Tugend, wenn es nicht durch die Stärke des Vorsatzes, in dem Streit mit so mächtigen entgegenstehenden Neigungen, hervorgebracht wäre. Sie ist das Produkt der reinen praktischen Vernunft, so fern diese im Bewusstsein ihrer Überlegenheit (aus Freiheit) über jene die Obermacht gewinnt. Dass sie könne und müsse gelehrt werden, folgt schon daraus, dass sie nicht angeboren ist; die Tugendlehre ist also eine Doktrin." (MS § 49, A 163)

Kants Auffassung über den Wert des sog. guten Beispiels (durch den Lehrer u. a.) bringt er folgendermaßen zum Ausdruck, wobei er wieder auf die Unterscheidung zwischen Beispiel und Exempel zurückgreift:

„Das experimentale (technische) Mittel der Bildung zur Tugend ist das gute Beispiel an dem Lehrer selbst (von exemplarischer Führung zu sein) und warnende an anderen; denn Nachahmung ist dem noch ungebildeten Menschen die erste Willensbestimmung zu Annehmung von Maximen, die er sich in der Folge macht. – Die Angewöhnung oder Abgewöhnung ist die Begründung einer beharrlichen Neigung ohne alle Maximen, durch die öftere Befriedigung derselben, und ist ein Mechanism der Sinnesart, statt eines Prinzips der Denkungsart (wobei das Verlernen in der Folge schwerer wird als das Erlernen). – Was aber die Kraft des Exempels[71] (es sei zum Guten oder Bösen) betrifft, was sich dem Hange der Nachahmung oder Warnung darbietet, so kann das, was uns andere geben, keine Tugendmaxime begründen. Denn diese besteht gerade in der subjektiven Autonomie der praktischen Vernunft eines jeden Menschen, mithin, dass nicht anderer Menschen Verhalten, sondern das Gesetz, uns zur Triebfeder dienen müsse. Dabei wird der Erzieher seinem verunarteten Lehrling nicht sagen: Nimm ein Exempel an jenem guten (ordentlichen, fleißigen) Knaben! denn das wird jenem nur zur Ursache dienen, diesen zu hassen, weil er durch ihn in ein nachteiliges Licht gestellt wird. Das gute Exempel soll nicht als Muster, sondern nur zum Beweise der Tunlichkeit des Pflichtgemäßen dienen. Also nicht die Vergleichung mit irgendeinem anderen Menschen (wie er ist), sondern mit der Idee (der Menschheit) wie er sein soll, also mit dem Gesetz, muss dem Lehrer das nie fehlende Richtmaß seiner Erziehung an die Hand geben." (MS § 52, A 167)

---

[71] Ein Exempel ist für Kant ein besonderer Fall von einer praktischen Regel, sofern diese etwas zu Tuendes oder zu Unterlassendes ausdrückt. Das deutsche Wort „Beispiel" ist dagegen nur ein konkreter Begriff, der etwas Abstraktes verdeutlichen soll. Im fehlt die Handlungsanweisung bzw. -unterlassung.

5.3.4.1 Kants Geschichten, Beispiele und Fallschilderungen

Interessant ist unter dem Gesichtspunkt der moralpsychologischen Entwicklung eines Menschen auch die Frage – und die Antwort darauf – ob und ab welchem Lebensalter Menschen (Kinder und Jugendliche) in der Lage sind, Handlungen in der von Kant vorgeschlagenen Charakterisierung moralisch zu beurteilen. In der von Lawrence Kohlberg abhängigen Richtung einer Psychologie der Moralentwicklung wird davon ausgegangen, dass Fälle aus der Ethik Kants erst von erwachsenen und reifen Personen moralisch richtig eingestuft werden können. Kant hat an zwei Stellen seine feste Überzeugung ausgesprochen und dies an Geschichten dargelegt, dass bereits acht- bis zehnjährige Kinder den moralischen Status von Personen in erzählten Geschichten ermitteln können. In der folgenden Darstellung sind die beiden Geschichten enthalten. Sie werden nun im Folgenden wiedergegeben.

5.3.4.1.1 Fall 1: Anna Boleyn und Heinrich VIII

Erste Geschichte, aus: „Kritik der praktischen Vernunft", 1788 (= Geschichte A)

„Wir wollen also vorerst das Prüfungsmerkmal der reinen Tugend an einem Beispiele zeigen und, indem wir uns vorstellen, dass es etwa einem *zehnjährigem Knaben*[72] zur Beurteilung vorgelegt werden, sehen, ob er auch von selber, ohne durch den Lehrer dazu angewiesen zu sein, notwendig so urteilen müsse. Man erzähle die Geschichte eines redlichen Mannes, den man bewegen will, den Verleumdern einer unschuldigen, übrigens nicht vermögenden Person (wie etwa Anna von Bolen[73] auf Anklage Heinrichs VIII. von England) beizutreten. Man bietet Gewinne, d. i. große Geschenke oder hohen Rang an, er schlägt sie aus. Dies wird bloßen Beifall und Billigung in der Seele des Zuhörers wirken, weil es Gewinn ist. Es sind unter diesen Verleumdern seine besten Freunde, die ihm jetzt ihre Freundschaft aufsagen, nahe Verwandte, die ihn (der ohne Vermögen ist), zu enterben drohen, Mächtige, die ihn in jedem Orte und Zustande verfolgen und kränken können, ein Landesfürst, der ihn mit dem Verlust der Freiheit, ja des Lebens selbst bedroht. Um ihn aber, damit das Maß des Leidens voll sei, auch den Schmerz fühlen zu lassen, den nur das sittlich gute Herz recht inniglich fühlen kann, mag man seine mit äußerster Not und Dürftigkeit bedrohte Familie ihn um Nachgebigkeit anflehend, ihn selbst, obzwar rechtschaffen, doch eben nicht von festen unempfindlichen Organen des Gefühls, für Mitleid sowohl als eigener Not, in einem Augenblick, darin er wünscht den Tag nie erlebt zu haben, der ihn einem so unaussprechlichen Schmerz aussetzte, dennoch seinem Vorsatze der Redlichkeit, ohne zu wanken oder nur zu zweifeln, treu bleibend, vorstellen: so wird mein *jugendlicher Zuhörer*[74] stufenweise, von der bloßen Billigung zur Bewunderung, von da zum Erstaunen, endlich zur größten Verehrung, und einem lebhaften Wunsche, selbst ein solcher Mann sein zu können (obzwar freilich nicht in seinem Zustande), erhoben zu werden; und gleichwohl ist hier die Tugend nur darum soviel wert, weil sie so viel kostet, nicht weil sie etwas einbringt." (KpV A 279)

---

[72] Hervorhebung durch M. K.
[73] Anna Boleyn, ebenso: Anna Bolen (1507–1536); von Heinrich VIII. hingerichtet.
[74] Hervorhebung durch M. K.

5.3.4.1.2 Fall 2: Anvertrautes Depositum

Die folgende Geschichte stammt zwar im Ansatz aus der „Kritik der praktischen Vernunft", ist aber in ausführlicherer Form in seiner Schrift „Über den Gemeinspruch: Das mag in der Theorie richtig sein, taugt aber nicht für die Praxis" von 1793 (= Geschichte B) enthalten. In dieser Variante wird sie hier aufgenommen. Sie wird von Kant folgendermaßen erzählt:

„Es sei z. B. der Fall: dass jemand ein anvertrautes Gut (Depositum) in Händen habe, dessen Eigentümer tot ist, und dass die Erben desselben davon nichts wissen, noch je etwas erfahren können. Man trage diesen Fall selbst einem *Kinde, von etwa acht oder neun Jahren*[75] vor; und zugleich,

[1] dass der Inhaber dieses Depositums (ohne sein Verschulden) gerade um diese Zeit in gänzlichem Verfall seiner Glücksumstände geraten, eine traurige, durch den Mangel niedergedrückte Familie von Frau und Kindern um sich sehe, aus welcher Not er sich augenblicklich ziehen würde, wenn er jenes Pfand sich zueignete; zugleich sei er Menschenfreund und wohltätig,

[2] jene Erben aber reich, lieblos, und dabei im höchstem Grad üppig und verschwenderisch, so dass es eben so gut wäre, als ob dieser Zusatz zu ihrem Vermögen ins Meer geworfen würde.

Und nun frage man sich, ob es unter diesen Umständen für erlaubt gehalten werden könne, dieses Depositum in eigenem Nutzen zu verwenden? Ohne allen Zweifel wird der Befragte antworten: Nein! und statt aller Gründe nur bloß sagen können: es ist unrecht, d. h. es widerstreitet der Pflicht." (A 226–227)

Kant behauptet also in den beiden Geschichten folgendes bzw. die Geschichten enthalten folgende Elemente:

1. Schon ein Zehnjähriger könne – und zwar mit Notwendigkeit – den Maßstab der sittlichen Beurteilung unserer Handlungen, also die „reine Sittlichkeit", richtig erkennen. Dies allerdings nicht als abstrakt-theoretische Einsicht, sondern anhand einer anschaulich erzählten Geschichte. Dazu gehört, dass in dieser Geschichte Charaktere vorkommen, die unter bestimmten Umständen handeln.
2. Diese Geschichten behandeln vor allem Fragen der Gerechtigkeit bzw. Ungerechtigkeit.
3. In diesen Geschichten steht die handelnde Person vor einem Konflikt: Darf man sich bereichern, wenn man anderen damit – einen wie auch immer gearteten Schaden – zufügen muss?

Kant bemerkt hierzu zu seinem zweiten Beispiel: „Der Begriff der Pflicht in seiner ganzen Reinheit ist nicht allein ohne allen Vergleich einfacher, klarer, für jedermann zum praktischen gebrauch fasslicher und natürlicher, als jedes von der Glückseligkeit hergenommene, oder damit und mit der Rücksicht auf sie vermengte (welches jederzeit viel Kunst und Überlegung erfordert); sondern auch in dem Urteile selbst der gemeinsten Menschenvernunft, wenn er nur an dieselbe, und zwar mit Absonderung, ja sogar Entgegensetzung mit diesen an den Willen der Menschen gebracht wird, bei

---
[75] Hervorhebung und Gliederung durch M. K.

weitem kräftiger, eindringlicher und Erfolg versprechender, als alle von dem letzteren eigennützigen Prinzip entlehnte Bewegungsgründe."

5.3.4.1.3 Transformation und Überprüfung der zwei Fälle

Die von Kant in den beiden Beispielgeschichten unterstellten Behauptungen von der Fähigkeit acht- bis zehnjähriger Kinder zur Beurteilung von vorgelegten Fällen auf ihre Sittlichkeit hin wurden in unserer Zeit einer empirischen Untersuchung unterzogen.[76] Lutz Koch führte im Jahre 1989 folgende Untersuchung zur Überprüfung der kantischen Behauptungen durch. Er schreibt dazu: Befragt wurden Grundschulkinder der vierten Jahrgangsklasse. Ihr Alter differierte geringfügig von dem bei Kant angegebenen; sie waren nicht acht und zehn, sondern bis auf wenige Ausnahmen, zwischen zehn und elf Jahre alt. Es handelte sich um Kinder beiderlei Geschlechts; eine geschlechtsspezifische Auswertung wurde jedoch nicht vorgenommen, um die Anonymität der Befragung zu wahren, denn zusammen mit der erbetenen Altersangabe hätte die Geschlechtsangabe die Identifizierung der anonymen Befragungsbögen relativ leicht ermöglicht.

Die Befragung wurde im Juni 1989 in zehn Grundschulklassen durchgeführt. Vorhergegangen war im Mai 1988 ein Erprobungsvorlauf in zwei Klassen. Es wurden Schulen aus Köln und Umgebung ausgewählt, und zwar aus Standorten mit sehr unterschiedlicher sozialer Bevölkerungsstruktur. Wie zu erwarten, war der Anteil ausländischer Schüler in den Klassen aus Unterschichtstandorten am größten. In einer Klasse waren von 16 anwesenden Schülern 10 ausländischer Herkunft. Die Klassenstärke belief sich im Durchschnitt auf 20 Kinder. Insgesamt wurden 241 Kinder befragt, nach Abzug der Vorlaufklassen 198. Davon wurden 194 Antworten gewertet (in einer Klasse war es nicht zu verhindern, dass drei Schüler sich untereinander austauschten; ein ausländischer Schüler konnte seinen Text nicht lesen). Von den in die Auswertung aufgenommenen 194 Antworten waren 14 nicht eindeutig, so dass am Ende 180 Antworten übrig blieben. Vorgelegt wurde den Kindern in jeder Klasse jeweils zur Hälfte die Geschichte A und die Geschichte B, und zwar in der Sitzordnung abwechselnd, so dass sie nicht in Versuchung kommen konnten, von ihren unmittelbaren Nachbarn abzuschreiben. Jedes Kind hatte also ein Blatt vor sich mit seiner Geschichte und zwei Fragen. Die erste Frage bezog sich auf die moralische Beurteilung der Geschichte, die zweite auf das Alter des Kindes (hier wurde, um die Anonymität zu wahren, ausdrücklich nur die Angabe des Geburtsjahres gewünscht). Außerdem wurde es den Schülern von den Versuchsleitern freigestellt, ihre Beurteilung der Geschichte zu begründen. Von dieser Möglichkeit machten 57 Kinder (ohne die beiden Vorlaufklassen) Gebrauch.[77] Allerdings interessierte nicht die Begründung, sondern die moralische Einschätzung der zu vollziehenden Handlung.

In dieser empirischen Untersuchung wurde dabei auf folgendes geachtet: „Dass wir die Begründung freistellten, hängt mit der schon erwähnten Voraussetzung zusammen, dass zwischen der richtigen Applikation unseres moralischen Urteilsvermögens und der richtigen Explikation seiner Maßstäbe ein Unterschied besteht. Wer richtig zu

---

[76] Lutz Koch: Kant über das moralische Urteil von Kindern. In: Vierteljahresschrift für wissenschaftliche Pädagogik, Münster in W., Heft 2/90
[77] Lutz Koch, a. .a. O. 172/173

urteilen weiß, braucht noch lange nicht in der Lage zu sein, das Kriterium seiner Urteile darzulegen und ihnen entsprechend sein Urteil begründen zu können. Wir sind davon ausgegangen, dass das, was schon den Moralphilosophen schwer fällt, von Kindern nicht erwartet werden darf. Allenfalls wird man, wie Kant es auch angedeutet hat, mit tautologischen Antworten von der Art ‚Weil es recht bzw. unrecht ist' zu rechnen haben. Verhält es sich aber so, dann ist zu befürchten, dass eine obligatorische Begründung die Kinder zu Erfindungen verführen würde, die am Ende mit ihren einfachen Überzeugungen nicht mehr viel zu tun hätte."[78] Die beiden von Kant erzählten Beispielgeschichten wurden nun für die empirische Untersuchung etwas anders erzählt, und zwar mit folgendem Inhalt.

Geschichte A: „Vor langer Zeit regierte in England ein grausamer König. Er wollte seine Frau Anna töten lassen, um eine andere Frau heiraten zu können. Deshalb behauptete er, Anna hätte ihn betrogen. Das war damals ein ausreichender Grund für einen König, seine Frau hinrichten zu lassen. In Wahrheit war Anna aber unschuldig. Zum Beweis seiner Behauptung suchte nun der König Zeugen, die bereit waren, vor Gericht eine falsche Aussage gegen die Königin zu machen. Seine Helfer bemühten sich auch um einen einfachen Mann aus dem Volk, einen Jäger. Sie versprachen ihm Geschenke, wenn er bezeugen würde, dass Anna dem König untreu gewesen sei. Der Jäger wusste jedoch, dass dies nicht stimmte und weigerte sich, Anna zu belasten. Da teilten sie ihm mit, dass seine Freunde und Verwandten bereit seien, die falsche Aussage zu machen und dass sie nichts mehr mit ihm zu tun haben wollten, wenn er nicht auch mitmache. Doch weigerte sich der Jäger auch jetzt noch, obwohl er sehr traurig darüber war, seine Freunde zu verlieren. Nun aber drohten die Boten des Königs damit, dass ihn ein naher Verwandter enterben würde, falls er nicht zu der gewünschten Aussage bereit sei. Der Verlust der versprochenen Erbschaft wäre ein schwerer Schlag gewesen, denn ohne sie hätte er mit Frau und Kindern weiter in Armut leben müssen. Trotzdem blieb der Jäger bei seiner Weigerung. Zum Schluss wurde er damit bedroht, in den Kerker geworfen zu werden. Da ergriff ihn die Angst. Was sollte er tun? Die Königin Anna fälschlich belasten oder in den Kerker und in den Tod zu gehen? Nun hatten auch seine Frau und Kinder begriffen, was geschehen würde. Nie würden sie ihn wieder sehen! Und was sollte aus ihnen werden, ohne Ernährer, ohne Vater, ohne Mann? Würden sie nicht die größte Not bis zum Hungertod erleiden müssen? Sie flehten ihn an, um ihretwillen zu tun, was die Boten des Königs verlangten. Dieser Augenblick war furchtbar; das Mitleid mit Frau und Kindern zerriss dem Jäger das Herz. Doch gab er den Boten nicht nach, die ihn nun ergriffen und fortschleppten. Frage: Hat der Jäger richtig gehandelt?"

Geschichte B: „Die folgende Geschichte handelt von einem freundlichen und hilfsbereiten Mann. Er verwahrt für einen guten Freund einen großen Geldbetrag. Unerwartet stirbt jener Freund. Dessen Erben wissen nichts von dem Vermögen, das ihnen nun zusteht. Auch ist es unmöglich, ihnen Nachricht zu geben, weil niemand weiß, wo sie sich aufhalten. Außerdem sind sie selbst sehr reich, zugleich hartherzig und verschwenderisch. Erhielten sie ihr Erbe, so wäre es im Nu verprasst. Jener Mann jedoch, der das Vermögen des verstorbenen Freundes in Verwahrung hat, ist erst vor

---

[78] Lutz Koch, a. a. O. 173

kurzem durch einen Unglücksfall in große Not geraten. Seine Familie leidet unter der ungewohnten Armut. Wie gut könnte er das ihm anvertraute Geld gebrauchen, um sich, seinen Not leidenden Kindern und seiner Frau zu helfen. Er müsste sich nur dazu entschließen, es für seine eigenen Zwecke auszugeben. Frage: Ist es erlaubt, unter diesen Umständen das Geld für sich zu verwenden?"

„Die Auswertung der Antworten auf die beiden Beispielgeschichten ergab folgendes Ergebnis: Nach Kants Meinung hätte auf das erste Beispiel (A) mit Ja und auf das zweite (B) mit Nein geantwortet werden müssen. Von 97 Kindern, denen die Geschichte A vorgelegt wurde, antworteten 65 mit Ja, 32 mit Nein. Von 93 Kindern antworteten zur Geschichte B 28 mit Ja und 65 mit Nein. In beiden Fällen ist die Kantische Prognose eingetroffen, zwar nicht absolut, aber mit einer klaren Tendenz im Verhältnis von 2:1 (Das Ergebnis des Vorlaufs war noch deutlicher ausgefallen). Eine mögliche Beeinträchtigung dieses Ergebnisses könnte daraus abgeleitet werden, dass uns nach der Befragung von fünf Klassen Zweifel kamen, ob die Frage zum Beispiel A in allen Fällen richtig verstanden wurde. Wir hatten nämlich die Geschichte so abgefasst, dass ein ‚einfacher Mann aus dem Volk' zur Denunziation veranlasst werden sollte, und dann gefragt, ob ‚der Mann' recht gehandelt habe. Dies konnte missverstanden werden, zumindest war nicht auszuschließen, dass auch an den König gedacht werden konnte. Deshalb nahmen wir eine geringfügige Veränderung vor; wir gaben den Mann aus dem Volk als einen Jäger aus und fragten dann eindeutig, ob der Jäger recht gehandelt habe. Berücksichtigt man nur die Auswertung der fünf Klassen, die den neuen Text des Beispiels A vor sich hatten (insgesamt 44 ausgewertete Antworten), dann ergibt sich jedoch ein noch deutlicheres Verhältnis von 3:1 (33 Jastimmen, 11 Neinstimmen). Interessant ist, dass auch das Zahlenverhältnis der Begründungen dem der Antworten weitgehend entspricht: Zum Beispiel erhielten wir 17 Begründungen für Ja-Antworten und 6 Begründungen für Nein-Antworten, hier also sogar das Verhältnis 3:1. Auch als wir nur die Begründungen zur verbesserten Geschichte berücksichtigten, blieb bei 9 Ja-Begründungen und drei Nein-Begründungen das Verhältnis von 3:1 bestehen. Bei den Begründungen zur Geschichte B sieht das Verhältnis ungünstiger aus; bei 21 Nein- und 12 Ja-Begründungen ergibt sich nur ein schwaches 2:1-Verhältnis."[79]

5.3.4.1.4　　Fall 3: Lügen aus Menschenliebe

Das folgende Beispiel stammt zwar nicht mehr aus der „Kritik der praktischen Vernunft", passt aber in diese Reihe der Beispielgeschichten, und wurde deshalb hier aufgenommen. Kant verteidigt in dieser kleinen Schrift aus dem Jahre 1797 „Über ein vermeintes Recht, aus Menschenliebe zu lügen" seine These, dass man nie und unter keinen Umständen lügen dürfe, an einem „harten" Beispiel. An diesem Beispiel interessieren uns heute nicht mehr die juristischen Argumente aus der Zeit Kants, sondern seine moralische Argumentation in diesem Fall. Diese ist auch heute noch lehrreich. Dieses Beispiel hat bis auf den heutigen Tag zahlreiche kontroverse Stellungnahmen provoziert und deshalb kann die in diesem Beispiel aufgeworfene Frage einer Pflicht auch kreativ diskutiert werden.

---

[79] Lutz Koch, a. a. O. 175

Fall (als Frage): „Darf – oder muss ich sogar – einen Mörder anlügen, der mich fragt, ob mein – von ihm verfolgter – Freund sich in mein Haus geflüchtet hat?" Kant hat die Frage mit einem Nein beantwortet. Darauf hat ihm ein Kritiker geantwortet: „Die Wahrheit zu sagen ist eine Pflicht, aber nur gegen denjenigen, welcher ein Recht auf Wahrheit hat." Kant hat dem widersprochen.

Kants Argumentationsgang erfolgt in drei Schritten:

1. These: Kants Argumentation gegen das Lügen (selbst in diesem Beispiel) baut auf der Überlegung auf, dass es nicht methodisch zwingend in der Macht des Lügners liegt, die gewollte gute Folge seiner Handlung herbeizuführen.

2. Erläuterung: Die aus Menschenliebe lügen wollende Person müsste sich vor der (ethischen) Frage: „Was soll ich tun?" die (erkenntnistheoretische) Frage stellen: „Was kann ich wissen?" Die Antwort muss nach Kant immer so ausfallen, dass ich nicht sicher wissen kann, ob meine Lüge die erhoffte gute Wirkung auch sicher hat. (Dahinter verbirgt sich die umfassendere ethische Frage, ob aus Bösem überhaupt etwas Gutes hervorgehen könne).

3. Mögliche Handlungsfolgen:
   a) für den Fall des Lügens und
   b) für den Fall, dass die betreffende Person die Wahrheit sagt.

Die Geschichte könnte nach Kant folgenden Verlauf nehmen:

a) „Es ist doch möglich, dass, nachdem du dem Mörder, auf die Frage, ob der von ihm Angefeindete zu Hause sei, ehrlicherweise mit Ja geantwortet hast, dieser doch unbemerkt ausgegangen ist, und so dem Mörder nicht in den Wurf gekommen, die Tat also nicht geschehen wäre." (A 307)

b) „Hast du aber gelogen, und gesagt, er sei nicht zu Hause, und er ist auch wirklich (obzwar dir unbewusst) ausgegangen, wo denn der Mörder ihm im Weggehen begegnete und seine Tat an ihm verübte: So kannst du mit Recht als Urheber des Todes desselben angeklagt werden. Denn hättest du die Wahrheit, so gut du sie wusstest, gesagt: so wäre vielleicht der Mörder über dem Nachsuchen seines Feindes im Hause von herbeigelaufenen Nachbarn ergriffen, und die Tat verhindert worden." (A 307)

Kants Fazit: „Wer also lügt, so gutmütig er dabei auch gesinnt sein mag, muss die Folgen davon, selbst vor dem bürgerlichen Gerichtshofe, verantworten und dafür büßen: so unvorhergesehen sie auch immer sein mögen; weil Wahrhaftigkeit eine Pflicht ist, die als die Basis aller auf Vertrag zu gründenden Pflichten angesehen werden muss, deren Gesetz, wenn man ihr auch nur die geringste Ausnahme einräumt, schwankend und unnütz gemacht wird." (A 307) Damit hat Kant den „Mitleidsaspekt" aus dieser Entscheidungssituation ausgeschlossen, der bis heute immer wieder von Interpreten dieser Geschichte angeführt wird.

5.3.4.1.5   Fall 4: Juvenals *satura* auf die Pflicht

Kant stellt sich nun die Frage: Was ermöglicht es dem Menschen, Moralisches vom Unmoralischen zu unterscheiden? Seine Antwort lautet: Weil der Mensch ein Sollen in sich wahrnehmen kann. Dieses Sollen ist mit einem Wort Kants eine Pflicht, die man verspürt. Dass jeder Mensch prinzipiell ein Bewusstsein von Pflichten hat, ist für Kant eine unbestreitbare Tatsache. Sie ist aber gleichzeitig die einzig unbestreitbare Tatsache des moralischen Bewusstseins. Dieses Faktum der Pflicht ist die mit gebieterischem Anspruch auftretende Stimme der Vernunft: *„sic volo, sic iubeo"* („so will ich es, so befehle ich es")[80]. Dieses Sollen ist aber kein Müssen, sondern einer Sollens-Pflicht kann man entweder entsprechen oder nicht. Kant nennt es das „Faktum der reinen praktischen Vernunft": Es ist die Erkenntnis einer Pflicht, d. h. eines Sollens, das der Mensch als gebieterische Stimme erlebt, die Gehorsam fordert. Kants Anliegen ist es nun, dieser Stimme, die wir als einen gebieterischen Befehl in uns wahrnehmen, eine sprachliche Form zu geben. Dies sind die Formulierungen des kategorischen Imperativs. In den von Kant erzählten Geschichten geht es vor allem um den Widerstreit zwischen Pflicht und Neigung, Vernunftorientierung versus Sinnenorientierung, Glückseligkeitsverlangen contra sittlicher Gesetzgeberfunktion.

In der folgenden altrömischen *satura*[81] von Juvenal (ca. 60–130 n. Chr.) auf die Pflicht (Übers. U. Knoche 1951) beklagt dieser die Sittenverderbnis und die moralische Heuchelei seiner Zeit, die gefördert wurde durch die brutale Herrschaftsausübung des Kaisers Domitian. In einer Zeit, in der unschuldige Menschen durch erzwungene Meineide von der staatlichen Gewalt vernichtet wurden, erinnert Juvenal an den moralischen Sinn des menschlichen Lebens. Kant demonstriert durch dieses juvenalsche Beispiel, „dass die menschliche Natur zu einer so großen Erhebung über alles, was Natur nur immer an Triebfedern zum Gegenteil aufbringen mag, fähig sei." Kant bringt aus Juvenal die folgende Ermahnung für die Priorität der Pflichterfüllung. (KpV A 283) „Juvenal stellt ein solches Beispiel in einer Steigerung vor, die den Leser die Kraft der Triebfeder, die im reinen Gesetze der Pflicht, als Pflicht, steckt, lebhaft empfinden lässt:"

„Sei ein guter Soldat, ein guter Vormund, ein lautrer Schiedsmann!
Ruft man einmal in heikeler, brenzlicher Sache Dich als Zeugen herbei,
mag Phálaris[82] auch eine Lüge von dir heischen,
und vor dem Stier einen Meineid diktieren,
halt's für die furchtbarste Schuld,
dem Leben die Ehre zu opfern.
Und um das Leben zu retten,
des Lebens Sinn zu verderben!"

---

[80] Bei Juvenal (römischer Satiriker, 1. Jahrh. n. Chr.) steht das Zitat so: *„Hoc volo, sic iubeo, sit pro ratione voluntas"* (Dies will ich, dies befehle ich; mein Wille ersetze den Grund dir). Dieses aus der 6. Satire Juvenals gewählte Zitat steht dort in einem anderen Zusammenhang, als Kant es hier verstanden wissen möchte: Juvenal beschreibt dort eine extrem egoistische und sexuell ausschweifende Frau, die aus Grausamkeit einen unschuldigen Sklaven kreuzigen lässt und auf Vorhaltungen ihres Mannes, ihm Gründe für ihr Verhalten zu nennen, ihm mit diesem provokanten Satz antwortet.
[81] Der Begriff „satura" hat nichts mit der heutigen Bezeichnung „Satire" gemein. Das lateinische Wort „satura" bedeutet soviel wie „Allerlei". Behandelt wurden also verschiedene Themen philosophisch-moralischer Art, in denen menschliche Schwächen und Laster dargestellt wurden. Die wichtigsten Vertreter dieser Literaturgattung waren neben Juvenal noch Horaz und Persius.
[82] Phálaris: Tyrann von Akragas (Sizilien), reg. 570–555; von legendärer Grausamkeit. Sein berüchtigtes Marterwerkzeug war ein eherner Stier, in dem er die Verurteilten bei lebendigem Leibe röstete und deren Schreie auf das zuschauende Volk wie die Stimme des Stieres wirken sollten.

5.3.4.2 Beschluss

Kant beginnt dieses letzte Unterkapitel aus der Methodenlehre mit folgendem Bekenntnis: „Zwei Dinge erfüllen das Gemüt mit immer neuer und zunehmender Bewunderung und Ehrfurcht, je öfter und anhaltender sich das nachdenken damit beschäftigt: Der bestirnte Himmel über mit, und das moralische Gesetz in mir. Beide darf ich nicht als in Dunkelheiten verhüllen, oder im Überschwänglichen, außer meinem Gesichtskreise, suchen und bloß vermuten; ich sehe sie vor mir und verknüpfe sie unmittelbar mit dem Bewusstsein meiner Existenz." (KpV A 288) Die beiden Pole, „der bestirnte Himmel über mir" und „das moralische Gesetz in mir", werden von Kant weiter erläutert. Im Mittelpunkt steht die Frage, ob der der Mensch angesichts der unendlichen Weite des Universums sich selbst nicht als unbedeutendes Element in diesem größeren Ganzen erkennen müsse, und er verneint diese Möglichkeit mit dem Hinweis auf die Gesetzgeberfunktion des Menschen in seiner moralischen Welt. In der folgenden Darstellung sind die Argumente Kants in zwei Spalten dargestellt.

„Der bestirnte Himmel über mir"	„Das moralische Gesetz in mir"
„Das erste fängt von dem Platze an, den ich in der äußern Sinnenwelt einnehme, und erweitere die Verknüpfung, darin ich stehe, ins Unabsehlich-Große mit Welten über Welten und Systemen von Systemen, überdem noch in grenzlose Zeiten ihrer periodischen Bewegung, deren Anfang und Fortdauer."	„Das zweite fängt von meinem unsichtbaren Selbst, meiner Persönlichkeit, an, und stellt mich in einer Welt dar, die wahre Unendlichkeit hat, aber nur dem Verstande spürbar ist, und mit welcher (dadurch aber auch zugleich mit allen jenen sichtbaren Welten) ich mich, nicht wie dort, in bloß zufälliger, sondern allgemeiner und notwendiger Verknüpfung erkenne."
„Der erstere Anblick einer zahllosen Weltenmenge vernichtet gleichsam meine Wichtigkeit, als eines tierischen Geschöpfs, das die Materie, daraus es ward, dem Planeten (einem bloßen Punkt im Weltall) wieder zurückgeben muss, nachdem es eine kurze Zeit (man weiß nicht wie) mit Lebenskraft versehen gewesen."	„Der zweite erhebt dagegen meinen Wert, als einer Intelligenz, unendlich, durch meine Persönlichkeit, in welcher das moralische Gesetz mir ein von der Tierheit und selbst von der ganzen Sinnenwelt unabhängiges Leben offenbart, wenigstens so viel sich aus der zweckmäßigen Bestimmung meines Daseins durch dieses Gesetz, welche nicht auf Bedingungen und Grenzen dieses Lebens eingeschränkt ist, sondern ins Unendliche geht, abnehmen lässt."

Kant schließt dieses Kapitel mit der Überlegung, dass „Bewunderung und Achtung" allein zwar zur Nachforschung reizen, aber den „Mangel derselben" nicht ersetzen können. Die Erforschung der Natur fing mit dem „herrlichsten Anblicke" an und endigte – mit der Sterndeutung. Die Moral fing mit der edelsten Eigenschaft der menschlichen Natur an und endigte – mit der Schwärmerei und dem Aberglauben. Kant fährt fort: Der „Gebrauch der Vernunft" lässt sich nicht verbessern wie der „Gebrauch der Füße", deren Verbesserung „von selbst, vermittelst der öfteren Ausübung" eintritt. (KpV A 290) Sonst gleicht man den „Adepten des Steins der Weisen", die „ohne alle methodische Nachforschung und Kenntnis der Natur geträumte Schätze versprochen und wahre verschleudert haben". Er schließt mit dem Gedanken: „Wissenschaft ist die enge Pforte, die zur Weisheitslehre führt". Unter einer „Weisheitslehre" versteht Kant aber nicht nur dasjenige, „was man tun, sondern was Lehrern zur Richtschnur dienen soll":

- Erstens den Weg zur Weisheit, den jedermann gehen soll „gut und kenntlich zu bahnen", und
- zweitens andere vor Irrwegen zu sichern.

Das „Publikum" brauche keinen Anteil an den subtilen Untersuchungen der Philosophie nehmen, „wohl aber an den Lehren", die ihm nun „allererst recht hell einleuchten können." (KpV A 292)

6 John Stuart Mill

6.1 Biografisches

1806: (20. Mai) John Stuart Mill wird in London geboren; sein Vater (1773–1836) ist Philosoph, Historiker und Ökonom. Im Alter von 15 Jahren liest er Bücher von Jeremy Bentham und wird, wie viele andere, zum „Benthamisten", die sich auch „Radicals" nannten.
1822: Gründung der „Utilitarian Society", ein Jahr später Eintritt in die Ostindische Handelsgesellschaft (diese wird 1858 aufgelöst).
1823: Er verteilt Flugblätter für die Geburtenkontrolle und wird verhaftet, aber nicht eingesperrt.
1828: Mill sympathisiert mit den Ideen der Saint-Simonisten, befasst sich mit dem Werk von Auguste Comte.
1832: Tod Benthams
1836: Tod des Vaters James Mill, der seinen Sohn konsequent zum Utilitaristen erzogen hatte. John Stuart Mill steht zeit seines Lebens unter der gedanklichen Autorität seines Vaters, von der er sich nie ganz lösen wird.
1843: „A System of Logic" erscheint (acht Auflagen bis 1872)
1848: „Principles of Political Economy" (Prinzipien der politischen Ökonomie)
1851: Mill heiratet die 1849 verwitwete Harriet Taylor (1807–1858), mit der er bereits seit 1830 befreundet war.
1859: „On Liberty" (Über die Freiheit) erscheint.
1861: Erstveröffentlichung der Abhandlung über den Utilitarismus als Artikelserie in „Frazer's Magazine".
1863: „Utilitarianism" (Utilitarismus) erscheint als Buch.
1865: Abgeordneter der Liberalen im Unterhaus bis 1868; Mill verliert die Wiederwahl.
1867: Rektor der St. Andrew's University in Edinburgh.
1867: Mill hält im Unterhaus eine Rede für das Frauenwahlrecht.
1869: Veröffentlichung des Aufsatzes „The Subjection of Women" (Die Hörigkeit der Frauen), den er noch zusammen mit seiner Frau verfasst hatte.
1861: Mill ist 57 Jahre alt, als seine Zeitschriftenartikel über den Utilitarismus erscheinen, an denen Mill aber schon seit 1854 gearbeitet hatte. Aber nicht erst seit dieser Zeit, sondern von Jugend auf war Mill ein Utilitarist, der von seinem strengen Vater in die Lehre Benthams eingewiesen wurde und der im Alter von 16 Jahren bereits die „Utilitarian Society" gegründet hatte. Mit 20 Jahren erleidet Mill eine *mental crisis*, eine seelische Krise, mit 30 Jahren gerät er nach dem Tod seines Vaters in eine schwere Erkrankung. Erst jetzt löst sich Mill langsam von der väterlichen Autorität und damit von Bentham. In der Ehe mit Harriet Taylor (1807–1858) findet Mill eine Geistesverwandte. William James (1842–1910), der Mitbegründer des amerikanischen Pragmatismus, bemerkt 1890 über Mills Argumentationsstil: „Mills gewöhnliche Art zu philosophieren bestand

darin, zunächst eine von seinem Vater entlehnte Theorie kühn zu behaupten und dann im Einzelnen an die Gegner der Theorie so viele Zugeständnisse zu machen, dass von dieser praktisch nichts mehr übrig blieb." (Birnbacher 2006, 201 f.)

18737: Am 7. Mai stirbt Mill knapp 67jährig in Avignon; postum erscheint 1874 das Buch „Three Essays on Religion".

6.2 Utilitarismus

Einzelausgaben

John Stuart Mill: Utilitarismus, nach der Buchausgabe von 1871 übersetzt von Dieter Birnbacher 1976, Stuttgart 1994

John Stuart Mill: Utilitarianism/Der Utilitarismus, Englisch/Deutsch, übersetzt von Dieter Birnbacher 1976, Stuttgart 2006

Kommentare

Gähde, Ulrich/Schrader, Wolfgang H. (Hrsg.): Der klassische Utilitarismus. Einflüsse – Entwicklungen – Folgen, Berlin 1992

Wolf, Jean-Claude: John Stuart Mills „Utilitarismus". Ein kritischer Kommentar, Freiburg und München 1992

Textsammlung

Höffe, Otfried (Hrsg.): Einführung in die utilitaristische Ethik. Klassische und zeitgenössische Texte, Tübingen 1992

Zitierweise

Da Mills Buch „Utilitarismus", wie alle Klassikerausgaben, in vielen Einzel- und Sammelbänden sowie Übersetzungen vorliegt, hat sich folgende Zitierweise herausgebildet: Es wird nicht nach Seitenzahl, sondern nach Kapitel und Abschnitt zitiert; beispielsweise bedeutet 2.18: zweites Kapitel, Abschnitt 18. Von Mill wurden aber nur die fünf Kapitel (*chapters*) seines Werkes mit Überschriften versehen, nicht aber die Abschnitte. Diese werden je nach Kommentator mit eigenen Überschriften gekennzeichnet. Der Leser des „Utilitarismus" muss in der Regel die einzelnen Abschnitte selbst nummerieren. Um das Auffinden von Textstellen zu erleichtern, werden in dieser Darstellung neben der Kapitel- und Abschnittangabe auch die Seitenzahlen aus der genannten englisch-deutschen Ausgabe von 2006 zitiert.

Das Buch „Utilitarismus" enthält fünf Kapitel mit insgesamt 82 Abschnitten, die sich wie folgt verteilen:

1. Kapitel: Allgemeine Bemerkungen (6 Abschnitte)

2. Kapitel: Was heißt Utilitarismus? (25 Abschnitte)

3. Kapitel: Die fundamentale Sanktion des Nützlichkeitsprinzips (11 Abschnitte)

4. Kapitel: Die Art des Beweises für das Nützlichkeitsprinzip (12 Abschnitte)

5. Kapitel: Zusammenhang von Gerechtigkeit und Nützlichkeit (38 Abschnitte)

6.2.1 Allgemeine Bemerkungen

Das erste Kapitel, betitelt als *„General Remarks"* (Allgemeine Bemerkungen), enthält sechs Abschnitte. In den ersten Sätzen (1.1, S. 7) beklagt Mill zunächst die Rückständigkeit der Philosophie zu seiner Zeit, die sich besonders im „geringen Fortschritt" *(little progress)* bei der Lösung in zwei Fragen zeige, nämlich erstens was das Kriterium von Recht und Unrecht *(criterion of right and wrong)* sei, und zweitens in der Bestimmung des *summum bonum*, was für Mill gleichbedeutend ist mit der Frage nach der Grundlage der Moral *(foundation of morality)*. Zugleich versucht er, den Utilitarismus bis auf Sokrates in Platons Dialog „Protagoras" zurückzuführen. Hier zeigt sich schon, wie noch wiederholt an späteren Stellen von „Utilitarismus", der Versuch einer Einbettung des Utilitarismus in die europäische Ethikgeschichte.

Mill ruft nun (1.2, S. 7 f.) eine handlungstheoretische Grundlage in Erinnerung, dass „jegliches Handeln einen Zweck" *(end)* habe und deshalb eine Handlungsregel *(rule of action)* dem Zweck *(end)* gemäß seiner Eigenart und Färbung *(character and colour)* entsprechen muss. Möglicherweise bezieht sich Mill hier auf die aristotelische Handlungstheorie, für die das „Ende" der Handlung im Glück als dem letzten Ziel besteht. Mill unterscheidet also Zweck/Ziel *(end)* und Handlungsregel, die aber zueinander passen müssen, wobei der Handlungsregel die Funktion eines Mittels zugewiesen würde, wodurch die beiden Komponenten (Ziel und Mittel) der klassischen Handlungstheorie vorhanden wären. Mill geht nun auf den Unterschied zwischen der „Wissenschaft" *(science)* und der „praktischen Kunst" *(practical art)* ein.

Die Wissenschaften gewinnen induktiv aus Einzelwahrheiten ihre allgemeine Theorie, die praktischen Künste (wozu Mill die Moral und das Recht zählt) aber nehmen den umgekehrten Weg, weil wir beim Handeln schon von einer „klar umrissenen Vorstellung von dem, was wir wollen, ausgehen" müssen *(a clear and precise conception of what we are pursuing)*. Deshalb muss der Maßstab *(test)* für Recht und Unrecht bereits als Mittel der Entscheidungsfindung für eine Handlung vorausgehen und darf nicht erst das Ergebnis *(consequence)* einer Handlung sein. (1.2)

Mill geht nun (1.3, S. 9 f.) der Frage nach, wie Recht und Unrecht *(right and wrong)* erkannt werden könnten: entweder erstens durch ein naturgegebenes Vermögen *(natural faculty)*, ähnlich wie ein moralischer Instinkt *(moral instinct)*, oder zweitens durch die Vernunft *(reason)*. Mill entscheidet sich für die Vernunft, weil unser sinnliches Wahrnehmungsvermögen *(sensitive faculty)* die moralischen Werte von Recht und Unrecht nicht in der gleichen Weise wahrnehmen könne wie visuelle und akustische Phänomene *(sight or sound)*. Wir brauchen also ein moralisches Vermögen *(moral faculty)*, um die allgemeinen Prinzipien des moralischen Urteils erkennen zu können.

Dabei unterscheidet Mill zwei Schulen der Ethik,
- erstens die intuitionistische und
- zweitens die induktive Ethikschule.

Worin unterscheiden sie sich, und worin stimmen sie überein? Die intuitionistische Ethikschule, worunter Mill offensichtlich keinen platten Intuitionismus versteht (wie den oben beschriebenen), sondern einen philosophischen Intuitionismus, der unter *moral sense* einen Zweig der Vernunft versteht. Dazu rechnet er aber auch alle Ethikschulen, die von moralischen Prinzipien a priori ausgehen; diese moralischen Grundsätze „erzwingen Zustimmung" (*command assent*), sobald die Wortbedeutungen (*meanings of the terms*) verstanden wurden, wie Mill behauptet.

Die moralischen Induktivisten (wozu sich offensichtlich Mill selbst zählt) dagegen beurteilen Fragen nach Recht und Unrecht auf der Basis von Beobachtung und Erfahrung (*observation and experience*).

Beide Ethikschulen stimmen darin überein, dass die moralische Richtigkeit von Handlungen nur durch moralische Prinzipien bzw. allgemeine Gesetze *(general laws)* gewährleistet werden kann, wozu eine Wissenschaft der Moral *(science of moral)* notwendig ist. Beide Ethikschulen bestimmen also die moralische Richtigkeit einer einzelnen Handlung nicht durch eine unmittelbare Wahrnehmung, sondern durch die Anwendung eines allgemeinen Gesetzes auf den besonderen Fall. *(They both agree that the morality of an individual action is not a question of direct perception, but of the application of a law to an individual case.)* Hier (1.3) kritisiert Mill nun beide Ethikschulen, dass sie weder ein Verzeichnis der Prinzipien a priori angelegt hätten, die als Prämissen dieser Wissenschaften dienen könnten, noch diese mehreren Prinzipien *(various principles)* auf *ein* Grundprinzip *(first principle)* zurückgeführt hätten, noch eine Rangordnung unter ihnen festgelegt hätten. Aber dieses *eine* Prinzip *(the one principle)* sollte unmittelbar evident *(self-evident)* sein.

In 1.4 (S. 13 f.) versucht Mill zu zeigen, dass diese theoretischen Unzulänglichkeiten, die im Fehlen eines Grundprinzips (*ultimate standard*) ihre Quelle haben, in der Praxis gemildert wurden durch die heimliche Wirksamkeit eines Maßstabes *(tacit influence of a standard)*, den er das „Prinzip der Nützlichkeit" *(principle of utility)* oder mit Bentham (1748–1832) das „Prinzip des größten Glücks" *(greatest happiness principle)* nennt. Kern dieses Prinzips ist das allgemein menschliche Streben nach Glückseligkeit (*happiness*). Mill greift nun die *a priori moralists* an, wozu er vor allem Kant zählt. Dabei schöpft er allerdings aus zweiter Hand, denn Kant scheint er nicht gelesen zu haben. (Wolf 1992, 38) Deshalb unterlaufen im zwei schwerwiegende Zitierfehler: Kant habe in der „Metaphysik der Sitten" *(Metaphysics of Ethics)* einen allgemeinen Grundsatz (*universal first principle*) als „*origin and ground of moral obligations*" aufgestellt: „*So act, that the rule on which thou actest would admit of being adopted as a law by all rational beings.*"[72] (1,4) In Wirklichkeit handelt es sich bei Kant um die „Grundlegung zur Metaphysik der Sitten", und das *first principle* ist der kategorische Imperativ, der in der Grundformel so lautet: „Handle nur nach derjenigen Maxime, durch die du zugleich wollen kannst, dass sie ein allgemeines Gesetz werde". (GMS 421) Mill bezeichnet Kant zwar als einen *remarkable man*, zugleich unterstellt er ihm, dass es ihm *grotesquely* misslungen sei, aus diesem *first principle* einige konkrete moralische Pflichten abzuleiten (*deduce*), die nicht zugleich auch widerspruchslos die unmoralischsten Verhaltensnormen für alle vernünftigen Wesen beinhalten könnten. In

---

[72] „Handle so, dass die Regel deines Handelns von allen vernünftigen Wesen als Gesetz angenommen werden kann." (dt. Übersetzung D. Birnbacher)

Wirklichkeit habe Kant, so Mill, nur gezeigt, dass die Folgen (*consequences*) einer allgemeinen Befolgung (*universal adoption*) so wären, dass jedermann davon verschont bleiben möchte. Mill möchte also zeigen, dass selbst Kant es nicht gelungen sei, eine widerspruchsfreie Ethik zu formulieren, und übernimmt deshalb das „polemische Erbe Benthams" (Wolf 1992, S. 39), das darin bestehe, den Gegnern des Utilitarismus ihre Methodenlosigkeit und Widersprüchlichkeit vorzuwerfen, mit dem Ziel, dass als einzige Alternative dazu nur der Utilitarismus übrig bleibt.

Im nächsten Abschnitt (1.5, S. 15 f.) verbindet Mill den Utilitarismus mit dem Glück, denn er spricht von einer einer „*Utilitarian or Happiness theory*". Nun versucht Mill einen Beweis *(proof)* für die Richtigkeit *seiner „Utilitarian or Happiness theory"* vorzutragen, wobei er aber einschränkt, dass dies kein „Beweis" (*proof*) im gewöhnlichen und populären Sinn sei, weil letzte Zwecke (*ultimate ends*) nicht direkt bewiesen werden können. Er nennt für diese Auffassung zwei Beispiele (die sich auch so oder ähnlich bei Aristoteles finden):

- Erstens ist das Ziel der ärztlichen Heilkunst zwar die Gesundheit, und gut ist dann ein Heilmittel, das zur Gesundheit führt, ob aber die Gesundheit selbst etwas Gutes sei, könne man nicht beweisen.
- Zweitens sei zwar die Musik etwas Gutes, weil der Zweck das Vergnügen (*pleasure*) ist, das sie bereitet, man könne aber nicht beweisen, dass Vergnügen etwas Gutes sei.

Wissenschaftlich beweisen (und das heißt bei Mill empirisch beweisen) könne man nur das Geeignetsein eines Mittels zu einem vorgegebenen Zweck, nicht aber den Zweck selbst. Mill greift also die handlungstheoretische Unterscheidung zwischen Ziel (Zweck) und Mittel auf, gesteht aber ein, dass es keine umfassende Formel (*comprehensive formula*) gebe, die eines Beweise im engeren Sinn des Wortes zugänglich sei, sondern nur in einem weiteren Sinn (*larger meaning*). Der letzte Zweck des Handelns ist für Mill das Glück; dieses kann aber nicht linear-deduktiv aus anderen Prämissen abgeleitet werden, die bereits als wahr identifiziert wurden. Die Lösung des Problems liegt für Mill in den Möglichkeiten des „vernünftigen Denkens" (*cognizance of the rational faculty*), wozu für ihn „nicht nur die Intuition" zählt. Man wird dabei an die empirische Außenbeobachtung und die Introspektion denken müssen, auf die Mill im „Utilitarismus" verschiedentlich hinweist. Aus diesen „Erwägungen" (*considerations*) könne man dann den Intellekt entweder zur Zustimmung oder zur Ablehnung veranlassen (*either to give or withhold its assent to the doctrine*), und dies komme einem Beweis gleich (*is equivalent to proof*).

Die apologetische Absicht Mills wird auch im folgenden Abschnitt (1.6, S. 17 f.) weitergeführt, in dem er ankündigt, seine angekündigten Erwägungen (*considerations*) in den folgenden Kapiteln in zwei Schritten vorzutragen:

- Erstens solle ein richtiges Verständnis der utilitaristischen Formel (*formula*) ermöglicht werden,
- zweitens wolle er die philosophischen Gründe für die Anerkennung der utilitaristischen Norm (*utilitarian standard*) vortragen (die er im gleichen Satz auch *doctrine* nennt).

Die apologetischen Argumente betreffen also

- erstens die Behauptung, dass der Utilitarismus mancherlei Missverständnissen ausgesetzt ist,
- zweitens im Nachweis, dass die dem Utilitarismus angelasteten Missverständnisse kein Sonderproblem des Utilitarismus sind, sondern ein Problem jeder Philosophie. (Wolf 1992, 45)

6.2.2 Was heißt Utilitarismus?

Im zweiten Kapitel, erster Abschnitt (2.1, S. 21 f.) möchte Mill, seinem apologetischen Ansatz weiter treu bleibend, ein auf Unkenntnis beruhendes Missverständnis (*ignorant blunder of supposing*) über den Utilitarismus ausräumen, das seiner Meinung nach in einer falschen Kombination von Lust und Nützlichkeit besteht. In einer umgangssprachlichen Bedeutung wird Nützlichkeit oft dem Begriff der Lust (*pleasure*) entgegengesetzt, was aber falsch ist, so Mill. Das Wort Nützlichkeit wird als „trocken" (*dry*) empfunden, wenn es vor dem Wort Lust steht, aber umgekehrt sehr „sinnlich" (*voluptuous*), wenn Lust vor Nützlichkeit steht. Mill möchte also feststellen, dass die Menschen sich primär an der Lust und erst sekundär am Nutzendenken orientieren. Auf diesen Hedonismus steuert Mill ja in seiner Argumentation zu. Allerdings konstatiert er, dass sich bereits eine falsche Auffassung über die Kombination von Lust und Nützlichkeit so weit ausgebreitet hat, dass nur noch eine geringe Hoffnung besteht, sie in ihrem ursprünglichen Zusammenhang jemals wieder retten zu können. Von der Antike bis zur Gegenwart, nämlich von Epikur bis Bentham, sei nie ein Gegensatz zwischen Nutzen und Lust behauptet worden, sondern unter N ü t z l i c h k e i t wurde viererlei verstanden:

1. die Lust selbst (*pleasure itself*)
2. das Freisein von Unlust (*exemption of pain*)
3. das Angenehme (*agreeable*)
4. das Gefällige[73] (*ornamental*).

Bei dieser Ablehnung einer hedonischen Grundposition im Leben würden sogar drei Formen des Lustvollen (*pleasure*) vernachlässigt, nämlich das Schöne (*beauty*), das Gefällige (*ornament*) und das Vergnügliche (*amusement*). Mill konstatiert, dass er selbst das Wort „utilitaristisch" in Umlauf gebracht habe, indem er es aus John Galts vielgelesenem Roman *Annals of the Parish* [74] von 1821 übernommen habe, wo es in einer pejorativen Bedeutung verwendet wurde. (Wolf 1992, 45, Anm. 1) Jedoch hat bereits Bentham das Wort *utilitarian* in einem Brief 1781 benutzt. (Hügli 2001, 503)

In 2.2 (S. 23) geht nun Mill wieder über zum *Greatest Happiness Principle*, das besagt, dass nur solche Handlungen „in dem Maße" (*in proportion*) moralisch richtig sind, die

---

[73] So in der Übersetzung von D. Birnbacher in der derzeit einzigen deutschen Ausgabe, Stuttgart 1976 ff. *Ornament* und *ornamental* haben aber auch den Bezug zu Zierde, zierlich usw.

[74] Der vollständige Titel des Romans lautet: *„Annals of the Parish in the Chronicle of Dalmailing, during the Ministry of the Rev. Micah Balwhidder"* (Pfarrannalen aus der Chronik von Dalmailing, während der Amtszeit von Ehrwürden Micah Balwhidder). Das fiktive Dorf Dalmailing in Schottland bildet den Hintergrund für Berichte über den Einfluss der Industrialisierung auf religiöse, soziale und politische Werte usw.

die „Tendenz" haben, Glück zu befördern (*tend to promote happiness*); moralisch falsch sind dann diejenigen Handlungen, die die „Tendenz" haben, das Gegenteil von Glück zu bewirken. Es geht also Mill mehr um die Feststellung der Richtung, in die das Handeln der Menschen sich bewegen solle, noch nicht um das Ergebnis selbst. Mill definiert nun den Begriff des Glücks in positiver und in negativer Hinsicht: Unter Glück (*happiness*) versteht er die Lust (*pleasure*) und das Freisein von Unlust (*pain*), unter Unglück (*unhappiness*) versteht er die Unlust (*pain*) und das Fehlen von Lust (*privation of pleasure*). Mill gelangt nun zu einem hedonistischen Bekenntnis: Lust (*pleasure*) und Freisein von Unlust (*freedom of pain*) sind die einzigen Ziele, die als Endziele wünschenswert sind (*desirable as ends*). Obwohl es viele Dinge und Ziele im Leben gibt, sind nur dreierlei Sachen wünschenswert, die entweder (1) selbst lustvoll sind oder (2) zur Beförderung von Lust oder (3) zur Vermeidung von Unlust beitragen. In diesem Abschnitt 2.2 hat Mill also zwei Positionen festgelegt:

- Erstens hat er ein Proportionalitätsprinzip aufgestellt, da die moralische Richtigkeit von Handlungen in Proportion zum angestrebten Glück steht.
- Zweitens hat er eine Architektonik der Ziele (*ends*) aufgestellt, da echte *ends* (als oberste Ziele oder Endzwecke) nur die Lust und das Freisein von Unlust sind, alle anderen Ziele im Leben stehen in nur Abhängigkeit hierzu. (Wolf 1992, 46 f.)

Seine apologetische Richtung behält Mill in 2.3 (S. 25 f.) weiterhin bei, indem er sich gegen die Unterstellung wehrt, die dargestellte Lebensauffassung sei nur für Schweine (*swines*) würdig, bekennt aber, dass dies schon in der Antike für die Anhänger Epikurs galt und noch in der Gegenwart von deutschen, französischen und englischen Gegnern des Utilitarismus vorgetragen werde. Der Vorwurf der „Schweinephilosophie" (*pig-philosophy*) geht offenbar auf den Schotten Thomas Carlyle (1795–1881) zurück, einem von calvinistischer Moral geprägten Schriftsteller, Historiker und Philosophen.[75]

Diese Auffassung wehrt Mill in 2.4 dadurch ab, dass er für den Wert einer Freude die Unterscheidung zwischen quantitativen und qualitativen Merkmalen einführt. (S. 25 f.) Diese Auffassung entwickelt er wieder in Rückführung auf die Epikureer, die den Angriff umgedreht und ihre Ankläger bezichtigt hätten, dass sie selbst es sind, welche die menschliche Natur in einem so entwürdigenden Licht erscheinen lasse, wenn sie die Quellen für Lust bei Mensch und Schwein für identisch erklären. Zu jeder epikureischen Lebensauffassung gehöre es, dass den bloßen sinnlichen Freuden vier höherwertige Arten von Freuden (*pleasures*) gegenüber stehen:

- erstens diejenigen des Verstandes (*intellect*),
- zweitens diejenigen der Empfindung (*feeling*),
- drittens diejenigen der Vorstellungskraft (*imagination*) und
- viertens diejenigen des sittlichen Gefühls (*moral sentiment*).

Mill räumt ein, dass die „utilitaristischen Autoren" (denkt Mill an Bentham?) die Unterscheidung zwischen den geistigen und den körperlichen Freuden (*superiority of mental over bodily pleasures*) im Wesentlichen nicht in inneren, sondern in äußeren Vorteilen erblickt haben, wie beispielsweise in der größeren Dauerhaftigkeit (*permanency*), Ver-

---

[75] Birnbacher (2006), Utilitarismus, Anm. 4, S. 195

lässlichkeit (*safety*) und Unaufwendigkeit (*uncostliness*) usw. Diese drei *circumstantial advantages* stehen offenbar in Verbindung mit Benthams sechs *circumstances*, mit deren Hilfe der Wert einer Lust (*pleasure*) im Sinne seines hedonistischen Kalküls gemessen werden soll: (1) Intensität, (2) Dauer, (3) Gewissheit, (4) zeitliche Nähe, (5) Fruchtbarkeit (Wahrscheinlichkeit, dass eine weitere Lustempfindung folgt), (6) Reinheit (Wahrscheinlichkeit, dass keine Unlustempfindung folgt). (Birnbacher 2006, Anm. 5, 195)[76] Wie bei allen Dingen der Wert einer Sache nicht nur von der Quantität, sondern auch von der Qualität abhänge, so auch der Wert einer Freude, betont Mill. Damit begründet Mill den qualitativen Hedonismus, in dem er in Art einer hedonistischen Hermeneutik alle Werte im Grundwert der Lust (zu der komplementär das Freisein von Unlust gehört) fundiert.

In 2.5 (S. 29) sucht Mill nach einem Kriterium, wie man die unterschiedliche Qualität von Freuden beurteilen könne (die Trennung mittels einer quantitativen Analyse ist methodisch leicht und wurde von Bentham mit seinen sechs *circumstances* im hedonistischen Kalkül vorgeführt, wenn auch nicht überzeugend). Mill sieht nur eine mögliche *Antwort (one possible answer)*: Das Urteil über den höheren Wert von zwei Freuden steht den Erfahrenen zu, die beide Freuden kennen und die sie selbst im Falle einer sicher zu erwartenden Unzufriedenheit nicht gegen andere Freuden eintauschen würden. Hier liegt dann nach Mill eine *decided preference* vor, die darin besteht, dass nicht mit Hilfe eines Gefühls für Lust oder Unlust entschieden wurde. Der daraus von späteren Utilitaristen (z. B. Peter Singer) entwickelte Präferenz-Utilitarismus koppelt die Entscheidung von subjektiven Lusterlebnissen ab (verlässt also den klassischen hedonistischen Utilitarismus). Bei Mill ist dieser Schritt aber noch nicht ganz vollzogen, da er noch von einem *preferred enjoyment* spricht. (S. 28) Indem aber Mill die qualitative Unterscheidung zwischen zwei Freuden auf empirisch erfahrene „Lust-Experten" verlagert, löst er das Problem nicht, sondern verschiebt es nur auf zwei andere Problemfelder: Weder kann man bei sich selbst einen stabilen *intra*personalen Freuden- oder Nutzenvergleich durchführen, geschweige denn einen *inter*personalen zwischen sich und anderen Personen und anderen Personen untereinander, weil Freuden kommunikativ inkommensurabel sind, denn sie hängen von so vielen Parametern ab, dass ein einfacher Vergleich in der Praxis kaum gelingen dürfte. (Schumacher 1994, 123)

Festzuhalten bleibt, dass Mill die qualitative Entscheidung den Erfahreneren vorbehält, die sich an informierten Präferenzen orientieren. Ein Kunstwerk ist nicht nur dann ein solches, wenn es vielen Menschen einfache *enjoyments* (Vergnügungen) verschafft, auch nicht im Sinne einer höheren Lust, sondern im Sinne von *preferred enjoyments*, wofür Kunst-Experten zuständig sind, von denen Nicht-Experten ihre Präferenzen in informierte Präferenzen umwandeln lassen können. Insofern hat Mill seine moralischen Urteile somit nicht mehr nur an empirisch erfahrbare Lusterlebnisse gekoppelt, sondern sie kognitiv-wissenschaftlichen Einsichten geöffnet, allerdings unter Leitung der dafür kompetenten Personen. Die Basis eines quantitativen Hedonismus (wie bei Bentham) hat Mill nun bereits verlassen und eine Grundlage für seinen qualitativen Hedonis-

---

[76] Die Lehre von dem Umständen (lat. *circumstantiae*) einer Handlung wurde von Aristoteles in der Nikomachischen Ethik im III. Buch entwickelt und von Thomas von Aquin in seiner Handlungstheorie zur Circumstantiae-Lehre ausgebaut.

mus als Utilitarismus geschaffen. Wie aber festgestellt werden solle, wer nun über diese qualitativen Kompetenzen verfüge, hat Mill nicht gesagt.

In 2.6 (S. 29 f.) stellt Mill Überlegungen über die richtige und falsche Lebensweise (*manner of existence*) an. Der Grundsatz von der Überlegenheit der höheren Fähigkeiten (*higher faculties*) wird nun nochmals bestätigt, indem Mill unterstellt, dass niemand sich in eines der niederen Tiere (*lower animals*) verwandeln lassen möchte, und zwar selbst dann nicht, wenn man damit alle Freuden dieses Tieres erleben dürfte. Interessanterweise bezieht Mill seine Aussage nicht auf alle Tiere, sondern nur auf die „niederen", ohne dass er angibt, was er damit meint und wo die „höheren Tiere" beginnen würden. Er führt diese Argumentation weiter mit den Aussagen, dass kein intelligenter Mensch ein Narr *(fool),* kein Gebildeter (*instructed person*) ein Nichtwisser (*ignoramus*), kein Feinfühliger oder Gewissenhafter selbstsüchtig und niederträchtig (*selfish and base*) sein möchte, selbst dann nicht, wenn alle negativ gezeichneten Personen zufriedener (*better satisfied*) sind als die positiv gezeichneten. Die Kette der Argumente führt nun zum bekanntesten aus dieser Reihe, dass es nämlich besser sei, ein unzufriedener Sokrates als ein zufriedener Narr zu sein. (S. 33) Der Status eines höher begabten Wesens ist aber für Mill zweischneidig: Einerseits verlangt ein solches Wesen mehr Glück, andererseits ist es auch zu größerem Leiden fähig. Trotzdem, so Mill, möchte ein solches Wesen nicht in eine niedere Daseinsweise absinken. Worauf ist das zurückzuführen, fragt Mill. Er nennt als Kandidaten für eine Antwort die Freiheitsliebe, den Stolz usw., entscheidet sich aber für das Gefühl der Würde (*sense of dignitiy*), das alle Menschen in der einen oder anderen Weise und im Verhältnis (*in proportion*) zu ihren höheren Anlagen besitzen und das sie keinen Augenblick lang vermissen möchten. Diese Würde ist für Mill ein entscheidender Teil des Glücks (*essential part of the happiness*). Interessanterweise spricht Mill diese Würde (*dignity*) nicht allen Menschen in gleichem Maße zu (wie wir das heute allgemein tun), sondern ihnen nur in Abhängigkeit von deren kognitiven Fähigkeiten. Aber die Bevorzugung des Höheren ist kein Opfer an Glück (*sacrifice of happiness*), wenn man das niedere Vergnügen ignoriert, weil Mill auf die fundamentale Unterscheidung zwischen Glück (*happiness*) und Zufriedenheit (*content*) aufmerksam macht.[77]

Zufrieden können nach Mill auch niedere Lebewesen sein, Glück dagegen können nur höhere Lebewesen empfinden, zugleich wissen sie, dass jedes Glück immer unvollkommen ist. Damit greift Mill indirekt ein Argument von Aristoteles auf, dass Glück (*eudaimonia*) nur den Vernunftwesen zukommt, nicht den Tieren. Daran anschließend wurde in der Scholastik der Unterschied zwischen vollkommenem und unvollkommenem Glück getroffen (in dieser Welt kann man nur ein unvollkommenes Glück erlangen, weil es z. B. den Tod und das Leid gibt).

In 2.7 (S. 33 f.) greift Mill die schon von Aristoteles gestellte Frage auf, wieso Menschen bei voller Einsicht die niedrigeren den höheren Freuden (*pleasures*) vorziehen

---

[77] Siehe hierzu Grom, Brieskorn, Haeffner 1987, 21. Dort wird ebenfalls zwischen Glück und Zufriedenheit unterschieden. Während der Kern von Zufriedenheit ein kognitiv positives Urteil über einen Ist-Soll-Zustand und somit eher sachlicher Art ist, bedeutet Glück mehr, und zwar mit einem starken affektiven Kern: Wer glücklich ist, ist auch zufrieden, aber nicht umgekehrt.

können. Mill führt es auf Charakterschwäche zurück, wenn das nähere Gut (*nearer good*) dem höheren Gut vorgezogen wird, um zwar bei voller Einsicht in diese Wahl. Er nennt als Beispiel, dass man sich sinnlichen Genüssen zuwendet, obwohl man weiß, dass es der Gesundheit, die das höhere Gut ist, schadet. Diese verkehrte Vorzugswahl kann nach Mill ihre Ursache aber auch darin haben, dass die Menschen mit zunehmendem Alter immer weniger Gelegenheiten haben, die höheren Güter zu erlangen und sich resigniert mit den niederen Gütern zufrieden geben müssen. Dies zeige sich bei jungen Menschen, die vom jugendlichen Idealismus durch die Realitäten des Lebens immer weniger Gelegenheit erhalten, ihre höheren Fähigkeiten anzuwenden.

Mill fasst in 2.8 (S. 35 f.) seine vorgetragenen Argumente über das kompetente Urteil zwischen zwei Freuden (*pleasures*) zusammen, indem er als Richter darüber nur diejenigen zulässt, die beide Freuden erfahren haben. Mill fundiert seinen Utilitarismus also weiterhin auf einer empirischen Basis genossener Freuden, weswegen man diese Grundlage seiner utilitaristischen Ethik den psychologischen Hedonismus nennt. (Schumacher 1994, S. 115) Dieses Urteil der Mehrheit der in den verschiedenen Freuden (oder auch Empfindungen der Unlust) erfahrenen Menschen bezeichnet Mill als endgültig (*final*), d. h. es gibt für ihn keine darüber stehende Instanz.

Mill unterscheidet nun (2.9, S. 37) zwischen einer *directive rule* und dem *utilitarian standard*. Das Dogma von der unbedingten Vorzugswürdigkeit der höheren Fähigkeiten vor den niederen (worüber die in beiden Fähigkeiten Erfahreneren *final* urteilen) ist für Mill notwendig als *directive rule*, um Handlungen vollziehen zu können. Das Begriffspaar „*Utility or Happiness*" ist nach Mill jene *directive rule*, aus der heraus Handlungen konzipiert werden. Dagegen ist diese Einstellung für den *utilitarian standard* nicht notwendig, weil es nach Mill im Utiliarismus nicht um das individuelle Glück des Handelnden geht, sondern um das größte Glück insgesamt. Der *utilitarian standard* ist somit das größte gesamtgesellschaftliche Glück. Damit ist das Problem der Vereinigung des individuellen mit dem sozialen Glücksstreben aufgetaucht, das nur ein edler Charakter (*noble character*) lösen könne. Einen völligen Verzicht auf das persönliche Glück zugunsten des Glücks anderer bezeichnet Mill aber als *absurdity*.

Das *Greatest Happiness Principle* bezeichnet Mill als *ultimate end*, als Endzweck des Handelns, wovon in einer Art Architektonik die anderen Ziele und Zwecke ihren Charakter als wünschenswert oder nicht wünschenswert erhalten, ganz gleich, ob es sich um ein eigenes oder ein fremdes Gut handelt. (2.10, S. 37 f.) Dabei setzt sich dieser Endzweck zusammen

- erstens aus dem Freisein von Unlust (*pain*) und
- zweitens aus der höchstmöglichen Kombination von quantitativen und qualitativen Merkmalen von Lust (*enjoyment*), wobei die in beiden Gruppen erfahreneren Menschen ihr Urteil abgeben müssen.

Nach dieser Wiederholung bringt Mill einen neuen Gedanken ins Spiel: Es geht nicht nur um das größtmögliche Glück für die gesamte Menschheit (*mankind*), sondern auch für die gesamte fühlende Natur (*whole sentient creation*), d. h. Mill dehnt über das *Greatest Happiness Principle* seinen Utilitarismus auf die fühlende Tierwelt aus.

Nun greift Mill einen Generaleinwand gegen den Utilitarismus auf, dass Glück in keiner seiner Erscheinungsformen ein vernünftiger Zweck (*rational purpose*) für menschliches Leben sein könne. (2.11, S. 39) Als einzigen Gewährsmann für diese These nennt er den puritanischen Schriftsteller Thomas Carlyle (1795–1881), den er bereits in 2.2 wegen seiner Charakterisierung des Hedonismus als *pig-philosophy* zitiert hatte. Carlyle bestritt sowohl ein Recht auf das Dasein als auch auf das Glück. Er war als Übersetzer der deutschen Literatur hervorgetreten und hatte von Goethe (Wilhelm Meisters Wanderjahre)[78] den Begriff der „Entsagung" in die englische Sprach eingeführt. Mill zitiert in seinem englischen Text dieses eine Wort auf Deutsch, das er durch das englische Wort *renunciation* wiedergibt. Mill gelangt in diesem Abschnitt (2.11) zu drei Einwänden, welche die Gegner des Utilitarismus gegen eine Glücksethik vortragen (Wolf 1992, 76):

1. Glück lässt sich nicht (direkt) anstreben.
2. Es gibt kein Recht auf Glück.
3. Der Mensch kommt – auf der Basis einer Ethik des „Entsagens" – auch ohne Glück aus.

Den ersten Einwand untersucht Mill in den Abschnitten 2.12–14, den zweiten und dritten Einwand im Abschnitt 2.15. Dies wird im Folgenden dargestellt.

Dass sich Glück nicht (direkt) anstreben lässt, wird als „Paradoxie des Glücksstrebens" (Viktor Frankl) oder als „Paradoxie des Hedonismus" (Wolf 1992, 77) bezeichnet. (2.12, S. 39 f.) Die Antwort wird meist so formuliert, dass Glück intentional sei, man also einen Grund zum Glücklichsein brauche (wie auch zum Unglücklichsein). Allerdings spricht Mill nur davon, dass manche behaupten, Glück sei unerreichbar. Mill dreht das eigentlich gegen sein *Greatest Happiness Principle* gerichtete Argument um und erklärt, dass es nicht nur um das Streben nach Glück (*pursuit of happiness*), sondern auch um die Verhinderung und Milderung von Unglück geht (*prevention or mitigation of unhappiness*). Der Utilitarismus arbeitet also mit einer Doppelstrategie, die als positiver und als negativer Eudaimonismus bezeichnet werden kann. Beide Aspekte wechseln sich nach Mill in einem langen Leben immer wieder ab.

Im nächsten Abschnitt (2.13, S. 41 f.) analysiert Mill den Begriff eines „befriedigten Lebens" und gelangt zu zwei Hauptbestandteilen, der Ruhe (*tranquillity*) und der Erregung (*excitement*). Beide gehören zusammen, denn während der eine Zustand vorhanden ist, sehnt man sich nach dem anderen. Nur der Wechsel ist befriedigend. Hier plädiert Mill wieder für geistige Bildung, weil diese dem Menschen zahlreiche Quellen für Lebensfreude (in Kunst, Natur, Geschichte usw.) erschließt.

Im Sinne des negativen Eudaimonismus geht es nach Mill um den Abbau von zweierlei Gegebenheiten: erstens den großen Übeln (*evils*) und zweitens den Wechselfällen des Schicksals (*vicissitudes of fortune*). (2.14, S. 45 ff.) Die großen Übel (wie Krankheit und Armut) können durch wissenschaftliche und politische Fortschritte minimiert werden, die Wechselfälle des Lebens lassen sich durch Vermeidung von grober Nachlässigkeit, Abbau von ungezügelten Begierden sowie einer Verbesserung der gesellschaftlichen Verhältnisse reduzieren. Mill setzt also der pessimistischen Weltsicht seiner Gegner einen gemäßigten Optimismus entgegen.

---

[78] Wolf 1992, 76

Mill greift nun zwei extreme Lebensweisen heraus, den Held (*hero*) und den Märtyrer (*martyr*). Sind diese durch ihre Lebensweise des Verzichts auf Glück Gegenbeweise zur Grundthese, dass alle Menschen nach Glück streben? (2.15, S. 49 f.) Welchen Wert hat eine Selbstaufopferung (*self-sacrifice*)? Wenn der Held und der Märtyrer durch ihr Handeln schon nicht ihr eigenes Glück befördern können, dann wollen sie zumindest das Glück anderer Menschen erhöhen oder andere vor Unglück bewahren. Ihr Handeln realisiert nach Mill etwas Besseres als Glück, nämlich Tugend (*virtue*). Auch ihr Handeln hat also einen Zweck, es ist aber kein Selbstzweck. Würde das Handeln von Held oder Märtyrer nur dazu dienen, dass andere auch ihr Schicksal teilen müssten, also auf Glück verzichten, dann würden sie von uns nicht mehr Hochachtung verdienen als ein Säulenheiliger (der nach Mill ein völlig passives Leben auf einer Säule in reiner Kontemplation verbringt).

Mill zeigt Respekt vor einer Bereitschaft, im Leben ohne Glück auszukommen, weil diese Bereitschaft dem Menschen das Gefühl gibt, dass das Schicksal keine gebietende Macht über ihn hat. (2.16, S. 51) Es müssen aber sehr unvollkommene Verhältnisse vorliegen, wie sie Mill bei den Stoikern in den schlimmsten Zeiten des Römischen Reiches ausmacht. Aber mit Hilfe dieser Verzichts-Bereitschaft kann die Angst in Ruhe übergehen, in der die dem Menschen zugänglichen Freuden noch erlebt werden können, ohne dass man sich über die Ungewissheit ihrer Dauer und die Unausweichlichkeit ihres Ende Sorgen machen müsste.

Mill betont aber sogleich (2.17, S. 51 f.), dass die Moral der aufopfernden Hingabe (*moral of self-devotion*) für ihn kein akzeptables Prinzip darstellt. Zwar sei es verständlich, dass jemand sein eigenes größtes Gut für andere opfert, aber das Opfer selbst ist kein Gut. Außerdem müsse ein solches Opfer den Gesamtbetrag (*sum total*) an Glück erhöhen. Dieser Gesamtbetrag kann aber in Rückführung auf Sidgewick „Die Methoden der Ethik" von 1874 entweder als „Nutzensummenutilitarismus" oder als „Durchschnittsnutzenutilitarismus" verstanden werden. (Schumacher, 1994, 111 ff.)
- Beim Nutzensummenutilitarismus interessiert nur die gesamtgesellschaftliche Summe an Nutzen,
- beim Durchschnittsnutzenutilitarismus interessiert nur der durchschnittliche Pro-Kopf-Nutzen.

Im ersten Fall könnte z. B. der gesuchte Gesamtnutzen durch Erhöhung der Zahl der Menschen gesteigert werden, im zweiten Fall nur durch eine zusätzliche Erhöhung des Nutzens pro Kopf und Mitglied der Gesellschaft. Welchen Utilitarismus vertritt Mill? Da Mill eine Geburtenkontrolle propagierte, wird in der Mill-Forschung vermutet, dass sein Utilitarismus ein Durchschnittsnutzenutilitarismus ist, da sonst sein Argument von einer Erhöhung des Glücks keinen Sinn hätte. (dto., S. 112)

Mill vertieft und differenziert nun seine Unterscheidung zwischen dem individuellen und dem gemeinsamen Glück. (2.18, S. 53 f.) Da diese Unterscheidung evtl. schwer fallen könnte, fordert Mill ein streng unparteiliches (*strictly impartial*) Urteil, wie es ein unbeteiligter, aber wohlwollender Beobachter (*disinterested and benevolent spectator*) abgeben würde. Hierzu gibt er zwei Vorgaben, erstens die Goldene Regel und zweitens nennt er Jesus von Nazareth, denn beide repräsentieren für ihn vollkommen den Geist (*complete spirit*) des Utilitarismus. Von der Goldenen Regel zitiert er nur die sog. positive Fassung in einer Kurzform (*to do as one would be done by*) und das neutestamentliche Liebesgebot ebenfalls nur in einer Kurzform (*to love one's neighbour as oneself*). Für Mill enthalten sie die utilitaristische Moral in ihrer höchsten Vollkommenheit (*ideal perfection*). Um sich diesem Ideal möglichst gut anzunähern, müssen für Mill zwei Voraussetzungen geschaffen werden:

- Erstens müssen durch die Gesetze und die gesellschaftlichen Verhältnisse die Interessen des einzelnen und diejenigen des Ganzen in Übereinstimmung gebracht werden, und
- zweitens müssen Erziehung und öffentliche Meinung dafür sorgen, dass in der Seele eines einzelnen Menschen eine unauflösliche Verbindung (*indissoluble association*) zwischen dem Individualglück und dem Wohl des Ganzen hergestellt wird.

Mill unterscheidet beim Handeln nun (2.19, S. 55 ff.) zwischen dem Motiv und der Norm. Das Motiv qualifiziert den Handelnden, die Norm qualifiziert die Handlung. Das Motiv macht eine personale Aussage, die Norm eine sachliche Aussage. Mill unterscheidet hier zwischen *agent* und *action* und erläutert dies an zwei Beispielen:

Erstes Beispiel: Wer einen Ertrinkenden rettet, handelt richtig, unabhängig davon, ob er es aus Pflichtgefühl oder in Erwartung einer Belohnung tut.

Zweites Beispiel: Wer einen Freund verrät, der ihm vertraut, handelt auch dann falsch, wenn er mit dem Verrat einem noch wichtigeren Freund einen Gefallen tut. Daran schließt Mill eine weitere Differenzierung an: In Fällen des Alltags brauche man nicht auf das Wohl der ganzen Welt zu blicken, sondern nur auf dasjenige der von einer Handlung betroffenen (in der Regel: wenigen) Menschen, denn aus der Addition von Einzelglück setzt sich das Glück der ganzen Welt zusammen. Etwas anderes ist es bei Entscheidungsträgern in Politik und Gesellschaft, die mit ihren Handlungen über Glück oder Unglück von Millionen Menschen entscheiden.

Mill wehrt nun das sich daraus ergebende nächste Missverständnis ab, dass der Utilitarismus eine Orientierung an Sachentscheidungen favorisiere und deshalb durch seine Ignorierung der menschlichen Qualitäten seine Anhänger kalt und gefühllos (*chills their moral feelings*) mache. (2.20, S. 59 ff.) Mill lenkt den Blick dabei auf Fragen von Recht und Unrecht und betont, dass gelegentlich (mehr zufällig) aus einem guten Charakter auch schlechte Handlungen stammen, und umgekehrt gute Handlungen aus einem schlechten Charakter hervorgehen können. Auf lange Sicht (*in the long run*) dagegen könne es diese Diskrepanzen aber nicht geben, denn ein guter Charakter manifestiert sich am ehesten in guten (gerechten) Handlungen, ein schlechter Charakter in schlechten (ungerechten) Handlungen. Hier führt also Mill die Unterscheidung zwischen *agent* und *action* wieder zusammen. Obwohl die utilitaristische Ethik auf *einer* Norm (*utilitarian standard*) beruht, kommen bei ihrer Anwendung (*application*) in der Praxis verschiedene Grade von Strenge (*rigidity*) und Laxheit (*laxity*) vor. (2.21, S. 63 f.) Das liegt nach Mill daran, dass bei manchen Menschen zwischen dem (kognitiven) Urteilsvermögen und dem (emotionalen) Einfühlungsvermögen ein Missverhältnis besteht. Der Vorwurf der Nichteinheitlichkeit betrifft also nicht den *standard*, sondern die *application*.

In 2.22 (S. 65 f.) geht Mill nun auf den weiteren Vorwurf ein, der Utilitarismus sei eine gottlose Doktrin (*godless doctrine*). Mill weist dagegen darauf hin, dass der Utilitarismus sowohl mit der Schöpfungslehre als auch mit der Offenbarung übereinstimme. Gott wolle das Glück seiner Geschöpfe (*creatures*), was sich auch in der christlichen Offenbarung (*Christian revelation*) zeige. In diesem Sinne ist der Utilitarismus für Mill nicht nur keine gottlose Ethik, sondern im Gegenteil sogar eine, die tiefer religiös (*more profoundly religious*) sei als jede andere. Allerdings benötigen wir zur Interpretation der Bibel eine Theorie, die uns hilft, Gottes Willen zu deuten.

Der nächste Vorwurf an die Adresse der Utilitaristen ist derjenige des Opportunismus (*Expediency*), den Mill nun widerlegen möchte. (2.23, S. 67 f.) Der Opportunist (*Expedient*) vernachlässigt zugunsten eines kurzfristigen Vorteils die langfristig nützliche utilitaristische Norm. Mill diskutiert hier das Problem der sich widerstreitenden Nützlichkeiten (*conflicting utilities*), wie beispielsweise die Erlaubtheit des Lügens. Die Beachtung der strikten Wahrhaftigkeit stelle zwar den größten Nutzen dar, aber in jeder Ethik gebe es Ausnahmen, so Mill. Wenn beispielsweise durch das Verschweigen (*withholding*) der Wahrheit ein Übeltäter an einer Straftat gehindert oder ein Schwerkranker vor dem Absinken in Mutlosigkeit bewahrt werde, so darf auch dann so verfahren werden, wenn das Verschweigen (*withholding*) nur als Leugnung (*denial*) erreicht werden könne. Mill verlangt aber dreierlei:

(1) Dass dies Ausnahmen bleiben müssten, die

(2) als solche gekennzeichnet und

(3) in ihren Grenzen bestimmt werden müssten. Die Lüge (*lie*) lehnt Mill aber in denjenigen Fällen ab, wo man durch Lügen entweder sich aus einer momentanen Verlegenheit befreien oder aber einen Vorteil für sich oder andere erlangen könne. Hier identifiziert Mill das Wahrheitsgebot mit dem Nützlichkeitsprinzip.

In 2.24 (S. 69 ff.) greift Mill den vorletzten Einwand gegen den Utilitarismus auf, die zeitaufwändige Entscheidungsprozedur des Abwägens von Folgen. Mill antwortet darauf polemisch, dass man bei der Praktizierung einer christlichen Ethik ja auch nicht das gesamte Alte und Neue Testament durchlesen müsse, um handeln zu können. Dies gelte auch für die utilitaristische Moral wie für jede andere Handlungstheorie: Zu jedem obersten Prinzip liegen daraus folgende Korrolarien[79] vor, zu jedem ersten Prinzip existieren sekundäre Prinzipien. Sekundäre Prinzipien oder Korollarsätze konkretisieren das oberste Prinzip auf anwendungsspezifische Situationen mittlerer Reichweite. Diese sind deshalb möglich, weil schon sehr viele Menschen, oftmals über Jahrhunderte, in ähnlichen Entscheidungssituationen sich befunden haben; sie sind Produkt einer Kultur. Sie sind aber auch notwendig, weil man nicht täglich in seinen Entscheidungen bei einem Nullpunkt (dem obersten Prinzip) beginnen könne, sondern zur Vereinfachung auf bewährte Sekundärregeln mit konkreten Handlungsempfehlungen zurückgreifen müsse.

In diesem letzten Argument aus der Gruppe der Verteidigungsargumente zugunsten des Utilitarismus (2.25, S. 75 ff.) geht Mill auf das Problem der Ausnahmen von der Regel

---

[79] Korollarien sind Sätze, die aus einem vorhergehenden und bewiesenen Satz folgen. Nicht zu verwechseln mit dem Begriff korrelat; korrelate oder korrelative Begriffe oder Sachverhalte sind solche, die sich gegenseitig bedingen (z. B. Rechte – Pflichten).

ein. Er erwähnt den Vorwurf, daß man den Utilitaristen mache, ihren eigenen Fall zu einer Ausnahme von der Regel zu erklären, und zwar zum eigenen Vorteil und Nutzen. Mill weist darauf hin, dass solche Fälle alle Moralsysteme beträfen, und zwar deshalb, weil die verwickelten menschlichen Verhältnisse der Grund dafür sind, dass Handlungsregeln diesen Konflikten nicht entgehen können. Alle ethischen Systeme würden nach Mill die Strenge ihrer Gesetze dadurch mildern, indem sie einen gewissen Spielraum an die jeweiligen besonderen Umstände gewährten (*accomadation to peculiarities of circumstances*) und sie dabei auf die moralische Verantwortung des Handelnden setzen. Nur in einem Konflikt zwischen den sekundären Prinzipien ist es nötig, an das oberste Prinzip zu appellieren. Zugleich dürfte es nach Mill nicht schwer sein, bei Anerkennung des Nützlichkeitsprinzips als oberstes Prinzip dasjenige sekundäre Prinzip herauszufinden, das in jenem Fall angewendet werden müsse.

6.2.3 Die fundamentale Sanktion des Nützlichkeitsprinzips

In diesem dritten Kapitel behandelt Mill in 11 Abschnitten Fragen der *ultimate sanction* zum Nützlichkeitsprinzip. Im ersten Abschnitt (3.1, S. 81 f.) geht es dabei um Fragen der Zustimmung (*sanction*) zum utilitaristischen Moralprinzip, das heißt für Mill, um Fragen der Motive sowie um Fragen der Quelle ihrer Verbindlichkeit (*source of obligation*). Eine Quelle für die herkömmliche Moral (*customary morality*) erblickt Mill in der Erziehung und in der öffentlichen Meinung, welche diese Moral geheiligt (*consecrated*) habe. Er unterstellt nun, dass die meisten Menschen nicht bemerken, dass diese tradierte Moral ihre Verbindlichkeit aus einem allgemeinen Prinzip herleitet (*derives*), dem Gewohnheit und Sitte keinen vergleichbaren Heiligenschein (*halo*)[80] verliehen haben. Dieses allgemeine Prinzip ist offensichtlich das *Greatest Happiness Principle*, weil Mill wieder polemisch unterstellt, dass die meisten Menschen zwar die damit in Verbindung stehenden Korollarien kennen (wie nicht stehlen, nicht morden), nicht aber die fundamentale Verpflichtung, das allgemeine Glück (*general happiness*) zu befördern. Sie gleichen nach Mill Menschen, die einem Gebäude ohne seine Fundamente mehr Standfestigkeit zuschreiben als mit Fundamenten.

Mill beschäftigt sich weiter mit dem Problem, dass von vielen Menschen zwar Einzelnormen und ihre Übertragung auf Einzelfälle akzeptiert werden, die Anerkennung des zugrunde liegenden Moralprinzips selbst aber verweigert wird. (3.2, S. 83) Mill erzeugt hier wieder religiöse Assoziationen. Die Natur des moralischen Gefühls (*moral sense*) bestehe im Gefühl der Einheit mit unseren Mitgeschöpfen (*feeling of unity with our fellow creatures*), wie dies nach Mill Christus unzweifelhaft gewollt habe (*Christ intended it to be*). Eine Verbesserung dieser Situation kann nach Mill nur durch eine verbesserte Erziehung (*improvement of education*) erreicht werden. Das Moralprinzip müsse bei den Menschen die gleiche Unantastbarkeit (*sacredness*) bekommen wie die Anwendung der Korollarien auf Einzelfälle, denn sonst büßen beide einen Teil ihrer Heiligkeit (*sanctity*) ein.

---
[80] D. Birnbacher übersetzt mit dem Wort „Aura". Da aber Mill im gleichen Satz den Ausdruck „*consecrated*" verwendet, könnte von ihm mit „*halo*" eine religiöse Assoziation beabsichtigt sein. Man könnte dann auch „Nimbus" darunter verstehen.

Die religiöse Argumentation und Sprache behält Mill in 3.3 (S. 83 f.) weiter bei. Die Sanktionen (worunter Mill Motive der Zustimmung und Verpflichtung versteht, aber auch Sanktionen im Sinne von Konsequenzen) teilt er in äußere und innere ein. Zu den äußeren *sanctions* zählt er einmal die Orientierung an den möglichen Reaktionen der Mitmenschen (*fellow creatures*) und zum anderen an diejenigen des „Herrschers der Welt" (*Ruler of the Universe*). Dazu gehören für Mill auch *sympathy* für Mitmenschen und Liebe und Ehrfurcht Gott gegenüber (*love and awe of Him*), also Motive, die Mill auch an die utilitaristische Moral knüpfen (*attach*) möchte. Die Qualität der Motive ist für Mill aber abhängig von einem kognitiven Faktor, der allgemeinen Intelligenz (*general intelligence*) der Menschen. Mill unterstellt dabei wieder, dass im Grunde alle Menschen nach Glück streben, bekräftigt also nochmals seine Auffassung vom unbewussten Utilitarismus, neben dem auch noch andere moralische Verpflichtungen existieren können. Mill akzeptiert also einen Werte- bzw. Moralpluralismus unter dem Dach des Utilitarismus. In dieser Hinsicht bekräftigt Mill nochmals die Integrationsfähigkeit religiöser Motive (*religious motives*) in den Utilitarismus, weil der Glaube an die Güte Gottes (*goodness of God*) für ihn die Voraussetzung dafür ist, seinen Willen erfüllen zu können. Realität werden kann dieses Perspektive für ihn aber nur in dem Maße, in welchem die utilitaristische Moral allgemein Anerkennung findet und Erziehung und Bildung (*education and general cultivation*) in ihren Dienst gestellt werden.

Mill behandelt nun die innere Sanktion der Pflicht (*internal sanction of duty*), die er im Gewissen (*conscience*) ausmacht. (3.4, S. 85 f.) In weitgehender Übereinstimmung mit der philosophischen Tradition beschreibt er das Gewissen als etwas, das uns vor Pflichtverletzungen zurückhält. Allerdings betont er expressis verbis den emotionalen Charakter (*a feeling in our own mind*), deutet aber auch den kognitiven Kern von Gewissen an, indem es sich u. a. aus der Erinnerung an die Kindheit und unser ganzes vergangenes Leben herleitet.

Die Frage nach der *ultimate sanction* jeder Moral (also nicht nur der utilitaristischen) wird nun im Sinne der inneren Sanktion als das schon erwähnte *feeling in our own mind* weitergeführt. (3.5, S. 86 ff.) Diese gesuchte fundamentale Sanktion (*ultimate sanction*) ist für Mill die Gewissenhaftigkeit aller Menschen (*conscientious feelings of mankind*). Da sie die Fundamentalsanktion aller Moralen ist, gilt sie nach Mill auch für den Utilitarismus. Allerdings sind nach Mill nur Menschen mit Gefühlen dafür empfänglich, wie sich aus der Erfahrung (*experience*) zeigen lässt. In Verbindung mit dem utilitaristischen Moralprinzip lässt sie sich zur gleichen Intensität steigern wie in Verbindung mit anderen Moralen, d. h. für Mill ist der Utilitarist zur gleichen Gewissenhaftigkeit bei der Anwendung des *Greatest Happiness Principle* im Alltag fähig wie jeder Anhänger einer anderen Ethik.

Mill fragt nun, wodurch ein Motiv die nötige Autorität erlangt, handlungsbeeinflussend zu werden. (3.6, S. 89 f.) Muss eine moralische Pflicht (*moral obligation*) einen objektiven Status haben oder genügt die subjektive Verankerung im menschlichen Bewusstsein (*human consciousness*)? Für den ersten Standpunkt erwähnt er die transzendentalen Ethiker (*transcendental moralists*), worunter er offenbar die Kantianer versteht. Deren Standpunkt bezüglich der Kraft der moralischen Motivation hält er für unbegründet, da für ihn die einzig wirkliche motivierende Kraft das subjektive Gefühl (*feeling*) ist, und das hängt bezüglich seiner Leistungsfähigkeit allein von ihrer Stärke ab. Auch eine religiöse Motivation, begründet im Glauben an Gott, hängt für Mill ausschließlich von der Stärke des religiösen Gefühls ab. Wenn aber diese Kraft zu schwach ist, um das Gewissen zu lenken, dann trifft dies nach Mill auf alle ethischen Systeme zu, nicht nur auf den Utilitarismus.

Von der moralischen Verpflichtung (*moral obligation*) in 3.6 geht Mill nun über zur Frage nach dem Ursprung des moralischen Gefühls (*moral feeling*): Ist es angeboren oder erworben (*is innate or implanted*)? (3.7., S. 91 f.) Diejenigen, die es für angeboren halten, sind nach Mill die sog. Intuitionisten, die von einem transzendentalen Ursprung (*transcendental origin*) ausgehen. Sollte es angeboren sein, dann ist die Frage zu beantworten, auf welche Gegenstände es sich richtet, und dies kann nach Mill nur die Rücksicht auf die Lust und Unlust unserer Mitgeschöpfe (*fellow creatures*) sein. In diesem Fall würden sich die intuitionistische und die utilitaristische Ethik einig sein. Wenn nun dieser Glaube der Intuitionisten an einen transzendentalen Ursprung der moralischen Pflicht auf die Stärke der inneren Sanktion einen Einfluss hat, dann kann dies für den Utilitarismus nur von Nutzen sein, da er an dessen Erbe partizipiert und deshalb davon profitiert.

Mill ist aber der Auffassung (3.8, S. 93), dass die moralischen Gefühle nicht angeboren (*are not innate*), sondern erworben (*but acquired*) sind. Sie sind aber deshalb nicht zugleich unnatürlich, denn die Kombination von „natürlich" und „erworben" gibt es auch bei anderen Fähigkeiten des Menschen wie dem Sprechen, dem Denken, der Fähigkeit Städte zu bauen, den Boden zu bearbeiten usw. Die moralischen Gefühle (*moral feelings*), um die es hier geht, sind ein natürlicher Spross (*natural outgrowth*) unseres Wesens und können deshalb spontan sich zeigen, bedürfen aber der richtigen Pflege (*cultivation*), um auf einen hohen Entwicklungsstand geführt zu werden. Eine Gefahr droht durch die äußeren Sanktionen, weil mit ihrer Hilfe auch die Autorität des Gewissens korrumpiert werden kann. Das Nützlichkeitsprinzip braucht deshalb auch diese Kultivierung, damit es Macht (*potency*) über die Menschen erlangen kann, selbst wenn es keine Grundlagen in der menschlichen Natur hätte.

Aber die Erziehung allein kann auch keine dauerhafte Verbindung zwischen dem Gefühl der Pflicht (*feeling of duty*) und der utilitaristischen Moral herstellen, wenn es in uns für den Utilitarismus keine natürliche gefühlsmäßige Grundlage (*natural basis of sentiment*) gäbe. Künstliche Moralvorstellungen würden bereits einer Analyse nicht standhalten können und würden deshalb zerfallen. (3.9, S. 93 f.)

Diese gesuchte Grundlage ist in einem mächtigen natürlichen Gefühl (*powerful natural sentiment*) enthalten, welches das allgemeine Glück (*general happiness*) als ethische Norm (*ethical standard*) in der utilitaristischen Moral ist. (3.10, S. 95 ff.) Mit anderen Worten: Diese Grundlage sind die Gemeinschaftsgefühle der Menschen (*social feelings of mankind*), die auch ohne Beeinflussung in einer fortschreitenden Kultur (*advancing civilization*) von selbst an Stärke zunehmen und zu einem Verlangen nach Einheit mit unseren Mitgeschöpfen (*fellow creatures*) führen. Mill weist nun in einer wichtigen Formulierung erstens auf die Berücksichtigung der Interessen aller (*the interests of all are to be consulted*) und zweitens auf die damit verbundenen Gleichheitsgrundsatz hin (*the interests of all are to be regarded equally*). Der erste Hinweis ist mehr quantitativer, der zweite mehr qualitativer Art. Damit gelangt nach Mill der Mensch zu einer Selbsterkenntnis, die darin besteht, sich als Wesen wahrzunehmen, dessen Rücksichtnahme auf andere selbstverständlich ist. Wenn jemand auch nur schwach dieses Gefühl in sich entdeckt, treibt ihn doch ein starkes inneres Motiv, dieses Gefühl auch in anderen Lebewesen zu wecken und zu stärken. Hier setzt Mill nun auf die Sympathie, die Erziehung und die äußeren Sanktionen, die diesen Prozess unterstützen sollen. Ziel ist es nach Mill erstens, die Ursachen von Interessengegensätzen zu beseitigen und zweitens die rechtlichen Ungleichheiten zwischen Individuen und Klassen auszugleichen, weil sonst das Glück von großen Teilen der Menschheit außer Acht gelassen würde. Dieses neue Gemeinschaftsgefühl (*feeling of unity*) sollte wie eine Religion gelehrt werden, und drei Instanzen, die Erziehung, die Institutionen und die öffentliche Meinung, sollten dafür sorgen, dass jedes Kind in einer Umgebung aufwächst, in der dieses Gemeinschaftsgefühl erstens gelehrt und zweitens praktiziert wird. Dies wäre dann die gesuchte *ultimate sanction for the Happiness morality*. (dto., S. 98 f.) Wem es schwer fallen sollte, dies zu verstehen, dem empfiehlt Mill das Werk von August Comte (1798–1857) „*Système de politique positive*" (vier Bände 1851–1854). Obwohl Mill schwerwiegendste Bedenken gegen das Buch äußerst, lobt er die darin entwickelte Zivilreligion, weil Comte gezeigt habe, dass der Dienst an der Menschheit (*service of humanity*) auch ohne Glauben an Gott (*without belief in a Providence*) möglich sei. Mill warnt aber zugleich vor den autoritären Zügen von Comtes positivistischer Religion, weil sie die menschliche Freiheit und Individualität ungebührlich beeinträchtigen könnte.

Mill setzt aber auf das Gemeinschaftsgefühl (*social feeling*) als der verpflichtenden Kraft (*binding force*) der utilitaristischen Moral und nicht auf die langsame gesellschaftliche Vorwärtsentwicklung. (3.11, S. 101 f.) Von Comte übernimmt er aber die Vorstellung, am Anfang einer neuen gesellschaftlichen Entwicklung zu stehen, weshalb es nicht verwunderlich ist, dass erst wenige Menschen dieses Gemeinschaftsgefühl in seiner vollen Stärke entwickelt haben. Für diejenigen aber, die es kennen, ist es als natürliches Gefühl unentbehrlich geworden. Diese Überzeugung, dass es sich dabei um ein natürliches Gefühl handle, ist nun für Mill eine weitere Bestätigung, dass dies die gesuchte *ultimate sanction of the greatest-happiness morality* ist. (dt., S. 102)

6.2.4 Die Art des Beweises für das Nützlichkeitsprinzip

In diesem vierten Kapitel geht es um den Versuch, einen Beweis (*proof*) für das Nützlichkeitsprinzip zu liefern. Mill knüpft hier an 1.5 (S. 15 f.) an, wo er bereits die Auffassung vertreten hatte, dass Fragen nach letzten Zwecken (*ultimate ends*) keines direkten Beweises zugänglich sind. Mill hatte deshalb zwischen einer engen und weiten Bedeutung des Begriffs „Beweis" unterschieden, weshalb zur Lösung der hier anstehenden Frage für ihn nur der weite Begriff in Frage kommt. In 1.5 lehnte er eine Reduzierung dieser Frage auf die „Intuition" (worunter Mill eine Erkenntnis a priori versteht) ab. Aber vernünftige Überlegungen (*considerations*) kommen für ihn einem Beweis (*proof*) gleich.

In 4.1 (S. 105) beginnt Mill mit der Wiederholung seines Bekenntnisses, dass letzte Zwecke „im üblichen Sinn des Wortes" nicht beweisbar sind, und identifiziert letzte

Zwecke (*ultimate ends*) mit ersten Prinzipien (*first principle*), die in einer teleologischen Handlungstheorie die Verbindung zwischen Anfang und Ende der Handlung markieren, weshalb sie zusammengehören. Erste Prinzipien, sowohl des Denkens als auch des Handelns, sind eines Vernunftbeweises nicht zugänglich. Sofern es sich aber um Tatsachen (*matters of fact*) handelt, sind, wie bei allen Tatsachen, unsere Sinne (*our senses*) bzw. das innere Bewusstsein (*internal consciousness*) für eine Beurteilung zuständig. Kann man sich bei Fragen über praktische Zwecke auf die gleichen Vermögen berufen? Mill referiert nun seine hedonistische Wertlehre, dass Zwecke das gleiche seien wie wünschenswerte (*desirable*) Dinge. (4.2., S. 105) Er bringt dies in eine Doppelformulierung: Erstens ist Glück wünschenswert, und zweitens ist dies der einzige Zweck, der an sich wünschenswert ist. Alle anderen Dinge sind nur Mittel zu diesem einen Zweck. Allerdings widerspricht sich Mill einen Abschnitt später selbst, wenn er erklärt, dass Glück nur *einer*[81] der Zwecke des Handelns und folglich *eines* der Kriterien der Moral sei. (4.3, S. 107) In diesem Abschnitt nennt Mill als einzigen Beweis (*only proof*) dafür, dass ein Gegenstand sichtbar ist, die Tatsache, dass man ihn sieht. Ebenso bei Tönen: Dass ein Ton hörbar ist kann man dadurch beweisen, weil man ihn hört. Dieses Schema überträgt Mill nun auf das Handeln: Dass etwas wünschenswert ist liegt an der Tatsache, dass Menschen es tatsächlich wünschen. G. E. Moore hat in seinem Buch „*Principia Ethica*" von 1903 Mill den bekannten Vorwurf des naturalistischen Fehlschlusses (*naturalistic fallacy*) gemacht, der darin bestehe, dass eine natürliche Eigenschaft (wie z. B. lustvoll, wünschenswert) auf eine nichtnatürliche Eigenschaft (wie z. B. wertvoll, gut) übertragen werde. Es handelt sich dabei also nicht um einen formallogischen Schlussfehler, sondern mehr um eine Verwechslung von Eigenschaften verschiedener Ordnungen. (Wolf 1992, 137) Mill aber bekräftigt in 4.3 nochmals: Glück ist ein Gut (*happiness is a good*). Der Beweis liegt für Mill in der Tatsache (*fact*), dass Menschen so denken und handeln, weshalb er ihn den einzigen Beweis (all the proof) nennt.

Wenn auch nach Mill Glück deshalb ein Gut ist, weil faktisch alle danach streben, so ist es für ihn deshalb noch nicht das einzige Kriterium (*criterion*) für die Beurteilung der Richtigkeit eines Handlungszieles. (4.4., S. 107) Glück wäre nur dann das einzige Kriterium, wenn Menschen erstens nicht nur nach Glück, sondern zweitens auch nach nichts anderem als nur nach Glück streben würden. In Wirklichkeit streben sie u. a. auch nach Tugenden, was für Mill eine ebenso unbestreitbare Tatsache ist. Tugenden (i. S. von Tüchtigkeiten) sind oftmals notwendig, um Glück zu erreichen. Sie sind für Mill aber nicht nur Mittel zum Zweck (dem Glück), sondern sie sind selbst Teile des Zwecks. Zwar sind die Tugenden nicht von Natur aus bereits Teile des Zwecks, sie können aber dazu gemacht werden. Das menschliche Bewusstsein befindet sich für Mill nur dann im richtigen Zustand (*right state*), wenn die Tugend nicht nur als Mittel zu etwas, sondern um ihrer selbst willen erstrebt wird. Die Wertschätzung der Tugenden ist deshalb auch ein Kriterium zur Handlungsbeurteilung innerhalb der utilitaristischen Moral.

Tugenden sind für Mill nicht das einzige, was ursprünglich nur als Mittel aufgefasst wurde, um dann durch die Verknüpfung mit einem Ziel/Zweck schließlich um seiner selbst willen erstrebt zu werden, d. h. Zielcharakter zu erhalten. (4.6, S. 111) Mill nennt hierfür drei Beispiele: das Geld, die Macht und den Ruhm. Indem sie um ihrer selbst

---

[81] Auch im englischen Original zur Hervorhebung kursiv geschrieben.

willen begeht werden, werden sie als Teil des Glücks begehrt, denn ihr Besitz macht die Menschen glücklich. Die Mittel sind im Ziel/Zweck enthalten, weswegen Mill feststellen kann: Glück ist kein abstrakter Begriff (*abstract idea*), sondern ein konkretes Ganzes (*concrete whole*). Aus diesem Grund wird die Tugend zur Quelle einer Freude (*source of pleasure*), die dauerhafter und intensiver ist als andere Formen der direkten Befriedigung.

Während aber die genannten drei Güter (Geld, Macht und Ruhm) auch zum Schaden anderer Menschen verwendet werden können, ist dies bei der Tugend nicht möglich. Vor allem ist die Ausbildung (*cultivation*) einer uneigennützigen (*disinterested*) Liebe zur Tugend von Bedeutung. (4.7, S. 113)

Festzuhalten bleibt aber nach Mill, dass in Wirklichkeit nichts anderes begehrt wird als das Glück. (4.8, S. 115) Auch wer die Tugend um ihrer selbst willen erstrebt, tut dies deshalb, weil das Bewusstsein ihres Besitzes lustvoll und das Gegenteil mit Unlust verbunden ist. Lust und Unlust sind nach Mill ja wechselseitig aufeinander bezogen, weswegen kaum eines dieser beiden Gefühle allein auftritt.

Nun kann Mill die Leitfrage dieses vierten Kapitel, welche Art von Beweis für das Nützlichkeitsprinzip geführt werden kann (*of what sort of proof the principle of utility is*) beantworten: Der Beweis besteht im psychologischen Nachweis, dass die menschliche Natur nichts anderes begehrt als dasjenige, was entweder Teil des Glücks oder aber Mittel zum Glück ist. (4.9, S. 115) Mill unterscheidet hier methodisch zwischen Zweck und Maßstab: Der einzige Zweck (*end*) ist das Glück, die Art der Beförderung des Glücks ist der einzige Maßstab (*test*), an dem jedes menschliche Handeln gemessen (*to judge*) werden muss.

Mill fragt nun weiter, ob es sich tatsächlich so verhält, dass die Menschen nur das um seiner selbst willen begehren, dessen Anwesenheit ihnen Lust und dessen Abwesenheit ihnen Unlust bereitet. (4.10, S. 117) Er hält dies für eine empirische Frage (*question of fact and experience*), eine Frage der Evidenz (*evidence*) von Erfahrung. Er nennt drei Quellen von Evidenz: (1) die Selbstwahrnehmung (*self-consciousness*), (2) die Selbstbeobachtung (*self-observation*) und (3) die Beobachtung durch andere (*observation of others*). Mill hält es deshalb für eine psychologische Tatsache, dass „wünschenswert" (*desirable*) und „lustvoll" (*pleasant*) nur zwei verschiedene Formulierungen für ein und dasselbe Phänomen sind. Er behauptet nun, dass es sowohl eine physische als auch ein metaphysische Unmöglichkeit sei (*a physical and metaphysical impossibility*), etwas anderes als in dem Maße (*in proportion*) zu begehren, in dem diese Vorstellung (*idea*) in einem Menschen lustvoll (*pleasant*) vorhanden ist.

Nun beschäftigt sich Mill mit dem letzten Einwand aus dieser Reihe gegen den Utilitarismus, der sich aus der Gegenüberstellung von Begehren (*desire*) und Wille (*will*) ergibt. (4.11, S. 117 ff.) Ist der Wille etwas Besseres als das Begehren? Wie ist der Zusammenhang zwischen *desire* und *will* zu verstehen? Mills Antwort: Der Wille ist das Kind des Begehrens (*will is the child of desire*). Der Wille ist für Mill also aber etwas anderes als das Begehren, obwohl beide zusammengehören wie Grund und Folge. Mill nennt den Willen das aktive Prinzip (*active phenomenon*), das Begehren den Zustand passiver Empfänglichkeit (*state of passive sensibility*). Obwohl für Mill der Wille also im Begehren entspringt, kann er sich – Mill drückt sich hier metaphorisch aus – von ihm wie ein Sprössling von der Mutterpflanze (*parent stock*) lösen und eigene Wurzeln schlagen (*take root*). Die Kraft zur Verselbständigung des Willens ist die Macht der Gewohnheit (*power of habit* bzw. *force of habit*), wie Mill dies an zwei Stellen ausdrückt. Die Begriffe „Wille" und „Gewohnheit" gehören also für Mill zusammen. Mill erklärt diesen Zusammenhang am Beispiel der Entstehung von Tugend. Wie kann man jemanden, dessen Tugenden noch schwach sind, dazu bringen, die Tugend anzustreben? Wie also kann der Wille zur Tugend (*will to be virtuous*) geweckt und gefestigt werden? Mills Antwort: Indem man die Menschen dazu bringt, die Tugend zu begehren. Dies tut man dann, wenn man den Begriff der Tugend im Licht der Lust (*pleasurable light*) und die Untugend im Licht der Unlust (*painful light*) erscheinen lässt. Nur indem man diese beiden Verhaltensweisen mit zwei Gefühlen koppelt, kann man den Willen zur Tugend hervorrufen. Sobald dieser eingeprägt wurde, kann dieser Wille auch ohne einen Gedanken an Lust oder Unlust wirken. Der Wille kann sich aber nur dann von seiner Mutter, dem Begehen, lösen, wenn er deren Herrschaft gegen eine neue Herrschaft eingetauscht hat, der Gewohnheit. Etwas wollen heißt also für Mill etwas gewohnheitsmäßig tun. Im Hintergrund ist aber immer noch das Begehren als der Zustand passiver Empfänglichkeit, während im Vordergrund der Wille als aktives Prinzip wirkt. Für Mill gilt deshalb: Ohne ein zugrunde liegendes Begehren könnte selbst über eingeschliffene Gewohnheiten kein Wille entstehen. Diese Auffassung steht natürlich diametral der Ethik Kants gegenüber, bei der ein guter Wille sich ja gerade durch seine möglichst vollständige Emanzipation vom Begehren (das Kant Neigung nennt) qualifiziert.

Mill misstraut also den lustvollen und unlustvollen Assoziationen als wirkungsvolle Motivationen für gute Handlungen, und möchte die Anfangserfolge dadurch stabilisieren, indem er sie in gewohnheitsmäßige Abläufe überführt. Hier schärft Mill aber nochmals ein, dass für die Frage nach dem Gutsein die einzige *doctrine* ist, dass etwas

(1) entweder selbst lustvoll ist, oder

(2) ein Mittel, Lust zu erlangen oder

(3) Unlust zu vermeiden.

Mill schließt dieses Kapitel mit dem Bekenntnis, dass das Nützlichkeitsprinzip dann bewiesen ist (*is proved*), wenn dieser Lehrsatz (*doctrine*) wahr ist.

6.2.5 Zusammenhang von Gerechtigkeit und Nützlichkeit

Das fünfte und letzte Kapitel ist zuerst entstanden und bildet einen eigenen Essay innerhalb des Werkes über den Utilitarismus. (Wolf 1992, 168)

Mill geht zunächst (5.1, S. 125) auf die Auffassung ein, dass Gerechtigkeit (*justice*) und Utilitarismus zwei verschiedenen Bereichen angehören und Glück bzw. Nützlichkeit nicht das Kriterium zur Trennung von Recht und Unrecht sein können. Dieser Vorbehalt der Gegner des Utilitarismus sei aus dem Begriff der Gerechtigkeit abgeleitet worden, wobei unter Gerechtigkeit verstanden würde, dass ihr von Natur aus etwas Absolutes (*something absolute*) innewohnen müsse. Mill nimmt aber sofort wieder seine apologetische Haltung ein, indem er unterstellt, dass die Gegner des Utilitarismus zugeben, dass auf lange Sicht (*in the long run*) Gerechtigkeit und Nützlichkeit konvergieren. Die Gegner des Utilitarismus glauben nach Mill, von einer starken Empfindung (*powerful sentiment*) auszugehen, dem eine klare Vorstellung (*clear perception*) entspricht, die sich beide wie ein Instinkt aufdrängen, was sich aber, wie Mill zeigen möchte, als Irrtum herausstellen werde.

Mill legt nun fest, dass er unter Gerechtigkeit ein Gefühl[82], nämlich das Gerechtigkeitsgefühl (*feeling of justice*) versteht, also primär keine Kognition, sondern eine Emotion. (5.2, S. 125 f.) Er stellt nun die Doppelfrage nach dem Ursprung (*origin*) und nach der Geltung (*binding force*) dieses Gefühls. Bevor er diese Frage beantwortet, stellt er eine weitere Doppelfrage, nämlich die, ob (1) die Existenz eines solchen Gefühls die Offenbarung (*revelation*) einer bisher noch unbemerkten Realität ist, oder ob (2) dieses Gefühl die Kombination von Eigenschaften unter einem bestimmten Gesichtspunkt ist. Er fragt nun weiter, ob dieses Gefühl für Gerechtigkeit und Ungerechtigkeit ein Gefühl *sui generis* ist wie die Farb- und Geschmacksempfindungen (*sensations of colour and taste*) oder ob es ein abgeleitetes Gefühl (*derivative feeling*) ist, das sich aus einer Kombination anderer „*feelings*" ergibt. Die Gegner des Utilitarismus sind nach Mill der Auffassung, dass das subjektive Gefühl für Gerechtigkeit von dem allgemeinen Gefühl für Nützlichkeit verschieden sei, weil die Gerechtigkeit dringlichere Forderungen stelle (*far more imperative in its demands*) als die normale Nützlichkeitsüberlegung. Aus diesem Grund glauben die Gegner des Utilitarismus, dass die Gerechtigkeit einen anderen Ursprung (*origin*) habe als die Nützlichkeit. Mills Auffassung, die er nun weiter entfalten wird, besteht darin, dass Gerechtigkeit etwas Zusammengesetztes sei, das aus verschiedenen Elementen bestehe. Als mächtige Empfindung (*powerful sentiment*, 5.1) gleicht das Gerechtigkeitsgefühl einem Instinkt, der aber von einer höheren Vernunft (*higher reason*) beherrschbar ist. Als solcher ist er aber, wie unsere beiden Instinkte (*instincts*), der intellektuelle Instinkt zum Urteilen und der animalische Instinkt zum Handeln, nicht unfehlbar. Mill verfolgt nun sein Thema weiterhin zweistufig, d. h. er fragt erstens nach dem Merkmal (*quality*) oder einer Gruppe von Merkmalen für ungerechte Handlungen[83] und zweitens danach, welche Eigenschaften (*attributes*) diese Gefühle haben. Sie könnten erstens Gefühle von der Art (*peculiar character*) und zweitens von jener Intensität (*intensitiy by virtue*) hervorbringen, wie sie üblicherweise beschrieben werden. (5.3, S. 127 f.) Wenn dies gelingt, betrachtet Mill sein Hauptproblem innerhalb dieser Untersuchung als gelöst.

Mill kündigt nun an, dass er diese gesuchten gemeinsamen Eigenschaften (*common attributes*) von ungerechten Handlungen auflisten möchte. Jene Gefühle, die dabei im Spiel sind, sind vielfältiger Art. (5.4, S. 129) Mill möchte das Problem der Gerechtigkeit an ihrem Gegenteil, der Ungerechtigkeit, untersuchen, weil man seiner Auffassung nach damit leichter vorankommen könne. Er bringt nun sechs Argumente, die aber seiner

---

[82] Mill spricht hier zunächst allgemein von einer Empfindung (*sentiment*), bezeichnet dann die Gerechtigkeit als Gefühl (*feeling*). Er unterscheidet zwischen einer moralischen Empfindung (*moral sentiment*) und dem Gefühl der Gerechtigkeit (*feeling of justice*), wobei „*sentiment*" der Oberbegriff zu sein scheint.
[83] Mill geht bewusst von ungerechten Handlungen aus, weil sich nach seiner Überzeugung Gerechtigkeit am besten durch ihr Gegenteil definieren lasse.

Darstellung nach keinesfalls widerspruchsfrei das Phänomen der Gerechtigkeit bzw. Ungerechtigkeit erklären können.

Erstens ist es nach Mill ungerecht, wenn jemand seiner Freiheit oder seines Eigentums beraubt wird. (5.5, S. 129 f.) Es handelt sich dabei um die gesetzlich verbürgten Rechte (*legal rights*). Hier liegen eindeutig bestimmbare Definitionen von gerecht oder ungerecht vor, denn es handelt sich um positives Recht. Aber es gibt auch Ausnahmen wie den Fall, dass jemand dieses Recht verwirkt habe.

Zweitens kann es vorkommen, dass diejenigen Gesetze, die jemandem genommen werden, ihm überhaupt nicht hätten zugestanden werden *sollen*. (5.6, S. 131 f.) Das Gesetz, das diese falschen Rechte zugestand, war dann ein schlechtes Gesetz. Muss man nun, fragt Mill, auch schlechten Gesetzen gehorchen? Er nennt vier Auffassungen.

- Gegen Gesetze dürfe man grundsätzlich nicht verstoßen. Man dürfe höchstens eine Änderung schlechter Gesetze durch die zuständigen Instanzen anstreben.
- Andere vertreten die entgegengesetzte Auffassung, dass man schlechte Gesetze nicht zu halten brauche, und zwar auch dann nicht, wenn sie nicht einmal ungerecht, sondern nur unzulänglich (*inexpedient*) sind.
- Die dritte Gruppe von Menschen gibt eine Erlaubnis zur Nichtbefolgung von Gesetzen nur für diejenigen Gesetze, die ungerecht sind.
- Die vierte Gruppe identifiziert die unzulänglichen mit den ungerechten Gesetzen und lehnt sie ab, da alle Gesetze der natürlichen Freiheit des Menschen Beschränkungen auferlegen. Wenn sie aber trotzdem das Wohl der Menschen befördern (*tending to their good*), sind sie gerechtfertigt.

Mill konstatiert nun zusammenfassend, dass es ungerechte Gesetze geben kann und die Gesetze deshalb nicht das letzte Kriterium (*ultimate criterion*) für die Gerechtigkeit sein können: Dem einen verschaffen sie einen Vorteil (*benefit*), dem anderen einen Nachteil (*evil*), was aber die Gerechtigkeit verbietet, so Mill. Wenn gesetzliche Rechte kritisiert werden können, dann muss eine andere Ebene eingeschaltet werden, und dies sind für Mill die moralischen Rechte (*moral rights*). Der zweite Fall von Ungerechtigkeit besteht somit darin, jemandem etwas wegzunehmen, worauf er ein moralisches Recht hat.

Drittens wird der Begriff des Verdienstes (*notion of desert*) verwendet um auszudrücken, ob jemand Gutes oder Übles verdient. (5. 7, S. 133) Allgemein wird nach Mill davon ausgegangen, dass derjenige, der Recht tut, Gutes verdient, und derjenige, der Unrecht tut, Übles verdient. Mill geht nun auf die (neutestamentliche) Forderung ein, Böses mit Gutem zu vergelten, und stellt dazu fest, dass diese Forderung niemals eine Forderung der Gerechtigkeit war, sondern verlangte, die Forderungen der Gerechtigkeit zugunsten anderer Rücksichten zurückzustellen.

Viertens ist es ungerecht, wenn wir einem anderen gegenüber wortbrüchig (*violate an engagement*) werden, und zwar auf zweierlei Weise:

- Wenn wir erstens eine ausdrückliche oder unausdrückliche Verpflichtung nicht einhalten, oder
- zweitens Erwartungen enttäuschen, die wir durch unser Verhalten geweckt haben. Wie bei den anderen Pflichten der Gerechtigkeit (*obligations of justice*) gilt auch diese Gruppe nicht unbedingt, sondern kann durch wichtigere Pflichten aufgehoben

werden. Ein solcher wichtiger Grund wäre, dass diese Person das Recht auf Einlösung des Versprechens verwirkt hat und wir deshalb von der Einlösung des Versprechens ihm gegenüber entbunden sind.

Fünftens ist der Gegensatz zur Gerechtigkeit die Parteilichkeit. (5.9, S. 135 f.) Aber auch die Unparteilichkeit ist keine unbedingte Pflicht (*duty in itself*), sondern eine mittelbare Pflicht (*instrumental to some other duty*), denn Begünstigung und Bevorzugung sind nicht immer negativ. Beispiel: Seiner eigenen Familie vor anderen Personen, selbst den Freunden, einen Dienst zu erweisen, gilt als richtig. Wann aber muss Unparteilichkeit gewahrt werden?

- Eine Pflicht zur Unparteilichkeit gibt es nur in jenen Fällen, in denen es um Rechte geht, also z. B. bei Gericht.
- Außerdem ist Unparteilichkeit dann geboten, wenn es um Verdienste oder Nichtverdienste geht, wie z. B. bei Belohnungen und Bestrafungen durch Lehrer, Eltern oder Richter.
- Drittens ist Unparteilichkeit in Rücksichtnahme auf die Interessen der Öffentlichkeit geboten, wie z. B. bei der Besetzung eines öffentlichen Amtes.

Eine Gerechtigkeitspflicht (*obligation of justice*) zur Unparteilichkeit gibt es nach Mill deshalb nur in jenen Fällen, in denen eine bestimmte Rücksichtnahme geboten ist, in anderen Fällen nicht.

Sechstens untersucht Mill die Forderung nach Gleichheit (*equality*) als Wesensmerkmal der Gerechtigkeit und stellt fest, dass auch dieses Kriterium alles andere als eindeutig sei. (5.10, S. 137 f.) Mill aber sieht auch hier starke Abweichungen von dieser Forderung nach Gleichheit in der Praxis, je nach der Auffassung von der Nützlichkeit jener Gleichheit. Manche propagieren die Auffassung, dass Gerechtigkeit die Gleichheit erfordert, grenzen aber zugleich Fälle aus, in denen die Nützlichkeit (*expediency*) die Ungleichheit (*inequality*) verlangt. Mill erwähnt die folgenden Fälle:

- Auf der einen Seite propagieren viele Menschen die Gleichheit aller Rechte, während sie auf der anderen Seite die ungeheuerlichsten Ungleichheiten der Rechte akzeptieren. Diese Situation liegt in Sklavenstaaten (*slave countries*) vor. Während man dort aber einerseits theoretisch die Rechte der Sklaven anerkennt, werden sie ihnen andererseits aus Nützlichkeitsüberlegungen aberkannt.
- Wer Einkommens- und Rangunterschiede (*distinctions of rank*) für nützlich hält, hält es nicht für ungerecht, wenn diese ungleich verteilt sind.
- Wer aber solche Ungleichheiten für unnütz hält, hält sie auch für ungerecht.
- Die Kommunisten halten nur die völlige (numerische) Gleichverteilung des Arbeitsertrages für gerecht.
- Andere wiederum halten nur die proportionale Verteilung nach Leistung für gerecht.

Mill gelangt damit zur Erkenntnis, dass hier lediglich Plausibilitätsargumente auf der Basis natürlicher Gerechtigkeitsempfindungen (*sense of natural justice*) vorliegen.

Mill stellt nun weiter fest, dass diese verschiedenen Anwendungsweisen (*applications*) des Begriffs Gerechtigkeit nicht bedeuten, dass er mehrdeutig (*ambiguous*) ist. Mill erblickt nun seine Aufgabe darin, das geistige Band zu beschreiben, das diese Applikationen verbindet, und zu erklären, wovon das mit dem Begriff (*term*) Gerechtigkeit verbundene moralische Gefühl (*moral sentiment*) im Wesentlichen abhängt. (5.11, S. 139) Bei dieser Aufgabe soll auf die Etymologie des Begriffs Gerechtigkeit zurückgegriffen werden.

Mill untersucht nun das Wort Gerechtigkeit in verschiedenen Sprachen. (5.12, S. 139 f.)

- In der lateinischen Sprache ist *iustum* eine Form von *iussum*, was „befohlen" bedeutet.
- In der griechischen Sprache steht *dikaion* in Verbindung mit *dike*, was in historischer Zeit „Prozess" hieß.
- Das deutsche Wort „Recht" stehe synonym zu „Gesetz".
- Die ursprüngliche Bedeutung von Recht verweise aber nicht auf „Recht", sondern auf einen physischen Zustand der Geradheit, wie das Gegenteil *wrong* auf „Verdrehtheit" und „gewunden" hinweise. Mill schließt daraus, dass ursprünglich der Begriff „Recht" nicht „Gesetz", sondern umgekehrt „Gesetz" den Begriff „Recht" (im Sinne von „Geradheit") zum Ausdruck brachte.
- Es gibt also die Vorstellung, dass „Gerechtigkeit" eine Übereinstimmung mit dem „Gesetz" bedeute. Dies sei die jüdische Vorstellung gewesen bis zur Geburtsstunde des Christentums, so Mill.
- Die Griechen und Römer dagegen wussten, dass ihre Gesetze von Menschen gemacht wurden und deshalb fehlbar seien. Deshalb verbanden sie nicht mit allen Verstößen gegen Gesetze das Gefühl der Ungerechtigkeit, sondern nur gegenüber solchen Verstößen, die Gesetze betrafen, die gelten *sollten* (*ought to be law*).

Mill stellt nun fest, dass die Gerechtigkeit unter Zuhilfenahme des Begriffs Recht definiert werde, selbst dann noch, wenn de facto die geltenden Gesetze nicht mehr als Norm (*standard*) für Gerechtigkeit akzeptiert werden. Mill unterstellt also einen mehr lockeren und wenig durchdachten Zusammenhang zwischen den beiden Begriffen.

Mill beschreibt nun einen Zusammenhang zwischen Gerechtigkeit und den daraus abgeleiteten Pflichten (*idea of justice and its obligations*) und stellt dabei fest, dass es gar nicht wünschenswert ist, dass es für alle Pflichten Gesetze gebe, beispielsweise für den Bereich des Privatlebens. Gerechtigkeit erschöpft sich also nicht in den Möglichkeiten des Rechts. (5.13, S. 143 f.) Gerechtigkeit hat aber nichts mit Beliebigkeit in der Erfüllung von Pflichten zu tun, sondern steht in Verbindung mit der Vorstellung von Belohnung und Strafe. In einem fortgeschritteneren Gesellschaftszustand (*advanced state of society*) wandle sich deshalb auch der Begriff der Gerechtigkeit.

Bei *dieser* Auffassung von Gerechtigkeit kann noch nicht zwischen einer Pflicht der Gerechtigkeit und moralischen Pflichten im Allgemeinen unterschieden werden, betont Mill. (5.14, S. 145 f.) Mill entwickelt hier seine **Sanktionstheorie der Moral** (Wolf 1992, 184 f.), indem er differenziert zwischen Ungerechtigkeit (*injustice*) und Unrecht (*wrong*) und betont, dass derjenige, der Unrecht tut, bestraft werden sollte. Diese Bestrafung kann aber durch staatliche Gesetze wie auch durch soziale und psychologische Sanktionen erreicht werden, wie beispielsweise durch das Urteil der Mitmenschen oder durch das eigene Gewissen. Mill unterscheidet also zwischen Fremd-

und Eigensanktionen und zwischen nur faktischen und legitimen Sanktionen. (Wolf 1992, 185 f.) Diese Sanktionen sind für Mill der eigentliche Angelpunkt (*turning point*) für die Unterscheidung zwischen Sittlichkeit (*morality*) und Nützlichkeit (*expediency*). Der Unterschied besteht also für Mill in den (negativen oder positiven) Sanktionen: Wollen wir erstens jemanden bestraft sehen oder soll zweitens jemand nur ermahnt oder ermuntert werden. Dinge, zu denen niemand verpflichtet ist, die nur gewünscht oder geschätzt werden, sind nach Mill auch keine moralischen Pflichten. Mill geht also davon aus, dass Menschen einen Sinn für eine innere Bilanz zwischen Aufwand und Nutzen haben, denn sonst hätten solche Überlegungen bezüglich der inneren oder äußeren Sanktionen keine realistische Basis.

Diese Unterscheidung zwischen Zwang und Ermahnung ist nach Mill nun dasjenige, was die Moral von den übrigen Bereichen der Nützlichkeit (*expediency*) und der Würdigkeit (*worthiness*) unterscheidet. In 5.15 (S. 147 f.) möchte Mill nun eine Trennungslinie zwischen Moral und Gerechtigkeit ziehen. Zu diesem Zweck unterscheidet er mit der Tradition der philosophischen Ethik (wie bei Cicero und Kant) bei den moralischen Pflichten (*moral duties*) zwischen vollkommenen und unvollkommenen Pflichten (*duties of perfect and of imperfect obligations*). Der Unterschied besteht nach Mill in Folgendem:

- U n v o l l k o m m e n e   P f l i c h t e n sind solche, auf die kein Rechtsanspruch besteht (die kein Recht „gebären"[84]) und die deshalb einen Handlungsspielraum kennen. Sie sind zwar Pflichten, aber keine klar definitiv abgegrenzten Pflichten, weshalb sie in konkreten Situationen von uns subjektiv eingeschätzt werden können. Beispiele hierfür sind Wohltätigkeit (*beneficence*) und Barmherzigkeit (*charity*): Wir müssen sie zwar grundsätzlich ausüben, aber weder bestimmten Personen gegenüber noch zu einer bestimmten Zeit. Dies ist der Bereich der moralischen Pflichten.
- V o l l k o m m e n e   P f l i c h t e n sind solche Tugendpflichten (*duties in virtue*), durch die man ein Recht (*right*) erwirbt. Dies ist nach Mill der Bereich der Gerechtigkeit.

G e r e c h t i g k e i t   b z w .   U n g e r e c h t i g k e i t liegt auf der Basis dieser Unterscheidung nur dann vor, wenn es ein moralisches und persönliches Recht gibt, das beachtet oder dem zuwider gehandelt wird. Keinen Rechtsanspruch gibt es aber auf unseren Großmut (*generosity*) oder unsere Wohltätigkeit (*beneficence*), weshalb auch Unterlassungen keine Ungerechtigkeit darstellen. Wenn ein „Ethiker" (Mill meint hier den Gegensatz zum Juristen) behauptet, dass die Menschheit insgesamt ein Recht auf alle Wohltaten habe, die wir austeilen müssen, dann zählt er *generosity* und *beneficence* zur Gerechtigkeit bzw. im Verweigerungsfall zur Ungerechtigkeit. (Mill scheint hier an die positive Formel der Goldenen Regel zu denken, die lautet: „Alles was du willst, dass dir die Menschen tun, das sollst auch du ihnen tun!") Zur Gerechtigkeit bzw. Ungerechtigkeit kann aber nach Mill nur gezählt werden, worauf wir einen Rechtsanspruch haben. (5.15, S. 151) Wer diesen wichtigen Unterschied nicht beachte, verwische die Grenze zwischen Moral und Gerechtigkeit. Der spezifische Bereich der Gerechtigkeit aber besteht in einer Korrelation zwischen Rechten und Pflichten, die Moral dagegen nicht, wie Mill betont. Wer diese Grenze allerdings nicht dort zieht, wie es von Mill beschrieben wurde,

---

[84] Wörtlich: „*...which do not give birth to any right.*"

werde die Moral ganz in der Gerechtigkeit aufgehen lassen (*to merge all morality in justice*).

Nachdem Mill die Wesensmerkmale (*distincitve elements*) des Gerechtigkeitsbegriffs (*idea of justice*) bestimmt hat, stellt er nun die Frage nach den Gerechtigkeitsgefühlen (*feelings of justice*), welche den Begriff begleiten. (5.16, S. 151 f.) Es besteht also nach Mill eine Verknüpfung zwischen *idea* und *feeling* der Gerechtigkeit. Aber wie sind beide Elemente miteinander verknüpft (*attached*)? Besteht erstens eine natürliche Verbindung oder hat zweitens das Gefühl sich aus dem Begriff heraus entwickelt, was für Mill bedeutet, dass das Gefühl seinen Ursprung in Überlegungen der allgemeinen Nützlichkeit (*general expediency*) habe. Mill stellt nun fest, dass dieses Gefühl (*sentiment*) nicht aus dem allgemeinen Begriff des Nutzens (*idea of expediency*) stamme, sondern umgekehrt stamme aus Nutzenüberlegungen das Moralische. (5.17, S. 153) Mill bestimmt nun konkreter das Gerechtigkeits*gefühl* (*sentiment of justice*), das seiner Auffassung nach aus zwei Elementen (*essential ingredients*) besteht, nämlich

- erstens aus dem Wunsch nach Bestrafung (*desire to punish*) und
- zweitens im Wissen darüber, dass bestimmten Personen verletzendes und schädigendes Unrecht (*harm*)[85] angetan wurde. (5.18, S. 153)

Das erste Element, der Wunsch nach Bestrafung, besteht wiederum aus zwei Teilen, nämlich

- erstens aus dem Trieb zur Selbstverteidigung (*impulse of self-defence*) und
- zweitens aus dem Gefühl der Sympathie (*feeling of sympathy*) für diejenigen, denen Unrecht angetan wurde. (5.19, S. 153)

Die Reaktionen auf verletzendes Unrecht (*harm*) sind in der Tier- und Menschwelt in den Grundlagen gleich, nämlich in ihrer Tendenz auf Bestrafung. (5.20, S. 153 f.) Es ist nach Mill ziemlich egal, ob dieser Impuls nach Bestrafung aus einem Trieb (*instinct*) oder aus dem Intellekt (*result of intelligence*) stamme. Die Menschen (*human beings*) unterscheiden sich gegenüber den Tieren in Bezug auf diese Bestrafungsreaktion auf zweierlei Weise:

- Erstens nicht nur in der größeren Sympathie mit den eigenen Nachkommen (*offspring*), sondern mit allen Menschen und darüber hinaus sogar mit allen fühlenden Wesen (*all sentient beings*), und
- zweitens in der wesentlich größeren Bandbreite ihrer Reaktionen (sowohl egoistischer als auch altruistischer Art), so dass sie auch eine Gemeinschaft der Interessen (*community of interests*) zwischen sich und den anderen erkennen können.

Diese Interessengemeinschaft macht dem Menschen wiederum zweierlei bewusst:

- Erstens das Verlangen nach Sicherheit (*security*) im Allgemeinen für die Gemeinschaft und auch für sich, und
- zweitens die Notwendigkeit der Selbstverteidigung (*self-defence*). Deshalb ist der Mensch in der Lage, seine Sympathie auf alle Menschen auszudehnen und kann sich seinem Stamm (*tribe*), seinem Land (*country*) und der ganzen Menschheit (*mankind*) in Sympathie zuwenden.

---

[85] engl. *harm*: eigentlich Verletzung, Schaden

Mill unterscheidet nun beim Gerechtigkeitsgefühl (*sentiment of justice*) zwischen einer natürlichen und einer sozialen Variante. Als rein natürliche Variante hätte das erste Element des Gerechtigkeitsgefühls, der Wunsch nach Bestrafung der Übeltäter, keinen moralischen Gehalt, weil er auch pure Rache (*vengeance*) sein könnte. (5.21, S. 155) Nur wenn der Bestrafungswunsch zweierlei Bedingungen erfüllt, erhält er eine moralische Qualität: Wenn er

- erstens den Gemeinschaftsgefühlen untergeordnet und
- zweitens nur durch diese geweckt wird.

Also nur wenn das natürliche Gefühl des Übelnehmens (*resenting*) durch ein Gemeinschaftsgefühl geläutert wurde (*moralized by a social feeling*), kann es Gerechtigkeitsgefühl genannt werden. Ein Gerechter wird nur dann in Zorn geraten, wenn das ihm zugefügte Unrecht zugleich ein Unrecht gegen die Gesellschaft ist.

Mill geht nun auf den Einwand ein, dass man bei Verletzungen des Gerechtigkeitsgefühls in der Realität des Lebens doch nicht immer an die Gesamtgesellschaft und an das Gesamtinteresse denke. (5.22, S. 157) Diese Situation gesteht Mill zu, gibt aber zu bedenken, dass ein *resentment* erst dann moralisch genannt werden kann, wenn die zornige Person ein Prinzip vertritt, das sowohl für sie als auch für alle anderen gelte, was auch anti-utilitaristische Ethiker eingestehen, so Mill. Dieses Prinzip sieht Mill im kategorischen Imperativ Kants ausgedrückt (den er hier wieder, wie schon in 1.4, ungenau zitiert)[86]. Mill interpretiert Kants Formel nun so, dass moralisch richtige Entscheidungen darin bestehen, dass man entweder die Gesamtinteressen der Menschheit (*mankind collectively*) oder zumindest die Interessen jedes einzelnen im gleichen Maße (*mankind indiscriminately*) berücksichtige. Das bedeute, dass alle vernünftigen Wesen (*rational beings*) sich am Nutzen (*benefit*) des Gesamtinteresses (*collective interest*) orientieren sollten.

Mill fasst nun (5.23, S. 159) seine Gedanken zusammen (*recapitulate*). Der Begriff der Gerechtigkeit (*idea of justice*) setze zweierlei voraus:

- erstens eine Verhaltensregel (*rule of conduct*) und
- zweitens ein Gefühl als Sanktion der Regel (*sentiment which sanctions the rule*).

Die Verhaltensregel (*rule of conduct*), umfasst wiederum zwei Elemente:

- Sie muss erstens der gesamten Menschheit gemeinsam sein (*common to all mankind*), und
- zweitens ihrem Wohl dienen (*intended for their good*).

Der zweite Bestandteil des Begriffs der Gerechtigkeit, das Gerechtigkeitsgefühls (der Sanktionswunsch bei Nichteinhaltung der Regel), besteht auch aus zwei Elementen,

- erstens dem Sanktionswunsch allgemein und
- zweitens dem konkreten Sanktionswunsch, wenn der Missetäter bekannt ist.

Diese Mixtur, das menschliche *sentiment of justice,* ist für Mill ähnlich natürlich wie bei den Tieren deren *animal desire* zur Vergeltung von Schaden, die dem Tier selbst oder

---

[86] Mills Formulierung von Kants kategorischem Inperativ: „So act, that thy rule of conduct might be adopted as a law by all rational beings".

nahestehenden Tieren zugefügt wurde. (5.23, S. 159) Der Unterschied zum Menschen bestehe in zweierlei:
- erstens in der Fähigkeit zu erweiterter Sympathie (*enlarged sympathy*), und
- zweitens in der Erkenntnis eines wohlverstandenen Eigeninteresses (*intelligence self-interest*).

Nur aus diesen letzteren Elementen beziehe das Gefühl seinen moralischen Gehalt, aus den ersteren seine Durchsetzungsstärke und Selbstbehauptungskraft (*energy of self-assertion*).

Der Begriff des Rechts (*idea of right*) ist für Mill kein Einzelelement in der Zusammensetzung (*composition*) aus *idea* und *sentiment*, sondern erscheint bei ihm als eine der Formen, in denen die beiden Elemente stets zusammen vorkommen. (5.24, S. 159 f.) Diese beiden Elemente sind erstens die Schädigung und zweitens der Wunsch nach Bestrafung. Diese beiden Elemente drücken nach Mill auch dasjenige aus, was wir meinen, wenn eine *violation of a right* vorliegt, nämlich eine Schädigung, auf die eine Bestrafung folgen soll: Das erste ist ein kognitives Element (jemand wurde unschuldigerweise geschädigt), das zweite ist ein affektives Elemente (der Missetäter muss bestraft werden). Wenn wir nun vom Recht einer Person sprechen, so meinen wir nach Mill damit immer, dass die verletzte Person von der Gesellschaft verlangen kann, in ihr Recht wieder eingesetzt zu werden. Dieser Schutz durch die Gesellschaft kann erstens durch gesetzliche Gewalt (*force of law*), zweitens durch Erziehung (*education*) oder drittens mit Hilfe der öffentlichen Meinung (*opinion*) erfolgen. Für Mill liegt also ein Recht nur dann vor, wenn jemand einen Anspruch darauf hat, dass ihm die Gesellschaft zu diesem Gut verhilft. Alle Rechte sind also gesellschaftlich sanktionierte Rechte. Ein Unterschied in diesem Rechtsanspruch besteht nach Mill aber in einem allgemeinen und einem partikularen Verständnis. So ist es nach Mill beispielsweise Aufgabe der Gesellschaft, jemandem im fairen beruflichen Wettstreit zu einem möglichst hohen Einkommen gelangen zu lassen. Es ist aber nicht Aufgabe der Gesellschaft, jemandem ein bestimmtes Einkommen zu garantieren. Es ist aber nach Mill Aufgabe der Gesellschaft, vereinbarte Zinssätze bei Wertpapieren tatsächlich auszahlen zu lassen.

Mill betont im nächsten Kapitel nochmals, dass Recht (*right*) und Gesellschaft (*society*) zwei zusammengehörige Pole eines einzigen Sachverhalts sind. (5.25, S. 161 f.) Welcher Grund (*reason*) kann hierfür vorgebracht werden? Die Antwort besteht im Argument der Nützlichkeit. Hier ist aber nach Mill nicht die allgemeine Nützlichkeit (*general utility*) gemeint, sondern eine spezielle Art von Nützlichkeit, weil der Unterschied zwischen dem allgemeinen Nutzen und dem Nutzen der Gerechtigkeit in zweierlei besteht:
- Erstens in der Stärke der Verpflichtung (*strength of the obligation*),
- zweitens in der Intensität des Gefühls (*energy of the feeling*).

Das Gerechtigkeitsgefühl ist also nach Mill etwas Zusammengesetztes (*composition of the sentiment*), zusammengesetzt aus einem vernünftigen (*rational*) und aus einem mehr triebhaften (*animal*) Element, dem Vergeltungstrieb (*thirst for retaliation*). Aber auch dieser Vergeltungstrieb gewinnt sowohl seine Intensität als auch seine moralische Berechtigung aus einer bestimmten Art von Nützlichkeit (*utility*), wie schon genannt, die mit dem allgemeinen Interesse an Sicherheit (*security*) zusammenhängt. Menschen haben viele Interessen, aber das Interesse an Sicherheit ist für Mill das stärkte Interesse, weshalb der Mensch auf vieles verzichten kann, nur nicht auf Sicherheit. Durch sie werden wir vor dem Unglück bewahrt, weil wir die für uns wichtigen Güter über den Augenblick hinaus retten und bewahren können. Das Bedürfnis (*necessary*) nach Sicherheit ist für Mill das zweitstärkste Bedürfnis, das nach dem erstrangigen Bedürfnis nach Nahrung sich zeigt. Dieses Sicherheitsbedürfnis bringt Gefühle hervor, die sowohl der Stärke (*difference in degree*) als auch der Art (*difference in kind*) nach verschieden sind gegenüber denjenigen Gefühlen, welche das Bedürfnis nach allgemeiner Nützlichkeit hervorzubringen in der Lage ist. Dieses Gefühl für Recht und Unrecht (*feeling of right and wrong*) ist grundverschieden vom allgemeinen Gefühl von Nützlichkeit bzw. Nichtnützlichkeit (*feeling of ordinary expediency and inexpediency*). Mill argumentiert nun weiter, dass dieses Gefühl bei allen Menschen gleich sei, weil alle Menschen das gleiche Interesse an Sicherheit haben. Aus diesem Grund muss auch das Sollen (*ought and should*) in ein Müssen (*must*) übergehen, und das bedeutet für Mill, dass diese moralische Notwendigkeit wie eine physische Notwendigkeit befolgt werden müsse.

Mill geht nun wieder auf eine mögliche Kritik an dieser Analyse ein, die im Vorwurf besteht, dass Gerechtigkeit und Nützlichkeit verschieden seien. Gerechtigkeit sei, diesem Vorwurf gemäß, eine eigenständige Norm (*standard per se*), die man durch bloße Introspektion gewinnen könne. (5.26, S. 163 f.) Mill nennt diesen moralischen Bezugspunkt abwertend *internal oracle*, wobei diese Vertreter eines anti-utilitaristischen Gerechtigkeitsbegriffs nicht erklären können, warum etwas das eine Mal gerecht, das andere Mal aber ungerecht genannt wird, da dies offenbar vom Blickwinkel des Betrachters (*light, in which they are regarded*) abhängig ist. Mills Strategie besteht darin nachzuweisen, dass nur die utilitaristische Gerechtigkeitskonzeption in der Lage ist, solche Widersprüche zu vermeiden.

In der Auseinandersetzung mit den Gegnern des Utilitarismus greift Mill nun deren Vorwurf auf, dass Nützlichkeit (*utility*) ein unsicheres Prinzip (*uncertain standard*) sei, das jeder auf seine Weise auslegen könne. Mill weist diesen Vorwurf mit dem Doppelargument zurück, dass erstens verschiedene Nationen und verschiedene Individuen unterschiedliche Vorstellungen von Gerechtigkeit (*notion of justice*) haben, und dass zweitens auch ein und dieselbe Person das Problem des Schwankens in Fragen der Gerechtigkeit kenne. Es bleibt also die Aufgabe, unter diesen verschiedenen Möglichkeiten eine Wahl zu treffen.

Mill listet nun Beispiele auf, die zeigen, dass unter Gerechtigkeit Unterschiedliches verstanden werden könne. (5.27 bis 5.31, S. 165–177) Er schließt diese Auflistung mit dem Bekenntnis, dass aus diesen Wirrnissen (*confusions*) nur der Utilitarismus heraushelfen könne.

Mill referiert drei Auffassungen bezüglich des **Sinns von Strafe**. (5.28, S. 165 ff.)

- Die erste Gruppe vertritt die Auffassung, dass man strafe, um ein Exempel für andere zu statuieren, also um andere abzuschrecken.
- Die zweite Gruppe vertritt die Auffassung, dass die Strafen das Wohl der Bestraften zum Zwecke haben müssten.

- Eine dritte Gruppe verneint diese Auffassung, weil sie eine paternalistische Bevormundung anderer ablehnt, weil man anderen Menschen das Urteil über ihr Leben nicht vorschreiben dürfe.
- Eine vierte Gruppe bejaht dies nur dann, wenn wir damit unser Recht auf Selbstverteidigung ausüben.
- Eine fünfte Gruppe vertritt mit Robert Owen die Auffassung, dass jede Strafe ungerecht sei, weil niemand seinen Charakter selbst gewählt habe, sondern Erziehung und Umwelt dafür verantwortlich seien.

Hier sind nach Mill drei verschiedene Auffassungen von Gerechtigkeit vertreten:
- Die erste Auffassung besteht darin, sich einen Missetäter herauszugreifen, um ihn ohne seine Einwilligung zum Nutzen der anderen zu opfern.
- Die zweite Auffassung besteht in zwei Teilgruppen, wobei die erste im Recht auf Selbstverteidigung und die zweite im Recht einer Personengruppe besteht, einer anderen Personengruppe vorzuschreiben zu dürfen, worin deren Wohl besteht.
- Die dritte Auffassung, die mit der Robert Owens identisch ist, besteht darin, dass man niemanden für etwas bestrafen dürfe, wofür er nicht verantwortlich ist.

Mill behauptet nun, dass – vordergründig – jede dieser Gerechtigkeitsauffassungen etwas für sich habe und man ohne ein weiteres, übergeordnetes Prinzip (aus dem Utilitarismus gewonnen) keine Unterscheidung treffen könne. Er referiert nun kurz drei Versuche, eine solche Entscheidung herbeiführen zu können, um festzustellen, dass jeder dieser Versuche misslungen sei.
- Der erste Versuch sei der mit Hilfe des Begriffs der Willensfreiheit (*freedom of the will*).
- Der zweite Versuch sei der mit Hilfe des Begriffs eines fiktiven Gesellschaftsvertrages, dem alle irgendwann (*unknown period*) zugestimmt hätten.
- Der dritte Versuch werde mit Hilfe der „Maxime" (*maxim of justice*) *volenti non fit iniuria*[87] durchgeführt, wobei auch hier eine gewisse Willkürlichkeit besteht, da nach Mill selbst Gerichte anerkennen, dass nicht einmal alle freiwilligen Verpflichtungen (*voluntary engagements*) wirklich bindend sind (sie können nämlich auf Irrtum, Täuschung oder Falschinformation beruhen).

Mill referiert nun drei weitere Auffassungen von Strafgerechtigkeit. (5.29, S. 171)
- Die erste ist das Talions-Prinzip (die *lex talionis* = Auge um Auge, Zahn um Zahn).
- Die zweite ist das Prinzip der Proportionalität, der zufolge eine Strafe proportional zur Schuld stehen müsse.
- Die dritte betrifft die Frage und das Prinzip der Prävention, entweder für den Straftäter selbst oder für andere.

In Bezug auf die Lohngerechtigkeit kann man die Gerechtigkeit erstens im gleichen Lohn für alle erblicken, zweitens in gestuften Löhnen entsprechend dem gesellschaft-

---

[87] Sinngemäß: Denjenigen Menschen, die bekommen, was sie wollten, geschieht kein Unrecht.

lichen Wert der Arbeit, also in der Anwendung des Leistungsprinzips. (5.30, S. 171 f.) Auch hier zeige sich nach Mill wieder das gleiche Problem, dass man keine vernünftige Entscheidung treffen könne, solange man nicht das Prinzip der sozialen Nützlichkeit (*social utility*) anwende.

Mill steigert seine Strategie noch weiter, möglichst viele Beispiele sich widersprechender Gerechtigkeitsauffassungen vorzulegen, um damit demonstrieren zu können, dass keine der bisherigen Gerechtigkeitskonzeption allein aus sich heraus sich als die beste qualifizieren könne. Dies gelinge nur mit Hilfe der utilitaristischen Gerechtigkeitskonzeption, so Mill. (5.31, S. 173 ff.)

Die nächste Beispielgruppe widersprüchlicher Auffassungen von Gerechtigkeit in diesem Abschnitt ist die über die Steuergerechtigkeit.

- Erstens gibt es die Auffassung, diejenigen Steuern seien gerecht, die direkt proportional zum Einkommen stehen.
- Zweitens argumentiert man, dass nur eine progressive Besteuerung gerecht sei.
- Drittens vertritt man die Auffassung der sog. natürlichen Gerechtigkeit, der zufolge jeder den gleichen Betrag zahlen müsse, wie z. B. alle Clubmitglieder den gleichen Betrag entrichten müssen, unabhängig von der Höhe ihres Gehaltes. Zu dieser Gruppe gehört auch, dass Preise für Waren unabhängig vom Lohn verlangt werden.
- Eine vierte Gruppe argumentiere, dass der Staat für die persönliche Sicherheit eine gleich hohe Kopfsteuer (*capitation tax*) verlangen dürfe, aber für die Sicherung des Eigentums eine unterschiedlich hohe Steuer. Außerdem vertreten manche die Auffassung, dass der Staat für die Reichen mehr tun dürfe, weil diese auch mehr Steuern zahlen, andere dagegen verneinen diese Auffassung.

Wie schon von Mill dargelegt, anerkennt er eine Differenz zwischen dem Gerechten (*Just*) und dem Nützlichen (*Expedient*) als einer realen Distinktion, wie es sich auch im Gerechtigkeitsgefühl zeige. (5.32, S. 177) Das Wesen der Gerechtigkeit besteht nach Mill im Rechtsanspruch, den man anderen gegenüber hat. In diesem Sinne enthält dieser Anspruch eine höhere Verbindlichkeit als alle anderen moralischen Regeln. Dies war ja der Kern des Anspruchs auf Sicherheit, der sich auch im Gefühl nach Rechtssicherheit niederschlage. Dieses Streben nach Sicherheit nimmt in der Argumentation von Mill bei der Verteidigung des Utilitarismus einen bedeutenden Platz ein.

Diese moralischen Regeln verbieten es, einander Schaden zuzufügen, wozu nach Mill auch die unrechtmäßige Einschränkung von Freiheit gehört. (5.33, S. 177 ff.) Während viele Maximen nach Mill nur einen Teilbereich des Lebens regeln können, gelten die Gerechtigkeitsgrundsätze der Schadensvermeidung für alle und sind der Grund für die Gemeinschaftsgefühle der Menschen (*social feelings of mankind*). Die wichtigsten Moralvorschriften bestehen also in der Pflicht, anderen keinen Schaden zuzufügen, die identisch sind mit den Pflichten der Gerechtigkeit (*obligations of justice*). Dagegen sind die positiven Pflichten zur Wohltätigkeit weniger wichtig als die negativen Pflichten zur Schadensvermeidung, weil manche Menschen auf die Wohltätigkeit anderer nicht angewiesen sind, aber alle Menschen ein Interesse haben, von anderen nicht geschädigt zu werden. An der Befolgung dieser Pflichten entscheidet sich nach Mill, ob ein Mensch ein gemeinschaftsfähiges Wesen ist oder nicht. Ob ein Fall von Ungerechtigkeit vorliegt, zeigt sich im Gefühl des Widerwillens (*feeling of repugnance*), welches das Gerechtigkeitsgefühl charakterisiert, und das sich entweder in der widerrechtlichen Ausübung von Gewalt anderen gegenüber oder im widerrechtlichen Entzug zustehender Rechte einstellt. In beiden Fällen wird jemandem ein echter Schaden (*positive hurt*) zugefügt.

Die gleichen starken Motive (*powerful motives*), welche die Befolgung dieser höchsten Moralvorschriften (*primary moralities*) gebieten, verlangen auch die Bestrafung der Übeltäter. (5.34, S. 181 f.) Diese starken Motive sind erstens die zur Selbstverteidigung und zweitens die zum Schutz anderer; beide Motive werden durch Verletzungen von Rechten wachgerufen. Aus dieser Verletzung entsteht das Vergeltungsprinzip, das sich gegen die Übeltäter richtet und dessen Prinzip lautet, dass Übles mit Üblem (*evil for evil*) vergolten werden müsse. Dieses verbindet sich (*becomes closely connected*) eng mit dem Gerechtigkeitsgefühl, dessen Prinzip lautet, dass Gutes mit Gutem (*good for good*) belohnt werden müsse. Beide Prinzipien aber müssen in ihrer Verbindung miteinander gesehen werden, wie Mill betont. Wie ist diese Verbindung vorzustellen? Mills Antwort: Erst aus einer Verletzung oder Schädigung entsteht das Gerechtigkeitsgefühl mit seiner spezifischen Intensität (und seiner spezifischen Art) als Gefühl. Mill erläutert den Zusammenhang am Beispiel des Empfangs von Wohltaten (*benefits*): Wer sie empfangen hat, aber seinem Wohltäter in dessen Not nicht auch zuwendet, fügt seinem Wohltäter einen Schaden zu, indem er eine natürliche und berechtigte Erwartung enttäuscht. Mill unterstellt dabei, dass der Wohltäter damals diese Wohltat im Hinblick auf eine eventuell später bei ihm eintretende Notlage gegeben habe und somit seinen potentiellen Helfer gesponsert habe. Damit verbindet Mill zwei weitere *highly immoral acts*, nämlich den Verrat an einem Freund und die Wortbrüchigkeit. Mill beschreibt nun in fast dramatischen Worten die Gefühle der Enttäuschung in diesen Fällen, wo jemandem etwas moralisch Zustehendes vorenthalten wird, die in ihrer Ungerechtigkeit aus seiner Sicht kaum noch gesteigert werden können. Das Doppelprinzip, Gutes mit Gutem und Übles mit Üblem zu vergelten, ist deshalb nach Mill nicht nur Bestandteil des Gerechtigkeitsbegriffs, sondern auch des Gerechtigkeitsgefühls, das nach Mill eines der intensivsten Gefühle des Menschen ist und das die Gerechtigkeit (*the Just*) deshalb über die einfache Nützlichkeit (*the simply Expedient*) stellt, wie Mill hier nochmals wiederholt und betont.

Das nach Mill zwar gerechte Prinzip, Übles mit Üblem zu vergelten, darf aber nicht missbraucht werden zur Rache, d. h. Übles zuzufügen, ohne dass dieser Rechtfertigungsgrund (*justification*) einer Schädigung bzw. Verletzung vorliegt. (5.35, S. 183) Um dies zu verhindern, wurden in der Rechtsgeschichte Gerechtigkeitsmaximen (*maxims of justice*) angewendet. Mill erwähnt drei: Erstens die Verantwortlichkeit des Menschen nur für Handlungen, die mit freiem Willen erfolgten. Zweitens das Verbot, jemanden ohne Anhörung zu verurteilen. Drittens die Strafproportionalität, d. h. die Strafe muss dem Vergehen entsprechen.

Mill geht nun nochmals auf die Pflicht ein, jeden nach seinen Verdiensten zu behandeln, was bedeute, Gutes mit Gutem zu vergelten und Übles mit Üblem zu unterdrücken. (5.36, S. 183 ff.) Daraus folgt nach Mill die Pflicht zur Gleichbehandlung aller Menschen. Dies ist nach Mill das oberste allgemeine Prinzip der sozialen und austeilenden Gerechtigkeit (*highest abstract standard of social and distributive justice*). Diese große moralische Pflicht (*great moral duty*), wie er es nennt, hat aber eine noch tiefere Grundlage, die sich aus nichts ableiten lasse, auch nicht aus Sekundärprinzipien: Es ist das *Greatest-Happiness-Principle*. Es besagt nach Mill: Das Glück der einen Person zählt bei gleichem Grad und gleicher Art (qualitativer Hedonismus) genauso viel wie das Glück jeder anderen Person. Pate für die Formulierung steht Benthams Diktum: „*everybody to count for one, nobody for more than one*", den Mill hier zitiert. Diesen Satz bezeichnet Mill als erläuternden Kommentar zum Nützlichkeitsprinzip (*principle of utility*). Wenn jeder den gleichen Anspruch auf Glück hat, dann hat logischerweise auch jeder den gleichen Anspruch auf die Mittel, die zu diesem Glück führen. Es gibt nach Mill aber auch Grenzen für diese Forderung. Diese Grenze besteht in Bedingungen des menschlichen Lebens und des Gesamtinteresses, in dem das Interesse des einzelnen, wie er es sieht, enthalten ist. Dieser Gerechtigkeitsgrundsatz, nämlich das *Greatest-Happiness-Principle,* passt sich nach Mill den verschiedenen Vorstellungen von sozialer Nützlichkeit (*social expediency*) an. Aber immer, wo er anwendbar ist, gilt er als Gebot der Gerechtigkeit (*dictate of justice*). Zu den Grenzen dieses Prinzips gehört es auch nach Mill, dass ein anerkanntes Gemeinschaftsinteresse ein individuelles Recht auf gleiche Behandlung außer Kraft setzen kann.

Mill begründet dieses Argument nicht weiter, das ja eigentlich seine bisherigen Darlegungen in Frage stellt, sondern geht zum Begriff der sozialen Ungleichheit über. Soziale Ungleichheit, das ist wieder unproblematisch, kann als Form der Ungerechtigkeit bzw. sogar als Form der Tyrannis erscheinen, wenn man an den privilegierten Adeligen bzw. Diktator denkt. Allerdings kann es nach Mill geschehen, dass gegenwärtige soziale Ungleichheiten gar nicht wahrgenommen werden, sondern erst später. Der Grund dafür kann nach Mill in falschen Nützlichkeitsvorstellungen liegen (man könnte an die Zeiten der Sklaverei denken). Wenn man aber darüber aufgeklärt wurde, erscheinen einem diese Zustände ungeheuerlich. Die Geschichte des sozialen Fortschritts (*social improvement*) ist stets eine Abfolge von Übergängen, welche den schlechteren Zustand durch einen besseren ablösen. Der Utilitarismus möchte in seinen ethischen und politischen Zielen diese Übergänge unterstützen.

In der Skala der sozialen Nützlichkeiten ist Gerechtigkeit der Name für moralische Forderungen, die einen höheren Platz einnehmen als andere Forderungen, obwohl es nach Mill auch hier wieder Ausnahmen gibt. (5.37, S. 198 f.) Er nennt beispielhaft zwei Fälle:
- Erstens sei es im Notfall nicht nur erlaubt, sondern sogar geboten, notwendige Nahrungsmittel oder eine Arznei zu stehlen oder gewaltsam Besitz davon zu ergreifen.
- Zweitens dürfe man den einzigen Arzt, der helfen könne, entweder gewaltsam entführen oder zur Hilfeleistung zwingen.

(Das erste Beispiel wird von Lawrence Kohlberg in sein Stufenschema der Moralentwicklung übernommen und als „Heinz-Dilemma" bezeichnet.)

Mill rechtfertigt sich damit, dass durch diese beiden Beispiele der Unangreifbarkeitscharakter der Gerechtigkeit nicht geschmälert wurde und auch das Gerechtigkeitsprinzip keinem anderen Prinzip weichen musste, sondern dass die Handlungsumstände ein anderes Urteil über die Gerechtigkeit bzw. Ungerechtigkeit erforderlich machen. Ohne dass Mill auf die traditionellen Argumente zur Lehre von den Handlungsumständen eingeht, streift er mit seiner Bemerkung zumindest ein Thema der klassischen Handlungstheorie, wie sie von Aristoteles entwickelt wurde.

Mill schließt seine Ausführungen zur Gerechtigkeit innerhalb der utilitaristischen Ethik mit der Zusammenfassung, dass die Fälle von Gerechtigkeit (*cases of justice*) immer auch Fälle von Nützlichkeit (*cases of expediency*) seien. (5.38, S. 191 f.) Worin liegt der Unterschied, wenn es zwei Bezeichnungen gibt? Der wesentliche Unterschied liegt nach Mill im besonderen Gefühl (*peculiar sentiment*), das zwar mit der Gerechtigkeit, aber nicht mit der Nützlichkeit verbunden ist. Der Ursprung dieses Gefühls ist nach Mill nicht wichtig, sondern seine Erscheinungsform als *natural feeling of resentment*, als natürliches Gefühl von Empörung. Dadurch lenkt es auf das Gemeinwohl hin, und dadurch erhält es einen moralischen Gehalt (*moralized by being made coextensive with the demands of social good*). Eine wesentliche Bedingung fügt Mill aber noch an: Wenn dieses Gefühl (*feeling*) der Gerechtigkeit sich nicht nur faktisch in jenen Fällen einstellt, in denen der Begriff (*idea*) von Gerechtigkeit anwendbar ist, sondern, normativ gesprochen, auch auftreten sollte (*ought to exist*), dann ist für Mill die Argumentation über die Gerechtigkeit innerhalb der utilitaristischen Ethik an ihr Ende gelangt. Gerechtigkeit ist für Mill die geeignete Bezeichnung für einen bestimmten Bereich der sozialen Nützlichkeit (*social utilities*).

Gerechtigkeit ist also nicht voll identisch mit sozialer Nützlichkeit im Ganzen. Wie wird diese Gerechtigkeit identifiziert? Wer wacht über die richtige Einschätzung? Mills Antwort: Über *diesen* Begriff der Gerechtigkeit sollte (*ought*) ein Gefühl wachen (*guarded by a sentiment*), wie es auch natürlicherweise vorkommt, nur sollte dieses Gefühl folgende Eigenschaften haben:

- Erstens sollte dieses Gefühl der Gerechtigkeit wesentlich intensiver dem Grad nach (*is different in degree*) und auch der Art (*also in kind*) nach verschiedenen sein zu jenem schwächeren Gefühl (*milder feeling*), wie es mit den Vorstellungen von gesteigerter menschlicher Lust oder Annehmlichkeit (*promoting human pleasure or convenience*) verknüpft ist.

- Zweitens sollte dieses Gefühl der Gerechtigkeit sich von den Gefühlen von *pleasure* erstens durch ihren eindeutigeren Charakter seiner Gebote (*more definite nature of its commands*) und zweitens durch die Strenge seiner Sanktionen (*sterner character of its sanctions*) unterscheiden.

Literaturverzeichnis

Platon

Werke

Platon: Sämtliche Dialoge, 7 Bände, in der Übersetzung von Otto Apelt, mit Erläuterungen, Erstauflage 1919 ff., Neuauflage Hamburg 1988

Platon: Sämtliche Werke, 4 Bände, in der Übersetzung von Friedrich Schleiermacher und Hieronymus Müller, herausgegeben von Ursula Wolf, Reinbek 1957–1959, neu herausgegeben 1994

Platon: Sämtliche Werke, 6 Bände, in der Übersetzung von Friedrich Schleiermacher und Hieronymus Müller, Hamburg 1957 ff.

Kommentare

Jantzen, Jörg: Platon: Hippias Minor oder Der Falsche Wahre. Über den Ursprung der moralischen Bedeutung von „gut", in der Übersetzung von Friedrich Schleiermacher, Kommentar von Jörg Jantzen, Weinheim 1989

Kersting, Wolfgang: Platons „Staat", Darmstadt 1999

Schubert, Andreas: Platon „Der Staat". Ein einführender Kommentar, Paderborn 1995

Fachlexika

Gigon, Olof/Zimmermann, Laila: Platon: Lexikon der Namen und Begriffe, Zürich, München 1975

Schäfer, Christian (Hrsg.): Platon-Lexikon. Begriffswörterbuch zu Platon und der platonischen Tradition, Darmstadt 2007

Darstellungen

Bormann, Karl: Platon, 2. Auflage Freiburg, München 1987

Bröcker, Walter: Platos Gespräche, 3. Auflage Frankfurt 1985

Gadamer, Hans-Georg: Platos dialektische Ethik, Erstauflage 1931, Neuauflage 1983

Hare, R. M.: Platon. Eine Einführung, englische Originalausgabe Oxford 1982, deutsche Ausgabe Stuttgart 1990

Heinimann, Felix: Nomos und Physis. Herkunft und Bedeutung einer Antithese im griechischen Denken des 5. Jahrhunderts, Darmstadt 1980

Irwin, Terence: Plato's Ethics, New York, Oxford 1995

Jaspers, Karl: Die maßgeblichen Menschen: Sokrates, Buddha, Konfuzius, Jesus, Erstauflage 1964, 5. Auflage München 1975

Jaspers, Karl: Plato, München 1976

Kaufmann, Eva-Maria: Sokrates, München 2000

Kobusch, Theo/Mojsisch, Burkhard (Hrsg.): Platon. Seine Dialoge in der Sicht neuerer Forschungen, Darmstadt 1996

Kutschera, Franz von: Platons Philosophie, zwei Bände, Bd. 1: Die frühen Dialoge, Bd. 2: Die mittleren Dialoge, Paderborn 2002

Kytzler, Bernhard: Platons Mythen, Frankfurt, Leipzig 1997

Landmann, Michael: Ursprungsbild und Schöpfertat. Zum platonisch-biblischen Gespräch, München 1966

Leider, Kurt: Sokrates. Vortragsreihe der Philosophischen Akademie zu Lübeck: Große Philosophen, Erstauflage 1973, Neuauflage Lübeck 2001

Martens, Ekkehard: Die Sache des Sokrates, Stuttgart 1992

Martin, Gottfried: Platon, Reinbek 1977

Martin, Gottfried: Sokrates, Reinbek 1977

Neumann, Uwe: Platon, Reinbek 2001

Pfannkuche, Walter: Platons Ethik als Theorie des guten Lebens, Freiburg, München 1988

Stemmer, Peter: Unrecht tun ist schlechter als Unrecht leiden. Zur Begründung moralischen Handelns im platonischen „Gorgias", in: Zeitschrift für philosophische Forschung, Bd. 39, 1985, S. 501–522

Suhr, Martin: Platon, Frankfurt, New York 1992

Taureck, Bernhard H. F.: Die Sophisten. Zur Einführung, Hamburg 1995

Thomsen, Dirko: „Techne" als Metapher und Begriff der sittlichen Einsicht. Zum Verhältnis von Vernunft und Natur bei Platon und Aristoteles, Freiburg, München 1990

Vlastos, Gregory: Socrates. Ironist and Moral Philosopher, Ithaca, New York 1991

Wolf, Ursula: Die Suche nach dem guten Leben. Platons Frühdialoge, Reinbek 1996

Aristoteles

Werke

Deutsche Aristoteles-Gesamtausgabe

Aristoteles: Nikomachische Ethik, übersetzt und kommentiert von Franz Dirlmeier, 8. Auflage Darmstadt 1983

Aristoteles: Eudemische Ethik, übersetzt und kommentiert von Franz Dirlmeier, 3. Auflage Darmstadt 1979

Aristoteles: Magna Moralia, übersetzt und kommentiert von Franz Dirlmeier, 3. Auflage Berlin 1973

Aristoteles: Physikvorlesung, übersetzt und kommentiert von Hans Wagner, 4. Auflage Darmstadt 1983

Aristoteles: Über die Tugend, übersetzt und kommentiert von Ernst A. Schmidt, 2. Auflage Darmstadt 1980

Einzelwerke

Aristoteles: Protreptikos. Einleitung, Übersetzung und Kommentar von Ingemar Düring, Frankfurt 1969

Aristoteles: Einführungsschriften, übersetzt von Olof Gigon, Erstauflage Zürich 1961, Neuauflage München 1982

Aristoteles: Über die Welt, übersetzt und kommentiert von Otto Schönberger, Stuttgart 1991

Aristoteles: Der Staat der Athener, übersetzt von Peter Dams, Stuttgart 1970

Aristoteles: Kleine naturwissenschaftliche Schriften, übersetzt von Eugen Dönt, Stuttgart 1997

Aristoteles: Die Kategorien, Griechisch-Deutsch, übersetzt von Ingo W. Rath, Stuttgart 1998

Nikomachische Ethik

Aristoteles: Nikomachische Ethik, übersetzt von Franz Dirlmeier, Anmerkungen von Ernst A. Schmidt, Stuttgart 1969

Aristoteles: Nikomachische Ethik, übersetzt und kommentiert von Olof Gigon, 1. Auflage Zürich 1951, Neuauflage München 1972

Aristoteles: Nikomachische Ethik, übersetzt von Eugen Rolfes 1911, neu herausgegeben von Günther Bien, Hamburg 1985

Aristoteles: Nikomachische Ethik, übersetzt und herausgegeben von Ursula Wolf, Reinbek 2006

Politik

Aristoteles: Politik, Übersetzung und Anmerkungen von Olof Gigon, Erstauflage Zürich 1955, 7. Auflage München 1996

Aristoteles: Politik, Übersetzung und Anmerkungen von Franz F. Schwarz, Stuttgart 1989

Aristoteles: Politik, übersetzt von Franz Susemihl Leipzig 1879, Neuausgabe Reinbek 1994

Aristoteles: Politik, Übersetzung und Anmerkungen von Eugen Rolfes Hamburg 1912, mit einer Einleitung neu herausgegeben von Günther Bien, Hamburg 1990

Seele

Aristoteles: Über die Seele, Übersetzung und Anmerkungen Willy Theiler, 1. Auflage Berlin 1959, Neuauflage Reinbek 1968

Aristoteles: Über die Seele, Griechisch-Deutsch, in Anlehnung an die Übersetzung von Willy Theiler von 1959 neu übersetzt von Horst Seidel, Hamburg 1995

Aristoteles: Über die Seele, Übersetzung und Anmerkungen von Paul Gohlke, Paderborn 1961

Himmel, Seele, Dichtkunst

Aristoteles: Vom Himmel – Von der Seele – Von der Dichtkunst, Übersetzung und ausführliche Einleitung von Olof Gigon, Erstauflage Zürich 1950, Neuausgabe 2. Auflage München 1987

Metaphysik

Aristoteles: Metaphysik, Übersetzung von Franz F. Schwarz, Stuttgart 1970

Aristoteles: Metaphysik, Übersetzung Hermann Bonitz, 1890 von Eduard Wellman herausgegeben, Neuausgabe durch Ursula Wolf, Reinbeck 1995

Rhetorik

Aristoteles: Rhetorik, Übersetzung von Franz Günter Sieveke 1980, 4. Auflage München 1993
Aristoteles: Rhetorik, Übersetzung von Carl Ludwig Roth, Stuttgart 1833
Aristoteles: Rhetorik an Alexander, Übersetzung von Leonhard Spengel, Stuttgart 1840

Poetik

Aristoteles: Poetik, Übersetzung von Chr. Walz, Stuttgart 1840
Aristoteles: Poetik, übersetzt und kommentiert von Olof Gigon, Stuttgart 1961

Logik

Aristoteles: Texte zur Logik, Übersetzung und Kommentar von Adolf Trendenlenburg, 3. Auflage Berlin 1876, neu herausgegeben von Rainer Beer, Reinbek 1969

Organon

Aristoteles: Kategorien, Lehre vom Satz; Porphyrius: Einleitung in die Kategorien, übersetzt von Eugen Rolfes, Nachdruck der 2. Auflage von 1925, Hamburg 1974
Aristoteles: Erste Analytik (Lehre vom Schluss), übersetzt von Eugen Rolfes 1921, Nachdruck Hamburg 1975
Aristoteles: Zweite Analytik, übersetzt von Paul Gohlke, Paderborn o. J.
Aristoteles: Topik, übersetzt von Eugen Rolfes, 2. Auflage 1922, Nachdruck Hamburg 1968
Aristoteles: Sophistische Widerlegungen, übersetzt von Eugen Rolfes, 2. Auflage 1922, Nachdruck Hamburg 1968

Fachlexikon

Höffe, Otfried (Hrsg.): Aristoteles-Lexikon, Stuttgart 2005

Kommentare, Darstellungen

Ackrill, John L.: Aristoteles. Eine Einführung in sein Philosophieren, englische Originalausgabe unter dem Titel „Aristotle the philosopher", Oxford 1981, deutsche Ausgabe Berlin, New York 1985
Barnes, Jonathan: Aristoteles. Eine Einführung, englische Originalausgabe Oxford 1982, deutsche Ausgabe Stuttgart 1992
Buchheim, Thomas: Aristoteles, Freiburg, Basel, Wien 1999
Charpa, Ulrich: Aristoteles, Frankfurt, New York 1991
Detel, Wolfgang: Aristoteles, Reihe: Grundwissen Philosophie, Leipzig 2005
Flashar, Hellmut: Grundriss der Geschichte der Philosophie, begründet von Friedrich Ueberweg, Band 3: Ältere Akademie, Aristoteles, Peripatos, Basel, Stuttgart 1983

Gutschker, Thomas: Aristotelische Diskurse. Aristoteles in der politischen Philosophie des 20. Jahrhunderts, Stuttgart, Weimar 2002
Hager, Fritz-Peter (Hrsg.): Ethik und Politik des Aristoteles, Darmstadt 1972
Höffe, Otfried (Hrsg.): Die Nikomachische Ethik, Berlin 1995
Höffe, Otfried: Aristoteles, München 1996
Höffe, Otfried: Praktische Philosophie. Das Modell des Aristoteles, München, Salzburg 1971
Rortry, Amély Oksenberg (Hrsg.): Essays on Aristotle's Ethics, Berkley, Los Angeles, London 1980
Wolf, Ursula: Aristoteles' Nikomachische Ethik, Reihe Werkinterpretationen, Darmstadt 2002

Cicero

Werke

Cicero: De fato. Über das Fatum, Lateinisch/Deutsch, herausgegeben von Karl Bayer, München 1959, 3. Auflage München 1980
Cicero: De finibibus bonorum et malorum. Über das höchste Gut und das größe Übel, Lateinisch/Deutsch, übersetzt und herausgegeben von Alfred Merklin, Stuttgart 1989
Cicero: De inventione. De optimo genere oratorum. Über das Auffinden des Stoffes. Über die beste Gattung von Rednern, Lateinisch/Deutsch, herausgegeben und übersetzt von Theodor Nüßlein, Düsseldorf und Zürich 1998
Cicero: De inventione, Stuttgart 1977
Cicero: De legibus. Paradoxa stoicorum. Über die Gesetze. Stoische Paradoxien, Lateinisch/Deutsch, herausgegeben, übersetzt und erläutert von Rainer Nickel, Zürich 1994
Cicero: De officiis. Vom pflichtgemäßen Handeln, Lateinisch/Deutsch, übersetzt und kommentiert von Heinz Gunermann, Stuttgart 1976
Cicero: De oratore/Über den Redner, Lateinisch/Deutsch, übersetzt und herausgegeben von Harald Merklin, Stuttgart 1976
Cicero: De re publica. Vom Gemeinwesen, Lateinisch/Deutsch, übersetzt und herausgegeben von Karl Büchner, Erstausgabe Zürich 1952, Neuausgabe Stuttgart 1979
Cicero: Gespräche in Tusculum, Übersetzung, Kommentar und Nachwort von Olof Gigon, Stuttgart 1980
Cicero: Hortensius. Lucullus. Academici libri, Lateinisch/Deutsch, herausgegeben, übersetzt und kommentiert von Laila Straume-Zimmermann, Ferdinand Broemser und Olof Gigon, München und Zürich 1990
Cicero: Partitiones oratoriae. Rhetorik in Frage und Antwort, herausgegeben, übersetzt und erläutert von Karl und Gertrud Bayer, Zürich 1994
Cicero: Rhetorica ad Herennium, Die Rhetorik an Herrenius, Lateinisch/Deutsch, herausgegeben und übersetzt von Theodor Nüßlein, Zürich 1994
Cicero: Tusculanae disputationes. Gespräche in Tusculum, Lateinisch/Deutsch, übersetzt und herausgegeben von Ernst Alfred Kirfel, Stuttgart 1997
Cicero: Über den Staat, übersetzt von Walter Sontheimer, Stuttgart 1969

Cicero: Orator/Der Redner, Lateinisch und Deutsch, übersetzt und herausgeben von Harald Merklin, Stuttgart 2004 (Rechlam 18273), 237 S.
Cicero: Topik, Lateinisch/Deutsch, übersetzt und eingeleitet von Hans Günter Zekl, Hamburg 1983

Kommentare, Darstellungen

Bernert, Ernst: Cicero – De officiis. Kommentar, 4./5. Auflage Münster 1961
Giebel, Marion: Cicero, Hamburg 1977
Gunermann, Heinz: De officiis – Kommentar, Bamberg 1996
Kersting, Wolfgang: Pflicht, in: Historisches Wörterbuch der Philosophie, Bd. 7, Darmstadt 1989. Sp. 405–433
Kersting, Wolfgang: Pflichten, vollkommene und unvollkommene, in: Historisches Wörterbuch der Philosophie, Bd. 7, Darmstadt 1989. Sp. 433–439
Müller, C. F. W.: M. Tulli Ciceronis – De officiis libri III. Text, Einleitung, Kommentar, Leipzig 1882

Lexika

Horn, Christoph/Rapp, Christof (Hrsg.): Wörterbuch der antiken Philosophie, München 2002
Bächli, Andreas/Graeseer, Andreas: Grundbegriffe der antiken Philosophie. Ein Lexikon, Stuttgart 2000

Stoa

Forschner, Maximilian: Die stoische Ethik. Über den Zusammenhang von Natur-, Sprach- und Moralphilosophie im altstoischen System, Stuttgart 1981
Hossenfelder, Malte: Die Philosophie der Antike 3: Stoa, Epikureismus und Skepsis. Reihe Geschichte der Philosophie, hrsg. von Wolfgang Röd, München 1985
Oppermann, Hans (Hrsg.): Römische Wertbegriffe, Darmstadt 1983
Panitz, Heinz (Hrsg.): Stoische Weisheit. Auswahl an überlieferten Fragmenten und Textstellen, Griechisch/Lateinisch/Deutsch, übersetzt und sprachlich und sachlich erläutert von H. Panitz, Münster 1974
Pohlenz, Max (Hrsg.): Die Stoa. Geschichte einer geistigen Bewegung, Band I, 5. Auflage Göttingen 1978
Pohlenz, Max (Hrsg.): Stoa und Stoiker: Die Gründer – Panaitios – Poseidonios, übersetzt und eingeleitet von M. Pohlenz, Zürich und München 1950
Weinkauf, Wolfgang (Hrsg.): Die Philosophie der Stoa. Ausgewählte Texte, übersetzt von W. Weinkauf, Stuttgart 2001
Weinkauf, Wolfgang (Hrsg.): Die Stoa. Kommentierte Werkausgabe, übersetzt und herausgegeben von Wolfgang Weinkauf, Augsburg 1994

Thomas von Aquin

Gesamtausgaben

Editio Leonina, historisch-kritische Ausgabe, Rom 1882 ff.
Marietti-Ausgabe, Turin-Rom 1948 ff. (mit dem Text der Leonia)
Daneben gibt es noch mehrere (Teil-) Ausgaben, die sich auf die historisch-kritischen Ausgaben stützen.

Das Gesamtwerk ist auch zugänglich über das Internet unter Corpus Thomisticum: http://www.corpusthomisticum.org. Dort findet sich auch das Thomas-Lexikon von Ludwig Schütz.

Werke in Übersetzungen

Thomas von Aquin: Das Wort. Prolog zum Kommentar des Johannes-Evangeliums, übersetzt von Josef Pieper, Erstauflage Leipzig 1935, erweiterte 3. Neuausgabe München 1955

Thomas von Aquin: De ente et essentia. Das Seiende und das Wesen, Lateinisch und Deutsch, übersetzt und mit Anmerkungen versehen von Franz Leo Beeretz, Stuttgart 1979

Thomas von Aquin: De ente et essentia. Über das Sein und das Wesen, Lateinisch und Deutsch, übersetzt und kommentiert von Rudolf Allers, nach der 2. Auflage Köln 1953, Neuausgabe Darmstadt 1991

Thomas von Aquin: De magistro. Über den Lehrer, Lateinisch und Deutsch, aus: Quaestiones disputatae de veritate, quaestio XI; Summa theologiae, I, q. 117 a 1, übersetzt und kommentiert von G. Jüssen, G. Krieger, J. H. J. Schneider, mit einer Einleitung von H. Pauli, Hamburg 1988

Thomas von Aquin: De principiis naturae. Die Prinzipien der Wirklichkeit, Lateinisch und Deutsch, übersetzt und kommentiert von Richard Heinzmann, Stuttgart 1999

Thomas von Aquin: De Trinitate. In librum Boethii de trinitate expositio. Über die Trinität, Eine Auslegung der gleichnamigen Schrift des Boethius, übersetzt und kommentiert von Hans Lentz, mit einer Einführung von Wolf-Ulrich Klünker, Stuttgart 1988

Thomas von Aquin: De unitate intellectus contra Averriostas. Über die Einheit des Geistes gegen die Averroisten. De motu cordis. Über die Bewegung des Herzens, Lateinisch und Deutsch, übersetzt, kommentiert und mit einer Einleitung von Wolf-Ulrich Klünker, Stuttgart 1987

Thomas von Aquin: De veritate. Von der Wahrheit, Quaestio I. Erste Untersuchung, Lateinisch und Deutsch, übersetzt, kommentiert und eingeleitet von Albert Zimmermann, Hamburg 1986

Thomas von Aquin: Die Gottesbeweise in der „Summe gegen die Heiden" und der „Summe der Theologie", Lateinisch und Deutsch, übersetzt, kommentiert und eingeleitet von Horst Seidl, Hamburg 1996

Thomas von Aquin: Fünf Fragen über die intellektuelle Erkenntnis, deutsche Übersetzung, übersetzt und kommentiert von Eugen Rolfes, eingeleitet von Karl Bormann, 1. Auflage 1924, Neuausgabe Hamburg 1986

Thomas von Aquin: Kommentar zu drei Büchern des Aristoteles „Über die Seele", übersetzt und kommentiert von Alois Mager O.S.B., mit einer Übersetzung und Erklärung der wichtigsten lateinisch-scholastischen Ausdrücke, Wien 1937

Thomas von Aquin: Prologe zu den Aristoteles-Kommentaren, Prologe zu 13 Kommentaren, übersetzt und eingeleitet von Francis Chevenal und Ruedi Imbach, Frankfurt/M. 1993

Thomas von Aquin: Quaestiones disputatae de veritate. Des hl. Thomas von Aquino Untersuchungen über die Wahrheit, deutsche Ausgabe, übersetzt von Edith Stein, mit einem Geleitwort von Martin Grabmann, 2 Bände, Breslau 1931

Thomas von Aquin: Religion, Opfer, Gebet, Gelübde; Lateinisch und Deutsch, aus der Summa theologiae II–II, secunda secundae. Summe der Theologie, zweite Hälfte des zweiten Teils, Quaestio/Untersuchung Nr. 80–88, übersetzt von Josef Groner, kommentiert von Arthur F. Utz, Paderborn 1998

Thomas von Aquin: Summa contra gentiles. Summe gegen die Heiden, 5 Bände, Lateinisch und Deutsch, übersetzt von Karl Albert und Paulus Engelhardt unter Mitarbeit von Leo Dümpelmann, Darmstadt 1974, dritte unveränderte Auflage Darmstadt 1994

Thomas von Aquin: Summa theologiae. Summe der Theologie, Lateinisch und Deutsch, vollständige, ungekürzte Ausgabe, übersetzt von Dominikanern und Benediktinern Deutschlands und Österreichs, 1933 ff.

Thomas von Aquin: Summe der Theologie, 3 Bände in deutscher Übersetzung, übersetzt 1933 von Wilhelm Hohn unter Mitwirkung von Joseph Bernhart, mit einem Glossar Deutsch-Lateinisch und Lateinisch-Deutsch, kommentiert, zusammengefasst und eingeleitet von Joseph Bernhart, Erstauflage 1933, 3., durchgesehene und verbesserte Auflage Stuttgart 1985

Thomas von Aquin: The Pocket Aquinas. Selected from Summa of Theology und more than thirty other writings of St. Thomas Aquinas, edited and a General Introduction by Vernon J. Bourke, first published Washington 1960

Thomas von Aquin: Über die Herrschaft der Fürsten, [De regime principum], übersetzt von Friedrich Schreyvogl, Übersetzung revidiert von Ulrich Matz, Nachwort von Ulrich Matz, aus: opusculum. Werkchen, Stuttgart 1971

Thomas von Aquin: Über die Sittlichkeit der Handlung. Sum. Theol. I–II q. 18–21, Lateinisch und Deutsch, übersetzt und kommentiert von Rolf Schönberger, Einleitung von Robert Spaemann, Weinheim 1990

Lexika

Dinzelbacher, Peter (Hrsg.): Sachwörterbuch der Mediävistik, Stuttgart 1992

Schütz, Ludwig: Thomas Lexikon. Sammlung, Übersetzung und Erklärung der in sämtlichen Werken des hl. Thomas von Aquin vorkommenden Kunstausdrücke und wissenschaftlichen Aussprüche, 2., sehr vergrößerte Auflage Paderborn 1895

Vries, Josef de: Grundbegriffe der Scholastik, Darmstadt 1980

Darstellungen

Aufklärung im Mittelalter? Die Verurteilung von 1277. Das Dokument des Bischofs von Paris, Lateinisch und Deutsch, übersetzt und erklärt von Kurt Flasch, Mainz 1989

Belmans, Theo, G. Der objektive Sinn menschlichen Handelns, frz. Originalausgabe unter dem Titel: Le sens objectif de l'agir humain, dt. Ausgabe Vallendar-Schönstatt 1984

Bormann, Franz-Josef: Natur als Horizont sittlicher Praxis. Zur handlungstheoretischen Interpretation der Lehre vom natürlichen Sittengesetz bei Thomas von Aquin, Münchner philosophische Studien, hrsg. von Gerd Haeffner und Friedo Ricken, Band 14, Stuttgart 1999

Chenu, M.-D.: Thomas von Aquin, aus dem Französischen, dt. Ausgabe Reinbek 1960

Chenu, M.-D.: Das Werk des heiligen Thomas von Aquin, französische Erstausgabe 1950, dt. 2. Auflage Graz, Wien, Köln 1982

Flasch, Kurt/Jeck, Udo Reinhold (Hrsg.): Das Licht der Vernunft. Die Anfänge der Aufklärung im Mittelalter, München 1997

Forschner, Maximilian: Thomas von Aquin, München 2006

Fremantle, Anne: Age of Faith, New York 1965, dt. Kaiser, Ritter und Scholaren, Reinbek 1973

Grenet, Paul: Der Thomismus. Kompendium der Philosophie des Thomas von Aquin, französische Originalausgabe 1953 unter dem Titel „Le Thomisme", dt. Ausgabe Essen 1959

Grundmann, Herbert: Vom Ursprung der Universität im Mittelalter, Darmstadt 1976

Heinzmann, Richard: Thomas von Aquin. Eine Einführung in sein Denken. Mit ausgewählten lateinisch-deutschen Texten und einem lateinisch-deutschen Glossar, Stuttgart 1994

Kenny, Anthony: Aquinas on Mind, first published London 1993

Kenny, Anthony: Thomas von Aquin, aus dem Englischen, englische Originalausgabe 1980, dt. Ausgabe Freiburg 1999

Kindt, Karl: Vorschule christlicher Philosophie, Moers 1991

Kluxen, Wolfgang: Philosophische Ethik bei Thomas von Aquin, Erstauflage 1964, zweite, erweiterte Auflage Hamburg 1980

Kretzmann, Norman/Stump, Leonore (Hrsg.): The Cambridge Companion to Aquinas, edited by Norman Kretzmann and Leonore Stump, first published Cambridge (USA) 1993

Le Goff, Jacques: Das Alte Europa und die Welt der Moderne, aus dem Französischen, München 1994

Lesch, Walter/Bondolfi, Alberto (Hrsg.): Theologische Ethik im Diskurs. Eine Einführung, Tübingen und Basel 1995

Mensching, Günther: Das Allgemeine und das Besondere. Der Ursprung des modernen Denkens im Mittelalter, Stuttgart 1992

Mensching, Günther: Thomas von Aquin. Reihe Campus Einführungen, Frankfurt/M., New York 1995

Metz, Johannes Baptist: Christliche Anthropozentrik. Über die Denkform des Thomas von Aquin, München 1962

Metz, Wilhelm: Die Architektonik der Summa Theologiae des Thomas von Aquin. Zur Gesamtsicht des thomasischen Gedankens, Hamburg 1998

Meyer, Hans: Thomas von Aquin. Sein System und seine geistesgeschichtliche Stellung, zweite, erweiterte Auflage Paderborn 1961

Pieper, Joseph: Thomas von Aquin. Leben und Werk, Erstauflage 1958, Neuauflage München 1981

Porter, Jean: Moral action and christian ethics, first published 1995 in Cambridge

Rhonheimer, Martin: Natur als Grundlage der Moral. Die personale Struktur des Naturgesetzes bei Thomas von Aquin. Eine Auseinandersetzung mit autonomer undteleologischer Ethik, Innsbruck, Wien 1987

Rhonheimer, Martin: Praktische Vernunft und Vernünftigkeit der Praxis. Handlungstheorie bei Thomas von Aquin in ihrer Entstehung aus dem Problemkontext der aristotelischen Ethik, Berlin 1994

Scherer, Georg: Philosophie des Mittelalters, Stuttgart, Weimar 1993

Schockenhoff, Eberhard: Bonum hominis. Die anthropologischen und theologischen Grundlagen der Tugendethik des Thomas von Aquin, Mainz 1987

Schönberger, Rolf: Thomas von Aquin zur Einführung, Hamburg 1998

Schönberger, Rolf: Was ist Scholastik? Mit einem Geleitwort von Peter Koslowski, Schriftenreihe des Forschungsinstituts für Philosophie Hannover Band 2, Hildesheim 1992

Schröer, Christian: Praktische Vernunft bei Thomas von Aquin, Münchner philosophische Studien, Neue Folge 10, Stuttgart 1995

Sievers, Eberhard: Natur als Weg. Thomas von Aquin und gesundes Leben, 1. Auflage Köln 1966, 2. verbesserte Auflage 1985

Thurner, Martin: Die Einheit der Person. Beiträge zur Anthropologie des Mittelalters, Richard Heinzmann zum 60. Geburtstag, Stuttgart 1998

Tocco, Wilhelm von: Das Leben des hl. Thomas von Aquino, erzählt von einem Zeitgenossen des Thomas, Düsseldorf 1965

Torrell, Jean-Pierre O.P.: Magister Thomas. Leben und Werk des Thomas von Aquin, aus dem Französischen, Originaltitel: „Initiation à saint Thomas d'Aquin. Sa personne et son oevre", Geleitwort von Rudi Imbach, mit einem Katalog der Werke des Thomas von Aquin einschließlich der Übersetzungen, dt. Ausgabe Breisgau 1995

Zimmermann, Albert: Thomas lesen, Köln 2000

Immanuel Kant

Werke

Kant: Werke in 6 Bänden und einem Wörterbuch von C. Schmid, hrsg. von Wilhelm Weischedel, Darmstadt 1998

Kant: Akademieausgabe, Bd. 1–9, einschl. Vorarbeiten, Bd. 20 u. 23, CD-ROM, Karsten Worm (InfoSoftWare), Sonderausgabe zum Kantjahr 2004, Berlin 2004

Kant: Die drei Kritiken in ihrem Zusammenhang mit dem Gesamtwerk, mit verbindendem Text zusammengefasst von Raymund Schmidt, Stuttgart 1975

Kant: Eine Vorlesung Kants über Ethik, im Auftrag der Kantgesellschaft herausgegeben von Paul Menzer, Berlin 1924

Kant: Eine Vorlesung über Ethik, auf der Basis der Ausgabe von Paul Menzer (Berlin 1924) leicht verbesserte Ausgabe, Frankfurt/M. 1990

Kommentare

Beck, Lewis White: Kants „Kritik der praktischen Vernunft". Ein Kommentar, aus dem Englischen, deutsch von Karl-Heinz Ilting, München 1974

Buchenau, Artur: Kants Lehre vom kategorischen Imperativ, Leipzig 1923

Gölz, Walter: Kants „Kritik der reinen Vernunft" im Klartext. Textbezogene Darstellung des Gedankengangs mit Erklärung und Diskussion, Tübingen 2006

Grayeff, Felix: Deutung und Darstellung der theoretischen Philosophie Kants. Ein Kommentar zu den grundlegenden Teilen der „Kritik der reinen Vernunft", Hamburg 1951, 2. Auflage Hamburg 1977

Höffe, Otfried (Hrsg.): Grundlegung zur Metaphysik der Sitten. Ein kooperativer Kommentar, Frankfurt/M. 1989

Höffe, Otfried (Hrsg.): Kritik der praktischen Vernunft, Berlin 2002

Kaulbach, Friedrich: Immanuel Kants „Grundlegung zur Metaphysik der Sitten". Reihe Werkinterpretationen, Darmstadt 1988

Marcus, Ernst: Der kategorische Imperativ. Eine gemeinverständliche Einführung in Kants Sittenlehre, zweite verbesserte Auflage, München 1921

Messer, August: Kommentar zu Kants „Kritik der reinen Vernunft", Stuttgart 1922

Paton, H. J.: Der kategorische Imperativ. Eine Untersuchung über Kants Moralphilosophie, engl. Originalausgabe 1947 unter dem Titel „The categorial Imperative. A study in Kants moral philosophy", deutsche Ausgabe Berlin 1962

Sala, Giovanni B.: Kants „Kritik der praktischen Vernunft". Ein Kommentar, Darmstadt 2004

Schönecker, Dieter/Wood, Allen W.: Kants „Grundlegung zur Metaphysik der Sitten". Ein einführender Kommentar, Paderborn 2002

Teichert, Dieter: Immanuel Kant: „Kritik der Urteilskraft". Ein einführender Kommentar, Paderborn 1992

Timmermann, Jens (Hrsg.): Immanuel Kant: Grundlegung zur Metaphysik der Sitten, Göttingen 2004

Lexika

Eisler: Kant-Lexikon. Nachschlagewerk zu Kants sämtlichen Schriften, Briefen und handschriftlichem Nachlass, Berlin 1930, unveränderter Nachdruck Hildesheim, New York 1972

Ratke, Heinrich: Systematisches Handlexikon zur Kritik der reinen Vernunft, Erstauflage 1928, unveränderter Nachdruck Hamburg 1965

Schmid, Carl Christian Erhard: Wörterbuch zum leichtern Gebrauch der Kantischen Schriften, nach der 4. Ausgabe 1798, neu herausgegeben und mit einem Personenregister versehen von Norbert Hinske, Darmstadt 1998

Darstellungen und Materialien

Batscha, Zwi (Hrsg.): Materialien zu Kants Rechtsphilosophie, Frankfurt/M. 1976
Baumanns, Peter: Kants Ethik. Die Grundlehre, Würzburg 2000
Bittner, Rüdiger/Cramer, Konrad (Hrsg.): Materialien zu Kants „Kritik der praktischen Vernunft", Frankfurt/M. 1975
Borowski/Jachmann/Wasianski: Immanuel Kant. Sein Leben in Darstellungen von Zeitgenossen, Darmstadt 1980
Bubner, Rüdiger/Cramer, Konrad/Wiehl, Reiner (Hrsg.): Kants Ethik heute, Neue Hefte für Philosophie 22, Göttingen 1983
Buhr, Manfred: Immanuel Kant. Einführung in Leben und Werk, Leipzig 1981
Del-Negro, Walter (Hrsg.): Immanuel Kants Leben und Werk, Gütersloh 1958
Gerhardt, Volker/Kaulbach, Friedrich: Kant, Darmstadt 1979
Gondek, Hans-Dieter/Widmer, Peter (Hrsg.): Ethik und Psychoanalyse. Vom kategorischen Imperativ zum Gesetz des Begehrens: Kant und Lacan, Frankfurt/M. 1994
Grondin, Jean: Kant zur Einführung, Hamburg 1994
Gulyga: Arsenij: Die klassische deutsche Philosophie. Ein Abriss, aus dem Russischen, deutsche Ausgabe Leipzig 1990
Gulyga. Arsenij: Immanuel Kant, russische Originalausgabe Moskau 1977, deutsche Ausgabe Frankfurt/M. 1981
Höffe, Otfried (Hrsg.): Immanuel Kant: Zum ewigen Frieden, Berlin 1995
Höffe, Otfried: Immanuel Kant, München 1983
Holz, Harald: Einführung in die Transzendentalphilosophie, Darmstadt 1973
Jaspers, Karl: Kant. Leben, Werk, Wirkung, München 1975
Knoepffler, Nikolaus: Der Begriff „transzendental" bei Immanuel Kant, München 1996
Kodalle, Klaus-Michael (Hrsg.): Der Vernunftfrieden. Kants Entwurf im Widerstreit, Kritisches Jahrbuch der Philosophie, Band 1, Thüringische Gesellschaft für Philosophie, Würzburg 1996
Kopper, Joachim/Malter, Rudolf (Hrsg.): Immanuel Kant zu ehren, Frankfurt/M. 1974
Körner, Stephan: Kant, aus dem Englischen, deutsche Ausgabe Göttingen 1955
Külpe, O: Immanuel Kant, 4. Auflage, hrsg. von August Messer, Leipzig und Berlin 1917
Lauth, Reinhard: Transzendentale Entwicklungslinien von Descartes bis zu Marx und Dostojewski, Hamburg 1989
Leider, Kurt: Immanuel Kants Welt- und Lebensanschauung. Vortragsreihe der Philosophischen Akademie zu Lübeck: Große Philosophen. Jubiläumsausgabe, Erstauflage 1954, Neuauflage Lübeck 1994
Ludwig, Ralf: Kant für Anfänger. Der kategorische Imperativ. Eine Lese-Einführung, München 1995
Ludwig, Ralf: Kant für Anfänger. Die Kritik der reinen Vernunft. Eine Lese-Einführung, München 1995, 3. Auflage, München 1996
Meyer, Herbert: Kants transzendentale Freiheitslehre, Freiburg und München 1996

Pieper, Annemarie: Sprachanalytische Ethik und praktische Freiheit. Das Problem der Ethik als autonomer Wissenschaft, Stuttgart 1973
Puder, Martin: Kant: Stringenz und Ausdruck, Freiburg 1974
Ricken, Friedo/Marty Francois (Hrsg.): Kant über Religion, Stuttgart 1992
Sandermann, Edmund: Die Moral der Vernunft. Transzendentale Handlungs- und Legitimationstheorie in der Philosophie Kants, Freiburg und München 1989
Schlüter, Wolfgang: Immanuel Kant, München 1999
Schnädelbach, Herbert: *Kant*. Reihe: Grundwissen Philosophie, Leipzig 2005
Schöndörffer, Otto: Kants Leben und Lehre, Leipzig 1924
Schulte, Günter: Kant, ausgewählt und vorgestellt vom Herausgeber, Reihe Philosophie jetzt!, hrsg. von Peter Sloterdijk, München 1996
Schulz, Uwe: Kant, Reinbek 1965
Scruton, Roger: Kant, engl. Erstausgabe 1982, deutsche Ausgabe Freiburg 1999
Sentroul, Charles: Kant und Aristoteles, frz. Originalausgabe 1910, von der deutschen Kantgesellschaft gekrönte Preisschrift, dt. Ausgabe Kempten und München 1911
Simmel, Georg: Kant und Goethe. Zur Geschichte der modernen Weltanschauung, 4. Auflage München o. J.
Valentiner, Theodor: Kant und seine Lehre, Stuttgart 1960
Vorländer, Karl: Immanuel Kant und sein Einfluss auf das deutsche Denken, Leipzig 1921
Wimmer, Reiner: Universalisierung in der Ethik. Analyse, Kritik und Rekonstruktion ethischer Rationalitätsansprüche, Frankfurt/M. 1980

John Stuart Mill

Werke

Mill, John Stuart: Utilitarismus, englische Originalausgabe 1861 unter dem Titel „Utilitarianism", dt. Ausgabe, übersetzt, mit Anmerkungen und einem Nachwort versehen durch Dieter Birnbacher, Stuttgart 1976
John Stuart Mill: Utilitarianism/Der Utilitarismus, Englisch/Deutsch, Übersetzung, Anmerkungen und Nachwort von Dieter Birnbacher, Stuttgart 2006
Mill, John Stuart: Drei Essays über Religion: Natur – Nützlichkeit der Religion – Theismus, englischer Titel „Three Essays on Religion", englische Originalaufsätze aus den Jahren 1850–1870, englische Ausgabe der drei Artikel in einem Sammelband durch Helen Taylor 1874, erste dt. Übersetzung durch Emil Lehmann 1875, Neuausgabe mit dem Vorwort von Helen Taylor, neu bearbeitet auf der Grundlage der Übersetzung von Emil Lehmann und mit Anmerkungen und einem Nachwort versehen durch Dieter Birnbacher, Stuttgart 1984
Mill, John Stuart: Über die Freiheit, englische Originalausgabe 1859 unter dem Titel „On Liberty", dt. Ausgabe mit Anhang und Nachwort, Stuttgart 1974, Neuausgabe Stuttgart 1988
Mill, John Stuart: Zur Logik der Moralwissenschaften, englische Originalausgabe 1843 unter dem Titel „On the Logic of the Moral Sciences", dt. Ausgabe in der

Übersetzung von Theodor Gomperz (in der zwölfbändigen Gesamtausgabe 1869–1886), Neuausgabe auf der Basis dieser Übersetzung neu übersetzt von Arno Mohr, Frankfurt/M. 1997

Kommentare

Gräfrath, Bernd: John Stuart Mill: „Über die Freiheit". Ein einführender Kommentar, Paderborn 1992

Wolf, Jean-Claude: John Stuart Mills „Utilitarismus". Ein kritischer Kommentar, Freiburg und München 1992

Darstellungen, Materialien

Engin-Deniz, Egon: Vergleich des Utilitarismus mit der Theorie der Gerechtigkeit von John Rawls, Internationales Forschungszentrum Salzburg, Innsbruck und Wien 1991

Gäde, Ulrich/Schrader, Wolfgang H. (Hrsg.): Der klassische Utilitarismus: Einflüsse – Entwicklungen – Folgen, Berlin 1992

Gaulke, Jürgen: John Stuart Mill, Reinbek 1996

Gesang, Bernward (Hrsg.): Gerechtigkeitsutilitarismus, Paderborn 1998

Gesang, Bernward: Eine Verteidigung des Utilitarismus, Stuttgart 2003

Grom Bernhard/Brieskorn, Norbert/Haeffner, Gerd: Glück. Auf der Suche nach dem guten Leben, Frankfurt 1987

Hoerster, Norbert: Utilitaristische Ethik und Verallgemeinerung, 1. Auflage 1971, 2. Auflage Freiburg und München 1977

Höffe, Otfried (Hrsg.): Einführung in die utilitaristische Ethik. Klassische und zeitgenössische Texte, München 1975

Höffe, Otfried (Hrsg.): Einführung in die utilitaristische Ethik. Klassische und zeitgenössische Texte, 2., überarbeitete und aktualisierte Ausgabe, Tübingen 1992

Hügli, Anton/Han, B.-Chr.: Utilitarismus, in: Historisches Wörterbuch der Philosophie, Bd. 11, hrsg. von Joachim Ritter u. a., Darmstadt 2001, Sp. 503–510

Nida-Rümelin, Julian: Kritik des Konsequentialismus, Studienausgabe, München 1995

Schumacher, Ralph: John Stuart Mill, Frankfurt und New York 1994

Williams, Bernd: Kritik des Utilitarismus, englische Originalausgabe 1973 unter dem Titel „A Critique Of Utilitarianism", dt. Ausgabe Frankfurt/M. 1979